面向21世纪课程教材
Textbook Series for 21st Century

全国高等学校法学专业核心课程教材

国际经济法

International Economic Law

（第四版）

主　编　王传丽
撰稿人（以撰写章节先后为序）
王传丽　杨国华　史晓丽
范晓波　兰　兰　白　艳
赵秀文

高等教育出版社·北京

内容提要

本书是面向21世纪课程教材，也是普通高等教育“十五”国家级规划教材，2006年荣获司法部“第二届全国法学教材与科研成果奖”二等奖。本教材在阐述国际经济法基本内容的同时，尽可能反映其在理论和实践的最新发展。与同类教材相比，本教材在知识点的深度和广度上更具有可读性、可用性，具有较高的学识水准。

此次修订，从本科教学的基本需要出发，在保持学科体系与教材结构完整的基础上，详述重要制度，概述一般制度；对属于本科阶段以外的理论探讨和信息资料的延伸，以“必要”为原则，“点到为止”；重点反映自2012年《国际经济法》（第三版）出版以来国际经济法领域的最新变化，在国内立法、条约及学科研究的最新成果；对于典型案例，以必要和适宜为原则，进一步浓缩案情、精简原理，在正文中仅列标题并以二维码形式进行关联。

图书在版编目(CIP)数据

国际经济法／王传丽主编. --4版. --北京:高等教育出版社,2019.6

ISBN 978-7-04-051378-3

Ⅰ.①国… Ⅱ.①王… Ⅲ.①国际经济法-高等学校-教材 Ⅳ.①D996

中国版本图书馆CIP数据核字(2019)第035940号

策划编辑 姜 洁　责任编辑 姜 洁 周轶男　封面设计 杨立新　版式设计 张 杰
插图绘制 于 博　责任校对 刘娟娟　责任印制 耿 轩

出版发行	高等教育出版社	网　　址	http://www.hep.edu.cn
社　　址	北京市西城区德外大街4号		http://www.hep.com.cn
邮政编码	100120	网上订购	http://www.hepmall.com.cn
印　　刷	北京市白帆印务有限公司		http://www.hepmall.com
开　　本	787mm×1092mm　1/16		http://www.hepmall.cn
印　　张	37.5	版　　次	2005年1月第1版
字　　数	820千字		2019年6月第4版
购书热线	010-58581118	印　　次	2019年6月第1次印刷
咨询电话	400-810-0598	定　　价	70.00元

物 料 号　51378-00

审图号:GS(2019)551号

作者简介

王传丽　法学博士，中国政法大学国际法学院前院长，教授，博士生导师。中国国际经济贸易仲裁委员会仲裁员。主要研究方向为国际经济法、国际贸易法。代表性著作有《涉外经济合同的法律效力》《补贴与反补贴措施协定条文释义》《国际贸易法——货物贸易法》《国际贸易法——政府管理贸易的法律制度》《国际贸易法——知识产权的国际保护》《WTO 农产品协定与农产品贸易规则》《国际经济法》《国际贸易法》《中国合同法》等。代表性论文有《改革开放与国际经济法的发展》《市场准入与反不正当竞争法》《跨国公司的社会责任》《与贸易有关的知识产权问题——商标权与灰色市场》《划拨的法律问题》《WTO 争端解决机制——兼评贸易报复》《中国反倾销法的回顾与前瞻》《WTO 协议与司法审查》《WTO——一个自给自足的法律体系》《后 WTO 时代国际贸易法的新发展》《WTO 农业协定与农产品贸易规则执行评价》《国际劳工核心标准权利性质初探》《欧盟法院司法独立性在欧洲一体化中的作用》等。

赵秀文　法学博士，中国人民大学法学院教授。兼任国际商会中国委员会法律与惯例委员会顾问、中国国际私法学会和中国国际经济法学会常务理事，英国皇家御准仲裁员协会特许仲裁员，世界知识产权组织仲裁与调解中心、中国国际经济贸易仲裁委员会、新加坡国际仲裁中心、马来西亚吉隆坡区域仲裁中心和（中国）香港国际仲裁中心等国家和地区仲裁机构仲裁员候选人，以及北京、石家庄、珠海、深圳等仲裁委员会仲裁员。主要研究方向为国际经济法、国际私法和国际商事仲裁法。著有《著作权》《香港仲裁制度》《国际商事仲裁及其适用法律研究》《国际商事仲裁现代化研究》等专著，主编或参编《国际经济法教程》《国际私法原理与案例教程》《国际商事仲裁法原理与案例教程》《国际经济法》《国际经济贸易仲裁法》《国际贸易法专题研究》教科书及相关案例和工具书五十余种，翻译《国际法》、《施米托夫国际贸易法文选》、*China Law Reports*、*Selected Works of China International Economic and Trade Arbitration Commission Awards* 等英、俄著作十余种。在《中国法学》《法学研究》《法学家》《国际商报》等中外报刊上发表论文一百余篇。

杨国华　法学博士，清华大学法学院教授，中国法学会世界贸易组织法研究会常务副会长，曾任商务部条法司副司长。代表性著作有《世界贸易组织与中国》《WTO 的理念》《探索 WTO》《中美知识产权问题概观》《美国贸易法 301 条款研究》《中美经贸关系中的法律问题》《中国加入 WTO 法律问题专论》《WTO 争端解决机制专题研究》《WTO 争端解决程序详解》

《WTO 美国钢铁保障措施案研究》等。发表论文百余篇。

史晓丽 法学博士，中国政法大学教授，博士生导师，WTO 研究中心主任，美国加州大学伯克利分校法学院访问学者。兼任中国法学会 WTO 研究会副秘书长，北京市国际经济法学会副会长，中国国际经济贸易仲裁委员会、上海国际经济贸易仲裁委员会、华南国际经济贸易仲裁委员会仲裁员。主要研究方向为国际经济法、国际贸易法、国际投资法。代表性著作有《北美自由贸易区贸易救济法律制度研究》《WTO 规则与中国外贸管理制度》等。代表性论文有《中日韩自由贸易协定投资规则的构建》《从海外投资角度看中外自由贸易协定投资规则的构建》《中国与东盟自由贸易区贸易救济法律制度》《中韩自由贸易协定贸易救济制度》《区域争端解决中的场所选择条款》等。

范晓波 法学博士，中国政法大学国际法学院教授，硕士研究生导师，美国杜肯大学、澳大利亚麦考瑞大学访问学者。兼任中国国际经济法学会理事，北京市国际经济法学会理事。主要研究方向为国际经济法、国际金融法、海商法、WTO 法等。代表性著作有《美欧银行并购反垄断的法律规制研究》《多边规则视野下出口信贷法律制度研究》《国际经济法》《国际金融法》《海商法》等。代表性论文有《2020 的国际金融法：中国的作用和影响》、《WTO 能解决汇率争端吗？》、《人民币汇率问题与中美经贸摩擦》、《多哈回合规则谈判之反倾销公共利益议题》、*What Will the Financial Order Be in a Decade?* 等。

兰　兰 经济学学士，法律硕士，中国政法大学国际法学院副教授，硕士研究生导师。兼任中国国际经济法学会理事，北京市国际法学会理事。主要研究方向为国际经济法、国际税法、国际金融法。参加编写《国际经济法》《国际经济法教学案例》《中国合同法教程》《国际金融法》《国际经济法案例教程》等，发表《国际税收公约——解决国际重复征税的必经之途》《亦论跨国电子商务对常设机构原则的挑战》《预提税方案对解决电子商务征税的意义》等论文。

白　艳 法学博士，西北政法大学国际法学院副教授。主要研究方向为国际经济法、国际私法。代表性论文有《WTO 与国际金融组织关系的协调与发展》《GATS 最惠国待遇制度探微》《从美日热轧钢反倾销案分析〈WTO 反倾销协定〉之缺陷》《国际避税法律问题浅析》《架构〈服务贸易总协定〉的紧急保障机制》《论 GATS 的自主自由化措施》等。

第四版修订说明

由王传丽教授主编的《国际经济法》,是面向21世纪课程教材和普通高等教育“十五”国家级规划教材。2005年由高等教育出版社出版。2006年10月,该教材荣获司法部“第二届全国法学教材与科研成果奖”二等奖。后经2008年7月、2012年6月两次修改。

自2012年以来,国际经济法领域发生了一些重大变化,为了及时反映这些新变化,我们再次对教材进行修改和补充。主要集中在以下几方面:

1. 补充增加了一些中国经验和实践。2013年,中国国家主席习近平提出“一带一路”倡议,本教材认为,梳理古丝绸之路的历史经验,将对21世纪“新丝绸之路”中国及沿线国家的实践起到有意义的借鉴作用,并鼓励这些国家继续运用这些宝贵的智慧和经验,对经济全球化及国际经济法的发展做出新的贡献。为此,第一章“绪论”增加了有关古丝绸之路与21世纪中国“一带一路”倡议的阐述及对国际经济法影响的分析。

2. 反映自2012年以来国际经济法领域发生的重要国内立法、国际条约、国际商业惯例及相关学科研究的最新成果。具体而言:在第一章第三节“国际经济法的主体”增加了关于国有企业与竞争中立原则的分析;在第四章新增加了关于《国际公路运输公约》的内容;新增第八章“区域与双边自由贸易协定”;第九章增加了关于国际技术出口贸易管制的内容;第十一章增加了亚洲开发银行、丝路基金与新开发银行的内容;第十二、十三、十四章也分别对原内容进行了更新。

3. 以必要和适宜为原则,对于正文中需补充相关案例或学习资料、援引的典型案例,进一步浓缩案情、精简原理,并配以适宜图、表,择要解说。在形式上采用仅列标题并以二维码的形式进行关联。

4. 更新了各章推荐的阅读书目、思考题和必读法规等,并制作了配套教学课件(PPT)。

该教材在体例、结构和作者方面没有调整。作者分工为:

王传丽:第一章至第五章,第六章第一节和第二节第一、二、三目,第八章;

杨国华:第七章;

史晓丽:第六章第二节第四目,第九章,第十章;

范晓波:第十一章;

兰　兰:第十二章;

白　艳:第十三章;

赵秀文:第十四章。

在此次教材修订过程中，我们力求做到表述全面、准确，但难免存在不足。望同行及读者予以指正。

王传丽

2018年8月

第三版修订说明

由王传丽教授主编的《国际经济法》，是面向21世纪课程教材和普通高等教育“十五”国家级规划教材，2005年1月由高等教育出版社出版。2006年10月，该教材荣获司法部“第二届全国法学教材与科研成果奖”二等奖。2008年7月，该教材修订后再版发行。

自2008年以来，国际经济法领域发生了一些重大变化，为了及时反映这些新变化，我们再次对该教材进行了修改和补充。此次修订主要集中在如下方面：

1. 在第一章“绪论”，增加了国际经济法的可持续发展原则。

2. 在第三章“国际货物买卖法”，对2011年1月1日生效的《国际贸易术语解释通则®2010》做了重点介绍。

3. 在第七章“世界贸易组织法律制度”，增加了涉及中国的典型案例。

4. 在第九章“国际投资法”，对第一节有关国际直接投资的内容进行了较大幅度的修订。

5. 在第十章“国际金融法”，对涉及巴塞尔协议的部分内容进行了较大幅度的修订。

6. 更新了各章推荐阅读书目、思考题和必读法规等。

该教材在体例、结构和作者方面没有调整。教材仍分如下十三章：绪论、国际贸易法概述、国际货物买卖法、国际货物运输法、国际货物运输保险法律制度、国际贸易支付法律制度、世界贸易组织法律制度、国际技术转让法、国际投资法、国际金融法、国际税法、限制性商业惯例的管制以及国际经济贸易争议解决。作者分工为：

王传丽：第一章至第六章；

杨国华：第七章；

史晓丽：第八章、第九章；

范晓波：第十章；

兰兰：第十一章：

白艳：第十二章；

赵秀文：第十三章。

在教材的修订过程中，我们力求表述全面、准确，但难免存在不足，敬请读者予以指正。

王传丽

2012年6月

第二版修订说明

《国际经济法》是面向21世纪课程教材和普通高等教育“十五”国家级规划教材。2006年10月,该教材第一版获得司法部“第二届全国法学教材与科研成果奖”二等奖。

自该教材2005年出版后,国际经济法领域发生了一些重大变化,为了及时反映这些新变化,我们对该教材进行了修改和补充。

此次修订主要体现在如下方面:

1. 在第四章第二节对适用于国际航空运输的1999年《蒙特利尔公约》予以详细介绍。1999年《蒙特利尔公约》于2003年11月4日生效,我国于2005年2月28日批准该公约。《蒙特利尔公约》在国际航空私法方面具有重要影响,该公约使《华沙公约》及相关文件实现了现代化和一体化。

2. 由于早在1980年5月9日,《国际铁路货物运输公约》(《国际货约》)与《国际铁路旅客和行李运输公约》(CIV)已经合并成为一个新的公约《国际铁路运输公约》(COTIF,1985年5月1日生效),因此,此次修订在第四章第二节介绍了适用于国际铁路运输的《国际铁路运输公约》。此外,该节还详细说明了《国际铁路货物联合运输协定》的发展变化。

3. 随着UCP600于2007年7月1日的生效以及最高人民法院《关于审理信用证纠纷案件若干问题的规定》于2006年1月1日的实施,本教材全面修订了第六章第二节关于信用证部分的内容。

4. 由于《中华人民共和国反垄断法》将从2008年8月1日起实施,本教材修订了第十二章,增加了对该法的介绍。

5. 中国于2007年修订了《民事诉讼法》,同时,最高人民法院还在这一年发布了《关于审理涉外民事或商事合同纠纷案件法律适用若干问题的规定》,因此,本教材对第十三章进行了相应的修订。

6. 更新了推荐阅读书目和必读法规。

该教材在体例、结构和作者方面没有调整。教材仍分如下十三章:绪论、国际贸易法概述、国际货物买卖法、国际货物运输法、国际货物运输保险法律制度、国际贸易支付法律制度、世界贸易组织法律制度、国际技术转让法、国际投资法、国际金融法、国际税法、限制性商业惯例的法律管制以及国际经济争议解决。作者分工仍为:

王传丽:第一章至第六章;

杨国华:第七章;

史晓丽:第八章、第九章;

范晓波:第十章;

兰兰:第十一章;

白艳:第十二章;

赵秀文:第十三章。

在教材的修订过程中,我们力求表述全面、准确,但难免存在不足,望同行予以指正。

王传丽

2008 年 4 月

目　录

第一章　绪论 …… 1
第一节　经济全球化、国家竞争力与国际经济法 …… 2
一、经济全球化与国际经济法 …… 2
二、国家竞争力与国际经济法 …… 7
第二节　国际经济法的概念、渊源和发展 …… 10
一、国际经济法的概念 …… 10
二、国际经济法的渊源 …… 11
三、国际经济法的产生和发展 …… 13
四、中国的“一带一路”倡议与国际经济法 …… 14
第三节　国际经济法的主体 …… 33
一、国际经济法的一般主体 …… 33
二、跨国公司 …… 34
三、跨国公司与国有企业 …… 39
第四节　国际经济法的基本原则 …… 42
一、可持续发展原则 …… 42
二、国家对天然财富与资源的永久主权原则 …… 45
三、经济合作以谋求发展原则 …… 46
四、公平互利原则 …… 46
第五节　国际经济法体系与研究方法 …… 47
一、国际经济法体系 …… 47
二、国际经济法的研究方法 …… 47
第二章　国际贸易法概述 …… 51
第一节　国际贸易法的概念和基本原则 …… 52
一、国际贸易法的概念 …… 52
二、国际贸易法的基本原则 …… 53
三、国际贸易法和国际商法 …… 54
第二节　国际贸易法的渊源和发展 …… 55
一、国际贸易法的渊源 …… 55
二、国际贸易法的发展 …… 56

第三章 国际货物买卖法 …… 61
第一节 国际货物买卖的法律规范 …… 62
一、有关涉外货物买卖的国内立法模式 …… 62
二、有关国际货物买卖的国际公约 …… 63
三、有关国际货物买卖的国际商业惯例 …… 67
第二节 国际货物买卖合同的成立 …… 75
一、国际货物买卖合同的国际性 …… 75
二、国际货物买卖合同的成立 …… 76
三、合同的内容 …… 79
四、电子单证的法律问题 …… 83
第三节 国际货物买卖合同当事人的权利义务 …… 85
一、卖方应承担的义务 …… 86
二、买方应承担的义务 …… 88
第四节 违反合同的补救方法 …… 89
一、卖方违约的补救方法 …… 89
二、买方违约所产生的卖方补救方法 …… 93
三、对先期违约的救济——中止履行合同 …… 95
四、分批交货下的合同解除 …… 95
第五节 货物所有权转移与货物风险转移 …… 96
一、货物所有权的转移 …… 96
二、货物风险的转移 …… 98
第六节 国际货物买卖合同中中国法的适用 …… 100
一、国际货物买卖合同中中国法的适用 …… 100
二、中国法适用应注意的问题 …… 107
第四章 国际货物运输法 …… 113
第一节 国际海上货物运输法律制度 …… 114
一、提单运输 …… 114
二、租船运输 …… 124
第二节 其他国际货物运输法律制度 …… 126
一、国际航空货物运输法律制度 …… 126
二、国际铁路货物运输法律制度 …… 132
三、国际货物多式联运法律制度 …… 135
四、国际公路运输公约 …… 139
第五章 国际货物运输保险法律制度 …… 145
第一节 国际货物运输保险概述 …… 146

一、国际货物运输保险合同及其订立 …… 146
二、承保的风险与损失 …… 148
三、保险单 …… 150
四、保险责任期间和索赔期限 …… 151
五、被保险人义务 …… 152
第二节 国际海上货物运输保险法律制度 …… 152
一、中国人民保险公司保险条款 …… 152
二、伦敦保险业协会货物保险条款 …… 157
第三节 其他国际货物运输保险法律制度 …… 159
一、国际陆上货物运输保险法律制度 …… 159
二、国际航空货物运输保险法律制度 …… 160
三、国际联运货物保险条款 …… 162
第六章 国际贸易支付法律制度 …… 165
第一节 国际贸易支付工具 …… 166
一、支付货币 …… 166
二、票据 …… 166
第二节 国际贸易支付方式 …… 173
一、买方直接付款 …… 173
二、银行托收 …… 174
三、银行信用证 …… 178
四、国际保理 …… 192
第七章 世界贸易组织法律制度 …… 201
第一节 世界贸易组织概述 …… 202
一、世界贸易组织的成立及其协议框架 …… 202
二、世界贸易组织的宗旨、目标和基本原则 …… 204
三、世界贸易组织的职能、法律地位和组织机构 …… 206
第二节 1994年《关税与贸易总协定》 …… 207
一、1994年《关税与贸易总协定》概述 …… 207
二、《关税与贸易总协定》的主要条款 …… 208
第三节 多边货物贸易的其他协议 …… 215
一、《农业协议》 …… 215
二、《实施卫生与植物卫生措施协议》 …… 215
三、《纺织品与服装协议》 …… 216
四、《技术性贸易壁垒协议》 …… 216
五、《与贸易有关的投资措施协议》 …… 217

六、《反倾销协议》 …… 217
七、《海关估价协议》 …… 218
八、《装运前检验协议》 …… 218
九、《原产地规则协议》 …… 218
十、《进口许可程序协议》 …… 219
十一、《补贴与反补贴措施协议》 …… 219
十二、《保障措施协议》 …… 220
第四节 服务贸易以及与贸易有关的知识产权 …… 221
一、《服务贸易总协定》 …… 221
二、《与贸易有关的知识产权协定》 …… 223
第五节 争端解决与贸易政策审议机制 …… 225
一、《关于争端解决规则与程序谅解》 …… 225
二、《贸易政策审议机制》 …… 226
第六节 诸边协议 …… 226
一、《民用航空器贸易协议》 …… 227
二、《政府采购协议》 …… 227
第七节 发展中国家以及新回合谈判 …… 227
一、发展中国家 …… 227
二、新回合谈判 …… 228
第八节 中国与世界贸易组织 …… 229
一、中国加入世界贸易组织概述 …… 229
二、中国加入世界贸易组织的承诺 …… 230
第八章 区域与双边自由贸易协定 …… 243
第一节 区域贸易协定 …… 244
一、区域贸易协定的合法性 …… 244
二、区域经济一体化与多边贸易体制的关系 …… 248
第二节 双边贸易协定的新发展 …… 250
一、双边贸易协定复兴的原因 …… 250
二、双边贸易协定发展的新特点 …… 251
三、双边贸易协定新发展的评价及前景展望 …… 253
第三节 21世纪区域贸易协定的新发展 …… 254
一、RCEP …… 254
二、21世纪高标准区域贸易协定 …… 255
三、21世纪高标准区域贸易协定的特征 …… 257
第九章 国际技术转让法 …… 261

第一节 国际技术转让法概述 …… 262
一、技术与技术转让 …… 262
二、国际技术转让的管制及其立法 …… 263
第二节 国际技术转让的途径 …… 266
一、单纯的国际技术转让方式 …… 266
二、非单纯的国际技术转让方式 …… 267
第三节 国际许可协议 …… 277
一、国际许可协议的概念及特征 …… 277
二、国际许可协议的种类 …… 278
三、国际专利许可协议和国际专有技术许可协议 …… 279
第四节 知识产权的国际保护 …… 289
一、知识产权的范围 …… 290
二、知识产权保护的国际法律制度 …… 290
第十章 国际投资法 …… 321
第一节 国际投资法概述 …… 322
一、国际投资 …… 322
二、国际投资法的概念 …… 327
三、国际投资法的主体 …… 328
四、国际投资法的渊源 …… 332
五、国际投资法的基本原则 …… 336
第二节 国际直接投资的途径 …… 338
一、合营企业 …… 338
二、特许协议 …… 339
三、BOT 投资方式 …… 340
第三节 国际投资担保制度 …… 341
一、国际投资担保的国内法制度 …… 341
二、国际投资担保的国际法制度 …… 345
第四节 外交保护与卡尔沃原则 …… 350
一、外交保护 …… 350
二、卡尔沃条款 …… 354
第五节 世界贸易组织与国际投资多边协议 …… 356
一、世界贸易组织关于国际投资的规定 …… 357
二、世界贸易组织关于投资问题的进一步谈判 …… 358
第六节 双边投资协定 …… 359
一、双边投资协定的概念及其发展 …… 359

二、双边投资协定的特点和主要内容 …… 360
三、中外双边投资协定 …… 360
第十一章 国际金融法 …… 369
第一节 国际金融法概述 …… 370
一、国际金融法的概念 …… 370
二、国际金融法的特点 …… 372
第二节 国际货币制度 …… 373
一、国际金本位制 …… 374
二、布雷顿森林制度 …… 376
三、《国际货币基金协定》的第一次修订 …… 378
四、牙买加制度 …… 380
第三节 国际融资的法律制度 …… 382
一、国际贷款融资的法律制度 …… 382
二、国际证券融资的法律制度 …… 390
三、国际融资租赁的法律制度 …… 392
第四节 国际融资协议的共同条款 …… 394
一、陈述与保证条款 …… 395
二、先决条件条款 …… 396
三、约定事项条款 …… 396
四、违约事件条款 …… 399
第五节 国际融资担保的法律制度 …… 400
一、国际融资的信用担保 …… 400
二、国际融资的物权担保 …… 404
第六节 国际金融监管的协调与合作制度 …… 406
一、国际金融监管协作的成因 …… 407
二、国际金融监管协调与合作的特点 …… 407
三、国际银行监管的协调与合作 …… 408
四、国际证券监管的协调与合作 …… 415
第十二章 国际税法 …… 421
第一节 国际税法概述 …… 422
一、国际税法的产生 …… 422
二、国际税法的含义与法律特征 …… 424
三、国际税法的法律渊源与基本原则 …… 425
四、国际税法的发展前景 …… 427
第二节 税收管辖权 …… 428

一、税收管辖权概述 …… 429
二、居民税收管辖权的确认 …… 431
三、收入来源地税收管辖权的行使 …… 434
四、电子商务与税收管辖权 …… 438
第三节 国际重复征税与国际重叠征税 …… 439
一、国际重复征税 …… 440
二、国际重叠征税及与国际重复征税的异同 …… 441
三、避免国际重复征税的方法 …… 442
四、国际重叠征税的解决办法 …… 446
第四节 国际逃税与国际避税 …… 448
一、国际逃税与国际避税的含义与异同 …… 449
二、国际逃、避税产生的原因及其危害 …… 449
三、国际逃税与国际避税的主要方式 …… 450
四、国际逃避与国际避税的防范 …… 453
第五节 国际税收协定 …… 459
一、国际税收协定概述 …… 459
二、国际税收协定的主要内容 …… 460
三、国际税收协定的实施 …… 463
四、中国对外双边税收协定的实践 …… 464
第十三章 限制性商业惯例的管制 …… 469
第一节 限制性商业惯例概述 …… 470
一、限制性商业惯例的概念及种类 …… 470
二、对限制性商业惯例进行管制的发展历史 …… 473
三、管制限制性商业惯例法律的形式和内容 …… 474
第二节 限制性商业惯例的国内管制 …… 476
一、美国对限制性商业惯例的管制 …… 476
二、欧盟对限制性商业行为的管制 …… 492
三、中国管制限制性商业惯例的立法 …… 502
第三节 限制性商业惯例的国际管制 …… 507
一、管制限制性商业惯例的双边合作协议 …… 508
二、管制限制性商业惯例的多边协议 …… 510
第十四章 国际经济贸易争议解决 …… 517
第一节 国际经济贸易争议的种类和解决争议的方法 …… 518
一、国际经济贸易争议的种类 …… 518
二、解决不同国家国民之间的国际经济贸易争议的一般方法 …… 519

第二节 选择性解决争议的方法 …… 520
一、ADR 的概念 …… 520
二、ADR 的主要表现形式 …… 520
三、ADR 的法律特征 …… 522
四、ADR 在解决我国国际经济贸易争议中的应用 …… 523
第三节 国际民商事诉讼 …… 524
一、法院对国际商事争议案件的管辖 …… 524
二、国际商事案件的诉讼程序 …… 527
三、解决争议应当适用的法律规则 …… 527
四、法院判决的承认及其执行 …… 528
五、我国法院对涉外案件的处理 …… 528
第四节 国际商事仲裁 …… 531
一、国际商事仲裁概述 …… 531
二、国际商事仲裁协议 …… 535
三、仲裁庭及其管辖权限 …… 537
四、仲裁程序 …… 539
五、仲裁裁决及其承认与执行 …… 542
第五节 世界贸易组织的争议解决机制 …… 546
一、WTO 争议解决机制的起源 …… 546
二、WTO 争议解决机制 …… 548
三、WTO 争议解决机制的特点 …… 554
四、中国对该机制的利用 …… 557
第六节 国家与他国国民之间经济贸易争议的解决 …… 558
一、国家与他国国民之间的经济贸易争议的特点 …… 558
二、国家与外国国民之间国际经济贸易争议的解决 …… 558
三、东道国与外国投资者投资争议的解决 …… 559
主要参考文献 …… 567

第一章 绪 论

国际经济法是一个独立的法律部门。它随着国际经济关系的发展而产生,并随着国际经济关系的发展而发展。尤其是在经济全球化趋势日益明显的情况下,国际经济法的内容越来越丰富,遇到的新问题越来越多,也日益受到世界各国的关注。

第一节 经济全球化、国家竞争力与国际经济法
第二节 国际经济法的概念、渊源和发展
第三节 国际经济法的主体
第四节 国际经济法的基本原则
第五节 国际经济法体系与研究方法

第一节 经济全球化、国家竞争力与国际经济法

经济全球化是近些年经常提到的术语。国际货币基金组织(IMF)认为,经济全球化是“通过贸易、资金流动、技术涌现、信息网络和文化交流,世界范围的经济高速融合。亦即世界范围内各国成长中的经济通过正在增长中的大量与多样的商品劳务的广泛输出,国际资金的流动,技术被更快捷地传播,而形成的相互依赖的现象”①。

经济全球化不仅促进了各国之间的相互依赖,也促进了各国法律制度的趋同。因此,研究经济全球化的发展趋势对于完善国际经济法律制度至关重要。

一、经济全球化与国际经济法

(一)经济全球化

经济全球化是指商品、技术、信息、服务、资本、人员等生产要素跨国、跨地区的流动。这种流动把全世界连接成为一个统一的大市场。各国在这一大市场中发挥自己的比较优势,从而实现资源在世界范围的优化配置。经济全球化是科学技术特别是信息技术的发展,市场力量以及国际分工的扩大和深化,国家之间相互依赖、紧密合作的产物。经济全球化是一个开放的、动态的历史过程,随着世界经济的发展、变化而不断地扩展和深入。

2000多年前发端于中国古代秦汉时的“丝绸之路”,是世界上最早出现的经济全球化运动。② 通过这条有名的横贯欧亚大陆的商道“丝绸之路”③,中国开辟了通向外部世界的通道,并使之成为古代中国与欧、亚大陆和平交流的纽带。“丝绸之路”是古代中国对外开放、

---

① 国际货币基金组织:《世界经济展望:保持复苏》,中国金融出版社1997年版,第45页。

② 据说,最早使用“丝绸之路”这一地理概念的是1877年德国历史地理学家弗迪南·德·冯·李希霍芬。按照笔者理解,彼得·弗兰克潘撰写的《丝绸之路》与本章所述“丝绸之路”之含义不尽相同。主要在于,彼得所言“丝绸之路”是古代欧洲、北非、中东及亚洲等地存在的若干贸易通道的统称。按照不同王朝在不同历史时期的表现和特点,作者将这些丝绸之路定性为信仰之路、基督之路、和睦之路、皮毛之路、奴隶之路、天堂之路、铁蹄之路、黄金之路、白银之路、帝国之路、战争之路、黑金之路、小麦之路、纳粹之路、霸权之路等。参见[英]彼得·弗兰克潘著:《丝绸之路——一部全新的世界史》,邵旭东、孙芳译,徐文堪审校,浙江大学出版社2016年版。本节所称“丝绸之路”是按照中国的历史传统,以中国为起点或以中国为中心展开的丝绸之路。撰写白银资本的加拿大社会学教授贡德·弗兰克认为,“如果说在1800年以前有些地区在世界经济中占据支配地位,那么这些地区都在亚洲。如果说有一个经济体在世界经济及其“中心”等级体系中占有“中心”的位置和角色,那么这个经济体就是中国”。[德]贡德·弗兰克著:《白银资本:重视经济全球化中的东方》(第二版),刘北成译,中央编译出版社2001年版,第27页。

③ 中国是世界上养蚕制丝最早的国家。我国先秦文献,诸如《竹书纪年》《逸周书》《山海经》《穆天子传》等,有关于中国内地的丝织品通过河西走廊转送至西方的最早记载。公元4至5世纪,希腊便以“塞里斯”(Seres 意即丝绸之国)一词称中国。参见钱穆讲授:《中国经济史》,叶龙记录整理,北京联合出版公司2014年版,第93页。以丝绸为代表,经丝绸之路运送的货物还有瓷器、漆器、茶叶,等等。其后由于匈奴的兴起,这种交往暂告中断。至汉打败匈奴后,西迁踩出来的草原丝绸之路继续为东西方国家的文化和商业交流服务。国内较早研究丝绸之路的著作,可参见方豪著:《中西交通史》(上、下册),中华文化出版事业社1953年版,岳麓书社1987年重印。该书融汇中西、集深度与广度于一体,是研究、了解中国丝绸之路贡献不可多得的学术专著。

走向世界的创举,它开启了中华文明与世界多个文明之间的相互接触和交流,在漫长的岁月中从政治、经济、文化、科技、法律等方面为促进全球化作出了独特贡献。它与15世纪欧洲的地理大发现形成鲜明的对比:欧洲人登陆美洲,伴随着武力攻伐与殖民掠夺,开启了欧洲海盗式资本主义。① 1848年,马克思和恩格斯在《共产党宣言》中,描述了这一由西方工业化促成的经济全球化景象。② 此后,发源于欧洲的两次世界大战,带来了整个世界经济的崩溃,终止了经济全球化进程。当代的经济全球化是指第二次世界大战后的经济全球化运动。它是科学技术特别是信息技术发展的产物,是市场力量以及国际分工的扩大和深化,是国家之间相互依赖、紧密合作的产物。21世纪由中国倡导的"一带一路"在更高的层次上重现了古代中国陆地和海上丝绸之路的实践,对未来经济全球化运动和国际经济法的发展必将产生更为深远的影响。

经济全球化不是一个孤立的现象,它是全球化(globalization)总体趋势的一个组成部分,并受其他方面因素的制约和影响。③

经济全球化具有如下特征:

1. 市场全球化

市场全球化意味着:(1)由于各国市场体制的建立,国内市场与国际市场联成一体,形成了一个开放式的全球市场经济体制,通行的是价值规律和竞争原则;(2)较少的贸易壁垒和市场力的解放,使货物、资本、技术、信息、服务以及人员的跨越边界的流动成为可能,并且得到空前发展;(3)全球电子网络和信息技术的发展,标志着世界经济进入了一个新时

---

① 西方殖民者给美洲带去了欧洲大陆动物、植物与奴隶贸易、天花与黑死病,同时从美洲大陆掠夺矿产和白银。关于这段历史可参见[乌拉圭]爱德华多·加莱亚诺著:《拉丁美洲被切开的血管》,王玫等译,人民文学出版社2001年版;[美]查尔斯·曼恩著:《1491:前哥伦布时代美洲启示录》,胡亦南译,中信出版社2014年。

② 《共产党宣言》,《马克思恩格斯选集》第1卷,人民出版社2012年版,第399~435页。

③ 按照赫尔德的观点,全球化是指当代社会生活所有方面在世界范围内的相互联系的不断扩大,深化和加速。准确地说,是指一个(或者一组)体现了社会关系和交易的空间组织变革的过程——可以根据它们的广度、强度、速度以及影响来加以衡量——产生了跨大陆或者区域间的流动以及活动交往以及权力实施的网络。其内容包括从文化到犯罪,从金融到精神的各方面。可以细分为政治全球化,军事全球化,文化全球化,贸易全球化,金融全球化,跨国公司的生产全球化,环境全球化,人员流动的全球化等。

按照人们对全球化概念的不同理解,可以将其大致分为三派:极端全球主义者(hyperglobalizers)、怀疑论者和变革论者(transformationalists)。三派的争论主要集中在全球化的概念、动力、社会经济影响、对国家权力和治理的影响以及全球化历史轨迹五方面。赫尔德等人把全球化的形态的历史分析与6个发达国家(美国、英国、瑞士、法国、德国、日本)的命运联系在一起,从横向与纵向对比中论述了全球化对主权国家的影响。并指出,全球化对社会产生了两种完全相反的作用:它在分裂的同时也在推动着整合,在产生合作的同时也在引发着冲突,在实现普遍化的同时也在推动着特殊化。因此,全球变革的轨迹在很大程度上是不确定的。

参见[英]戴维·赫尔德等著:《全球大变革——全球化时代的政治、经济和文化》,杨雪冬等译,社会科学文献出版社2001年版,第2~14页。此外,有关全球化的参考书请见:[德]赫尔穆特·施密特著:《全球化与道德重建》,柴方国译,社会科学文献出版社2001年版;杨来科等编著:《地域的陷落》,广东旅游出版社1999年版;[德]汉斯-彼得·马丁、哈拉而特·舒曼著:《对民主和福利的进攻——全球化陷阱》,中央编译出版社2001年版;韩德强著:《碰撞——全球化陷阱与中国现实选择》,经济管理出版社2001年版;李惠斌主编:《全球化与公民社会》,广西师范大学出版社2003年版;萧琛著:《全球网络经济》,华夏出版社1998年版。

代。它不但为全球经济的发展提供了一个没有国界的虚拟大市场,而且成为推动经济全球化的有力工具。

2. 生产和消费全球化

跨国公司已成为全球化经济活动的主体。在全球贸易、投资、金融、技术(包括军事技术)以及全球文化中,跨国公司起着重要作用。跨国公司的跨国生产和提供的服务活动,促进了人员的跨国界流动以及消费的全球化。

3. 经济全球化与地区内部的生产要素的流动(包括本土的、国家的、区域性的)相辅相成

地区内经济的发展促进经济全球化,经济全球化带动和促进地区经济的发展,它们之间是一种复合的相互促进的关系。正如赫尔德所说,一方面,区域化过程推动着并且补充着全球化的深入,在这方面,经济区域化(如欧盟)并不是贸易和生产全球化的障碍,而是推动力;另一方面,这样的过程如果没有鼓励去全球化(deglobalization)的过程,那么也能够限制全球化。然而没有理由认为本土化或区域化与全球化是对立或矛盾的关系。①

4. 经济全球化促进了经济活动中统一行为规则的出现

各国经济贸易政策和法律在矛盾中求得协调。全球性、区域性多边经济组织,前者如国际货币基金组织、世界银行、巴塞尔委员会、世界贸易组织,后者如欧盟、美加墨自由贸易区、东盟、亚太经合组织等,它们制定的规则,维护着国际经济、金融秩序的正常运转。

(二) 经济全球化对国际经济法的影响

经济全球化促进了调整跨国经济交往的各种法律规范的丰富和发展。主要表现在:

1. 丰富了国际经济法的内容

(1) 信息技术和电子网络技术的发展,使电子商务成为未来经济发展的重要形式,并由此促进调整电子商务的法律规范的发展。电子商务是基于互联网,以交易双方为主体,以银行电子支付和结算为手段,以客户数据为依托的一种全新商务模式。传统的合同法、证据法、税法、司法管辖权和法律适用,如何适应电子商务模式,是立法和司法部门面临的新问题。此外,还出现了电子商务(或网络经济)本身特有的问题,如网络安全、网上知识产权的保护、网络服务商的责任、网上资金划拨和结算、网上仲裁等。1996 年和 2001 年,联合国国际贸易法委员会分别制定了《电子商务示范法》和《电子签名示范法》,2003 年又通过了《国际合同使用电子通讯公约》,为各国电子商务立法提供了蓝本;世界贸易组织 1996 年年底达成了便于电子商务发展的第一个国际协议——《信息技术协议》,1998 年 5 月又签署了《关于电子商务的宣言》。

① [英]赫尔德等著:《全球大变革——全球化时代的政治、经济和文化》,杨雪冬等译,社会科学文献出版社 2001 年版,第 23 页。赫尔德认为,本土化指特定地方的流动和网络的加强;国家化是社会关系和交易在有固定领土边界的框架内发展的过程。区域化指在国家或社会的功能性或地缘性团体之间进行和存在的众多交易、流动、网络及其交往。国际化指任何地方的两个进行多个民族国家之间的交往和相互联系的模式。而当代全球化则指世界经济中主要地区之间的贸易和金融流动,而这些地区内部的流动包括本土的、国家的及区域性的。

（2）生物技术和基因工程在造福人类的同时，也带来了一些负面效应，促使各国及国际社会制定相关法律，预防其可能产生的危害与灾难。针对转基因食品和农产品的污染和安全问题，2001年1月，由联合国《生物多样性公约》秘书处发起的生物安全问题会议在加拿大蒙特利尔召开，与会国家代表达成了生物安全议定书，议定书的适用范围包括由现代生物技术产生的、拟作田间和商品生产的转基因活生物体的越境转移。2000年5月15日至26日，《"生物多样性公约"的卡塔赫纳生物安全议定书》在内罗毕开放签字。2000年6月5日至2001年6月4日，该议定书在纽约联合国总部开放签字。2000年1月，欧委会宣布成立"欧洲食品独立权力机构"，以保障欧盟境内的食品安全。同时发表了欧盟《食品安全白皮书》，推出了一项食品安全计划。

（3）金融全球化与20世纪90年代频繁发生的金融危机，使国际社会意识到加强国际金融监管的重要性。巴塞尔银行监管委员会制定了一系列具有代表性的金融监管文件（统称《巴塞尔文件集》）。其中，最著名的有《统一资本计量和资本标准的国际协议》以及《有效银行监管核心原则》。在国际证券市场监管方面，1974年成立的证监会国际组织（IOSCO）于1994年在东京年会上通过了《关于遵守证监会国际组织相互合作协助最高标准的基本原则义务的决定》，1995年7月在巴黎年会上通过关于期权和期货市场监管机构相互合作的《温莎宣言》。

（4）知识产权的国际保护。自19世纪以来，国际社会就在致力于签订保护知识产权方面的国际公约和协定。随着计算机和网络技术的应用，经济全球化及信息在网络中的即时传播，知识产权保护在国际经济交往中显得格外重要。20世纪90年代国家之间有关知识产权保护方面的争议剧增，且有演变成为国家之间贸易战的可能。① 1989年《关于集成电路的知识产权条约》、1996年在日内瓦签订的《世界知识产权组织版权条约》以及《世界知识产权组织表演和录音制品条约》、世界贸易组织《与贸易有关的知识产权协定》等，极大地提高了知识产权国际保护标准并丰富了知识产权国际保护的内容。

2. 促进国际经济法的趋同性和多元化发展

（1）法律的趋同性发展。经济全球化促进调整国际经济领域法律规范的统一。正如赫尔德指出的，发展着的全球市场意味着需要有共同的规则来管理市场。现代经济活动的复杂性要求有一系列详细的共同法规和政策来使全球市场发挥功能。②

经济全球化在五个方面促进着国际经济法在公法和私法领域内的统一过程：第一，

---

① 2018年7月6日，美国以贸易逆差为由，向中国发起贸易战，对从中国出口的500亿美元产品加征25%关税。由于中国根据《中华人民共和国对外贸易法》采取了对等的反制措施，7月11日，美国又发布了对从中国出口的约2 000亿美元产品加征10%关税措施。8月2日，美国贸易代表声称加征税率从10%提高至25%，贸易战升级。7月11日，美国常驻WTO大使丹尼斯·谢伊（Dennis Shea）就中国贸易政策评审，在WTO作专题发言中指责中国对国有企业和其他中国公司提供优惠待遇；允许歧视性监管；制订特殊国家标准，技术转让要求；知识产权保护和执法不力；网络盗窃；过度广泛和歧视性的网络安全措施；提出跨境数据限制和数据本地化要求等。目前，这场由美国率先挑起的中美贸易战正在进行中。

② ［英］赫尔德等著：《全球大变革——全球化时代的政治、经济和文化》，杨雪冬等译，社会科学文献出版社2001年版，第246～247页。

促使全球多边经济贸易体制下法律和政策的协调和统一。典型代表如国际货币基金组织和世界贸易组织的"一揽子协议"、《联合国国际货物销售合同公约》等。第二，促进区域多边经贸法律和政策的协调和统一。如欧盟的有关指令和法律，美加墨自由贸易区协议，亚太经合组织的有关文件等。第三，促进新的国际商业惯例的形成。如《电子商务示范法》《国际商事合同通则》《国际销售示范合同》以及前述在电子商务和金融监管领域大量出现的行业自律规则等。第四，各国国内法不断完善并逐步与国际规范保持一致。从历史的发展过程看，各国的国内法与国际公约、国际商业惯例的发展并不同步。由于政治、经济、文化诸方面原因，各国国内法限于各国地理边界之内，处于相对孤立状态，彼此之间存在着较大差异。但是经济全球化的进程推动着各国法律的趋同过程，并使之在许多基本概念和大的原则方面、在实体和程序方面、在解决争议的手段方面逐渐趋向一致。在法律上出现了求大同存小异并且逐步和国际公约、国际商业惯例保持一致的局面。第五，形成了一套比较完整的解决国际经济贸易争议的机制。传统的只由国内法院处理私人之间经贸纠纷的方式越来越多地被更为灵活的"选择性解决争议方法"（alternative dispute resolution，简称 ADR）方式取代。[①]在处理私人和国家之间的争议方面，在世界银行内部产生了根据《解决国家与他国国民间投资争端公约》设立的解决国际投资争端国际中心（ICSID）。在解决国家之间经贸争端方面，有世界贸易组织解决争端机制（DSM）等。此外，还有在区域贸易集团内设立的争端解决机制，如欧盟法院、美加墨自由贸易区争端解决机制等。这些争端解决机制对有关国际公约、国际商业惯例及国内法的贯彻和执行，起到了监督和保证的重要作用。

（2）法律的多元化发展。经济全球化在促进国际经济贸易法律规范统一的同时，刺激了法律的多元化或多样化发展。特别是 WTO 成立之后，在法律全球化或法律趋同性的欢呼声中，新一轮法律多元化和区域化发展的浪潮正在席卷全球。

法律多元化发展主要表现在：第一，WTO 促进了各国国内法的发展。世界贸易组织成立后，其成员纷纷按照 WTO 的要求，在国内或颁布新法或修改旧法或废除与 WTO 不相一致的法律法规，建立起有利于执行 WTO 规则的执行体系和监督体系。第二，促进两国之间或区域集团之间签订双边条约和安排以解决两国或区域集团之间共同感兴趣的问题。围绕 WTO 多边贸易谈判，国家之间、区域集团之间的关系空前活跃，通过双边谈判解决问题蔚然成风。第三，和 WTO 多边贸易体系相呼应，许多区域经济一体化安排在深度和广度上得到进一步发展，扩大成员、拓宽经济合作领域，促使大量新的多边国际条约出现。经济全球化

① 关于 ADR，实践中有两种观点。一种观点认为，指当事人之间约定的除诉讼以外的解决争议的方法，如仲裁、调解、简易诉讼（mini-trial）等；另一种观点认为，ADR 包括除诉讼和仲裁以外的任何解决争议方式。本书此处取第一种观点。

促进新的全球性或区域性的合作,以解决在WTO中尚不能解决的问题。[①] 第四,促进新的国际商业惯例出现。借助经济全球化的东风,在传统经济领域之外诸如电子商务等高科技领域形成了新的国际商业惯例。

在全球法律多元化发展中,双边和区域性多边一体化安排显得格外突出。根据WTO统计,至2013年7月31日,共有575个区域贸易协定(RTA)向GATT/WTO通报。[②] 其中,379个区域贸易协定已经生效。经济全球化之所以带来这些新现象,其原因可以归结为:第一,主权国家的主导作用。经济全球化在促进世界各国经济贸易法律、政策协调统一的同时,促进法律多元化的发展。以WTO规则为例,全世界几乎没有哪个国家将WTO规则在本国国内法院直接予以实施,大多是通过立法转化将WTO规定的权利义务转化为国内法予以实施。就国内法院来说,它们执行的是国内法而不是国际法。WTO在建立起统一的国际贸易规则的同时,丰富了各国国内法的内容,并在国家承担国际义务的条件下,实际上全面地强化了一国国内立法、执法及司法体系和措施。第二,经济全球化给国际社会带来日益增多的复杂问题。妥善解决这些问题是对现有国际组织的组织机构和习惯规则提出的挑战。除了进一步完善或及时修改现有多边机制外,所有这些新问题的解决,只能或通过国内立法,或通过国家之间签订新的双边条约或区域性条约或新的全球多边条约的途径加以解决。改变旧机制不是一朝一夕或轻而易举能够实现的。作为替代,最简便而且高效的方法显然应当是通过签订新的双边或区域协定来完成。第三,科学技术的飞速发展提出许多新的法律问题。实践证明,不是所有的问题都必须要通过国内立法或国家之间签订条约来解决。通过民间机构、行业协会等非政府组织制定的一些自律性或示范性规则往往可以成功地解决许多棘手问题。民间机构或非政府组织(NGO)在促进新的国际商业惯例形成中发挥的作用正在得到国际社会的广泛重视。

经济全球化发展好比是在法律趋同性和法律多元化两条轨道上奔驰的火车,缺少任何一条轨道都可能导致翻车。全球法律发展的趋同性与多元性如同一枚硬币的两个方面,相互依存,共同发展。国际经济法体系就是在法律的趋同性、统一性与差异性、多样性的相互作用、相互渗透、相互促进、相互制约的过程中形成并发展起来的。

二、国家竞争力与国际经济法

(一) 国家竞争力

经济全球化的发展,加剧了国家之间的竞争。货物、资本、服务、技术、人员、信息的全球自由流动,生产、销售、消费的全球化,加速了全球统一大市场的形成。无论是发达国家、发展中国家还是最不发达国家都感受到了这种全球化带来的震荡和危机感,尤其是全球化对一国经

① 2000年拟订的《关于生物安全的卡塔赫纳议定书》是一个限制转基因食品出口的条约。条约为减少各国在转基因食品生产和贸易中的分歧发挥了重要作用。

② 它们分别按照GATT第24条、GATT第24条与GATS第5条、GATT第24条与授权条款、授权条款以及GATS第5条向GATT/WTO通报。

济发展的影响。如何振兴经济,增强一国竞争力?这是一个国家政界、企业界、学界乃至每一个人都在思考的问题。走市场经济之路,靠市场自发的力量,自由放任?还是强化政府干预,靠国家的垄断力量,强化国家参与和干预经济的力量?还是两者相结合,市场加政府干预?究竟什么是整治经济衰退、振兴国力的灵丹妙药?要回答这些问题,首先需要搞清楚,什么是国家竞争力。

美国哈佛大学经济学教授米歇尔·波特(Michael E. Porter)在传统经济学观点的基础上,提出了他的“钻石理论”。按照他的观点,[①]一国的国家竞争力是由其人民的生活水平决定的。“在国家层面上,竞争力的唯一意义是国家生产力”。国家经济的基本目标是提高人民生活水平。人民生活水平的提高,有赖于企业不断提升和创造符合时代需求的生产力。因此,归根到底,企业是提升国家竞争力的重要力量,而不是国家。而企业生产力的提高必须凭借提高产品(服务)品质、增加产品(服务)特性、改进产品(服务)技术和提高生产效率等方式实现。企业之间的竞争形成产业分工,产业分工有利于提高生产力,由此形成产业聚群。他提出,产业是研究国家竞争力的基本单位。一个国家的成功并非来自某一项产业的成功,而是来自纵横交织的产业聚群。[②] 企业的低层次竞争优势,体现在对特殊资源的优势(如地理位置、丰富的自然资源等)和成本优势上(如廉价原材料,廉价劳动力,由一般技术、设备、方法形成的规模生产等);高层次的竞争优势则体现在对高新技术的所有权(即自有知识产权)、产品及服务的差异性、取得高新技术的能力以及全球服务和客户网络、信誉等的发达方面。具有高层次竞争优势的企业不但有不断投资、研发的能力,而且有挑战的能力,由此形成有国际竞争力的全球化产业。

在这个过程中,国家起什么作用呢?波特花费了四年时间详细考察了美国、英国、德国、日本、瑞典、瑞士、韩国、新加坡、丹麦、意大利十国的产业兴衰和国家所起的作用。他的结论是,企业的竞争优势与国家环境息息相关。国家随企业兴旺而兴旺,产业一旦获益,国家成为最终受益者;企业一旦停止自我提升,该国国力就开始走下坡路。政府既可以是产业发展的助力,也可以成为产业发展的障碍。“经济的衰落可以靠政府决策来改变”,但“政府本身并不能帮企业创造竞争优势,它的效果在强化、加速产业的竞争优势”,即政府只起推波助澜的作用:(1) 国家可以自身的环境条件用国家政策引导企业的发展方向。国家是企业最基本的竞争优势,其创造并延续企业的竞争条件。这不但影响企业策略,而且是创造并持续生产与技术发展的核心。(2) 在国内,政府的角色是干预和放任的平衡。面对国内市场的激

---

① 米歇尔·E. 波特(Micheal E. Porter),美国哈佛商学院教授。里根时代曾受聘担任“产业竞争力委员会”(Commission on Industrial Competitiveness)委员,是世界各地领导企业咨商请益的知名顾问。葡萄牙、哥伦比亚、新西兰等国政府曾聘其为官员授课。其专著《竞争策略》(*Competitive Strategy*)和《竞争优势》(*Competitive Advantage*),被公认为是国际探讨竞争力的经典著作。《国家竞争优势》(*The Competitive Advantage of Nations*)是其于20世纪90年代初完成的具有重大影响的关于竞争力的又一力作。该书通过剖析全球具有竞争优势的十国领导产业的发展脉络,分析了国家与企业的关系,书中提出的观点和结论对国家和企业决策者极具深刻的思考和启发力。

② [美]米歇尔·E. 波特著:《国家竞争优势》(上),李明轩、邱如美合译,天下远见出版股份有限公司1996年版,第108页。

烈竞争,政府应采取更为公平和超然的立场,帮助企业克服惰性和依赖保护的心态,不断刺激企业的创新能力。(3) 政府可采用关税、非关税、政府采购等方式推动企业的投资形式(集中式、分散式投资形式)。(4) 政府可用教育、补贴、资金市场政策、税收、法律与规范等手段干预市场。(5) 对于企业而言,虽然市场是不分国内、国外的,但研究表明,每个国家“社会与政治的历史背景,整个社会的价值观,会影响到产业的竞争优势”。强劲的良性国内市场竞争与随之而来的长期竞争优势,是外国竞争者无法复制的。(6) 如果一国能将它的文化、经营方式和规范输出国外,则更加有利于该国服务者的国际竞争。(7) 跨国公司的据点优势来自于所在国据点,特别是母国据点的优势和战略意义。波特认为,评估一国的产业优势,不仅限于它的生产出口能力,而且还要看跨国公司是否以母国为发展基地。跨国公司一方面应当对母国有责任感,另一方面,应当将在国外的竞争优势转化为母国的竞争优势。

波特认为,国际竞争优势的衡量标准是:企业能对多国进行实际而持续的出口贸易,或在母国发展资产与技术并借以进行海外投资。两者皆是衡量国际成功的必备条件。

波特的钻石理论的创新之处在于:(1) 与亚当·斯密、大卫·李嘉图不同,波特认为,许多产业现象不能用生产因素的比较利益来解释,特别是技术的演进,足以帮助企业用以弥补一国资源的不足。全球化更使得企业不但可以结束依赖一国资源的局面,而且还可以放弃低成本和政府补贴而在全球范围内向追求技术、效率、效能的方向发展。他的功绩在于承认了政府的作用,政府可以通过政策工具的干预,全面或局部地改变生产因素的优势,而且更进一步揭示了企业和政府之间的关系。(2) 波特的理论不是静态的竞争理论,而是一种不断进化的竞争理论。其钻石理论中的各因素是彼此关联互动的。其结果是,企业(国家)可以由低级竞争优势向高级竞争优势发展,也可由高级竞争优势转向低级竞争优势。历史上号称日不落的大英帝国可以“瞬间”衰落,没有资源的战败小国日本在战后可以迅速崛起。(3) 钻石理论的各因素还受到政府和机会的影响,但波特并未将其纳入这个体系中。他认为,政府的作用不是决定性的。没有企业的基本因素,仅有政府的作用也是徒劳无益,更何况政府的作用可正亦可负。(4) 波特钻石理论建立起的竞争优势理论,将传统的“比较利益”的观点提升到“国家竞争优势”的层面。不断的“技术进步”和“创新”是这一理论的核心。

(二) 国家竞争力与国际经济法的关系

波特的“国家竞争优势”理论或称“钻石理论”给国际经济法研究带来诸多的启发意义:

第一,国际经济法应进一步加强对国际市场主体跨国公司及其行为规范的研究。跨国公司的出现是国际分工和国际经济发展的需要,也是企业发展的一种战略。企业是国家竞争力的重要力量,跨国公司是企业聚群的一种重要形式。国际经济法研究跨越国境的经济关系,首先是研究企业跨越国境的经济行为。在经济全球化条件下,企业的活动,不仅指其在本土从事的跨越国境的经济活动,更重要的是大量跨国公司之间及其内部的关联活动。这些活动你中有我,我中有你,其中,一部分具有受国内法调整的普遍意义,但其特殊性却是国内法所不能调整的。

第二,在国内法中,公司法研究本国企业的内部关系,合同法研究企业之间的契约关系。波特的“钻石理论”给我们的启发是,一个国家的竞争力取决于企业群的竞争力。研究企业,不能忽视研究企业与企业群的关系,行业与行业之间、横向与纵向之间、上游和下游之间的关系。在经济全球化的形势下,国际经济法更要重视和加强研究企业、产业、产业聚群及产业上下游之间因相互影响而产生的复杂法律问题。企业的生命力、竞争力在于创新,法律、法治的生命力也在于不断的创新。不论是立法、执法、司法都应适应企业发展和创新活动的需要,保护企业创新的持续热情和动力。

第三,加强对国家干预经济理论的法理和利弊研究。现今世界各国,通过国家参与和干预经济的方法提升国家竞争力已是不争的事实。特别是当全球经济低迷时,保护主义的“幽灵”会四处飘荡。发达国家作为世界经济发展的既得利益者,对正在奋起发展经济的广大发展中国家设下了层层壁垒,甚至不惜动用武力来维护自己的既得利益。强权仍在主导着世界的政治和经济格局。作为正在不断完善市场经济体系的中国,政府对经济的参与和干预是必要的,也是不可缺少的。但是波特理论告诉我们,政府对经济的干预不是决定性的,其效果可以是正的,也可以是负的,即政府的干预应是有限度的,是必需的、合理的,其负面效应是最小的。国际经济法研究应当从理论和实践的结合上回答:为什么以及在什么条件下政府对经济的参与和干预是必要的?在经济全球化条件下,哪些领域应是由政府垄断的行业,哪些是政府不应介入而只适合放任由私人从事的领域?国有企业的经济活动应受哪些法律约束?政府干预经济的行为应受哪些法律约束?怎样做才能将国家干预的负面效果减至最小?波特的理论启发我们,国际经济法研究可以提供各国在经济发展和法治建设中的成功经验以及各国经济发展和法治建设中失败的或不成功的教训。

第二节　国际经济法的概念、渊源和发展

一、国际经济法的概念

国际经济法是全球经济治理的法律手段,是为建立和维护国际经济秩序、调整国际经济活动和国际经济关系的法律规范的总和,即调整国际经济交往中关于商品、技术、资本、服务在流通、结算、信贷、税收等领域跨越国境流通中法律规范和法律制度的总称。国际经济法的调整范围包括:(1)有关国际贸易的法律制度与规范;(2)有关国际投资的法律制度与规范;(3)有关国际货币与金融的法律制度与规范;(4)有关国际税收的法律制度;(5)有关国际经济争议解决的法律制度。

关于国际经济法的法律地位,国际上大体可分为两派:第一派学说以英国的施瓦曾伯格、法国的卡欧、日本的金泽良雄等为代表,他们从西欧传统学说中所展开的论点和研究方法出发,主张国际经济法是国际法的一个分支,认为国际经济法是“关于经济的国际法”或“经济的国际法”。第二派学说是第二次世界大战以后,主要以美国为代表所发展起来的一

个新兴学派，代表人物有斯坦纳、瓦茨、卡茨布鲁斯特以及德国的艾尔勒、日本的左腾和男等。他们对国际经济法的研究代表了一种新的倾向和方法，其观点立足于探究及剖析跨国企业及其经济活动，以及跨国经济关系中的法律问题的特点和现实。这种研究方法认为，只有掌握跨国法律问题的实质含义，才能如实地反映当代国际经济关系中法律问题的所在及特点。在我国，持上述两种观点的学者都不少。

国际上，与传统的、有上百年历史的国际公法和国际私法相比，国际经济法是直至第二次世界大战以后才真正发展起来的一个新的法律部门。它是第二次世界大战后国际经济大发展的产物，是战后跨国公司在货物、资本、技术、服务等领域跨越国境的生产与经营活动复杂性和多样性的反映。

国际公法、国际私法、国际经济法三个学科虽然都冠以"国际"二字，但含义并不相同。国际私法的"国际"是指涉外的，国际公法的"国际"是指国家间的，而国际经济法的"国际"则是指跨越国境的。国际私法以研究冲突规范为核心，国际公法研究的问题主要以国家为主体，而国际经济法的主体虽然也包括国家、国际组织、个人、法人及其他组织，但主要是以跨国公司为主体，是调整国际经济交往中关于商品、技术、资本、服务在流通、结算、信贷、税收等领域跨越国境的流动中各种法律制度和法律规范的总称。它不再恪守传统的公法与私法、国际法与国内法的界限，而是按照国际经济关系发展的客观需要而形成的既包括公法规范、也包括私法规范的一个综合的法律体系。它以研究客观存在的跨国经济关系中的法律问题为对象，着重研究国际法规范与国内法规范二者之间的关系。

二、国际经济法的渊源

按照塞尔蒙德的观点，法律渊源（*fontes juris*）有两种不同的含义：第一是指主权国家适用的法律规则；第二是指这些规则的来源。[①] 将这两种含义归纳起来，国际经济法的渊源有：

（一）国际条约

国际条约包括双边和多边条约。这是国家在经济交往中，利益相互冲突和平衡的产物。国家之间通过签订双边和多边协定建立和协调各国之间在某一经济领域的法律关系，制定统一的行为规则。例如，调整国际货物买卖合同关系的《联合国国际货物销售合同公约》，协调各国贸易政策和法规的《关税与贸易总协定》（现在的世界贸易组织诸协定），调整海上货物运输关系的《海牙规则》《海牙—维斯比规则》《汉堡规则》《国际班轮公会行为守则公约》，以及调整知识产权国际保护的《巴黎公约》《世界版权公约》等。这些双边和多边协议为加强行业自律、建立和巩固正常的国际经济秩序起着重要的作用，是国际经济法的重要渊源。

---

① Sir John William Salmond：*Jurisprudence*，1957，p. 133，转引自［英］施米托夫著：《国际贸易法文选》，赵秀文译，中国大百科全书出版社 1993 年版，第 136 页。

（二）国际商业惯例

各国、各行业、各地区的商人们在长期的国际经济交往过程中形成了一套习惯做法，这些习惯做法逐渐为世界上多数国家所承认、采用，并形成不成文的规则、准则，有些甚至逐渐被一些国际组织加以整理编纂，成为供各国、各行业选择适用的普遍规则、标准合同等。如金融机构之间的“君子协定”、国际商会制定的《国际贸易术语解释通则》和《跟单信用证统一惯例》、伦敦保险业协会的《海上运输货物保险条款》、国际咨询工程师联合会的《土木工程（国际）合同条件》等。这些商业惯例为简化交易程序，节省时间、人力、物力、财力，减少纠纷等起了很大作用。因此，国际商业惯例在国际经济活动中得到广泛应用，是国际经济法的重要渊源之一。

（三）国内立法

各国的国内立法（或一国国内立法中的涉外部分）包括成文法和判例法，是国际经济法的渊源之一。国内立法的制定以主权国家为基础，在国际经济交往中，各国及当事人都以相互尊重国家主权、尊重对方国家的法律制度为基础。当我们承认国际公约和国际商业惯例作为国际经济法的渊源时，不得不承认各国国内法也是国际经济法的重要渊源。因为主权国家不是孤立地存在于世界上，各国的经济交往和扩大必然导致各国国内法的相互抵触和相互影响，产生出制定指导各国行动的共同原则和行为准则的要求。这些共同原则和准则不是从天上掉下来的，也不是立法者头脑中固有的，而是扎根于各国国内法之中并为各国认可和遵守的共同行为准则。离开了国内法实践，国际条约和国际商业惯例就是无源之水，无本之木；离开了主权国家的认可和执行，国际公约和国际商业惯例也将是一纸空文或无的放矢；凡是没有形成国际条约和国际商业惯例的领域，仍旧由国内法指导各国当事人的行动。

（四）国际组织决议

许多重要的国际组织如联合国、世界贸易组织、国际货币基金组织、世界银行等的决议和规定，已成为国际经济法的一般原则。例如，在国际贸易方面，世界贸易组织的无条件最惠国待遇已成为指导国家间经济贸易活动的基本原则。1962 年联合国大会通过的《关于天然资源之永久主权宣言》确认了各国对天然财富与资源的永久主权；提出了以国家安全、公共利益为目的的国有化、征用的合法性以及将有关争端尽量诉诸国内管辖的原则。1971 年 77 国集团通过的《利马宣言和行动纲领》提出了发展中国家有权充分参加改革世界贸易和货币制度的磋商和决策等原则。这些原则经 1974 年联大通过的《建立新的国际经济秩序及行动纲领》和《各国经济权利和义务宪章》得到进一步确认和具体化。这些决议和主张已成为发展中国家和发达国家之间发展贸易、投资关系的基本准则。因此，国际组织、特别是第二次世界大战后成立的国际组织的决议已成为国际经济法的重要渊源。

三、国际经济法的产生和发展

国际经济法的产生是伴随着两次世界大战以后出现的一个新的法律部门——经济法而出现的。"奠定经济法的哲学思想是经济的可操纵主义。即家长式统治的国家可以通过公共利益限制当事人的'意思自治'这一思想。"在此基础上产生的凯恩斯经济理论主张国家对经济、工业以及金融事务进行全面干预。表现在:

(1) 第二次世界大战时的经济政策以及战后为恢复经济,国家不得不抛弃传统的对经济的"自由放任"转而进行全面控制和干预,继而出现了如外汇管理制度、进出口许可证制度、配额制度、高科技出口管制制度等。

(2) 19世纪西方各国相继确立的股份有限公司制度,在经济上加速了资本和生产的进一步集中和垄断,出现了民间自治的卡特尔,继而发展成为跨越国境的国际卡特尔。在此背景下,出现了诸如证券交易和管理法、反托拉斯法、投资法等法律。

(3) 经济交往的扩大,资产阶级政权与垄断资本相结合,加深了国家之间的相互依赖和合作,又导致了国家之间利益的矛盾和冲突。为了缓和这种冲突,调整各国之间的经济关系,国家之间签订了大量的双边协定、多边协定。如避免双重征税协定、投资保护协定、贸易与支付协定、《保护工业产权巴黎公约》、《联合国国际货物销售合同公约》、《关税与贸易总协定》等。第二次世界大战后统一法运动发展达到高峰,这正是对国家之间利益相互冲突,而又相互依赖、相互合作关系的反映。

(4) 为满足国家间经济合作的需要,导致了各种形式的跨国家、跨地区、跨行业的国际经济组织的建立。如世界银行、国际货币基金组织、石油输出国组织、欧洲经济共同体、安第斯条约组织、亚太经合组织以及世界贸易组织等。

(5) 第二次世界大战后,出现了许多社会主义国家。20世纪60年代民族解放运动的兴起,诞生了许多新国家。在政治经济发展过程中,这些国家积极投入到了要求改变旧的国际经济秩序、建立新的国际经济秩序的斗争中,随之出现了反映和维护第三世界国家经济利益的新的法律原则和制度。例如,联合国的经济权利宪章和行动纲领,针对发展中国家的普遍优惠制的建立,对跨国公司和技术转让中限制性商业做法的监督和管理等。

(6) 第二次世界大战后,物质的发展和文明的进步使得各国政府对生态环境和劳工福利问题更加重视和关注。出于对消费者利益、中小工商业者、小投资者、雇员利益的保护,出现了消费者权益保护法、促进中小企业发展法、环境保护法等。

(7) 随着第二次世界大战后科学技术的迅猛发展,高、精、尖技术、航空航天技术、国防以及有关公用事业,如交通、能源、广播、通信、邮政等部门的发展,不但需要国家在人力、物力、财力上大力扶持和鼓励,而且需要国家直接参与经营管理,甚至垄断。

因此,国际经济法的产生和发展是第二次世界大战后世界经济大发展的产物,是货物、资本、技术、信息、人员、服务等在跨越国境的经济活动中的复杂性和多样性的反映。

四、中国的“一带一路”倡议与国际经济法

21世纪，在世界经济普遍低迷、贸易保护主义甚嚣尘上的情况下，中国重返“丝绸之路”，提出了“一带一路”倡议，立即获得了国际社会的广泛响应。“一带一路”倡议是怎么回事？它对国际经济法的发展会带来怎样的影响？为此，有必要简单耙梳一下中国古代“丝绸之路”的历史，从古代中国的市场及市场主体、商品及市场交易、运输方式及运输工具、支付手段、政府对市场的管理、法律及争议解决等几方面，观察它对当时世界经济秩序及其规则产生的影响。

（一）古代中国的“丝绸之路”

自古以来，一国是否开放离不开思想的指引。古代中国的经济思想，可追溯自先秦诸子对农、工、商的评价。商鞅相秦前，农工商并重，“地无四方，民无异国”①，主张对外贸易开放，各国物资互相交流。② 以后，秦采取了重农抑商的政策。及至汉武帝时形成了以曹参为代表的道家“无为而治”“因循为用”自由放任的经济思想和以晁错、贾谊、董仲舒为代表的儒家思想，即统制的计划经济思想。两种思想不断交锋，演绎出历朝历代种类繁多、内容不尽相同的经济法律和财政政策，一直影响着中国。③

1. 汉代的“丝绸之路”

秦统一中国后，将战国时代四分五裂各自为政的旧经济制度一律取消。商鞅富民强兵，奖励农业生产、抑制商贾，论军功赏以爵禄，重新建立全国统一的货币制度和度量衡制度，“车同轨，书同文”等一系列措施，为汉及古中国后世的经济发展奠定了基础。

两汉时（公元前206年—公元220年），中国与境外之异民族已有商业关系。在长安、洛阳都设有“蛮夷邸”④。汉武帝通西域后，西北陆路日渐发达；东汉时班固出使西域，贸易直达地中海，接触罗马等国，中国的丝绸由此传入罗马。⑤ 从三国到南北朝，中西交通一直没有中止过。汉代的产丝地以山东、四川为盛，生产的丝织品已有绫、罗、绸、缎、锦、纱、绢、缯、縠、绮等十余种。据近代“丝绸之路”的考古发掘，在玉门关附近发现了一匹东汉时产的缣，上书“任城国亢父（今山东济宁）缣一匹，幅广2尺2寸，长4丈，重25两，值钱六百一十

---

① 《史记·李斯列传》。

② 钱穆讲授：《中国经济史》，叶龙记录整理，北京联合出版公司2014年版，第33页。

③ 关于这两种经济思想的详细介绍与分析，参见李剑农著：《中国古代经济史稿》，武汉大学出版社2006年版，第242～268页。此外，按照钱穆先生的观点，汉代的许多制度，是学自秦代，在汉代定型而确立。钱穆先生认为，统制的计划经济，自经济的立场言，亦可说是社会主义经济，也可说是人道主义、文化主义的经济思想。中国历代轮番采用上述两种不同的经济思想，形成中国政治的复杂之处。钱穆讲授：《中国经济史》，叶龙记录整理，北京联合出版公司2014年版，第51～55、58页。

④ 李剑农著：《中国古代经济史稿》，武汉大学出版社2006年版，第201页。

⑤ 钱穆讲授：《中国经济史》，叶龙记录整理，北京联合出版公司2014年版，第225页。

八”[①]。沿着丝绸之路,中国的丝绸自西输送到波斯、印度、罗马等欧亚诸国;向东输传至朝鲜,再达日本。[②] 除丝绸之外,根据乐浪(即今朝鲜平壤)发现的汉墓出土,当时的出口商品还有精美的漆器。汉代,江西景德镇已设窑厂烧制瓷器,南北朝时政府更设立烧制陶瓷的机构,东西甄官瓦署进行监督。南方的“缥瓷”、北方的“白瓷”成为当时堪称精品的两大瓷器派别。[③] 战国时即开始的大规模水利工程,至汉得到进一步推广。据《史记·河渠书》《汉书·沟洫志》记载,当时晋民挖龙首渠发明的井渠法,后由中国传至西域及波斯。[④]

汉代的运输工具主要是车、船。所谓“南船北车”。船有木船、陶船两种。据《史记·平准书》记载,“楼船,高十余丈,旗帜加其上,甚壮”。当时打击南越,南方已有楼船卒20余万人。有楼船司专门负责官府造船。广东出土的东汉墓葬曾有陶船模型,船前有锚,船后有舵,两舷各有司篙船员的走道。另一处东汉墓发现一木船,船上建有层楼,有桨十,橹一,多数木板上有五色彩绘花纹。说明当时已有很发达的造船业。[⑤]

古代中国商人被称为“贾”。汉武帝轻商,“贾人不得衣丝乘车”,国家向有车船的商人征收“算商车”,“重租税以困辱之”[⑥]。尽管如此,至文景帝时,都市里已形成商肆林立的商业区域。商人已可分为盐铁商、运输转贩商、囤积商、高利贷商、榷会与辜榷(即中介商人,后者为独占中介)。《史记·货殖列传》记载,“今法律贱商人,商人已富贵矣;尊农夫,农夫已贫贱矣”。可见当时商业势力已大表见。[⑦] 贵为帝王者亦学做商贾。[⑧] 商人和贵族相结托,贵族官府受商人垄断盘剥“乘上之急,所卖必倍”之事常有之。[⑨]

随着西北通道与西南通道开通,对外商业活动逐步增多。汉代的对外贸易,可以概括出如下特点:(1) 陆路多于海上;(2) 限制多于鼓励;(3) 边关定期互市多于自由输出入;[⑩] (4) 贸易多为官府经营;(5) 货物出境需先得“符传”之许可证;(6) 为防蛮夷之故,兵器、铁严格禁止出口;(6) 当时中国商品之远播,皆属间接交换,依《后汉书·大秦传》记载,中国丝织品之输入大秦(今罗马),实经安息(今伊朗高原)商人之手,然安息商人所得汉之缯彩,亦间接由西域诸国得之;(7) 自秦汉建立至晚清实行了2 000多年的朝贡制度,既是古中国的

---

① 罗振玉、王国维编著:《流沙坠简》,中华书局1993年版;钱穆讲授:《中国经济史》,叶龙记录整理,北京联合出版公司2014年版,第91页注4。

② 除了西北陆路,根据《史记》记载,张骞出使大夏归来,说他居住大夏时,见过蜀地的布和邛地的竹杖,问当地人,这些东西从什么地方来,回答的人说,“从东南的身毒国,大约在几千里外,能够和蜀地的人做买卖得来的”。在张骞的鼓动下,当时汉曾派王然于、柏始昌、吕越等在云南滇国国王的帮助下,试图从西夷以西的地方寻找通往身毒国更短的路。《史记·西南夷列传第五十六》。

③ 钱穆讲授:《中国经济史》,叶龙记录整理,北京联合出版公司2014年版,第147~148页。

④ 李剑农著:《中国古代经济史稿》,武汉大学出版社2006年版,第138页。

⑤ 钱穆讲授:《中国经济史》,叶龙记录整理,北京联合出版公司2014年版,第97页。

⑥ 钱穆讲授:《中国经济史》,叶龙记录整理,北京联合出版公司2014年版,第50页。

⑦ 李剑农著:《中国古代经济史稿》,武汉大学出版社2006年版,第196~198页。

⑧ 钱穆讲授:《中国经济史》,叶龙记录整理,北京联合出版公司2014年版,第161页。

⑨ 李剑农著:《中国古代经济史稿》,武汉大学出版社2006年版,第369页。

⑩ 李剑农著:《中国古代经济史稿》,武汉大学出版社2006年版,第202~206页。

政治制度、外交制度,也是一项重要的贸易制度。①

汉代通行五铢钱,市场交易可以实物交易,亦可用金银支付(马蹄金、麟趾金和饼金同时流通,一直到魏晋南朝)。但对外贸易的支付工具主要是黄金、白银。汉代黄金1斤值万钱。尽管无法律明文规定金、银是货币,但事实上以货币形式流通于市场。②《汉书·食货志》云:"珠玉龟贝银锡之属,为器饰宝藏,不为币,然各随时而轻重无常。"即金、玉与其他饰物一样,虽非法定货币,但可以通用且其价格乃以市场货物多寡而时高时低。

在中国古代的法律文书中,契约是最重要的法律文书形式。"中国古代的契约关系是较为发达的,形式多样,内容详备。""民事法律文书的约束力,对于中国古代社会财产关系的保护和经济秩序的维持,起了一定的积极作用"③。

早在周代,就有"听买卖以质剂"之说。④ 质剂即古代买卖契约。缔结财产买卖的契约,除了双方各执一半,官府也保留一份,作为调整纠纷的根据。"西周金文民法"中即有契约的记载。汉代最发达、最典型的契约已有买卖、雇佣、租赁、租佃、借贷、合伙、承包、信托、遗嘱继承等。⑤ "民有私约如律令"这一合同习语,见于出土西晋的《杨绍买地砖》,亦称《杨绍买地券》或《杨绍买地莂》。其全文如下:"大男杨绍从土公买冢地一丘。东极阚泽,西极黄滕,南极山背,北极于湖。直钱四百万,即日交毕。日月为证,四时为任,太康五年(公元284年)

① 中国学者认为,虽然朝贡制度的大规模实践源自于秦汉王朝大一统时期,但其思想渊源,却是先秦的思想文化和制度,即夏初大禹时期的"任土作贡"这一思想。"五服制的兴起与实践为朝贡制度奠定了可行的实践基础。"参见王小红、何新华著:天下体系:一种构建世界秩序的中国经验,光明日报出版社2014年版,第74~75页。书中两位作者详细研究了自秦汉至明清的朝贡制度(第74~102页)。作为一项制度,朝廷对朝贡程序(贡期、贡道、朝贡规模)、献贡礼仪、朝贡人数、船只数量、贡品及数量、回赐、册封、沿途饮食住宿、组织和管理朝贡事物的机构、手续以及朝贡贸易活动都有十分明确的要求和法律规定。研究认为:朝贡制度是汉朝经营和控制西域的重要手段(第76页)。唐朝时朝贡制度更加完善、规范化、法制化,具有明显的政治性和程序性;管理制度渐趋严密;唐朝对各民族政权和海外诸国的朝贡,采取"计价酬答,务从优厚"的原则,对前来朝贡的国家具有很大吸引力(第81页)。至明朝,由于海禁政策的实施,民间贸易受到很大影响,朝贡与贸易完全结合起来,实行"有贡才有市"的原则,各国只有通过朝贡的形式与明打交道,促使各国来华朝贡的繁荣。所以称明时朝贡制度具有特别典型的意义,进入完全成熟和辉煌的时期。朝贡贸易的特点是,贡使携带的贡品通常分为两部分:一部分称为正贡,即向朝廷所献之物,所占比例很小;另一部分是允许携带来京可以进行贸易的物品,称为附贡。根据"有物则赏,有贡则赏"的原则,除了正贡的回赐外,官府对附贡往往以高于实际价格数倍的估价进行收买,加上明初对贡使所携带物品免税的政策,激发了朝贡国的热情,但给朝廷带来沉重的财政负担。明中后期,朝廷开始对贡物抽分。1567年,海禁被迫解除,朝贡贸易不再是唯一的贸易形式(第88~90页)。清朝基本延续明朝做法。由于意识到周边国家与边境政权的区别,清朝设立了二元管理机构,由礼部与理藩院分管不同的朝贡事物。清朝允许两种形式的朝贡贸易:贡使携带的货物,愿到北京贸易,则听其自运,允许开市3至5日,通常在会同馆进行;愿在边境处贸易,则在当地督抚委派的官员监视下进行,并实行免税政策(第95、96页)。

② 钱穆讲授:《中国经济史》,叶龙记录整理,北京联合出版公司2014年版,第106~107页。

③ 张晋藩:《论中国古代民法研究中的几个问题》,载《政法论坛》1985年第5期。

④ 《周礼·天官·小宰》。关于中国古代契约的研究,请参见乜小红著:《中国古代契约发展简史》,中华书局2017年版。

⑤ 孔庆明、胡留元、孙季平编著:《中国民法史》,吉林人民出版社1996年版,第148页。

九月廿九日对共破莂。民有私约如律令。”①“民有私约如律令”可以视为当事人意思自治的体现，在古代人的眼里，契约对当事人具有法律拘束力；官府亦承认民间私约的法律效力②；还可以看出中国古代合同法律思想的成熟与发达。③ 有学者认为，中国古代无论是调解还是判决，民间纠纷凡涉及私约的，都要“调契查验”，以为判断依据，体现了契约“如律令”的法律效力。④ 这些约定，实比1789年《法国民法典》关于“当事人之间的契约在当事人之间具有法律效力”的规定，至少早了1 500年。

2. 唐宋时期的“丝绸之路”

唐代（公元618—907年）被黄仁宇先生称为最具有世界主义色彩的朝代。⑤ 唐初由于失去对西域的控制，陆上丝绸之路“道路梗绝、往来不通”，丝绸之路遂由陆路转向海路。根据隋朝大地理学家裴矩⑥汇集西域44国风土物产所著《西域图记》记载，当时自敦煌到西海的印度洋、波斯湾及地中海，有三条通道：北道从伊吾（今新疆哈密）到东罗马帝国再达地中海；中道从吐鲁番附近经穆国（今乌兹别克斯坦）到波斯（今伊朗），再达波斯湾；南道从新疆鄯善经帕米尔高原至北婆罗门（今印度），以达印度洋。⑦ 7世纪至10世纪期间，海上丝绸之路迅速发展起来。当时的海上丝绸之路主要通道有两条：一条是自登州（山东蓬莱县），海行入高丽的渤海道；一条是从广州出航，经越南、马来半岛、苏门答腊等地，至印度、锡兰，再西至大食（阿拉伯）。据《新唐书》《旧唐书》记载，中国商人的足迹，可寻至安南、东南亚、中亚及非洲。尤其与波斯、朝鲜、日本、缅甸各国往来密切。⑧

---

① 此外，已发现的还有《潘延寿买地砖券》写有“有私约者当律令”，《曹仲成买田铅券》上写“知券约，口如天帝律令”等。清代杜春生撰、詹波馆刻本《越中金石记》选录了《杨绍买地莂》并载明：“《十驾斋养新录》十五云：山阴童二如游洛阳，得此石刻。”著名历史学家范文澜先生点校的《文心雕龙注》将《晋杨绍买地券》看作中国古券契的典型例证，参见李显冬：《民有私约如律令考》，载《政法论坛》2007年第3期。刘屹提出，墓券中所有的买地契约都应该是虚构的，都不足以用来作为土地买卖的参考资料，参见刘屹著：《敬天与崇道——中古经教道教形成的思想史背景》，中华书局2003年版，第46页。张传玺认为，买地券文脱胎于人间土地买卖契约，参见张传玺著：《契约史买地券研究》，中华书局2008年版。乜小红、张晋藩同意此观点，参见乜小红著：《中国古代契约发展研究》，中华书局2017年版，第30页；张晋藩：《论中国古代民法研究中的几个问题》，载《政法论坛》1985年5月。

② 张晋藩：《中国法制历史简谈》，载《光明日报》1986年12月3日。

③ 李显冬著：《从〈大清律例〉到〈民国民法典〉的转型——简论中国古代固有民法的开放性体系》，中国人民公安大学出版社2003年版。

④ 童光政著：《明代民事判牍研究》，广西师范大学出版社1999年版，第4页；李显冬著：《从〈大清律例〉到〈民国民法典〉的转型——简论中国古代固有民法的开放性体系》，中国人民公安大学出版社2003年版，第45页。

据《宋刑统》卷26记载：“及卖田宅……皆得本司文牒，然后听之。”在契约上加盖官印的称为红契，是官府承认业主所有权的凭证，遇有争讼以红契为凭，“凡人论诉田业，只凭契照为之定夺。”凡“交易有争，官司定夺，止凭契约”“考察虚实，则凭文书”。显然宋时物权与债权制度业已相当完备。

⑤ 黄仁宇著：《中国大历史》（第二版），生活·读书·新知三联书店2007年版，第118页。

⑥ 裴矩，字弘大，山西闻喜人。初仕北齐、北周。隋炀帝时，被朝廷委派主持与西域及西方各国的贸易和联系。著《西域图记》三卷。钱穆讲授：《中国经济史》，叶龙记录整理，北京联合出版公司2014年版，第225页。

⑦ 见《隋书》，钱穆讲授：《中国经济史》，叶龙记录整理，北京联合出版公司2014年版，第225～226页。

⑧ 钱穆讲授：《中国经济史》，叶龙记录整理，北京联合出版公司2014年版，第238～239页。

除了精美的丝绸，中国古代还有宴饮时以茶代酒的习俗。[①] 至南朝，饮茶更为盛行。唐代陆羽著"茶经"，称茶为南方之佳木。唐、宋时的海上进出口商品品种明显增多，且不仅限于宫廷所用奢侈品。除了丝绸、瓷器、漆器之外，还有茶、酒、糖、米等；进口商品主要有香药、象犀、珊瑚、琉璃、珠钊、宾铁、鳖皮、玳瑁、车渠、水晶、蕃布、乌樠、苏木等。其中香药种类繁多，数量甚大，价值也高。时有禁止者，如金银、铜器、铜钱。为防"紊中国之法"，禁止贸易的还有兵器及可造兵器之物、一部分书籍以及外国货币进口。

唐代的海外贸易之繁盛，还表现在出现了像广州、泉州、杭州、扬州这样的大贸易港，可与今日之上海、香港媲美。根据阿拉伯史书记载，庞勋作乱时，在广州做生意的波斯、阿拉伯等外国人被杀死者有12万至20万人之众。田神功攻打扬州，被杀之胡商数千人，[②]《太平广记》中记载了许多关于波斯人在扬州、长安经商的故事。唐天宝年间，吐蕃在西北地区生乱，4 000胡客不能归国而滞留长安。朝廷拨款50万缗以供给养。由于此4 000人无一人愿意归国，于是均留华任职兵马使或掌管仪仗侍卫的官。只剩下十余人仍需依靠中国政府给养。[③] 以上记载可证当时外国人在华经商及居留之多。

唐代的造船材料已多用坚硬耐用的楠木。船有内河船和海洋船之分。有官员自造的海洋船从事海上贸易，其所造船舶按载重量大小可分为1 000料船、2 000料船与5 000料船。[④]唐太宗时，阎立德在江西南昌造浮海大船500艘，自东海、黄海直上高丽。在四川建造的讨伐高丽的战船长100尺、宽50尺。此外，还有能远航至红海的商船。[⑤] 唐代还有金属制造的铜船。《岭表录异》记载，每岁，广州常发铜船，过安南货易，路经调黎深阔处。可见唐代更为开放，私营经济及对外贸易和海运更为发达、繁盛。

唐初创制的"开元通宝"在中国钱币史上具有重要意义。[⑥] 为了汇兑便利，民间出现了"飞钱"[⑦]（支票）。由于丝绸之路上的一些国家，如大月氏（今阿富汗境内）、安息（今伊朗高原）、大秦（今罗马）、南天竺、扶南等国，均重视使用金银，所以在其与中国的交州、广州地区（今日的广西、广东）交易时，皆用金、银。《隋书·食货志》记载：梁初惟京师及三吴、荆、郢、

---

① 《三国志·吴书·韦曜传》，吴主孙皓"或密赐茶荈以当酒"。钱穆讲授：《中国经济史》，叶龙记录整理，北京联合出版公司2014年版，第152页注3。

② 钱穆讲授：《中国经济史》，叶龙记录整理，北京联合出版公司2014年版，第228页。田神功（？—767），河北南宫人。唐朝大将，参与平定安史之乱有功于国，此后又参与平定淮西节度使李希烈的叛乱，但也纵兵祸乱了富庶的江淮地区。参见《旧唐书·田神功传》.

③ 钱穆讲授：《中国经济史》，叶龙记录整理，北京联合出版公司2014年版，第230页。

④ 钱穆讲授：《中国经济史》，叶龙记录整理，北京联合出版公司2014年版，第225页。

⑤ 李肇《国史补》及《大唐和尚东征传》所记唐代南海广州之巨大商船，阔深数丈者，大抵皆来自师子国、婆罗门、波斯、大食等外国。李剑农著：《中国古代经济史稿》，武汉大学出版社2006年版，第667页。

⑥ 其一，确定了开元通宝法定钱币的意义，即仅认其为货物交换之工具，不复认之为货物。其二，改变了自秦以来的货币权量之单位名称。秦以两之下为铢，24铢为一两；唐以两之下为钱，10钱为一两。李剑农著：《中国古代经济史稿》，武汉大学出版社2006年版，第473～474页。

⑦ 李剑农著：《中国古代经济史稿》，武汉大学出版社2006年版，第496页。

江、湘、梁、益用钱，其余州郡则杂以谷帛交易，交广之域则全以金银为货。[①] 唐代不收商业税，但收船税，称为“舶脚”。设专门的管理机构“市舶司(使)”管理市舶贸易。[②]

当时外国人在华人数甚多，以至于《唐律》中第一次专门就外国人在中国婚姻、财产继承乃至争议解决的管辖权及适用法律等方面作出规定。根据《唐律》，居住于中国境内的外国人可以娶中国女子为妻，但中国法律不正式承认此女为外国人之妻室，如该外国人返国，不得携同中国女子出境，以免其在外国受欺凌。外国人在华经商病故，其遗产由中国政府代管。逾期三个月未见有遗族来领会，则没收之。后因嫌时间太短，法律改为无限期延长，其遗族如能提出可靠之证据，政府可随时发还。《唐律·名例》篇规定，“诸化外人，同类自相犯者，各依本俗法；异类相犯者，以法律论”。《唐律疏议》解释“化外人”，指“蕃夷之国，别立君长者”，即今日的外国人。当罪刑(争议)涉及外国人时，其处理原则是：如果两个同国籍的外国人之间在中国发生争议，由外国人自己处理；如果不属同一国籍的两个外国人之间或一方为中国人在中国发生争议，则该案由中国人出面按中国法处理，因“各有风俗，制法不同”。[③] 用现代的语言解释，即争议双方属同一国籍的外国人，在中国发生争议时，适用该双方当事人的本国法(即该外国法)解决争议。[④] 如果一方是中国人或争议双方是不属同一国籍的外国人，则由中方按照中国法来处理。[⑤] 这体现出唐代中国对化外人的平等、宽容及对中华法律文明的自信。[⑥] 另外，据《龙筋凤髓判》主客“吐蕃使人请市”条，士子张鷟在没有现存制度规定吐蕃贸易的情况下，结合人情、事理作出“听其市取，实可威于远夷；任以私收，不足损于中国。宜顺其性，无阻蕃情”的判断。[⑦]

唐后，在赵宋统一中国之前，受五代十国群雄割据以及东北辽契丹、西北蒙古女真之压迫的影响，中国经济重心南移。宋廷一方面需养重兵以备之，另一方面，经济财政上的规忼，承唐末五代之弊未经改革，国力孱弱，史称弱宋。然而，无论是农业、手工业、商业、交通运输

---

① 钱穆讲授：《中国经济史》，叶龙记录整理，北京联合出版公司 2014 年版，第 157 页。

② 钱穆讲授：《中国经济史》，叶龙记录整理，北京联合出版公司 2014 年版，第 228 页。

③ 钱穆先生称中国唐代就有了“治外法权”。钱穆讲授：《中国经济史》，叶龙记录整理，北京联合出版公司 2014 年版，第 230 页。

④ 叶孝信主编：《中国法制史(新编本)》，北京大学出版社 1996 年版，第 174 页。据齐湘泉教授考证，至少在公元前 195 年中国就出现了由皇帝颁旨解决法律域内效力和域外效力的冲突。高祖亡，匈奴单于冒顿依据与汉设定的“昆弟”关系提出，按匈奴“兄弟死，皆取其妻妻之”的所谓“收继婚”习俗应适用于高祖遗孀汉太后。当时汉朝的儒家思想与其西北方的匈奴、乌孙国的法律与习俗存在冲突。该案第一次提出匈奴习惯法是否在汉朝具有域外效力，以及汉朝是否承认匈奴习惯法的域外效力问题。为解决这一冲突，武帝、元帝分别颁旨，令“和亲”的汉女从其风俗。

⑤ 对于买官卖官者，《唐大诏令》七十二乾苻二年(875 年)南郊赦文：“自今以后，有入钱买官。纳粮求职，败露之后，言告之初，取与同罪……其钱物等，并令没官，送御史台以赃罚收管。如是波斯蕃人钱，亦准此处分。其柜坊人户，明知事情，不来陈告，所有物业并不纳管，严加惩断，决流边远。”

⑥ 明万历三十六年(1608 年)，澳门陷入混乱。香山知县蔡善继平息了骚乱。事后制定了《制澳十则》，对违法葡萄牙人严厉惩处。葡萄牙人犯罪，可由葡萄牙人自行处置。牵涉华人的，需交中国官员审判。与《唐律疏议》相比，如果澳门的葡人如与一个非葡人的外国人在澳门犯罪，当由谁处理，规定得并不清楚。

⑦ 参见朱仕金：《唐宋判文演变的法律文化探析》，载朱勇主编：《中华法系》(第八卷)，法律出版社 2016 年版，第 109 页。

业、科技、文化，还是对外贸易，宋代都有不俗的表现。此时，农业较前朝有了很大的发展，特别是灌溉工具和棉业较发达，[①]出现了农业和机织手工业的分离。宋瓷始有花，且出现了艺术化倾向。有名的“柴窑”所出瓷，“青如天，明如镜，薄如纸，声如磬，滋润细媚，有细纹，制精色异，为古来诸窑之冠”。[②] 除“柴窑”外，出现了“哥窑”“官窑”“汝窑”“均窑”“定窑”，即宋代有名的五大名窑。此外，景德镇窑也于此时成名，至明清取代五大名窑成为瓷业中心。[③] 据孙毓修《雕版源流考》，“书籍之有雕版，肇自隋时，行于唐世，扩于五代，精于宋人”。宋庆历中，布衣毕昇发明胶泥活字版，[④]不但促进文化发展，也促成书坊业、造纸业、彩帛铺印染业的翻新发达。由于铁(铜)钱携带不便，宋太宗淳化至道间，出现了始发于民间后由官府发行的纸币“交子”。特别值得一提的是，宋代的海上运输与海上贸易达到了空前繁盛的程度。在航海技术工具与设备方面，磁石指南针的发明和使用，至少早于西欧200年。[⑤] 在海船制造方面，宋以后，出入中国海口之巨大商船，中外皆有之。海上航线，已由交广闽浙江淮扩至密州(今青岛)附近。《宋史·食货志》“市舶”条列举的航程有“大食、古逻、阇婆、占城、勃泥、麻逸、三佛齐诸蕃”。宋人赵汝适《诸蕃志》记载，用瓷器相博易之地，有占城、真腊、三佛齐、单马令、绫牙斯、佛罗里、蓝无里、阇婆、南毗、层拔、勃泥、麻逸、三屿等十余处。其中南毗即今印度洋西海岸；层拔即桑巴，今非洲海岸。清光绪年间，中英人曾在此处掘得宋代铜钱，说明宋时之海外航程，已达非洲海岸。[⑥]《宋史·食货志下》“互市舶法”条称，“凡大食、古逻、阇婆、占城、勃泥、麻逸、三佛齐著蕃，并通货易，以金银、缗钱、铅锡、杂色帛、瓷器，市香药、犀象、珊瑚、琥珀、珠琲、镔铁、鼊皮、玳瑁、玛瑙、车渠、水精、蕃布、乌樠、苏木等物”。对外贸易出口仍以丝织物与瓷器为主。唐宋的开放与商业经济的发展促进了科技发展，使得古代中国的对外交往，包括货物、技术、文化、人员往来等，都达到鼎盛时期。

钱穆先生认为中国唐代以前可称为古代社会，宋代之后，可称为近代社会。[⑦] 南宋的林勋写了一本重要的“本政书”，提出“经济为政治之本”的学说，其提出的经济贸易中的人本

---

① 早在汉三国时期，棉布已由西北陆路和东南海道输入中国，史称“白叠布”但不多见。入宋以后，中国东南闽岭各地种棉渐多。至晚明，棉业已普及全国且能辨别棉种之优劣。李剑农著：《中国古代经济史稿》，武汉大学出版社2006年版，第590页、第593页、595页。

② 《陶录》卷七。

③ 据日本小村俊夫统计，宋代瓷窑窑名可考者计28处。参见《东亚经济研究》第八卷，引自李剑农著：《中国古代经济史稿》，武汉大学出版社2006年版，第604、605页。

④ 见沈括：《梦溪笔谈》。

⑤ 欧洲使用磁石指南针始于1303年(中国元成宗大德七年)相传由意大利人初为之，盖由阿拉伯人得之于中国而传入欧西者。而记载此项发明的沈括(《梦溪笔谈》卷二十四《杂志》)和朱彧(《萍洲可谈》)均为北宋人，两部著作分别成书于1063年(宋仁宗嘉祐八年)和1119年(宋徽宗宣和元年)。李剑农著：《中国古代经济史稿》，武汉大学出版社2006年版，第664~665页。

⑥ 李剑农著：《中国古代经济史稿》，武汉大学出版社2006年版，第669~670页。

⑦ 钱穆讲授：《中国经济史》，叶龙记录整理，北京联合出版公司2014年版，第248页。

思想，比亚当·斯密和马克思都早得多。[①]

3. 元明清的"丝绸之路"

元朝，自忽必烈入主中国，规仿汉制，始定国号"元"（公元1271年—1368年）。[②] 辽金战乱，桑麻农业受到摧残。蒙古族，作为草原民族，初不知田地之功用，将田地尽变牧场以养牛马。元世祖统一中国后开始"劝农"。颁发《农桑辑要》一书分送全国各地，建立"劝农司"，派劝农官到各处指导农业。[③] 元代的突出成就在于完成了近代中国之地方区划和地方制度，这些制度自唐宋以来几经变化，至元始得奠基；并实现了北方各省之民族如契丹、女真民族的同化。此外，蒙古人的马蹄所及，无意中在东西方文化史上留下重要价值和影响。[④] 1229年以后，元人的兵力打通了自唐宋后期久已断绝的西域交通，丝绸之路再度繁荣。英国霍沃尔特（Hetty H. Howorrth）所著《蒙古史》记载，"蒙古西侵，乃将昔日阻塞未通之道途，尽开辟之，而使一切民族种姓，聚首相见"。法国《东方史》学家莱弥萨（Abel Remusat）总结了蒙古西侵的影响：第一，宗教文字传播：叙利亚的聂斯托利派（Nestorians）因蒙古西侵而传布中国。1280年罗马教皇使者抵达中国时，已有聂斯托利派寺院12所。喇嘛教之创兴，实与聂斯托利派之采取。蒙古的畏吾儿文字亦是由聂斯托利派教徒凭借叙利亚文字有所贡献，才形成蒙古之通用文字。第二，物质、技术方面的交流。蒙古人将中国的罗盘、指南针、火药、木版雕刻之印刷术、纸币、纸牌、算盘、传于欧洲，欧洲的火炮也于此时传入中国。[⑤] 此外，中国的农产工艺品、丝、茶、瓷器再次进入欧洲。回教徒的天文历法知识传入中国。元代所建驿站制度，更使商贩互市，行旅无阻，中西交通，乃得开从古未有之局面。马可波罗（1254—1324）是中世纪大旅行家[⑥]，他所著《马可波罗游记》，不仅详细记录了元代中国的政治事件、物产风俗，对西方世界也产生过重大的影响，成为治东西方交通史之瑰宝。[⑦] 史家认为，元代之蒙古人，实为变更东亚状况、变更中国状况之原动力，东亚史中，当于此斩然做一断代之区别。盖自此以后，中古之黑云即消散，近代之生活遂开幕。[⑧]

1405年，明第三任皇帝成祖朱棣派郑和第一次下南洋。计有大船62只，小船225艘，上

---

① 钱穆先生认为唐代杜佑《通典》讲政制，把"食货"放在第一篇，说明中国人看重经济，实际上比西方人早。钱穆讲授：《中国经济史》，叶龙记录整理，北京联合出版公司2014年版，第255页。

② 李思纯、吕思勉讲元史，载王国维等著：《国史四十四讲》第六篇，北京理工大学出版社2014年版，第165页。

③ 钱穆讲授：《中国经济史》，叶龙记录整理，北京联合出版公司2014年版，第257～258页。

④ 美国人杰克·维泽福弗德曾说"蒙古人没有取得科技突破，没有建立新的宗教，很少有著作或剧作问世，也没有给世界带来新的农作物或农业方法。他们自己的工匠不能织布、冶炼、制陶，甚至不会烘烤面包。他们不会制瓷做陶，不会绘画，也不会盖房子。然而，当他们的军队征服一个又一个的文明之后，他们收集每一个文明的所有技术，并将它们在各文明间传递"。参见孙钥洋著：《蒙古帝国空前绝后四百年》，重庆出版社2012年版，开篇语。

⑤ 《李思纯、吕思勉讲元史》，载王国维：《国史四十四讲》第六篇，北京理工大学出版社2014年版，第167～168页。

⑥ 1275年（元世祖至元十二年）从意大利到达中国，1291年（至元二十八年）初离华。

⑦ 《李思纯、吕思勉讲元史》，载王国维：《国史四十四讲》第六篇，北京理工大学出版社2014年版，第181页。

⑧ 《李思纯、吕思勉讲元史》，载王国维：《国史四十四讲》第六篇，北京理工大学出版社2014年版，第186页。注意此处断代观点与钱穆先生的断代观点不尽相同。本人理解，前者强调外来因素的影响，后者钱先生更看重新的经济思想的影响。

载军民 27 800 人。最大的船,长 440 英尺,宽 186 英尺。次级之船亦有 370 英尺。[①] 至 1432 年明朝第五个皇帝,三十余年间郑和先后七次下南洋,平均每次耗时 20 个月。这只舰队游弋于印度洋,并派遣分队前往主航线以外的地方:从波斯湾到荷姆兹(Hormuz),非洲海岸之桑给巴尔(Zanzibar),红海之入口处亚敦(Aden)。有 7 人还曾往伊斯兰教圣地麦加。在马六甲海峡,这只舰队曾与海盗作过战;干预过爪哇之内政;因企图劫夺郑和船只,擒获锡兰(今斯里兰卡)国王,并将其发解南京听讯;劝说数十个国王与酋领向中国进贡。有些国王还亲临中国观光。郑和船舶所载出口产品为绸缎、铜钱、瓷器和樟脑,回程进口商品有香料、珍宝、刀剪、油膏、药料及奇禽异兽。[②] 黄仁宇先生在回顾了郑和下西洋的这段辉煌历史后,无比痛惜地写道,郑和之后,再无派遣舰队之事。船员被驱散,船只任之搁置废烂,航海图被兵部尚书刘大夏焚毁,致使后来之人且感惊讶也觉愤恨。之后东南沿海遭倭寇来犯,澳门落入葡人之手,令人切齿。从此至 19 世纪,中国无海军可言。1895 年中日甲午战争期间,中国向外购置的铁甲船,也被日本海军或击沉或拖走。[③]明清以来,中国海洋权益的得而复失令人痛惜。千年荣耀与百年屈辱成为中国人的永久记忆,百年屈辱更是中国人心中永远的痛。回顾这段历史,有人认为,郑和下西洋,属于土豪炫富,劳民伤财,远不如在他之后的西方探险家、殖民者,通过海外冒险,攻城略地,抢夺资源、财富,为当时的西方资本主义发展捞取了第一桶金。这个对比和评价似苛求古人,亦有失公平。郑和下西洋是农耕中国通过海上丝绸之路大规模走向世界的一次成功尝试,沿途播撒了中华文明,其影响源远流长。自郑和下西洋,华人移居海外渐多。近代所谓"南洋",华人实际是其主要民族。以长城为证,农耕民族本质淳朴、勤劳善良,若无周遭游牧民族的骚扰,通常不会主动出击,攻伐他人。纵观历史,中华文明持久长存,其魅力不在攻伐而在包容、教化、和平。郑和通过七下西洋让世界进一步了解了中国,在历史的长河中留下了其光辉的一页。1662 年,郑成功击败当时号称西方海洋世界的超级强国荷兰,收复了台湾。

明朝的不俗表现还在于出现了一大批星光灿烂的思想家,如王守仁、李贽、王廷相、顾宪成、吕坤、顾炎武、黄宗羲等。明末,传教士利玛窦在其《中国札记》中曾这样赞美中国:"这里物质生产极大丰富,无所不有,糖比欧洲白,布比欧洲精美……人们衣饰华美,风度翩翩,百姓精神愉快,彬彬有礼,谈吐文雅。"

谈到明清时的丝绸之路,值得一提的还有一段非常重要但常被忽视的茶叶之路,即由晋商开辟且为主体,从福建武夷山北上直抵恰克图(今蒙古境内),然后远销俄国莫斯科及欧洲

---

① 这样的巨船只见于书刊,不见于实物。1957 年考古学家在当日船厂附近发现船舵舵竿一桩,经估计,其舵叶之高宽都应在 20 英尺以上。参见黄仁宇:《中国大历史》(第二版),生活·读书·新知三联书店 2007 年版,第 206 ~ 207 页。

②③ 黄仁宇著:《中国大历史》(第二版),生活·读书·新知三联书店,2007 年版,第 208 页。

各国的万里茶叶之路。[①] 恰克图市场茶叶贸易历时两百多年，造就了以“晋帮”商人为主、“京津帮”为辅，总人数达50余万的旅蒙商贸集团。经由这段从南至北纵贯中国远达欧洲的“茶叶之路”，每年数以百万担计的茶叶、瓷器、大黄、丝绸、铁器、棉布、烟酒、糖碱和其他日用百货从中国内地输向俄国莫斯科及欧洲各国，不但极大地促进了中国内地茶叶种植业的发展，而且由此带动了交通运输业、造船及航海业的发展。水陆兼程，人担、畜驮、船转、驼运，可谓万里迢迢，“铎声琅琅，远闻数十里”，[②]也带动了中俄边疆地区的开发和沿线城市、村镇的发展。当地订立贸易合同的法律术语“麦罕”[③]，是由晋商创设的国际商业惯例。某家商行可以提供一个或两个“麦罕”，即是说，这家商行能够提供150辆或300辆牛车及12或24个人；不仅能保证运送一定数量的茶叶，而且能负责运到目的地并有力量保证这些茶叶完好无损地运到；如果茶叶数量短缺或完全变质，有力量照价赔偿。“麦罕”提供了相当于今天国际贸易术语中“门到门”的服务 。鸦片战争之后，面对西方海盗式资本主义来袭，中国在列强的霸权面前，除了割地赔款，几乎丧失招架之力，为什么？有人说是因为西方的长枪利炮，有人说是西方列强控制了中国的金融体系。[④] 从法律的角度看，不能不承认当时的中国对经历了工业革命、启蒙运动洗礼后的西方缺乏充分的了解和认识。中国的知识分子也尚未了解和掌握西方创制的所谓文明国家及那套海盗式的国际法理论的作用及对世界的影响。当西方运用所谓文明国家的国际法强制要求中国门户开放，强制要求与中国进行所谓平等、自由贸易时，单方面的、没有条约支撑的朝贡体系瓦解，传统的中华法系作不出相应的法理应对，“当变不变”，“当变未变”。随之而来的丧权辱国的不平等条约更使中国的知识分子对中华文明丧失自信，始为全盘接受所谓西方文明的开端。

---

① 根据高春平教授的研究，1727年11月2日，《中俄恰克图界约》签订。中俄边境的小村恰克图成为亚洲腹地出现的第一座商埠。根据界约第4条规定，除两年一次的朝贡贸易外，两国商人可在划定区域内建盖房屋并进行贸易，毋庸取税。这段茶叶之路从福建武夷山，经湖南安化、湖北羊楼洞，途径鄱阳湖、汉口，河南赊旗镇、洛阳，穿越太行山，过太原、雁门关，出杀虎口、张家口，北上呼和浩特、乌兰巴托，直抵恰克图，经此交易的茶叶远销俄国莫斯科及欧洲各国。从1692年俄国第一支商队进北京，到1905年西伯利亚大铁路通车，恰克图市场繁荣了整整200多年。参见《晋商与清代中俄恰克图茶叶贸易》代序，载高春平主编：《国外珍藏晋商资料汇编》，商务印书馆2013年版。韩毓海称其为中俄共有的自由贸易区。韩毓海认为，正是在恰克图这个地方，一种新的国际关系准则诞生了：敌对关系变为主客关系，或者由“宾客关系”所替代。恰克图使战场变成了商场，不是战争和传教，而是贸易与互市将辽阔的欧亚大陆联系起来。康德曾经高度评价这种“宾客关系”说：这就是达成未来“永久和平”的国际法基础。康德：《论永久和平》，载《康德著作全集》第八集，中国人民大学出版社2007年版，第363～366页。韩毓海著：《五百年来谁著史——1500年以来的中国与世界》（第三版），九州出版社2011年版，第158页。

② 《清稗类钞·农商类·赴蒙商队》，载高春平主编：《国外珍藏晋商资料汇编》，商务印书馆2013年版，第17页。

③ 在山西人开的专门用牛车给人拉货的商行里，中国人按照历来的规矩给其代理人一律是150头牛和同样数量的大车，因此，一家商行有几个办茶叶的代理人，他就有几个150辆牛车。这些代理人出行蒙古时乘坐的车子都有帐篷，亦称“一顶房子”。每顶“房子”里一般住12人，负责150辆牛车的运输。蒙古人把这些概念混淆起来：蒙语帐篷称为“麦罕”。他们说某某商行来了一个“麦罕”，意思就是说来了一个代理人。这种混淆得到了公认，“麦罕”一词遂成了商业上的术语，连订立合同的法律术语也使用这个词了。向某商行租一个“麦罕”，即雇150辆牛车和12个人，将货物从出发地运往目的地。高春平主编：《国外珍藏晋商资料汇编》，商务印书馆2013年版，第72～73页。

④ 参见韩毓海著：《五百年来谁著史——1500年以来的中国与世界》（第三版），九州出版社2011年版，第283、303页。

4. 古代中国“丝绸之路”的影响

纵观以往各朝代,中国的国力在世界上名列前茅。可以说,是开放的思想加上强大的物质基础,养育了中华文明之花。中国古代“丝绸之路”证明,在经济全球化运动中,中国从来没有缺席。“丝绸之路”彰显了古代中国为经济全球化运动提供的中国智慧和经验,以及为早期经济全球化运动做出的贡献。

(1) 丝绸之路上的物资交流

通过上述自秦汉以来中外客商在丝绸之路上贸易往来的简单描述,可知在当时生产力不发达、运输工具相当简陋的情况下,人烟罕至、路途遥远的大漠以及大海的阻隔没有阻挡中国人走向世界的热情和勇气。随着运输工具的改进,海陆、陆路交通得到进一步开拓,中外交流在物资方面极大丰富。乃至今日,我们在世界各国的博物馆、皇家宫殿中,都会发现珍藏着无数通过丝绸之路交流的中国物品。

(2) 丝绸之路上的科技、文化交流

据中国科技史记载,南宋时,书籍曾被禁止出口,因为这些书籍代表着当时世界最高科技水平。伴随丝绸之路上东西方的物资交流,印度的宗教①、中亚文明传入中国;中国的冶金、建筑、四大发明传入中亚、欧洲。日本京都、奈良的建筑完全复制于中国的长安、洛阳。中国的科举制度、文官制度、政治制度、文化及经济法律制度对周边国家(如日本、朝鲜、越南诸国)影响至今②。孟西斯写道,郑和的舰队是多国的集合,需要费九牛二虎之力才能够确保各舰船的船长们了解全体船员以及舰队到访地区的宗教、历史、文化背景资料与风俗习惯。他们拥有这样做的理想工具——《永乐大典》。他们可以通过知晓 17 种外语的口译人员与外国首领交流。他的舰队仿佛是一所海上流动大学,并且这所大学的图书馆所包含的知识和学问是当时任何一所大学所不能企及的。③ 再以敦煌莫高窟为例。敦煌自古以来就是“丝绸之路”上重要的交通枢纽。汉武帝时,张骞通西域,敦煌更成为中西文化交流的咽喉之地。从东晋开始,经过北魏、西魏、北周、隋唐、五代、宋、西夏、元诸代相继凿建,莫高窟,成为享誉世界的石窟群,汇集了 1 600 多年以文书、书法、绘画、雕塑、刺绣等形式表现出的中西方在美术、音乐、工艺、科学、舞蹈、宗教、文学、考古、历史、民俗、建筑等诸方面的绚丽成果,

---

① 2015 年 1 月,尼泊尔大法师确吉宁玛说过,因为玄奘法师把印度佛经带到中国并翻译成中文,所以现在中国是佛教的故乡,佛经的权威解释在中国。

② 关于唐代中国除与各国经商外,与波斯、朝鲜、日本、缅甸、柬埔寨、斯里兰卡、泰国、越南、巴基斯坦、印度、尼泊尔、印度尼西亚、罗马等丝绸之路沿线各国在政治、经济、科技、文化、宗教、中医中药等方面相互交流的盛况,参见钱穆讲授:《中国经济史》,叶龙记录整理,北京联合出版公司 2014 年版,第 239 ~ 242 页。

③ 这部大部头的百科全书共计 5 亿多字,是朱棣留给人类的伟大遗产。全书共 11 095 册,摆开的话,可占皇家旗舰甲板的 1/3。《永乐大典》记述了迫击炮、火箭筒、大炮、火箭驱动装置、喷火器以及各种各样的火药炸弹的制作方法。这本大部头的百科全书是大量信息的一个集合,旨在把中国几千年来在各个领域里取得的知识成果汇集到一起。[英]加文·孟西斯著:《1434:一支庞大的中国舰队抵达意大利并点燃文艺复兴之火》,宋丽萍、杨立新译,人民文学出版社 2012 年版,第 15 ~ 19 页;绪玄识著:《虚构的西方文明史——古今西方“复制中国”考论》,山西出版传媒集团、山西人民出版社 2017 年版,第 24 ~ 25 页。

其广博的学术价值、深邃的科学价值、惊人的艺术价值和无穷的历史价值令世人惊叹![1] 敦煌莫高窟成为中西方交流史上不可多得的人类瑰宝,是中外科技、文化、思想交流凝固的博物馆。

(3) 丝绸之路上的人员交流

自春秋战国以来,中国就有异邦取士的传统,且无分贵贱。外国人在中国可以务农经商,可以入仕做官。[2] 以明代金大车一家的经历为例。金大车(1491—1536),字子有,号方山。其弟金大舆,均为明代诗人。先辈是默伽(即麦加)人,东来后居永平(治所在今河北省卢龙),明太祖赐姓金,徙其高祖洵于江宁(今南京),遂为江宁人。父名贤,字士希,号东原,弘治十五年(1502)进士,任仁和知县,入为兵科给事中,出知大名府,改知延平。金贤"性资颖敏,魁岸闳达,有巨人度",为官"不亢不随"。改知福建延平府时,他已厌倦仕途,多次表白"官非我志矣",随上疏乞挂冠还乡。晚年,居家著述讲学,与朋旧为乐。嘉靖七年(1528),大礼成推恩进亚中大夫。金大车一家的经历说明:丝绸之路不但便利中外物资、文化的交流,而且促进了中外人员、思想的交流;证明早在明之前,外国人在中国安家落户,融入中国社会且入仕为官已成常态;中华文明的魅力在于教化而非征服。

(4) 丝绸之路对法律的影响

伟大人物的诞生,必然出现伟大的智慧。商鞅入秦变法,将《法经》改编为秦律,以"律"字取代"法"字,突出强调法律的普遍适用性、稳定性、必行性,是稳定而普遍的规则。[3] 据东汉许慎《说文解字》[4],古代"法"有两形:其一为"灋","灋"中的"廌"即善于裁判的独角神兽,"去"即作为裁判证据的弓矢[5];其二为"佱","佱"由上下两部分组成,上面的"亼",即"仁"字的古形。下即"止"。"止"有二义:一为履行,二为停止。即表示适可而履,行有所止。[6]"灋"是社会通用的通过裁判而宣示的一种行为规范,"佱"是血缘内部适用的靠自我约束和舆论调整的行为规范。古代的"佱"字是中国古代法所内含的伦理精神的一个古老记号。[7] 两晋时,纳礼入律,晋律成为我国古代社会第一部儒家化的法典,在中国法制史上具有重要地位,自此对中华法系的形成产生重要影响。[8] 唐朝的法律承用隋朝的法律(分律、令、

---

① 龚良主编:《中国考古大发现》,山东画报出版社 1999 年版,第 332 ~ 333 页。

② 李斯《谏逐客书》:"昔穆公求士,西取由余于戎,东得百里奚于宛,迎蹇叔于卫,来豹丕、公孙枝于晋。"据称唐安史之乱的安禄山是西亚的栗特人。

③ 叶孝信主编:《中国法制史(新编本)》北京大学出版社 1996 年版,第 44 ~ 45 页。从此以后,中国古代的法典,都以"律"为名。

④ 许慎(约 58—147),字叔重,东汉时期汝南郡召陵县(今属河南省漯河市召陵区)人,东汉著名经学家、文字学家。

⑤ 武树臣:《寻找最初的法——对古法字形成过程的法文化考察》,载《学习与探索》1997 年第 1 期。

⑥ 武树臣:《仁 · 太极图 · 佱(法)——中国古代法哲学探源》,载《法学杂志》2015 年第 9 期。

⑦ 武树臣:《仁 · 太极图 · 佱(法)——中国古代法哲学探源》,载《法学杂志》2015 年第 9 期。在对中国法的研究中,人们更多注意到"灋"而忽视了"佱",实际上特别在古代涉及钱债细物的处理方面,"佱"起着更为重要的"润物细无声"的作用。

⑧ 叶孝信主编:《中国法制史》(新编本),北京大学出版社 1996 年版,第 128 页。

格、式四种），不但直接对其后世五代、宋、元、明、清的立法产生深远影响，而且对 17、18 世纪德国的启蒙运动，[①]对东亚邻国（如日本、高丽、越南、琉球）和西域的古代法典亦产生重要影响。[②]

值得注意的是，中国古代“诸法并存，民刑有分”，且通过“狱”“讼”对刑事诉讼和民事诉讼加以区别。以财货相告为“讼”。中国古代民事争议的对象，大都是民间的田土、钱财以及户婚、继承上的纠纷，在重视公权益的专制主义国家的统治者眼里，此类纠纷一般不会引起社会的动荡与国家的危亡，也不会威胁人身与生命的安全，因此被视为“细故”或“细事”，实行一审终审制，且经常以调处替代审理，调处不决才允许进行诉讼。[③]

清朝对民事案件即实行“州县自理原则”，习惯上将其称为“州县自理案件”，限定于事犯当地告理。州县官受理案件以后，根据案情可批令亲族、绅、邻右去调处，力求息讼于法庭之外。事实上由州县官当堂审理结案的比重是很小的。[④] 息讼、止讼不是惧讼或不许讼，而是强调协商、谈判解决争议。“讼”不是目的，而是手段，其目的是高效、迅速地解决问题。这一思想的精妙之处在于透彻地解悟人性，向现代人展示了集情、理、法于一身，礼法结合的中华法系的博大精深。

自汉以来，大一统的儒家政治学说、大一统的中央集权[⑤]使古代中国“丝绸之路”的延续成为可能，而礼法结合的法律制度为“丝绸之路”的延续提供了秩序保证。以“丝绸之路”为起点的对外贸易自古以来就承载着多项功能。贸易不但促进不同地域人们在需求方面的互通有无，贸易作为一种手段也被用来实现一定的政治目的。中国延续 2 000 多年的“纳贡制度”，实际与丝绸之路的兴绝密不可分。纳贡制度既是古代中国的一种国际政治、外交制度，也是一种国际贸易制度。除了贡品本身的交易性质外，经朝廷的许可，随贡携带的大量商品在指定的边境或市场进行交易。随着西方（不平等）条约体系进入中国，纳贡制度瓦解，丝绸之路完结。

概括起来：第一，与 15 世纪西方殖民者血腥的所谓“地理大发现”不同，古代中国通过“丝绸之路”进行的中西方交流是一种范围广泛、内容丰富的和平交流。《中庸》谓：“车同轨、书同文、行同伦。”顺应了古代中国普通人的要求，即“万民耕织，射猎衣食，父子毋离，臣主相安，俱无暴虐”。领土的扩张不是来自攻城略地，乃出于教化，遐迩一体，中外提福。“天

---

① 台湾政治大学陈惠馨教授通过比较《唐律》与 1751 年巴伐利亚刑法典的类似性，分析传统中国法思想与法制度对德国启蒙运动产生的影响。作者指出，现代德国的学者或一般人已经不再记得或不愿再提起中国传统社会的文化与制度曾经如何协助欧洲逃脱宗教改革所带来的近百年战争以及政治四分五裂的局面，使他们得以走向新时代。参见陈惠馨：《〈唐律〉与 1751 年巴伐利亚刑法典——反思全球化观点下法律交流与继受模式》，载朱勇主编：《中华法系》（第八卷），法律出版社 2016 年版，第 16 ~ 23 页。方汉文、徐文在《美国爱默生超验主义对中国儒学人文思想的阐释与再建》（载《广东社会科学》2014 年第 2 期）一文中，指出 1900 年美国超过英国，成为世界第二大经济体。此前，美国从中国的儒家思想中获得灵感，寻找依据，构建自己的超验主义思想体系，出现了第一次思想解放运动。

② 叶孝信主编：《中国法制史（新编本）》，北京大学出版社 1996 年版，第 162 页。

③ 张晋藩：《再论中华法系的若干问题》，载《中国政法大学学报》1984 年第 2 期。

④ 张晋藩：《中国古代民事诉讼制度通论》，载《法制与社会发展》1996 年第 3 期。

⑤ 正如黄仁宇先生所言，中国所达到的统一与高度的中央集权，并不是源于政治史学家们的想象，而是由环境造成的。地理是压倒一切的因素。参见黄仁宇著：《现代中国的历程》，中华书局 2011 年版，第 2 页。

下一家"的博大精神,涵盖一切的胸襟,乃是中华民族的特色[①],是中国人向往的理想国。

第二,丝绸之路在2 000多年间曾因战争发生过几次中断,证明了,古代中国的政治制度、经济发展、科技水平、文化和军事力量,只有达到时代领先,才能源源不断地满足丝绸之路商品、科技、文化交流的需要,保证丝绸之路的可延续和畅通。

第三,依据"普天之下莫非王土,率土之滨莫非王臣"的理念,中国古代的"礼"成为当时的"国际法"[②]。基于中华法系对于"灋""金"的区分,调整经济关系的法律规范主要是民间的习惯法(如乡规民约、商人的习惯做法等),特别是双方当事人自愿达成的合同(契约)成为解决民商事争议的重要依据。调解、仲裁是解决争议的主要手段,并在长期处理涉及外国人的民商事争议中,形成了自己的冲突法规范。鸦片战争后,在英、俄、日等国家的压力下,中国不得不进入陌生的世界条约体系当中,不得不学着用西方的概念来转述和表达我们自古沿袭的领土诉求,重整清帝国之后破碎的山河,仿照西方体制实现民族国家的建设。吴于廑先生在谈到中国历史时,曾说过:"也正是在这种无奈的权力关系格局下,中国的国家建设进程也就是重塑民族、创制人民的过程。""温故而知新"。尽管受资料匮乏及研究水平所限,本书对于中国古代丝绸之路的法律实践还未进行充分的发掘和梳理,但仅现有的资料足已展示了中华法系和中华文化的博大精深。回顾历史不是要复古、媚古、返古,而是通过梳理历史,知道我们从哪里来,要到哪里去。更清楚我们的传统与国情,以便更好地放眼世界,对变化中的现实及时作出新的回应。文脉是中华民族存在的基础,中华民族的复兴要以中国的优秀文化传统为基础,文脉不能断,文脉断了中华文明也就不存在了。

第四,19世纪,美国从中国的儒家思想中获得灵感,寻找依据,构建自己的超验主义思想体系[③],出现了第一次思想解放运动。归因于这次文化复兴与思想的启蒙运动,1900年美国超过英国,成为世界第二大经济体。

可以说,在经济全球化运动和全球经济治理中,中国的思想和治理实践从来没有缺席过。

(二)21世纪的中国"一带一路"倡议

1. 中国"一带一路"倡议的提出

经济全球化特别是第二次世界大战后的经济全球化运动在加速各国经济相互融合、相互依赖的同时,产生了不可忽视的负面影响。21世纪的经济日益全球化的世界是不是比过去20年前更好呢?人们普遍认为,由"资本主义世界体系"的新自由主义全球化制造出来的

---

① 李源澄:《汉代大一统政治下之政治学说》,载王国维等著:《国史四十四讲》,北京理工大学出版社2014年版,第54页。

② 美国人丁韪良博士(Dr. W. Ap. Martin)认为,考中国古史春秋列国交际之道,一秉乎礼,即当时的公法([美]丁韪良著:《中国古世公法论略》,汪凤藻译,同文馆1884年)。陈顾远列述当时国际法的内容为:(1)礼(国际规律);(2)信(国际道德);(3)敬(国际仪貌);(4)义(国际公理),参见陈顾远:《中国国际法溯源》,商务印书馆1934年。刘达人、袁国钦也对"礼、信、敬、义"进行了论证,参见刘达人,袁国钦著:《国际法发达史》,河南人民出版社2016年版,第24页。

③ 方汉文,苏州大学文学院教授、博士生导师。参见徐文:《美国爱默生超验主义对中国儒学人文思想的阐释与再建》,载《广东社会科学》2014年第2期。

国际社会:财富进一步集中,不平等现象加剧,对劳动者过度剥削、工薪阶层购买力丧失,食品和基本生活消费品价格上涨、就业率低迷、自然条件恶化,人们之间存在更为严重的相互排斥现象乃至战争,等等。特别是2008年以来由美国的次贷危机导致的全球性经济危机,贸易保护主义盛行,整个世界经济陷入困境。在经济全球化的背景下,各国都在思考并选择采取什么措施以“消解经济全球化的负面影响,让它更好惠及每个国家、每个民族”[①]。

黄仁宇先生认为,对于中国来说,“中国问题的解决方案更可能要从传统主旨的调整中去寻找,而不是去模仿外面的世界”[②]。

2013年9月和10月,中国国家主席习近平分别提出建设“丝绸之路经济带”和“21世纪海上丝绸之路”(简称“一带一路”)的构想,倡导相关各国共同打造互利共赢的“利益共同体”和共同发展繁荣的“命运共同体”。这一融通古今、连接中外、赋予古老丝绸之路以崭新时代内涵的构想,顺应了21世纪和平、发展、合作、共赢的时代潮流,立即得到了丝绸之路沿途各国的积极响应。“构建人类命运共同体”的思想迅速在全球范围形成新的全球共识,并于2017年2月写入联合国决议之中,从而为变革中的全球治理模式、构建中的全球公平正义的新秩序提供了中国方案与中国智慧。

“一带一路”是世界上跨度最长的经济大走廊。其发端于中国,贯通中亚、东南亚、南亚、西亚乃至欧洲部分区域。东连亚太经济圈,西接欧洲经济圈,是世界上最具发展潜力的经济带(见图1-1)。“一带一路”沿线60多个国家大多是新兴经济体和发展中国家,总人口约44亿,经济总量约21万亿美元,分别约占全球的63%和29%。无论是从发展经济、改善民生、应对金融危机,还是从转型经济体需要加快经济转型升级的角度看,“一带一路”使得沿线各国的前途命运从未像今天这样休戚与共、紧密相连。“一带一路”不是一个实体,而是一个开放包容的经济合作倡议。不限国别范围,凡有意愿的国家和经济体均可参与并成为“一带一路”的支持者、建设者和受益者。“一带一路”构想意味着中国将形成全方位开放的格局,在平等的文化认同框架下与各国开展合作,重现和平、交流、理解、包容、合作、共赢的“丝绸之路”精神。对未来国际经济秩序以及新的国际经济规则的构建必将产生影响。

2015年3月28日,中国国家发展和改革委员会、外交部、商务部联合发布了《推动共建丝绸之路经济带和21世纪海上丝绸之路的愿景与行动》(以下简称《一带一路愿景与行动》),明确了中国“一带一路”倡议的宗旨、目的、共建原则、框架、合作重点、合作机制和措施等。

(1)宗旨与目的。《一带一路愿景与行动》的宗旨是,秉持和平合作、开放包容、互学互鉴、互利共赢的理念,全方位推进沿线各国的务实合作,打造政治互信、经济融合、文化包容的利益共同体、命运共同体和责任共同体。共建“一带一路”的目的是致力于亚、欧、非大陆

① 2017年1月17日中国国家主席习近平出席世界经济论坛2017年年会开幕式,并发表题为《共担时代责任,共促全球发展》的主旨演讲,参见 http://politics. people. com. cn/nl/2018/0125/c1001 - 29785115. html. 访问日期 2018 - 10 - 18。

② 黄仁宇著:《现代中国的历程》,中华书局2011年版,第25页。

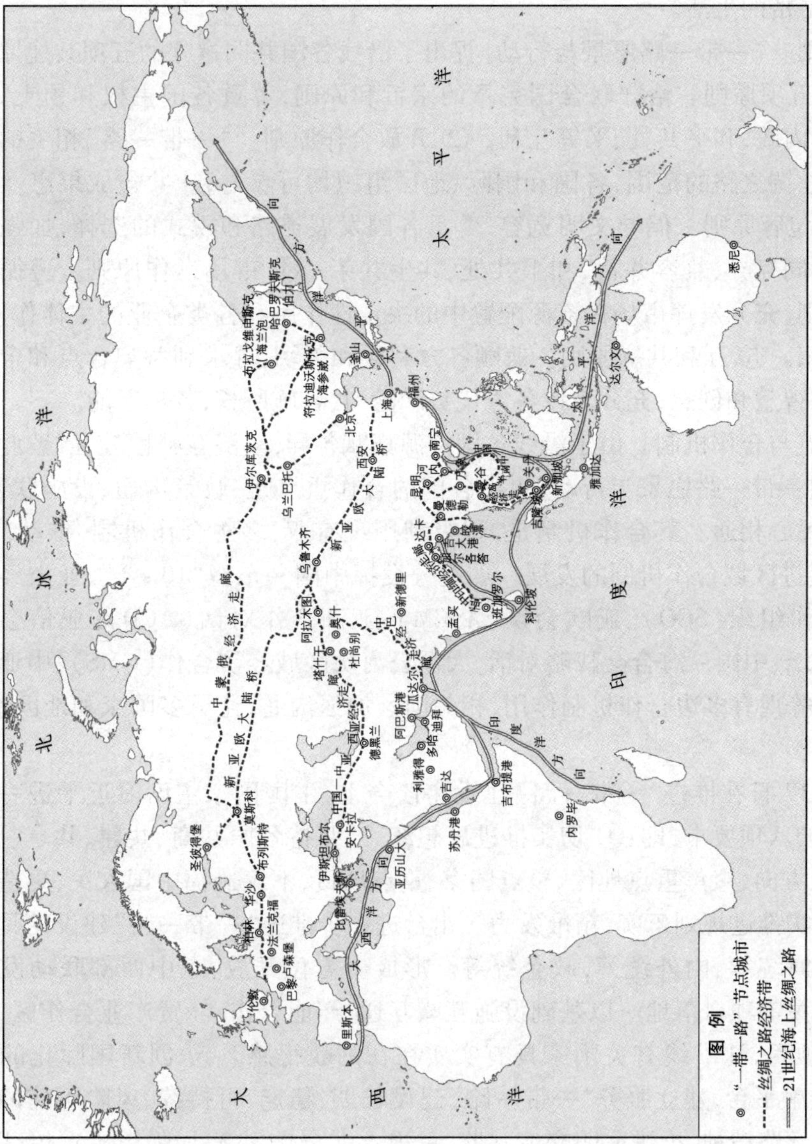

图 1-1 "一带一路"示意图

及附近海洋的互联互通,建立和加强沿线各国互联互通伙伴关系,构建全方位、多层次、复合型的互联互通网络,实现沿线各国多元、自主、平衡、可持续的发展。“一带一路”的互联互通项目将推动沿线各国发展战略的对接与耦合,发掘区域内市场的潜力,促进投资和消费,创造需求和就业,增进沿线各国人民的人文交流与文明互鉴,让各国人民相逢相知、互信互敬,共享和谐、安宁、富裕的生活。

(2) 共建原则。《一带一路愿景与行动》提出了沿线各国共同遵守的五项共建原则,即:① 和平共处五项原则。恪守联合国宪章的宗旨和原则,尊重各国主权和领土完整、互不侵犯、互不干涉内政、和平共处、平等互利。② 开放合作原则。“一带一路”相关的国家基于但不限于古代丝绸之路的范围,各国和国际、地区组织均可参与,让共建成果惠及更广泛的区域。③ 和谐包容原则。倡导文明宽容,尊重各国发展道路和模式的选择,加强不同文明之间的对话,求同存异、兼容并蓄、和平共处、共生共荣。④ 市场运作原则。遵循市场规律和国际通行规则,充分发挥市场在资源配置中的决定性作用和各类企业的主体作用,同时发挥好政府的作用。⑤ 互利共赢原则。兼顾各方利益和关切,寻求利益契合点和合作最大公约数,体现各方智慧和创意,充分发挥各方优势和潜力、各施所长,各尽所能。

(3) 合作重点与合作机制。由于沿线各国资源禀赋各异,经济互补性较强,彼此合作潜力和空间很大。《一带一路愿景与行动》提出各国的合作重点是,政策沟通、设施联通、贸易畅通、资金融通、民心相通。其合作机制是,积极利用现有双、多边合作机制,推动“一带一路”建设。同时促进区域合作机制的发展。如充分发挥中国－东盟“10＋1”、亚太经合组织(APEC)、上海合作组织(SCO)、亚欧会议(ASEM)、亚洲合作对话(ACD)、亚信会议(CICA)、中阿合作论坛、中国－海合会战略对话、大湄公河次区域经济合作(GMS)、中亚区域经济合作(CAREC)等现有多边合作机制作用,相关国家加强沟通,让更多国家和地区参与“一带一路”建设。

2016 年 8 月 17 日在推进“一带一路”建设座谈会上,中国国家主席习近平进一步提出了具体落实倡议的八项要求,即:① 切实推进思想统一,坚持各国共商、共建、共享、平等、互利原则,把握重点方向,聚焦重点地区、重点国家、重点项目,不仅造福中国人民,更造福沿线各国人民。② 切实推进规划落实,精准发力。出台进一步推进“一带一路”建设的具体政策措施。③ 坚持陆海统筹、内外统筹,政企统筹。形成全方位开放、东中西部联动发展的局面。④ 切实保证关键项目落地。以基础设施互联互通、产能合作、经贸产业合作区为抓手,实施一批示范性项目,让沿线有关国家具有实实在在的获得感。⑤ 创新国际化的融资模式,打造多层次金融平台,建立服务“一带一路”建设长期、稳定、可持续、风险可控的金融保障体系。⑥ 弘扬丝路精神,推进文明交流互鉴,重视人文合作。⑦ 加强舆论宣传,以及“一带一路”建设的学术研究、理论支撑、话语体系建设。⑧ 加强安全保障,完善安全风险评估、监测预警、应急处置措施。

归纳起来,中国“一带一路”倡议有以下几方面的创新:

第一,提出沿线各国是互利共赢的命运共同体。通过相关国家之间的双边或多边协定、国家与(或)相关企业之间的合同以及项目与相关民生的重大联系,将相关国家的政府、企业与民生打造成互利共赢的“利益共同体”“命运共同体”和“责任共同体”。将国际经济法通常倡导的“公平互利原则”又大大向前推进了一步。

众所周知,“一带一路”倡议沿线国家多为发展中国家,涉及国计民生的基础设施相对落后。要改变落后面貌,提高人民生活质量和水平,却缺乏必要的资金、技术、设备、人力资源和经验等。“一带一路”倡议鼓励中国企业走出去,竞争相关国家的基础设施建设,以基础设施建设带动贸易、投资等其他领域的增长。这些基础设施建设项目贴近沿线国家民生的需要,并为中国改革开放40多年来积累的资金、技术、生产能力、经验、网络平台提供更为广阔的市场,可以说中国的“一带一路”倡议与沿线发展中国家的需求一拍即合,是接地气、通民心、互利共赢的设想。这些基础设施项目,无论是在水力、电力、通信网络、港口、码头、公路、铁路、桥梁、矿山建设、还是一般民居、建筑都与相关国家的重要民生或与国家重大利益紧密相连,无论对相关国家、对企业、对民生,这些项目都只能成功、不能失败,因此必须双方政府参与,以提供保障。与传统的合同双方契约自由、互利双赢不同,由于这些基础设施建设需要的资金多、周期长、风险大,因此,这些基础设施项目的命运与相关国家、企业与民生三者“一荣俱荣,一损俱损”,结成“利益共同体”“命运共同体”和“责任共同体”。2017年10月,“构建人类命运共同体”写入中国共产党党章,成为习近平新时代中国特色社会主义思想的重要内容。2018年2月25日,中国修改《宪法》部分内容,增加“推动构建人类命运共同体”的表述。“构建人类命运共同体”,是中国国家领导人习近平提出的“中国方案”,是解决当今世界各种难题、消弭全球各种乱象的“中国钥匙”,是中国对美好世界的向往和追求,是中国对世界未来的信念,也是中国对世界的责任。

第二,知行合一、多元、宽容的最大诚信原则。“合作共赢”“共商、共建、共享”的“命运共同体”一定是以知行合一、多元、宽容的最大诚信为基础的。中国自古以来是礼仪之邦。“言必行、行必果”、“知行合一”、多元、宽容是中国人做事的原则。没有规矩无以成方圆。无论是习惯法还是成文法,无论是国内法还是国际协定,都要求沿线各国与人民大家按规则办事。一千多年前中国古代晋人的“民有私约如律令”,将私人之间的约定视为律令加以遵守并接受惩罚。现代“条约必须遵守”要求国家之间必须遵守约定。国家不能动辄以政府的更迭、国家领导人的变更否认政府间协定或(与)相关合同的效力;企业要尊重当地国家的法律与风俗习惯,爱护当地的环境与生态,尊重劳工权益,承担社会责任,不能轻易以普通商业风险拒绝合同的履行。走出去的中国企业更需要通过不断创新,自觉维护和加强本企业的品牌意识、专利意识与标准化体系的建设,在为沿线各国人民提供优质产品和服务的同时播撒中华民族的优秀传统文化。从信守规则的角度看,“一带一路”倡议的相关沿线国家既然结成了权责利统一的“利益共同体”“命运共同体”和“责任共同体”,必然相互之间信守“己所不欲,勿施于人”以及“己欲利而利人,己欲达而达人”的“最大诚信原则”。“己所不欲,勿施于人”是消极意义上的宽容、诚信;“己欲利而利人,己欲达而达人”则是积极意义上的宽容、诚信,即人们不仅相互不伤害,而且主动帮助、配合他人。所以“多元、宽容的最大诚信”

原则实质包含两方面含义:不仅意味着相关各国之间的最大诚信及其(与)企业之间的最大诚信;还意味着发生争议时,相关当事方应本着“己所不欲勿施于人”的精神,尽量采用协商、谈判或灵活的 ADR 方式解决争议。争议的解决要兼顾相关国家、企业与民生的利益,公平、高效地解决问题。

毫无疑问,“一带一路”倡议执行过程中出现的一些问题,无论就其规模、性质还是复杂程度来说,都是前所未有的,如何解决这些问题,不会有现成的答案、现成的模式可以遵循。然而正如黄仁宇先生所言,“一旦中国找到了解决其自身问题的方案,中国经验对于世界上其他国家而言将是无价的”。

2. “一带一路”倡议与国际经济法

温斯顿·丘吉尔说过,“回望越长,展望越远”。与古代中国的“丝绸之路”相比,21 世纪中国提出“一带一路”倡议时,世界已发生了天翻地覆的变化。如今整个世界已全面进入了信息化、网络化时代,中国也已不再是一个封闭、落后的农耕国家。但是全球频繁发生的经济危机、恶劣的气候变化乃至不时发生的局部内乱和战争,时时在提醒我们这个世界并不太平,和平发展终究还是包括中国在内的发展中国家的一个理想或愿望。可以想见,中国“一带一路”倡议的推进,新规则、新秩序的创建不会是一帆风顺的。一切仍将有赖于中国人民与沿线各国人民的智慧与才能,继续发扬古“丝绸之路”的精神,勇于探索、共同努力和持续不断地实践。悲观的观点、无所作为的观点,都是与“丝绸之路”的精神格格不入的。

目前,已经有 100 多个国家和国际组织参与一带一路建设。以“亚投行”“新开发银行”“丝路基金”等为代表的金融机构[①]正在为“一带一路”倡议的实施提供金融支持和保障。连接《国际铁路货物联运协定》和《国际铁路货物运输公约》的国际铁路运输协定手册,联合国《国际公路货物运输合同公约》和 WTO《贸易便利化协定》为“丝绸之路”沿线的铁路、公路运输提供了便利化条件。就“丝绸之路”沿线的法律框架而言:目前除了“丝绸之路”沿线国家现有的相关国内法之外,还有沿线相关国家之间在投资、贸易、金融、税收等领域签订的大量双边、多边、区域多边协定,以及大量的国际商业惯例。各国国内法与相关国际协定、国际商业惯例之间的冲突与协调,相关国际协定之间以及国际协定与国际商业惯例之间的冲突与协调,还需要沿线国家相互之间在实践中不断磨合和通力合作。就中国而言,目前中国已同 40 多个沿线国家签署了共建“一带一路”合作协议、同 20 多个国家开展了国际产能合作。一批有影响力的标志性项目已经逐步落实。“一带一路”建设从无到有、由点及面,进度和成果超出了人们的预期。为了实现“一带一路”倡议的目标,在国际经济法领域中,全面地开展对“丝绸之路”历史经验的挖掘、梳理和研究,为新世纪“一带一路”倡议提供有意义的历史

① 2014 年 7 月 15 日,金砖国家领导人在巴西召开第六届领导人峰会。中国、俄罗斯、印度、巴西和南非签署并发表了《福塔莱萨宣言》,成立了金砖国家新开发银行和应急基金。这是第二次世界大战后,发展中国家在经济、金融游戏规则上向发达国家经济体系——布雷顿森林体系的挑战,是以金砖为首的发展中国家构建自己新体系的尝试。

借鉴，将是一件十分必要而有意义的工作。目前我国国内对“丝绸之路”沿线各国古代与现代的人文、法律文献的研究还十分薄弱，相关资料的收集和整理以及专门性的法学论著都十分缺乏，还处于亟待耕耘的状态。

2017 年 1 月，中国国家主席习近平在达沃斯讲话中明确指出，“一带一路”倡议来自中国，但成效惠及世界。不管未来这个世界会出现多少障碍和风险，2 000 多年来中国人民和世界人民摆脱贫困、向往富裕、和平生活的愿望并没有发生改变。互利共赢的“利益共同体”和共同发展繁荣的“命运共同体”将使“一带一路”沿线的各国人民坚信 21 世纪中国“一带一路”的美好愿景一定能够实现。而广大发展中国家在“一带一路”的实践必将极大丰富国际经济法规则的宝库并为维护在多元文明基础上建立良好的、可持续发展的国际经济秩序做出贡献。

第三节　国际经济法的主体

国际经济法的主体，是指国际经济关系的参加者。通常包括国家、国际组织、自然人和法人。不同的国际组织参与国际经济法活动的方式也不尽相同，承担的责任也各异。

一、国际经济法的一般主体

（一）自然人

自然人作为一般的民事关系主体，其权利能力自出生之日产生，至死亡之日消灭。根据各国的法律规定，凡智力正常的成年人，均具有完全的民事行为能力。如定居国外，则其行为能力可以适用定居国法律。在国际经济交往中，自然人可以从事各种国际间的经济贸易活动，但由于个人受物力、财力所限，因此，其在国际经济贸易领域发挥的作用有限。

（二）法人

法人是依法成立，拥有必要的组织机构和独立的财产，能以自己的名义享有民事权利和承担义务，能以自己的名义起诉、应诉的组织。法人的民事权利能力和民事行为能力从法人成立时产生，至法人终止时消灭。其内容和范围由有关的国内法和法人章程确定。法人代表代表法人从事各种民事活动。在我国，从事国际经济贸易活动的公司、企业和其他经济组织，多以法人的形式出现，经工商行政管理部门登记，确定中国法人资格。作为营利性法人只能在核准登记的经营范围内从事经营活动。非依照我国法律规定设立的外国法人或经济组织，其权利能力和行为能力以其本国法确定，在不违反我国法律和公共秩序的情况下，可以自由地在我国从事各种经营活动。

（三）国际组织

大多数国际组织，包括各种类型的国际经济组织都有自己的组织机构和章程，有固定的资产和资金来源，在一定的范围和领域内承担一定的权利义务，有独立承担法律诉讼的能力。有些国际组织甚至享有外交特权和豁免。因此，国际组织在国际法和国内法上具有法人资格是没有问题的。

国际组织和国家之间，国际组织之间，国际组织和法人、跨国公司之间具有签订协议的能力，有接管、买卖财产的能力，有进行法律诉讼的能力。在国际经济活动中，国际组织在贸易、投资、信贷、服务等领域表现得非常活跃。有些国际组织和国际经济组织的决议、规定、原则以及其制定的标准合同已成为国家经济活动中各国遵守的原则和准则，成为国际经济法重要的渊源之一。有些国际组织，如欧盟，甚至具有超国家的职能，其指令和决议不但约束各成员国政府，而且可以直接适用于成员国的自然人和法人。

（四）国家

国家是一个特殊的民事主体。作为主权的最高代表和象征，国家可以自己的名义从事各种国际、国内的经济活动，签订各种合同、条约和协议，并以国库的全部资产承担责任。然而国家又不同于一般的民事主体，表现为它享有不可被剥夺的主权豁免权。所谓国家主权豁免，在国际经济法领域，主要指国家及国家财产的司法豁免，即未经国家同意，国家的主权行为和财产不受外国管辖和侵犯。国家不能作为被告在外国法院出庭、应诉，国家财产不能作为诉讼标的以及法院强制执行的对象。然而，为了适应国际交往的需要，国家可以通过一定方式宣布自愿放弃豁免权，以平等的民事主体资格从事各种经济活动。在这种情况下，由国家授权的负责人代表国家进行民事和经济活动。

除了直接从事各种经济活动之外，国家作为国际经济法主体，还具有其他主体所不具有的特殊职能，即对经济进行管理和监督的职能。这些行政性质的法律规范构成了国际经济法的重要内容。

二、跨国公司

跨国公司（transnational corporation），又称多国公司（multinational corporation）、国际公司（international corporation）、世界公司（world corporation）等。跨国公司是随着国际分工以及国际贸易的发展而逐渐形成和发展起来的。16 世纪的英国东印度公司是世界上最早出现的跨国公司。到 20 世纪初，跨国公司开始大量出现。目前，跨国公司的总产值已超过世界总产值的 1/3，跨国公司内部及相互贸易占世界贸易的 60% 以上。跨国公司凭借其雄厚的财力、物力、人力优势和先进的技术和管理经验，在国际经济贸易活动中起着举足轻重的作用。

（一）跨国公司的概念与特征

跨国公司不是一个法律实体。联合国跨国公司委员会在 1982 年制定的《跨国公司行为守则（草案）》中将跨国公司定义为：“跨国公司系指一种企业，构成这种企业的实体分布于两个或两个以上的国家。而不论其法律形式和活动范围如何。各个实体通过一个或数个决策中心，在一个决策系统的统辖之下开展经营活动，彼此有着共同的战略并执行一致的政策。由于所有权关系或其他因素，各个实体相互联系，其中一个或数个实体，对其他实体的活动能施加相当大的影响，甚至还能分享其他实体的知识、资源，并为它们分担责任。”

跨国公司具有以下特征：

（1）跨国公司经营活动具有跨国性。跨国公司通常以一个国家为基地，设立母公司，同时又在其他一个或多个国家设立不同的实体，接受母公司的管理、控制和指挥，从事各种经营活动。

（2）跨国公司具有全球性经营战略。跨国公司的母公司在制定经营方案时，通常从跨国公司的整体利益出发，制定其在全球范围内的生产、销售和经营策略。

（3）跨国公司由不同实体（通常包括母公司、子公司、分公司）组成。母公司具有核心决策权。跨国公司的经营战略由母公司制定并实施，母公司对跨国公司的其他实体拥有高度集中的管理权。有学者指出："跨国公司的主要法律形式，是根据各种法律制度成立的多个公司的聚积，但受母公司的集中控制，因而构成一个单一经济体。""从跨国公司具有共同的商业目的、中央控制和内部一体化的活动等方面看，可以说，跨国公司具有企业的特征，是一个经济实体，但它并不是一个法律实体。"①

（4）跨国公司内部实体之间具有相互联系性。跨国公司由设立于不同国家的若干实体组成，各实体之间存在着不同程度上的联系。尤其是母公司往往通过货物、资本、技术、服务的内部转移等多种方式对其海外子公司、分公司进行指挥、控制，从而实现利润在各实体之间的转移，达到跨国公司内部资源的合理配置，也可以同时逃避或规避东道国的税收管辖、关税壁垒或非关税壁垒等措施。

（5）跨国公司利益与跨国公司营业地所在国利益之间的冲突性。跨国公司的营业所在地是指跨国公司的诸实体开展营业活动的母国及东道国。母国（home country）是指母公司所在国家。东道国是指母公司以外的其他实体所在的国家。发展中国家为了吸引外资，多制定有大量只针对外国资本的优惠措施。跨国公司一方面享受着这些优惠待遇，但另一方面在实施追逐高额利润的跨国经营战略时又不惜损害发展中国家的利益，因此，跨国公司与发展中国家东道国的矛盾往往会演变成发达国家与发展中国家之间的矛盾。

关于跨国公司与发展中国家东道国的矛盾，曾在联合国跨国公司中心资料分析司工作过的国际知名发展经济学和跨国公司问题专家王念祖先生曾做过如下分析，他说："第三世界对跨国公司抱有两种态度，一是寄托很深，二是有种种的顾虑。顾虑出自：第一，跨国公司多数为发达国家的公司，它们在发展中国家会产生民族抗争的情绪，双方的观点不同，难免产生摩擦与冲突。第二，跨国公司经常利用其国际性组织企业，利用法律以营利'摸鱼'。因此，许多第三世界国家提议要对跨国公司做有效的管制，包括国际性的管制，但跨国公司则认为干扰太多，无法发挥其作用。第三，跨国公司的势力比较强大，跨国公司的总经理去访问发展中国家时，俨如一国的元首。对此，发展中国家则觉得势单力薄，难以抗衡，常有相形见绌之感。第四，跨国公司经营的目的往往与发展中国家的目的相反，其手段也往往与发展

① 余劲松著：《跨国公司的法律问题研究》，中国政法大学出版社1989年版，第4～14页。

中国家的惯例有矛盾。”[①]在国际经济交往中，发展中国家与跨国公司的矛盾实际是控制与反控制的斗争，是国际经济法研究的重要内容。

（二）跨国公司的基本结构

实践中，跨国公司为了实现其全球战略，在其海外实体的设置方式上有所不同。但是，跨国公司大多数采用以下基本结构。

1. 母公司（parent company）

母公司又称总公司，是指在其子公司中拥有多数股权或通过合约、协议等形式对于子公司实际行使决定性控制权的公司。母公司一般是依照母国的法律规定设立的，其权利义务依照母国的法律和公司的章程确定，具有独立的法律人格。

2. 子公司（affiliate）

子公司是指母公司拥有全部或多数股份或通过合约或协议等形式接受母公司控制的公司。子公司一般是根据东道国的法律设立的，具有法律上的独立人格，受东道国的法律管辖。子公司通常按照东道国的法律规定，可以采取（独资、合资）有限责任公司、股份有限责任公司等企业组织形式。

3. 分支结构

海外分支结构是跨国公司母公司在海外设立的机构，可分为办事机构和营业机构。分支结构一般没有独立的法律地位，不具有独立的法律人格。它具有母公司的国籍，属于母公司的增设部分，其行为由其母公司或总公司负责。

在跨国公司发展的早期，母公司主要通过拥有子公司的全部或多数股权的方式达到控制子公司的目的。随着投资方式的多样化和技术的发展，通过非股权投资（如许可协议、管理合同、销售合同等）也可以实现对子公司的控制。

（三）母公司对子公司的债务责任

在国际经济交往中，大多数公司都是有限责任公司，按照各国公司法的规定，作为独立法人，有限责任公司以其全部资产承担责任。但是对于跨国公司，基于母子公司之间的关联性，母公司对子公司拥有控制权。当出现由于母公司的责任造成子公司丧失对外偿付能力或履行义务的能力时，为了保护债权人的利益，法律有时会允许“揭开公司面纱”（piercing the corporations' veil），即按照“公司法人人格否定”（disregard of corporate personality）的理论，由母公司为子公司的债务承担直接责任。

应当注意的是，“揭开公司面纱”理论是对传统公司法“独立法律主体承担独立责任”理论的例外规定或是一种补充。因此，实践中，多数国家对“揭开公司面纱”都持非常谨慎的态

---

① 王念祖著：《发展经济与跨国公司》，中国对外经济贸易出版社 1983 年版，第 70 页。

度,对其使用严格加以限制。[①]

除了"揭开公司面纱"理论外,一些国家还通过制定公司集团法,对母公司为子公司承担责任的情况作出明确规定。

(四) 对跨国公司的法律管制

1. 联合国《跨国公司行动守则(草案)》

跨国公司凭借其雄厚的物力、财力、人力资源,基于其全球经营战略而在国际经济交往中起着举足轻重的作用。但其全球经营战略往往和其所在国家的经济发展战略不相符合,或对这些国家的经济发展产生不利影响,由此引发的矛盾导致各国积极要求对跨国公司的跨国经济活动进行法律规范。由于跨国公司由设在不同国家的实体组成,各国基于属人原则和属地原则对其进行管辖,因此,对于跨国公司的管制主要是通过国内法实现的。考虑到各国对跨国公司管制制度的差别,1974 年 12 月,联合国经济与社会理事会通过决议,成立"跨国公司委员会",拟定《跨国公司行为守则》,对跨国公司的母国及东道国有关跨国公司的管制制度予以统一规范。具体拟定工作从 1977 年开始。1982 年起草工作组向跨国公司专门委员会第八次会议提交了《跨国公司行为守则(草案)》,1990 年提交联大第 45 次会议审议。由于对草案的内容和法律性质存在分歧,该草案至今尚未通过。随着经济全球化的深入发展,全球跨国投资迅猛增长,跨国公司的社会责任问题引起了国际社会的广泛重视。《1994 年世界投资报告》规定了企业和跨国公司社会责任的最低标准,即"为社会提供利益,不具有故意的伤害行为,如果产生了损害,企业提供的利益必须足以抵消企业伤害行为带来的不利"。

2. 关于企业社会责任的 SA8000(Social Accountability 8000)

与国际标准化组织(ISO)制定的产品质量标准(ISO9000)、环境标准(ISO14000)不同,SA8000 是全球首个关于企业社会责任的标准。该标准的思想来源于国际劳工组织公约、国际人权公约以及关于儿童权利的联合国公约。制定 SA8000 的目的是规定企业(包括公司)应当承担的社会责任,即通过制定企业行为规范,确保企业的生产和服务符合社会道德标准。1997 年年初,美国一家社团组织——经济优先领域委员会(Council on Economic Priorities,CEP)成立了经济优先领域委员会认可机构(Council on Economic Priorties Agency,CEPA),组织了专家咨询委员会(即美国国际社会责任咨询委员会)起草有关社会责任的标准,即 SA8000。人权和儿童权利组织、研究部门、社团代表、企业(跨国公司)、认证机构等都协助该标准草案的制定。SA8000 体现的社会职责管理体系,要求供应商不但对产品质量、数量负责,还要对劳工权利负责。通过规范企业的道德行为,在使企业雇员获益的同时,使企业也获得很多收益,如有助于提高企业知名度、提高生产率、提高效率、减少浪费、保证企业

① 关于"揭开公司面纱"理论的法律根据,常见的有:代理理论,子公司独立法律人格的滥用,母公司投资不足,母公司违反正当法律程序,母子公司之间交易条件不公平、母子公司之间财产混同或不正当流动等。参见王利明:《公司的有限责任制度的若干问题》(下),载《政法论坛》1994 年第 3 期,第 90 页。朱慈蕴:《公司法人人格否认法理在母子公司中的运用》,载《法律科学》1998 年第 5 期,第 40 ~ 41 页。

运行稳定、增加竞争优势、满足消费者需求、增加投资者信心等。这个由民间机构制定的SA8000，既不是政府目标，也不受任何一个利益方或消费者控制。它是第一个可供审核的社会标准，或称首个道德规范国际标准，拥有真正独立的审核过程，是标准化在社会领域的一个重大突破。SA8000适用于全球所有行业的各种组织。凡希望证明忠实于社会责任标准的企业，可以接受非政府组织的劝告并参与对事实情况的验证与认证，如同符合国际质量标准ISO9000、ISO14000的认证一样。通过这种方法向全世界的用户和消费者证明其真实性、可靠性。随着经济全球化的深入发展、社会的进步、各国经济的发展和人民生活水平的不断提高，企业的社会形象越来越受到社会的关注，SA8000也越来越受到全世界的重视。自其公布以来，正逐步成为企业争取竞争优势的一种手段。SA8000自1997年8月公布，迄今为止，世界五百强中80%以上的企业已经制定和发布了企业社会责任报告。向整个社会报告企业在环境、经济、公益和社会责任方面的表现，已成为一种国际趋势。

SA8000强调的是，企业生产的产品中，不但含有经济价值，还包含重要的社会价值，其具体体现就是对劳工权利的尊重(特别是对工资、工时和工作条件的要求等方面)。在我国和一些发展中国家，企业的竞争优势大部分集中在具有较低原材料和劳工成本的劳动密集型产业和产品，和SA8000标准的要求尚存在一定的差距。自2007年5月1日起，欧美国家的跨国公司开始强制推行SA8000标准认证。① 将劳工权利与出口订单挂钩、与普惠制挂钩，要求跨国公司在采购商品和服务时要审查对方企业是否达到这一标准，对不达标者，必须取消订单。我国的劳动密集型产品，如服装、制鞋、纺织、化工原料、玩具、家具、运动器材及日用五金都受到不同程度的影响。到目前为止，我国有上万家企业经过跨国公司SA8000审核，这些企业大多集中在沿海地区。中国远洋运输(集团)公司、宝山钢铁股份有限公司以及国家电网有限公司等也都发布了企业责任报告。实践中，表现良好的企业会获得更多订单，部分企业由于没有改善，或被取消了供应商资格，或其产品被取消了受惠资格。②

SA8000包括标准和程序。其涉及的范围包括：(1) 核心劳工标准。包括雇佣童工，强迫性劳动，工人的结社自由和集体谈判权，歧视，惩戒性措施。(2) 工时与工资。包括工作时间，最低工资标准，职业健康与安全，管理体系等九方面。认真研究、了解和遵守SA8000，尽快建立、健全我国相应立法，已经成为立法者和企业迫在眉睫的任务。

---

① 值得注意的是，SA8000的认证费用不低。一个小企业单次认证的费用最少约为2万元。所获证书有效期3年，每半年复核一次。以3年为1个周期，一般企业的总认证费用约为20万元。

② 2003年7月，广东一家台资鞋厂因发生女工中毒事件而陷入全部停单的困境。2003年9月，广东中山市一家500人左右的鞋厂，也因没有达到当地法律规定的最低工资标准，被外国订货商停单2个月。2004年年底，广东肇庆市26家民营企业联合发出“社会责任承诺宣言”，作为全国首例企业社会责任宣言，其中包括：不使用童工；积极创造条件，为员工提供一个安全、健康的工作环境和生活环境；尊重员工人格和保障员工合法权益，关爱员工，促进劳资关系的和谐稳定；不要求员工超时工作，保证员工的法定休息时间，每月加班时间不超过36小时，而且应保证加班能获得加班费；在员工提供了正常劳动的情况下支付员工的工资不低于当地的最低工资标准，不拖欠员工工资。

三、跨国公司与国有企业

随着国有企业在国际经济活动中特别是在国际贸易与国际投资领域日趋活跃并成为一支不可小视的力量，围绕国有企业的作用及其影响产生的法律问题引起了国际社会的关注。[①]

目前许多国家，无论是发达国家还是发展中国家，或出于保障民生，或出于技术创新，或出于国家安全等社会、政治、经济、战略利益的需要，在其不同行业中都存在着数量、规模不等的国有企业。[②] 这些国有企业在构建一国 GDP、就业以及市场资本主义中占有重要的部分。[③] 在西方发达国家，国有企业传统上多关注于国内市场与国内竞争。[④] 资本主义世界经济危机的发生特别是20 世纪 80 年代末至 90 年代爆发的全球性金融危机，迫使各国都采取了许多政府干预经济的措施包括（如对银行）采取国有化措施。在一些新兴经济体，国有企业参与国际经济活动，被称为"国家资本主义的崛起"[⑤]。针对国有企业对国际市场竞争的影响展开调查和研究成为 21 世纪以 OECD 为代表的发达国家的一个热门课题。[⑥]

---

① 2013 年 4 月 5 日，OECD 发布了题为"国有企业：贸易效果及政策意涵"的贸易政策报告（State - Owned Enterprises: Trade Effects and Policy Implications—Trade Policy Papers No. 147，2013，4，5）。报告称根据福布斯统计，在全球前 2 000 家最大的公开发行公司（public companies）中，有 204 个公司为国有企业，这些国有企业于 2010 年至 2011 年间，在全球 37 个国家间遍布 35 个行业中，创造了约为 3.6 兆美元之营业额，其中大部分此类国有企业来自于新兴经济体国家。

② 经济学理论认为国有企业产生于市场失灵而导致的国家干预。主要有 natural monopoly，public goods，merit goods and externalities。关于国有企业治理的比较研究参见 2006 年 OECD 报告。

③ OECD Guidelines on Corporate Governance of State-Owned Enterprises，2005，p. 9.

④ 2013 OECD Working Party of the Committee: State-owned Enterprises: Trade Effects and Policy Implications，OECD policy paper No. 147，by Przemyslaw Kowalski，Max Buge ，Monika Sztajerowska and Matias Egeland，p. 9.

⑤ 2012 年 1 月，"The Economist"的大标题为"The Rise of State Capitalism—the Spread of a New Business in the Emerging World Will Cause Increasing Problems". 引自 2013 年 3 月 22 日 OECD Working Party of the Committee: State-owned Enterprises: Trade Effects and Policy Implications，OECD policy paper No. 147，by Przemyslaw Kowalski，Max Buge ，Monika Sztajerowska and Matias Egeland，p. 9。

⑥ 系统且卓有成效的研究当数 OECD。从 2002 年起至 2005 年以后各个委员会发布的一系列有关国有企业的指南和报告主要有：2005 年国有企业公司治理指南（OECD Guidelines on Corporate Governance of SOEs）；2011 年公司治理工作报告，竞争中立与国有企业：挑战与政策选择（Capobianco，A. and H. Christiansen ，"Competitive Neutrality and State-Owned Enterprises: Challenges and Policy Options"，*OECD Corporate Governance Working Papers*，No. 1，OECD Publishing）；2012 年竞争中立：构建公私企业公平竞争平台（*Competitive Neutrality: Maintaining a Level Playing Field between Public and Private Business*）；2013 年贸易委员会发布的政策报告：国有企业：贸易效果与政策内涵（OECD working party of the committee: state-owned enterprises: trade effects and policy implications，OECD policy paper No. 147，by Przemyslaw Kowalski，Max Buge ，Monika Sztajerowska and Matias Egeland）；2005 OECD"Corporate Governance of State-Owned Enterprises: A Survey of OECD Countries"；2003 OECD"Privatising State - Owned Enterprise，An Overview of Policies and Practices in OECD Countries"；等等。这些关于国有企业治理的指南和报告的目的和特点可以归纳如下：（1）以 OECD 2004 年的公司治理准则为基础，公司治理的一般准则适用于国有企业；（2）鉴于国有企业的特殊性，为成员国完善国有企业治理建立国际标准；（3）报告提出的措施属于建议性的、非强制性；（4）不影响各国的私有化措施和进程；（5）促进 OECD 国家与非 OECD 国家开展国际合作。

所谓国有企业(state - owned enterprise,SOEs)也称国有公司(state - owned corporation)[①],是指国家通过全部、多数或少数所有权对企业实行实质性控制[②]的公司。在一些国家的法律中指"由国家控制或者所有的并且受到国内公法(domestic public law)规制的企业",即除了所有权与控制之外,国有企业受特别法规制[③]。在美国与澳大利亚自由贸易区协定中,国有企业不仅指由中央政府控制或所有的企业,还包括地方政府控制或所有的企业。[④] 我国法律中,没有国有企业的定义。[⑤] 有学者认为,国有企业指国家拥有或控股的企业,[⑥]不涉及控制问题。除了定义的不统一外,国有企业的复杂性还在于:实践中,国有企业的行为在经政府授权的情况下可以视同政府或公共机构(public body)的行为。[⑦] 此外,尽管各国都承认国有企业在国内存在的合理性,但是随着国有企业越来越多地参与国际市场竞争,并且多集中于一些战略或基础行业,在一些国家"国有企业作为在国外市场实现战

---

① 也有学者视 public sector business 等同于国有企业。See Capobianco, A. and H. Christiansen (2011),"Competitive Neutrality and State-Owned Enterprises: Challenges and Policy Options", *OECD Corporate Governance Working Papers*, No. 1, OECD Publishing. p. 4. 在 WTO/GATT1947 第 17 条中从事进出口的国有公司称"国有贸易公司"。

② The term "SOEs" refers to enterprises where the state has significant control, through full, majority, or significant minority ownership. 见 OECD 2005 年国有企业治理指南第 11 页。1992 年美式双边投资保护协定范本中将国有企业定义为:"一方通过所有者权益控制或者所有的企业。"(An enterprise(company) owned, or controlled through ownership interests, by a party.)

③ OECD 研究认为,从国有企业治理的法律形式来看,大多数采取与政府分离的私人的有限责任公司形式,适用公司法调整;有些虽然与政府分离,但由专门的公法调整,仍属于公共机构,如在奥地利、瑞士、瑞典、法国、韩国等。Oecd Comparative Report on Corporate Governance of State-Owned Enterprises, since 2005, pp 24 - 25.

④ 美澳自贸区协定第 1.2 条。

⑤ 《中华人民共和国公司法》第 2 章第 4 节第 64 条对国有独资公司作出特别规定。所谓国有独资公司,是指国家单独出资、由国务院或者地方人民政府授权本级人民政府国有资产监督管理机构履行出资人职责的有限责任公司。第 65 条规定,"国有独资公司章程由国有资产监督管理机构制定,或者由董事会制订报国有资产监督管理机构批准"。第 64 条规定:"国有独资公司的设立和组织机构,适用本节规定;本节没有规定的,适用本章第一节、第二节的规定。"

⑥ 参见张玉卿主编:《WTO 法律大辞典》,法律出版社 2006 年版,第 302 页。

⑦ 2011 年 3 月 11 日,中国诉美国反倾销和反补贴措施案(WT/DS379/AB/R)中,上诉机构支持了中方关于国有企业只有在经政府授权行使政府职能时,才能被视为"公共机构"的主张;驳回美方关于国有企业受政府所有或控制,即为公共机构的主张。Appellate Body Report, US—Anti-Dumping and Countervailing Duties, para. 310 - 317。上诉机构维持了专家小组将我国"国有商业银行"认定为公共机构的裁定。关于"授权"的含义,在 1992 年美式投资协定范本第 I. 1(G)中规定:立法机关授权,政府命令,指令或者其他形式的授予国有企业或垄断行业的授权行为,或者其他委托国有企业或垄断行业行使政府的权力的行为。2004 年范本将"授权"含义扩大,除包括上述含义外,还包括授予个人行使政府权力的行为。在 DS379 案中,上诉机构认为,政府对某实体持有多数股权的事实,并不能证明政府对该实体的行为实施了有意义的控制(meaningful control),更不能证明政府对其授予了职权。(para. 318)

略目标(商业或非商业)之工具,而此种行为可能造成反竞争之效果"。[①] 由于国有企业的市场行为可能产生反竞争效果,而导致公、私企业不公平竞争的主要来源是出自政府的管理行为,[②]因此在经济全球化的国际市场中,如何确保政府在其规范公私企业的国际经济贸易管理行为中的公平与不歧视,如何矫正和规制国有企业扭曲贸易的行为,成为国际经济法研究的新课题。

2005 年,OECD 发布了国有企业公司治理指南(OECD Guidelines on Corporate Governance of SOEs)试图为 OECD 国家和非 OECD 国家国有企业治理设立一个国际标准(international benchmark)。[③] 2011 年 OECD 发布公司治理工作文件(Corporate Governance Working Papers)[④],第一次提出竞争中立框架(competitive neutrality framework)[⑤]。所谓竞争中立(competitive neutrality)是指,任何经济实体不得仅仅因为所有权(ownership)而取得优势或劣势(advantages or disadvantages)。该文件不仅为国有企业与私营企业在国际经济贸易活动中构建了公平的竞争平台,并且为监督政府政策制定者,识别和消除(identify and eliminate)

---

① OECD 2011 年报告详细分析了与私企相比,国有企业在国际竞争中从国家获得的好处(见报告第 5 ~ 6 页)。2013 年报告第 15 页认为,所谓由政府授予之利益,其种类可概括为下列 7 项:(1) 直接补贴;(2) 融资优惠与信用担保;(3) 优惠的法规待遇;(4) 免除适用反竞争法或破产法的相关规定;(5) 通过控制股权以实行反竞争或专断的价格订定策略;(6) 其他具有进攻性的价格策略;(7) 取得资讯的优势地位。

国有企业商业活动扩展迅速之原因,有下列 4 项:(1) 本国政府通过授予利益之方式,使国有企业于竞争条件上优于外国公司;(2) 通过法规松绑及租税减免之方式,诱使提供公共服务之国有企业扩大其经营版图,不考虑其是否符合商业利益;(3) 在国际贸易中,扩大经营版图之目的,未必皆系为达到一定程度之经济规模,例如针对能够彰显本国国旗或国徽之运输工具,经常因为国家为展现该国能与国际市场接轨之正面形象,而大力补贴国有企业;(4) 援助经营不善之国有企业。

② 国家既是市场经济的管理者又通过国有企业参与市场竞争,成为国有企业的利益相关者(stakeholder)。

③ OECD Guidelines on Corporate Governance of State-Owned Enterprises 2005 年指南适用于:(1) 以法律形式组建的国有企业(即政企分离、从事商业活动:其大部分收入来自买卖和收费)。原文为:The Guidelines are primarily oriented to state-owned enterprises using a distinct legal form (i. e. ,separate from the public administration) and having a commercial activity (i. e. with the bulk of their income coming from sales and fees),whether or not they pursue a public policy objective as well. (2) 由于公司治理不同,指南对上市公司与非上市公司,全资国有、多数股权的国有与少数股权的国有企业加以区分并且适用于它们的子公司。原文为:These SOEs may be in competitive or in non-competitive sectors of the economy. When necessary,the Guidelines distinguish between listed and non-listed SOEs,or between wholly owned,majority and minority owned SOEs since the corporate governance issues are somewhat different in each case. The Guidelines can also be applied to the subsidiaries of these aforementioned entities,whether listed or not.

④ Capobianco,A. and H. Christiansen (2011),"Competitive Neutrality and State-Owned Enterprises: Challenges and Policy Options",*OECD Corporate Governance Working Papers*,No. 1,OECD Publishing

⑤ 1983 年美国的双边投资协定范本中,设立了国有企业与私营企业平等竞争的条款。II(6):The Party recognize that,consistent with paragraphs 1 and 2 of this Article,conditions of competitive equality should be maintained where investments owned or controlled by a Party or its agencies or instrumentalities are in competition,within the territory of such Party,with privately owned or controlled investments of nationals or companies of the other Party. In such situations,the privately owned or controlled investments shall receive treatment which is equivalent with regard to any special economic advantage accorded the governmentally owned or controlled investments. 其后,美国在与一些国家如美国与孟加拉国订立的双边投资协定中都纳入了这一条款。

国有企业可能享有的好处(advantages)建立了一种法治机制。[①] 该研究成果提出的法治和透明度要求对中国国有企业的进一步改革无疑具有一定借鉴意义。

第四节　国际经济法的基本原则

一、可持续发展原则

可持续发展是指人类的可持续发展,其中经济的可持续发展是人类可持续发展的重要组成部分。国际社会对可持续发展从认识并接受其为基本原则经历了一段过程。从理论上首次提出可持续发展问题的当属18世纪末英国古典经济学家马尔萨斯(T. R. Malthus)。其名著《人口论》(*Essays on Population*)深刻地分析了地球的资源与人口增长及经济增长之间存在的矛盾以及未来人类发展的黯淡前景。"马氏的立场和理论,开启了对西方前途辩论的先河"。[②]

然而,科学技术的发展给西方带来经济高增长、高消费的黄金岁月,使人们产生错觉,相信"技术是解决一切问题的灵丹妙药"[③]。20世纪60年代,发展伦理学的先驱,美国教授德尼·古莱(Denis Goulet)在考察和研究了世界各国、特别是拉丁美洲的发展后,对于何谓"发展"进行了精辟的分析和论述。[④] 他认为国际上存在关于发展的三种观点或流派。第一种观点是把发展视同用总数衡量的经济增长,而把其他非经济因素放在次要地位。按照这种观点,发展通常以GDP和经济增长百分比来衡量。第二种观点认为,发展=经济增长+社会变革。这是当今流行的观点。第三种观点则强调发展的道德价值观。其中心思想强调所有社会、所有团体和社会中的所有个人的质的改善,认为发展本身不过是为提升人性而采取的一种手段。[⑤]面对人类不容乐观的未来,1972年著名的《增长的极限——罗马俱乐部关于人类困境的报告》问世并提出人类正面临生死存亡的选择。报告通过一个纯技术性的世界模型,就全球关切的五种主要趋势,即加速工业化、快速的人口增长、普遍的营养不良、不可再生资源的耗尽以及恶化的环境,分析了它们对世界未来100年的影响。[⑥] 针对人口、资源、

---

① See Capobianco, A. and H. Christiansen (2011), "Competitive Neutrality and State-Owned Enterprises: Challenges and Policy Options", *OECD Corporate Governance Working Papers*, No. 1, OECD Publishing.

② 胡国亨著:《独共南山守中国》,香港中文大学出版社1995年版,第5页。

③ [美]丹尼斯·米都斯等著:《增长的极限——罗马俱乐部关于人类困境的报告》,李宝恒译,吉林人民出版社1997年版,第146页。

④ 拉丁美洲的经济发展史,实际上是一部被西方殖民主义者剥削和掠夺的历史。参见[乌拉圭]爱德华多·加莱亚诺著:《拉丁美洲被切开的血管》,王玫等译,人民文学出版社2001年版。

⑤ 关于对发展的详细讨论,参见[美]德尼·古莱著:《残酷的选择——发展理念与伦理价值》,高铦、高戈译,社会科学文献出版社2008年版,第2~4页;关于发展的不同意义的简要回顾参见其所著 *That Third World*, The Centre Magazine, Vol. I, No. 6 (September 1968), pp. 47–55。

⑥ 这份报告模型主流是物质的,然而研究的结论却指出,需要在社会价值方面有基本的改变。见[美]丹尼斯·米都斯等著:《增长的极限——罗马俱乐部关于人类困境的报告》,李宝恒译,吉林人民出版社1997年版,第145页。

环境、生态与经济增长之间存在的矛盾，报告第一次提出了“均衡增长”的概念，[①]指出人类“在人口水平、社会和物质标准、个人自由，以及组成生活质量的其他因素之间，要有一系列的均衡。”[②]报告批评了西方的价值观及其生活与生产方式，认为世界“需要一场思想上的哥白尼革命”[③]。并认定，“这样一种尝试需要全体人民的共同努力，而不管他们的文化、经济制度和发展水平怎样。但是，主要责任必须由比较发达的国家承担，不是因为这些国家具有远见和仁慈行为，而是因为这些国家仍然是传播增长的综合病症并使其继续发展的根源所在。”[④]毫无疑问，该报告全面奠定并预设了今天国际社会认可的可持续发展原则的理论基础和框架蓝图。[⑤]

“可持续发展”一词最早出现在官方的有关保护环境的国际文件中。1980 年，联合国环境规划署《世界保护大纲——为了可持续发展的生物资源保护》中第一次明确使用了“可持续发展”的概念。1987 年，联合国世界环境与发展委员会《我们共同的未来》（布伦特伦报告）中正式将环境与可持续发展问题挂钩并提出，“可持续发展指的是既满足当代人的需要，又不对后代人满足其需要的能力构成危害的发展”，指出“人类必须改变目前的发展方式，走可持续发展的道路”。1992 年联合国环境与发展大会通过《关于环境与发展的里约宣言》《联合国气候变化框架公约》和《21 世纪议程》，正式否定了西方工业化以来“高生产、高消费、高污染”的生产方式、生活方式与发展模式，全面阐述了可持续发展原则的内涵：

1. 宣言首先确立了可持续发展是人类的可持续发展。其原则 1 指出，人类处于普受关注的可持续发展问题的中心。他们应享有以与自然相和谐的方式过健康而富有生产成果的生活的权利。

2. 实现代际公平和代内公平是可持续发展原则的条件。宣言指出，为了公平地满足今世后代在发展与环境方面的需要，求取发展的目标必须实现（原则 3）。为了缩短世界上大多数人生活水平上的差距和更好地满足他们的需要，所有国家和所有人都应在根除贫穷这一基本任务上进行合作，这是实现可持续发展一项不可缺少的条件（原则 5）。

---

① “均衡”意味着对立的力量之间的一种平衡或相等的状态。见[美]丹尼斯·米都斯等著：《增长的极限——罗马俱乐部关于人类困境的报告》，李宝恒译，吉林人民出版社 1997 年版，第 132 页。

② [美]丹尼斯·米都斯等著：《增长的极限——罗马俱乐部关于人类困境的报告》，李宝恒译，吉林人民出版社 1997 年版，第 147 页。

③ [美]丹尼斯·米都斯等著：《增长的极限——罗马俱乐部关于人类困境的报告》，李宝恒译，吉林人民出版社 1997 年版，第 152 页。

④ [美]丹尼斯·米都斯等著：《增长的极限——罗马俱乐部关于人类困境的报告》，李宝恒译，吉林人民出版社 1997 年版，第 150 页。为此，拉美国家一向反对使用“发展”一词而选用“解放”一词，认为现时我们所称的“发展”其实是反发展、伪发展，是发展的异化。“解放”一词比“发展”“更好地表达了人们希望有更具人性的生活条件的真正愿望”。“解放”一词揭示了经济发展、社会现代化、政治体制的建立和文化西方化给拉丁美洲带来的巨大的人性代价。关于“发展”与“解放”的讨论，参见[美]德尼·古莱著：《残酷的选择——发展理念与伦理价值》，高铦、高戈译，社会科学文献出版社 2008 年版，第4 ~ 11 页。

⑤ 遗憾的是，或许因为这个报告是非官方的或者因为其是学术性的，总之这个报告并未像它所讨论的问题的紧迫性和严重性那样引起国际社会的严重关注。20 世纪八九十年代由联合国及所属机构通过的众多宣言和纲领性文件，多是“文件写得好，实事干成的不多，雷声大，雨点小”（引自该书译者李宝恒先生语）。

3. 可持续发展是指各国经济的共同发展。宣言提出,各国应该合作促进一个支持性和开放的国际经济制度,这个制度将会导致所有国家实现经济增长和可持续的发展。为环境目的而采取的贸易政策措施不应该成为国际贸易中的一种任意或无理歧视的手段或是伪装的限制(原则12)。

4. 为实现可持续发展,发达国家需承担更多的责任。宣言要求各国应本着全球伙伴精神承担共同的但是又有差别的责任。鉴于发达国家给全球环境带来的压力以及它们所掌握的技术和财力资源,它们在追求可持续发展的国际努力中负有责任(原则7)。

《关于环境与发展的里约宣言》所阐述的可持续发展的思想已超出了纯粹环境保护和经济发展的范畴,涵盖了对世界各国和国际社会在经济、社会、人口、生态环境等多方面的内容和要求。可持续发展原则是总领人类社会发展的第一原则,也是各国及国际社会制定国际经济交往法律规范的基本原则。

1997年联合国气候变化框架公约国第三次会议最终在日本达成了具有法律约束力的《京都议定书》(2005年2月正式生效),就发达国家和发展中国家联合减排引进了灵活的市场机制,明确提出了发达国家与发展中国家在减少二氧化碳等温室气体排放方面应承担的共同但有差别的责任。这是人类的发展观念发生实质性转变而采取的一次实际行动,标志着国际社会以可持续发展为目标进入"低碳经济"时代。[①] 20世纪以来不断恶化的自然环境,特别是2008年席卷全球的金融危机,再一次验证了在经济全球化下以往的世界经济发展模式和旧国际经济秩序及其规则的不可持续性,迫使国际社会必须采取行动应对挑战。"人类社会的未来进程,甚至人类社会的生存,也许就取决于世界对这些问题做出反应的速度和效率。"[②]

旧的发展模式如今遭遇到了空前的挑战,已不可继续,坚持可持续发展原则已是不可逆转的人类的唯一选择。任重道远,对此发达国家责无旁贷。中国改革开放的导师邓小平说过,"我们必须摆脱桎梏我们精神的枷锁"。这个枷锁既包括封建的也包括资本主义的精神枷锁,即摆脱自西方第一次工业革命以来禁锢发达国家尤其是广大发展中国家的、包括西方

---

① 低碳经济时代,也被称为"第四次工业革命时代",是指以新的能源生产技术和能源使用技术为先导,以低能耗、低污染、低排放的清洁能源代替煤炭、石油、天然气等高能耗、高污染、高排放传统能源的绿色革命。低碳经济,不但是一场空前的技术革命,也是前所未有的产业结构和制度的创新。通常认为1770年瓦特发明蒸汽机开启了第一次工业革命时代,即机器动力时代;1880年爱迪生发明电灯,人类进入第二次工业革命时代,即电力工业时代;1950年固态电子元件发明,人类进入第三次工业革命时代,即信息时代。目前以低碳技术引领的时代被称为第四次工业革命时代。参见熊焰著:《低碳之路——重新定义世界和我们的生活》,中国经济出版社2010年版,第100~101页。最近,一种新的分类方法由享誉全球的未来预测大师美国人杰里米·里夫金提出,他将上述第二次、第三次工业革命合并,统称为由电信技术与燃油内燃机结合引发第二次工业革命;21世纪以互联网信息技术与可再生能源相融合,标志着人类进入第三次工业革命时代。见[美]杰里米·里夫金(Jeremy Rifkin)著:《第三次工业革命——新经济模式如何改变世界》,张体伟、孙豫宁译,中信出版社2012年版,第30~31页。上述分类均是纯粹以技术为标准,是人类在气候危机和金融危机双重压力下,从传统的高碳经济向低碳经济寻找机遇所作的一次战略性转移。

② [美]丹尼斯·米都斯等著:《增长的极限——罗马俱乐部关于人类困境的报告》,李宝恒译,吉林人民出版社1997年版,第11~12页。

的价值理念、政治制度以及生活方式等在内的精神枷锁，建立起一套适合各国乃至整个人类社会可持续发展的模式和理念。2003 年中国共产党第十六届三中全会大会报告首次提出“科学发展观”①，中国共产党第十七次全国代表大会提出，“科学发展和社会和谐是内在统一的。没有科学发展就没有社会和谐，没有社会和谐也难以实现科学发展”。这是以胡锦涛为首的中国领导人提出的执政新理念，也是理解中国发展和未来趋势的关键。“纯粹技术上的、经济上的或法律上的措施和手段的结合，不可能带来实质性的改善。全新的态度是需要使社会改变方向，向均衡的目标前进，而不是以往的那种增长”②，使人类避免陷入在毫无价值的状态中生存。20 世纪 70 年代，中国顶住国际压力开始推行计划生育政策；2007 年中国在《气候变化国家评估报告》中明确提出中国将走低碳经济的发展道路。这是中国作为世界上人口最多的发展中国家以可持续发展原则为国策并为人类可持续发展做出的最大贡献。

二、国家对天然财富与资源的永久主权原则

20 世纪 60 年代民族解放运动的兴起，使得许多过去在帝国主义殖民统治下的殖民地半殖民地国家取得了独立，建立了新的民族国家，成为联合国大家庭中的平等成员，大大改变了国际力量的对比。新国家认识到只有取得经济上的独立才能稳固和真正实现政治上的独立。因此，改变以西方发达国家为中心的旧的国际经济秩序，建立一个国家不分大小、贫富，一律平等的国际经济新秩序的呼声日益高涨。1962 年 12 月 14 日，联合国最早提出了关于国家对天然财富和资源的永久主权问题。大会通过的《关于国家对天然资源的永久主权宣言》，集中反映了发展中国家的这一要求，即承认天然财富和资源是国家和民族生存的物质基础，承认天然财富和资源的永久主权是民族自决权的一部分，确立了对于各国处置其财富与天然资源之自主权利应予以尊重的基本原则。根据这一原则：(1) 自然资源的勘查、开发、处置应符合各国自行认为在许可、限制或禁止方面应有的规则和条件。(2) 外国资本的输入及收益应受现行国内法与国际法管辖并使受助国对天然财富与资源之主权绝对不受损害。(3) 国有化、征收或征用应以公用事业、安全和国家利益为根据，并依照本国现行法及国际法给予适当的补偿；在发生争议时，首先由国内法管辖。

自然资源永久主权原则不但得到发展中国家的拥护，也得到发达国家的赞同，并于 1974 年 5 月 1 日联合国大会通过的《建立新的国际经济秩序宣言》和《建立新的国际经济秩序的行动纲领》中得到进一步的体现。新秩序宣言提出了建立新国际经济秩序的 20 项原则。除了强调尊重国家主权平等、领土完整、不干涉内政外，重申每一国家对自己的天然资源和一切经济活动拥有充分的永久主权。为了保卫这些资源，每一个国家有权采取适合于本国情况的手段，对资源及其开发实行有效控制，包括实行国有化和把所有权转让给本国国民。任

---

① 科学发展观的四个基本要点：第一要义是发展；核心是以人为本；基本要求是全面协调可持续；根本方法是统筹兼顾。

② [美]丹尼斯·米都斯等著：《增长的极限——罗马俱乐部关于人类困境的报告》，李宝恒译，吉林人民出版社 1997 年版，第 149 页。

何一国不应遭受政治、经济及其他形式的胁迫,以致不能自由和充分地行使这一不容剥夺的权利。对于遭受外国占领、统治或种族隔离的国家,有权对因其自然资源遭受剥削、消耗和损害要求偿还和充分补偿。国家有权对跨国公司采取有利于本国国民经济发展的措施,对它们进行限制和监督等。

1974 年 12 月 12 日,联合国大会通过了《各国经济权利和义务宪章》,正式将自然资源的永久主权原则作为国家权利和义务的核心内容。

三、经济合作以谋求发展原则

发展中国家的崛起,改变了世界力量的对比。第三世界国家不再是附属于发达国家并受其支配的被动力量。《建立新的国际经济秩序宣言》正确地反映了这一力量对比的变化。该宣言指出,20 世纪 70 年代以来世界的变化说明了世界大家庭的一切成员相互依赖的实际情况,发达国家的利益同发展中国家的利益不能再相互分隔开,发达国家的繁荣取决于它的组成部分的繁荣。

国际经济法中确定国际合作以谋求发展原则,提出了一个全新的观念。因为按照传统的重商主义观点:自己吃亏,对方肯定占便宜;如果自己占便宜,对方一定吃亏。国际合作以谋求发展原则抛弃了这种狭隘的利己观点,提出在发展方面,国际合作是所有国家都应具有的目标和共同责任。要求国际大家庭的成员通过单独和集体的行动,为了全人类的共同利益和国际经济的可持续发展在技术、资金、资源、贸易等方面相互合作,共同繁荣,反对武力和对抗,从而保证人类世世代代在和平和正义中稳步加速经济和社会发展。

《各国经济权利和义务宪章》正式将经济合作以谋求发展原则作为发展国际经济关系的一个基本原则。

四、公平互利原则

公平互利原则也是《各国经济权利和义务宪章》中提出的作为处理各国之间经济关系的指导原则。根据这一原则,使得:(1) 在国际经济合作的各个领域,发达国家应为发展中国家提供有利的外部条件。(2) 发达国家在向发展中国家提供援助时不应附加任何有损后者主权的条件。(3) 发达国家向发展中国家施行、改进和扩大普遍的、非互惠的和非歧视的待遇。(4) 在促进发展中国家取得现代科学技术方面,要有利于促进发展中国家的技术转让和建立本国技术,并按照适合于发展中国家的经济方式进行。

与平等互利相比,公平意味着把形式上的平等推向实质上的平等。可持续发展原则提出的代际公平和代内公平概念意味着,没有以正义为基础的公平不是真正的公平。公平需要以社会正义为支撑。因此,公平互利原则的含义更为科学、合理。

第五节 国际经济法体系与研究方法

国际经济法主体的多样性和法律关系的复杂性决定了其法律适用的多样性。因此，在研究方法上，它要求采用多侧面、全方位的综合研究方法。此外，还要辅之以其他方法。

一、国际经济法体系

通过以上对国际经济法概念与调整范围、产生与发展、主体与渊源的分析，可以看出，国际经济法是一个在第二次世界大战后产生的新兴的独立法律部门。它不再恪守传统的公法与私法、国际法与国内法的界限，而是按照国际经济关系发展的客观需要形成的一个既包括“公法”规范又包括“私法”规范、既包括国内法规范又包括国际法规范的一个综合的法律体系。它以研究客观存在的跨国经济关系中的法律问题为对象，着重研究国际法规范与国内法规范两者之间的相互关系。

二、国际经济法的研究方法

（一）多侧面、全方位的综合研究方法

国际经济法主体的多样性和法律关系的复杂性决定其适用法律的多样性。因此，对于某一法律关系不但要研究本国法，还要研究交易对方以及有关各方国家的法律，研究与之有关的国际公约和国际惯例。不但要研究有关调整私人交易关系的法律，还要研究国家有关管理与控制经济方面的法律。此外，多侧面、全方位的综合研究方法还需要纵向厘清和研究国家相关法律的历史发展脉络。察古知今，古为今用。这对于全面掌握、深刻理解“一带一路”倡议沿线国家的法律与实践，创建能为各国认同的经贸新规则具有特别重要的意义。

（二）比较的方法

比较的方法是在多侧面、全方位研究的基础上进行的。它是世界多元化的政治、经济、法律、文化制度的反映。在遵守联合国宪章的前提下，和平与发展是世界各国的宗旨和共同目标。在这个前提下，各国的政治、经济、法律、文化制度存在的差异应当得到尊重。应当看到，这些差异是各国、各民族在各自历史发展过程中形成的，是人类文化遗产的宝贵财富。同时也应当看到，人类为寻求共同语言和共同的行为准则已经作出了巨大努力。因此，在求大同存小异的过程中，比较各国法律之异同，辨析差异，才能互相尊重各自的差异。只有这样，才能建立一个法治之国际大家庭的正常、和谐的经济秩序。

（三）法学的研究方法和经济学的研究方法相结合

马克思主义认为，经济是基础。经济基础决定上层建筑。作为上层建筑的法律反过来对经济基础发挥影响作用。毛泽东在其著作中曾写到，人的正确思想是从哪里来的？不是从天上掉下来的，也不是自己头脑中固有的，而是从三大社会实践中产生的。因此，作为新

中国的法律工作者,承担着一个艰巨的社会使命,就是用法律为社会主义的经济建设服务。一部好的法律可以促进、保护经济的发展;一部不好的、脱离实际的法律不但不能促进、保护经济的发展,反而可能起到限制和阻碍经济发展的作用。因此,法学家的作用不是简单的对法律条文、判例进行注释、说明、解释,而是要研究产生这种法律的经济现象,透过现象研究和说明:为什么要制定这部法律?为什么要这样制定而不是那样制定法律?制定这样的法律对经济、对社会将产生什么样的效果和影响?国际经济法是在跨国经济关系的基础上产生的,因此,研究国际经济法就不能只停留在法律条文上,而要研究产生这种法律关系的各国乃至世界的经济背景是什么。为此,法学家要懂得经济,学会用经济学的研究方法研究法律问题,如研究反托拉斯法、反倾销法、外汇管理法、外贸管理法、金融法、投资法等。经济学家设计出的经济模式并非完全适用于现实的市场模式,但可以用其表明法律的内在合理性,并帮助法学研究从中归纳出有效的、可适用的原则。曲线、数字、图表、公式等可以用于对法学现象进行量化研究,从对量的分析中得出说明本质的结论。经济学家对经济现象研究中的形象性、准确性、预见性和警示性如能在经济法学的研究中得到充分运用和发展,将使抽象的、呆板晦涩的、静态的法律条文以及法律现象的解释和说明也具有形象性、准确性、预见性和警示性。这样,作为上层建筑的法律才能真正发挥对经济发展的保护、促进和规范作用。

本章小结

从以上对国际经济法概念、体系、范围和研究方法的分析中可以看出,第一,国际经济法是在经济全球化的过程中产生和发展起来的;它是建立和维护国际经济秩序,进行全球经济治理的法律手段。第二,“国家竞争力”问题提出了国际经济法研究的核心,即:如何从法律上调整好政府、市场、企业三者之间的关系;第三,跨国公司不是一个法律实体,但其母公司与子公司之间的关联提出了许多仅靠一国国内法无法调整的问题,因而成为国际经济法研究的主体。第四,重视国有跨国公司参与国际竞争引起国际社会对“竞争中立原则”的讨论。第五,深刻理解“可持续发展原则”是国际经济法的基本原则。

本章思考题

1. 简述经济全球化对国际经济法的影响。
2. “国家竞争力”提出了国际经济法研究中的什么问题?
3. 简述国际经济法的概念和范围。
4. 简述国际经济法的渊源。
5. 简述中国提出的“一带一路”倡议的宗旨、目的和意义。对国际经济法的发展有什么影响?
6. 国际经济法的主体有哪些?

7. 简述跨国公司的法律制度。

8. 简述国际经济法的基本原则。

9. 简述国际经济法的体系。

10. 简述国际经济法的研究方法。

必读法规

1.《各国经济权利和义务宪章》

2.《跨国公司行动守则(草案)》

推荐阅读书目

1. 陈安主编:《国际经济法学刊》(原名《国际经济法论丛》,中国国际经济法学会刊物,每年不定期出版。)

2. 曾华群著:《国际经济法导论》(第二版),法律出版社 2007 年版。

3. 姚梅镇主编:《国际经济法概论》,武汉大学出版社 2004 年版。

4. 陈安主编:《国际经济法学新论》,高等教育出版社 2007 年版。

5. 高凛著:《国际经济法热点问题研究》,中国民主法制出版社 2007 年版。

6. 韩立余主编:《国际经济法学原理与案例教程》,中国人民大学出版社 2006 年版。

7. 郭寿康主编:《国际经济法》(第二版),中国人民大学出版社 2006 年版。

8. 余劲松主编:《国际经济法》,北京大学出版社 2005 年版。

9. [美]詹姆斯 · R. 马库森著:《跨国公司与国际贸易理论》,张永晶、陆雪莲、杨泓艳译,上海财经大学出版社 2005 年版。

10. [英]彼德 · J. 巴克利等著:《跨国公司的未来》,冯亚华、池娟译,中国金融出版社 2005 年版。

11. [德]彼德斯曼著:《国际经济法的宪法功能与宪法问题》,何志鹏等译,高等教育出版社 2004 年版。

12. [德]马迪亚斯 · 赫德根(Matthias Herdegen)著:《国际经济法》,江清云等译,上海人民出版社 2007 年版。

13. 米歇尔 · E. 波特著:《国家竞争优势》(上),李明轩、邱如美合译,天下远见出版股份有限公司 1996 年版。

14. 余劲松主编:《国际经济法问题专论》,武汉大学出版社 2003 年版。

15. 车丕照主编:《国际经济法概论》,清华大学出版社 2003 年版。

16. 陈东著:《跨国公司治理中的责任承担机制》,厦门大学出版社 2003 年版。

17. 张乃根主编:《新编国际经济法导论》,复旦大学出版社 2002 年版。

18. [英]戴维·赫尔德等著:《全球大变革——全球化时代的政治、经济和文化》,杨雪冬等译,社会科学文献出版社 2001 年版。

19. [德]赫尔穆特·施密特著:《全球化与道德重建》,柴方国译,社会科学文献出版社 2001 年版。

20. [德]汉斯-彼得·马丁、哈拉而特·舒曼著:《对民主和福利的进攻——全球化陷阱》,张世鹏译,中央编译出版社 2001 年版。

21. 韩德强著:《碰撞——全球化陷阱与中国现实选择》,经济管理出版社 2001 年版。

22. 陈安主编:《国际经济法学》(第二版),北京大学出版社 2001 年版。

23. 李金泽著:《跨国公司与法律冲突》,武汉大学出版社 2001 年版。

24. 余劲松、吴志攀主编:《国际经济法》,北京大学出版社 2000 年版。

25. 韦经建、刘世元、车丕照主编:《国际经济法概论》,吉林大学出版社 2000 年版。

26. 曹建明、陈治东主编:《国际经济法专论》,法律出版社 2000 年版。

27. 曹建明主编:《国际经济法学》,中国政法大学出版社 1999 年版。

28. 高尔森主编:《国际经济法通论》,法律出版社 1998 年版。

29. 曹建明、陈治东、周洪钧主编:《国际经济法新论》,同济大学出版社 1991 年版。

30. 高树异主编:《国际经济法总论》,吉林大学出版社 1989 年版。

31. 刘丁编:《国际经济法》,中国人民大学出版社 1984 年版。

32. [美]丹尼斯·米都斯等著,李宝恒译:《增长的极限——罗马俱乐部关于人类困境的报告》,吉林人民出版社 1997 年版。

33. 胡国亨著:《独共南山守中国》,香港中文大学出版社 1995 年版。

34. [美]德尼·古莱著:《残酷的选择——发展理念与伦理价值》,高铦、高戈译,社会科学文献出版社 2008 年版。

35. 熊焰著:《低碳之路——重新定义世界和我们的生活》,中国经济出版社 2010 年版。

36. [乌拉圭]爱德华多·加莱亚诺著:《拉丁美洲被切开的血管》,王玫等译,人民文学出版社 2001 年版。

37. [美]杰里夫·里夫金著:《第三次工业革命——新经济模式如何改变世界》,张体伟、孙豫宁译,中信出版社 2012 年版。

本章阅读文献

国际经济法与公共利益

第二章　国际贸易法概述

国际贸易在国际经济活动中占有重要地位，因此，国际贸易法成为国际经济法的重要组成部分。传统国际贸易法以调整国际货物贸易关系为核心，并包括调整与货物贸易有关的运输、保险以及支付方面的法律与制度。随着科学技术的发展，国际贸易活动的范围逐渐扩大，特别是随着20世纪末经济全球化的形成，国际贸易法的发展呈现出新的特点：国际贸易法的调整范围不断扩大且与其他法律学科交叉联系的特点更为突出；国家管理贸易的手段从关税领域扩展到非关税领域；区域性贸易集团的贸易法规和制度极大地丰富了国际贸易法的内容；随着国际贸易组织的成立与新成员的加入，许多国家都按照世贸组织各协议的要求修改了国内现行贸易法规或颁布新法。因此，现代国际贸易法已经发展成为包括货物贸易法、技术贸易法和服务贸易法在内的庞大法律体系。鉴于国际贸易法内容的丰富与庞杂，本书将国际贸易法分为若干章进行介绍。

第一节　国际贸易法的概念和基本原则

第二节　国际贸易法的渊源和发展

第一节 国际贸易法的概念和基本原则

国际贸易法的产生可以溯源至普遍适用于古代西欧调整罗马公民与非公民以及非罗马公民之间贸易关系的万民法和中世纪的商人法。但是,作为国际经济法的一个分支和一个独立的法律部门,国际贸易法体系的建立则是在第二次世界大战以后,在联合国国际贸易法委员会主持下,在对国际贸易法进行系统的编纂的基础上发展与日益健全起来。“自 1965 年联合国大会通过决议,要求秘书长在 1966 年向大会提交关于国际贸易法的协调与统一的综合性报告,并决定把‘国际贸易法的发展’这一议题列入 1966 年会议临时议事日程以来,国际贸易法这门学科的重要性与日俱增。”①

一、国际贸易法的概念

关于国际贸易法的概念,国内学者的表述不尽相同。赵承壁教授认为:“国际贸易法律是指调整国际贸易关系以及同国际贸易有关的其他经济关系的法律规范的总称。它调整的范围较广,主要为:关于国际贸易主体的法律;关于国际合同的法律;关于国家对进出口货物和外汇管制的法律;以及为解决国际贸易关系适用法律的冲突规范和为解决国际贸易争议的涉外民事诉讼法与国际商事仲裁法……国际贸易合同的法律包括国际货物买卖及其有关的国际货物运输、国际货物保险、国际支付与结算以及国际技术贸易等合同的法律。”②沈达明、冯大同教授认为:“国际贸易法是调整跨越国界的贸易关系以及与贸易有密切关系的各种关系的法律规范的总和。国际贸易法的调整对象及范围十分广泛。国际贸易法的主体既包括参加国际贸易活动的国家和国际组织,也包括不同国家的公司、企业和个人。它所调整的贸易关系既包括不同国家之间的贸易关系,也包括营业地处于不同国家的公司、企业或个人之间的贸易关系,以及国家在其管理对外贸易活动过程中同企业、公司及个人之间发生的各种关系。”③

综上所述,国际贸易法是国际贸易治理的法律手段,是建立和维护国际贸易秩序,是调整国际贸易关系的法律规范的总和。具体而言,它是调整各国之间商品、技术、服务的交换关系以及与这种交换关系有关的各种法律制度与法律规范的总和。国际贸易关系除包括国际货物买卖关系这一核心关系外,还包括与国际货物买卖有关的国际货物运输关系、国际货物运输保险关系、国际货物买卖支付关系、国际贸易管理关系、国际技术贸易关系、国际服务贸易关系等。正如有学者所言:“国际贸易法涉及的范围很广,概括起来主要有以下几个方面:(1) 关于国际货物买卖以及与其有关的国际货物运输与保险和国际结算方面的法律;

---

① [英]施米托夫著:《国际贸易法文选》,赵秀文译,中国大百科全书出版社 1993 年版,第 31 页。

② 赵承壁编著:《国际贸易法律》,中国对外经济贸易出版社 1986 年版,第 1 页。

③ 沈达明、冯大同编著:《国际贸易法新论》,法律出版社 1989 年版,第 1 页。

(2) 关于国际技术贸易方面的法律,如工业产权法、技术转让法等;(3) 关于各国管制对外贸易的法律,如海关法、关税制度、许可证制度以及外汇管制法等。"①"国际贸易法的问题主要涉及:国际货物买卖合同、银行信用证项下货款收付的银行业务安排、海上、航空和陆上货物运输合同、货物保险合同,以及类似的和有时作出的更为复杂的安排。"②因此,国际贸易法的调整范围包括:(1) 国际货物买卖以及与之相联系的有关运输、保险与支付方面的法律;(2) 有关服务贸易方面的法律与制度;(3) 国际许可贸易,即有关专利、商标、专有技术、著作权及其跨国转让和国际保护方面的法律与制度;(4) 国际商品制度;(5) 有关政府管理贸易方面的法律与制度。

二、国际贸易法的基本原则

国际贸易法作为国际经济法的一部分,除遵守国际经济法的基本原则之外,还应遵守下列两项原则。

(一) 贸易自由化原则

经济学家认为,自由贸易能最大限度地实现资源的合理配置,从而达到增进各国福利,提高人民生活水平的目的。因此,国际贸易法的目标就是调整在国际贸易这个竞技场上国家、法人、个人的行为准则,在不违反一国强制性法律规定和公共秩序的情况下,广泛承认合同双方的自主权利,即自由决定是否订立合同,自由选择与谁订立合同,自由确定合同内容,自由选择管辖合同的法律,自由决定将其争议提交仲裁或司法解决的权利。在一个开放的市场上逐步削减关税及非关税壁垒,最终实现货物、技术、服务、人员和资本在全球范围的自由流动。这个目标或许还十分遥远,但正像著名的经济学家保罗·A. 萨缪尔森所言,我们可以像小马丁·路德·金那样说,"我们也怀有一个梦想,这个梦想就是东方和西方都可以利用市场的显著效率,服务于人道社会的目的"。

(二) 平等互利、协商一致原则

这个原则既适用于国家之间的关系,也适用于贸易合同双方当事人之间的私法关系。根据国际法的主权平等原则,无论大国小国、穷国富国、弱国强国,在国际贸易领域,国家之间相互给予无条件最惠国待遇是平等互利原则在国家层面上的具体体现,是指导国家间经济贸易活动的基本原则。它要求一国对所有在其领域内从事正当贸易活动的外国人和外国企业一视同仁,不得以国家的政治制度、经济制度或社会制度的不同,不得因国内贸易与对外贸易之间的差别或将国内法适用于国际贸易而使外国人处于不公平的受歧视的地位。在发达国家和发展中国家的贸易关系中,发达国家应按照发展中国家经济发展水平,为其提供更为有利的非互惠条件;在处理国家之间贸易争端的问题上,首先是通过平等协商,在互利互让的基础上寻求解决办法,而不能动辄以贸易制裁、报复相要挟。无论在货物、技术还是

---

① 沈达明、冯大同编:《国际贸易法》,北京大学出版社 1983 年版,第 3 页。

② [英]施米托夫著:《国际贸易法文选》,赵秀文译,中国大百科全书出版社 1993 年版,第 39 页。

服务贸易领域,合同双方当事人地位平等,权利义务相应对等。在适用法律上一律平等,实行不同国家所有制的平权原则,相互尊重和承认对方依据其国内法律享有的民事权利和财产所有权。任何一方不得享有特权和豁免,也不能接受不公平、不合理的、片面追求单方利益的条款,其合法正当权益应当得到充分保护。

三、国际贸易法和国际商法

自第二次世界大战以来,出现了一个新的法律部门——经济法。“奠定经济法的哲学思想是经济的可操纵主义,即家长式统治的国家可以通过公共利益限制当事人的‘意思自治’这一思想。”①在此基础上产生的凯恩斯经济理论主张国家对经济、工业以及金融事务进行全面干预。第二次世界大战以后,国家之间的经济交往日益频繁,新的科技革命与跨国公司的蓬勃发展以及战后各国经济的恢复都需要从积极方面促使国家不但积极参与经济贸易活动,而且通过签订各种政府间的双边或多边协定,组织各种形式的机构对经济贸易活动给予支持和保护。此外,资本主义进入帝国主义之后,周期性的经济危机以及帝国主义国家之间为争夺世界市场的激烈竞争也从消极方面迫使国家加强对经济的干预,采取各种管制贸易的措施以保护公平竞争,反对垄断。第二次世界大战后,随着社会主义国家的出现与民族解放运动的兴起,出于恐惧与遏制而来的封锁、禁运、歧视和限制是资本主义国家对经济进行干预的政治目的,而社会主义国家和广大第三世界发展中国家为了发展民族经济、抵制封锁禁运、歧视和限制,从一开始就建立了国家对经济贸易活动的严格管制和限制。这些管制和限制措施包括制定外贸管理法,实行进出口许可证制度、外汇管理制度,制定反托拉斯法、产品责任法,等等。

日本著名国际经济法专家金泽良雄曾写道:“商品和资本始终是惟利是趋,具有超越国境而交流的性质。在这里,问题的关键所在,既不是国家,也不是国境,而只是经济社会。在市民社会中,国家的意义,甚至可以说是仅仅作为夜警而存在的。可是一旦产生了高度资本主义的矛盾,特别是在经济恐慌时期,单纯靠市民社会的自动调节作用,就不足以维持并发展其经济,而要求同国家权力相结合。这样,作为夜警的国家不得不在白昼堂而皇之地对经济进行干预了。”②

建立在以商人为主体、“意思自治”基础上,以“契约自由”“契约必须遵守”为原则的传统商法受到了国家强制性法律的限制与约束,这样国际商法的一部分被纳入国际贸易法的体系之中。在国际贸易法律规范中,既包括商法的任意性的“私法”规范,又包括强制性的“公法”规范;既包括国内法规范(如货物买卖法和外贸管理法),又包括国际法规范(包括国际公约和国际商业惯例);前者如《联合国国际货物买卖合同公约》《关税与贸易总协定》等,后者如国际商会的《国际贸易术语解释通则》《跟单信用证统一惯例》等。

---

① Clive M. Schmitthoff, *Commercial Law in a Changing Economic Climate*, Sweet & Maxwell, 1981, p. 11.

② [日]金泽良雄著:《国际经济法序说》(1979年版),姚梅镇译,载《国外法学》1982年第5期。

施米托夫认为，国际贸易法是建立在契约自由和商事仲裁两个原则基础上的一整套自治法律，其内容主要是包括国际货物买卖及与货物买卖有关的运输、保险和支付方面的法律。他同时指出，对外贸易私法交易与国际间的系统规则相结合，是社会主义国家国际贸易法的重要特征。而在法国和英国的国际贸易法教科书中都承认一般国际贸易法与政府规章之间的联系，并把后者纳入国际贸易法范畴。[①]

我国学者也对国际贸易法和商法的关系进行了解释。有观点认为："贸易法和商法是两个既有联系又有区别的概念……所谓贸易法是指传统的商法内容加上国家干预商业贸易活动的全部法律的总称。所以，传统的商法只是贸易法的一个组成部分。如果说传统的商法属于私法范畴的话，那么，贸易法就既包括私法的内容，也包含公法的内容，因为国家干预商业活动的法律都具有公法的性质。"[②]

第二节　国际贸易法的渊源和发展

一、国际贸易法的渊源

赵承壁教授认为："国际贸易法律的渊源是指赋予这种法律规范效力的法律文件形式。"[③]按照外国学者塞尔蒙德的观点，法律渊源有两种不同的含义：一是指主权国家适用的法律规则；二是这些规则的来源。[④] 在这两种含义上归纳起来，国际贸易法的渊源[⑤]主要有：

（1）与国际贸易有关的国际条约，包括多边条约和双边条约。例如，《联合国国际货物买卖合同公约》、《关税与贸易总协定》、《世界贸易组织协定》、欧洲共同体的《罗马条约》、《北美自由贸易协定》等，都是有影响的多边条约。

（2）国际贸易惯例，如国际商会的《国际贸易术语解释通则》、《跟单信用证统一惯例》和国际私法协会的《国际商事合同通则》等。

"国际贸易惯例是指在国际贸易长期实践中逐渐形成的一些通用的习惯做法和通例。其特点是：（一）它是经过长期反复的实践而形成的。……（二）凡是具有确定的内容而被许多国家和地区认可的国际贸易惯例，才具有普遍适用性，对采用者才具有法律约束力。任何一种国际贸易惯例都不是首先由国际外交会议通过的国际贸易法律规则，而是由地区、行业以致国际社会组织或商业团体把国际贸易长期实践中所形成的习惯做法或通则归纳成条

---

① ［英］施米托夫著：《国际贸易法文选》，赵秀文译，中国大百科全书出版社 1993 年版，第 133 ~ 134 页、第 257 页；［英］施米托夫著：《出口贸易——国际贸易法律与实务》，史蒂文森出版社 1962 年版，第 379 ~ 433 页。

② 沈达明、冯大同编：《国际贸易法》，北京大学出版社 1983 年版，第 2 页。

③ 赵承壁编著：《国际贸易法律》，中国对外经济贸易出版社 1986 年版，第 8 页。

④ ［英］施米托夫著：《国际贸易法文选》，赵秀文译，中国大百科全书出版社 1993 年版，第 136 页。

⑤ 有关国际贸易法渊源和发展的主要论述，请参阅［英］施米托夫著：《出口贸易》，史蒂文森出版社 1975 年版；Clive M. Schmitthoff, *Commercial Law in a Changing Economic Climate*, Sweet&Maxwell, 1981；［英］施米托夫著：《国际贸易法文选》，赵秀文译，中国大百科全书出版社 1993 年版。

文，给予其明确的定义与解释，从而被越来越多的国家所认可，被越来越多的国际贸易从业人员所采用。……国际贸易惯例一般也不是强制性的而是任意性的规则，一方不能强制其他方适用，也不能自动适用。……只有当事人在合同中明确约定适用某项惯例或规则，才受这项惯例或规则的约束。……"①

（3）各国国内有关贸易方面的法律规定。

（4）国际组织发表的宣言与决议。

（5）跨国公司及同业公会制定的标准合同。

二、国际贸易法的发展

关于国际贸易法的发展，施米托夫认为可分为三个阶段：第一阶段是民族国家出现之前，即中世纪商人习惯法时期；第二阶段是民族国家出现后，商人法被纳入各国国内法之中；第三阶段为当代，以跨国公司出现和联合国精神为代表的跨国贸易法。②

国际贸易法的产生可以溯源及普遍适用于古代西欧调整罗马公民与非公民，以及非罗马公民之间贸易关系的万民法和中世纪的商人法。19 世纪末 20 世纪初，国际上出现了对国际贸易法的统一与编纂工作。但是，作为国际经济法的一个分支，一个独立的法律部门，国际贸易法体系的建立则是在第二次世界大战以后，在联合国国际贸易法委员会主持下，对国际贸易法进行系统的编纂的基础上发展与日益健全起来。

（一）中世纪的商人法

中世纪的商人法是古老的商业习惯法，10—12 世纪产生于意大利、法国、德国的自治城市中，是从从事欧洲和东方之间贸易往来的一个特殊的商人阶层中发展起来的一种商人之习惯。

实际上，早在罗马时代，即阿拉伯人入侵之前，就有一个专门的商人阶层从事进出口贸易。正是由于这一阶层的存在，罗马的城市才成为商业中心和商业流通的集中点。输往这一带的商品，如纸张、香料、东方的酒、油料等物品都是在地中海口岸起卸的。③ 由于在这些自治城市中，商人有自己的特别法庭专门审理发生在商人之间的纠纷，因此，被这些法庭承认并执行的习惯被称为商人法。其主要内容有：买卖契约、代理、合伙、汇票、海商法以及保护公开市场的规则等。例如，中世纪（13 世纪）产生了对后世影响极大的三部海法，即：《巴塞罗那海法》，也称《康梭拉德海法》（Libro del Consolat del Mar），被称为是后世国际公法与国际私法的渊源，实际是市行政长官或裁判官的判决；《奥内隆法典》（Charter dOLeron），也称《海事判例集》，产生于 13 世纪，内容是 12 世纪的海事案件裁判录；以及《维斯比海法》（Waterrecht of Wisby）。

---

① 赵承壁编著：《国际贸易法律》，中国对外经济贸易出版社 1986 年版，第 49 页。

② ［英］施米托夫著：《国际贸易法文选》，赵秀文译，中国大百科全书出版社 1993 年版，第 41、249 页。

③ ［比］亨利·皮朗著：《中世纪欧洲经济社会史》，乐文译，上海人民出版社 1987 年版，第 4 页。

中世纪商法的特点在于:其一,国际性。它是普遍适用于欧洲各国以及东、西方贸易的共同法律。其二,行业性。它是只适用于商人之间交易的习惯法。但施米托夫认为,英国法律制度并不把商法视为某一阶层人的法律,如贸易商的法律,而把它视为该国普通法的一部分。[①] 其三,由专门的商事法庭审理。在英国,这种法庭有个很生动的名字叫"灰脚法庭",因为到法庭进行诉讼的商人,脚上还沾染着旅途的灰尘。[②] 格罗斯解释为,外来商人或者在国土上来往的商人在司法上没有固定的法院,而是来去流动,被叫做"灰脚"(1124—1153年)。[③] piepowder 也有译作"行商法院",来自于法文中的"prudhommes",即"正直的人"或"行家",具有现代调解和仲裁庭的性质。库克形容这种程序公平审理案件速度之快,就像把(商人)脚上的灰尘去掉。[④]

15 世纪以后,随着主权思想的产生,民族国家的兴起,商法以不同形式被纳入各国国内法体系之中,从而统一的、世界性的商法体系不复存在。

(二) 国际贸易法的编纂和统一

中世纪封建的、自给自足的经济阻碍了国际贸易的发展。15 世纪末 16 世纪初的地理大发现与欧洲工业革命的发展促进了世界范围的经济、贸易往来与各国商法的发展。法国率先于 1673 年和 1681 年先后颁布了两部商事法典:《商事条例》与《海事条例》。1807 年根据这两个条例颁布了《商法典》,1804 年颁布《拿破仑法典》,从此形成了欧洲大陆民、商分立的法律制度。以后又有德国于 1861 年制定了《商法典》、1900 年制定《民法典》等,而意大利等国家则采用了民商合一的法律制度。在英国,把商人习惯法纳入普通法,则是由首席大法官曼斯费尔德在 1756 年至 1788 年期间完成的。

尽管各国在政治、文化、意识形态等方面存在差异,经济发展水平不尽相同,但在日益扩大的经济贸易交往中,形成了一套为人们所普遍接受的规则:如用 FOB、CIF 条件买卖货物,用托收或信用证方式付款,用提单运送货物等。这些被整个世界所接受的一般规则,成为国际贸易法律得以进行统一与编纂的基础。著名的国际贸易法专家施米托夫称此为"商法国际精神有意识地审慎地复归"。

19 世纪末 20 世纪初,当欧洲各国忙于颁布他们各自的国内法时,一些国际组织和法学家就已致力于国际贸易法的统一与编纂等工作了。然而,事实上,国际贸易法的统一不是在这种包罗万象的领域,而是在诸如国际货物买卖、流通票据、各种运输方式以及知识产权等单个领域获得成功。例如,在国际货物买卖方面主要有:罗马国际统一私法研究所编纂的 1964 年的两个海牙公约《国际货物买卖统一法公约》《国际货物买卖合同成立统一法公约》(这两个公约构成 1980 年通过的《联合国国际货物买卖合同公约》的前身)以及国际商会编纂整理的《国际贸易术语解释通则》和 1997 年《国际销售示范合同》等。在

---

① [英]施米托夫著:《联合王国法律文献指南》,史蒂文森出版社 1956 年版,第 67 页。

② [英]施米托夫著:《联合王国法律文献指南》,史蒂文森出版社 1956 年版,第 47 页。

③ 格罗斯著:《灰脚法庭》,载《经济季刊》1906 年第 20 卷,第 231 页注 4。

④ [英]施米托夫著:《国际贸易法文选》,赵秀文译,中国大百科全书出版社 1993 年版,第 6 ~7 页。

货物运输领域主要有:1924 年《统一提单的若干法律规则的国际公约》,1929 年《统一国际航空运输某些规则的公约》和 1951 年《国际铁路货物联合运输协定》等。在国际贸易支付方面主要有:国际商会制定的《跟单信用证统一惯例》《托收统一规则》以及 1930 年《日内瓦统一汇票本票法公约》等。在协调各国外贸政策方面主要有:1947 年《关税与贸易总协定》及 1995 年《世界贸易组织协定》。还有不可忽视的区域性贸易协定,如北美自由贸易区协定(NAFTA)、欧盟(EU)的贸易制度以及亚太经合组织(APEC)的文件等。在知识产权保护方面主要有:1883 年《保护工业产权巴黎公约》,1886 年《保护文学和艺术作品伯尔尼公约》及 1891 年《商标国际注册马德里协定》等。

这些统一法与中世纪的统一的商人法不同点在于:一是中世纪的商人法是杂乱无章的,从习惯发展成法律;而新的国际贸易统一法是由一定的机构审慎地制定并以公约或文件形式加以公布。二是新的国际贸易统一法的国际性是以主权国家的认可与同意为前提的,因此,不具有超国家的特性。施米托夫认为,国际贸易法是由主权国家认可的,建立在国内法基础上的,既不同于国际公法也不同于国内法的,由国际商业界在与各主权国家无利害关系的领域内发展起来的高度自治的法律。① 三是新的国际贸易统一法突破了传统国际商法的界限,增加了国家调整和管制贸易的内容。

在国际贸易法统一的过程中,联合国国际贸易法委员会起到了非常重要的作用。联合国大会 1966 年 12 月 17 日第 2205(XXI)号决议设立了联合国国际贸易法委员会(UNCITRAL,简称贸法会),其任务是促进国际贸易法的逐渐协调和统一,减少或消除国际贸易流通的法律障碍。在国际贸易统一法过程中,许多国际公约是由贸法会主持达成的。

(三) 国际贸易法的新发展

传统的国际贸易法以调整国际货物贸易关系为核心,包括调整与货物贸易有关的运输、保险与支付的法律与制度。随着科学技术的发展,国际贸易范围扩大,特别是 20 世纪末经济全球化的形成,国际贸易法的发展呈现出新的特点:(1) 国际贸易法的调整范围不断扩大,且与其他法律学科交叉联系的特点更为突出。1947 年当各国代表云集日内瓦酝酿成立国际贸易组织,签署关税与贸易总协定时,考虑的主要是协调各国的货物贸易政策,削减货物贸易的关税壁垒和非关税壁垒。随着贸易领域从货物贸易扩大到技术贸易和服务贸易,政府管理贸易的措施也逐步扩大和完善,至关贸总协定乌拉圭回合谈判之时,在世贸组织的框架中政府对贸易管理的措施已扩大到与贸易有关的投资措施、与贸易有关的知识产权等方面。在货物买卖法领域,货物买卖法与货物运输法、保险法、贸易项下的支付问题密切联系;在贸易管理领域,政府对货物贸易的管理措施与政府对投资领域、知识产权领域乃至环境保护、劳工领域、竞争政策等领域的法律与政策的密切联系,显示出贸易法与其他相关法律学科的交叉、互补的密切联系,体现出国内法中各部门法之间、国内法与国际公法、国际私法乃至与国际商业惯例之间的密切联系。(2) 国家管理贸易的手段从关税领域扩展到非关

---

① [英]施米托夫著:《国际贸易法文选》,赵秀文译,中国大百科全书出版社 1993 年版,第 248、264 页。

税领域。这些管理手段形成系统的行政法规,与现代技术手段相配合。21 世纪政府管理贸易的政策、手段的法律化、科学化、系统化,增加了各国贸易法律与规章的稳定性和透明度。(3) 几乎与世界贸易组织同时诞生的区域性贸易集团的贸易法规、制度极大地丰富了国际贸易法的内容。由区域贸易集团提出的法律问题,构成国际贸易法理论研究与实践中的重要课题。(4) 随着国际贸易组织的成立与新成员的扩大,许多国家都按照世贸组织各协议的要求,或修改了国内的现行贸易法规,或颁布了新法。例如,美国在 1988 年《综合贸易与竞争法案》基础上颁布了 1994 年《乌拉圭回合协定法》,1995 年颁布了《金融服务公平竞争法》;欧盟也在反倾销与反补贴、运输业、电信业、金融业等领域颁布了新的规则和指令,在促进欧盟内部和外部的贸易自由化方面采取了重大举措。

随着我国改革开放的深入发展,特别是加入世界贸易组织以后,我国在对外贸易方面颁布了一系列新的法规,如《货物进出口管理条例》《技术进出口管理条例》《反倾销条例》《反补贴条例》《保障措施条例》等,《对外贸易法》也于 2004 年进行了修改。[①] 这些法律法规的颁布将进一步促进我国对外贸易的开放和发展。

本章小结

国际贸易法是国际经济法的重要组成部分,它是调整跨越国界的贸易关系以及与贸易有密切关系的其他关系的法律规范的总称。这些法律规范体现为包括国际条约和国际惯例在内的国际法律规范和一国涉外法律规范、国内判例。随着国际经济的发展以及国际经济统一法的完善,国际贸易法的内容日益丰富。

本章思考题

1. 国际贸易法的概念和调整范围有哪些?
2. 国际贸易法的基本原则有哪些?
3. 国际贸易法的渊源有哪些?
4. 国际贸易法在近年的新发展主要体现在哪些方面?

推荐阅读书目

1. [英]施米托夫著:《国际贸易法文选》,赵秀文译,中国大百科全书出版社 1993 年版。
2. 沈达明、冯大同编著:《国际贸易法新论》,法律出版社 1989 年版。

---

① 为行文简洁,在不致引起误解的情况下,本书涉及的中华人民共和国法律一般采用简称,如《中华人民共和国对外贸易法》简称为《对外贸易法》。特殊注明的除外。

3. 郭瑜著:《国际贸易法》,北京大学出版社2006年版。
4. 陈安主编:《国际经济法学》(第四版),北京大学出版社2007年版。

本章阅读文献

政府管理贸易的法律与制度的经济学思考(节选)

第三章　国际货物买卖法

国际货物买卖法是调整跨越国境的买卖双方当事人之间权利义务关系的法律规范的总和。“有关国际货物买卖的法律在整个国际贸易法中占有十分重要的地位。传统的国际贸易法就是以国际货物买卖合同为核心，以国际运输、保险、支付等合同为支柱而形成和发展起来的。”①

第一节　国际货物买卖的法律规范
第二节　国际货物买卖合同的成立
第三节　国际货物买卖合同当事人的权利义务
第四节　违反合同的补救方法
第五节　货物所有权转移与货物风险转移
第六节　国际货物买卖合同中中国法的适用

① 沈达明、冯大同编著:《国际贸易法新论》,法律出版社 1989 年版,第 9 页。

第一节 国际货物买卖的法律规范

国际货物买卖统一法律规范主要体现为国际公约和国际商业惯例。在国际货物买卖公约方面，主要有联合国国际贸易法委员会制定的《联合国国际货物买卖合同公约》，该公约对合同的成立以及买卖双方的权利义务作出了具体规定。在国际贸易惯例方面，则主要体现为国际商会编纂的《国际贸易术语解释通则》。

一、有关涉外货物买卖的国内立法模式

（一）两大法系的立法模式

在资本主义各国，无论是大陆法系国家还是英美法系国家，调整货物买卖的法律只有一套，既适用于国内货物买卖，也适用于国际货物买卖。作为一种商行为，就买卖货物而订立的合同特指在商人之间订立的货物买卖合同。根据《美国统一商法典》的规定，所谓商人，是指从事某类货物交易业务或因职业关系或以其他方式表明其对交易所涉及的货物或做法具有专门知识或技能的人。

在大陆法系民商合一的国家，买卖法通常作为民法典的一部分，在债篇中加以规定，如瑞士债务法典、意大利民法典、土耳其民法典、泰国民法典等。在大陆法系民商分立的国家，除民法典外，还制定有单独的商法典。民法的规定适用于商法，商法则作为民法的特别法，针对商行为作出补充规定。例如，法国民法典、商法典；日本民法、商法等。日本民法在第三篇“债权”之第二节“契约”中，就契约的成立、契约的效力、契约的解除作了规定。第三节“买卖”对总则、买卖的效力、买回作了规定。商法第三篇“商行为”则对属于商行为的买卖所涉及的特殊问题作了规定。

英美法系国家没有专门的民法典，除了以法院判例形成的普通法原则外，通过颁布单行法规的形式制定了货物买卖法。典型的如英国 1893 年《货物买卖法》《美国统一商法典》等。英国 1893 年《货物买卖法》是资本主义国家较早的货物买卖法之一，是对英国法院数百年来的判例整理后的编纂，并于 1894 年 2 月 20 日经议会通过后施行，后又经过多次修改补充，现行的是 1995 年 1 月 3 日生效的 1979 年《货物买卖法》1995 年修订本。该法案分为契约的成立、契约的效力、契约的履行、未收货款的卖方对货物的权利、对违约的诉讼及补充，共 6 部分 62 条，囊括了货物买卖法的大部分领域，至今在英美法系国家的买卖法中仍具有重大影响。《美国统一商法典》(Uniform Commercial Code，UCC)是世界上著名的法典之一。它是在美国 1896 年《统一票据法》、1906 年《统一货物买卖法》、1906 年《统一仓库收据法》、1909 年《统一提单法》、1909 年《统一股票转让法》、1918 年《统一附条件货物买卖法》、1933 年《统一信托收据法》这 7 个成文单行法规的基础上，由美国法学会全国统一州法代表会议制定的。自 1952 年公布后经过几次修改，目前多数州采纳的是 1994 年文本。和 1893 年英国《货物买卖法》不同，《美国统一商法典》不是由美国联邦立法机关——国会通过的，而是

由民间组织起草制定，供各州议会自由选用。目前《美国统一商法典》已得到除路易斯安那州外的 49 个州议会通过。买卖法规定在《美国统一商法典》的第二篇“买卖”之中，其内容包括简称、解释原则和适用范围，合同的形式、订立和修改，当事方的一般义务和合同的解释，所有权、债权人和善意购买人，履约，违约、毁约和免责，救济，共计 7 章 104 条。凡买卖篇中没有涉及的问题，则需要适用普通法的一般原则。

（二）中国的立法模式

中华人民共和国成立以来，我国没有制定专门的商法典。目前，有关货物买卖的法律主要体现在《民法总则》《物权法》以及《合同法》中。《民法总则》对货物买卖做了原则性规定，[①]而《合同法》的规定较为详细。当涉及国际货物买卖时，除了适用《民法总则》的原则外，还适用《合同法》的有关规定。[②] 在《联合国国际货物买卖合同公约》于 1988 年对我国生效后，我国当事人在对外签订货物买卖合同时，可以选择将《联合国国际货物买卖合同公约》作为适用的法律。对于公约的未尽事项，仍要适用我国《民法总则》和《合同法》的有关规定。

二、有关国际货物买卖的国际公约

在国际货物买卖法方面，主要的国际公约有罗马国际统一私法协会在 1964 年编纂的两个海牙公约以及联合国国际贸易法委员会在 1980 年制定的《联合国国际货物买卖合同公约》。

（一）海牙公约

1926 年，国际联盟下属的罗马国际统一私法协会成立，其第一件工作就是着手研究国际货物买卖方面的法律。从 1930 年起，该协会开始起草《国际货物买卖统一法公约》，1935 年完成初稿。1936 年又开始草拟《国际货物买卖合同成立统一法公约》。第二次世界大战的爆发，致使起草工作中断。战争结束后，21 个国家于 1951 年参加了海牙外交会议，该会议对这两个公约草案进行了讨论和修改。1958 年至 1963 年完成了对这两个公约文本的第二次修改后，于 1964 年 4 月 25 日在海牙会议上获得通过。《国际货物买卖统一法公约》（The Uniform Law on International Sale of Goods，简称 ULIS）自 1972 年 8 月 18 日起生效。参加或核准的国家包括比利时、冈比亚、联邦德国、以色列、意大利、荷兰、圣马力诺和英国 8 国。《国际货物买卖合同成立统一法公约》（The Uniform Law on the Formation of Contract for International Sale of Goods，简称 ULF）于 1972 年 8 月 23 日生效，参加或核准国为除以色列外的上述 7 国。

---

① 在此之前，我国在 1981 年通过了《中华人民共和国经济合同法》，1985 年通过了《中华人民共和国涉外经济合同法》。上述两部法律于 1999 年废止，被新颁布的《中华人民共和国合同法》取代。

② 1999 年 3 月 15 日，第九届全国人民代表大会第二次会议通过了《中华人民共和国合同法》。根据该法第 428 条的规定，1999 年 10 月 1 日《中华人民共和国合同法》实施后，1985 年颁布的《中华人民共和国涉外经济合同法》废止。

两个海牙公约的核准生效,是国际货物买卖法向统一化和法典化方向发展迈出的重要一步,但这两个公约在理论与实践中存在着明显的局限性和不足:(1)采纳的基本上是欧洲大陆法系国家的合同法原则,未考虑普通法系和社会主义国家的合同法原则。(2)缺乏对发展中国家利益的考虑。(3)有些条文过于繁琐,有些条文含义不清。因此,参加这两个公约的国家为数不多。

(二)《联合国国际货物买卖合同公约》

《联合国国际货物买卖合同公约》以下简称《买卖合同公约》或公约在两个海牙公约的基础上合并而成,并于1980年3月在由62个国家代表参加的维也纳外交会议上正式通过。我国政府代表以观察员身份参加了会议,并提出了补充和修改意见。根据《买卖合同公约》第99条的规定,公约在第10个国家批准之日起的12个月后生效。因此,从1980年1月1日起,该公约对包括我国在内的11个缔约国生效。

1. 公约的宗旨和结构

公约的宗旨是:以建立新的国际经济秩序为目标,在平等互利的基础上发展国际贸易,促进各国间的友好关系。

公约分为四个部分,共101条。第一、第四部分规定了适用范围和最后条款;第二、第三部分规定了合同的成立与货物买卖。

2. 公约的适用范围

《买卖合同公约》第1条规定:“(1)本公约适用于营业地在不同国家的当事人之间所订立的货物销售合同:(a)如果这些国家是缔约国;或(b)如果国际私法规则导致适用某一缔约国的法律。(2)当事人营业地在不同国家的事实,如果从合同中或从订立合同前任何时候或订立合同时,当事人之间的任何交易或当事人透露的情报均看不出,应不予考虑。(3)在确定本公约的适用时,当事人的国籍和当事人或合同的民事或商业性质,应不予考虑。”

根据上述规定,公约适用于以下当事人之间的国际货物买卖:(1)缔约国中营业地分处不同国家的当事人之间的货物买卖;(2)由国际私法规则导致适用某一缔约国法律的货物买卖。

3. 公约规范的货物范围

值得注意的是,在各国的买卖法中,买卖的标的十分广泛。例如,《法国民法典》规定,交易范围内的物品除特别法禁止出让者外,均得为买卖的标的。在《日本民法》中,买卖标的可以包括动产、不动产、无形权利的交付。英国1893年《货物买卖法》[①]则专门给“货物”定义

① 参见《1979年货物买卖法》(1995年修订本)第61条货物定义。

为："金钱和权利动产（things in action）[①]以外的一切动产，在苏格兰则指除金钱以外的一切有形动产。"该名词还包括庄稼收益、人工种植的作物以及附着于或已经成为地产一部分而同意加以分离出售的物品。《美国统一商法典》中"货物"的概念与之相类似，指除作为支付手段的金钱、投资证券和权利动产以外的所有特定于买卖合同项下的可以移动的物品（包括特别制造的货物）以及尚未出生的动物及幼仔、生长中的农作物和有关将与不动产分离之货物以及其他附着于不动产但已特定化的物品。我国1999年《合同法》第九章"买卖合同"作出了与《法国民法典》相类似的规定，即非法律和行政法规禁止或限制的皆可作为买卖合同的标的。[②] 因此，尽管各国法律对货物的规定不尽相同，但货物通常是指有形动产，包括尚待生产与制造的货物，也就是包括现货和期货。

公约没有从正面对货物给予定义，而是用排除法列举了不适用公约的货物买卖。《买卖合同公约》第2条规定："本公约不适用于以下的销售：（a）购供私人、家人或家庭使用的货物的销售，除非卖方在订立合同前任何时候或订立合同时不知道而且没有理由知道这些货物是购供任何这种使用；（b）经由拍卖的销售；（c）根据法律执行令状或其他令状的销售；（d）公债、股票、投资证券、流通票据或货币的销售；（e）船舶、船只、气垫船或飞机的销售；（f）电力的销售。"《买卖合同公约》第3条规定："（1）供应尚待制造或生产的货物的合同应视为销售合同，除非订购货物的当事人保证供应这种制造或生产所需的大部分重要材料。（2）本公约不适用于供应货物一方的绝大部分义务在于供应劳力或其他服务的合同。"

4. 公约未规范的内容

《买卖合同公约》第4条和第5条分别规定："本公约只适用于销售合同的订立及卖方和买方因此种合同而产生的权利和义务。特别是，本公约除非另有明文规定，与以下事项无

---

① "things in action"在《布莱克法律词典》（Black's Law Dictionary West Publishing Co.，6th ed.，1992，p. 1479中解释为"A right to recover money or other personal property by a judicial proceeding."（可直译为：通过司法程序索回金钱或其他动产的权利。）其含义等同于"chose in action"，即"A thing in action：A right of bringing an action or right to recover a debt or money；Right of proceeding in a court of law to procure payment of sum of money，or right to recover a personal chattel or a sum of money by action；A personal right not reduced into possession，but recoverable by a suit at law；A right to personal things of which the owner has not the possession，but merely a right of action for their possession. The phrase includes all personal chattels which are not in possession；and all property in action which depends entirely on contracts express or implied；A right to receive or recover a debt，demand，or damages on a cause of action ex contractu or for a tort or omission of a duty；A right to recover by suit a personal chattel. Assignable rights of action ex contractu and perhaps ex delicto. Personalty to which the owner has a right of possession in future，or a right of immediate possession，wrongfully withheld."（Black's Law Dictionary，West Publishing Co.，6th ed.，1990，p. 241）。本书采纳了《元照英美法词典》对"chose in action"的释意，即"权利动产"。英美法律词汇常常难以找到合适的中文法律词汇与之相对应。"权利动产"是权利还是动产？按照词典的意思，它是指权利，有时指动产。根据英国《货物买卖法》，"货物"显然仅指动产，即除金钱及其他只能通过诉讼才能取得的金钱及动产以外的所有动产。"权利动产"指并未实际占有，而只能通过诉讼才能取得金钱或其他动产的权利。"与之相对应的是"占有动产"（chose in possession），即已由权利人实际占有的动产。（参见薛波主编：《元照英美法词典》，潘汉典总审订，法律出版社2003年版，第224页）。为深入理解英美法中的"things in action"概念，可参考徐震宇：《英国法上的"权利动产"及其财产概念的特性》（载何勤华主编《全国外国法制史研究会学术丛书——20世纪外国民商法的变革》，法律出版社2004年版）一文。

② 参见《中华人民共和国合同法》第132条第2款。

关:(a) 合同的效力,或其任何条款的效力,或任何惯例的效力;(b) 合同对所售货物所有权可能产生的影响。”“本公约不适用于卖方对于货物对任何人所造成的死亡或伤害的责任。”可见,公约只规范合同的订立以及买卖双方的权利义务,而没有规范国际货物买卖合同涉及的所有事项和所有内容。对于公约未涉及的问题,可依照双方业已同意的惯例或依据合同适用的国内法予以解决。因此,公约还不是一部完整和全面的关于国际货物买卖的统一法。

然而,就其灵活性及获得普遍接受的程度来说,公约则是任何一部国内法或国际商业惯例都不能比拟的。公约在合同法领域对各国成文法、判例法以及法理学说和国际商业惯例作了充分的比较分析,在此基础上提取出被普遍承认的原则和规则,以此来弥补国内法和国际惯例的不足。它的目的不是取代或调和各国国内法的规则,而是提出一套适合于国际贸易特殊要求的原则和办法,供买卖双方选择适用,以实现其序言中提出的建立国际经济新秩序,“减少国际贸易的法律障碍,促进国际贸易发展”的宗旨和目的。充分考虑各国具有不同社会制度、经济制度和法律制度这一现实,在对发达国家和发展中国家对外贸易中的不同做法给予充分肯定方面,公约较之前身——两个海牙公约有了较大的改进。公约是近半个世纪以来国际贸易统一法运动的产物,反映了统一法运动的发展趋势,对国际贸易产生了巨大影响。

5. 公约的效力

公约规定,买卖合同双方当事人可以不适用本公约,或减损本公约的任何规定或改变其效力。这意味着即便买卖合同当事人所在国家加入了公约,其本国国民也无义务必须将该公约作为买卖合同的法律适用法。

6. 中国加入时的保留

我国在核准加入《买卖合同公约》时,对其第 1 条(1)款(b)和第 11 条的规定作了保留,即我国不受《买卖合同公约》第 1 条(1)款(b)、第 11 条以及与第 11 条内容有关的条款的约束。[①] 而我国 1999 年《合同法》第 10 条规定:“当事人订立合同,有书面形式、口头形式和其他形式。法律、行政法规规定采用书面形式的,应当采用书面形式。当事人约定采用书面形式的,应当采用书面形式。”这和《买卖合同公约》第 11 条的规定已无区别。2013 年 1 月 16 日,根据我国《缔结条约程序法》与《买卖合同公约》的相关规定,我国政府向联合国秘书处递交了“撤回对《买卖合同公约》第 11 条及与第 11 条内容有关规定所作保留的声明”。此外,根据我国司法实践,合同适用的法律无论是当事人自由选择的法律,还是人民法院按照最密切联系原则确定的法律,都是指该国现行的实体法,而不包括其冲突规范和程序法。因此,我国当事人与公约其他缔约国的当事人订立国际货物买卖合同时,除双方当事人特别说明,公约将自动予以适用。

---

① 《中华人民共和国涉外经济合同法》(1985 年颁布,现已废止)第 7 条规定:“当事人就合同条款以书面形式达成协议并签字,即为合同成立。通过信件、电报、电传达成协议,一方当事人要求签订确认书的,签订确认书时,方为合同成立。”

三、有关国际货物买卖的国际商业惯例

（一）国际货物买卖惯例

1. 国际货物买卖惯例概述

国际货物买卖惯例是国际贸易惯例的一种，它是商人们在长期的国际商业实践中形成的习惯做法，由一些民间国际组织将其整理并编辑成册，由当事人选择适用。这些国际货物买卖惯例经当事人选择后，对当事人产生法律效力。目前，国际货物买卖方面的国际商业惯例规则主要有：《国际贸易术语解释通则》、1932 年《华沙—牛津规则》、1941 年《美国对外贸易定义修订本》、1997 年 6 月由国际商会国际商业惯例委员会通过的《国际销售示范合同》等。其中最有影响并在实践中得到广泛使用的是国际商会编纂的《国际贸易术语解释通则》。

《国际贸易术语解释通则》(International Rules for the Interpretation of Trade Terms，简称 Incoterms)由设在巴黎的国际商会以国际贸易中应用最为广泛的国际惯例为基础编纂，于 1936 年首次公布。此后，该通则先后在 1953 年、1967 年、1976 年、1980 年、1989 年、1999 年和 2009 年经过多次补充和修订。目前，最新版本是 2011 年 1 月 1 日生效的《国际贸易术语解释通则®》(International Rules for the Interpretation of Trade Terms，简称 Incoterms®2010)。其目的是在全球化的国际贸易环境中对买卖双方使用的主要术语提供一套具有国际性的通用的解释，使从事国际商业的人们在这些术语因国家不同而有不同解释的情况下，能选用确定而统一的解释。

2. 国际货物买卖惯例与国际公约

在国际货物买卖中，《联合国国际货物买卖合同公约》第 9 条对此作出了如下规定："(1) 双方当事人业已同意的任何惯例和他们之间确立的任何习惯做法，对双方当事人均有约束力。(2) 除非另有协议，双方当事人应视为已默示地同意对他们的合同或合同的订立适用双方当事人已知道或理应知道的惯例，而这种惯例，在国际贸易中，已为有关特定贸易所涉同类合同的当事人所广泛知道并为他们所经常遵守。"

（二）国际贸易术语

国际贸易术语以不同的交货地点为标准，用简短的概念或英文缩写字母表示商品的价格构成、买卖双方在交易中的费用、责任与风险的划分。国际贸易术语是国际商业惯例的一种，由当事人选择予以适用。按照不同的国际贸易术语确定双方权利义务，大大简化了交易程序，缩短了磋商时间，节省了交易成本和费用。因此，国际贸易术语在国际贸易中得到广泛应用。

（三）2010 年《国际贸易术语解释通则》

1. 2010 年《国际贸易术语解释通则》的宗旨

正如国际商会会长顾磊杰(Rajat Gupta)在 Incoterms®2010 前言中指出的，自 1936 年国际商会创立《国际贸易术语解释通则》以来，这套全球普遍接受的合同标准不断定期更新以适应国际贸易的发展。Incoterms®2010 考虑了无关税区的不断扩大，商业交易中电子信息使

用的增加,货物运输中对安全问题的进一步关注以及运输方式的变化。

全球化为商业活动进入世界各地市场提供了前所未有的广阔途径。货物正以更大数量、更多种类在更多国家销售。但是随着全球贸易量的增大与复杂程度的提高,买卖合同起草不当引起误解和高成本纠纷的可能性也随之增加。《国际贸易术语解释通则》是一套国际商会(ICC)关于国内外贸易术语使用的通则,旨在便利全球贸易活动。在买卖合同中使用Incoterms®2010 中的术语可以明确当事方各自的义务,并减少法律纠纷风险。

2. 2010 年《国际贸易术语解释通则》的重要修改

与 2000 年《国际贸易术语解释通则》相比,Incoterms®2010 所做重大修改如下:

(1) 书写上的变化。2010 年《国际贸易术语解释通则》后面需加国际商会的注册商标®,表述为《国际贸易术语解释通则® 2010》(Incoterms®2010)。

(2) 数量变化。由原来的 13 个贸易术语删减为 11 个。

(3) 分类变化。原来的 13 个贸易术语按英文字母 E、F、C、D 分为四组。现在 11 个贸易术语被分为两类:适用于任何运输方式或多种运输方式的 7 个贸易术语以及仅适用于海运和内河水运的 4 个贸易术语。

(4) 主要的变化发生在 D 组,原有的 5 个贸易术语删除了 4 个,新增加 2 个。其他 E、F、C 组贸易术语基本不变。

(5) 明确贸易术语既适用于国际贸易也适用于国内贸易。

3. 2010 年《国际贸易术语解释通则》的特点

(1) 每个贸易术语前增加了使用说明。使用说明不是贸易术语的组成部分,但有助于帮助当事人作出准确、高效、适当的选择。

(2) 权利和义务的设置。Incoterms®2010 把买卖双方的权利和义务相对应,分作 10 项说明。规定卖方的 10 项义务为:提供符合合同规定的货物和单据;许可证、授权、安检通关和其他手续;运输合同与保险合同;交货;风险转移;费用划分;通知买方;交货凭证、运输单证或同等效力的电子记录或程序;核查、包装及标记;协助提供信息及相关费用。相对应的买方也有 10 项义务,其具体内容取决于卖方承担权利和义务的具体内容。

(3) 电子单证。Incoterms®2010 明确规定,在卖方必须提供商业发票或合同可能要求的其他单证时,可以提供"同等作用的电子记录或程序"(an equivalent electronic record or procedure)。

(4) 明确了某些概念在 Incoterms®2010 中的特定含义,如"承运人"(carrier)、"交货"(delivery)、"链式销售"(string)等。在 Incoterms®2010 中,承运人特指签约承担运输责任的一方。交货指货物灭失与损坏的风险从卖方转移至买方的点。链式销售又称多层销售(multiple sales down a chain),指商品交易中常见的,商品在运至销售终端过程中(即商品销售至最终用户前)被多次转卖形成销售链。

4. 2010 年《国际贸易术语解释通则》的分组及其主要内容

第一,适用于任何运输方式或多种运输方式(any mode or modes of transport)的国际贸易

术语有 7 个,包括 EXW、FCA、CPT、CIP、DAT、DAP 和 DDP。其主要内容如下:

(1) E 组。包括一个贸易术语:EXW[全称 Ex Works (named place)],意思是工厂交货(指定地点)。使用这一贸易术语的合同中,卖方的责任最小。卖方的责任是:① 在其所在地(工厂、车间或仓库)把货物交给买方处置,无须装货,即履行交货义务;② 承担交货前的风险和费用;③ 自费向买方提交与货物有关的单证或相等的电子单证。买方的责任是:① 自备运输工具并负责装货,将货物运至预期的目的地;② 承担卖方交货后的风险和费用;③ 自费办理出口和进口结关手续等。

选用 EXW 贸易术语时应当注意的是:其一,交货地点确定双方风险和费用的划分,因此,双方在贸易术语中应尽可能明确具体交货地点,以免引起纠纷;其二,当买方无力办理出口清关手续时,不宜选用这一贸易术语。

(2) F 组。包括一个贸易术语:FCA[全称 Free Carrier (named place)],意思是货交承运人(指定地点)。在 FCA 贸易术语中,卖方的责任是:① 在出口国承运人所在地将货物交给承运人,履行自己的交货义务;② 承担交货前的风险和费用;③ 自费办理货物的出口结关手续;④ 自费向买方提交与货物有关的单证或相等的电子单证。买方的责任是:① 自费办理货物运输并支付费用;② 承担卖方交货后的风险和费用;③ 自费办理货物的进口和结关手续等。

选用 FCA 贸易术语时应当注意的是:其一,货物风险和费用的划分是以卖方将货物交付买方指定的承运人的时间和地点作为界线。其二,卖方的交货和装货义务。即当卖方在其所在地交货时,卖方负责装货。卖方将货物装上买方指定的承运人提供的运输工具时,完成交货义务;当卖方在其他地方交货时,卖方不负责卸货。货物在卖方的车辆上尚未卸货,但做好卸货准备并交给买方指定的承运人或其他人处置时,卖方即完成交货义务。

(3) C 组。包括两个贸易术语: CPT[全称 Carriage Paid to (named place of destination)],意思是运费付至(指定目的地);CIP[全称 Carriage, Insurance Paid to (named place of destination)],意思是运费、保险费付至(指定目的地)。

在这两个贸易术语中,卖方的责任是:① 自费签订或取得运输合同;在 CIP 术语中,卖方还要自费签订或取得保险合同;② 承担货交承运人以前的风险和费用;③ 自费办理货物出口及结关手续;④ 向买方提交与货物有关的单据或相等的电子单证。买方的责任是:① 承担货物提交承运人以后的风险和费用;② 自费办理货物进口的结关手续。

值得注意的是:其一,在 C 组这两个贸易术语中,卖方是在出口国承运人所在地履行交货义务,并承担交货前的风险和费用。但运费和/或保险费涵盖的是运输合同指定的目的地的全程运费和保险费。此外,卖方的费用中是否包括卖方的装货费和目的地的卸货费,须取决于运输合同的规定。其二,卖方的通知义务。在 CPT 贸易术语中,未规定买方签订保险合同的义务。但实践中,买方为了自己的利益需要签订保险合同,因此,卖方在货交承运人后必须向买方发出已交货通知,以便买方投保或采取收取货物通常所需要的措施。

(4) D 组。包括三个贸易术语:DAT[全称 Delivered at Terminal(named terminal at port

or place of destination)],意思是运输终端交货(指定目的地港口或目的地运输终端);DAP[全称 Delivered at Place(named place of destination)],意思是目的地交货(指定目的地);DDP[全称 Delivered Duty Paid (named place of destination)],意思是完税后交货(指定目的地)。

在D组贸易术语中,卖方的责任是:① 将货物运至约定的运输终端或目的地。② 承担货物运至运输终端或目的地前的全部风险和费用。③ 自费办理货物出口结关手续,交纳出口关税及其他税费。在DDP术语中,还要自费办理货物的进口结关手续,交纳进口关税或其他费用。④ 向买方提交与货物有关的单据或相等的电子单证。买方的责任是:① 承担货物在运输终端或目的地交付后的一切风险和费用;② 在DAT和DAP贸易术语中,自费办理进口结关手续。

在D组中,需要注意的是:其一,卖方在目的地指定运输终端(包括港口)交货意味着卖方需要承担将货物卸下运输工具,交买方处置,完成交货义务;在目的地交货时,卖方无须承担卸货义务,但做好卸货准备交买方处置,即完成交货义务。其二,DDP术语中卖方的责任最大。卖方需要自费办理出口和进口结关手续等,当卖方无力办理进口清关手续时,不宜选用这一贸易术语。

第二,仅适用于海运和内河水运的贸易术语(Sea and Inland Waterway Transport Only)有4个,分为F(FAS、FOB)、C(CFR、CIF)两组。其主要内容如下:

(1) F组。贸易术语有两个:FAS[全称 Free Alongside Ship(named port of shipment)],意思是船边交货(指定装运港);FOB[全称 Free on Board(named port of Shipment)],意思是船上交货(指定装运港)。

在F组贸易术语中,卖方的责任是:① 在指定的装运港履行交货义务;② 承担交货前的风险和费用;③ 自费办理货物的出口结关手续;④ 自费向买方提交与货物有关的单证或相等的电子单证。买方的责任是:① 自费办理货物运输和保险手续并支付费用;② 承担卖方交货后的风险和费用;③ 自费办理货物的进口和结关手续等。

在F组中应当注意的是:其一,这两个贸易术语交货地点不同,因此风险和费用的划分不同:FAS是以卖方在指定装运港买方指定的船边(货置于码头上或驳船上)履行交货义务,此时风险和费用由卖方转移给买方;FOB则以装运港货物是否装到船上作为界线。其二,FAS、FOB适用于海运和内河航运,如是集装箱运输,则应选用FCA贸易术语。

(2) C组。包括两个贸易术语:CFR[全称 Cost and Freight (named port of destination)],意思是成本加运费(指定目的港);CIF[全称 Cost, Insurance and Freight (named port of destination)],意思是成本、保险费加运费(指定目的港)。

在C组贸易术语中,卖方的责任是:① 在指定的装运港履行交货义务;② 承担在装运港货物装船前的风险和费用;③ 自费签订或取得运输合同,在CIF贸易术语中,卖方还要自费签订或取得保险合同;④ 自费办理货物出口及结关手续;⑤ 向买方提交与货物有关的单据或相等的电子单证。买方的责任是:① 在CFR术语中自费投保并支付保险费用;② 承担在装运港货物装船以后的风险和费用；③ 自费办理货物进口的结关手续。

在C组中应当注意的是：其一，在C组这两个贸易术语中，卖方是在出口国装运港履行交货义务，并承担货物装上船前的风险和费用。但运费和/或保险费涵盖的是运输合同指定的装运港至目的港全程的运费和保险费。此外，卖方的费用中是否包括卖方的装货费和目的港的卸货费，须取决于运输合同的规定。其二，卖方的通知义务。在CFR贸易术语中，未规定买方签订保险合同的义务。实践中，买方为了自己的利益需要签订保险合同，因此，卖方在货物装船后必须向买方发出已装船通知，以便买方投保或采取收取货物通常所需要的措施。其三，CFR和CIF贸易术语适用于海上或内河运输，如采用集装箱运输，则应选择CPT或CIP。

此外，在采用海运和内河水运的4个贸易术语时，还需要注意的是：其一，除FAS外，在FOB、CFR和CIF贸易术语中均取消了买卖双方的交货点、风险和费用的划分以装运港船舷作为界限的表述，代之以货物是否“装船”为界限。货物在装运港装到“船上”（on board）构成交货。其二，在这4个贸易术语的卖方交货义务中，Incoterms® 2010特别增加了“取得”（procure）这个词。[①] 例如：卖方将货物置于船边（船上）或以取得（procure）已经在船边（船上）交付货物的方式交货；卖方需签订运输合同或已取得（procure）一份这样的合同（CFR/CIF）；卖方必须自费取得（procure）保险合同（CIF）等。并明确此处使用的“取得”适用于商品贸易中常见的“多层销售”（链式销售 string sales）。[②] 根据Incoterms® 2010的解释，这4个贸易术语中卖方的交货义务涵盖了国际货物买卖中常见的“在途货物”销售中的“交货”（即通过提交单据如运输单据、保险单等履行交货义务），[③]由此弥补了以往版本的《国际贸易术语解释通则》均未涉及“在途货物交货”的疏漏。

5. 2010年《国际贸易术语解释通则》规定的其他问题

（1） 进出口手续和费用。除EXW和DDP贸易术语以外，原则上由卖方办理货物的出口手续，交纳与出口有关的捐、税、费；买方办理货物的进口手续，交纳与进口有关的税和其

---

① 在卖方义务中增加“取得”（procure）这个词的还有CIP和CPT这两个贸易术语，即卖方需签订或取得运输合同和/或保险合同。见Incoterms® 2010中CIP和CPT贸易术语的“使用说明”及有关卖方交货义务的规定。

② 参见Incoterms® 2010中这4个贸易术语的“使用说明”及有关卖方交货义务的规定。

③ Incoterms® 2010引言对“链式销售”所作的解释是：与特定产品的销售不同，在商品销售中，货物在运送至销售链终端的过程中常常被多次转卖。出现此种情况时，销售链中间的卖方实际上不运送货物，因为处于销售链始端的卖方已经安排了运输。因此处于销售链中间的卖方不是以运送货物的方式，而是以“取得”货物的方式履行其对买方的义务。即以“取得运输中的货物”取代相关术语中“提交货物”的义务。关于“取得”（procure）一词，在一些词典里查到的通常含义指“obtain，acquire”（The American Heritage Dictionary，Houghton Mifflin Company，1982，p. 988），然而这样的解释显示不出任何法律含义。在另一本美国词典中“procure”被解释为“to get possession of：obtain by particular care and effort”，即指“经过一番特别努力取得占有”（Webster's Ninth New Collegiate Dictionary，Merriam-Webster Inc. Publishers，1988，p. 938）。而“possession”意思是“a. the act of having or taking into control；b. control or occupancy of property without regard to ownership”（Webster's Ninth New Collegiate Dictionary，p. 918），意指对财产的控制，或与所有权无涉的控制或占有。当运输途中的货物发生转卖时，货物转卖的受让人（新的卖方）与新的买方之间进行的是单据的买卖。单据的占有和控制意味着其“取得”这样交付的货物。“procure”的这个解释和贸易术语中的含义在法律上是一致的。

他费用。

(2) 检验费用。Incoterms®2010 明确规定，买方必须支付任何强制性装运(船)前检验费用，因为这种检验是为了买方自身的利益安排的。但卖方为履行其交货义务而实施的货物检验(如对货物质量、丈量、称重、点数)以及出口国有关机关强制进行的装运(船)前检验费用除外。

(3) 交货、风险和费用的转移。Incoterms®2010 吸收了《联合国国际货物销售合同公约》的规定，确定了在卖方交货后，货物灭失和损坏的风险以及费用负担，由卖方转移给买方。但这一原则的适用，要以双方都没有过失并且该货物已正式划归于合同项下为前提。其 11 个贸易术语的交货点可归纳为 5 个：卖方所在地(EXW)；承运人所在地(FCA、CIP 和 CPT)；目的地/运输终端(DAT、DAP 和 DDP)；装运港船上(FOB、CIF 和 CFR)；①装运港船边(FAS)。

(4) 安全通关问题。"9·11"恐怖袭击事件之后，许多国家加强了货物安全通关的检查和要求。Incoterms®2010 特别增加了买卖各方之间完成安检通关并相互提供或协助提供通关所需信息的义务。

(5) Incoterms 的变体。在贸易实务中，当事人经常在国际贸易术语后面添加一些词语以额外增加双方当事人的义务。常见的有 EXW(装车)、FOB(平舱和理舱)等。以往版本的《国际贸易术语解释通则》对如何解释这些添加词语的含义没有作出规定，当事人之间往往会因此而发生争议。为此，Incoterms®2010 在其引言中提醒双方当事人，应在其合同中对上述添加词语的含义作出明确的解释。②

值得注意的是，《国际贸易术语解释通则》只适用于有形货物买卖中买卖双方的权利和义务，不包括与无形货物(如计算机软件)买卖有关的义务。③ 此外，Incoterms®2010 生效后，并不意味着先前版本的《国际贸易术语解释通则》失效，它们仍旧可因国际货物买卖合同的当事人的选择而适用。国际贸易术语是一个简式的标准化的国际货物买卖合同。它并未包括国际货物买卖合同的全部内容，仅明确买卖合同的交货地点、价格构成及解决买卖双方在交易中的责任划分。例如，确定商品从起运地到目的地的运输、保险、单证的取得及其他手续问题由谁办理、费用由谁承担；确定货物风险转移的时间、地点等。贸易术语的标准化、规范化，简化了交易程序，节约了交易时间和费用，减少了贸易中的纠纷，对促进国际贸易的顺利发展起了很大的作用。

---

① 注意 Incoterms® 2010 有两个不同表述。在其引言中，Incoterms® 2010 写道：FOB、CFR 和 CIF 三个术语中省略了以船舷作为交货点的表述，取而代之的是货物置于"船上"时构成交货。在 CPT、CIP、CFR 和 CIF 四个术语的使用说明中写道：当使用这四个术语时，卖方按照所选择术语规定的方式将货物交付给承运人时，即完成其交货义务。后一种表述与前一种表述似乎存在矛盾。按照作者对《2000 年国际贸易术语解释通则》引言中"用语说明"的理解，如果当事方无意将货物置于船上履行交货义务，则不应选择 FOB、CIF 和 CFR。

② 参见 Incoterms® 2010，Introduction。

③ 参见 Incoterms® 2000，Introduction。

（四）常用的国际贸易术语

1. FOB

FOB 是 Free on Board (named port of shipment)的英文缩略语，意思是船上交货（指定装运港）。它是海上运输最早出现的国际贸易术语，也是目前国际上普遍应用的贸易术语之一。

Incoterms® 2010 载明："船上交货，是指卖方在指定装运港将货物装上买方指定的船舶或通过取得已交付至船上的货物的方式交货。货物灭失或损坏的风险在货物交到船上时转移，同时买方承担自那时起的一切费用。"

具体而言，FOB 卖方的责任是：① 提供符合合同规定的货物和单证或相等的电子单证；② 自负费用及风险办理出口许可证及其他货物出口手续，交纳出口捐、税、费；③ 按照约定的时间、地点，依照港口惯例将货物装到买方指定的船上或以取得已在船上交付的货物的方式交货，并给买方以充分的通知；④ 承担在装运港交货以前的风险和费用。

FOB 买方的责任是：① 支付货款并接受卖方提供的交货凭证或相等的电子单证；② 自负费用及风险取得进口许可证，办理进口手续，交纳进口的各种捐、税、费；③ 自费租船并将船名、装货地点、时间给予卖方以充分通知；④ 承担在装运港交货以后的风险和费用。

使用 FOB 术语时应注意以下两个问题：

其一，通知问题。FOB 术语中涉及两个充分通知：一个是买方租船后，应将船名、装货时间、地点给予卖方以充分通知；另一个是卖方在货物装船时要给买方以充分通知。在第一种情况下，如果买方未给予通知，或指定船只未按时到达，或未能按时受载货物，或比规定的时间提前停止装货，由此产生的货物灭失或损失应由买方承担。在第二种情况下，由于货物的风险是在装船时由卖方转移给买方，因此，卖方在货物装船时必须通知买方，以便买方投保，否则，由于卖方未给予充分通知导致买方受到损失的，应由卖方负责。

其二，注意各国对 FOB 贸易术语的不同解释。典型的是美国 1941 年修订的《对外贸易定义》。该定义把 FOB 术语分为六种。其中只有 FOB vessel (named port of shipment)（装运港船上交货）与国际商会规定的 FOB 术语含义相类似。所以在对美贸易中，如用 FOB 术语成交，则需要注明是采用国际商会编纂的《国际贸易术语解释通则》还是适用美国全国对外贸易协会编纂并于 1941 年修订的《美国对外贸易定义》，在采用后者时则需在 FOB 后面加上"vessel"（船舶）字样，以免引起误解。

2. CIF

CIF 是 Cost, Insurance and Freight (named port of destination)的英文缩略语，意思是成本、保险费加运费（指定目的港）。

Incoterms® 2010 载明："成本、保险费加运费是指卖方在船上交货或以取得已经这样交付的货物的方式交货。货物灭失或损坏的风险在货物交到船上时转移。卖方必须签订合同，并支付必要的成本和运费，以将货物运至指定的目的港。"

具体而言，CIF 卖方的责任是：① 提供符合合同规定的货物和单证或相等的电子单证；

② 自负风险和费用办理出口许可证及其他货物出口手续,并交纳出口捐、税、费;③ 自费订立或取得运输合同并将货物按惯常航线在指定日期装运至指定目的港,并支付运费;④ 自付费用订立或取得货物运输保险合同,如无明示的相反协议,按《伦敦保险业协会货物保险条款》(C 条款)投保海上运输的最低险别;⑤ 承担货物在装运港交货以前的风险和费用。

CIF 买方的责任是:① 支付货款并接受卖方提供的交货凭证或相等的电子单证;② 自负费用和风险取得进口许可证,办理进口手续,交纳进口的各种捐、税、费;③ 承担货物在装运港交货以后的风险;④ 承担交货后除跨境海上运输运费和保险费以外的费用。

使用 CIF 术语应注意如下两个问题:

其一,在 CIF 术语中,替买方投保并支付保险费是卖方的一项义务。但是当双方未就保险条款和投保险别加以约定时,卖方只负责按《伦敦保险业协会货物保险条款》投保海上运输的最低险别。买方如要投保其他险别或特种险,应在合同中说明并自负该项加保费用。

其二,缩略语后的港口名称是目的港名称,指明运输费和保险费的计算是从装运港至目的港全程的运输费和保险费,而不是指卖方的交货地点。和 FOB 一样,在 CIF 术语中,卖方的交货义务是在装运港将货物置于船上完成的。

3. CFR

CFR 是 Cost and Freight (named port of destination)的英文缩略语,意思是成本加运费(指定目的港)。

Incoterms® 2010 载明:"成本加运费是指卖方在船上交货或以取得已经这样交付的货物的方式交货。货物灭失或损坏的风险在货物交到船上时转移。卖方必须签订合同,并支付必要的成本和运费,以将货物运至指定的目的港。"

具体而言,CFR 术语与 CIF 术语的不同体现在海上货物运输保险责任方面。在按 CIF 术语成交时,价格构成包括保险费,因此,卖方有义务投保国际海上货物运输险并支付保险费用。而在 CFR 术语中,卖方则无此义务。其余关于交货地点、风险分界点等方面的责任,CFR 与 CIF 术语相同。

在使用 CFR 术语时,应特别注意装船通知问题。在 CFR 合同中,买方要自行投保。因此,与 FOB 类似,卖方要给买方货物装船的充分通知,否则,由此造成买方漏保海上货物保险引起的损失应由卖方承担。

4. FOB、CFR、CIF 的异同

上述三种国际贸易术语的共同点在于:① 交货地点都是在装运港口;② 适用于海上运输或内河航运;③ 风险划分都是以装运港货物置于船上作为界线。

三者的区别在于,由于三者的价格构成不同而产生的与之相关的责任及其他附属费用不同。

在使用这三种贸易术语时,应当注意如下问题:

其一,缩略语后面的港口名称。在 FOB 后面是装运港名称,在 CIF 和 CFR 后面是目的港名称。FOB 的价格构成是货物在装运港交货前的费用,CIF 和 CFR 中的保险费和运输费则是按从装运港到达目的港全程的保险费和运输费计算的。港口名称是为计算费用之便附加的，和交货地点无关。三种贸易术语的交货地点都是在装运港载货船上。

其二，装船费和卸船费。在贸易术语中，装船费和卸船费应当由谁承担是一个不十分明确的问题。为了避免因有些贸易术语规定不够明确而导致日后买卖双方之间发生争议，实践中通常采用以下方法加以解决：第一，卖方不负责装船费用，则可采用班轮运输 FOB（Liner terms），即装卸由班轮负责，费用包括在运费内。第二，卖方负责装船费时，在 FOB 后面加上“理舱”FOB（stowed），则卖方承担包括理舱在内的装船费用；或者在 FOB 后面加上“平舱”FOB（trimmed）则卖方承担包括平舱费在内的装船费用。第三，按照港口惯例，装船费由卖方承担，卸船费由买方承担。为避免发生争议，Incoterms® 2010 要求买卖双方对此问题在合同中明确加以规定。

在我国外贸业务中，习惯把 FOB 称作离岸价格，把 CIF 称作到岸价格。仅从价格构成这一角度看，为了海关统计以及稽征关税等外贸业务的便利，这种称呼未尝不可，但从法律角度看，这种称呼是错误的。因为贸易术语本质上是一种货物买卖合同，[①]价格构成仅仅是贸易术语（合同）所包含内容的一部分，把 CIF 看成到岸价格不能表达 CIF 这个贸易术语中所包含的全部法律内容，在实践中会由于误解而造成不必要的损失。

第二节 国际货物买卖合同的成立

国际货物买卖合同又称外贸合同或进出口合同，是买卖双方经过磋商，就一笔货物的进出口交易达成的协议。该协议是确定买卖双方权利义务的法律依据。那么，如何确定当事人是否达成国际货物买卖的一致协议？《联合国国际货物买卖合同公约》对此作出了详细规定。我国《合同法》对要约和承诺所作的规定与该公约基本相同。

一、国际货物买卖合同的国际性

国际货物买卖合同与国内货物买卖合同毕竟不同，其区别在于，前者具有国际性或称“具有涉外因素”。国际性可以用许多标准来划分，如以当事人的国籍为标准，以当事人营业所在地为标准，以行为发生地为标准，以货物是否跨越国境为标准，等等。

我国于 1985 年曾经颁布实施的《涉外经济合同法》采用当事人的国籍标准确定经济合同的涉外性。该法第 2 条规定：“本法的适用范围是中华人民共和国的企业或者其他经济组织同外国的企业和其他经济组织或者个人之间订立的经济合同（以下简称合同）。但是，国际运输合同除外。”我国 1999 年颁布的《合同法》取消了“涉外经济合同”的概念，改用“涉外合同”，但对“涉外合同”未下定义。而且虽在第 129 条提到“国际货物买卖合

① Tsakiroglou & Co. Ltd. v. Noblee Thorl G. m. b. H. House of Lords (1962) A. C. 93.

同”,但也没有给予定义。[①] 最高人民法院对“涉外民事关系”所作的解释是:“凡民事关系的一方或者双方当事人是外国人、无国籍人、外国法人的;民事关系的标的物在外国领域内的;产生、变更或者消灭民事权利义务关系的法律事实发生在外国的,均为涉外民事关系。”[②]

英国1893年《货物买卖法》关于“国际货物买卖契约”的定义,除了要求缔结货物买卖契约的双方营业地分处于不同国家的领土之上外,还要求在缔约时,货物正在或将要从一国领土运往另一国领土;或构成要约和承诺的行为是在一个国家的领土内完成,而货物的交付则须在另一个国家的领土内履行。

《联合国国际货物买卖合同公约》本节简称《买卖合同公约》则采用了以当事人营业地为标准。《买卖合同公约》第1条规定:“(1)本公约适用于营业地在不同国家的当事人之间所订立的货物销售合同:……(3)在确定本公约的适用时,当事人的国籍和当事人或合同的民事或商业性质,应不予考虑。”

综上所述,本书认为,货物买卖合同国际性的认定应采用营业地标准。因此,国际货物买卖合同是指营业地分处不同国家当事人之间订立的货物买卖合同。

二、国际货物买卖合同的成立

我国《合同法》第13条规定:“当事人订立合同,采取要约、承诺方式。”《买卖合同公约》第23条也规定:“合同于按照本公约规定对发价的接受生效时订立。”

国际货物买卖合同作为合同的一种,应该适用合同法的一般原则。即国际货物买卖合同的成立也必须是国际货物买卖双方意思表示一致的结果。如何判断双方意思是否达成一致,实践中通常的做法是,当买卖双方就合同条款举行面对面谈判,或由一方提出标准合同文本,双方进行磋商讨论,最后达成一致意见,签订书面协议,这时意味着双方意思表示一致,双方签字的日期和地点就是合同成立的时间和地点。以电话或电传等直接对话方式订立合同,是否达成一致协议,也容易判断。通常以要约方听到对方表示承诺的回答或收到电传的时间和地点作为合同成立的时间和地点。但当买卖双方通过信件或电报隔地订立合同时,由于各国国内法对要约与承诺有不同规定,双方是否达成一致协议以及在何时何地达成一致协议,则比较难于判断。

(一)要约

1. 要约的概念与特征

对于何谓要约,《买卖合同公约》第14条规定:“(1)向一个或一个以上特定的人提出的

---

① 《中华人民共和国合同法》第126条规定:“涉外合同的当事人可以选择处理合同争议所适用的法律,但法律另有规定的除外。涉外合同的当事人没有选择的,适用与合同有最密切联系的国家的法律。在中华人民共和国境内履行的中外合资经营企业合同、中外合作经营企业合同、中外合作勘探开发自然资源合同,适用中华人民共和国法律。”第129条规定:“因国际货物买卖合同和技术进出口合同争议提起诉讼或者申请仲裁的期限为四年,自当事人知道或者应当知道其权利受到侵害之日起计算。因其他合同争议提起诉讼或者申请仲裁的期限,依照有关法律的规定。”

② 最高人民法院《关于贯彻执行〈中华人民共和国民法通则〉若干问题的意见(试行)》第178条。

订立合同的建议,如果十分确定并且表明发价人在得到接受时承受约束的意旨,即构成发价。……”可见,要约是一种订立合同的建议或意思表示。

根据《买卖合同公约》规定,一项有效的要约必须具备以下条件:

(1) 向一个或一个以上特定的人发出。《买卖合同公约》第 14 条规定:“非向一个或一个以上特定的人提出的建议,仅应视为邀请作出发价,除非提出建议的人明确地表示相反的意向。”例如,为了邀请对方向自己订货而发出的商品目录单、报价单以及一般的商业广告,因为不是向一个或一个以上的特定的人发出,因此不是要约,而是要约邀请。

(2) 要约的内容十分确定。何谓“十分确定”,《买卖合同公约》第 14 条规定:“一个建议,如果写明货物,并且明示或暗示地规定数量和价格或规定如何确定数量和价格,即为十分确定。”之所以要求要约的内容十分确定,这是由要约的性质决定的。因为要约一经对方接受,合同即告成立。如果函电中伴随有要约人的保留条件,则无法成立一项合同,该函电不能构成有效的要约,只能视为要约邀请,因为即使对方表示了承诺,合同也无法履行。

(3) 要约于送达受约人时生效。由于要约未送达受约人或要约不是送达受约人的,受约人不知要约内容,当然无法表示承诺,即使从其他途径得知要约的内容,其发出的承诺也是无效的。因此,《买卖合同公约》对要约采取到达生效理论。《买卖合同公约》第 15 条规定:“发价于送达被发价人时生效。”

2. 要约的生效、撤回与撤销

(1) 要约的生效与失效。《买卖合同公约》对要约采取到达生效理论,《买卖合同公约》第 15 条规定:“发价于送达被发价人时生效。”对于要约的失效,《买卖合同公约》第 17 条规定:“一项发价,即使是不可撤销的,于拒绝通知送达发价人时(效力)也终止。”

(2) 要约的撤回。要约在生效前的收回称为撤回。各国法律都承认,要约发出后,只要尚未送达受约人,要约人可随时使用更为快捷的方法将其追回。《买卖合同公约》第 15 条也规定:“一项发价,即使是不可撤销的,也得予撤回,如果撤回通知于发价送达被发价人之前或同时,送达被发价人。”

(3) 要约的撤销。要约生效后的收回称为撤销。在要约送达受约人后,是否可以撤销或变更其内容,大陆法系和英美法系则适用不同的原则。《买卖合同公约》基本采纳了普通法的观点,而在但书部分,则采纳了大陆法系的信赖原则。《买卖合同公约》第 16 条规定:“(1) 在未订立合同之前,发价得予撤销,如果撤销通知于被发价人发出接受通知之前送达被发价人。(2) 但在下列情况下,发价不得撤销:(a) 发价写明接受发价的期限或以其他方式表示发价是不可撤销的;或(b)被发价人有理由信赖该项发价是不可撤销的,而且被发价人已本着对该项发价的信赖行事。”

(二) 承诺

1. 承诺的概念及其特征

何谓承诺?《买卖合同公约》第 18 条规定:“(1) 被发价人声明或作出其他行为表示同

意一项发价,即是接受,缄默或不行动本身不等于接受。”可见,根据《买卖合同公约》,承诺是受约人对要约表示无条件接受的意思表示。

一项有效的承诺必须满足以下条件:

(1) 承诺要由受要约人作出才产生效力。

(2) 与要约的条件保持一致。按照传统的普通法理论,承诺应像镜子一样反射要约的条件。《买卖合同公约》第 19 条规定:“对发价表示接受但载有添加、限制或其他更改的答复,即为拒绝该项发价,并构成还价。”

但是,为了适应现代商业发展的需要,《买卖合同公约》采取了灵活做法,将对要约的修改区分为实质修改和非实质修改两种情况,并作不同对待。《买卖合同公约》第 19 条规定:“但是,对发价表示接受但载有添加或不同条件的答复,如所载的添加或不同条件在实质上并不变更该项发价的条件,除发价人在不过分迟延的期间内以口头或书面通知反对其间的差异外,仍构成接受。如果发价人不作出这种反对,合同的条件就以该项发价的条件以及接受通知内所载的更改为准。”那么,何谓“实质修改”?《买卖合同公约》第 19 条规定:“有关货物价格、付款、货物质量和数量、交货地点和时间、一方当事人对另一方当事人的赔偿责任范围或解决争端等的添加或不同条件,均视为在实质上变更发价的条件。”

(3) 承诺在送达要约人时生效。承诺的生效时间在要约理论上是一个十分重要的问题。这是因为,承诺生效的时间就是合同生效的时间,承诺生效的地点就是合同生效的地点。在日后解决争议时,对法院确定管辖权及适用法律问题具有重要的意义。各国在实践中,就承诺生效时间形成三种原则:投邮生效原则、送达生效原则、了解生效原则。

目前在国际货物买卖领域,各国在承诺生效时间上的分歧已通过《买卖合同公约》得到解决。《买卖合同公约》第 18 条规定:“(2) 接受发价于表示同意的通知送达发价人时生效。如果表示同意的通知在发价人所规定的时间内,或如未规定时间,则在一段合理的时间内,未曾送达发价人,接受就成为无效。但须适当地考虑到交易的情况,包括发价人所使用的通讯方法的迅速程度。对口头发价必须立即接受,但情况有别者不在此限。(3) 但是,如果根据该项发价或依照当事人之间确立的习惯做法和惯例,被发价人可以作出某种行为。例如与发运货物或支付价款有关的行为,来表示同意,而无须向发价人发出通知,则接受于该项行为作出时生效,但该项行为必须在上一款所规定的期间内作出。”

对于未在要约规定的有效期作出的回复,《买卖合同公约》第 21 条规定:“(1) 逾期接受仍有接受的效力,如果发价人毫不迟延地用口头或书面将此种意见通知被发价人。(2) 如果载有逾期接受的信件或其他书面文件表明,它是在传递正常、能及时送达发价人的情况下寄发的,则该项逾期接受具有接受的效力,除非发价人毫不迟延地用口头或书面通知被发价人:他认为他的发价已经失效。”

2. 承诺的撤回

承诺在生效前的收回称为撤回。承诺生效后,合同即告成立。因此,承诺不存在撤销的问题。《买卖合同公约》第 22 条规定了撤回承诺的条件:“接受得予撤回,如果撤回通知于接受原应生效之前或同时，送达发价人。"

（三）合同的形式

《买卖合同公约》第11条和第13条分别规定："销售合同无须以书面订立或书面证明，在形式方面也不受任何其他条件的限制。销售合同可以用包括人证在内的任何方法证明。""为本公约的目的，'书面'包括电报和电传。"《买卖合同公约》的上述规定和西方国家的做法是一致的。在西方国家，对于一般的货物买卖合同，法律并不规定应当采取的形式。当事人可以用口头、书面或行为三种方式订立合同。例如，《美国统一商法典》第201条规定，价金为500美元或500美元以上的货物买卖合同，必须以书面方式作成，并由双方当事人签字才发生效力。但在下列情况下，无书面形式，合同仍属有效：货物是专为买方订造，且在买方拒绝的通知到达前已实际开始制造；否认合同效力的一方在法院答辩或作证时，承认双方之间存在买卖合同；价金已付或买方已收到货物。无书面形式的合同仍旧有效，只是不能由法院强制执行。

考虑到某些发展中国家和社会主义国家合同法的不同规定，《买卖合同公约》允许成员国在加入或核准《买卖合同公约》时对第11条及其有关规定作出保留。我国原《涉外经济合同法》要求涉外经济合同的所有条款都必须是书面的，书面包括电报和电传，尽管这些条款不必载入同一份合同文件中。合同的附件也是合同的组成部分，因此也必须具有书面形式。至于哪些文件可构成合同附件，由双方当事人在合同中予以确定。我国《合同法》不再要求合同订立一定采用书面形式，还可用口头形式和其他形式，同时扩大了对"书面"的解释，将以电子方式订立的合同也归在"书面"形式之中。①

三、合同的内容

《买卖合同公约》未对国际货物买卖合同应具备的条款作出规定。但是，我国《合同法》第12条第1款和第131条则有相应规定："合同的内容由当事人约定，一般包括以下条款：（一）当事人的名称或者姓名和住所；（二）标的；（三）数量；（四）质量；（五）价款或者报酬；（六）履行期限、地点和方式；（七）违约责任；（八）解决争议的方法。""买卖合同的内容除依照本法第十二条的规定以外，还可以包括包装方式、检验标准和方法、结算方式、合同使用的文字及其效力等条款。"可见，国际货物买卖合同的条款通常由当事人约定。

实践中，国际货物买卖合同的内容一般由约首、正文与约尾三部分组成。约首包括合同的名称、编号、缔约日期、缔约地点、缔约双方的名称、地址及合同序言等。正文是合同的主体部分，包括各项交易条件及有关条款。约尾是合同的结束部分，包括合同的份数、附件、使用文字及其效力、合同生效日期与双方的签字等。

---

① 《中华人民共和国合同法》第10条规定："当事人订立合同，有书面形式、口头形式和其他形式。法律、行政法规规定采用书面形式的，应当采用书面形式。当事人约定采用书面形式的，应当采用书面形式。"第11条规定："书面形式是指合同书、信件和数据电文（包括电报、电传、传真、电子数据交换和电子邮件）等可以有形地表现所载内容的形式。"

正文的主要条款如下：

（一）货物的品质规格条款

在国际货物买卖合同中，货物的品质规格是合同的重要条件。如果卖方交付的货物品质与合同不符，买方有权拒收货物，可以解除合同并要求损害赔偿。

货物的品质规格是指商品所具有的内在质量与外观形态。在国际贸易中，商品的品质首先应符合合同的要求。对于某些国家制定了品质标准的商品，如某些食品、药物的进出口，其品质还必须符合有关国家的规定。

品质条款的主要内容是：品名、规格和牌号。合同中规定品质规格条款的方法有两种：凭样品及凭文字与图样的方法。

（二）数量条款

国际货物买卖合同中的数量是指用一定的程度量衡表示出商品的重量、个数、长度、面积、容积等的量。某些国家的法律规定，数量是合同的要件，交货数量与合同不符，买方可拒收货物。

数量条款的基本内容是：交货数量、计量单位与计量方法。约定数量条款时，应注明计量单位和度量衡制度；订明数量的机动幅度，又称"溢短装条款"，并规定溢短装的计价方法。

（三）包装条款

包装是指为了有效地保护商品的数量完整与品质完好，把货物装进适当的容器。包装条款的主要内容是：包装方式、规格、包装材料、费用和运输标志。

货物包装是确定其与合同是否相符的内容之一。《买卖合同公约》第35条规定，卖方交付的货物必须与合同所规定的数量、质量和规格相符，并须按照合同所规定的方式装箱或包装。除双方当事人已另有协议外，货物按照同类货物通用的方式装箱或包装；如果没有此种通用方式，则按照足以保全和保护货物的方式装箱或包装，否则即为与合同不符。因此，约定包装条款应十分慎重，主要应注意明确规定包装的材料、造型和规格，包装禁忌以及国际上对运输标志的惯常做法与要求及其变化。

（四）价格条款

价格是指每一计量单位的货值。价格条款的主要内容有：每一计量单位的价格金额、计价货币、商品的作价方法等。

在国际货物买卖中，合同作价通常采用以下方法：（1）短期交货合同，可采用固定价格。即由买卖双方商定的在合同有效期内不得变更的价格。（2）对长期交货合同，如大型成套设备、机器的买卖合同，为避免受商品国际市场价格变动的影响，可采用滑动价格，即买卖双方同意在合同中暂定价格，在交货时再根据行情及生产成本增减情况作相应的调整。（3）后定价格，即在合同中不规定商品的合同价格，只规定确定价格的时间和方法。如规定"以某年某月某日伦敦商品交易所价格计价"。（4）对分批交货合同，可采用部分固定价格、部分滑动价格的方法。对近期交货部分采用固定价格，对远期交货部分按交货时的行情或另行协议作价。

为了防止商品价格受汇率波动的影响,在合同中可以增订外汇保值条款,明确规定在计价货币币值发生变动时,价格应作相应调整。

(五) 装运条款

装运是指将货物装上运输工具。在一般情况下,装运与交货是两个概念。在 FOB、CIF 和 CFR 合同中,卖方只要按合同规定把货物装上船,取得提单就算履行了交货义务。提单签发日期即为交货日期,装货地点即为交货地点,所以"装运"一词常被"交货"概念代替,装运条件也被称作交货条件。但在目的地交货时,装运则不等于交货。

装运条款的主要内容是:装运时间、运输方式、装运港与目的港、装运方式(分批、转船)及装运通知等。

(六) 保险条款

国际货物买卖中的保险是指进出口商按一定险别向保险公司投保,并交纳保险费,以便当货物在运输过程中受到损失时,从保险人处得到经济补偿。

保险条款的主要内容包括:确定投保人及支付保险费,投保险别和保险金额。

在国际货物买卖中,大部分是 FOB、CIF 和 CFR 合同,故保险责任的分担由当事人选用的贸易术语决定。在 FOB 和 CFR 合同中,为防止货物从仓库至装船前的损失得不到补偿,卖方应对货物装船前的损失进行投保。某些保险公司对某些商品、某些国别、地区有特殊规定,投保人选择的险别与特殊要求要事先征得保险公司同意才能投保。

(七) 支付条款

国际货物买卖中的支付是指用什么手段、在什么时间、地点、用什么方式支付货款及其从属费用。

支付条款的主要内容包括:(1) 支付手段。包括货币和汇票,主要是汇票。(2) 付款方式。可分两类:第一类,双方不由银行提供信用,但通过银行代为办理的方式,如直接付款和托收;第二类是银行提供信用,从银行得到信用保证和资金周转的便利,如信用证。无论采用哪种方式,都应考虑交易地区的贸易法令和习惯。(3) 支付时间与地点。支付时间不但涉及利息问题,而且对买卖双方尽快实现各自利益有重大关系。通常按交货(交单)与付款先后,可分为预付款、即期付款与延期付款。

(八) 检验条款

商品检验指由商品检验机关对进出口商品的品质、数量、重量、包装、标记、产地、残损等进行查验分析与公证鉴定,并出具检验证明。商品检验的目的在于给买卖双方交接货物、支付货款及进行索赔提供依据。所以,检验条款也被称为索赔条款。

商检条款的主要内容包括:检验机构、检验权与复验权、检验与复验的时间与地点及索赔、检验标准与方法及商检证书。

(1) 检验机构。在国际贸易中,进行商品检验的机构主要有:国家设立的官方检验机构,产品的生产或使用部门设立的检验机构,私人或同业公会、协会开设的公证、鉴定行等。

(2) 检验权与复验权。在国际货物买卖中,指谁有权决定货物的品质、数量是否符合合同的规定,作为卖方提交货物以及买方接受或拒收货物的法律依据。国际上通行的做法有三种:第一种,以货物离岸时的品质、重量为准。这种做法显然对卖方有利。第二种,以货物到岸时的品质、重量为准。这种做法显然对买方有利。第三种,以装运港的商检证书作为议付货款的依据,货到目的港后,买方保留对货物再行检验的权利(即复验权),其检验结果作为买方是否接受货物并进行索赔的依据。这种做法符合买卖双方平等互利的原则,也是国际货物买卖中通行的做法。

(3) 检验与复验的时间、地点及索赔。按照国际上通行的做法,检验的时间由买卖双方在合同中约定,这个期限也就是买方的索赔期限。按照国际惯例,FOB、CIF、CRF 合同的复验地点是目的港;如目的地不是港口而是内地,或不适宜检验,则合同中应规定复验地点可延伸至内地;当货物有用一般检验方法不能查出的瑕疵时,复验地点应延伸至可以有效进行检验的地方。

(4) 检验标准与方法。对同一种商品用不同的标准和方法检验,结果会大相径庭。所以应在合同中明确规定该项产品所适用的检验标准和方法。

在国际贸易实践中,通常采用以下方法:按买卖双方商定的标准和方法;按生产国标准及方法;按进口国标准及方法;按国际标准或国际习惯的标准和方法。随着经济全球化的深入发展和我国加入世界贸易组织,我国企业和行业组织应当积极参与制定我国的国家标准和尽量采用国际标准。

(5) 商检证书。商检证书是商检机构出具的,证明商品品质、数量等是否符合合同要求的书面文件。按照商品的性质及检验要求,商检证书主要有品质检验证、重量检验证、卫生(健康)检疫检验证、消费检验证、产地证、验残检验证以及根据某些国家的特殊法律或规定出具的特殊证书等。

商检证书的法律效力如下:第一,它是货物进、出海关的凭证;第二,它是征收或减、免关税的必备证件;第三,它是买卖双方履行合同义务、交接、结算的有效凭证;第四,它是计算运费的凭证;第五,它是进行索赔、证明情况、明确责任的法律依据。

(九) 不可抗力条款

不可抗力(force majeure, act of God)是指合同订立以后发生的当事人订立合同时不能预见、不能避免、人力不可控制的意外事故,导致不能履约或不能如期履约。遭受不可抗力一方可由此免除责任,而对方无权要求赔偿。

不可抗力条款的主要内容包括:不可抗力的含义、范围以及不可抗力引起的法律后果、双方的权利义务等。

就一般情况而言,不可抗力来自两个方面:自然条件和社会条件。前者包括水灾、旱灾、海啸、地震、飓风等;后者包括战争、暴动、罢工和政府禁令等。具体来说,不可抗力事故应具备以下条件:(1) 该事故是在合同订立以后发生的。(2) 事故是在订立合同时,双方不能预见的。但货币贬值、价格涨落,是普通的商业风险,对于商人是可以预见的职业常识,因此不能算作不可抗力。(3) 事故不是由任何一方的疏忽或过失引起的。(4) 事故之发生是不可避免的且人力不能控制、不可抗拒的。①

不可抗力发生后，遭受不可抗力的一方可以解除合同或延迟履行合同，而不承担责任。解除合同还是延期履行合同取决于：(1) 意外事故对履约的影响程度；(2) 合同标的的性质；(3) 意外事故与当事人未履行或未认真履行合同之间是否存在因果关系。

遭受不可抗力一方在事故发生后，要将事故的发生和自己的决定及时通知对方或在得到对方通知后，无论同意其意见与否，都应及时作出答复。

《买卖合同公约》第79条对不可抗力作出了如下规定："(1) 当事人不履行义务，不负责任，如果他能证明此种不履行义务，是由于某种非他所能控制的障碍，而且对于这种障碍，没有理由预期他在订立合同时能考虑到或能避免或克服它或它的后果。(2) 如果当事人不履行义务是由于他所雇用履行合同的全部或一部分规定的第三方不履行义务所致，该当事人只有在以下情况下才能免除责任：(a) 他按照上一款的规定应免除责任，和(b)假如该项的规定也适用于他所雇用的人，这个人也同样会免除责任。(3) 本条所规定的免责对障碍存在的期间有效。(4) 不履行义务的一方必须将障碍及其对他履行义务能力的影响通知另一方。如果该项通知在不履行义务的一方已知道或理应知道此一障碍后一段合理时间内仍未为另一方收到，则他对由于另一方未收到通知而造成的损害应负赔偿责任。(5) 本条规定不妨碍任何一方行使本公约规定的要求损害赔偿以外的任何权利。"

（十）仲裁条款

仲裁条款又称仲裁协议，是双方当事人愿意将其争议提交第三者进行裁决的意思表示。仲裁是国际贸易中解决争议时最常用的方法，并以双方订有书面仲裁协议为前提。

仲裁条款的主要内容包括：仲裁机构、适用的仲裁程序规则、仲裁地点及裁决效力等。②

（十一）法律适用条款

由于各国政治、经济、法律制度不同，国际货物买卖合同是在营业地分处不同国家的当事人之间订立的，就产生了法律冲突与法律适用问题。当事人在合同中明确宣布合同适用何国法律的条款称为法律适用条款或法律选择条款。

根据当事人意思自治原则，各国都允许当事人通过合同自由选择合同适用的法律。这些法律可以是当事人的国内法(买方国家的法律或卖方国家的法律)，也可以是第三国法律；可以是与合同有联系的，也可以是与合同并无联系的法律(有些国家不允许当事人选择与合同无联系的法律)；可以是国际公约，也可以是国际商业惯例。无论如何，当事人的自由选择必须是善意的、合法的，并不得与公共利益相违背。

四、电子单证的法律问题

电子单证产生于20世纪60年代末的欧美。经过多年的发展，欧美的大公司中使用电

① 值得注意的是，《中华人民共和国合同法》第117条给"不可抗力"所下定义中，取消了"当事人在订立合同时"的限制条件，即指不能预见、不能避免并不能克服的客观情况。

② 详见本书第十四章"国际经济贸易争议解决"的内容。

子单证较为普遍。但是,电子单证的使用也带来了新的法律问题,特别是在合同法和证据法领域。例如,在合同订立上,关于要约与承诺的问题;合同成立时间与地点的确认问题;合同的书面形式问题;合同生效所必需的双方当事人签字、盖章问题等。在证据法方面,采用电子数据交换系统成立的合同,在仲裁或诉讼中,能否作为证据使用,特别是对于英美法系来说,是对其传统证据法原则提出的挑战。按照证据法的分类,由计算机传送的信息形成的证据属于派生证据(secondary evidence),即证据产生于信息传输的中间环节而非在事实的直接作用下形成,又称传闻律(hearsay rule),禁止使用派生信息认定事实,这一规则是英美传统证据法的基石之一。在英美法中妨碍计算机信息作为证据的第二个障碍在于"最优证据规则"(best evidence rule)。根据这一规则,向法院提供的证据应为书证原件。所谓原件,指原始的和在制作方法上保证具有同一性的同时,制作的一份一份的文件。按照这一定义,由计算机传送的单证可从打印机中打出,因此可视同为书证原件。然而,以计算机阅读形式存储的信息数据,由于易于修正而不留痕迹,致使法庭难以作为证据接受。

为此,各国制定了相应立法。我国《合同法》第 11 条也涉及电子单证。该条规定:"书面形式是指合同书、信件和数据电文(包括电报、电传、传真、电子数据交换和电子邮件)等可以有形地表现所载内容的形式。"此外,我国在 2004 年 8 月 28 日第十届全国人民代表大会常务委员会第十一次会议上还通过了《中华人民共和国电子签名法》,自 2005 年 4 月 1 日起施行。该法共 36 条,规定了总则、数据电文、电子签名与认证、法律责任和附则。

在国际立法方面,已经形成的法律文件主要包括:

(1)《数据电传交换的统一行为守则》(Uniform Rules of Conduct for the Interchange of Data Teletransmission)。该守则于 1987 年 9 月 22 日在国际商会执行理事会第五十一届会议上通过,主要是确立一个通信协议的标准化格式。但由于不同用户之间的要求不同,因此通讯协议中许多细节和形式问题要形成统一标准格式的构想难以实现。

(2)《国际贸易术语解释通则》。该通则 1990 年修订本于 1989 年 11 月由国际商会国际商业惯例委员会通过,1990 年 7 月 1 日生效。该通则将允许买卖当事人提交与纸制单证相等的电子单证(its equivalent electronic massage)。分别于 2000 年 1 月 1 日和 2011 年 1 月 1 日生效的 2000 年《国际贸易术语解释通则》和《国际贸易术语解释通则®2010》继续保留了该规定,即可以用相等的电子单证代替纸单证[①]。

(3)《国际海事委员会电子提单规则》。该规则于 1990 年 6 月 29 日由国际海事委员会在第三十四届大会上通过。该规则共 11 条,比较全面地就电子提单所涉及的法律问题作出了明确的规定。

(4)《跟单信用证统一惯例》。该惯例于 1993 年由国际商会修订,1994 年 1 月 1 日生

---

① 《国际贸易术语解释通则®2010》引言关于电子讯息中指出,《国际贸易术语解释通则》以往的版本曾经规定诸多文件可用电子数据信息替代。《国际贸易术语解释通则®2010》的 A1 和 B1 条款则在各方约定或符合惯例的情况下,赋予电子信息与纸质讯息同等效力。这种表述便利新电子程序在《国际贸易术语解释通则®2010》有效期内的发展。

效。为了适应计算机制单的要求,UCP500 第一次明确规定商业发票无须签署。[①] 此外,对于提供原件的要求,第 20 条 b 款规定,除信用证另有规定,银行将对用计算机方式处理或表面上看是以此种方式处理的单据,作为正本(origin)来接受。对于需要签字(sign)的原件,该条规定,此种单据可以用手签(handwriting)、复制签字(facsimile signature)、针孔穿签(perforated signature)、印章(stamp)、符号(symbol)或其他机械的、电子的方法来签发证实。除非信用证另有规定外,信用证要求单据经证实、生效、合法化、签证、证明或满足类似要求,单据上任何签字、符号、印章或标签,只要在表面上看已满足这些要求,均可被接受。[②] 以上这些规定对消除电子单证的法律障碍起到了积极作用。UCP600 仍然保留了上述规定,第 3 条释义部分规定:"单据可以通过手签、签样印制、穿孔签字、盖章、符号表示的方式签署,也可以通过其他任何机械或电子证实的方法签署。"

(5)《电子商务示范法》。该法于 1996 年由联合国国际贸易法委员会在第二十九届会议上通过。该示范法共 17 条,就数据电文的法律承认,书面形式和签字,原件,数据电文的证据力,留存,合同的订立和有效性,当事各方对数据电文的承认,数据电文的归属,收讫的确认,收、发数据电文的时间和地点以及货物运输和运输单据等方面所涉及的问题都作了明确的规定。该示范法为各国电子商务法以及国际统一立法提供了参考。

(6)《电子签名示范法》。在《电子商务示范法》出台后,联合国贸法会开始制定电子签名领域的法律规范。在贸法会电子商务工作组第三十七次会议上,提出了《电子签名示范法》的草案,并在第三十八次会议上进一步完善。2001 年,贸法会审议通过了《电子签名示范法》,该示范法对电子签名领域的基本问题都作出了规定,为各国制定电子签名法律提供了示范。

(7)《国际合同使用电子通信公约》。该公约由联合国国际贸易法委员会在《电子商务示范法》和《电子签名示范法》的基础上主持制定,2005 年 11 月 23 日通过,目前仍未生效。《国际合同使用电子通信公约》的宗旨在于对国际合同使用电子通信的情形中增强法律的确定性和商业的可预见性。《国际合同使用电子通信公约》处理的问题包括:如何确定一方当事人在电子环境中的所在地;电子通信的收发时间和地点;使用自动信息系统订立合同;以及确立电子通信和纸面文件(包括"原始"纸面文件)及电子认证方法和手写签名功能上等同所使用的标准。

第三节　国际货物买卖合同当事人的权利义务

国际货物买卖合同作为合同的一种,当事人也必须承担履行合同的义务。只有履行了合同义务,合同目的才能实现。我国《合同法》第 60 条规定:"当事人应当按照约定全面履行

① 参见 UCP500 第 37 条(a)(iii)。
② 参见 UCP500 第 20 条(d)款。

自己的义务。当事人应当遵循诚实信用原则,根据合同的性质、目的和交易习惯履行通知、协助、保密等义务。”国际货物买卖合同当事人也应承担同样的义务。本节主要介绍《联合国国际货物买卖合同公约》(以下简称《买卖合同公约》)关于买卖双方当事人义务的规定。

一、卖方应承担的义务

《买卖合同公约》第30条规定:“卖方必须按照合同和本公约的规定,交付货物,移交一切与货物有关的单据并转移货物所有权。”可见,卖方主要承担交货交单义务。

(一) 交付货物和移交单据的义务

提交货物和单据是国际货物买卖中卖方的一项主要义务,卖方应在合同指定的地点和时间移交货物和单据。如果合同对交货地点、时间未作规定,按照该公约的规定,卖方应承担下列义务:

1. 交货地点

如果国际货物买卖合同没有规定交货地点,《买卖合同公约》第31条规定:“如果卖方没有义务要在任何其他特定地点交付货物,他的交货义务如下:(a) 如果销售合同涉及货物的运输,卖方应把货物移交给第一承运人,以运交给买方;(b) 在不属于上款规定的情况下,如果合同指的是特定货物或从特定存货中提取的或尚待制造或生产的未经特定化的货物,而双方当事人在订立合同时已知道这些货物是在某一特定地点,或将在某一特定地点制造或生产,卖方应在该地点把货物交给买方处置;(c) 在其他情况下,卖方应在他于订立合同时的营业地把货物交给买方处置。”可见,如果卖方没有义务在任何其他特定地点交付货物,其交货地点根据不同情况可以是:第一承运人所在地、特定存放地或货物生产地、卖方营业地。

在国际贸易中,“涉及运输”是一个特有概念,特指那些以本人或其名义与托运人订立运输合同承担运输责任的承运人。当卖方有义务安排运输时,卖方和承运人签订必要的运输合同,并按照通常的运输条件,用恰当的运输工具,把货物运到指定的地点(即第一承运人所在地)。

目前,国际货物买卖已基本上实现统一化、标准化、规范化。因此,各国进出口商利用贸易术语即可确定交货地点。

2. 交货时间

《买卖合同公约》第33条规定:“卖方必须按以下规定的日期交付货物:(a) 如果合同规定有日期,或从合同可以确定日期,应在该日期交货;(b) 如果合同规定有一段时间,或从合同可以确定一段时间,除非情况表明应由买方选定一个日期外,应在该段时间内任何时候交货;或者(c)在其他情况下,应在订立合同后一段合理时间内交货。”根据《买卖合同公约》规定,如果国际货物买卖合同没有规定交货日期,卖方应在订立合同后的一段合理时间内交货。所谓合理时间,按照一般的国际实践,是作为事实由法院根据货物的性质及合同的其他规定决定的。

3. 单据的交付

在国际货物买卖中,存在着两种交货方式:一种是实际交货,即卖方亲自把货物连同代表货物所有权的单据一起交到买方手中,完成货物所有权与占有权的同时转移;另一种是象征性交货,即卖方只把代表货物所有权的证书(提单)交到买方手中,完成货物所有权的转移,即为完成交货义务。因此,在国际货物买卖合同中,交付单据是卖方的一项十分重要的义务。

《买卖合同公约》第 34 条规定:"如果卖方有义务移交与货物有关的单据,他必须按照合同所规定的时间、地点和方式移交这些单据。如果卖方在那个时间以前已移交这些单据,他可以在那个时间到达前纠正单据中任何不符合合同规定的情形,但是,此一权利的行使不得使买方遭受不合理的不便或承担不合理的开支。但是,买方保留本公约所规定的要求损害赔偿的任何权利。"

(二)担保义务

根据《买卖合同公约》的规定,卖方除了承担交货义务外,还应保证提交的货物在各方面符合合同的规定,包括卖方对所交货物质量的保证与所有权的保证。

1. 瑕疵担保

瑕疵担保是指卖方对其所售货物的质量、特性或适用性承担的责任。《买卖合同公约》第 35 条规定:"(1) 卖方交付的货物必须与合同所规定的数量、质量和规格相符,并须按照合同所规定的方式装箱或包装。(2) 除双方当事人业已另有协议外,货物除非符合以下规定,否则即为与合同不符:(a) 货物适用于同一规格货物通常使用的目的;(b) 货物适用于订立合同时曾明示或默示地通知卖方的任何特定目的,除非情况表明买方并不依赖卖方的技能和判断力,或者这种依赖对他是不合理的;(c) 货物的质量与卖方向买方提供的货物样品或样式相同;(d) 货物按照同类货物通用的方式装箱或包装,如果没有此种通用方式,则按照足以保全和保护货物的方式装箱或包装。(3) 如果买方在订立合同时知道或者不可能不知道货物不符合同,卖方就无须按上一款(a)项至(d)项负有此种不符合同的责任。"从上述规定可以看出,《买卖合同公约》规定了卖方对货物的明示担保和默示担保义务。其中(2)的规定即属于默示担保义务。

根据各国法律与实践,卖方违反瑕疵担保义务不仅要承担违反合同的责任,而且如果因货物瑕疵导致人身伤亡和财产损失,当事人还要依法承担产品责任。但是,产品责任问题不在《买卖合同公约》的调整范围之内。目前国际上尚不存在统一的关于产品责任的国际公约,[①]这样,由货物瑕疵导致的产品责任问题只能依据各国国内法的相应规定解决。

值得注意的是,在国际货物买卖中,各国法律都允许买卖双方通过在标准合同中订立合理的免责或限制责任条款,以减轻或解除卖方依法承担的瑕疵担保义务。[②]

2. 追夺担保与权源保护

追夺担保也称所有权担保,是指卖方所提交的货物必须是第三者不能提出任何权利要

---

① 按照欧洲共同市场 1985 年 7 月通过的《产品责任法》规定,自 1988 年 7 月 20 日起,该法将在欧洲共同市场所有成员国全面实施。

② 关于标准合同和免责条款的法律效力,参见王传丽著:《涉外经济合同的法律效力》,中国政法大学出版社 1989 年版,第 213～227 页。

求的货物。卖方在订立合同时应保证其所售货物的所有权不因存在买方所不知的瑕疵而被追夺。

根据《买卖合同公约》的规定，卖方的这一义务包括三个方面：

（1）卖方应向买方担保，第三方不会对其出售的货物提出任何权利或要求。具体而言，卖方应保证它确实有权出售该货物，并且应担保货物上不存在任何不为买方所知的留置权、抵押权等他人的权利要求。《买卖合同公约》第41条规定："卖方所交付的货物，必须是第三方不能提出任何权利或要求的货物，除非买方同意在这种权利或要求的条件下，收取货物。但是，如果这种权利或要求是以工业产权或其他知识产权为基础的，卖方的义务应依照第42条的规定。"

（2）卖方应保证所交付的货物必须是第三方不能根据工业产权或其他知识产权主张任何权利或要求的货物。例如，卖方出售的货物及其使用不得侵犯第三者的专利权、商标权等。但是，这一义务不是绝对的，而是有地域限制以及其他限制。《买卖合同公约》第42条规定："（1）卖方所交付的货物，必须是第三方不能根据工业产权或其他知识产权主张任何权利或要求的货物，但以卖方在订立合同时已知道或不可能不知道的权利或要求为限，而且这种权利或要求根据以下国家的法律规定是以工业产权或其他知识产权为基础的：（a）如果双方当事人在订立合同时预期货物将在某一国境内转售或做其他使用，则根据货物将在其境内转售或做其他使用的国家的法律；或者（b）在任何其他情况下，根据买方营业地所在国家的法律。（2）卖方在上一款中的义务不适用于以下情况：（a）买方在订立合同时已知道或不可能不知道此项权利或要求；或者（b）此项权利或要求的发生，是由于卖方要遵照买方所提供的技术图样、图案、程式或其他规格。"

值得注意的是，《买卖合同公约》并未指明何谓侵犯工业产权或知识产权的行为。这样，在一国被视为侵犯工业产权的违法行为，在另一国可能被认为是合法的、非侵权的行为。[①] 当双方发生争议时，只能由解决争议的法院依照国际私法规则指引或合同适用的国内法来处理。

二、买方应承担的义务

《买卖合同公约》第53条规定："买方必须按照合同和本公约规定支付货物价款和收取货物。"

（一）支付货物价款的义务

《买卖合同公约》对买方支付价款的义务作出如下规定：

（1）按合同或法律规定的手续支付价款。按照一般的国际贸易实践，买方支付价款的手续包括买方向银行申请信用证或银行付款保险，向政府主管部门申请进口许可证及所需外汇，等等。这些手续是买方付款的前提和保证，完成这些步骤和手续是买方应尽的义务。

---

① 参见王传丽：《与贸易有关的知识产权问题——浅析商标权与灰色市场进口》，载《政法论坛》1995年第1期。

《买卖合同公约》第 54 条规定:“买方支付价款的义务包括根据合同或任何有关法律和规章规定的步骤和手续,以便支付价款。”

(2) 价格的确定。《买卖合同公约》第 55 条规定:“如果合同已有效地订立,但没有明示或默示地规定价格或规定如何确定价格,在没有任何相反表示的情况下,双方当事人应视为已默示地引用订立合同时此种货物在有关贸易的类似情况下销售的通常价格。”第 56 条规定:“如果价格是按货物的重量规定的,如有疑问,应按净重确定。”

(3) 支付地点。《买卖合同公约》第 57 条规定:“(1) 如果买方没有义务在任何其他特定地点支付价款,他必须在以下地点向卖方支付价款:(a) 卖方的营业地;或者(b)如凭移交货物或单据支付价款,则为移交货物或单据的地点。(2) 卖方必须承担因其营业地在订立合同后发生变动而增加的支付方面的有关费用。”

(4) 支付时间。《买卖合同公约》第 58 条规定:“(1) 如果买方没有义务在任何其他特定时间内支付价款,他必须于卖方按照合同和本公约规定将货物或控制货物处置权的单据交给买方处置时支付价款。卖方可以支付价款作为移交货物或单据的条件。(2) 如果合同涉及货物的运输,卖方可以在支付价款后方可把货物或控制货物处置权的单据移交给买方作为发运货物的条件。(3) 买方在未有机会检验货物前,无义务支付价款,除非这种机会与双方当事人议定的交货或支付程序相抵触。”①第 59 条规定:“买方必须按合同和本公约规定的日期或从合同和本公约可以确定的日期支付价款,而无须卖方提出任何要求或办理任何手续。”

(二) 收取货物

《买卖合同公约》第 60 条规定了买方收取货物的义务:“买方收取货物的义务如下:采取一切理应采取的行动,以期卖方能交付货物和接收货物。”

第四节 违反合同的补救方法

“违约救济”一词来源于英美法律,相当于大陆法系国家的债务不履行的规定。根据《布莱克法律词典》的解释,“救济”一词是指实现权利,防止或补偿权利侵害的手段以及运用这些手段的权利。《联合国国际货物买卖合同公约》(本节简称《买卖合同公约》)没有对违约救济给予定义,但是分别规定了卖方违约和买方违约的救济办法。我国《合同法》第 107 条也规定:“当事人一方不履行合同义务或者履行合同义务不符合约定的,应当承担继续履行、采取补救措施或者赔偿损失等违约责任。”

一、卖方违约的补救方法

卖方违约主要包括卖方不交付货物或单据或交付延迟,交货不符合合同规定以及第

① 与普通法系国家的规定相一致,《联合国国际货物买卖合同公约》也把买方的付款义务与检验货物的权利联系在一起。

三者对交付货物存在权利或权利主张。当发生以上违约行为时,《买卖合同公约》第 45 条为买方提供了以下救济措施:“(1) 如果卖方不履行他在合同和本公约中的任何义务,买方可以:(a) 行使第四十六条至第五十二条所规定的权利;(b) 按照第七十四条至第七十七条的规定,要求损害赔偿。(2) 买方可能享有的要求损害赔偿的任何权利,不因他行使采取其他补救办法的权利而丧失。(3) 如果买方对违反合同采取某种补救办法,法院或仲裁庭不得给予卖方宽限期。”

《买卖合同公约》规定的上述救济措施可以概括为以下类型:

(一) 实际履行

实际履行是指守约一方要求违约一方继续按照合同约定履行义务,而不是允许违约一方用金钱赔偿来替代合同义务的履行。

对于实际履行和损害赔偿措施的采用,英美法系和大陆法系有不同的处理方式。英美法系认为,损害赔偿是首要的违约救济方法,只有当损害赔偿不足以弥补受损害一方的损失时,才允许采取实际履行的救济措施。也就是说,损害赔偿可以替代违约方继续履行合同。但是,大陆法系国家认为,要求违约方实际履行是首要的救济方法,只有继续履行合同才能达到合同目的。

《买卖合同公约》考虑到了两大法系在实际履行制度方面的差异,将两大法系的规定融合在一起,在第 28 条作出了如下规定:“如果按照本公约的规定,一方当事人有权要求另一方当事人履行某一义务,法院没有义务作出判决,要求具体履行此一义务,除非法院依照其本身的法律对不属本公约范围的类似销售合同愿意这样做。”《买卖合同公约》第 46 条又规定:“买方可以要求卖方履行义务,除非买方已采取与此一要求相抵触的某种补救办法。”

从以上规定可以看出,当一方当事人提出实际履行的请求时,按照《买卖合同公约》规定:(1) 法院没有义务一定判决支持实际履行请求,而是根据该国国内法决定是否作出要求违约方实际履行的判决。(2) 如果买方已经采取了与实际履行要求相抵触的某些补救办法时,法院不能判决实际履行。

当卖方不履行合同义务时,买方可要求其实际履行合同义务,包括要求卖方提交符合合同规定的货物或对不符合规定的货物进行修理、更换或提交替代物等。买方并可通过法院强制手段强迫卖方履行以上义务。

(二) 交付替代物

《买卖合同公约》第 46 条规定:“如果货物不符合同约定,买方只有在此种不符合同约定的情形构成根本违反合同时,才可以要求交付替代货物,而且关于替代货物的要求,必须与依照第三十九条发出的通知同时提出,或者在该项通知发出后一段合理时间内提出。”第 39 条规定:“(1) 买方对货物不符合同约定的情况,必须在发现或理应发现不符情形后一段合理时间内通知卖方,说明不符合同情形的性质,否则就丧失声称货物不符合同约定的权利。(2) 无论如何,如果买方不在实际收到货物之日起两年内将货物不符合同约定的情形通知卖方,他就丧失声称货物不符合同约定的权利,除非这一时限与合同规定的保证期限不符。”

由此可见，交付替代物必须建立在以下前提条件上：(1) 对方所交货物不符合合同规定并构成根本违反合同；(2) 必须在提出不符点的同时或之后的合理时间内提出交付替代物的请求；(3) 买方必须能够原状返还货物。

（三）修理货物

《买卖合同公约》第 46 条规定："如果货物不符合合同约定，买方可以要求卖方通过修理对不符合同之处做出补救，除非他考虑了所有情况之后，认为这样做是不合理的。修理的要求必须与依照第三十九条发出的通知同时提出，或者在该项通知发出后一段合理时间内提出。"可见，修理货物的请求应在以下情况下提出：(1) 卖方交货不符合合同约定；(2) 必须在提出不符点的同时或之后的合理时间内提出修理货物的请求。

（四）给予宽限期

《买卖合同公约》第 47 条规定："(1) 买方可以规定一段合理时限的额外时间，让卖方履行其义务。(2) 除非买方收到卖方的通知，声称他将不在所规定的时间内履行义务，买方在这段时间内不得对违反合同采取任何补救办法。但是，买方并不因此丧失他对迟延履行义务可能享有的要求损害赔偿的任何权利。"

（五）解除合同

1. 解除合同的条件

《买卖合同公约》第 49 条规定了解除合同的以下条件："(1) 买方在以下情况下可以宣告合同无效：(a) 卖方不履行其在合同或本公约中的任何义务，等于根本违反合同；或(b) 如果发生不交货的情况，卖方不在买方按照第四十七条第(1)款规定的额外时间内交付货物，或卖方声明他将不在所规定的时间内交付货物。(2) 但是，如果卖方已交付货物，买方就丧失宣告合同无效的权利，除非：(a) 对于迟延交货，他在知道交货后一段合理时间内这样做；(b) 对于迟延交货以外的任何违反合同事情：(一) 他在已知道或理应知道这种违反合同后一段合理时间内这样做；或(二)他在买方按照第四十七条第(1)款规定的任何额外时间满期后，或在卖方声明他将不在这一额外时间履行义务后一段合理时间内这样做；或(三)他在卖方按照第四十八条第(2)款指明的任何额外时间满期后，或在买方声明他将不接受卖方履行义务后一段合理时间内这样做。"

尽管一方违反构成了根本违约，但是，《买卖合同公约》第 26 条规定："宣告合同无效的声明，必须向另一方当事人发出通知，方始有效。"

根据该公约的上述规定，买方解除合同必须以下列条件为前提：

(1) 卖方根本违反合同(fundamental breach)。《买卖合同公约》第 25 条对根本违反合同给予了如下解释："一方当事人违反合同的结果，如使另一方当事人蒙受损害，以至于实际上剥夺了他根据合同规定有权期待得到的东西，即为根本违反合同，除非违反合同一方并不预知，且一个同等资格、通情达理的人处于相同情况中也没有理由预知会发生这种结果。"

可见，根本违约由以下要件构成：第一，有违反合同的事实；第二，有损害的事实，而且损害严重到使对方订立合同的目的不能实现；第三，违反合同一方能够预知，且一个同等资格、通情达理的人处于相同情况中没有理由不预知会发生这种结果。

值得注意的是，当卖方交付的货物中有部分符合合同约定时，买方应接受符合规定的部分；只有当卖方完全不交货或不按合同规定交货构成根本违反合同时，买方才能宣布整个合同无效。

（2）卖方不交货，并且也不在买方给予的额外时间内交货，或卖方声明其将不在所规定的时间内交付货物。

（3）向卖方发出解除合同的通知。

（4）在卖方已交货的情况下，买方丧失解除合同的权利，除非有某些情况出现。

（5）买方必须能够原状返还货物。《买卖合同公约》第 82 条规定："买方如果不可能按实际收到货物的原状归还货物，他就丧失宣告合同无效或要求卖方交付替代货物的权利。"

2. 解除合同的后果

《买卖合同公约》第 81 条对解除合同的效力作出了如下规定："（1）宣告合同无效解除了双方在合同中的义务，但应负责的任何损害赔偿仍应负责。宣告合同无效不影响合同关于解决争端的任何规定，也不影响合同中关于双方在宣告合同无效后权利和义务的任何其他规定。（2）已全部或局部履行合同的一方，可以要求另一方归还他按照合同供应的货物或支付的价款，如果双方都须归还，他们必须同时这样做。"

（六）减低价格

《买卖合同公约》第 50 条规定："如果货物不符合同约定，不论价款是否已付，买方都可以减低价格，减价按实际交付的货物在交货时的价值与符合合同的货物在当时的价值两者之间的比例计算。但是，如果卖方按照第三十七条①或第四十八条②的规定对任何不履行义务做出补救，或者买方拒绝接受卖方按照该两条规定履行义务，则买方不得减低价格。"

可见，买方减低价格必须符合以下条件：（1）货物不符合合同约定。（2）提出减低价格的要求和是否已经支付价款没有必然联系。即使已经支付价款，而货物不符合合同约定，买方仍可以提出减低价格的要求。（3）减价按实际交付的货物在交货时的价值与符合合同约定的货物在当时的价值两者之间的比例计算。（4）如果卖方对不履行义务做出补救，或买

---

① 《联合国国际货物买卖合同公约》第 37 条规定："如果卖方在交货日期前交付货物，他可以在那个日期到达前，交付任何缺漏部分或补足所交付货物的不足数量，或交付用以替换所交付不符合同规定的货物，或对所交付货物中任何不符合同规定的情形做出补救，但是，此一权利的行使不得使买方遭受不合理的不便或承担不合理的开支。但是，买方保留本公约所规定的要求损害赔偿的任何权利。"

② 《联合国国际货物买卖合同公约》第 48 条规定："（1）在第四十九条的条件下，卖方即使在交货日期之后，仍可自付费用，对任何不履行义务做出补救，但这种补救不得造成不合理的迟延，也不得使买方遭受不合理的不便，或无法确定卖方是否将偿付买方预付的费用。但是，买方保留本公约所规定的要求损害赔偿的任何权利。（2）如果卖方要求买方表明他是否接受卖方履行义务，而买方不在一段合理时间内对此一要求作出答复，则卖方可以按其要求中所指明的时间履行义务。买方不得在该段时间内采取与卖方履行义务相抵触的任何补救办法。（3）卖方表明他将在某一特定时间内履行义务的通知，应视为包括根据上一款规定要买方表明决定的要求在内。（4）卖方按照本条第（2）款和第（3）款作出的要求或通知，必须在买方收到后，始生效力。"

方拒绝接受卖方做出补救，买方不能要求减低价格。

（七）损害赔偿

普通法违反合同的救济以损害赔偿为主，而不以过失为前提条件。

1. 损害赔偿额

《买卖合同公约》第 74 条规定：“一方当事人违反合同应负的损害赔偿额，应与另一方当事人因他违反合同而遭受的包括利润在内的损失额相等。这种损害赔偿不得超过违反合同一方在订立合同时，依照他当时已知道或理应知道的事实和情况，对违反合同预料到或理应预料到的可能损失。”

2. 防止损失扩大的责任

《买卖合同公约》第 77 条规定：“声称另一方违反合同的一方，必须按情况采取合理措施，减轻由于该另一方违反合同而引起的损失，包括利润方面的损失。如果他不采取这种措施，违反合同一方可以要求从损害赔偿中扣除原可以减轻的损失数额。”第 75 条规定：“如果合同被宣告无效，而在宣告无效后一段合理时间内，买方已以合理方式购买替代货物，或者卖方已以合理方式把货物转卖，则要求损害赔偿的一方可以取得合同价格和替代货物交易价格之间的差额以及按照第七十四条规定可以取得的任何其他损害赔偿。”第 76 条规定：（1）如果合同被宣告无效，而货物又有时价，要求损害赔偿的一方，如果没有根据第七十五条规定进行购买或转卖，则可以取得合同规定的价格和宣告合同无效时的时价之间的差额以及按照第七十四条规定可以取得的任何其他损害赔偿。但是，如果要求损害赔偿的一方在接收货物之后宣告合同无效，则应适用接收货物时的时价，而不适用宣告合同无效时的时价。（2）为上一款的目的，时价指原应交付货物地点的现行价格，如果该地点没有时价，则指另一合理替代地点的价格，但应适当地考虑货物运费的差额。”

根据上述规定，声称解除合同的一方必须承担下列责任：（1）按情况采取合理措施以减轻损失；（2）在解除合同的情况下，买方有义务及时购进替代物，卖方有义务转售货物。

3. 与其他救济措施的关系

根据《买卖合同公约》的规定，买方享有要求损害赔偿的权利不因其行使采取其他救济办法的权利而丧失。也就是说，无论买方采用了实际履行并给予宽限期或减少价金或宣告合同无效等救济方法，如果不足以弥补由于卖方违约造成的损失，买方仍可以继续要求损害赔偿。

二、买方违约所产生的卖方补救方法

买方违约包括买方不按合同规定支付货款和不按合同规定收取货物。在这种情况发生时，卖方可采取相应的救济方法。《买卖合同公约》第 61 条规定：“（1）如果买方不履行他在合同和本公约中的任何义务，卖方可以：（a）行使第六十二条至第六十五条所规定的权利；（b）按照第七十四条至第七十七条的规定，要求损害赔偿。（2）卖方可能享有的要求损害赔偿的任何权利，不因他行使采取其他补救办法的权利而丧失。（3）如果卖方对违反合同采取某种补救办法,法院或仲裁庭不得给予买方宽限期。”

《买卖合同公约》规定的上述救济措施主要包括以下方面:

(一) 实际履行

《买卖合同公约》第62条规定:“卖方可以要求买方支付价款、收取货物或履行他的其他义务,除非卖方已采取与此要求相抵触的某种补救办法。”

《买卖合同公约》对卖方实际履行要求的规定同样适用本公约第28条的规定,即当卖方提出实际履行要求时,同样也遵循以下原则:(1) 法院没有义务一定判决支持实际履行请求,而是根据该国国内法决定是否作出要求违约方实际履行的判决。(2) 如果卖方已经采取了与实际履行要求相抵触的某些补救办法时,法院不能判决实际履行。

(二) 给予宽限期

《买卖合同公约》第63条规定:“(1) 卖方可以规定一段合理时限的额外时间,让买方履行义务。(2) 除非卖方收到买方的通知,声称他将不在所规定的时间内履行义务,卖方不得在这段时间内对违反合同采取任何补救办法。但是,卖方并不因此丧失他对迟延履行义务可能享有的要求损害赔偿的任何权利。”

(三) 解除合同

1. 解除合同的条件

《买卖合同公约》第64条规定:“(1) 卖方在以下情况下可以宣告合同无效:(a) 买方不履行其在合同或本公约中的任何义务,等于根本违反合同;或(b)买方不在卖方按照第六十三条第(1)款规定的额外时间内履行支付价款的义务或收取货物,或买方声明他将不在所规定的时间内这样做。(2) 但是,如果买方已支付价款,卖方就丧失宣告合同无效的权利,除非:(a) 对于买方迟延履行义务,他在知道买方履行义务前这样做;或者(b)对于买方迟延履行义务以外的任何违反合同事情:(一) 他在已知道或理应知道这种违反合同后一段合理时间内这样做;或(二)他在卖方按照第六十三条第(1)款规定的任何额外时间满期后或在买方声明他将不在这一额外时间内履行义务后一段合理时间内这样做。”

根据《买卖合同公约》的规定,卖方行使解除合同的权利受以下条件的制约:(1) 买方不履行其在合同或公约中的义务,并构成根本违反合同。(2) 买方不在卖方给予的宽限期内履行合同或声明将不在宽限期内履行合同。(3) 向买方发出解除合同的通知。(4) 如果买方已支付了价金,卖方不能宣告合同无效,但某些情况下除外。

2. 解除合同的后果

同样适用于《买卖合同公约》第81条的规定。

(四) 损害赔偿

在买方违约卖方遭受损失的情况下,卖方有权请求损害赔偿。《买卖合同公约》第74~76条关于损害赔偿的规定同样适用于卖方。

三、对先期违约的救济——中止履行合同

（一）采取中止履行合同措施的前提条件——先期违约

先期违约是指在合同订立以后、履行期到来之前，合同一方表示拒绝履行合同的意图。

《买卖合同公约》第71条规定："（1）如果订立合同后，另一方当事人由于下列原因显然将不履行其大部分重要义务，一方当事人可以中止履行义务：（a）他履行义务的能力或他的信用有严重缺陷；或（b）他在准备履行合同或履行合同中的行为。（2）如果卖方在上一款所述的理由明显化以前已将货物发运，他可以阻止将货物交给买方，即使买方持有其有权获得货物的单据。本款规定只与买方和卖方间对货物的权利有关。（3）中止履行义务的一方当事人不论是在货物发运前还是发运后，都必须立即通知另一方当事人，如经另一方当事人对履行义务提供充分保证，则他必须继续履行义务。"根据《买卖合同公约》的上述规定，对于先期违约，另一方可以采取中止履行合同义务的救济办法。但是，中止履行合同的前提条件是：

（1）先期违约方将不履行其在合同中的大部分重要义务。

（2）具有先期违约的事实。这些事实可以通过下列方面判断：先期违约方履行义务的能力或其信用存在严重缺陷，或他在准备履行合同或履行合同中的行为表明其将在合同履行期到来时不能履行其在合同中的大部分重要义务。也就是说，先期违约可由违约方明确表示，或由对方从其行动中判断出来。例如，违约方在履行期到来之前即宣布拒绝履行合同，或宣告破产，或丧失清偿债务的能力。

（3）中止履行义务的一方当事人不论是在货物发运前还是发运后，都必须立即通知另一方当事人，如经另一方当事人对履行义务提供充分保证，则他必须继续履行义务。

（二）先期违约下的合同解除

《买卖合同公约》第72条规定："（1）如果在履行合同日期之前，明显看出一方当事人将根本违反合同，另一方当事人可以宣告合同无效。（2）如果时间许可，打算宣告合同无效的一方当事人必须向另一方当事人发出合理的通知，使他可以对履行义务提供充分保证。（3）如果另一方当事人已声明他将不履行其义务，则上一款的规定不适用。"根据上述规定，先期违约下的解除合同必须具备以下条件：（1）在履约日到来前明显看出一方当事人将根本违约；（2）向另一方发出解除合同的通知。

四、分批交货下的合同解除

《买卖合同公约》对分批交货下的解除权利的行使规定了三种情况：解除违约部分、解除未履行部分、解除全部合同。《买卖合同公约》第73条规定："（1）对于分批交付货物的合同，如果一方当事人不履行对任何一批货物的义务，便对该批货物构成根本违反合同，则另一方当事人可以宣告合同对该批货物无效。（2）如果一方当事人不履行对任何一批货物的义务，使另一方当事人有充分理由断定对今后各批货物将会发生根本违反合同，该另一方当

事人可以在一段合理时间内宣告合同今后无效。(3) 买方宣告合同对任何一批货物的交付为无效时,可以同时宣告合同对已交付的或今后交付的各批货物均为无效,如果各批货物是互相依存的,不能单独用于双方当事人在订立合同时所设想的目的。”

第五节 货物所有权转移与货物风险转移

一、货物所有权的转移

在国际货物买卖中,货物所有权从何时起从卖方转移到买方,是一个十分重要的问题。所谓货物买卖契约,就是指卖方将货物的所有权转移或同意转移给买方以换取价金的行为。在许多贸易争议中,通常只有先确定了货物的财产权归属问题,才能进而解决双方的具体权利义务问题。由于各国法律对所有权转移适用不同的原则和规定,因此,《联合国国际货物买卖合同公约》除了在卖方义务中规定了卖方的所有权担保义务之外,对货物所有权何时转移以及合同对所有权可能产生的影响等问题均未涉及。而由解决争议的法院或仲裁庭依照公约的一般原则(即国际商业惯例)或依照国际私法规则适用的国内法律来解决。

(一) 国际贸易惯例的规定

在国际贸易惯例中,只有 1932 年《华沙—牛津规则》明确规定了货物所有权转移的时间。该规则第 6 条规定:“除依照第 20 条第(Ⅱ)款[①]的规定外,货物所有权的转移时间,就是卖方将有关单据交到买方掌握的时刻。”在 CIF 合同中,除卖方依据法律对订售货物享有留置权、保留权或中止交货权外,货物所有权的转移时间是在卖方将有关单据交买方掌握的时间,即卖方向买方交单的时间是货物所有权转移的时间。而在工厂交货或目的地交货合同中,则可以推定所有权是在货物交给买方或置于其控制之下的时间。

此外,国际商会《国际销售示范合同》B 部 A7 款规定:如果双方当事人已经有效地同意保留所有权,则直至完全付清价款之前,或依照另外的约定,货物的所有权不发生转移。

(二) 各国国内法的有关规定

1. 英国《货物买卖法》

英国 1893 年《货物买卖法》[现 1979 年《货物买卖法》(1995 年修订本)],关于货物所有权转移时间的确定取决于该买卖合同是特定物(specific goods)的买卖还是非特定物(uncertained goods)的买卖。

(1) 非特定物买卖。通常是指仅凭说明书的买卖或期货买卖。按照《货物买卖法》第 16 条规定,在货物未经特定化之前,所有权不发生转移。所谓特定化,是指将符合说明书的并处于可交付状态的货物无条件地划拨到合同项下的行为。所谓“处于可交付状态”,是指

---

① 1932 年《华沙—牛津规则》第 20 条规定:“买卖合同中的权利和补救……(Ⅱ)卖方依据法律对订售货物所享有的留置权、保留权或中止交货权,不受本规则的影响。”

货物已经备妥，买方应即根据合同提取之意。这种划拨可由卖方提出取得买方同意，也可由买方提出而取得卖方同意。这种同意可以是明示的，也可以是默示的，可以在货物划拨之前作出，也可以在货物划拨之后作出。当合同规定，卖方需将货物交付给买方或承运人或其他受托人或保管人以便交付买方，而又未保留对货物处置权时，则不论其是否为买方所指定，应被视为已无条件地将货物划拨到合同项下。

（2）特定物买卖。在特定物的买卖中，所有权何时转移取决于缔约双方的意图。为了确定双方意图，除考虑合同条款、缔约双方行为以及合同的具体情况外，还要遵循以下原则：[①]第一，在无保留条件的买卖处于可交付状态的特定物时，货物所有权是在缔约时转移给买方。第二，当卖方必须对货物有所作为，才能使货物处于可交付状态时，如对货物进行修理更换，则财产权是在完成了这些工作并在买方收到有关通知时发生转移。第三，当货物已处于可交付状态，但卖方还必须对货物进行称重、丈量、检验或其他行为才能确定价金时，财产权应在以上行为都已完成，且买方收到有关通知时转移。第四，当货物附有“看货和试用后决定”（on approval）或“准许退剩货”（on sale or return）或其他类似条件交付买方时，所有权在下列时间转移：一是买方向卖方表示认可或接受，或采取其他接受该项交易的行为时；二是买方虽未向卖方表示认可或接受，但留下货物且未通知拒收。例如，合同中规定了退货时间，则在到期时所有权转移，合同中未规定退货时间，则在合理时间届满时，所有权发生转移。

2.《美国统一商法典》

按照《美国统一商法典》2－507 的规定，货物在特定于合同项下之前，所有权不发生转移。除双方另有协议，特定化后的货物所有权在实际交付的时间和地点发生转移（2－401 规定）。（1）当合同规定在目的地交货时，所有权在目的地由卖方提交货物时发生转移。（2）当合同规定卖方需将货物发送买方而无需送至目的地时，货物所有权在交付发运的时间和地点转移买方。（3）当不需移动货物即可交付时，如卖方需提交所有权凭证时，所有权在交付所有权凭证的时间和地点发生转移；在货物已特定化且不需提交所有权凭证时，所有权在订立合同时发生转移。无论有无正当理由，当买方以任何形式拒绝接受或保留货物时或买方正当地撤销对货物的接受时，所有权重新转移给卖方，不构成一次买卖。

与英国《货物买卖法》的规定不同的是，根据《美国统一商法典》的规定，卖方所有权的保留只起到担保权益的作用。例如，在货物提交买方或发运的情况下，卖方保留提单只起到担保买方将来付款的作用，并不妨碍所有权的转移。

3.《法国民法典》

根据《法国民法典》，货物所有权转移是在合同订立时发生转移。《法国民法典》第 1583 条规定，当事人就标的及其价金相互同意时，即使标的尚未交付，价金尚未支付，买卖即告成立，而标的物的所有权亦于此时在法律上由卖方转移于买方。

---

① 参见英国 1979 年《货物买卖法》（1995 年修订本）第 18 条规则 1～4。

在司法实践中，所有权的转移还可适用以下原则：(1) 对于种类物的买卖，所有权是在对货物进行划拨后发生转移。(2) 对于附条件的买卖，则在满足条件后所有权发生转移。(3) 买卖双方在合同中自由约定所有权转移的时间。

4. 我国《物权法》

2007 年 10 月 1 日实施的《中华人民共和国物权法》区分了动产和不动产。第 23 条规定，动产物权的设立和转让，自交付时发生效力，但法律另有规定的除外。我国《合同法》第 133 条规定，标的物的所有权自标的物交付时起转移，但法律另有规定或当事人另有约定的除外。

5.《德国民法典》

和以上国家的做法均不相同，德国法认为货物所有权转移属于物权法范围，而买卖合同属于债权法范围，因此买卖合同解决不了物之所有权转移问题，需要买卖双方另就货物所有权转移问题达成合意。根据这一合意，货物所有权是在卖方将货物交付买方时发生转移；在卖方必须交付物权凭证的场合，卖方则通过交付物权凭证完成所有权转移。而不动产买卖的所有权转移则以完成登记的时间为准。

二、货物风险的转移

在国际货物买卖中，货物风险主要指货物在高温、水浸、火灾、严寒、盗窃或查封等非正常情况下发生的短少、变质或灭失等损失。划分风险的目的就是确定这些损失应当由谁承担。尽管在通常情况下，这些损失可以通过保险在经济上得到补偿，但仍有以下问题需要解决：(1) 谁有资格向保险公司求偿；(2) 在不属保险范围或当事人漏保的情况下的风险分担问题；(3) 对受损货物进行保全与救助的责任问题等。因此，在国际货物买卖中，风险分担对买卖双方是一个十分重要的问题。

(一) 风险分担的原则

《联合国国际货物买卖合同公约》(以下简称《买卖合同公约》)对于买卖双方风险的分担采用了以下原则：

1. 以交货时间确定风险的原则

与某些国家以所有权的转移时间作为风险转移时间的做法不同，《买卖合同公约》采用了所有权与风险相分离的方法，确定了以交货时间作为风险转移时间的原则。《买卖合同公约》第 69 条规定，从买方接收货物时起，风险转移于买方承担。

2. 过失划分的原则

《买卖合同公约》第 36 条规定："(1) 卖方应按照合同和本公约的规定，对风险移转到买方时所存在的任何不符合同情形，负有责任，即使这种不符合同情形在该时间后方始明显。(2) 卖方对在上一款所述时间后发生的任何不符合同情形，也应负有责任，如果这种不符合同情形是由于卖方违反他的某项义务所致，包括违反关于在一段时间内货物将继续适用于其通常使用的目的或某种特定目的，或将保持某种特定质量或性质的任何保证。"《买卖合同公约》第 66 条规定:“货物在风险移转到买方承担后遗失或损坏,买方支付价款的义务并不因此解除,除非这种遗失或损坏是由于卖方的行为或不行为所造成。”可见,从交货时起风险从卖方移转给买方这一原则的适用有一个前提,即风险的转移是在卖方无违约行为的情况下。假若卖方发生违约行为,则上述原则不予适用。

3. 国际惯例优先原则

在国际货物买卖实践中,对于货物风险的转移,一些惯例有自己明确的规定。《买卖合同公约》第 9 条规定:“(1) 双方当事人业已同意的任何惯例和他们之间确立的任何习惯做法,对双方当事人均有约束力。(2) 除非另有协议,双方当事人应视为已默示地同意对他们的合同或合同的订立适用双方当事人已知道或理应知道的惯例,而这种惯例,在国际贸易上,已为有关特定贸易所涉同类合同的当事人所广泛知道并为他们所经常遵守。”例如,根据 2010 年《国际贸易术语解释通则》,FOB、CIF、CFR 合同的风险划分是以装运港货物置于船上为界。卖方承担货物在装运港交货以前的风险,货物在装运港交货以后的风险由买方承担。如果当事人在合同中选择了这种贸易术语,那么,国际贸易术语规定的风险分担原则优于《买卖合同公约》的规定,即风险划分以装运港交货为界而不是以交付单据(即交货)的时候划分。

4. 划拨是风险发生转移的前提条件

根据《买卖合同公约》的规定,货物在划拨合同项下前风险不发生转移。所谓划拨又称特定化,是指对货物进行计量、包装、加上标记,或以装运单据,或向买方发出通知等方式表明货物已归于合同项下。经过划拨的货物,卖方不得再随意进行提取、调换或挪作他用。当交货涉及运输时,《买卖合同公约》第 67 条规定,风险于货交第一承运人时起转移到买方,但在货物未划拨合同项下前不发生转移;在交货不涉及运输时,《买卖合同公约》第 69 条规定,风险是在货物交给买方时发生转移,但当货物未划拨合同项下以前,不得视为已交给买方。

(二) 风险转移的时间

按照以交货时间作为风险转移时间的原则,《买卖合同公约》将交货分为以下几类:

1. 涉及运输的交货

在国际贸易中,涉及运输是一个专有概念。涉及运输的交货又可分为两种情况:卖方没有义务在指定地点交货;卖方必须在某一特定地点交货。

《买卖合同公约》采用的是所有权与风险转移分离的原则。《买卖合同公约》第 67 条规定:“(1) 如果销售合同涉及货物的运输,但卖方没有义务在某一特定地点交付货物,自货物按照销售合同交付给第一承运人以转交给买方时起,风险就移转到买方承担。如果卖方有义务在某一特定地点把货物交付给承运人,在货物于该地点交付给承运人以前,风险不移转到买方承担。卖方有权保留控制货物处置权的单据,并不影响风险的移转。(2) 但是,在货物以货物上加标记、或以装运单据,或向买方发出通知或其他方式清楚地注明有关合同以前,风险不移转到买方承担。”

2. 在途货物的交货

对于在运输途中出售的货物,《买卖合同公约》第 68 条规定:“对于在运输途中销售的货物,从订立合同时起,风险就移转到买方承担。但是,如果情况表明有此需要,从货物交付给签发载有运输合同单据的承运人时起,风险就由买方承担。尽管如此,如果卖方在订立合同时已知道或理应知道货物已经遗失或损坏,而他又不将这一事实告之买方,则这种遗失或损坏应由卖方负责。"

3. 不涉及运输的交货

《买卖合同公约》第 69 条规定:"(1) 在不属于第六十七条和第六十八条规定的情况下,从买方接收货物时起,或如果买方不在适当时间内这样做,则从货物交给他处置但他不收取货物从而违反合同时起,风险移转到买方承担。(2) 但是,如果买方有义务在卖方营业地以外的某一地点接收货物,当交货时间已到而买方知道货物已在该地点交给他处置时,风险方始移转。(3) 如果合同指的是当时未加识别的货物,则这些货物在未清楚注明有关合同以前,不得视为已交给买方处置。"

第六节 国际货物买卖合同中中国法的适用

一、国际货物买卖合同中中国法的适用

实践中,以中方为一方当事人订立的国际货物买卖合同适用中国法有以下情形:(1) 按照意思自治原则,双方当事人在合同中选择适用中国法。(2) 双方当事人选择合同适用《国际贸易术语解释通则》(以下简称《解释通则》)和(或)《联合国国际货物买卖合同公约》(以下简称《买卖合同公约》)作为合同的准据法。此时,对于《解释通则》和《买卖合同公约》的未尽事项,适用中国法;特别在后一种情况下,应注意《买卖合同公约》与中国法同时适用时产生的问题。

适用国际货物买卖的中国法,主要包括我国《民法总则》、《物权法》、《合同法》及其司法解释、《电子签名法》以及 2012 年 7 月 1 日生效的《最高人民法院关于审理买卖合同纠纷案件适用法律问题的解释》(以下简称《买卖合同司法解释》)[①]。对《买卖合同公约》的未尽事项,我国《合同法》《电子签名法》与《买卖合同司法解释》在以下方面做了补充:

(一) 买卖合同的成立

1. 关于书面形式的理解

(1) 以提交单据方式订立合同

我国《合同法》和《买卖合同公约》都认可合同成立可以无须书面形式,可以是口头或其他形式,包括以电子数据交换(EDI)方式订立合同。实践中,如果买卖合同当事人之间没有书面合同,一方以送货单、收货单、结算单、发票等主张存在买卖合同关系,或者一方提交的对

① 《买卖合同司法解释》对我国买卖合同法律适用的司法实践做了比较全面、细致的归纳和总结。《电子签名法》于 2005 年 4 月 1 日实施。本节参见最高人民法院编选组编:《买卖合同司法解释适用手册》,人民法院出版社 2012 年版;最高人民法院编写组编:《买卖合同司法解释适用解答》,人民法院出版社 2012 年版。

账确认函、债权确认书等函件、凭证没有记载债权人名称，当事人一方以此证明存在买卖合同关系的，应如何处理？《买卖合同公约》和《合同法》都没有规定。《买卖合同司法解释》对此作出了回应，其第1条明确规定，如果当事人之间没有书面合同，人民法院应当结合当事人之间的交易方式、交易习惯以及其他相关证据，对买卖合同是否成立作出认定。对第二种情况，人民法院应予支持，但有相反证据足以推翻的除外。实践中还存在当事人以实际提交货物（实际履行）这种方式主张存在买卖合同关系的，也应当比照《买卖合同司法解释》的上述规定处理。

（2）以电子方式订立合同

① 对电子方式的理解。《买卖合同公约》将以电子方式订立的合同视同书面合同，承认其效力，对此类合同成立的其他条件均未涉及。我国《合同法》第11条明确了书面形式是指合同书、信件和数据电文（包括电报、电传、传真、电子数据交换和电子邮件）等可以有形地表现所载内容的形式。[①] 所谓数据电文，是指以电子、光学、磁或者类似手段生成、发送、接收或者储存的信息。[②] 凡是能够有形地表现所载内容，并可以随时调取查用的数据电文，均视为符合法律、法规要求的书面形式。[③] 所谓电子签名，是指数据电文中以电子形式所含、所附用于识别签名人身份并表明签名人认可其中内容的数据。"[④]

② 电子交易合同的成立与效力。《买卖合同公约》对此未作规定。《买卖合同司法解释》和《电子签名法》对《合同法》的规定进行了细化。《买卖合同司法解释》明确规定，电子交易合同的成立和生效需同时适用《合同法》与《电子签名法》的规定。[⑤]《电子签名法》第3条第2款规定，"当事人约定使用电子签名、数据电文的文书，不得仅因为其采用电子签名、数据电文的形式而否定其法律效力"。[⑥]

2.《电子签名法》关于电子交易合同成立的特殊规则

---

① 《买卖合同司法解释》进一步明确了上述概念的含义。

② 我国《电子签名法》第2条第2款。

③ 我国《电子签名法》第5条规定："符合下列条件的数据电文，视为满足法律、法规规定的原件形式要求：（一）能够有效地表现所载内容并可供随时调取查用；（二）能够可靠地保证自最终形成时起，内容保持完整、未被更改。但是，在数据电文上增加背书以及数据交换、储存和显示过程中发生的形式变化不影响数据电文的完整性。"第6条规定，"符合下列条件的数据电文，视为满足法律、法规规定的文件保存要求：（一）能够有效地表现所载内容并可供随时调取查用；（二）数据电文的格式与其生成、发送或者接收时的格式相同，或者格式不相同但是能够准确表现原来生成、发送或者接收的内容；（三）能够识别数据电文的发件人、收件人以及发送、接收的时间"。

④ 我国《电子签名法》第2条第1款。

⑤ 《买卖合同司法解释》第4条规定，人民法院在按照《合同法》的规定认定电子交易合同的成立及效力的同时，还应当适用《电子签名法》的相关规定。

⑥ 我国《电子签名法》第14条规定，可靠的电子签名与手写签名或者盖章具有同等的法律效力。关于可靠性的条件，《电子签名法》第13条规定，"电子签名同时符合下列条件的，视为可靠的电子签名：（一）电子签名制作数据用于电子签名时，属于电子签名人专有；（二）签署时电子签名制作数据仅由电子签名人控制；（三）签署后对电子签名的任何改动能够被发现；（四）签署后对数据电文内容和形式的任何改动能够被发现。当事人也可以选择使用符合其约定的可靠条件的电子签名"。此外，第7条规定，数据电文不得仅因为其是以电子、光学、磁或者类似手段生成、发送、接收或者储存的而被拒绝作为证据使用。第8条规定，"审查数据电文作为证据的真实性，应当考虑以下因素：（一）生成、储存或者传递数据电文方法的可靠性；（二）保持内容完整性方法的可靠性；（三）用以鉴别发件人方法的可靠性；（四）其他相关因素。"

（1）要约的发送与接受

除当事人另有约定，《电子签名法》将发件人的发送分为三种：① 经发件人授权的发送；② 发件人的信息系统自动发送；③ 收件人按照发件人认可的方法对数据电文进行验证后结果相符的发送。[①] 数据电文进入发件人控制之外的某个信息系统的时间，视为该数据电文的发送时间。收件人指定特定系统接收数据电文的，数据电文进入该特定系统的时间，视为该数据电文的接收时间；未指定特定系统接收数据电文的，数据电文进入收件人的任何系统的首次时间，视为该数据电文的接收时间。[②] 发件人和收件人的主营业地为数据电文的发送地点和接受地点。发件人或收件人没有主营业地的，以其经常居住地点为发送地点或接收地点。

（2）承诺的发送与接收

《电子签名法》的上述规定也适用于承诺的发送与接收。

（3）承诺生效

《合同法》第 25 条规定，承诺生效时合同成立。如果当事人在订立合同之前约定要求签订确认书的，则电子合同不是在承诺到达时生效，而是在签订确认书时生效。[③] 电子签名需要第三方认证的，由依法设立的电子认证服务提供者提供认证服务。[④]

（二）买卖合同的效力

《买卖合同公约》不涉及合同的效力问题。我国《合同法》第 44 条规定，依法成立的合同，自成立时生效。法律、行政法规规定应当办理批准、登记等手续生效的，依照其规定。当事人对合同的效力可以附加条件、附加生效期限和终止期限。[⑤] 依照上述规定，如果当事人没有履行法律法规规定的手续或条件不成就时，合同无效。生效期限未到，合同不生效；终止期限届满，合同失效。此外，以下情形下，合同无效：一方以欺诈、胁迫的手段订立的合同，损害国家利益；恶意串通，损害国家、集体或者第三人利益；以合法形式掩盖非法目的；损害社会公共利益；违反法律、行政法规强制性规定的。[⑥] 因重大误解订立的合同，在订立合同时显失公平的合同，经一方当事人请求，可以变更或撤销。[⑦]

合同无效或被撤销的后果：无效或被撤销的合同自始没有法律约束力。合同部分无效，不影响其他部分效力的，其他部分仍然有效。[⑧] 合同被确认为无效或被撤销后，因该合同取得的财产，应当予以返还；不能返还或没有必要返还的，应当折价补偿。有过错的一方应当赔偿对方因此所受到的损失，双方都有过错的，应当各自承担相应的责任。当事人恶意串

---

① 我国《电子签名法》第 9 条。

② 我国《电子签名法》第 11 条第 1、2 款。

③ 我国《合同法》第 33 条。

④ 我国《电子签名法》第 16 条。

⑤ 我国《合同法》第 45、46 条。

⑥ 我国《合同法》第 52 条。

⑦ 我国《合同法》第 54 条。

⑧ 我国《合同法》第 56 条。

通，损害国家、集体或者第三人利益的，因此取得的财产收归国家所有或者返还集体、第三人。[①] 对于行为人没有代理权、超越代理权或代理权终止后，以被代理人名义订立的合同；无处分权的人处分他人财产的，经被代理人或经权利人追认后有效。[②] 此外，《最高人民法院关于适用〈中华人民共和国合同法〉若干问题的解释（二）》与《买卖合同司法解释》都认可多重买卖合同与出卖他人之物合同为有效合同。[③]

（三）卖方的所有权担保义务

《买卖合同公约》和我国《合同法》虽然都规定了卖方的所有权担保义务，但不涉及合同对所售货物所有权可能产生的影响。[④] 在国际货物买卖合同中，各种与货物买卖合同有关的单据可能对货物所有权产生不同效力的影响。例如，需要跨境海上运输的货物，其运输单据（如提单）往往代表货物的所有权。谁持有提单即被视为拥有该货物的所有权。此外，贸易商通常不是买卖合同的最终用户，货物在长途运输过程中，单据通过背书可以进行多次转让，因此，国际货物买卖常常被称为单据的买卖。单据上的瑕疵也可能对货物所有权或其有无产生影响。在期货交易中，卖方在订立合同时，货物的所有权可能尚不存在或尚不明确。在上述情况下，合同与所售货物的所有权并无必然联系。《买卖合同公约》和我国《合同法》对于出售货物的卖方何时拥有货物所有权的时间节点并未提出要求。实践中，买卖双方很容易就卖方货物所有权之有无或是否违反所有权担保义务发生争议。《买卖合同司法解释》从中国的司法实践出发，排除买方以卖方在订立合同时没有所有权和处分权主张合同无效的主张，在第3条中明确规定，当事人一方以出卖人在缔约时对标的物没有所有权或者处分权为由主张合同无效的，人民法院不予支持。但是如果出卖人因未取得所有权或者处分权致使标的物所有权不能转移，买受人要求出卖人承担违约责任或者要求解除合同并主张损害赔偿的，人民法院应予支持。

（四）标的物交付和所有权转移

1. 电子信息产品的交付

《买卖合同公约》和我国《合同法》都不适用于无形财产的买卖。《买卖合同司法解释》专门对电子信息产品的交付作出特别规定，填补了《买卖合同公约》与我国《合同法》的空白。其第5条规定，标的物为无需以有形载体交付的电子信息产品，当事人对交付方式约定

---

① 我国《合同法》第58、59条。

② 我国《合同法》第48、51条。

③ 我国《最高人民法院关于适用〈中华人民共和国合同法〉若干问题的解释（二）》第15条规定，出卖人就同一标的物订立多重买卖合同，合同均不具有合同法第52条规定的无效情形，买受人因不能按照合同约定取得标的物所有权，请求追究出卖人违约责任的，人民法院应予支持。《买卖合同司法解释》第9条。

④ 《买卖合同公约》第4条b款。此外该公约第42条规定，卖方所交付的货物必须是第三方不能根据工业产权或其他知识产权主张任何权利或要求的货物。我国《合同法》第132条第1款规定，出卖的标的物应当属于出卖人所有或者出卖人有权处分；第150条规定，出卖人就交付的标的物，负有保证第三人不得向买受人主张任何权利的义务，但法律另有规定的除外。

不明确，且依照《合同法》第61条的规定[①]仍不能确定的，买受人收到约定的电子信息产品或者权利凭证即为交付。

2. 所有权转移

《买卖合同公约》不涉及所有权的转移。货物买卖合同就是卖方将货物所有权转移或同意转移，以换取价金的约定。确定所有权转移的关键在于确定转移发生的时间，实践中货物所有权的转移因实际交货与象征性交货而有所区别。我国《物权法》和《合同法》明确规定，除非双方另有约定，标的物所有权自标的物交付时发生转移。[②] 出卖人应履行向买受人交付标的物或者交付提取标的物的单证，并转移标的物所有权的义务。[③]《买卖合同司法解释》针对多重买卖作了特别规定，先行受领交付的买受人请求确认所有权已经转移的，人民法院应予支持。[④]

3. 所有权保留

《买卖合同公约》不涉及此问题。根据《买卖合同司法解释》第35条的规定，当事人约定所有权保留，在标的物所有权转移前，买受人有下列情形之一，对出卖人造成损害，出卖人主张取回标的物的，人民法院应予支持：(1) 未按约定支付价款的；(2) 未按约定完成特定条件的；(3) 将标的物出卖、出质或者作出其他不当处分的。取回的标的物价值显著减少，出卖人要求买受人赔偿损失的，人民法院应予支持。[⑤]

(五) 买卖合同中某些条款的效力

这也是《买卖合同公约》不涉及的问题。我国《合同法》第53条规定，合同中订有造成对方人身伤害或者因故意或重大过失造成对方财产损失的免责条款无效。合同无效、被撤销或终止，不影响合同中独立存在的有关解决争议方法的条款的效力。[⑥]《买卖合同司法解释》进一步对合同中的某些条款的内容，如合同的履行条款、违约条款、风险转移条款、检验条款等，进行了细化。

1. 合同的履行和违约

(1) 合同的履行。《买卖合同司法解释》中解决了多重买卖合同的履行顺序问题。其第9条规定，在买卖合同均有效的情况下，买受人均要求实际履行合同的，应当按照以下情形分别处理：① 先行受领交付的买受人请求确认所有权已经转移的，人民法院应予支持；② 均

---

① 我国《合同法》第61条规定，合同生效后，当事人就质量、价款或者报酬、履行地点等内容没有约定或者约定不明确的，可以协议补充；不能达成补充协议的，按照合同有关条款或者交易习惯确定。

② 我国《物权法》第23条，《合同法》第133条。

③ 我国《合同法》第135条。

④ 我国《买卖合同司法解释》第9条第1项。

⑤ 我国《买卖合同司法解释》第36条规定，"买受人已经支付标的物总价款的百分之七十五以上，出卖人主张取回标的物的，人民法院不予支持。在本解释第三十五条第一款第(三)项情形下，第三人依据物权法第一百零六条的规定已经善意取得标的物所有权或者其他物权，出卖人主张取回标的物的，人民法院不予支持"。

⑥ 参见我国《合同法》第57条。《合同法》第98条规定，合同的权利义务终止，不影响合同中结算和清理条款的效力。

未受领交付,先行支付价款的买受人请求出卖人履行交付标的物等合同义务的,人民法院应予支持;③ 均未受领交付,也未支付价款,依法成立在先合同的买受人请求出卖人履行交付标的物等合同义务的,人民法院应予支持。

(2) 缔约过程中的违约。《买卖合同公约》对此没有明确规定。实践中,一方当事人在缔约过程中的不诚实行为可能给对方造成很大损失。按照诚信原则,有过错的一方理应对诚信一方提供补偿。我国《合同法》第 42 条规定,假借订立合同,恶意进行磋商,或者故意隐瞒与订立合同有关的重要事实或提供虚假情况,或者其他违背诚实信用原则的行为,给对方造成损失的,应当承担损害赔偿责任。第 43 条规定,当事人在订立合同过程中知悉的商业秘密,无论合同是否成立,不得泄露或不正当使用。泄露或不正当使用给对方造成损失的,应当承担赔偿责任。《买卖合同司法解释》则进一步明确规定,当事人签订认购书、订购书、预订书、意向书、备忘录等预约合同,约定在将来一定期限内订立买卖合同,一方不履行订立买卖合同的义务,对方可以请求其承担预约合同违约责任或者要求解除预约合同并主张损害赔偿的,人民法院应予支持。[①]

(3) "根本违约"与"不能实现合同目的"。《买卖合同公约》中所称"根本违约",是指买卖方不履行其在合同或本公约中的任何义务,等于根本违反合同,此时双方可以宣告合同无效。[②]《合同法》和《买卖合同司法解释》在解除合同的条件中规定了六种解除合同的条件:① 因不可抗力致使合同目的不能实现;② 履行期届满之前,当事人一方明确表示或者以自己的行为表明不履行主要债务;③ 当事人一方延迟履行主要债务,经催告后在合理期间内仍未履行;④ 一方当事人延迟履行债务或有其他违约行为致使不能实现合同目的;⑤ 双方约定的合同解除条件成就;⑥ 分期付款的买卖合同未付款金额达到全部货款的 1/5 的。[③]上述解除合同的条件都可被视为不能实现合同目的可以要求解除合同。《买卖合同公约》中的"根本违约"强调双方或一方存在违约行为;我国《合同法》规定的"不能实现合同的目的",其原因包括违约行为与非违约行为。除第①、⑤种情况与违约无关,其他与《买卖合同公约》的规定基本相同。

2. 标的物的风险负担与检验

(1) 标的物的风险负担。《买卖合同公约》规定货物风险转移需以货物划拨为前提。我国《合同法》对此没有规定。《买卖合同司法解释》填补了这一空白,区分了种类物与特定物。其规定当事人对风险负担没有约定的,标的物为种类物,出卖人未以装运单据、加盖标记、通知买受人等可识别的方式清楚地将标的物特定于买卖合同,买受人主张不负担标的物

---

① 我国《合同法》第 43 条,《买卖合同司法解释》第 2 条。

② 《买卖合同公约》第 49 条、第 64 条。包括卖方完全不交货或不按照合同规定交付货物;买方不付款或不收货,或声称即使给予宽限期也不付款或不收货。《买卖合同公约》第 46 条第 2 款规定,如果卖方所交货物与合同约定不符,买方只有在此种不符合合同情形构成根本违反合同合同时,才可以要求提交替代货物,该要求应与货物不符的通知同时提出,或在该项通知发出后的一段合理时间内提出。

③ 我国《合同法》第 93、94、167 条,《买卖合同司法解释》第 38 条。

毁损、灭失的风险的，人民法院应予支持。[①]

（2）标的物的检验。① 认可送货单、确认单的证明力。《买卖合同司法解释》第 15 条规定，当事人对标的物的检验期间未作约定，买受人签收的送货单、确认单等载明标的物数量、型号、规格的，人民法院应当根据《合同法》第 157 条的规定，认定买受人已对数量和外观瑕疵进行了检验，但有相反证据足以推翻的除外。② 检验标准。《买卖合同司法解释》第 16 条规定，出卖人依照买受人的指示向第三人交付标的物，出卖人和买受人之间约定的检验标准与买受人和第三人之间约定的检验标准不一致时，人民法院应当根据《合同法》第 64 条的规定，以出卖人和买受人之间约定的检验标准为标的物的检验标准。[②] ③ 合理的检验期间。《买卖合同司法解释》第 17 条规定，人民法院具体认定《合同法》第 158 条第 2 款规定的“合理期间”时，应当综合当事人之间的交易性质、交易目的、交易方式、交易习惯、标的物的种类、数量、性质、安装和使用情况、瑕疵的性质、买受人应尽的合理注意义务、检验方法和难易程度、买受人或者检验人所处的具体环境、自身技能以及其他合理因素，依据诚实信用原则进行判断[③]。约定的检验期间或者质量保证期间短于法律、行政法规规定的检验期间或者质量保证期间的，人民法院应当以法律、行政法规规定的检验期间或者质量保证期间为准。[④]

3. 违约金条款

《买卖合同司法解释》细化了违约金的支付。其第 24 条第 3、4 款规定，买卖合同约定逾期付款违约金，但对账单、还款协议等未涉及逾期付款责任，出卖人根据对账单、还款协议等主张欠款时请求买受人依约支付逾期付款违约金的，人民法院应予支持，但对账单、还款协议等明确载有本金及逾期付款利息数额或者已经变更买卖合同中关于本金、利息等约定内容的除外。买卖合同没有约定逾期付款违约金或者该违约金的计算方法，出卖人以买受人违约为由主张赔偿逾期付款损失的，人民法院可以中国人民银行同期同类人民币贷款基准利率为基础，参照逾期罚息利率标准计算。

4. 其他条款

《买卖合同司法解释》对合同中的分期付款条款、凭样品和说明书的买卖条款以及试用买卖条款等作出了明确细致的规定。

（1）分期付款的概念与效力。《买卖合同司法解释》第 38 条规定，《合同法》第 167 条第 1 款规定的“分期付款”，系指买受人将应付的总价款在一定期间内至少分三次向出卖人支付。分期付款买卖合同的约定违反《合同法》第 167 条第 1 款的规定，损害买受人利益，买受人主张该约定无效的，人民法院应予支持。[⑤] 分期付款买卖合同约定出卖人在解除合同时可

---

① 《买卖合同司法解释》第 14 条。

② 《买卖合同司法解释》第 16 条。

③ 《买卖合同司法解释》第 17 条。

④ 《买卖合同司法解释》第 18 条第 2 款。

⑤ 我国《合同法》第 167 条规定，“分期付款的买受人未支付到期价款的金额达到全部价款的五分之一的，出卖人可以要求买受人支付全部价款或者解除合同。出卖人解除合同的，可以向买受人要求支付该标的物的使用费”。

以扣留已受领价金，出卖人扣留的金额超过标的物使用费以及标的物受损赔偿额，买受人请求返还超过部分的，人民法院应予支持。如果当事人对标的物的使用费没有约定的，人民法院可以参照当地同类标的物的租金标准确定。

（2）凭样品和说明书的买卖。实践中，双方当事人经常为样品与说明书存在的不一致发生争议。为此，《买卖合同司法解释》第40条明确规定，合同约定的样品质量与文字说明不一致且发生纠纷时当事人不能达成合意，样品封存后外观和内在品质没有发生变化的，人民法院应当以样品为准；外观和内在品质发生变化，或者当事人对是否发生变化有争议而又无法查明的，人民法院应当以文字说明为准。

（3）试用买卖。《买卖合同司法解释》第41、42条明确了试用买卖与非试用买卖的界限。第41条规定，除合同另有约定，试用买卖的买受人在试用期内已经支付一部分价款的，人民法院应当认定买受人同意购买。在试用期内，买受人对标的物实施了出卖、出租、设定担保物权等非试用行为的，人民法院应当认定买受人同意购买。第42条规定，买卖合同存在下列约定内容之一的，不属于试用买卖：① 约定标的物经过试用或者检验符合一定要求时，买受人应当购买标的物；② 约定第三人经试验对标的物认可时，买受人应当购买标的物；③ 约定买受人在一定期间内可以调换标的物；④ 约定买受人在一定期间内可以退还标的物。[①]

二、中国法适用应注意的问题

此外，在《买卖合同公约》与中国法同时适用时，还需要注意以下几点不同：

（一）买卖合同法律规范的性质

《买卖合同公约》是一部专门规范国际货物买卖合同的法律，其性质是软法，供当事人选择适用。在适用时，允许当事人加以修改变更。我国没有专门的货物买卖法，货物买卖合同由《合同法》的分则加以调整。《合同法》是调整合同双方当事人权利义务的法律规范，属于强制性法律规范。其总则部分规定了合同法的基本原则，分则部分规定了包括货物买卖合同在内的7类合同。其中货物买卖合同是指出卖人转移标的物的所有权于买受人，买受人支付价款的合同。这个概念与各国国内法的概念是一致的。[②]

（二）买卖合同的主体：商人

《买卖合同公约》限定双方当事人是从事国际货物买卖的商人；中国没有商法，对合同双方当事人的贸易商（公司）身份未加限定，这也是目前为止中国法中尚未明确的问题。实践中适用《买卖合同公约》时需要了解，商人之间订立的买卖合同与普通民事合同（包括一方为消费者的消费者合同和双方都是自然人之间的普通交易合同）之间因商人身份需承担责

① 《买卖合同司法解释》第43条规定，试用买卖的当事人没有约定使用费或者约定不明确，出卖人主张买受人支付使用费的，人民法院不予支持。

② 《买卖合同公约》对何谓"国际货物买卖合同"只界定了国际、货物，对何谓"买卖合同"未下定义。

任的差别。例如,各国通过专门立法,如《消费者权益保护法》等,为消费者提供更大的保护;商人是以盈利为目的、以经商为职业的人,因此,法律要求其承担普通商业风险是正当而合乎情理的;商人必须具备一定专业知识和基本的专业服务技能。实践中,他们不但要为产品和服务质量承担责任,而且要为知识和技能的欠缺承担责任;由于当事人是贸易商且大多不是最终用户,实践中法律会有一些特别考虑(例如:某些单据可以用来代表货物的所有权;交单即为交货;货物买卖通常被称为单据的买卖;等等)。判断订立合同时当事人知道或理应知道、是否可预见时等,是以推定当事人是贸易商、而不是以普通自然人或消费者的身份来衡量的。

(三) 买卖合同种类:国际货物买卖

关于国际性,《买卖合同公约》第1条第1款规定,本公约适用于营业地在不同国家当事人之间订立的货物销售合同:如果这些国家是缔约国;或如果国际私法规则导致适用某一缔约国的法律。我国《合同法》没有区分国内货物买卖合同和国际货物买卖合同;我国《民法总则》也没有以营业地分处不同国家来界定"国际性";《民法通则》采用的是"涉外民事关系"的概念,是指民事关系的一方或者双方当事人是外国人、无国籍人、外国法人,民事关系的标的物在外国领域内,产生、变更或消灭民事权利义务关系的法律事实发生在国外。可见,该"涉外民事关系"的概念显然比《买卖合同公约》关于"国际性"的界定更为宽泛。《买卖合同公约》第1条第3款规定,在确定本公约适用时,当事人的国籍和当事人或合同的民事或商业性质,应不予考虑。这是因为国际上存在着民商分立和民商合一两种不同的法律体系。《买卖合同公约》作为两大法系妥协的产物,不考虑各国国内法是如何区分商事合同与民事合同的。《买卖合同公约》第2条(a)规定,本公约不适用于购供私人、家人或家庭使用的货物销售。这实际上排除了普通自然人之间的民事合同和消费者合同的适用。我国《合同法》对此未加以区分。

此外,《买卖合同公约》不适用于主要以提供劳力或其他服务为主的劳务合同,也不适用由买方提供大部分重要材料进行生产和制造的来料加工合同。

(四) 买卖合同标的

除了限定"国际性"及买卖合同的类别外,《买卖合同公约》用排除法对买卖合同的标的做了限定,排除:无形财产的适用,如电力的销售;①银行进行的货币、流通票据或证券市场进行的股票、公债、投资证券的销售;以及船舶、船只、气垫船或飞机的销售。归纳起来,《买卖合同公约》适用的货物买卖是跨越国境的有形动产的买卖,包括期货与现货;我国《合同法》对买卖合同的标的物未加限制,采用的是概括式立法,即"法律、行政法规禁止或限制转让的标的物"之外一切动产和不动产。②

---

① 《买卖合同司法解释》第5条规定的"电子信息产品"也属于无形财产。此外《买卖合同司法解释》第10条对《买卖合同公约》不涉及的特殊动产如船舶、航空器等进行多重买卖的顺序进行了解释。

② 我国《合同法》第132条第2款。

（五）买卖合同订立方式

《买卖合同公约》只适用于以要约、承诺方式订立的合同；不适用于以拍卖方式以及依照法律执行令状或其他令状的销售。我国《合同法》分则对买卖合同与拍卖合同分别加以规定。

（六）合同内容

《买卖合同公约》未对合同内容作出全面完整的规定，其不涉及合同的效力、合同某一条款的效力、惯例的效力、合同对所有权的影响、产品责任等问题。《买卖合同公约》第5条规定，本公约不适用于卖方对于货物对任何人所造成的死亡或伤害的责任。产品责任问题通常适用各国产品责任法的规定。对于这些《买卖合同公约》不涉及的事项，都通过适用中国法加以补充。

本章小结

国际货物买卖法是国际贸易法的重要组成部分，因为国际贸易的主要交易对象是国际货物买卖。因此，《联合国国际货物买卖合同公约》以及《国际贸易术语解释通则》在国际货物买卖的理论研究和实践中具有重要的地位。

本章思考题

1. 简述《联合国国际货物买卖合同公约》的特点。
2. 试述《国际贸易术语解释通则®2010》的主要修改内容和特点。
3. 简述FOB、CIF、CFR术语的异同。
4. 简述国际货物买卖合同成立的程序。
5. 简述国际货物买卖合同的主要内容。
6. 简述国际货物买卖合同卖方和买方的义务。
7. 违约救济方法有哪些？
8. 试述货物所有权转移的理论。
9. 简述货物风险转移的原则和时间。
10. 试述国际货物买卖合同中中国法的适用。

必读法规

1. 《联合国国际货物买卖合同公约》
2. 《国际贸易术语解释通则®2010》
3. 《中华人民共和国合同法》

推荐阅读书目

1. [英]Michael Bridge 著:《国际货物销售法律与实务》,林一飞等译,法律出版社 2004 年版。

2. [美]拉尔夫·H. 费尔瑟姆、迈克·W. 戈登、约翰·A. 史帕诺戈合著:《国际贸易和投资》(第二版),法律出版社 2004 年版。

3. 严思忆主编:《国际贸易实务》,对外经济贸易大学出版社 2004 年版。

4. 何志著:《买卖合同案件判定解说》,人民法院出版社 2004 年版。

5. 陈若鸿编译:《英国货物买卖法:判例与评论》,法律出版社 2003 年版。

6. 林晓云著:《美国货物买卖法案例判解》,法律出版社 2003 年版。

7. [美]詹姆斯·布鲁克著:《买卖与租赁案例与解析影印系列》(第三版),中信出版社 2003 年版。

8. [美]John M. Stockton 著:《货物买卖与租赁》(第三版),中国人民大学出版社 2003 年版。

9. 沈达明编著:《买卖法上的货物质量担保》,对外经济贸易大学出版社 2003 年版。

10. 黄东黎著:《国际贸易法——经济理论、法律、案例》,法律出版社 2003 年版。

11. 何力编著:《国际贸易法》(第二版),复旦大学出版社 2003 年版。

12. 来奇主编:《国际贸易合同》,中国民主法制出版社 2003 年版。

13. 杨树明著:《国际贸易法学》,法律出版社 2003 年版。

14. 侯淑波编著:《国际货物贸易法》,法律出版社 2003 年版。

15. 刘家安著:《买卖的法律结构——以所有权移转问题为中心》,中国政法大学出版社 2003 年版。

16. 谢海霞著:《国际贸易法案例评析》,汉语大词典出版社 2003 年版。

17. 孙艺军主编:《买卖合同实务指南》,知识产权出版社 2003 年版。

18. [英]保罗·理查兹著:《契约法》(第五版),法律出版社 2003 年版。

19. 余延满著:《货物所有权的移转与风险负担的比较法研究》,武汉大学出版社 2002 年版。

20. 沈木珠著:《国际贸易法研究》,法律出版社 2002 年版。

21. 陈晶莹著:《国际贸易法案例详解》,对外经济贸易大学出版社 2002 年版。

22. 黄茂荣著:《买卖法》,中国政法大学出版社 2002 年版。

23. 侯东波著:《买卖合同案例评析》,专利文献出版社 2002 年版。

24. 赵承壁著:《国际货物买卖合同》,对外经济贸易大学出版社 2001 年版。

25. 郭寿康、韩立余著:《国际贸易法》,中国人民大学出版社 2000 年版。

26. [美]克劳德·D. 柔沃、[美]乔登·D. 沙博著:《合同法》(第 4 版英文影印),法律出版社 1999 年版。

27. 杨良宜著:《国际货物买卖》,中国政法大学出版社 1999 年版。

28. 张湘兰著:《国际贸易法理论与实务》,武汉大学出版社 1996 年版。

29. [英]施米托夫著:《国际贸易法文选》,赵秀文选译,中国大百科全书出版社 1993 年版。

30. 沈达明、冯大同编:《国际贸易法新论》,法律出版社 1989 年版。

31. 刘彤编著:《国际货物买卖法》(第 2 版),对外经济贸易大学出版社 2013 年版。

典型案件

美国联合企业有限公司与中国山东省对外贸易总公司烟台公司购销合同纠纷案

第四章　国际货物运输法

国际货物运输是国际服务贸易的一种。随着国际贸易的发展，国际货物运输日显重要。国际货物运输法即是调整这种货物跨越国境运输的法律规范的总和。国际货物运输包括国际海上货物运输、国际航空货物运输、国际陆上货物运输和国际多式联运等。

第一节　国际海上货物运输法律制度
第二节　其他国际货物运输法律制度

第一节 国际海上货物运输法律制度

国际海上货物运输量大，价格便宜，安全便利，故在国际货物运输中占有显著位置。海上货物运输是通过合同进行的。《汉堡规则》规定："'海上运输合同'是指承运人收取运费，据以承担由海上将货物从一港运至另一港的任何合同；但是，一个既包括海上运输，又包括某些其他方式运输的合同，则仅其有关海上运输的范围，才视为本公约所指的海上运输合同。"我国《海商法》第41条规定："海上货物运输合同，是指承运人收取运费，负责将托运人托运的货物经海路由一港运至另一港的合同。"国际海上货物运输包括班轮运输（提单运输）和租船运输两种方式。

一、提单运输

班轮运输又称定期船运输，是指船舶按事先制定的船期表在特定的航线上，以既定的挂靠港口顺序，经常地从事航线上各港间的船舶运输。班轮运输的费率也相对固定。

班轮运输分为两种形式：(1) 核心班轮，即定线定期班轮，是指船舶严格按照预先公布的船期表运行，到离港口的时间是固定不变的，也就是所谓真正的定线定期班轮运输。这是班轮运输的主要形式。(2) 定线不一定定期班轮，是指虽有船期表，但船舶到离港口的时间有一定的伸缩性；也有固定的始发港和终到港，但中途挂靠港则视货源情况可能有所增减。

（一）提单的定义和作用

提单（bill of lading）适用于散杂货定期班轮运输，是国际海上货物运输中最广泛适用的一种运输单据。《汉堡规则》规定："'提单'是指一种用以证明海上运输合同和货物由承运人接管或装船，以及承运人据以保证交付货物的单证。单证中关于货物应交付指定收货人或按指示交付，或交付提单持有人的规定，即构成了这一保证。"我国《海商法》第71条规定："提单，是指用以证明海上货物运输合同和货物已经由承运人接收或者装船，以及承运人保证据以交付货物的单证。提单中载明的向记名人交付货物，或者按照指示人的指示交付货物，或者向提单持有人交付货物的条款，构成承运人据以交付货物的保证。"

根据这一定义，提单的作用有三种：

(1) 提单是托运人与承运人之间订有运输合同的凭证。在班轮运输中，当托运人与承运人之间已事先就货物运输订有货运协议（如订舱单、托运单），提单是双方运输合同的证明；如事先无货运协议，则提单就是双方订立的运输合同。当托运人把提单通过背书转让给第三人（如收货人），则在承运人和第三人之间，提单就是承运人和第三人之间的运输合同。

(2) 提单是承运人从托运人处收到货物的凭证。在班轮运输中，有权签发提单的是承运人（船长或其代理人），托运人将货物交给承运人后，承运人签发提单，证明承运人按提单上所列内容收到了货物，日后按提单所载内容向收货人交付货物。

（3）提单是代表货物权利的凭证。[①] 承运人在收到货物并签发提单之后，负有在目的地只向提单持有人交付货物的义务。谁持有提单，谁就有权提取货物。作为权利凭证，提单可以进行买卖和自由转让。

（二）提单的种类

（1）以货物是否装船分为已装船提单（shipped B/L 或 on board B/L）和收货待运提单（received for shipment B/L）。前者指在货物装船以后，承运人签发的载明船名及装船日期的提单。后者主要适用于集装箱运输，是承运人在收取货物以后，实际装船之前签发的表明货物已收管待运的提单。

（2）以提单上是否有批注分为清洁提单（clean B/L）和不清洁提单（unclean B/L 或 foul B/L）。前者指单据上无明显的声明货物及（或）包装有缺陷的附加条文或批注者。后者指附有该类附加条文或批注的提单。根据《跟单信用证统一惯例》的规定，除非信用证明确规定可以接受者外，银行拒绝接受不清洁提单。此外，不清洁提单也难以作为物权凭证自由转让。在国际贸易实践中，银行或买方或提单的受让人只接受已装船清洁提单。

（3）按收货人抬头分为记名提单（straight B/L）、不记名提单（open B/L）和指示提单（order B/L）。记名提单指托运人指定特定人为收货人的提单。这种提单不能通过背书方式转让，故也称作“不可转让提单”。不记名提单指托运人不具体指定收货人，在收货人一栏只填写“交与持票人”（to bearer）字样，故又称作“空白提单”。这种提单不经背书即可转让，凡持票人均可提取货物，因此在国际贸易中因风险太大而很少使用。指示提单指托运人在收货人栏内填写“凭指示”（to order）或“凭某人指示”（to order of...）字样。指示提单通过背书可以转让，故又称“可转让提单”，在国际贸易中得到普遍使用。

（4）按运输方式分为直达提单（direct B/L）、转船提单或联运提单（transhipment B/L 或 through B/L）和多式联运单证（或提单）或联合运输单证（combined transport document or B/L 或 multimodal transport document or B/L）。直达提单是承运人签发的，货物直接从装运港运往目的港的提单。转船提单和联运提单在本质上并无不同，转船提单指允许货物中途换船的提单。联运提单指货物由海运和另一种或两种以上不同方式，如海陆、海空、海陆空等方式运输签发的提单。转船或联运提单均是由船公司签发并承担全程责任的，因此在性质上两者并无不同。值得注意的是联运提单与联合运输单证或多式联运单证的关系。相同之处在于两者都使用至少两种不同的运输方式，将货物从一国运往另一国。不同则在于联运提单的签发人一定是船公司或其代理人，而后者虽是由联合运输经营人签发，但它并不一定是船公司。如该联合运输经营人是船公司或其代理人，并注明货物于某日已装船，则可用联合

---

① Document of title to goods，中文习惯译作货物所有权凭证，实际含义更广，包括任何提单、码头仓单、仓库管理人的证明、交货授权书或命令以及在普通业务运作中对货物占有或控制的任何其他文件、或任何以背书或支付方式授权或旨在以这种方式出示的文件。文件的占有人能以这种方式转让或接收货物的文件。其基本特征是，权利随着单据走（the right travels with the document），See R. Goode，*Commercial Law*，2nd ed.，Penguin Books，1995，p. 55，见英国 1889 年《代理商法》，1979 年《货物买卖法》第 61 条定义。

运输提单代替联运提单。

（5）按运费支付的时间分运费预付提单（freight prepaid B/L）和运费到付提单（freight payable at destination B/L）。前者指托运人在装货港提交货物时即支付运费，承运人在提单中载明“运费付讫”，在CIF和CFR合同中要求运费预付提单。后者指货物到达目的地，托运人或收货人支付运费，提单上载明“运费到付”。

（6）租船提单。租船项下的提单称为租船提单。其性质和作用依租船人的身份不同而异，当租船人运送的是自己的货物时，船东签发的提单起证据的作用，提单要受租船合同的约束。租船人（即托运人）与船东（即承运人）双方的权利义务以租船合同为准。当租船人以承运人的身份接受第三人即托运人的货物并签发自己的提单时，其性质和班轮运输提单一样，提单适用《海牙规则》的规定。承运人与托运人、提单持有人、收货人的权利义务以提单为准，但船东与租船人的权利义务以租船合同为准。

（三）提单运输的国际公约

目前，国际上已经生效的调整班轮运输的国际公约有三个：《海牙规则》《维斯比规则》和《汉堡规则》。还有一个尚未生效的《鹿特丹规则》。

1.《海牙规则》（Hague Rules）

全称《1924年统一提单的若干法律规则的国际公约》，1924年8月25日订立于布鲁塞尔，1931年6月2日生效，目前有80多个成员国。《海牙规则》是海上货物运输，特别是班轮运输中一个十分重要的公约。

19世纪末，世界海上航运业迅速发展，以英国航运为代表的船舶所有人，利用手中雄厚的航运资本以及法律的“契约自由”原则，在自己制定的海运提单中任意加进许多免责条款，使力量弱小的货方利益失去保障。特别是提单作为一种物权凭证具有可以自由转让的特性。名目繁多的免责条款往往限制或阻碍了提单的转让，由此影响了国际贸易和海上运输的发展。1893年，美国通过了《哈特法》（Harter Act）明确规定了海运承运人应尽的义务和豁免，并规定，提单中任何免除承运人应尽义务的条款无效。《哈特法》的制定有效地保护了美国货主的利益，导致其他海运国家如澳大利亚1904年制定《海上货物运输法》、1910年加拿大制定《水上运输法》予以效仿。为了缓和船方和提单中各利害关系人之间日益尖锐的矛盾，1921年国际法协会所属海洋法委员会在海牙召开会议，拟定了《海牙规则草案》。1924年，在布鲁塞尔正式通过了《海牙规则草案》，签订了《统一提单的若干法律规则的国际公约》（International Convention for the Unification of Certain Rules of Law Relating to Bills of Lading），简称《海牙规则》。

《海牙规则》共有16条，主要规定了承运人的最低限度责任与义务，权利与豁免，责任起讫，最低赔偿限额，托运人义务以及索赔与诉讼时效等。《海牙规则》使货方的利益得到一定保障，在一定程度上缓解了船方和货方的矛盾，许多国家加入了该公约，或在其航运公司制定的提单中采纳了《海牙规则》的规定，据以确定承运人在货物装船、收受、配载、承运、保管、照料和卸载过程中应承担的责任与义务、享有的权利和豁免。我国至今没有加入该公约。

但在我国1993年7月1日实施的《中华人民共和国海商法》和我国航运公司制定的提单中吸纳了《海牙规则》中关于承运人责任和豁免的规定。

2.《维斯比规则》(Visby Rules)

由于《海牙规则》代表的是海运大国及殖民地宗主国的利益,没有也不可能解决船东与货主的权益失衡问题,因此在其执行中,一直受到货方及海运不发达国家的反对,特别是随着世界海运技术的发展,集装箱运输在国际货物运输中得到广泛应用,20世纪60年代开始对《海牙规则》的修改或重新制定提到日程上来,代表英国及北欧各传统海运国家利益的国际海事协会开始对《海牙规则》进行修改。1968年2月23日,英、法及北欧国家在布鲁塞尔签订了《修改统一提单的若干法律规则的国际公约的议定书》(Protocal to Amend the International Convention for the Unification of Certain Rules of Law Relating to Bills of Lading,简称《海牙—维斯比规则》或《维斯比规则》),1977年6月23日生效。目前有20多个缔约国。

3.《汉堡规则》(Hamburg Rules)

由于广大发展中国家的斗争和要求,1972年联合国国际贸易法委员会下设的航运立法工作组开始了海上货物运输公约的重订工作,以取代已经过时的《海牙规则》,彻底调整承运人和托运人的责任和义务。1976年制定了《海上货物运输公约草案》,在此基础上,1978年3月在汉堡召开的71国全权代表大会上通过了《1978年联合国海上货物运输公约》(United Nations Convention on the Carriage of Goods by Sea,简称《汉堡规则》),1992年11月1日生效。目前已经有20多个缔约国。

我国不是上述公约的成员国,但1993年7月1日开始实施的《中华人民共和国海商法》关于海上货物运输的规定以《海牙规则》《维斯比规则》为基础,适当吸收了《汉堡规则》的某些规定。

根据《汉堡规则》的规定,凡《海牙规则》和(或)《维斯比规则》的缔约国,在加入《汉堡规则》时,必须声明退出《海牙规则》和(或)《维斯比规则》。如有必要,这种退出可推迟至《汉堡规则》生效之日起5年,即以前曾为《海牙规则》和(或)《维斯比规则》的缔约国,在加入《汉堡规则》后,从1997年11月1日起,不再是前述两公约的缔约国。

4.《鹿特丹规则》(Rotterdam Rules)

随着世界经济的发展,传统的国际货物运输方式发生了很大变化,货物集装箱化和门到门运输非常普及,但是,上述三个公约不仅在承运人责任制度上不够统一,而且也不能解决"门到门运输"的承运人责任问题。联合国国际贸易法委员会从1996年开始委托国际海事协会(CMI)起草国际运输公约,CMI在2001年向联合国贸法会提交了草案。CMI最初提交的草案框架很大,将门到门的所有运输方式的调整都包括在内。经过审议,草案调整的范围缩小到仅包括国际海上运输加上两港(即装运港和卸货港)。向内陆延伸的运输则不包括在内,而是由其他相应的国际公约调整。

2008年12月11日,联合国大会第63届会议通过了《联合国全程或部分海上国际货物运输合同公约》(UN Convention on the Contracts of International Carriage of Goods Wholly or Partly by Sea,简称《鹿特丹规则》)。该公约目前还没有生效。该规则确立了管辖托运人、承运人和发货人在含有国际海上运程的门到门运输合同下所享权利和所承担义务的统一现代法律制度。规则借鉴了先前各项与海上国际货物运输有关的公约,尤其是《海牙规则》及其各项议定书(《维斯比规则》)以及《汉堡规则》,并成为其替代文书。《鹿特丹规则》提供了一个法律框架,其中考虑到了自先前那些公约通过以来在海运中发生的许多技术和商业发展情况以及整合和更新现有公约的必要性,包括集装箱化运输的增长、对单一合同下门到门运输的渴望以及电子运输单证的编制。《鹿特丹规则》为托运人和承运人提供了一种有约束力的普遍制度,以支持可能涉及其他运输方式的海运合同的运作。

《鹿特丹规则》共有 18 章 96 条,分别规定了:总则,适用范围,电子运输记录,承运人的义务,承运人对灭失、损坏或迟延所负的赔偿责任,托运人对承运人的义务,运输单证和电子运输记录,货物交付,控制方的权利,权利转让,赔偿责任限额,时效,管辖权,仲裁,合同条款的有效性,公约不管辖的事项及最后条款。

(四)《海牙规则》《维斯比规则》《汉堡规则》和《鹿特丹规则》的特点

1.《海牙规则》关于承运人和托运人责任的规定

(1)承运人责任。《海牙规则》第 3 条规定了承运人必须履行的如下最低限度责任:"1. 承运人应当在开航之前和开航当时,谨慎处理:(a)使船舶适航;(b)妥善地配备船员、装备船舶和配备供应物品;(c)使货舱、冷藏舱、冷气舱和该船其他载货处所适合于并能安全地收受、运送和保管货物。2. 除第 4 条另有规定外,承运人应当妥善而谨慎地装载、搬运、积载、运送、保管、照料和卸下所运货物。"可见,承运人承担如下责任:第一,承运人须在开航前和开航时恪尽职责使船舶适航。其具体含义有:在开航前与开航时使船舶适于航行;船员的配备、船舶装备和供应适当;船舶要适合货物的安全运送和保管。第二,适当和谨慎地装载、搬运、配载、运送、保管、照料和卸载所运货物。根据该规则规定,凡是在合同中约定解除或减轻承运人依《海牙规则》承担上述责任义务的条款一律无效。

此外,《海牙规则》实行的是承运人的不完全过失责任。其第 4 条第 2 款和第 4 款列举了 17 种情况下免除承运人依法承担的责任:"不论是承运人或是船舶,对由于下列原因引起或造成的灭失或损害,都不负责:(a)船长、船员、引航员或承运人的受雇人员在驾驶船舶或管理船舶中的行为、疏忽或不履行职责;(b)火灾,但由于承运人的实际过失或私谋所造成者除外;(c)海上或其他可航水域的风险、危险或意外事故;(d)天灾;(e)战争行为;(f)公敌行为;(g)君主、当权者或人民的扣留或拘禁,或依法扣押;(h)检疫限制;(i)托运人或货主、其代理人或代表的行为或不行为;(j)不论由于任何原因所引起的局部或全面罢工、关闭、停工或劳动力受到限制;(k)暴动或骚乱;(l)在海上救助或企图救助人命或财产;(m)由于货物的固有缺陷、质量或瑕疵所造成的体积或重量的损失,或任何其他灭失或损害;(n)包装不充分;(o)标志不充分或不当;(p)经谨慎处理仍不能发现的潜在缺陷;(q)非由于承运人的实际过失或私谋,或承运人的代理人或受雇人员的过失或疏忽所引起的其他任何原因，但请求此项免责利益的人应当负举证责任，表明灭失或损害既非由于承运人的实际过失或私谋，又非由于承运人的代理人或雇佣人员的过失或疏忽所造成。"根据该规则第 5 条的规定，承运人可以在提单中明确规定放弃某项权利的豁免或加重自己的责任和义务。

（2）承运人的责任期间与索赔。按照《海牙规则》第 1 条（e）的规定，承运人的责任是从货物装上船起，至卸下船止的整个期间。当使用船上吊杆装卸货物时，指从装货时吊钩受力开始至货物卸下船脱离吊钩为止的整个期间，即实行"钩到钩原则"；当使用岸上吊杆装卸时，则货物从装运港越过船舷时起至卸货港越过船舷为止的整个期间，即实行"舷到舷原则"。

《海牙规则》第 3 条第 6 款规定："除非根据运输合同有权提取货物的人，在卸货港将货物的灭失或损害以及灭失或损害的一般情况，在货物移交他掌管之前或者当时（如果灭失或损害不明显，则在三天之内），书面通知承运人或其代理人，否则这种移交应依为承运人按照提单规定交付货物的初步依据。如果灭失或损害不明显，此种通知应在货物交付后三天之内递交。如在收货时已对货物的状况进行联合检验或检查，便无须书面通知。除自货物交付之日或本应交付之日起一年以内已经提起诉讼外，在任何情况下，承运人和船舶将被免除其对灭失或损害的一切责任。如果发生任何实际的或担心的灭失或损害，承运人与受货人应当互相提供检查和清点货物的一切合理便利。"

（3）《海牙规则》关于托运人责任的规定。《海牙规则》第 3 条第 5 款和第 6 款规定了托运人的两项责任：① 保证义务。托运人在托运货物时应妥善包装，并保证货物装船时所提供的货物品名、标志、包数或件数、重量或体积的正确性。② 通知义务。托运人托运危险货物，应按照有关海上危险货物运输的规定妥善包装作出危险品标志的标签，并将其正式名称、性质及应当采取的预防措施通知承运人。

2.《维斯比规则》对《海牙规则》的修改和补充

这些修改和补充主要包括以下几方面：

（1）适用范围。《海牙规则》适用于在任何缔约国所签发的一切提单，《维斯比规则》改为适用于两个国家港口之间有关的货物运输的每一份提单，如果：① 提单在一个缔约国签发，或②从一个缔约国的港口启运，或③提单或由提单证明的运输合同中规定，该提单（或合同）受《海牙规则》约束，或受《海牙规则》生效的国内立法的约束。不考虑船舶、承运人、托运人、收货人或任何其他有关人员的国籍如何。

（2）提单的证据力。《海牙规则》规定，承运人向托运人签发提单，是承运人收到该提单中所载货物的初步证据。根据这一规则，承运人有权提出反证，否定提单所载内容的真实性，这对托运人来讲，没有不公平之处，因为货物是托运人提交的，提单所载内容是托运人填写的。但这对于善意的提单的受让人来说，则可能是不公平的。有鉴于此，《维斯比规则》明确规定，当提单已经转给善意行事的第三人时，与此相反的证据不予接受。也就是说，在存在善意第三人的情况下，提单对于善意的受让人来说，则是最终证据。

(3) 承运人的责任限制。《海牙规则》的规定比较简略,其第 4 条第 5 款规定承运人或船舶,在任何情况下对货物或与货物有关的灭失或损害的赔偿,每件或每一计费单位赔偿 100 英镑,除非当事人在提单中注明了更高价值。而《维斯比规则》将赔偿金额从原来的 100 英镑改为双重限额,每件或每一单位为 10 000 金法郎,或按灭失或损坏的货物毛重每公斤 30 金法郎。(一金法郎是纯度为 900‰的黄金 65.5 毫克),以较高者为限。

(4) 责任限制和抗辩理由的适用范围。《维斯比规则》将承运人的责任限制和抗辩理由,适用于就运输合同所涉的有关货物的灭失或损害对承运人所提起的任何诉讼,不论该诉讼是以合同为根据还是以侵权行为为根据。此外,承运人的这种责任限制和抗辩理由,同样适用于承运人的雇佣人员和代理人(如果该雇佣人员或代理人不是独立的缔约人),即认可了所谓喜马拉雅条款的合法性。①

(5) 拼装货的计算。《维斯比规则》增加了对用集装箱、托盘或类似的装运器具拼装时赔偿金额的计算。该规则规定,提单中如载明装在这种装运器具中的件数或单位数,则按所记载的件数或单位数计算,否则,整个集装箱或托盘视为一件。

(6) 诉讼时效。《海牙规则》规定的诉讼时效为 1 年。从货物交付或应付之日起算。《维斯比规则》除坚持《海牙规则》的 1 年时效外,规定经双方同意可以延长。即使 1 年期满后,承运人仍有不少于 3 个月的时间向第三人追偿。

(7) 核能损害责任。《海牙规则》对此未作规定。《维斯比规则》规定,《海牙规则》的规定不影响任何国际公约或国内法有关对核能损害责任的各项规定。

《维斯比规则》对《海牙规则》的修改,并没有解决《海牙规则》中权益失衡这一本质问题,关于承运人的责任和豁免、责任起讫、托运人义务等问题均未作实质性改变。

我国虽未加入《维斯比规则》,但《维斯比规则》中关于提单对善意第三人的最终证据作用的规定,②承运人的责任限制和赔偿额的规定适用其代理人及雇员的规定,③拼装货的计算④以及诉讼时效的修改⑤等均在我国《海商法》的有关规定中得到了反映。

---

① 喜马拉雅条款(Himalayas clause),来自 1953 年英国“阿德勒诉狄克逊”(Adler v. Dickson)一案[(1995)1 Q. B. 158]。该案中,阿德勒夫人是一名游客,在搭乘 P &O 公司的一艘名为喜马拉雅号游轮时,于下船时因船梯断裂而摔伤。由于阿德勒夫人持有的船票上载有承运人的疏忽免责条款,故阿德勒夫人转而以侵权行为对船长和水手提起诉讼。船长和水手认为,作为船公司的雇员,他们有权享受船票上关于承运人免责的规定。法院判决认为,船票上的免责条款是船公司和乘客之间签订的,有权援引该条款的只能是该契约的当事人。作为船公司的雇佣人员无权享受不是由他签订的合同中免责条款的权利,结果是阿德勒夫人胜诉。以后,船公司为了避免此类事件的发生,在合同中增加一条喜马拉雅条款,规定承运人的免责和限制赔偿金额的权利,同样适用于雇佣人员和代理人。《海牙规则》和《汉堡规则》都承认了喜马拉雅条款的合法性。

② 参见我国《海商法》第 77 条。

③ 参见我国《海商法》第 58 条。

④ 我国《海商法》第 56 条规定,承运人的赔偿限额为每件或每个货运单位 666.67 计算单位,或按毛重计算,每公斤为 2 计算单位,以两者较高者为准。其计算结果与《维斯比规则》的规定相当。同时增加了对延迟交货的赔偿金额的规定,为迟延交货的运费数额(第 57 条)。

⑤ 根据我国《海商法》第 257 条规定,就海上货物运输向承运人要求赔偿的请求权,时效期间为 1 年,但不得延长。

3.《汉堡规则》的特点

《汉堡规则》按照船方和货方合理分担风险的原则,适当加重了承运人的责任,使双方权利义务趋于合理、平等。其主要内容包括以下几方面:

(1) 适用范围。与《维斯比规则》相比,《汉堡规则》的适用范围更为明确。该规则第2条规定:"本公约的各项规定适用于两个不同国家间的所有海上运输合同,如果:(a) 海上运输合同所规定的装货港位于一个缔约国内,或(b)海上运输合同所规定的卸货港位于一个缔约国内,或(c)海上运输合同所规定的备选卸货港之一为实际卸货港,并且该港位于一个缔约国内,或(d)提单或证明海上运输合同的其他单证是在一个缔约国内签发的,或(e)提单或证明海上运输合同的其他单证规定,本公约各项规定或实行本公约的任何国家的立法,应约束该合同。"

(2) 实际承运人。《汉堡规则》增加了实际承运人的概念。该规则第1条规定:"实际承运人是指受承运人委托执行货物运输或部分货物运输的任何人,包括受委托执行这项运输的其他任何人。"《汉堡规则》所有关于承运人责任的规定,不但适用于承运人的代理人、雇员,也同样适用于受其委托的实际承运人。

(3) 货物。《海牙规则》中货物的概念不包括舱面货或集装箱装运的货物以及活动物。但《汉堡规则》第1条规定:"货物包括活动物,凡货物拼装在集装箱、货盘或类似的运输器具内,或者货物是包装的,而这种运输器具或包装是由托运人提供的,则货物包括它们在内。"同时,该规则规定,承运人只有与托运人达成协议或符合特定的贸易习惯或为法规或条例要求时,才能在舱面载运货物,否则要对舱面货发生的损失负赔偿责任。对于活动物,只要承运人证明是按托运人对该动物作出的指示办事,则对货物的灭失、损坏或延误运货造成的损失视为运输固有的特殊风险而不承担责任。

(4) 清洁提单。《海牙规则》规定,承运人在签发提单时应注明货物的表面状况,但是,承运人、船长或承运人的代理人,不一定必须将任何货物的唛头、号码、数量或重量标明或标示在提单上,如果他有合理根据怀疑提单不能正确代表实际收到的货物,或无适当方法进行核对的话。按照这一规定,一张由承运人签发的所谓表面状况良好的提单,实际上并不意味着是一张清洁提单,因为承运人的怀疑或无法核对的事项并没有如实反映在提单的批注当中。

为了避免或减少由此产生的争议,《汉堡规则》第16条规定:"1. 如果承运人或代其签发提单的其他人确知或有合理的根据怀疑提单所载有关货物的品类、主要标志,包数或件数、重量或数量等项目没有准确地表示实际接管的货物,或在签发'已装船'提单的情况下,没有准确地表示已实际装船的货物 ,或者他无适当的方法来核对这些项目,则承运人或该其他人必须在提单上作出保留,注明不符之处、怀疑根据、或无适当的核对方法。2. 如果承运人或代他签发提单的其他人未在提单上批注货物的外表状况,则应视为他已在提单上注明货物的外表状况良好。"

(5) 承运人责任起讫。《汉堡规则》将《海牙规则》规定的"钩至钩""舷至舷",扩展为自承运人接管货物时起至货交收货人为止，即货物在承运人掌管之下的整个期间。《汉堡规则》第 4 条规定："1. 按照本公约，承运人对货物的责任期间包括在装货港，在运输途中以及在卸货港，货物在承运人掌管的全部期间。2. 就本条第 1 款而言，在下述起讫期间，承运人应视为已掌管货物：(a) 自承运人从以下各方接管货物时起：(i) 托运人或代其行事的人；或 (ii) 根据装货港适用的法律或规章，货物必须交其装运的当局或其他第三方；(b) 至承运人将货物交付以下各方时止：(i) 将货物交付收货人；或 (ii) 遇有收货人不向承运人提货时，则依照合同或卸货港适用的法律或特定的贸易惯例，将货物置于收货人支配之下；或(iii) 根据在卸货港适用的法律或规章将货物交给必须交付的当局或其他第三方。"

(6) 承运人赔偿责任基础。《汉堡规则》将《海牙规则》中承运人的不完全过失责任改为承运人的推定完全过失责任制。该规则第 5 条规定，除非承运人证明他本人及代理人或所雇佣人员为避免事故的发生及其后果已采取了一切合理要求的措施，否则承运人对在其掌管货物期间因货物灭失、损坏及延误交货所造成的损失负赔偿责任。如果承运人将运输全部或部分委托给实际承运人履行时，承运人仍需对全程运输负责，如双方都有责任，则在此限度内负连带责任。

(7) 赔偿金额。《汉堡规则》将承运人的最低赔偿金额在《海牙规则》和《维斯比规则》规定的基础上提高到每件或每一货运单位 835 计账单位或相当于毛重每公斤 2.5 计账单位的金额，以较高者为限。所谓计账单位是指国际货币基金组织规定的特别提款权，以此取代原来采用单一货币所带来的汇率波动风险。

(8) 延迟交货赔偿。《汉堡规则》增加了对于延迟交货赔偿的规定，对于承运人延迟交货时的赔偿作出了明确规定，即以相当于该延迟交付货物应付运费的 2.5 倍为限，但不得超过海上运输合同中规定的应付运费总额。所谓延误交货，是指货物未能在明确议定的时间内，或在没有此项议定时，按照具体情况对一个勤勉的承运人未能在合理要求的时间内，在合同规定的卸货港交货，均构成延迟交货。

(9) 保函。在国际海上货物运输实践中，托运人为取得清洁提单，向承运人出具承担赔偿责任的保函的做法一直被司法实践认为是一种欺诈行为而无效。但实践中，这一做法却因为实用、简便而经常为当事人采纳，作为紧急情况下的一种变通做法。如何正视这一问题并找出合理的解决办法，是《汉堡规则》的又一贡献。《汉堡规则》将保函合法化，该规则第 17 条规定："……2. 任何保函或协议，据此托运人保证赔偿承运人由于承运人或其代表未就托运人提供列入提单的项目或货物的外表状况批注保留而签发提单所引起的损失，对包括收货人在内的受让提单的任何第三方，均属无效。3. 这种保函或协议对托运人有效，除非承运人或其代表不批注本条第 2 款所指的保留是有意诈骗，相信提单上对货物的描述而行事的包括收货人在内的第三方，在后面这种情况下，如未批注的保留与由托运人提供列入提单的项目有关，承运人就无权按照本条第 1 款规定，要求托运人给予赔偿。4. 如属本条第 3 款所指的有意诈骗，承运人不得享受本公约所规定的责任限额的利益，并且对由于相信提单上所载货物的描述而行事的包括收货人在内的第三方所遭受的损失负赔偿责任。"

（10）索赔与诉讼时效。《汉堡规则》将《海牙规则》和《维斯比规则》规定的1年时效改为2年，并经接到索赔要求人的声明，可以多次延长。收货人应在收到货物次日，将损失书面通知承运人，如货物损失属非显而易见的，则在收货后连续15日内，迟延交货应在收货后连续60天内将书面通知送交承运人，否则收货人丧失索赔的权利。

（11）管辖权。《汉堡规则》增加了关于管辖权的规定。原告就货物运输案件的法律程序，可就法院地作如下选择：被告主营业所在地或惯常居所；或合同订立地，且合同是通过被告在该地的营业所，分支机构或代理机构订立的；或装货港或卸货港；或海上运输合同中指定的其他地点。

我国不是《汉堡规则》的缔约国，但我国《海商法》采纳了《汉堡规则》关于货物、实际承运人、清洁提单，延迟交货的概念。① 并对承运人责任期间进一步具体化，分承运人对集装箱装运的货物的责任期间，是从装运港接收货物时起至卸货港交付货物时止，货物处于承运人掌管之下的全部期间；对非集装箱装运的货物，承运人的责任期间，是从货物装上船时起至卸下船时止，货物处于承运人掌管之下的全部期间。②

4.《鹿特丹规则》的特点

与《海牙规则》《维斯比规则》和《汉堡规则》相比，《鹿特丹规则》最大的变化是对承运人规定了更加严格的责任，具体内容如下：

（1）适用范围扩大。主要表现在：第一，《鹿特丹规则》首次确立了“海运加其他”（海运区段以及海运前后其他运输方式的区段）的法律制度。“海运加其他”将《鹿特丹规则》的适用范围扩大到传统的海上区段以外的其他领域，包括与海上运输连接的陆上运输，铁路、公路、内河水上运输甚至是航空运输都包括在内。但值得注意的是，该规则原则上是适用于海上运输，如果货物运输合同在涵盖了海上运输的同时还包括其他非海上运输阶段，而且货物是在其他运输区段发生损失，在这种情况下，如果该运输区段有强制适用的国际公约，就适用相关的国际公约。但如果该运输区段没有强制性的国际公约，就要适用《鹿特丹规则》的规定。第二，适用范围扩大到港口经营人。《海牙规则》和《维斯比规则》的责任主体是承运人，《汉堡规则》将承运人分为缔约承运人和实际承运人。《鹿特丹规则》的责任主体除了承运人之外，还包括履约方和海运履约方。承运人是与托运人订立运输合同之人。履约方是指承运人以外的，履行或承诺履行承运人在运输合同下有关货物接收、装载、操作、积载、运输、照料、卸载或交付的任何义务之人，以该人直接或间接在承运人的要求、监督或控制下行事为限。海运履约方是指凡在货物到达船舶装货港至货物离开船舶卸货港期间履行或承诺履行承运人任何义务的履约方。内陆承运人仅在履行或承诺履行其完全在港区范围内的服务时方为海运履约方。从上述规定可以看出，海运履约方包括港口经营人以及为货物提供运输服务的各方。在港内提供服务的公路、驳船运输等履约方都属于海运履约方。港口经

① 参见我国《海商法》第42条第2、5项，第50、75、76条的规定。

② 参见我国《海商法》第46条。

营人与海运承运人具有同样的地位。

（2）加重了承运人的责任。具体体现在：第一，取消了“承运人的航海过失免责”条款，海运承运人承担完全过失责任。第二，扩大了承运人对船舶的适航义务，从“开航前和开航当时”扩展到“全航程”。第三，承运人对货物的责任期间，自承运人或履约方为运输而接收货物时开始，至货物交付时终止。第四，提高了赔偿限额。承运人所负赔偿责任的限额，按照索赔或争议所涉货物的件数或其他货运单位计算，每件或每个其他货运单位875个计算单位，或按照索赔或争议所涉货物的毛重计算，每公斤3个计算单位，以两者中较高限额为限，但货物价值已经由托运人申报且在合同事项中载明的，或承运人与托运人已另行约定高于该条规定赔偿责任限额的，不在此列。对迟延造成经济损失的赔偿责任限额，相当于迟交货物应付运费2.5倍的数额。但赔付总额不得超过所涉货物全损时的赔偿限额。

（3）明确了电子运输记录的效力。与先前海运公约不同，《鹿特丹规则》确认了电子运输记录的法律效力，并将电子运输记录分为可转让与不可转让电子运输记录。

（4）明确了托运人的义务。《鹿特丹规则》基于对等、平衡原则并参照承运人的责任规定，明确了托运人和单证托运人的义务和赔偿责任。托运人是与承运人订立运输合同之人。单证托运人，则是指托运人以外的，同意在运输单证或电子运输记录中记名为“托运人”的人，享有与托运人同样的权利与义务。

（5）为便于解决国际贸易中容易产生的一些与运输相关的问题，《鹿特丹规则》增加了有关控制权和权利转让等方面的规定。

（6）专门为批量合同（volume contract）作出特别规定。《鹿特丹规则》第80条允许当事人在批量合同中可以增加或减少该公约规定的权利、义务和赔偿责任。所谓批量合同，是指在约定期间内分批转运特定数量货物的运输合同。货物数量可以是最低数量、最高数量或一定范围的量。《鹿特丹规则》赋予批量合同当事人如此大的合同自由，从而可以合法规避该公约的义务和责任，这对于其他合同当事人，特别是小货主，显然是不公平的。

二、租船运输

在国际海上货物运输中，除了采用定期班轮运输外，还采用不定期航线的租船运输。班轮运输用提单调整承运人、托运人之间的关系。租船运输则通过租船运输合同调整出租人和承租人之间的关系。租船运输合同是指船舶出租人按一定条件将船舶全部或部分出租给承租人进行货物运输的合同。分航次租船合同与定期租船合同。

（一）航次租船合同

航次租船合同在租船运输中得到广泛应用。它是为完成特定航次运输，由船舶出租人向承租人提供船舶或船舶的部分舱位，装运约定的货物，从一港运至另一港，由承租人支付约定运费的合同。

航次租船合同多以标准格式出现，常见的有波罗的海国际航运公会（The Baltic and International Maritime Conference：BIMCO）制定的《统一杂货租船合同》（Uniform Genenal Charter),简称“金康”合同(Gencon);《澳大利亚谷物租船合同》(Chamber of Shipping Australian Grain Charter),简称“奥斯特拉尔”(Austral)等。

按照我国《海商法》的规定,航次租船合同的主要内容包括:出租人和承租人的名称、船名、船籍、载货重量、容积、货名、装货港和目的港、受载期限、装卸期限、运费、滞期费、速遣费及其他有关事项。

(1)出租人责任。根据我国《海商法》第94条的规定,出租人的责任与提单运输中承运人的责任相同。此外,出租人应在规定的卸货港卸货,出租人违反约定使承租人蒙受损失时,应负赔偿责任。

(2)承租人责任。第一,承租人应提供约定的货物,经出租人同意,可更换货物,由此对出租人造成不利时,出租人有权拒绝或解除合同。第二,承租人可将租用的船舶转租第三者,但其原合同权利义务不变。第三,承租人有解约权。根据我国《海商法》第96、97条规定,承租人在出租人未在约定的受载期限内提供船舶,或出租人提供或更换的船舶不符合合同约定的情况发生时,有解除合同的权利。

(3)提单。根据我国《海商法》第95条的规定,依照船次租船合同运输货物签发的提单,当提单持有人是非承租人时,承运人与该持单人之间的权利义务关系适用提单的约定。当提单中载明适用航次租船合同条款时,则适用航次租船合同条款。

值得注意的是,除出租人的责任外,我国《海商法》中有关当事人的权利义务规定,仅在航次合同中没有约定或者没有不同约定时,才适用于航次租船合同的出租人和承租人。

(二)定期租船合同

定期租船合同是指出租人在一定期限内把配备船员的船舶出租给承租人供其按约定的用途使用的书面协议。在定期租船合同中,出租人出租整个船舶,承租人按月或日支付租金。

国际上常见的定期租船标准合同有纽约物产交易所(New York Produce Exchange,简称NYPE)制定的《定期租船合同》(Time Charter),波罗的海国际航运公会(BIMCO)制定的《统一定期租船合同》(Uniform Time Charter)以及我国租船公司制定的《中外定期租船合同》(Sino Time Charter)等。

根据我国《海商法》的规定,定期租船合同的主要内容包括:出租人和承租人的名称、船名、船籍、船级、吨位、容积、船速、燃料、消耗、航区、用途、租船期间、交船和还船的时间、地点及条件、租金及其支付及其他有关事项。

(1)出租人保证条款。出租人保证船舶在整个租期内适航且适于约定用途。出租人应在约定的时间交付船舶,如违反约定给承租人造成损失,承租人有权要求损害赔偿并解除合同。

(2)承租人责任。承租人承担以下责任:第一,承租人保证船舶在约定的航区内的安全港口或地点之间从事约定的海上运输。第二,保证船舶用于运输约定的货物。第三,承租人可将租用的船舶转租,但其原合同的权利义务不受影响。第四,合同期内,船舶进行海难救助的，承租人有权获得扣除救助费用、损失赔偿、船员应得部分及其他费用后的救助款项的一半。第五，按合同约定支付租金。违反约定时出租人有权解除合同，要求损害赔偿并对船上属承租人的货物和财产以及转租船舶的收入享有留置权。第六，还船。承租人按约定向出租人还船时，应使船舶处于出租人交船时相同的良好状态。超期还船时，承租人应按照合同约定的租金率支付租金。市场租金率高于合同租金率时，按市场租金率支付租金。

第二节 其他国际货物运输法律制度

一、国际航空货物运输法律制度

（一）国际航空货物运输公约

随着国际航空事业的发展，航空运输方式在国际贸易中得到日益广泛的使用。航空货物运输快捷、方便、卫生、安全，特别适于运送鲜活商品、易碎易损和贵重物品。

目前，调整国际航空货物运输关系的国际公约主要有四个：

1.《统一国际航空运输某些规则的公约》

简称《华沙公约》，1929 年在华沙签订，1933 年 2 月 13 日生效。我国 1958 年加入该公约。该公约第 1 条明确规定了如下适用范围："一、本公约适用于所有以航空器运送人员、行李或者货物而收取报酬的国际运输。本公约同样适用于航空运输企业以航空器履行的免费运输。二、就本公约而言，'国际运输'系指根据当事人的约定，不论在运输中有无间断或者转运，其出发地点和目的地点是在两个当事国的领土内，或者在一个当事国的领土内，而在另一国的领土内有一个约定的经停地点的任何运输，即使该国为非当事国。就本公约而言，在一个当事国的领土内两个地点之间的运输，而在另一国的领土内没有约定的经停地点的，不是国际运输。三、运输合同各方认为几个连续的承运人履行的运输是一项单一的业务活动的，无论其形式是以一个合同订立或者一系列合同订立，就本公约而言，应当视为一项不可分割的运输，并不仅因其中一个合同或者一系列合同完全在同一国领土内履行而丧失其国际性质。"

2.《修改 1929 年 10 月 12 日在华沙签订的统一国际航空运输某些规则的公约的议定书》

简称《海牙议定书》，订于 1955 年 9 月，1963 年 8 月 1 日生效。我国于 1975 年加入该议定书。

3.《统一非缔约承运人所办国际航空运输某些规则以补充华沙公约的公约》

简称《瓜达拉哈拉公约》，订于 1961 年，1964 年 5 月 1 日生效。我国未加入该公约。该公约区分了缔约承运人以及实际承运人，并明确了实际承运人的责任。《瓜达拉哈拉公约》第 1 条规定："（2）'缔约承运人'指以事主身份与旅客或托运人，或与旅客或托运人的代理人订立一项适用华沙公约的运输合同的人；（3）'实际承运人'指缔约承运人以外，根据缔约承运人的授权办理第(2)款所指全部或部分运输的人,但对该部分运输的人并非华沙公约所指的连续承运人。在没有相反的证明时,就认为授权是存在的。”

4. 1999 年《蒙特利尔公约》

值得注意的是,旧的华沙公约体系(指 1999 年《蒙特利尔公约》产生之前的华沙公约体系)的每个文件均是独立的条约,而这些文件的参加国又不完全相同,加之前几次的修改补充不仅没有实现国际航空运输规则的进一步统一,反而使得《华沙公约》原本确立的统一航空承运人责任制度处于严重混乱状态,甚至遭到破坏,可适用的责任制度高达 44 种之多,并且很容易导致同一事件却适用不同责任制度,旅客或货主所得赔偿可能大不相同,有失法律的公平和公正,与《华沙公约》的制定宗旨也完全相悖。而且,随着旅客流动性的日益增加和航空运输的全球化,旧华沙公约体系的问题越来越突出。为此,国际民航组织作出了一系列努力。1974 年,国际民用航空组织在 72 个国家进行了航空承运人责任限额的社会经济分析调查。[①] 其中,52 个国家对华沙公约体系现有旅客责任限额表示不满;55 个国家对华沙公约体系现有行李责任限额表示不满;51 个国家对华沙公约体系现有货物责任限额表示不满。实际上,责任限额制度自创立之初便招致了众多的非议和责难。有鉴于此,在 1975 年的蒙特利尔外交会议上,一些国家建议国际民航组织起草一个合并所有华沙公约体系文件的统一文本,改变承运人责任制度的混乱状况。但也有的国家主张废除华沙公约体系。

1995 年,国际民航组织决定起草一部新的统一的公约,并将拟订的草稿定名为《统一国际航空运输的某些规则的公约》(与《华沙公约》同名,Convention for the Unification of Certain Rules for International Carriage by Air),旨在全面修订和合并旧华沙公约体系的各个文件。1997 年 11 月,国际民航组织成立专家研究小组,专门负责协助法律委员会完成全面修订华沙公约体系的工作。从 1996 年 6 月开始,国际民航组织法律委员会就开始讨论新公约草案,以后又陆续讨论多次。1999 年 5 月 10 日,国际民航组织在加拿大的蒙特利尔召开由国际民航组织的成员国和主要航空运输组织及一个非成员国的 525 位代表参加的航空法国际会议的外交大会,5 月 28 日通过了新公约——《统一国际航空运输的某些规则的公约》(简称 1999 年《蒙特利尔公约》,Montreal Convention),该公约于 2003 年 11 月 4 日生效。我国于 2005 年 2 月 28 日批准该公约。

1999 年《蒙特利尔公约》共 7 章 57 条:总则,关于旅客、行李与货物运输的凭证和当事方的责任,承运人的责任和赔偿损害的范围,联合运输,非缔约承运人进行的运输,其他规定和最后条款。新公约对国际航空旅客运输规则做了实质性的改动,但对国际货物运输没有进行实质修改,尤其是在赔偿限额方面与《华沙公约》相同。

《蒙特利尔公约》的宗旨是使华沙公约及相关文件实现现代化和一体化,确保国际航空运输中消费者的利益,本着恢复原状原则公平赔偿,促进对国际航空运输运转的有序发展和旅客、行李与货物的顺畅流动,进一步协调管理国际航空运输的一些规则并使之规范化,实

---

① 唐明毅主编:《现代国际航空运输法》,法律出版社 1999 年版,第 95 页。

现公平和利益平衡。上述宗旨与旧的华沙公约体系相比，范围更加广泛，内容更加切合实际。

（二）《华沙公约》关于国际货物运输的规定

下面以《华沙公约》和《海牙议定书》为例，阐述国际航空货物运输合同的有关规定。[①]

1. 航空货运单

根据《华沙公约》的规定，承运人有权要求托运人填写航空货运单。货运单一式三份，第一份经托运人签字后交承运人；第二份附在货物上，由托运人和承运人签字后交收货人；第三份由承运人在收货后签字交托运人。《海牙议定书》改为承运人在货物装机以前签字。货运单是双方订立合同、接受货物和承运条件以及记载货物重量、尺寸、包装、件数等的书面凭证。货运单作为货物的权利凭证，不可转让。但《海牙议定书》允许填发可以流通的航空货运单。

航空货运单的主要内容包括：(1) 货运单的填写时间、地点。《海牙议定书》删除了这一要求。(2) 起运地、目的地及约定的经停地点。在必要时，经停地点可以由承运人加以变更，但不得使该运输丧失其国际性。按照公约的规定，所谓国际航空运输是指出发地和目的地分处两个缔约国境内，或在一个缔约国领土内但在另一缔约国或非缔约国内有经停地点。在后一种情况下，如承运人将经停地点变更为也在启运地和目的地所在国领土内，则该运输就会丧失国际性。有鉴于此，《海牙议定书》取消了承运人的这一权利。(3) 托运人、承运人或第一承运人及必要时收货人的名称、地址。(4) 货物名称、性质、包装件数、包装方式与标志、重量、数量、体积或尺寸及货物和包装的外观状况。(5) 运费金额、支付时间、地点、付费人。(6) 货物价值。(7) 货运单份数及随附单证。(8) 运输期限及航线。(9) 注明该货运单受《华沙公约》或《海牙议定书》约束。

根据《华沙公约》的规定，如果承运人接受了货物但未填写货运单，则承运人无权援引《华沙公约》关于免除或限制承运人责任的规定。

2. 承运人的责任与免责

根据《华沙公约》的规定，承运人的责任如下：(1) 承运人对航空期间发生的货损、货物灭失、延误承担责任。所谓航空期间，指在承运人保管之下，不论在航空站内、航空器上或航空站外降落的任何地点，不包括航空站外任何陆运、海运或河运。但如果这种运输是为了履行空运合同，是为了装货、交货或转运，则也视为航空期间。(2) 承运人对货物损失的赔偿责任为每公斤 250 法郎。如托运人在交货时特别声明货物价值，并交纳了必要的附加费，则承运人的赔偿额以所声明的价值为限。

在发生下列情况时，免除承运人应承担的责任：(1) 承运人证明自己和其代理人已为避免损失采取了一切必要措施或不可能采取这种措施。(2) 损失的发生是由于驾驶上、航空

---

① 我国是《华沙公约》与《海牙议定书》的加入国。与《华沙公约》成员国之间的货物运输，适用《华沙公约》；与《海牙议定书》成员国之间的货物运输，适用《海牙议定书》。

器的操作上或领航上的过失。(3) 货物的灭失或损失是由于货物的属性或本身质量缺陷造成的。(4) 损失由受害人的过失引起或助成。公约中规定承运人免责和损害赔偿限额是一个最低标准,任何超出公约免责范围并规定更低赔偿金额的合同条款,一律无效。

当货物的损坏和灭失是由于承运人及其代理人和受雇人员故意的不良行为引起时,承运人则无权援引公约关于免责和限制责任的规定。

3. 托运人责任

根据《华沙公约》的规定,托运人承担如下责任:(1) 托运人对货运单上关于货物的各项说明和声明的正确性及由于延误、不合规定、不完备,给承运人及其代理人造成的损失承担责任。(2) 托运人在履行运输合同所规定的一切义务的情况下,有权在启运地、目的地将货物提回或在途中经停时终止运输,或将货物运交非货运单上指定的收货人,但不得使承运人或其他托运人遭受损害。(3) 托运人需提供各种必要资料以便完成货交收货人前的海关、税务或公安手续,并将有关证件附货运单交给承运人并承担因资料或证件缺乏、不足或不合规定给承运人造成的损失。

4. 索赔与诉讼时效

《华沙公约》规定,收货人在发现货损时,最迟应在收货后 7 天内提出异议;如发生延误,最迟应在收货后 14 天内提出异议。《海牙议定书》将这两个时限分别改为 14 天和 21 天。异议要写在运输凭证上或以书面方式提出。除非承运人有诈欺行为,超过规定期限的,收货人不能起诉承运人。有关赔偿的诉讼,应在航空器到达目的地之日起 2 年内提出,否则丧失追诉权。

诉讼地点由原告选择,可以是承运人营业所在地、目的地或合同订立地的法院。

根据《华沙公约》的规定,由几个连续承运人办理的航空运输,第一承运人和每一段运输的承运人要对托运人和收货人负连带责任。

(三) 1999 年《蒙特利尔公约》的特点

1999 年《蒙特利尔公约》既规范了货物运输,也规范了旅客运输。本书就该公约的货物运输部分作一说明。

与旧的华沙公约体系相比,1999 年《蒙特利尔公约》具有如下特点:①

1. 适用范围与结构变化不大

为保证国际航空规则的一体性,该公约基本上是在综合旧华沙公约体系各文件基础上形成的单一文本:基本上保留了《华沙公约》的结构,同时还吸收了《海牙议定书》《瓜达拉哈拉公约》《蒙特利尔第 3 号议定书》《蒙特利尔第 4 号议定书》《危地马拉议定书》的部分内容。其中,吸收《蒙特利尔第 4 号议定书》和《危地马拉议定书》的内容较多。此外,与旧华沙公约体系的文本不同,为使内容更加清晰,1999 年《蒙特利尔公约》对每一条都单列了一

---

① 参见史晓丽:《华沙公约体系及其最新发展评析》,载赵威主编:《国际经济法论文专集》,中国政法大学出版社 2000 年版,第 4 页。

个标题。

1999 年《蒙特利尔公约》的适用范围与《华沙公约》和《海牙议定书》相比没有大的变化，只是将“缔约国”（high contracting party）改为“当事国”（state party）。

2. 关于货物运输的凭证和当事方的责任更加详细

与《华沙公约》第二章一样，1999 年《蒙特利尔公约》第二章也专门规定了货物运输的凭证和当事方的责任问题，但比《华沙公约》第二章的规定更加详细具体。该章具体内容如下：货物，航空运货单或货物收据的内容，航空货运单的规格，多包件凭证，未遵守凭证要求，对凭证细节的责任，凭证的证据价值，处置货物的权利，货物的交付，托运人与收货人权利的执行，托运人与收货人的关系或与第三方的相互关系，海关、警察或其他公共当局的手续。

该章主要吸收了《蒙特利尔第 4 号议定书》和《危地马拉议定书》的相关内容，并加以完善。其主要规定如下：（1）承运人除可提交传统的纸制单证外，也可以用任何其他保存所作运输的记录的方法代替航空货运单，并出具书面说明或货物收据，作为签订合同、接受承运标的与运输条件的证明。这些规定体现了该公约的现代化宗旨。[①]（2）《华沙公约》和《海牙议定书》规定了惩罚性的条款，即承运人不交航空货运单而承运，航空货运单没有载明受《华沙公约》或《海牙议定书》约束的条款，承运人无权援用公约中的免除或限制责任。1999 年《蒙特利尔公约》取消该惩罚性的条款。（3）在航空货运单或货物收据的内容方面，要求载明托运货物性质与重量，但取消了载明受《华沙公约》或《海牙议定书》约束的条款的要求。同时还规定，承运人必要时可要求托运人提交说明货物性质的证件。（4）托运人和承运人的签字可以印刷或盖章。同时还取消了承运人应该在货物装入航空器之前签字的要求。

3. 对承运人责任制度和赔偿损害的范围进行重大修改

1999 年《蒙特利尔公约》第三章详细规定了货物损坏，延误，免除责任，货物的责任限额，货币单位的折算，限额的复议，限额的订立，合同条款的无效，合同自由，先行付款，索赔的根据，受雇人、代理人索赔合计，异议的及时通知，责任人死亡，管辖权，仲裁，诉讼时效，连续运输。该章主要借鉴了《蒙特利尔第 4 号议定书》和《危地马拉议定书》的规定。

（1）责任与责任限额方面，由于它直接关系到承运人和托运人的利益，因此，在华沙公约体系各文件的制定过程中，是否增加责任限额甚至取消责任限额始终是争论的焦点。实际上，承担责任原则与是否实行责任限额具有密切联系。有学者主张，如对承运人实行严格责任，作为补偿，应当规定其承担有限责任，以实现承运人与托运人之间权利上的平衡。但近年来，也有学者主张，承运人既要承担严格责任又要承担较高责任限额。反对者认为，这会加重承运人负担，打破与托运人的利益平衡。而且，提高或取消责任限额还可能导致承运人支付更多的保险费用。国际民航组织则认为，提高责任限额对保险费水平的影响不会过

① 目前，世界上很多大的航空公司已经采取电子出票方式。据 2000 年 6 月 29 日《国际商报》报道，德国汉莎航空公司于 1996 年 11 月首次开创无票旅行的概念。

于剧烈,责任限额只是保险公司确定保险费率时考虑的众多因素之一,而且目前保险市场已经饱和,竞争异常激烈,保险费水平可能会因保险商的价格竞争而下跌。因此,即使责任限额提高,保险费率也不一定大幅上涨。

托运人在国际航空运输中处于弱势地位,应该对承运人实行严格责任制。但实行严格责任制不一定就要实行限额赔偿,因为提高责任限额并不必然导致加重承运人责任。华沙体制的目的在于尽可能地减少国际航空运输私法领域中的法律冲突和司法冲突问题,统一责任限额并非华沙体制的主要目标之一。[①] 正是因为如此,1999 年《蒙特利尔公约》本着恢复原状、公平赔偿的宗旨确立了航空承运人的严格责任制度和限额赔偿。

(2) 货物毁灭、遗失、损坏或延误的限额赔偿。在货物毁灭、遗失或损坏方面,该公约基本上采用了《蒙特利尔第 4 号议定书》的规定,即实行严格责任。对于因货物由毁灭、遗失或损坏而产生的损失,只要造成损失的事件是在航空运输期间发生的,承运人就应当承担责任。但是,承运人证明货物毁灭、遗失或损坏是由于下列一个或几个原因造成的,承运人不承担责任:货物的固有缺陷、质量或瑕疵;货物非由承运人或其受雇人或代理人包装,包装有缺陷;战争或武装冲突行为;公共当局对货物入境、出境、过境所实施的行为。

在货物运输中造成毁灭、遗失或损坏或延误的,1999 年《蒙特利尔公约》仍实行限额赔偿,即以每公斤 17 个特别提款权为限,除非交运货物时特别申报其价值。

(3) 关于赔偿限额例外的引用。由于《华沙公约》第 25 条有关责任限制的例外表述不清,提供了避开限额规定的借口,因此,1999 年《蒙特利尔公约》取消了“有意和不良行为”的提法,而是具体规定,如能够证明损失是承运人或其受雇人或代理人有意造成或知道很可能造成损失而不顾后果的行为或不行为引起的,关于货物的赔偿限额规定不适用。

(4) 货币单位的折算、限额的复议和订立、合同条款的无效和合同自由。该公约第 23 条具体规定了缔约国为国际货币基金组织成员或非成员时的货币折算问题。第 24 条规定了承运人可以订立高于该公约规定限额的责任限额,或根本不规定责任限额。第 26 条和第 27 条规定,任何旨在免除承运人责任或订立一个比该公约规定低的限额,均属无效。《蒙特利尔公约》不妨碍承运人拒绝订立任何运输合同,放弃依该公约作出的抗辩或拟订与该公约不相冲突的条件。

(5) 惩罚性或其他非补偿性的损害赔偿。该公约第 29 条规定,在任何货物的损害赔偿和延误赔偿诉讼中,均不得判处惩罚性、惩戒性或其他非补偿性的损害赔偿。该条规定旨在防止以惩罚、惩戒等理由突破责任限额。

(6) 扩大管辖法院。1999 年《蒙特利尔公约》延用了《危地马拉议定书》和《蒙特利尔第 4 号议定书》的规定,即《华沙公约》规定的四种有管辖权的法院(承运人住所地、主要营业地、订立运输合同的承运人营业机构所在地、航程目的地)。

(7) 增加了仲裁条款。1999 年《蒙特利尔公约》规定,货物运输合同的当事人可以约

① 《华沙公约》第 22 条规定,承运人和托运人可以以特别协议或声明价值的方式提高责任限额。

定,有关该公约中的承运人责任所发生的任何争议通过仲裁解决。仲裁协议应该以书面形式订立。

4. 非缔约承运人进行的航空运输

1999 年《蒙特利尔公约》基本上全面吸收 1960 年《瓜达拉哈拉公约》关于缔约承运人和实际承运人的规定。

5. 规定了与其他华沙公约文件的关系

为保证新公约的产生不至于导致华沙公约体系的进一步混乱,1999 年《蒙特利尔公约》规定,在下列条件下,该公约应优先于国际航空运输适用的任何规则:(1) 在该公约当事国间进行的国际航空运输,并且当事国都是 1929 年《华沙公约》、1955 年《海牙议定书》、1961 年《瓜达拉哈拉公约》、1971 年《危地马拉议定书》、1975 年四个《蒙特利尔议定书》的缔约方;(2) 在 1999 年《蒙特利尔公约》一个当事国进行,而该当事国是上述公约中一个或几个文件的缔约国。

二、国际铁路货物运输法律制度

(一) 国际铁路货物运输公约

1.《国际铁路运输公约》

早在 19 世纪中期,一些国家签订公约开展国际铁路客货联运,1890 年欧洲国家在瑞士首都伯尔尼签订了《国际铁路运送规则》,并于 1893 年生效。1934 年该公约修改后称为《国际铁路货物运输公约》(CIM,也简称为《国际货约》),1938 年 9 月开始实行,之后又经过 1952 年、1961 年、1970 年的修改。1980 年 5 月 9 日,《国际铁路旅客和行李运输公约》(CIV)与《国际铁路货物运输公约》(CIM)合并为一个新的公约《国际铁路运输公约》(COTIF),1985 年 5 月 1 日生效,之后又经过 1990 年(1991 年 6 月 1 日生效)、1999 年的修改。COTIF 主要规范欧洲国家间的货物、旅客及行李的运输问题。

2.《国际铁路货物联合运输协定》

北大西洋公约组织于 1951 年 11 月在波兰首都华沙召开欧洲各国部长运输会议,在苏联代表的提议下起草并通过了《国际铁路货物联合运输协定》(CMIC,也简称为《国际货协》)和《国际铁路旅客联合运输协定》(简称《国际客协》)。上述公约最初有 8 个国家参加,1954 年中国、朝鲜、蒙古正式参加,随后越南也加入。1974 年 7 月 1 日生效的修订本的成员国有 12 个,即苏联、阿尔巴尼亚、民主德国、波兰、捷克斯洛伐克、匈牙利、罗马尼亚、保加利亚、中国、蒙古、朝鲜、越南。其中,民主德国、捷克斯洛伐克、波兰、匈牙利、罗马尼亚、保加利亚 6 国也参加了《国际货约》。这样,国际货协国家和国际货约国家可以通过铁路相互转运货物。我国对外铁路货物运输主要以《国际货协》为依据。

1990 年 10 月,民主德国与联邦德国合并,同年年底民主德国宣布退出《国际货协》。之后,捷克斯洛伐克、匈牙利、罗马尼亚也相继退出,但仍承认《国际货协》的规定。1991 年,苏联解体,15 个加盟共和国各自独立,除亚美尼亚没有参加《国际货协》外,其余独联体国家均参加了《国际货协》。加上阿尔巴尼亚、波兰、保加利亚、中国、越南、朝鲜、蒙古、伊朗共 22 个国家为《国际货协》现在的成员国。

由于《国际货协》成员国发生变化，国际铁路货物联运的做法与以前相比有所改变。这些变化主要体现为联运货物在办理运送票据手续上的变化、《国际货协统一运价规程》方面的变化。《国际货协统一运价规程》脱离《国际货协》，成为独立的国际协定。在操作方面，《国际货协》各铁路之间的普通车运输和由原来的各路之间相互清算，改为由铁路认可的各货运代理人之间清算。由此导致国际铁路货物联运中法律关系的变化，原来只有一个法律关系，即国际联运承运人与托运人之间的国际联运合同关系；变化之后有两个法律关系，即原来的国际铁路联运合同关系和新产生的国际铁路货物运输代理人与货主之间的国际货物铁路运输代理合同关系。

《国际货协》的缔约国和《国际铁路运输公约》的缔约国存在重叠，这样《国际货协》国家的进出口货物可以通过铁路转运到《国际铁路运输公约》的成员国去，这为沟通国际间铁路货物运输提供了更为有利的条件。我国是《国际货协》的成员国，凡经由铁路运输的进出口货物均按《国际货协》的规定办理。

（二）《国际货协》的主要内容

1. 合同的订立

《国际货协》第 6 条、第 7 条规定，发货人在托运货物的同时，应对每批货物按规定的格式填写运单和运单副本，由发货人签字后向始发站提出。从始发站在运单和运单副本上加盖印戳时起，运输合同即告成立。

运单是铁路收取货物、承运货物的凭证，也是在终点站向收货人核收运杂费用和点交货物的依据。与提单及航运单不同，运单作为货物权利凭证不能转让。运单副本在加盖印戳后退还发货人，并成为买卖双方结清货款的主要单据。

2. 承运人的权利义务

（1）承运人的责任期间。根据《国际货协》的规定，从签发运单时起至终点交付货物时止为承运人的责任期间。在此期间内，承运人对货物因逾期以及全部或部分灭失、毁损造成的损失负赔偿责任。

（2）核查运单和货物。铁路有权检查发货人在运单中所记载事项是否正确，并在海关和其他规章有规定的情况下，或为保证途中行车安全和货物完整，在途中检查货物的内容。

（3）执行或拒绝变更合同。根据《国际货协》的规定，在下列情况下，铁路承运人有权拒绝托运人（发货人或收货人）变更运输合同或延缓执行这种变更：① 执行变更的铁路车站在收到变更申请发站或到站的通知后无法执行；② 与参加运送的铁路所属国家现行的法令和规章相抵触；③ 违反铁路营运管理；④ 在变更到站的情况下，货物价值不能抵偿运到新指定到达站的一切费用。

当铁路承运人按托运人指示变更运输合同时，有权按有关规定核收变更运输合同后发生的各项运杂费用。

(4) 连带责任。按《国际货协》第 21 条的规定,按运单承运货物的铁路,应负责完成货物的全程运输,直到在到达站交付货物时止。每一继续运送货物的铁路,自接收附有运单的货物时起,即作为参加这项运输合同并因此而承担义务。

(5) 免责。根据《国际货协》第 22 条的规定,在下列情况发生时,免除承运人责任:① 铁路不能预防和不能消除的情况;② 因货物的特殊自然性质引起的自燃、损坏、生锈、内部腐坏及类似结果;③ 由于发货或收货人过失或要求而不能归咎于铁路者;④ 因发货人或收货人装、卸车原因造成;⑤ 由发送铁路规章许可,使用敞车类货箱运送货物;⑥ 由于发货人或收货人的货物押运人未采取保证货物完整的必要措施;⑦ 由于承运时无法发现的容器或包装缺点;⑧ 发货人用不正确、不确切或不完全的名称托运违禁品;⑨ 发货人在托运时需按特定条件承运货物时,未按本协定规定办理;⑩ 货物在规定标准内的途耗。

根据情况推定,当货损发生可归责于上述第①项和第③项原因时,由铁路负责;发生除第①、③项以外原因时,则只要收货人或发货人不能证明是由于其他原因引起时,即应认为是由于这些原因造成的。

(6) 留置权。为了保证核收运输合同项下的一切费用,铁路当局对货物可行使留置权。留置权的效力,依货物交付地国家的法令和规章的规定。

(7) 赔偿限额。根据《国际货协》第 22 条的规定,铁路对货物损失的赔偿金额在任何情况下,不得超过货物全部灭失时的金额。当货物遭受损坏时,铁路赔付额应与货价减损金额相当。当货物全部或部分灭失时,赔偿额按外国出卖人在账单上所开列的价格计算;如发货人对货物价格另有声明时,按声明的价格给予赔偿。当逾期交货时,铁路应以所收运费为基础,按逾期长短,向收货人支付规定的逾期罚金。逾期不超过总运到期限的 1/10 时,支付相当于运费 6% 的罚款;逾期超过总运到期限的 4/10 时,应支付相当于运费 30% 的罚款等。

3. 托运人的权利义务

根据《国际货协》的规定,托运人承担以下义务:

(1) 如实申报。

(2) 文件完整。

(3) 货物的交付和拒收。托运人在填写运单的同时,要提交全部货物和付清运费和有关费用。提交的货物可以是整车,也可以是零担。但不得属于下列货物:邮政专运物品,炸弹、炸药和军火,不属于《国际货协》附件四中所列的危险物品,重量不足 10 公斤的零担货物。凡属于金、银、白金制品、宝石、贵重毛皮、电影片、画、雕像、古董、艺术制品和特种光学仪器等贵重物品,均应声明其价值。

货物到达终点时,发货人有权凭单领取货物。当运单项下货物的毁损导致全部或部分货物不能按原用途使用时,有权拒收货物,并按规定向承运人提出索赔。即使运单中所载货物短少、毁损,也应按运单向承运人支付全部运费。

(4) 运送费用的支付和计算。运送费用包括货物的运费、押运人的乘车费、杂费及与运送有关的其他费用。《国际货协》第 13 条、第 15 条规定:① 发送国铁路的运送费用,按发送国的国内运价计算。在始发站由发货人支付。② 到达国铁路的运送费用，按到达国铁路的国内运价计算。在终点站由收货人支付。③ 如货物始发站和到达的终点站属于两个相邻国家且无需经由第三国过境运输，且两国间订有直通运价规程时，则按运输合同订立日有效的直通运价规程计算。④ 如货物需经第三国过境运输时，过境铁路的运输费，应按运输合同订立日有效的《国际货协统一运价规程》的规定计算，可由始发站向发货人核收，也可由到达站向收货人核收。但如按《国际货协统一运价规程》的规定，各过境铁路运送费必须由发货人支付时，则不得将该项费用转由收货人支付。

对于各国铁路之间的清算办法，按照《国际货协》第 31 条的规定，原则上，每一铁路在承运或交付货物时向发货人或收货人按合同规定核收运费和其他费用之后，必须向参加这次运输业务的各铁路支付各该铁路应得部分的运送费用。

（5）变更合同。按照《国际货协》的规定，发货人和收货人在填写变更申请书后，有权在协定允许的范围内对运输合同作必要的变更。发货人：① 可以在始发站将货物领回；② 变更到站；③ 变更收货人；④ 将货物运还始发站。收货人：① 可以在到达国范围内变更货物的到达站；② 变更收货人。但无论是发货人还是收货人，都只能各自对合同变更一次，并且在变更合同时，不得将一批货物分开办理。同时，变更合同的当事人要对因变更合同发生的费用和损失负责。

4. 赔偿请求与诉讼时效

《国际货协》第 28 条规定，发货人和收货人有权根据运输合同提出赔偿请求，赔偿请求可以书面方式由发货人向发送站提出，或由收货人向收货站提出，并附上相应根据、注明款额。铁路自有关当事人向其提出索赔请求之日起，必须在 180 天内审查该项请求，并予以答复。发货人或收货人在请求得不到答复或满足时，有权向受理赔偿请求的铁路所属国家的法院提起诉讼。

根据《国际货协》第 30 条规定，有关当事人依据运输合同向铁路提出的赔偿请求和诉讼，以及铁路对发货人和收货人关于支付运送费用、罚款和赔偿损失的要求和诉讼，应在 9 个月期间内提出；关于货物运到逾期的赔偿请求和诉讼，应在 2 个月期间内提出。其具体诉讼时效起算日如下：① 关于货物毁损或部分灭失以及运到逾期的赔偿，自货物交付之日起算；② 关于货物全部灭失的赔偿，自货物运到期限届满后 30 天起算；③ 关于补充运费、杂费、罚款的要求，或关于退还此项款额的赔偿请求，或纠正错算运费的要求，应自付款之日起算；如未付款时，应自交货之日起算；④ 关于支付变卖货物的余款的要求，自变卖货物之日起算；⑤ 在其他所有情况下，自确定赔偿请求成立之日起算。时效期间已过的赔偿请求和要求，不得以诉讼形式提出。

三、国际货物多式联运法律制度

（一）国际货物多式联运的发展及其法律问题

随着国际贸易中越来越多地使用集装箱运送货物，出现了一种新的运输方式——货物的多式联运。它是以至少两种不同的运输方式将货物从一国接管货物的地点运至另一国境内指定交付货物的地点。与传统的单一运输方式相比,集装箱多式联运,特别是在成组运输的情况下,大大简化和加速了货物的装卸、搬运程序,运输服务可以从过去的"港至港"一直延伸到"门至门",减少货损货差,减少成本和费用,为国际贸易提供了一个更为理想、畅通、安全、经济、便利的运输方式。与此同时,多式联运提出了许多新的法律问题,如:(1)货物风险的划分。包括买卖双方之间如何确定风险转移以及在若干不同的承运人之间如何确定货物损失的分担。(2)法律适用问题。对传统的单一运输方式,国际上都已有相应的国际公约来调整有关当事人之间的关系。例如,海运适用《海牙规则》中的有关规定,空运有《华沙公约》和《海牙议定书》,铁路运输有《国际货协》的规定等。这些公约对承运人的责任、免责、赔偿限额等各有不同的规定。在多式联运中,由于货物是装在集装箱中运输,有时难以确定货物损失究竟发生在联运中的哪一个区段,于是出现了适用哪种运输方式的公约来确定承运人的责任和赔偿金额问题。(3)运输单据的性质问题。根据《海牙规则》,海运提单不但是运输合同的凭证,还可作为货物的权利凭证进行转让。但《华沙公约》和《国际货协》规定空运单和铁路运单虽具有权利凭证的性质,不能转让。[①] 当多式联运中包括海运、空运和(或)陆运时,联运单据是否可以具有货物权利凭证的性质和作用。(4)承运人和货主的关系问题。在单一运输方式中,运输合同确定了承运人和货主之间的关系。在多式联运中,有多式联运的经营人(简称联运人)和某一运输区段的实际承运人。当发生索赔案件时,发货人或收货人应向谁索赔。

(二)联合国《国际货物多式联运公约》

为了解决上述法律问题,国际社会作出了各种努力。1980 年 5 月在联合国贸易与发展会议的主持下,制定并通过了 1980 年联合国《国际货物多式联运公约》(United Nations Convention on International Multimodal Transport of Goods,1980)(简称《多式联运公约》)。我国在会议最后文件上签了字。根据《多式联运公约》规定,该公约在 30 个国家的政府签字但无须批准、接受或认可,或者向保管人交存批准书、接受书、认可书或加入书后 12 个月生效。该公约目前尚未生效。

1. 国际多式联运

《多式联运公约》第 1 条规定:"国际多式联运是指按照多式联运合同,以至少两种不同的运输方式,由多式联运经营人将货物从一国境内接管货物的地点运至另一国境内指定交付货物的地点。为履行单一方式运输合同而进行的该合同所规定的货物接运业务,不应视为国际多式联运。"

2. 多式联运单据

《多式联运公约》第 1 条规定:"多式联运单据是指证明多式联运合同以及证明多式联运经营人接管货物并负责按照合同条款交付货物的单据。"

---

① 《海牙议定书》对《华沙公约》作了修改,规定航空货运单可以作成可转让的。

根据该公约规定,多式联运单据依发货人的选择可做成可转让单据或不可转让单据。实践中,只有单据的签发人承担全程责任时,才有可能做成可转让的单据。此时,多式联运单据具有货物权利凭证的性质和作用。在做成可转让单据时,应列明按指示或向持票人交付。凭指示交付,经背书方可转让;向持票人交付,无须背书即可转让。当签发一份以上可转让多式联运单据正本时,应注明正本份数。收货人只有提交可转让多式联运单据才能提取货物。多式联运经营人按其中一份正本交货后,即履行了交货义务。如签发副本,则应注明"不可转让副本"字样。如签发不可转让多式联运单据,则应指明记名的收货人。多式联运承运人将货物交给不可转让单据所指明的记名收货人才算履行了交货义务。

《多式联运公约》第 8 条规定了多式联运单据的 15 项内容:① 货物品类、标志、危险特征的声明,包数或件数,毛重;② 货物的外表状况;③ 多式联运经营人的名称与主要营业地;④ 发货人名称;⑤ 收货人名称;⑥ 多式联运经营人接管货物的时间、地点;⑦ 交货地点;⑧ 交货日期或期间;⑨ 联运单据可转让或不可转让的声明;⑩ 联运单据签发的时间、地点;⑪ 联运经营人或其授权人的签字;⑫ 每种运输方式的运费,用于支付的货币、运费,由收货人支付的声明等;⑬ 航线、转运方式和转运地点;⑭ 关于多式联运遵守本公约规定的声明;⑮ 双方商定的其他事项。

根据该公约规定,缺乏以上一项或数项内容,不影响单据作为多式联运单据的性质。

如果多式联运经营人及其代表人知道或有合理根据怀疑多式联运单据所列货物品类、标志、包件数和数量、重量等没有准确地表明实际接管货物的状况,或无适当方法进行核对,经营人应在单据上作出保留,注明不符之处及怀疑根据或无适当核对方法。如不加批注,则视为他已在多式联运单据上注明货物外表状况良好。

多式联运单据的签发,并不排斥在必要时按照适用的国际公约或国家法律签发同国际多式联运所涉及的运输或其他服务有关的其他单据,但这种单据的签发不得影响多式联运单据的法律性质。

3. 联运经营人的赔偿责任

《多式联运公约》第 1 条规定:"多式联运经营人是指其本人或通过其代表订立多式联运合同的任何人,他是事主,而不是发货人的代理人或代表或参加多式联运的承运人的代理人或代表,并且负有履行合同的责任。"

(1) 责任期间。《多式联运公约》实行的是联运经营人的全程统一责任制,即自其接管货物之日起,到交付货物时为止的整个期间承担责任。当收货人无理拒收货物时,则按照合同或交货地点适用的法律或特定行业惯例,将货物置于收货人支配之下,或交给依交货地点适用的法律或规章必须向其交付的当局或其他第三方。

(2) 赔偿范围与责任限制。根据《多式联运公约》确定的推定过失或疏忽原则,多式联运经营人对在其掌管货物期间内发生的货物灭失、损坏和延迟交付引起的损失承担赔偿责任。所谓延迟交付,指未在约定的时间里交货或未在根据具体情况对一个勤奋的多式联运经营人所能合理要求的时间内交付。当确定的交货日届满后连续 90 天内未交货,则视为货物已经灭失。

多式联运经营人应对其受雇人或代理人在其受雇范围内行事的行为或不行为，以及为履行多式联运合同而使用其服务的任何其他人的行为或不行为，视同他本人的行为或不行为一样，承担赔偿责任，除非联运经营人能证明其本人、受雇人或代理人为避免事故发生及其后果已采取了一切必要措施。

《多式联运公约》规定了对货物灭失和损坏的赔偿责任，限制为每件920记账单位或按毛重每公斤不超过2.75记账单位，以较高者为准。如多式联运中，不包括海运或内河运输，则按毛重每公斤8.33记账单位计算。所谓记账单位，是指国际货币基金组织规定的特别提款权。对延迟交货的损害赔偿为相当于对延迟交付的货物应付运费的两倍半，但不得超过联运合同规定的应付运费的总额。

如果能确切知道货物的灭失或损坏发生于多式联运的某一特定阶段，而这一阶段适用的一项国际公约或强制性国家法律规定的赔偿限额高于适用联运公约规定的赔偿限额，则多式联运经营人的赔偿限额由适用该特定区段的国际公约或国家强制性法律规定予以确定。

如经证明货物的灭失、损坏或延迟交付是由于多式联运经营人有意造成或明知可能造成而毫不在意的行为或不行为所引起的，或多式联运经营人意图诈骗，在多式联运单据上列入有关货物的不实资料，或漏列有关货物品类标志、件数、重量及货物外表状况，则联运经营人无权享受公约规定的赔偿责任限制的利益，并需负责赔偿包括收货人在内的第三方因信赖该多式联运单据所载明的货物状况行事而遭受的任何损失、损坏或费用。

如货物灭失、损坏或延迟交付是由于多式联运经营人、其受雇人或代理人等的过失、疏忽与其他原因相结合而产生的，则多式联运经营人仅就自己及其受雇人、代理人等的过失或疏忽部分承担责任。但必须证明其他原因造成的灭失、损坏和延迟交货部分。

未经发货人告之，而多式联运的经营人又无从得知危险货物特性时，多式联运经营人可视情况需要，随时将货物卸下、销毁或使其无害而无需承担赔偿责任。

4. 发货人的赔偿责任

（1）保证责任。在多式联运经营人接管货物时，发货人应视为已向多式联运经营人保证他在联运单据中所提供的货物品类、标志、件数、重量、数量及危险特性的陈述的准确无误；并应对违反这项保证造成的损失负赔偿责任。

（2）凡因发货人或其受雇人或代理人在受雇范围内行事时的过失或疏忽给联运经营人造成损失，发货人应负赔偿责任。

（3）运送危险品的特殊规则。发货人将危险品交多式联运经营人时，应告之危险品的危险特性，必要时应告之应采取的预防措施。否则，要对多式联运经营人因运送这类货物遭受的损失负赔偿责任。

5. 索赔与诉讼

（1）收货人和多式联运经营人的通知义务。收货人在收货的次一工作日应将货损、灭失情况的书面通知送交多式联运经营人。如货损灭失不明显时,则在收货后连续6日内提出书面通知。如在收货时,当事人各方已进行了联合调查和检验,则无需再提交书面通知。对于延迟交货,收货人应在交货后60天内由联运经营人提交书面通知,否则联运经营人对延迟交货造成的损失不承担责任。多式联运经营人应在损失发生后90天内,或在提交货物后90天内,以较迟者为准,将损失通知递交发货人。

(2)时效。任何争议,在2年期间内未提起诉讼或提交仲裁,则时效届满。但在货物交付后6个月内或在货物未交付时、在应交付之日后6个月没有提出书面索赔通知,则诉讼在此期限届满后失去时效利益。诉讼时效可由受索赔人在索赔期间内向索赔人提出书面声明加以延长。

与联合国《国际货物多式联运公约》的规定不同,我国《海商法》所谓"多式联运合同",是指多式联运经营人以两种以上的不同运输方式,其中一种是海上运输方式,负责将货物从接收地运至目的地交付收货人,并收取全程运费的合同。但在承担的责任期间和承担责任方式上与该联运公约的规定是一致的,即多式联运经营人对多式联运货物的责任期间,自接收货物时起至交付货物时止,并对全程运输负责。但多式联运经营人也可与参与联运的各区段承运人另以合同约定相互之间的责任,但这种约定不得影响多式联运经营人对全程运输应承担的责任。在损害赔偿额方面,我国《海商法》规定,在损失发生在多式联运的某一区段时,多式联运承运人的赔偿责任和责任限额,适用调整该区段运输方式的有关法律规定;运输区段不能确定时,则依照本法关于海上运输合同中承运人赔偿责任和责任限额的规定负赔偿责任。①

四、国际公路运输公约

1949年,在联合国欧洲经济委员会(以下简称欧洲经委会)的主持下,少数欧洲国家缔结了最早的《国际公路运输公约》(Transports Internationaux Routiers,缩写为TIR)。该公约于1959年通过,1960年生效。1975年11月,在欧洲经委会的主持下,在1959年《国际公路运输公约》的基础上产生了《1975年国际公路运输公约》,又称为1975年《TIR证国际货物运输海关公约》(简称《TIR公约》)。该公约于1978年生效。需要注意的是,该公约与本书前述几节关于国际海上、航空、铁路及多式联运货物运输公约不同,《TIR公约》并不是一个关于调整国际公路货物运输发货人与承运人权利义务关系的私法性运输公约,而是一个为国际公路运输提供海关便利的公法性过境制度公约。随着新的运输技术,如海运和内陆集装箱、公路、铁路车体调换技术的采用,该制度对便利通关,提高海关监管的效率与可靠性,平衡海关、运输经营人、运输发证机关的利益起了重要作用。该公约最初仅适用于少数欧洲国家,目前已扩展成普遍适用于欧洲、非洲、亚洲、美洲的海关过境制度公约。该制度已被证明是迄今为止唯一普遍适用的海关过境制度,是最成功的国际运输公约之一。《TIR公约》及

① 参见我国《海商法》第102~106条。

其过境制度背后的思想已成为许多区域性过境制度的基础，直接和间接地为便利国际公路运输作出了贡献。2016 年 10 月，我国加入该公约，成为该公约第 70 个缔约国。[①] 该公约通过国家担保制度建立起的国际风险防范机制对预防和减少我国"一带一路"建设中在贸易、投资、金融等领域的风险，具有一定借鉴作用。

自 1975 年以来，《TIR 公约》历经数十次修改，现实行的是 2013 年版本。《TIR 公约》包括正文（含解释性说明和评注）及 10 个附件（含解释性说明和评注）[②]。TIR 制度的好处在于：(1) 平衡海关当局的要求与运输经营人的要求。由其建立的海关过境制度能够尽最大可能便利国际贸易中海关加封货物的流动并提供必要的海关控管和保障。对海关官员来说不至过于烦琐，对运输经营人及其代理人来说不至过于复杂。(2) 减少过境程序对国际运输造成的费用、延误和干扰。特别是考虑到当货物在国际公路运输中穿越多国领土时，各国海关当局在边境检查货载实行本国的控管和过境程序存在着差异，各国实施的货物保障要求（如担保、保税、关税押金等）以及货物在穿越各国领土过境时潜在的涉险税费等措施。(3) 保障每个国家能从过境货运中得到财政收入。TIR 制度减少了运输经营人遇到的上述困难，同时，又为海关当局提供一种统一的国际控管制度，还能有效地保护货物运输所经过的国家能从过境货运中得到财政收入。

《TIR 公约》的主要内容如下：

1. 定义

《TIR 公约》第 1 条涉及 18 个定义：(a) "TIR 运输"是指根据本公约规定的"TIR 程序"将货物从起运地海关运至目的地海关；(b) "TIR 作业"是指一项 TIR 运输在缔约方境内从起运地海关或入境（沿途）海关到目的地海关或出境（沿途）海关进行的 TIR 运输部分；[③] (c) "TIR作业开始"是指为管制目的向起运地海关或入境（沿途）海关交验公路车辆、车辆组合或集装箱及其负载和相应的 TIR 证，并且 TIR 证已得到海关接受；(d) "TIR 作业结束"是指为管制目的向目的地海关或出境（沿途）海关交验公路车辆、车辆组合或集装箱及其负

---

① 《TIR 公约》于 2017 年 1 月 5 日在中国生效。值得注意的是，中国对该公约第 57 条第 2 款至第 6 款提出保留，就该条的解释和适用方面的任何争端，中国只适用该条第 1 款之规定，即应尽可能通过相互谈判或其他方法解决。

② 根据《TIR 手册》，解释性说明提供一种方法，使《TIR 公约》及其附件的规定得以按照技术的发展和经济需要加以实施。《TIR 手册》所载评注主要反映《TIR 公约》行政委员会和欧洲经委会影响运输的海关问题工作组的意见，对于《TIR 公约》的解释、统一和适用来说，这些评注十分重要。但对《TIR 公约》的缔约方没有法律约束力。附件 1 是 TIR 证的样本；附件 2 是关于可接受作为海关加封的国际运输公路车辆所适用的技术条件的规定及附件 2 的附图；附件 3 是符合附件 2 所载规定列出的技术条件的公路车辆批准程序；附件 4 是公路车辆批准证明书样本；附件 5 是 TIR 标识牌；附件 6 是解释性说明；附件 7 是关于集装箱的批准及第一部分和附图、第二部分和附录、第三部分解释性 1 和附图；附件 8 是行政委员会和 TIR 执行理事会的组成、职能和议事规则；附件 9 是 TIR 程序的使用条件、第一部分关于担保协会颁发 TIR 证和提供担保的授权、第二部分关于自然人和法人使用 TIR 证的授权、关于第 6 条所指负责国际担保制度的有效组织和运作并印制和颁发 TIR 证的国际组织的授权；附件 10 是缔约方应向得到授权的协会（根据第 42 条之三）和国际组织（根据第 6 条第 2 款之二）提供的信息。

③ 第 1 条(b)项的解释性说明：第 1 条(b)项意味着，当有若干个起运地或目的地海关设在同一个或几个国家时，在一个缔约方境内可能有一次以上的 TIR 作业。在这种情况下，在连续两个海关之间进行的国内段运输，不论是起运地、目的地还是沿途海关，均可视为一次 TIR 作业。

载和相应的 TIR 证；(e)“TIR 作业的放行”是指海关当局承认一项 TIR 作业已在缔约方境内正确无误地结束；(f)“进、出口税费”是指对进、出口货物或有关进、出口货物所征收的关税和所有其他税费、规费和其他费用，不包括为数有限的相当于所提供服务大致成本的规费和费用[①]；(g)“公路车辆”包括动力驱动的任何公路车辆，以及与之挂接的任何拖车或半拖车；(h)“车辆组合”是指作为一个单位在公路上行驶的相互挂接的车辆；(j)“集装箱”是指全部或部分封闭的、能装载货物的、可重复使用的、能以一种或多种运输方式运输货物、无需中途换装的、内部容积在 1 立方米或 1 立方米以上一件运输设备(货箱、可移动货罐箱或其他类似结构的“可卸车身”[②]均视为集装箱；(k)“起运地海关”是指全部或部分货载开始 TIR 运输时，所在缔约方的任何海关；(l)“目的地海关”是指全部或部分货载结束 TIR 运输时，所在缔约方的任何海关；(m)“沿途海关”是指在 TIR 运输过程中，公路车辆、车辆组合或集装箱进入或离开一缔约方，经过的该缔约方的任何海关；(n)“人”既指自然人，又指法人；(o) TIR 证“持证人”是指根据本公约的有关规定持有 TIR 证的人。持证人的权能有：以他的名义凭 TIR 证提出海关申报，按 TIR 程序在起运地海关上货；负责向起运地海关、沿途海关和目的地海关交验公路车辆、车辆组合或集装箱及货载和相应的 TIR 证；遵守本公约的其他有关规定；(p)“长大笨重货物”是指因重量、体积或特性而通常无法用封闭型车辆或封闭型集装箱运载的任何沉重物体或大体积物体；[③](q)“担保协会”是指由缔约方海关当局授权、为使用 TIR 程序的人提供担保的协会；(r)“国际组织”是指经行政委员会授权，负责一套国际担保制度的有效组织和运作的机构。

2. 适用范围

依据《TIR 公约》第 2 条规定，该公约适用于在无须中途换装的情况下，用公路车辆、车辆组合或集装箱运输货物，跨越一缔约方起运地海关与同一或另一缔约方目的地海关之间一个或多个边界。其条件是：(1) TIR 运输起点与终点之间行程有一部分是公路。[④] (2) 进

---

① 第 1 条(f)项规定排除在外的规费和费用是指除缔约方对于或有关进口或出口所征收的进出口税费以外的一切其他款项。这些款项的数额应限为相当于所提供服务的大致成本，不应构成对国内产品的间接保护或者形成出于财政目的而对进出口的征税。这类规费和费用除其他外包括与下述情况有关的付款：(1) 过境所需的原产地证明；(2) 海关实验室为管制目的进行的分析；(3) 在正常工作时间外或海关工作地点以外进行的海关检查和其他结关活动；(4) 出于公共卫生、兽医或植物病理学方面的理由进行的检查。

② 关于第 1 条(j)项的解释性说明：“可卸车身”是指无动力的货箱，尤其是为装在公路车辆上运输而设计的，其底盘及车身的副车架为此目的作了特别改装。它还兼指一种调换箱，即为公路和铁路联合运输而特别设计的装载箱。

③ TIR 证的封面和所有凭单，应使用英文或法文黑体字印上“长大笨重货物”(heavy or bulky goods)字样。(《TIR 公约》第 32 条)。

④ 关于第 2 条的解释性说明：2 - 1 规定，如行程的一部分在外国境内，使用 TIR 证的运输作业的起点与终点可以在同一个国家。在这类情况下，除 TIR 证外，起运地国海关当局还完全可以要求出示目的在于确保货物免税再进口的另一项国别单证。然而，仍建议海关当局不要坚持有关方面使用这类单证，而是接受 TIR 证上的相应的批注。2 - 2 根据本条的规定，货物在行程只有一部分是公路的情况下，即可用 TIR 证运输。这些规定未明确说明行程哪一个部分应是公路，只需是在 TIR 作业起点与终点之间某处即可。然而，由于未预见的商业方面的原因或事出偶然，可能出现行程任何一部分都不是公路的情况，尽管发货人在行程开始时曾拟经由一段公路加以运输。在这些例外情况下，缔约方仍应接受 TIR 证，担保协会的责任应继续有效。

行 TIR 运输作业必须使用事先得到批准的公路车辆、车辆组合或集装箱[①],包括长大笨重货物。(3) 运输作业必须由按照《TIR 公约》(第 6 条)规定得到批准的协会予以担保,必须持有 TIR 证。

3. 原则及其基本内容

概括起来,TIR 制度共有五项基本规定,即 TIR 过境制度的五大支柱。

(1) 货物及车辆监控。货物应由具有海关控管设置的车辆或集装箱装运。

(2) 担保监控。为避免海关关税风险,公约规定整个运送途中涉险税费应得到国际上有效的担保,即由经缔约国主管机关授权的担保协会,负责颁发 TIR 单证,并充任担保人,在该国内支付因 TIR 运输作业过程中承运人发生任何违章行为时可能缴纳的任何税费提供担保。

(3) 海关监控。货物应附带在起运地国采用的国际公认的海关文件(TIR 证),作为在起运地国、过境国和目的地国的海关控管凭证。

(4) 海关监控措施的相互承认。起运地国采取的海关控管措施应为所有过境国和目的地国所接受。

(5) 程序授权。使用 TIR 程序,需获得国家主管部门或 TIR 行政委员会授权。具体内容包括:(a) 授权国家协会提供担保并颁发 TIR 证;(b) 授权自然人和法人使用 TIR 证;(c) 授权一国际组织负责国际担保制度有效组织和运作。

其主要内容涉及:公约保证过境运输自由的承诺,即过境提供必要的原产地证明;

基于满足公约程序的过境货物始终处于联合担保之下,因此无须支付进出口税费或任何抵押。

在启运国、过境国和目的国三者之间,起运地海关的监管至关重要。TIR 证书不得用于目的地海关控管下的货物储存。

公约有效提高过境货物的通关效率,满足海关对过境货物的监管要求,避免潜在的走私活动,遏制贸易壁垒。

本章小结

国际货物运输是实现国际货物买卖不可缺少的环节。选择适当的运输方式以及适当的法律适用法至关重要。在国际货物运输实践中,大多数当事人选择国际海上货物运输方式。因此,国际海上货物运输的国际公约在国际贸易法中占有重要地位。注意此章论述的国际货物运输法是与前一章国际货物买卖合同有关的国际货物运输,而不是一般的国际运输法,

① 第 3 条(a)(b)。批准的前提是需符合根据第三章(a)(c)所列条件。公路车辆或特种车辆,如大型轿车、吊车、清扫车、混凝土铺放机等,如是出口车辆,将被视为根据第三章(c)节规定的条件从起运地以自身动力运行至目的地海关的货物。在这类车辆载有其他货物时,也应符合上述(a)(c)所列条件。

因此不涉及人员和旅客的跨境运输。

本章思考题

1. 简述提单的概念和作用。
2. 简述提单的种类。
3. 有关提单的国际公约有哪些?
4. 比较有关提单的国际公约在海运承运人责任制度方面的异同。
5. 简述《鹿特丹规则》的特点。
6. 简述租船合同的类型。
7. 国际航空运输的国际公约有哪些?
8. 简述国际航空货物运输承运人的责任制度。
9. 国际铁路运输的国际公约有哪些?
10. 简述国际铁路货物运输承运人的责任制度。
11. 简述《国际货物多式联运公约》关于多式联运经营人责任的规定。
12. 简述《TIR 公约》的主要内容。

必读法规

1. 《海牙规则》
2. 《维斯比规则》
3. 《汉堡规则》
4. 《鹿特丹规则》
5. 《华沙公约》
6. 1999 年《蒙特利尔公约》
7. 《国际铁路货物运输公约》
8. 《国际铁路货物联合运输协定》
9. 《国际货物多式联运公约》
10. 《中华人民共和国海商法》
11. 《1975 年国际公路运输公约》

推荐阅读书目

1. 北京大学法学院海商法研究中心主办:《海商法研究》,法律出版社 2001 年版。
2. 司玉琢著:《海商法专论》,中国人民大学出版社 2007 年版。
3. 傅廷中著:《海商法论》,法律出版社 2007 年版。

4. 黄力华著:《国际航空运输法律制度研究》,法律出版社2007年版。

5. 何丽新、吴海燕主编:《海商法案例精解》,厦门大学出版社2004年版。

6. 冯媛媛主编:《运输实务》,对外经济贸易大学出版社2004年版。

7. 司玉琢主编:《海商法》,法律出版社2003年版。

8. 司玉琢主编:《海商法学案例教程》,专利文献出版社2003年版。

9. 沈秋明编著:《海商法案例评析》,汉语大词典出版社2003年版。

10. 冯辉编著:《美国海商法案例选评》,对外经济贸易大学出版社2003年版。

11. 房绍坤主编:《海商法案例教程》,北京大学出版社2003年版。

12. 司玉琢主编:《国际海事立法趋势及对策研究》,法律出版社2002年版。

13. 贺万忠著:《国际货物多式运输法律问题研究》,法律出版社2002年版。

14. 於世成、杨召南、汪淮江编著:《海商法》,法律出版社2002年版。

15. 杨良宜著:《提单及其付运单证》,中国政法大学出版社2001年版。

16. 姚新超主编:《国际贸易运输》,对外经济贸易大学出版社2001年版。

17. 对外经济贸易大学国际经贸学院运输系编著:《国际货物运输实务》,对外经济贸易大学出版社1999年版。

18. [美]G. 吉尔摩著:《海商法》(上、下),中国大百科全书出版社2000年版。

19. 尹东年、郭瑜著:《海上货物运输法》,人民法院出版社2000年版。

20. 邢海宝著:《海商提单法》,法律出版社1999年版。

21. 杨长春主编:《国际货物运输》,中国对外经济贸易出版社1999年版。

22. 石广生主编:《国际货物运输实用手册》,中国对外经济贸易出版社1999年版。

典型案件

晓星香港有限公司诉中国船务代理公司防城港公司等提单侵权纠纷上诉案

第五章　国际货物运输保险法律制度

国际货物运输保险是一种国际服务贸易,同时也是实现国际货物买卖合同的重要环节。目前国际上还没有达成统一的货物运输保险公约。实践中,保险人与被保险人的权利义务主要由各国国内法以及双方当事人订立的保险合同确定。

第一节　国际货物运输保险概述
第二节　国际海上货物运输保险法律制度
第三节　其他国际货物运输保险法律制度

第一节 国际货物运输保险概述

一、国际货物运输保险合同及其订立

（一）保险合同的性质及其内容

我国《保险法》第10条第1款规定："保险合同是投保人与保险人约定保险权利义务关系的协议。"国际货物运输保险合同是进出口商对进出口货物按照一定的险别向保险公司投保，交纳保险费，当货物在国际运输途中遇到风险时，由保险公司对进出口商遭受保险事故造成的货物损失和产生的责任负责赔偿。

国际货物运输保险根据运输方式的不同，分为国际海上货物运输保险、国际航空货物运输保险、国际铁路货物运输保险、国际公路货物运输保险等。

运输货物保险合同属于财产保险合同的一种。在英美国家，保险合同由投保人通过保险经纪人（insurance broker）作为代理人才能订立。保险经纪人出具承保单，保险公司在承保单上签字，合同即告成立。保险经纪人交纳保险费并从保险公司收取佣金。如投保人不交保险费，则不能从保险经纪人手中得到保险单。在我国，投保人可以直接向保险公司投保。由投保人提出保险要求，经保险人同意承保，并就货物保险条款达成协议后，合同成立。[①] 保险人应及时向投保人签发保险单或其他保险单证。

保险合同主要包括以下内容：保险人与被保险人名称、货物名称、货物价值、保险金额、保险责任和除外责任、保险期间、保险费等。[②] 此外，还需列明运输工具、运输路线、投保险别等。在国际贸易中，当由收货人向保险公司投保时，需填制投保单一式两份，其中一份交保险公司供出具保险单，另一份交投保人作为承保凭证。投保单上主要列明货物名称、保险金额、运输工具、运输路线、投保险别等。当外贸进出口公司投保时，则由保险公司在出口单据（通常是货物发票）上加注承保险别、保险金额、保险编号等代替投保单并作为承保凭证。

（二）订立保险合同的基本原则

与订立其他财产保险合同一样，订立货物运输保险合同要遵守以下原则：

1. 绝对诚信原则

与合同法中要求的诚信原则相比，保险合同要求双方当事人按绝对诚信原则办事，尤其是投保人。因为投保标的的情况如何，决定保险人是否承保、费率的高低以及在发生保险事故后如何进行赔偿。而对投保标的的情况，只有投保人了解得最详细、最全面、最真实。为此，各国保险法通常都规定了订立保险合同的绝对诚信原则。例如，我国《保险法》第16条规定："订立保险合同，保险人就保险标的或者被保险人的有关情况提出询问的，投保人应当

---

① 参见我国《海商法》第221条。

② 参见我国《海商法》第217条。

如实告知。投保人故意或者因重大过失未履行前款规定的如实告知义务，足以影响保险人决定是否同意承保或者提高保险费率的，保险人有权解除合同。前款规定的合同解除权，自保险人知道有解除事由之日起，超过三十日不行使而消灭。自合同成立之日起超过二年的，保险人不得解除合同；发生保险事故的，保险人应当承担赔偿或者给付保险金的责任。投保人故意不履行如实告知义务的，保险人对于合同解除前发生的保险事故，不承担赔偿或者给付保险金的责任，并不退还保险费。投保人因重大过失未履行如实告知义务，对保险事故的发生有严重影响的，保险人对于合同解除前发生的保险事故，不承担赔偿或者给付保险金的责任，但应当退还保险费。保险人在合同订立时已经知道投保人未如实告知的情况的，保险人不得解除合同；发生保险事故的，保险人应当承担赔偿或者给付保险金的责任。保险事故是指保险合同约定的保险责任范围内的事故。”

概括起来，各国保险法对诚信原则的要求主要包括以下方面：

（1）投保人或被保险人必须披露重大事实（disclosure of material facts）。所谓重大事实，指一个谨慎的保险人在决定是否承保或确定费率时可以依据的事实，如货物性质、货物价值等。某一事实是否重大是事实问题，而不是法律问题，通常由法院依据案件的具体情况加以决定。有些事实虽然可能重要，但如保险人未提出询问，则投保人或被保险人没有义务予以披露，例如：使风险减少的事实；保险人知道或应当知道的事实；经保险人告之无须披露的事实；保险单中列明的明示或默示条款、无须告知的事实。如投保人隐瞒应当披露的事实，保险人可以解除合同；如发生承保事故，保险人可以拒赔并照收保险费。

（2）对重要事实的陈述必须真实。所谓真实是指“基本正确”（substantially correct）。非实质性的非重要事实的陈述，不能算作虚假陈述。陈述是指对事实的陈述，包括对可能的或期望的事实的陈述。只要是善意的，不能构成虚假陈述。

（3）不得违反保证（warranties）。保证是指在订立保险合同时，投保人或被保险人明示或默示作出的保证，如作为或不作为的保证、某种状态存在或不存在的保证等。投保人或被保险人日后违反这些保证，则保险人可以解除合同，并对违反这些保证之后发生的损失不予赔偿。

2. 保险利益原则

保险利益，又称可保利益（insurable interest），即在财产保险合同中，投保人对保险标的具有合法的利害关系，它也是保险人承担损害赔偿的最高限额。投保人对保险标的有可保利益才能订立保险合同，否则订立的是赌博合同，在法律上是无效的。[①] 我国《保险法》第12条规定：“人身保险的投保人在保险合同订立时，对被保险人应当具有保险利益。财产保险的被保险人在保险事故发生时，对保险标的应当具有保险利益。人身保险是以人的寿命和身体为保险标的的保险。财产保险是以财产及其有关利益为保险标的的保险。被保险人是指其财产或者人身受保险合同保障，享有保险金请求权的人。投保人可以为被保险人。保

① 参见1906年《英国海上保险法》。

险利益是指投保人或者被保险人对保险标的具有的法律上承认的利益。”

按照各国法律的解释,可保利益来自投保人:(1) 对保险标的享有的所有权、占有权;(2) 担保物权和债权;(3) 依法承担的风险和责任;(4) 因标的物的保全可得到利益或期得利益。

在财产保险中,可保利益包括:(1) 财产的现有利益;(2) 期得利益,又称预期利益,即由现有财产产生出来的可期望得到的利益;(3) 责任利益,即根据法律和合同承担义务产生的责任利益。

作为可保利益,必须具备以下条件:(1) 确定性。可保利益必须是确定的。可保利益必须是已经确定的或可以确定的。例如,财产的现有利益是确定的,而期得利益是可以确定的。(2) 合法性。可保利益不得违反国家的强制性法律规定及公共利益和善良风俗。(3) 有价的。可保利益是可以计算的。在财产保险中,这种损失通常可用金钱加以计算。非经济利益,如精神损失,则因无法计算而不予补偿。

3. 补偿责任原则

当发生了承保范围内的自然灾害或意外事故时,保险公司需按合同规定承担赔偿责任,给予被保险人以经济上的补偿。代位求偿是补偿原则下的一个重要制度,同时也是为各国保险法所承认的债权转移制度,是赔偿原则的具体化。代位指当货物损失是由第三者的过失或疏忽引起时,保险公司向被保险人支付保险赔偿后,享有取代被保险人向第三者进行索赔的权利。在赔付部分损失的情况下,如果保险公司的追偿所得大于赔付给被保险人的金额,则多出部分应返还给被保险人。在赔付全部损失的情况下,保险公司取得代位权的同时还取得残存货物的所有权。即使残存的货值大于保险公司的赔付额,超出部分仍归保险公司所有。

4. 近因原则

近因是指对事故的发生起到直接的、决定性的、有效的、统帅性的、不可避免的因素。与哲学上的因果尚有不同,保险法中的近因,更强调法律的公平合理性,而不拘泥于通常所谓的因果关系。在多个原因导致一个事故发生时,法院强调的是主因的作用。主因在时间上不一定是最接近的原因。是否是主因,由法院来判断。[①] 货物损失的发生与承保范围内的意外事故之间需存在直接的因果关系。如果货物损失不是由承保范围内的意外事故引起的,或属于承保免责范围之内,则保险人不予赔偿。

二、承保的风险与损失

(一) 承保的风险

在国际货物运输中,会遇到各种意外事故,这些意外事故具体可分为以下几种:(1) 自然灾害,指与航行有关的如海啸、地震、飓风、雷电等恶劣气候和自然灾害。(2)意外事故,指与

① 英国保险法关于近因原则的规定,属任意条款,双方可作改变。我国法律对此未作规定。

航行有关的如触礁、颠覆、碰撞、失踪等意外事故。(3)外来风险,指由偷窃、受潮、串味、钩损、玷污等外来原因,以及由战争、暴动、罢工等特殊原因造成的货物损失、灭失等。

(二) 赔偿的损失

由上述原因造成的货物损失可分为两类:货物本身遭受的全部损失和部分损失以及为营救货物支出的费用。

1. 全部损失(total loss)

包括实际全损(actual total loss)和推定全损(constructive total loss)。

(1) 实际全损。按照英国保险法解释,所谓实际全损是指货物全部毁灭或因受损而失去原有用途,或被保险人已无可挽回地丧失了保险标的。对于实际全损,保险人给予赔偿。

(2) 推定全损。是指货物受损后对货物的修理费用,加上续运到目的地的费用,估计将超过其运到后的价值。对推定全损,由被保险人选择:按实际全损进行索赔;或者按部分损失进行索赔。如按实际全损索赔,则必须向保险人发出委付通知(notice of abandonment),即把全损货物委付给保险人。如不发通知,则视为按部分损失进行处理。

委付指在推定全损的情况下,被保险人把残存货物的所有权转让给保险公司,请求取得全部保险金额。委付是被保险人的单方行为,保险公司没有必须接受委付的义务。但委付一经接受则不能撤回。接受委付后,保险公司取得残存货物的所有权,当损失是由第三方过失引起时,同时取得向有过失的第三方代位追偿的权利。如追偿额超过保险公司的赔付额,也不必将超出部分退还被保险人。有时,保险公司为了尽快解除保险合同,可以宣布放弃代位求偿或委付权而赔偿全部保险金额。

2. 部分损失(partial loss)

部分损失指除了全部损失以外的一切损失。在海上运输货物保险中,分为共同海损、单独海损和单独费用。

(1) 共同海损(general average)。1974 年《约克—安特卫普共同海损理算规则》规则 A 规定:"只有在为了共同安全,使同一航程中的财产脱离危险,有意而合理地作出特殊牺牲或引起特殊费用时,才能构成共同海损行为。"《中国国际贸易促进委员会共同海损理算暂行规则》第 1 条规定:"在海上运输中,船舶和货物等遭遇自然灾害、意外事故或其他特殊情况,为了解除共同危险,采取合理措施所引起的下列特殊损失和合理的额外费用,属于共同海损:一、为了抢救船舶和货物等而造成的船、货等合理损失。二、船舶驶入避难港的额外费用,在避难港额外停留期间的港口费用,以及事后载有原货物驶出的额外费用。三、船舶由于驶往避难港而延长航程和在避难港额外停留期间支付的船员工资和给养,以及消耗的燃料和物料的费用。四、救助费用、抢卸和重装货物等的费用以及其他额外费用。由于本航程中的意外事故,为了安全地完成航程必须修理时,船舶在修理港合理停留期间必须支付的港口费用、船员工资和给养、消耗的燃料和物料费用,以及由于修理而卸载、重装和移动船上货物等所引起的费用和损失,在当前情况下可列入共同海损。为了节省原应列入共同海损的费用而支付的费用,可以作为代替费用列入共同海损,这些费用,除经船、货双方同意的以外,不得超过被节省的费用。除以上三款所列的损失和费用外，其他一切间接损失，包括由于迟延所引起的一切损失和费用，都不属于共同海损。”

概括起来，共同海损是指在海上运输中，船舶、货物遭到共同危险，船方为了共同安全，有意和合理地作出特别牺牲或支出的特殊费用。共同海损的成立需具备以下条件：① 必须有危及船、货共同安全的危险存在。这种危险是共同的、真实的，不是臆想和推断的。② 牺牲和费用是特殊的、直接的。但海上遇到台风，船开往避风港，不算特殊。③ 牺牲和费用是有意的。即是人为的、有意识的行为，而不是意外事故。④ 牺牲和费用是合理的。共同海损行为之作出，是必要的、节约的，符合全体利益的。例如，抛货是价低体重的，符合当时情况的需要，牺牲和费用是为共同安全作出的。⑤ 共同海损措施是有效的。经过有意采取这些合理措施后，船、货得到部分挽救和保留。作为构成共同海损的以上条件，缺一不可。对于共同海损所作牺牲和支出的费用，用获救船舶、货物、运费获救后的价值按比例在所有与之有利害关系的受益人之间进行分摊。因此，共同海损属于部分损失，保险公司对共同海损牺牲和费用以及共同海损分摊都给予赔偿。

（2） 单独海损（particular average），指货物由承保风险引起的不属于共同海损的部分损失。单独海损是海上运输中非任何人的有意行为造成的，只涉及船舶或货物单独一方利益的部分损失。因此，这种损失只能由受损失方自己承担。保险公司对单独海损造成的部分损失是否给予赔偿，取决于当事人投保的险别以及保险单的条款是如何规定的。

（3） 单独费用（particular charges），指为了防止货物遭受承保风险造成的损失或灭失而支出的费用。由于保险单上通常都载有“诉讼与营救条款”（sue and labour clause，又称“损害防止条款”），因此，单独费用都能得到保险公司补偿。

三、保险单

与货物运输有关的保险单主要有以下几种：

（1） 定值保险单，指载明保险标的的约定价值的保险单。该价值就是保险公司在保险事故发生后的赔偿价值。通常为货物的 CIF 价或 CIP 价加上 10% 的买方预期利润。

（2） 航程保险单，指以一次或多次航程为期限的保险单。航程保单中通常订有“运输条款”（transit clause）或更改航程条款（change of voyage clause）。依据前者，如航程中发生了被保险人不能控制的绕航、卸货、重装、转船、延误等，保险合同继续有效。依据后者，如遇变更目的港或不正当绕航，保险公司在增收保费的情况下，保险合同继续有效。

（3） 流动保险单（floating or blanket policy），指保险人与被保险人就总的承保条件，如承保风险、费率、总保险金额、承保期限等，事先予以约定，细节留待以后申报的保单确定。根据流动保单，被保险人按承保期间内可能启运的货物价值预交保费存款，在每批需要承保的货物装运后通知保险人，保险单自动生效。每批货值从货物的总价值中扣除，直至保险总金额用完，保险合同终止。因此，在流动保单中，被保险人得不到保单本身，而是得到保险公司开出的保险凭证。为此，买卖合同一般都规定“买方必须接受保险单和（或）保险凭证”。否则,卖方必须提供正式保险单。因流动保单手续简便,所以在实践中,特别当托运人是大规模从事出口贸易的商人时,使用非常普遍。

(4) 预约保险单(open policy),又称开口保单,与流动保单类似,只是在保单中未规定保险总金额。承保货物一经启运,被保险人通知保险人后,保单自动生效。合同终止取决于被保险人和保险人之间的约定,任何一方在收到对方终止合同的通知后,合同即告终止。

(5) 重复保险单,指被保险人在同一保险期间内与数个保险人就同一保险利益、同一保险事故分别订立数个保险合同。重复保险金额的总额不得超过保险标的的价值。如为获取不当利益之目的恶意从事重复保险,则保险合同无效。

(6) 保险凭证(insurance certificate),是一种简式保险合同。通常仅载有正式保险单正面所具有的条款,如被保险人名称、保险货物名称、运输工具种类与名称、投保险别、保险期限、保险金额等,而对正式保单背面有关被保险人和保险人权利义务的规定则不予登载。当事人在采用流动保单和预约保单的方式投保时,被保险人得不到正式保单,只能得到保险凭证。

关于保险凭证的法律效力问题,各国法律与国际惯例的态度不同。归纳起来有三种:第一,视保险凭证具有保险单的效力。例如,《美国统一商法典》和《1941 年美国对外贸易定义修订本》规定,卖方有权取得保险单或可转让的保险凭证。[①] 2010 年《国际贸易术语解释通则》CIF 术语明确规定,卖方提供保险单和其他保险凭证。第二,除非合同中有明确规定,否则不承认保险凭证具有保险单的效力。例如,根据英国判例,在 CIF 合同中,卖方必须提交正式保险单,保险凭证不等于保险单,不足以构成卖方有效的交单。[②] 第三,折中态度。例如,国际法协会 1932 年《华沙—牛津规则》中规定,在 CIF 合同中卖方负责取得海运保险单。在未取得保单时,买方应接受保险商签发的保险凭证,并在买方要求时,尽速提出保险单。如卖方提不出保险单,则保险凭证无效。此外,无论如何,由保险经纪人出具的承保书或暂保单不能代替保险单。[③]

四、保险责任期间和索赔期限

按照一般的国际实践,承保人的责任起讫是从被保险货物运离保险单所载明的启运地仓库或储存处开始运输时起,至该货物到达保险单所载目的地收货人的最后仓库或储存处,或被保险人用作分配、分派或非正常运输的其他储存处所为止,即"仓至仓条款"。如未抵达上述仓库或储存处所,则以货物在最后卸载地后满 60 天为止。

在航空运输中,是在货物卸离飞机后满 30 天为止。如在上述 60 天内(航空运输是在 30 天内)货物被运至保单所载目的地以外地点,则保险责任从货物开始转运时终止。

---

① 参见《美国统一商法典》§ 2－320(2)(c);《1941 年美国对外贸易定义修订本》中 CIF 合同卖方义务的规定。

② 参见 Koskas v. Standard Marine Insurance Co. Ltd,戴维 · M. 萨逊著:《CIF 与 FOB 合同》,对外贸易出版社 1980 年版,第 163 页。

③ 参见《跟单信用证统一惯例》(UCP500)第 34 条(c)。

国际货物运输保险的索赔期限通常从被保险货物在最后卸载地全部卸离运输工具后起算，最多不超过两年。

五、被保险人义务

被保险人通常需承担以下义务：(1) 支付保险费。(2) 如实申报：被保险人或投保人在填写保单时，必须对货物、货物性质、价值等重要事实如实申报，否则，保险人可以解除合同，并对保险标的发生的损失不予赔偿。(3) 及时提货：被保险货物抵达保单所载目的地，被保险人应及时提货。(4) 保全货物：对遭受承保范围内危险的货物，应迅速采取合理措施，减少或防止货物损失。(5) 通知：当获悉航线改变或发现保单所载货物运输工具、航程有遗漏或错误时，被保险人应立即通知保险人，在必要时需另加保费，保险单继续有效。(6) 索赔：当发现货物遭受损失时，应立即向保单上所载明的检验、理赔代理人申请检验，并向承运人、受托人或海关、港务当局索取货损、货差证明，并以书面方式提出索赔。在向保险人提出索赔时，要提供保险单正本、提单、发票、装箱单、磅码单、货损货差证明等有关单据和凭证。

第二节 国际海上货物运输保险法律制度

我国进出口货物运输最常用的保险条款是 C. I. C. 中国保险条款，该条款由中国人民财产保险股份有限公司制定，中国人民银行及中国保险监督委员会审批颁布。C. I. C. 保险条款按运输方式分海洋、陆上、航空和邮包运输保险条款四大类；对某些特殊商品，还配备有海运冷藏货物、陆运冷藏货物、海运散装桐油及活牲畜、家禽的海陆空运输保险条款。以上八种条款，投保人可按需选择投保。

海上货物运输合同是指承运人收取运费，负责将托运人托运的货物经海路由一港运至另一港的合同。国际海上货物运输保险条款常用的是伦敦保险业协会制定的货物保险条款。在我国对外贸易运输中，除上述条款外，还经常使用中国人民保险公司制定的海洋运输货物保险条款。

一、中国人民保险公司保险条款

(一) 海洋运输货物保险条款

1981 年 1 月 1 日修订的《中国人民保险公司海洋运输货物保险条款》(以下简称海洋运输货物保险条款)规定了以下内容：

1. 承保范围

(1) 平安险(Free From Particular Average, F. P. A.)。原意为“单独海损不赔”。平安险是三种基本险别中保险人责任最小的一种。所谓“单独海损不赔”实际上是不确切的，它仅指对由于自然灾害造成的单独海损不赔，对由于意外事故发生的单独海损以及运输工具在运输途中发生搁浅、触礁、沉没、焚毁等意外事故前后发生的单独海损，保险公司仍要赔偿。

《中国人民保险公司海洋运输货物保险条款》规定:“本保险负责赔偿:1. 被保险货物在运输途中由于恶劣气候、雷电、海啸、地震、洪水自然灾害造成整批货物的全部损失或推定全损。当被保险人要求赔付推定全损时,须将受损货物及其权利委付给保险公司。被保险货物用驳船运往或运离海轮的,每一驳船所装的货物可视作一个整批。推定全损是指被保险货物的实际全损已经不可避免,或者恢复、修复受损货物以及运送货物到原订目的地的费用超过该目的地的货物价值。2. 由于运输工具遭受搁浅、触礁、沉没、互撞与流冰或其他物体碰撞以及失火、爆炸意外事故造成货物的全部或部分损失。3. 在运输工具已经发生搁浅、触礁、沉没、焚毁意外事故的情况下,货物在此前后又在海上遭受恶劣气候、雷电海啸等自然灾害所造成的部分损失。4. 在装卸或转运时由于一件或数件整件货物落海造成的全部或部分损失。5. 被保险人对遭受承保责任内危险的货物采取抢救、防止或减少货损的措施而支付的合理费用,但以不超过该批被救货物的保险金额为限。6. 运输工具遭遇海难后,在避难港由于卸货所引起的损失以及在中途港、避难港由于卸货、存仓以及运送货物所产生的特别费用。7. 共同海损的牺牲、分摊和救助费用。8. 运输契约订有‘船舶互撞责任’条款,根据该条款规定应由货方偿还船方的损失。”

(2) 水渍险(With Particular Average, W. P. A.)。原意为“单独海损负责”。《海洋运输货物保险条款》规定的水渍险范围为:“除包括上列平安险的各项责任外,本保险还负责被保险货物由于恶劣气候、雷电、海啸、地震、洪水自然灾害所造成的部分损失。”即水渍险包括平安险以及平安险中不包括的那部分单独海损损失。

(3) 一切险(All Risks, A. R)。《海洋运输货物保险条款》规定:“除包括上列平安险和水渍险的各项责任外,本保险还负责被保险货物在运输途中由于外来原因所致的全部或部分损失。”所谓外来原因是指一般附加险承担的责任,而不包括特别附加险和特殊附加险。因此,投保一切险,并不意味着保险公司承担了一切损失责任。

2. 除外责任

除外责任是指保险公司不承保或不赔偿的范围。《海洋运输货物保险条款》规定:“本保险对下列损失不负赔偿责任:(一) 被保险人的故意行为或过失所造成的损失。(二) 属于发货人责任所引起的损失。(三) 在保险责任开始前,被保险货物已存在的品质不良或数量短差所造成的损失。(四) 被保险货物的自然损耗、本质缺陷、特性以及市价跌落、运输延迟所引起的损失或费用。(五) 本公司海洋运输货物战争险条款和货物运输罢工险条款规定的责任范围和除外责任。”

3. 保险责任起讫

(1) 仓至仓条款(Warehouse to Warehouse Clause, W/W),又称运输条款(Transit Clause)。《海洋运输货物保险条款》在责任起讫部分规定:“本保险负‘仓至仓’责任,自被保险货物运离保险单所载明的起运地仓库或储存处所开始运输时生效,包括正常运输过程中的海上、陆上、内河和驳船运输在内,直至该项货物到达保险单所载明目的地收货人的最后仓库或储存处所或被保险人用作分配、分派或非正常运输的其他储存处所为止。如未抵达上述仓库或储存处所，则以被保险货物在最后卸载港全部卸离海轮后满六十天为止。如在上述六十天内被保险货物需转运到非保险单所载明的目的地时，则以该项货物开始转运时终止。”

（2）扩展责任条款，又称运输合同终止条款（Termination of Contract of Carriage Clause）。《海洋运输货物保险条款》在责任起讫部分规定：“由于被保险人无法控制的运输延迟、绕道、被迫卸货、重新装载、转载或承运人运用运输契约赋予的权限所作的任何航海上的变更或终止运输契约，致使被保险货物运到非保险单所载明目的地时，在被保险人及时将获知的情况通知保险人，并在必要时加缴保险费的情况下，本保险仍继续有效，保险责任按下列规定终止：1. 被保险货物如在非保险单所载明的目的地出售，保险责任至交货时为止，但不论任何情况，均以被保险货物在卸载港全部卸离海轮后满六十天为止。2. 被保险货物如在上述六十天期限内继续运往保险单所载原目的地或其他目的地时，保险责任仍按上述第（一）款的规定终止。”

4. 被保险人的义务

《海洋运输货物保险条款》规定：“被保险人应按照以下规定的应尽义务办理有关事项，如因未履行规定的义务而影响保险人利益时，本公司对有关损失，有权拒绝赔偿。（一）当被保险货物运抵保险单所载明的目的港（地）以后，被保险人应及时提货，当发现被保险货物遭受任何损失，应即向保险单上所载明的检验、理赔代理人申请检验，如发现被保险货物整件短少或有明显残损痕迹应即向承运人、受托人或有关当局（海关、港务当局等）索取货损货差证明。如果货损货差是由于承运人、受托人或其他有关方面的责任所造成并应以书面方式向他们提出索赔，必要时还须取得延长时效的认证。（二）对遭受承保责任内危险的货物，被保险人和本公司都可迅速采取合理的抢救措施，防止或减少货物的损失，被保险人采取此项措施，不应视为放弃委付的表示，本公司采取此项措施，也不得视为接受委付的表示。（三）如遇航程变更或发现保险单所载明的货物、船名或航程有遗漏或错误时，被保险人应在获悉后立即通知保险人并在必要时加缴保险费，本保险才继续有效。（四）在向保险人索赔时，必须提供下列单证：保险单正本、提单、发票、装箱单、磅码单、货损货差证明、检验报告及索赔清单。如涉及第三者责任，还须提供向责任方追偿的有关函电及其他必要单证或文件。（五）在获悉有关运输契约中‘船舶互撞责任’条款的实际责任时应及时通知保险人。”

5. 索赔期限

《海洋运输货物保险条款》规定：“保险单索赔时效，从被保险货物在最后卸载港全部卸离海轮后起算，最多不超过两年。”

（二）海洋运输货物附加险条款

附加险包括一般附加险、特别附加险和特殊附加险三种。

1. 一般附加险

中国人民保险公司规定了如下 11 种一般附加险。这 11 种一般附加险不能单独投保，它们全部包括在一切险之中，或是由投保人在投保了平安险或水渍险之后，根据需要再选择加保其中的一种或几种险别。

(1) 偷窃、提货不着险(theft, pilferage and non - delivery, 简写 T. P. N. D)。中国人民保险公司偷窃、提货不着险条款(1972 年 4 月 1 日修订)规定:“本保险对保险货物遭受下列损失,按保险价值负责赔偿:1. 偷窃行为所致的损失;2. 整件提货不着;3. 根据运输契约规定船东和其他责任方免除赔偿的部分。被保险人必须及时提货,遇有第 1 项所列的损失,必须在提货后十日内申请检验;遇有第 2 项损失必须向责任方取得整件提货不着的证明。否则,本公司不负赔偿责任。本公司有权收回被保险人向船东或其他有关责任方面追偿到的任何赔款,但其金额以不超过本公司支付的赔款为限。”

(2) 淡水、雨淋险(rain fresh water damages)。中国人民保险公司淡水雨淋险条款(1972 年 4 月 1 日修订)规定:“本保险对被保险货物因直接遭受雨淋或淡水所致的损失负责赔偿,但包装外部应有雨水或淡水痕迹或有其他适当证明。被保险人必须及时提货,并在提货后十天内申请检验,否则,本公司不负赔偿责任。”该险别与平安险和水渍险的不同之处在于,后者承保的仅是海水所致损失。

(3) 短量险(risk of shortage)。中国人民保险公司短量险条款(1972 年 4 月 1 日修订)规定:“本保险对被保险货物在运输过程中,因外包装破裂或散装货物发生数量散失和实际重量短缺的损失负责赔偿,但正常的途耗除外。”

(4) 混杂、玷污险(risk of intermixture and contamination)。中国人民保险公司混杂、玷污险条款(1972 年 4 月 1 日修订)规定:“本保险对被保险货物在运输过程中,因混杂、玷污所致的损失,负责赔偿。”

(5) 渗漏险(risk of leakage)。中国人民保险公司渗漏险条款(1972 年 4 月 1 日修订)规定:“本保险对被保险货物在运输过程中,因容器损坏而引起的渗漏损失,或用液体储藏的货物因液体的渗漏而引起的货物腐败等损失,负责赔偿。”

(6) 碰损、破碎险(risk of clashing and breakage)。中国人民保险公司碰损、破碎险条款(1972 年 4 月 1 日修订)规定:“本保险对被保险货物在运输过程中因震动、碰撞、受压造成的破碎和碰撞损失,负责赔偿。”

(7) 串味险(risk of odour)。中国人民保险公司串味险条款(1972 年 4 月 1 日修订)规定:“本保险对被保险食用物品、中药材、化妆品原料等货物在运输过程中,因受其他物品的影响而引起的串味损失,负责赔偿。”

(8) 受潮、受热险(damages caused by sweating and/or heating)。中国人民保险公司受潮、受热险条款(1972 年 4 月 1 日修订)规定:“本保险对被保险货物在运输过程中因气温突然变化或由于船上通风设备失灵致使船舱内水汽凝结、发潮或发热所造成的损失,负责赔偿。”

(9) 钩损险(hook damages)。中国人民保险公司钩损险条款(1972 年 4 月 1 日修订)规定:“本保险对被保险货物在装卸过程中因遭受钩损而引起的损失,以及对包装进行修补或调换所支付的费用,均负责赔偿。”

（10）包装破裂险（loss and/or damages caused by breakage of packing）。中国人民保险公司包装破裂险条款（1972 年 2 月 1 日修订）规定："本保险对被保险货物，在运输过程中因搬运或装卸不慎，包装破裂所造成的损失，以及为继续运输安全所需要对包装进行修补或调换所支付的费用，均负责赔偿。"

（11）锈损险（risk of rusting）。中国人民保险公司锈损险条款（1972 年 4 月 1 日修订）规定："本保险对被保险货物在运输过程中，发生的锈损，负责赔偿。"

2. 特别附加险

中国人民保险公司规定了以下 7 种特别附加险：

（1）交货不到险（failure to deliver）。指自货物装上船舶时开始，满 6 个月未运到原目的地交货，则不论任何原因，保险公司按全损予以赔付。但是对于战争险下可以赔付的损失或因未申领进口许可证不能进口导致的交货不到，保险公司不予赔偿。

（2）进口关税险（import duty）。承保被保险货物发生保险范围内损失，被保险人仍要按完好货物的价值交纳进口关税时，保险公司对这部分关税损失给予赔偿。

（3）舱面险（on deck）。承保货物因置于舱面被抛弃或风浪冲击落水的损失。

（4）拒收险（rejection）。承保被保险货物在进口时，不论什么原因，在进口港遭有关当局禁止进口或没收发生的损失。为此，被保险人必须保证提供所保货物进口所需要的许可证及其他证明文件。

（5）黄曲霉素险（aflatoxin）。承保被保险货物经进口国卫生当局化验发现其所含黄曲霉素超过规定的限制标准，被拒绝进口、没收或强制改变用途而造成的损失。

（6）出口货物到香港（九龙）或澳门存仓火险责任扩展条款（fire risk extension clause—for storage of cargo at destination Hong Kong including Kowloon or Macao）。承保出口到香港（包括九龙）或澳门的货物，卸离运输工具后，如直接存放于保单所载明的过户银行所指定的仓库时，保单存仓火险责任扩展，自运输责任终止时开始，直至银行收回押款解除对货物的权益后终止，或自运输责任终止时起算，满 30 天为限。

（7）卖方利益险（contingency insurance covers sellers interest only）。承保在 FOB 和 CFR 合同中以托收方式支付货款的情况下，买方拒绝付款赎单时卖方蒙受的货物损失。

3. 特殊附加险

特殊附加险包括战争险、战争险的附加费用和罢工险三种。

（1）战争险（war risk）。中国人民保险公司海上运输货物战争险条款（1981 年 1 月 1 日修订）规定："本保险负责赔偿：（一）直接由于战争、类似战争行为和敌对行为、武装冲突或海盗行为所致的损失。（二）由于上述（一）款引起的捕获、拘留、扣留、禁制、扣押所造成的损失。（三）各种常规武器，包括水雷、鱼雷、炸弹所致的损失。（四）本条款责任范围引起的共同海损的牺牲、分摊和救助费用。"但是，该条款规定："本保险对下列各项不负赔偿责任：（一）由于敌对行为使用原子或热核制造的武器所致的损失和费用。（二）根据执政者、当权者或其他武装集团的扣押、拘留引起的承保航程的丧失和挫折而提出的任何索赔。"

战争险的承保责任期间与其他险别有很大不同。该条款规定:“(一) 本保险责任自被保险货物装上保险单所载起运港的海轮或驳船时开始到卸离保险单所载明的目的港的海轮或驳船时为止。如果被保险货物不卸离海轮到驳船,本保险责任最长期限以海轮到达目的港的当日午夜起算满十五天为限,海轮到达上述目的港是指海轮在该港区内一个泊位或地点抛锚、停泊或系缆,如果没有这种泊位或地点,则指海轮在原卸货港或地点或附近第一次抛锚、停泊或系缆。(二) 在中途港转船,不论货物在当地卸载与否,保险责任以海轮到达该港或卸货地点的当日午夜起算满十五天为止,俟再装上续运海轮时恢复有效。(三) 如运输契约在保险单所载明目的地以外的地点终止时,该地即视为本保险目的地,仍照前述(一)款的规定终止责任,如需运往原目的地或其他目的地时,在被保险人于续运前通知保险人并加缴保险费的情况下,可自装上续运的海轮时重新有效。(四) 如运输发生绕道,改变航程或承运人运用运输契约赋予的权限所作的任何航海上的改变,在被保险人及时将获知情况通知保险人,在必要时加缴保险费的情况下,本保险仍继续有效。”

(2) 战争险的附加费用(additional expenses—war risks)。承保因战争后果所引起的附加费用,如卸货、存仓、转运、关税等。

(3) 罢工险(strikes risk)。承保因罢工被迫停工、工潮、暴动或民变造成被保险货物的直接损失。按照国际保险习惯,罢工险通常与战争险同时承保,投保人只需在保单上注明战争险包括罢工险,并附上罢工险条款即可,无须另加付保险费。

二、伦敦保险业协会货物保险条款

在我国的进出口业务中,除了使用中国人民保险公司的保险单和货物保险条款外,常用的还有伦敦保险业协会制定的货物保险条款。目前通用的是 1983 年 4 月 1 日起与新保险单配套使用的新货物保险条款。

(一) 伦敦保险业协会货物保险条款的特点

1. 用英文字母表示原来各基本险别名称。新保险险别分别改用英文字母 A、B、C 来表示旧的一切险、水渍险和平安险,从而避免了过去因险别名称含义不清且与承保范围不符而容易产生的误解。

2. 消除了原险别之间的交叉和重叠。例如,原水渍险和平安险承保的范围基本是重叠的。水渍险只增加了平安险不承保的那一部分,即对由于自然灾害引起的货物部分损失给予赔偿。而平安险虽称单独海损不赔,但对在运输工具发生触礁、搁浅等意外事故的情况下,如在此之前或之后又遇自然灾害给货物造成部分损失,又给予赔偿。这样水渍险和平安险之间的差别更小了。修改后 B 险承保因自然灾害造成的全部或部分损失,以及因重大或非重大意外事故(如装卸时货物落海或摔落造成整件全损)造成的货物全部或部分损失;而 C 险只承保由重大意外事故造成的货物全损或部分损失,这样,两种险别之间减少了交叉和重叠,界限更为清楚。

3. 新货物险条款增加了承保陆上风险。如 B、C 条款承保由于陆上运输工具的颠翻、出轨、碰撞引起的保险标的的损失或损害,以及湖水、河水浸入船舶造成的损害。

4. 独立投保的保险条款。伦敦保险业协会的新货物保险条款共有六种。除协会货物保险 A、B、C 条款外,还有协会战争险条款、罢工险条款、恶意损害险条款。除恶意损害险条款外,各条款均分为承保范围、除外责任、期限、赔偿、保险受益、减少损失、避免延误、法律和惯例以及附注 9 部分,19 项条款。与旧货物保险条款不同,新的协会战争险条款和罢工险条款既可以在投保了 A、B 或 C 条款后加保,也可以在需要时作为独立的险别进行投保。

(二) 六种保险条款的承保范围与除外责任

1. 协会货物保险条款 A(Institute Cargo Clause A)

相当于旧协会货物保险"一切险"条款。其承保范围为一切险减除外责任。即除了该条款规定的除外责任外,承保被保险货物的一切灭失和损害的风险及费用。除外责任包括两部分:一般除外责任和特殊除外责任。

一般除外责任包括:(1) 被保险人的故意行为造成的损失、损害或费用;(2) 保险标的的自然渗漏、重量和数量的自然消耗、自然磨损或破裂;(3) 因保险标的包装或准备不充分或不适当造成的损失或费用,此包装指由被保险人或其雇佣人完成的包括集装箱或运输专用箱在内的装载;(4) 因保险标的内在缺陷或性质引起的损害或费用;(5) 因延迟直接造成的损失、损害或费用;(6) 因船舶所有人、经理人、租船人或经纪人破产或拖欠款项造成的损失、损害和费用;(7) 因使用任何原子或核子裂变和(或)聚变或其他类似反应堆或放射性作用或物质的战争武器而造成的损失、损害或费用。

特殊除外责任包括船舶不适航、不适货以及战争、罢工。(1)"不适航、不适货"包括:船舶或驳船的不适航;船舶、驳船、运输工具、集装箱或运输专用箱不适宜安全运送保险标的;当保险标的装载时,被保险人或其雇佣人员知道这种不适航或不适货。(2)"战争、罢工"包括:战争、内乱、革命、叛乱、造反或由此引起的骚乱,或交战势力或针对交战势力的任何敌对行为;捕获、拘留、扣留、禁制或扣押(海盗行为除外)及因此引起的后果或任何企图;遗弃的水雷、鱼雷、炸弹或其他遗弃的战争武器;因罢工、停工、工潮、暴动或民变造成;因任何恐怖主义者或任何带有政治动机的人的行为造成。

2. 协会货物保险条款 B(Institute Cargo Clause B)

相当于旧协会货物保险条款"水渍险"。其承保因自然灾害以及重大与非重大意外事故造成的保险标的的损失或损坏。自然灾害包括:地震、火山爆发或雷电等。重大意外事故包括:火灾或爆炸;船舶或驳船搁浅、触礁、沉没或倾覆;陆上运输工具的颠翻或出轨;船舶、驳船或运输工具与除水之外的任何外界物体的碰撞或接触;在避难港卸货。非重大意外事故包括:货物在装卸时落海或摔落造成整件货物的灭失。此外,还承保共同海损牺牲,抛货或浪击入海,海、湖或河水进入船舱、驳船、运输工具、集装箱、运输专用箱或储存处所造成的损失。

在除外责任中,与协会货物保险条款 A 的规定除两点不同外,其余均与 A 条款的除外责任相同。这两个不同点是:(1) 除被保险人外,A 条款对一切人的故意行为造成的损失、损害或费用给予承保;而B条款对任何一人或数人采取非法行为故意损坏或故意破坏保险标的或其中任何一部分,均不予承保(第47条)。(2)在战争险除外责任中,A条款将海盗行为从战争除外责任中排除,即对海盗行为引起的后果予以承保;B条款在战争除外责任中未将海盗行为排除,则意味着对海盗行为造成的后果不予承保(第62条)。

3. 协会货物保险条款C(Institute Cargo Clause C)

相当于旧协会货物保险的"平安险"。其承保因重大意外事故造成的保险标的损失、损害及其费用。此外,还承保共同海损牺牲与抛货。

除外责任与协会货物保险条款B相同,故不赘述。

4. 协会货物战争险条款(Institute War Clause—Cargo)

承保范围包括:(1)战争等敌对行为对货物造成的损害。(2)因战争行为引起的捕获、扣留、扣押等。(3)非敌对行为使用原子武器造成的损失。但对海盗行为、敌对行为使用原子武器不予承保。

5. 协会货物罢工险条款(Institute Strike Clause—Cargo)

承保范围包括:(1)由罢工者及参与罢工的人员造成的货物损失或损害;(2)因罢工、停工等给保险标的造成的损害;(3)恐怖分子或出于政治动机而行动的人对保险标的造成的损害。但对航程终止后因罢工造成的存仓费、重新装船费等不予承保。

6. 恶意损害险条款(Malicious Damage Clause)

与修改前的"罢工、暴动和民变险"内容基本相同。其承保由于恶意行动、故意破坏行动而导致的保险标的的灭失或损害。但如是出于政治动机的人的行为,则不予承保。

关于各险承保责任起讫,新、旧条款的规定与《中国人民保险公司海洋运输货物保险条款》的规定基本相同。

第三节 其他国际货物运输保险法律制度

本节所述其他国际货物运输保险制度主要包括国际陆上货物运输保险制度和国际航空货物运输保险制度。中国人民保险公司也制定了相应的《陆上运输货物保险条款》和《航空运输货物保险条款》。每种运输保险条款都对责任范围、除外责任、责任起讫、被保险人义务、索赔期限这五部分进行了详细说明。

一、国际陆上货物运输保险法律制度

国际陆上货物运输保险是国际陆上货物运输的重要环节,其法律制度主要以国际海上货物运输保险为蓝本,其很多法律制度与国际海上货物运输保险相类似。

(一)承保范围

《陆上运输货物保险条款》规定:"本保险分为陆运险和陆运一切险二种。被保险货物遭受损失时,本保险按保险单上订明的承保险别条款的规定负赔偿责任。(一)陆运险。本

保险负责赔偿:1. 被保险货物在运输途中遭受暴风、雷电、洪水、地震自然灾害或由于运输工具遭受碰撞、倾覆、出轨或在驳运过程中因驳运工具遭受搁浅、触礁、沉没、碰撞,或由于遭受隧道坍塌、崖崩或失火、爆炸意外事故所造成的全部或部分损失。2. 被保险人对遭受承保责任内危险的货物采取抢救、防止或减少货损的措施而支付的合理费用,但以不超过该批被救货物的保险金额为限。(二) 陆运一切险。除包括上列陆运险的责任外,本保险还负责被保险货物在运输途中由于外来原因所致的全部或部分损失。"

(二) 除外责任

《陆上运输货物保险条款》规定:"本保险对下列损失不负赔偿责任:(一) 被保险人的故意行为或过失所造成的损失。(二) 属于发货人责任所引起的损失。(三) 在保险责任开始前,被保险货物已存在的品质不良或数量短差所造成的损失。(四) 被保险货物的自然损耗、本质缺陷、特性以及市价跌落、运输延迟所引起的损失或费用。(五) 本公司陆上运输货物战争险条款和货物运输罢工险条款规定的责任范围和除外责任。"

(三) 责任起讫

《陆上运输货物保险条款》规定了"仓至仓"责任。该条款规定:"本保险负'仓至仓'责任,自被保险货物运离保险单所载明的起运地仓库或储存处所开始运输时生效,包括正常运输过程中的陆上和与其有关的水上驳运在内,直至该项货物运达保险单所载目的地收货人的最后仓库或储存处所或被保险人用作分配、分派的其他储存处所为止,如未运抵上述仓库或储存处所,则以被保险货物运抵最后卸载的车站满 60 天为止。"

(四) 被保险人义务

《陆上运输货物保险条款》规定:"被保险人应按照以下规定的应尽义务办理有关事项,如因未履行规定的义务而影响本公司利益时,本公司对有关损失有权拒绝赔偿。(一) 当被保险货物运抵保险单所载目的地以后,被保险人应及时提货,当发现被保险货物遭受任何损失,应即向保险单上所载明的检验、理赔代理人申请检验。如发现被保险货物整件短少或有明显残损痕迹,应即向承运人、受托人或有关当局索取货损货差证明,如果货损货差是由于承运人、受托人或其他有关方面的责任所造成,并应以书面方式向他们提出索赔,必要时还需取得延长时效的认证。(二) 对遭受承保责任内危险的货物,应迅速采取合理的抢救措施,防止或减少货物损失。(三) 在向保险人索赔时,必须提供下列单证:保险单正本、提单、发票、装箱单、磅码单、货损货差证明、检验报告及索赔清单。如涉及第三者责任还须提供向责任方追偿的有关函电及其他必要单证或文件。"

(五) 索赔期限

与海运保险相同,保险索赔时效,从被保险货物在最后目的地车站全部卸离车辆后计算,最多不超过两年。

二、国际航空货物运输保险法律制度

与国际陆上货物运输保险制度相类似,国际航空货物运输保险制度也是以国际海上货物运输保险法律制度为蓝本而创设。

（一）责任范围

《航空运输货物保险条款》对航空货物运输保险的责任范围进行了说明。该条款规定："本保险分为航空运输险和航空运输一切险两种。被保险货物遭受损失时，本保险按保险单上订明的承保险别的条款负赔偿责任。（一）航空运输险。本保险负责赔偿：1. 被保险货物在运输途中遭受雷电、火灾或爆炸或由于飞机遭受恶劣气候或其他危难事故而被抛弃，或由于飞机遭受碰撞、倾覆、坠落或失踪意外事故所造成的全部或部分损失。2. 被保险人对遭受承保责任内危险的货物采取抢救、防止或减少货损的措施而支付的合理费用，但以不超过该批被救货物的保险金额为限。（二）航空运输一切险。除包括上列航空运输险的责任外，本保险还负责被保险货物由于外来原因所致的全部或部分损失。"

（二）除外责任

《航空运输货物保险条款》关于除外责任的规定与海运、陆运保险的规定基本相同。该条款规定："本保险对下列损失，不负赔偿责任：（一）被保险人的故意行为或过失所造成的损失。（二）属于发货人责任所引起的损失。（三）保险责任开始前，被保险货物已存在的品质不良或数量短差所造成的损失。（四）被保险货物的自然损耗、本质缺陷、特性以及市价跌落、运输延迟所引起的损失或费用。（五）本公司航空运输货物战争险条款和货物运输罢工险条款规定的责任范围和除外责任。"

（三）责任起讫

《航空运输货物保险条款》同样规定了"仓至仓"责任以及责任扩展。该条款规定："（一）本保险负'仓至仓'责任，自被保险货物运离保险单所载明的起运地仓库或储存处所开始运输时生效，包括正常运输过程中的运输工具在内，直到该项货物运达保险单所载明目的地收货人的最后仓库或储存处所或被保险人用作分配、分派或非正常运输的其他储存处所为止。如未运抵上述仓库或储存处所，则以被保险货物在最后卸载地卸离飞机后满三十天为止。如在上述三十天内被保险的货物需转送到非保险单所载明的目的地时，则以该项货物开始转运时终止。（二）由于被保险人无法控制的运输延迟、绕道、被迫卸货、重行装载、转载或承运人运用运输契约赋予的权限所作的任何航行上的变更或终止运输契约，致使被保险货物运到非保险单所载目的地时，在被保险人及时将获知的情况通知保险人，并在必要时加缴保险费的情况下，本保险仍继续有效。保险责任按下述规定终止：1. 被保险货物如在非保险单所载目的地出售，保险责任至交货时为止。但不论任何情况，均以被保险的货物在卸载地卸离飞机后满三十天为止。2. 被保险货物在上述三十天期限内继续运往保险单所载原目的地或其他目的地时，保险责任仍按上述第（一）款的规定终止。"

（四）被保险人义务

《航空运输货物保险条款》规定的被保险人的义务与其他形式的运输保险中的被保险人义务基本相同。该条款规定："被保险人应按照以下规定的应尽义务办理有关事项，如因未履行规定的义务而影响本公司利益时，本公司对有关损失有权拒绝赔偿。（一）当被保险货物运抵保险单所载目的地以后，被保险人应及时提货；当发现被保险货物遭受任何损失，应即向保险单上所载明的检验；理赔代理人申请检验；如发现被保险货物整件短少或有明显残损痕迹应即向承运人、受托人或有关当局索取货损货差证明；如果货损货差是由于承运人、受托人或其他有关方面的责任所造成，并应以书面方式向他们提出索赔。必要时还须取得延长时效的认证。（二）对遭受承保责任内危险的货物，应迅速采取合理的抢救措施，防止或减少货物损失。（三）在向保险人索赔时，必须提供下列单证：保险单正本、提单、发票、装箱单、磅码单、货损货差证明、检验报告及索赔清单，如涉及第三者责任还须提供向责任方追偿的有关函电及其他必要单证或文件。”

（五）索赔期限

保险索赔时效与其他形式的国际货运保险基本相同。从被保险货物在最后卸载地卸离飞机后起计算，最多不超过两年。

三、国际联运货物保险条款

关于国际联运货物保险，目前我国尚无单独的保险条款。实践中，采取按各个承保区段分别计算的办法处理。

本章小结

国际货物运输保险是国际贸易法的重要组成部分，同时也是国际保险法的重要组成部分。因此，在国际贸易保险中，国际货物运输保险也必须遵守保险法的一般原则和制度。由于国际上没有达成有关国际公约，因此，国际货物运输保险主要依靠各国国内法调整。

本章思考题

1. 分析绝对诚信原则与近因原则的相互关系。
2. 国际海上货物运输保险标的的损失种类及界定。
3. 委付和代位的含义。
4. 国际海上货物运输保险的主要险别及其承保范围。

必读法规

1. 中国人民保险公司保险条款（包括海洋运输、铁路运输、航空运输）
2.《伦敦保险业协会货物保险条款》
3.《中华人民共和国保险法》
4.《中华人民共和国海商法》

推荐阅读书目

1. 黄敬阳主编:《国际货物运输保险》,对外经济贸易大学出版社 2005 年版。

2. 顾寒梅、张华编著:《国际货物运输保险理论与实务》,中国物资出版社 2005 年版。

3. 汪鹏南著:《现代海上保险法的理论与实践》,大连海事大学出版社 2004 年版。

4. 莫世健著:*International Commercial Law*,中国法制出版社 2004 年版。

5. 汪鹏南著:《海上保险合同法详论》(第二版),大连海事大学出版社 2003 年版。

6. [英]Malcolm A. Clarke 著:《保险合同法》(第三版),何美欢、吴志攀等译,北京大学出版社 2002 年版。

7. [英]Donald O′may,[英]Juliam Hill 著:《OMAY 海上保险:法律与保险单》,郭国汀等译,法律出版社 2002 年版。

8. 沈木珠著:《国际贸易法研究》,法律出版社 2002 年版。

9. 张湘兰主编:《海上保险与索赔理赔》,人民法院出版社 2002 年版。

10. 史学瀛、郭宏彬主编:《保险法前沿问题案例研究》,中国经济出版社 2001 年版。

11. 余劲松、吴志攀主编:《国际经济法》(第四版),北京大学出版社,高等教育出版社 2014 年版。

12. 杨良宜、汪鹏南著:《英国海上保险条款详论》(第二版),大连海事大学出版社 2009 年版。

13. 杨良宜著:《海上保险》,大连海运学院出版社 1985 年版。

典型案件

谢肯塔诉 UMS GENERALI MARINE S. P. A 海上货物运输保险合同纠纷

第六章　国际贸易支付法律制度

国际货物贸易支付是实现国际货物买卖的重要环节。与国内贸易支付相比，国际货物贸易支付更加复杂。因为国际贸易支付会遇到国内贸易支付所没有的汇率变动风险、外汇管制风险、法律冲突所带来的适用法律方面的不确定性等特殊问题。

第一节　国际贸易支付工具
第二节　国际贸易支付方式

第一节　国际贸易支付工具

国际贸易支付工具是指买卖双方之间进行货款支付所采用的手段。国际贸易支付工具主要包括货币和票据。以货币(现金)支付货款无论在国际贸易还是在国内贸易中既不方便,又不安全,因而很少采用,更常用的是以代替货币流通的票据进行货款的收付。

一、支付货币

国际货物买卖合同中所规定的支付货币一般与计价货币相一致,但当事人亦可约定不同于计价货币的货币来进行支付。

国际货物买卖合同中规定的支付货币可能是进口国的货币、出口国的货币或第三国的货币,这将取决于下列因素:(1) 货币是否可以自由兑换。国际贸易在客观上需要以可自由兑换的货币作为支付工具,所以货款的支付一般以可自由兑换的货币来完成。(2) 货币的币值是否稳定。币值的上涨或下降对买卖双方的损益是不同的,如果支付时的币值高于买卖合同签订时的币值,则卖方受益,买方受损;反之则卖方受损,买方受益。虽然谈判双方力量的差异会使支付货币的选择有时有利于力量占优的一方,但外汇市场变化无常,无法预测,因此买卖双方一般会选择币值相对稳定的货币。(3) 政治风险。所约定货币的发行国或支付地所在国不会对买方或卖方所属国采取冻结资产等使支付不能进行或不能顺利进行的措施。(4) 行业习惯。在国际贸易中,某些商品的买卖习惯上以某种货币(如英镑)报价、计价和支付,买卖双方一般会遵循这样的习惯。

二、票据

(一) 票据的法律特性

票据作为一种有价证券,具有如下特点:

1. 票据是流通证券

多数国家的立法都倾向于肯定和保护票据的流通性。它主要表现在:(1) 规定票据可以自由转让,让与人或受让人不必通知债务人(付款人)就可以使受让人能以自己的名义对债务人行使权利。而民法上的债权(如合同权利)虽然一般亦可转让,但以通知债务人为转让生效的条件。(2) 规定正当持票人享有优于前手的权利,而合同权利的受让人则不受此种保护。合同的无效或被撤销会导致受让人合同权利的无效或终止,债务人对让与人(原债权人)享有的抗辩权利对受让人照样有效。

2. 票据是无因证券

票据是支付命令或承诺,出票人之所以作出这样的命令或承诺,一般是因为他与受款人之间另有法律关系存在,在该法律关系中他负有向受款人支付一定金额的义务,这一基础法律关系即是票据的因,比如买卖合同关系。所谓票据不要因,是指在非基础法律关系当事人的票据当事人之间,其权利义务关系不受基础法律关系的影响,特别是基础法律关系的履行情况并不影响票据的权利义务关系,这种关系完全以票据上的文字记载为准。

3. 票据是一种要式证券

要式是指票据必须以书面做成,必须具备法律规定的某些格式(如背书一般在背面书写),更重要的是必须记载法律规定的事项和内容。这是因为,票据作为一种流通证券,其权利和义务完全凭票据法上的文义来确定,如果票据上的记载事项不划一或者对其中某些重要事项没有载明或记载不清,则当事人间的权利义务就难以确定,票据的流通性也会因而受到影响。

(二)票据法律体系

资本主义各国都制定了关于票据的法律,但各国票据法的编制体例不完全相同。从形式上看,英国、德国等国采取单行立法的形式,专门制订了关于票据的单行法规。法国等一些国家列入商法典内作为商法典的一个组成部分。美国各州原来都订有各自的票据法,后来各州相继采用了《美国统一商法典》,该法第三篇调整可流通票据。瑞士则把票据法编入债务法典内,作为该法典的一个组成部分。

1. 法国法系

法国票据法历史最久,早在1673年"商事条例"中就有关于票据的规定。后来经过修订编入1807年《法国商法典》内,作为其中的一章。法国法系的主要特点是,仅把票据作为代替现金输送的工具,而很少考虑以票据作为流通手段和信用工具。其具体表现是没有把票据关系与其基础关系严格区别开来,按照法国法律,凡是票据必须载明对价文句,表明已收到对价,否则就不能产生票据法上的效力。同时,法国法强调在汇票和支票的出票人与付款人之间要有资金关系。法国票据法对欧洲各国早期的票据立法曾产生过重大的影响。但是,随着时代的推移和商业经济的发展,法国票据法的某些原则已不能适应近代经济发展的需要。因此,某些原来仿效法国票据法的国家,如意大利、西班牙、比利时等国后来都舍弃法国法转而采用德国的票据立法原则,不再要求在出票人与付款人之间必须要有资金关系。

2. 德国法系

德国法系,又称日耳曼法系。《德国票据法》公布于1871年,它亦注重票据的流通作用和作为信贷工具的职能。其特点是在某些方面与英国票据法相近,而与法国票据法不同。德国法认为,票据是一种不要因的证券,票据上的权利不受其基础关系的影响。但德国法对票据的形式要求比英国法严格。现在,欧洲大陆许多国家(如意大利、西班牙、比利时、瑞典、瑞士等国)的票据法,都属于德国法系。

3. 英国法系

英国法系包括英国、美国以及某些受英国普通传统影响的国家,其中有代表性的是英国1882年《汇票法》和《美国统一商法典》第三编。英美票据法的主要特点是,注重票据的流通作用与信用工具的作用,保护正当的持票人。其具体表现是,把票据关系与其基础关系分离开来,即不问票据的对价关系或资金关系如何,凡正当持票人均受法律的保护,而且在形式上也采取较灵活的态度,不像大陆法国家那样严格。这对于发挥票据在经济生活中的作用,扩大票据的流通,加速资金的周转都是有利的。

4. 日内瓦公约体系

由于各国票据法存在着重大分歧,给票据在商业上的使用、特别是在国际结算中的流通使用带来了许多的不便。因此,从19世纪开始就有一些国际组织主张把各国的票据法加以统一,制定一套有关票据的统一法公约。经过长期的酝酿准备,终于在20世纪30年代初期通过了4项关于票据的日内瓦公约,即:(1) 1930年《关于统一汇票和本票法的日内瓦公约》;(2) 1930年《关于解决汇票和本票的若干法律冲突的公约》;(3) 1931年《关于统一支票法的日内瓦公约》;(4) 1931年《关于解决支票的若干法律冲突的公约》。

现在许多欧洲国家(如法国、德国、意大利、瑞士、瑞典、比利时、奥地利、希腊、荷兰、挪威、丹麦、芬兰)以及日本和某些拉丁美洲国家已经采用了上述各项日内瓦公约。由于日内瓦公约主要是调和德国法系和法国法系分歧的产物,而这两个法系又同属于大陆法体系,所以,日内瓦公约主要是按照大陆法的传统,特别是德国法的传统制定的。英美等国认为,如果参加日内瓦公约,将会影响英美法系各国之间已经实现的统一,并且,日内瓦公约的某些规定与英美法的传统和实践有矛盾,因此一直拒不参加上述日内瓦公约。所以,从国际范围来说,目前在票据法方面基本上可以分为两大法律体系:一是英美法系,包括英国、美国和英联邦各国;另一个是日内瓦法系,包括参加日内瓦公约的所有国家。

由于《关于统一汇票和本票法的日内瓦公约》并没有能够达到统一各国票据法的目的,英美法系各国的票据法同日内瓦公约在许多问题上一直存在着重大分歧。这种状况的存在,对汇票在国际范围的使用流通是十分不利的。为了解决这个问题,促进各国票据法的协调和统一,联合国国际贸易法委员会从1971年起决定着手起草一项适用于国际汇票的统一法公约,并于1973年提出了一项《统一国际汇票法(草案)》。这个草案是日内瓦公约体系与英美法体系相互调和、折中的产物。但由于各国在许多问题上的分歧一时难以解决,该草案迟迟不能通过。1979年又将其改名为《国际汇票和国际本票公约(草案)》,以后又进行了多次修改,到1987年8月在维也纳召开的联合国国际贸易法委员会第二十届会议上才正式获得通过,但尚未生效。该公约在协调两大法系的分歧方面取得了一些成果,其目的并非统一各国的国内立法,而是为国际汇票和本票提供统一的准据法。

(三) 票据的种类

各国的票据法或有关法律对票据的理解是不尽相同的。法国和德国法律认为,票据只包括汇票和本票两种,不包括支票。有关支票的法律另有单行法规予以规定,不包括在票据法之内。《日本商法典》则明确规定,票据包括汇票、本票和支票三种。《美国统一商法典》所规定的可流通票据则包括汇票、本票、支票、银行存单等。我国《票据法》第2条规定:“在中华人民共和国境内的票据活动,适用本法。本法所称票据,是指汇票、本票和支票。”

1. 汇票(bills of exchange 或者 draft)

英国1882年《汇票法》将“汇票”定义为:由出票人向受票人开出并由出票人签名的,要求受票人于见票时或规定的某一将来时间或可以确定的将来时间,对某人或某人指定的人或持票人无条件支付一定金额的命令。

（1）汇票的出票及出票的法律效力

出票包括两个行为:第一,由出票人制作汇票并在其上签名。签名一般是手写完成,但各国法律也多允许记名盖章,且规定法人在为出票行为时不能只记法人名称和盖法人印章,还须法人代表签字或记名盖章。英美法对签名的要求更为灵活,比如按照《美国统一商法典》的规定,签名通常是手写体书写的名字,但亦可以是用手、机器或其他手段添加于票据的符号,符号可以是名字、名字首字母缩写、商号、假名、印章或指印,但采用手写体以外的签名将会损害汇票的可流通性,因为这种异常方式的签名将带来签名真伪的不确定性,将要求主张票据权利的人对票据签名的真实性进行调查和举证。第二,将汇票交给受款人,即"自愿转移对汇票的占有"。出票人制作汇票并签名后,如果将汇票留在自己手中或交给第三者代为保管,那么出票行为还没有完成。只有在出票人自愿地将对汇票的占有转移给受款人时出票行为才告完成。

出票后出现了汇票最初的三个当事人,即出票人、受票人和受款人。出票人(drawer)是完成上述出票行为的人,在国际贸易中通常是出口人;受票人(drawee)是汇票上命令其付款的人,通常是进口人或其往来银行;受款人是有权受领汇票上规定金额的人,通常为出口人本人或其指定的银行。

合法完成的出票行为产生下列效力:① 对出票人来说,出票使出票人成了票据的第二债务人,如果票据被拒绝承兑或拒付,则出票人必须对受款人及其他正当持票人承担支付汇票金额的义务。根据《1930 年关于本票与汇票的日内瓦公约》第 9 条的规定,出票人得免除自己保证承兑的责任,但不得免除自己保证付款的责任;② 对受款人来说,出票使他可以享受汇票的权利,他可以要求支付汇票金额,也可以放弃这一权利,还可以将汇票转让,但受款人须遵守有关背书、提示、发出拒付或拒绝承兑通知、时效等法律规定。③ 在票据的原始当事人之间,即同为基础法律关系的当事人之间(比如国际货物买卖双方同为票据的当事人和受款人),买卖合同中买方的支付义务暂时停止履行,将由汇票上的权利义务关系替代,在汇票到期时才履行。④ 对受票人来说,汇票无任何的约束力,受票人无义务付款,除非他承兑了汇票。如果出票人与受票人另外订有协议,规定受票人有义务承兑或付款,那是合同的效力,而非票据本身的效力。

（2）汇票的内容

汇票是要式证券,日内瓦公约要求汇票必须记载公约规定的事项才属有效的汇票,英美法则要求汇票载有法定事项才能被承认为"可以流通的票据"。我国《票据法》第 22 条也规定:"汇票必须记载下列事项:(一) 表明'汇票'的字样;(二) 无条件支付的委托;(三) 确定的金额;(四) 付款人名称;(五) 收款人名称;(六) 出票日期;(七) 出票人签章。汇票上未记载前款规定事项之一的,汇票无效。"

在日内瓦法系与英美法系之间,关于法定记载事项的差异较大。日内瓦公约要求汇票应具有以下内容:① 汇票上必须写明“汇票”字样。② 无条件支付一定金额的命令。③ 付款人姓名。④ 汇票的受款人。汇票上的受款人可以有以下三种写法:第一,限制性抬头,即在汇票上载明“只能付给某公司”或在汇票上载明“不得转让”的字样;第二,指示式抬头,即在汇票上载明“付给甲或其指定的人”;第三,来人式抬头,即在汇票上不载明受款人的姓名,而只填写“付给来人”字样。根据以上受款人的写法不同可将汇票划分为限制性抬头汇票、指示性抬头汇票和来人式抬头汇票。限制性抬头汇票权利的转让只能按民法上合同权利的转让办理;指示性抬头汇票的转让必须经背书和交付汇票;来人式抬头汇票只需交付即可。⑤ 汇票的到期日。汇票的到期日就是汇票上所载金额的支付日期。汇票关于到期日的规定主要有以下几种:定日付款,即在汇票上载明付款的具体日期;见票即付,即在汇票上规定付款人须于持票人提示汇票时即行付款;规定出票日后定期付款;见票后定期付款,如规定“见票之日后三个月付款”。根据汇票到期日规定的不同,可以将其分为即期汇票(见票即付)和远期汇票(见票即付以外的汇票)。⑥ 汇票的出票日期及地点。《关于统一汇票和本票法的日内瓦公约》规定,汇票的出票日期及地点是汇票的要件,必须在汇票上载明。这是因为出票的时间和地点在法律上具有重要意义。出票日期对于出票后定期付款的汇票(如出票后 90 天付款)具有确定付款日期的作用;对于见票即付的汇票起着决定提示时效的作用。出票的地点对国际汇票十分重要,因为它关系到汇票的法律适用等问题。根据日内瓦公约的规定,如果票据上未载明出票地,则以出票人姓名旁边的地点为出票地。按照《关于解决汇票和本票的若干法律冲突的公约》的规定,关于汇票的形式问题,应依出票地所在国的法律来确定。⑦ 汇票的付款地点。日内瓦公约要求汇票上必须载明付款地点;没有载明时,以付款人姓名旁的地点为付款地。⑧ 必须由出票人在汇票上签名,这是各国法律的共同要求。

实际中使用的票据多是印就的格式票据,其记载的事项一般会多于法律的要求,但无论其内容繁简,只要具备法律要求的以上记载事项或者说符合法律规定的条件,该票据即是合法有效的(按照日内瓦公约)或即是“可流通票据”(按照英美法)。

(3) 汇票的背书

背书系指持票人一般在背面签上自己的名字,或再加上受让人的名字,并将汇票交付给受让人的行为。我国《票据法》第 27 条规定:“背书是指在票据背面或者粘单上记载有关事项并签章的票据行为。”

背书的方式主要有记名背书(special endorsement)与空白背书(blank endorsement)两种。记名背书与空白背书都必须有背书人的签名,所不同的是记名背书尚需写上被背书人(受让人)的姓名或在后面加上“或其指定的人”;而空白背书则不写被背书人的姓名或写上“付给来人”(pay bearer)。各国法律皆承认记名背书和空白背书。无论是指示式抬头的汇票还是无记名式汇票,都可以用记名背书或空白背书转让,经过记名背书或空白背书转让的票据,还可以用空白背书或记名背书任一种方式再度背书转让。从广义上说,指示式抬头的汇票既包括票据证明的受款人是指示式写法的汇票,又包括最后一次背书是记名背书的汇票。

同样,无记名汇票既包括前述来人式抬头的汇票,又包括最后一次背书是空白背书的汇票。由上述可知,指示式抬头汇票和无记名式抬头汇票是可以因背书而相互转换的、日内瓦公约虽然规定出票时不得出具来人式抬头汇票,但允许背书人为空白背书,因此来人式抬头的汇票完全可以因空白背书成为无记名式汇票。

限制性背书是禁止汇票再度背书转让的背书,非限制性背书系指没有此种限制的背书。《关于统一汇票和本票法的日内瓦公约》第15条第2款规定:"背书人得禁止再为背书;禁止后,该背书人对于再以背书取得汇票的人,不负保证之责。"从这一类规定我们可以得出以下结论:① 背书人得为限制性背书;② 限制性背书的直接背书人仍是正当持票人,享有其权利,即可向其直接前手背书人(为限制性背书者)和所有前手背书人追索;③ 在票据被拒绝承兑或拒付时,限制性背书直接被背书人以后的被背书人丧失了向限制性背书人进行追索的权利,但并不丧失向除此之外的其他前手背书人追索的权利。英美法则更注重保护汇票的可流通性。

根据各国法律的规定,在票据被拒绝承兑或拒付时,背书人对于其后手(以后的受让人)负有保证承兑和付款的责任,背书人若在背书时注明"免予追索"或类似措辞,则背书为免予追索背书;无此类字眼的背书是不免受追索的背书。英美法允许作免予追索的背书。《关于统一汇票和本票法的日内瓦公约》第15条第1款规定:如无相反的规定时,背书人保证其承兑与付款。可见该公约也承认这种汇票。这种汇票如遭到拒付,持票人在向其前手追索时,就不能向该背书人追索。

对背书人来说,除限制性背书和免受追索背书外,合法有效的背书使他成为票据的从债务人,须对包括被背书人在内的所有后来取得该汇票的人(俗称后手)保证该汇票必将得到承兑或付款;在票据被拒绝承兑或拒付时后手持票人可向他请求承兑或付款。对被背书人来说,背书使他取得了背书人对票据的一切权利。被背书人可以用自己的名义向付款人要求承兑、付款;也可以将汇票再度背书转让给他人;当该汇票遭到拒付时,被背书人有权向其直接的背书人以及曾在汇票上签名的一切前手直至出票人进行追索。

(4) 汇票的提示

提示是指持票人向付款人出示汇票,要求其承兑或付款的行为。由该定义可见,提示包括承兑提示和付款提示。一般来说,如果要求付款人承兑,则必须作承兑提示;如果要求付款人付款,则必须作付款提示。

无论是承兑提示还是付款提示,都必须在法律或票据规定的时间内提示。关于付款提示的时间,日内瓦公约规定,远期汇票应于到期日或以后两营业日为付款提示。关于承兑提示的时间,日内瓦公约规定见票后定期付款的汇票,应自出票日起一年内为承兑的提示,出票人得延长或缩短该期限,背书人得缩短;如果出票人或背书人规定必须提请承兑,则他们可以规定承兑提示的期限。一般来说,承兑提示应在票据到期日之前进行。

如果持票人有义务作承兑提示和付款提示,而他没有适当地履行这一义务(包括没有提示和没有在规定的时间内提示),那么多数国家规定就此免除了出票人和前手背书人保证承兑和付款的责任;但如果票据已得到承兑,则承兑人仍需对付款负责,除非法律规定的时效届满(《关于统一汇票和本票法的日内瓦公约》规定时效为3年)。

(5) 汇票的承兑

承兑是汇票的付款人表示接受出票人的付款提示,同意承担付款义务,而将此项意思表示以书面记载于汇票之上的行为。承兑的方式通常是由付款人在汇票正面横写“承兑”字样,签上自己的名字并注明承兑的日期。

承兑的作用在于确定付款人对汇票的付款义务。因为汇票上的付款人是由出票人单方面指定的,付款人是否愿意承担付款义务,在其对签字承兑以前尚不能确定。只有当付款人承兑汇票之后,他才成为汇票的债务人,从而就承担了按汇票金额付款的义务。如果付款人拒绝承兑汇票,则由于他尚未成为该汇票的债务人,持票人就不能对他起诉,而只能对背书人及出票人进行追索。但是,如果付款人承兑了汇票,他就成为汇票的承兑人。按照各国的法律,承兑人是汇票的主债务人,而出票人和背书人只是从债务人。在这种情况下,如果承兑人到期拒绝付款,持票人就可以直接对他起诉。但付款人承兑汇票并不能解除出票人和背书人对汇票的责任,因此,如果承兑人在汇票到期时拒绝付款,持票人除有权对承兑人起诉外,仍可向任何前手背书人或出票人行使追索权。

承兑主要有以下两种:一是普通承兑,即没有任何附加条件的承兑,这种承兑在法律上是完全有效的;二是附有限制条件的承兑,即有条件的承兑,例如在承兑时限定付款的地点,或者只承兑汇票金额的一部分等。

(6) 汇票的付款

《关于统一汇票和本票法的日内瓦公约》规定,汇票的付款人付款时,有权要求持票人交出汇票并记载收清字样;付款人有权只支付汇票金额的一部分并要求持票人在票上记载已付金额,向自己开立收据;如果持票人未在规定期限内为付款提示,付款人得将金额提存于相应负责机关,其费用及风险由持票人负责,付款人负证明背书连续合格之责,但不负证明背书签字真伪之责;持票人在到期日前无接受付款的义务,付款人若在此之前付款则要承担由此引起的风险。

(7) 汇票的拒付与追索

拒付是指付款人拒绝承兑和拒绝付款,除包括付款人明确的拒绝外,根据日内瓦公约的规定,还包括:因承兑而变更汇票的文字(只承兑部分金额除外);无论汇票是否已承兑,付款人已被宣告破产或裁决虽未确定,付款人已停止付款或对其财产执行尚无结果;未获承兑的票据,其出票人已破产。下列情况一般不视为拒付:付款人要求提示人满足法定要求(如出示汇票、证明身份等);付款人为了审查汇票而推迟付款或承兑。

在汇票遭到拒付时,持票人就获得了向其前手背书人、出票人、承兑人及担保人追索的权利。被追索人可以是出票人、前手背书人以及所有在汇票上签字、对汇票金额的支付承担责任的人(如承兑人、担保人)。持票人可向其中一人追索,亦可向他们共同追索。需要注意的是,持票人若欲向一个以上的人追索,他就必须向所有目标都发出拒付通知。《关于统一汇票和本票法的日内瓦公约》规定，在被追索人之间，如有一人履行了付款义务，他得向其前手追索，请求下列金额的支付：所支付的总金额，前项金额支付之日起周息六厘的利息，其他任何支付的费用。根据《关于统一汇票和本票法的日内瓦公约》的规定，持票人可向被追索人请求支付下列金额：被拒付的票据金额，追索权如在到期日前行使，票据金额应按照持票人行使追索权时其所在地银行当日公布的贴现率计算；到期日起周息六厘的利息；作成拒绝证书与通知的费用及其他费用。

持票人在行使追索权后，往往引起连索追索，即被持票人追索的人又向其前手背书人或出票人追索，因此，各国法律一般都要求持票人必须在规定时间内作成拒付证书和发出拒付通知。所谓拒付证书是一种由付款地的公证人或法院、银行、公会等做成的，证明付款人拒付的书面文件。《关于统一汇票和本票法的日内瓦公约》规定持票人应在到期日后两个营业日内（远期汇票）或付款提示后次营业日内（即期汇票）作成拒付证书，除非：付款人或出票人被宣告破产，此裁决可代替拒付证书，或者票据上载有“无费退回”，“无须拒付证书”之类的措辞。根据《关于统一汇票和本票法的日内瓦公约》的规定，通知可以以任何方式进行，如打电话、电报、邮寄被拒付的汇票等。

2. 本票（promissory note 或者 note）

本票，又称期票，是出票人于见票时或某一确定的将来时间，向某人或其指定的人无条件支付一定金额的书面承诺。

3. 支票（check）

支票是以银行为受票人的见票即付的汇票，是一种特殊的汇票。支票与一般汇票的区别是：支票的受票人以银行为限，而汇票的受票人不限于银行，可以是公司、个人等；支票只限于见票即付，而汇票除此之外还包括其他到期方法（详见汇票部分）。

在国际贸易中，最常用的是汇票。本票多用于借贷、赊销和现存债务的证明。使用支票则需要满足下列条件：出票人在银行有存款；与银行订有使用支票的协议；不得透支。因此，支票在国际贸易中并不常用。

第二节　国际贸易支付方式

国际贸易的支付方式主要分为两大类三种：一类是收付双方不由银行提供信用，但通过银行办理的方式，包括买方直接付款和银行托收。另一类是由银行提供信用，收付双方从银行得到信用保证和资金融通的便利，如信用证等，并以信用证方式最为常用。虽然几种方式基本上都要通过银行，但银行在各种方式中所起的作用不同。

一、买方直接付款

买方直接付款（direct payment by buyers）是买方通过银行主动将款项支付给卖方。这种方式虽然直接、省钱，但只有在卖方充分信任买方，尤指在相信买方的偿付能力时才会采用这种办法。采用这种方式一般是买方(汇款人)委托当地银行(汇出行)向卖方(收款人)付款,汇出行再委托卖方所在地银行(汇入行)向卖方付款。

买方直接付款可以分为以下类型:(1) 信汇。如果汇出行以邮寄方式向汇入行寄出付款委托书,这称为信汇(mail transfer,M/T)。(2) 电汇。如果付款委托书以电报发出,则称为电汇(telegraphic transfer,T/T)。(3) 票汇。如果买主购买银行汇票自行寄给卖方,此为票汇(demand draft,D/D)。电汇的速度快于信汇,但费用较高。银行汇票一般是以买方所在地银行为出票人,以卖方所在地银行为受票人,以卖方为受款人的即期汇票。

买方直接付款可以是见单付款或交单付现。见单付款是指卖方在发运货物之后,将有关装运单据寄交买方,买方在收到单据后按合同规定汇付货款,这种方法显然不利于卖方,如果买方在收到单据后拒不付款,或拖延付款,卖方就要承担钱货两空的风险。交单付现要求买方在付款时才能得到装运单据,当卖方对买方的信誉和资信能力不了解或认为有问题时,一般会在合同中规定交单付现。

二、银行托收

(一) 托收概述

托收(collection)是指卖方以买方为付款人开立汇票,委托银行代其向买方收取货款的一种结算方式。国际商会于 1958 年草拟了《商业单据托收统一规则》(Uniform Rules on the Collection of Commercial Paper),1967 年进行了修订。1978 年根据国际贸易的发展变化再次修订,并改名为《托收统一规则》(Uniform Rules for Collections)(简称 URC),于 1979 年 1 月 1 日起实施,简称 URC 第 322 号出版物。1995 年公布的新修订本是国际商会第 522 号出版物(简称 URC522),已于 1996 年 1 月 1 日起实施。该规则是对国际惯例的总结,具有国际惯例的效力,即只有在当事人自愿采用或没有明示排除时对当事人有法律拘束力,目前它在国际贸易中已经得到广泛的承认和使用。

托收的基本程序是:(1) 卖方(委托人)出具汇票,向出口地银行提出托收申请,填具托收指示书,附具或不附具装运单据。根据国际商会《托收统一规则》的规定,送交托收的一切单据(包括汇票和装运单据),必须附有一份完整和明确的托收指示书。该规则还特别规定托收指示书应载明:付款人或提示所在地的详细地址;如果出具的是远期汇票,则须载明是承兑交单还是付款交单,否则银行按付款交单处理;托收指示书对汇票遭到拒付时是否需要做出拒绝证书(或采取其他可以代替的法律手续)应给予特别指示,否则银行无义务做出拒绝证书;如委托人指定一名代表,在遭到拒付时作为“需要时的代理”,则在托收指示书中应明确而充分地指明此项代理的权限,否则银行对“需要时代理”的任何命令可以不受理。(2) 出口地银行(托收行)接受申请后,委托它在进口地的往来银行(代收行)代为办理收款事宜。(3) 代收行向买方(付款人)作付款提示或承兑提示,在付款人付款后通知托收行,托收行即向卖方付款。如果付款人拒付,则代收行通知托收行,再由托收行通知卖方。

（二）托收的种类

《托收统一规则》将托收分为光票托收(clean bill collection)和跟单托收(documentary bill collection)两类。

1. 光票托收

《托收统一规则》B规定:"'光票托收'是指资金单据的托收,不附有商业单据。"在光票托收中,买方付款或承兑后可能不能获得货物或代表货物所有权的单据,所以甚少采用,通常只用于收取货款尾数、佣金、样品费等项费用。

2. 跟单托收

《托收统一规则》B规定:"'跟单托收'是指:a.资金单据的托收,附有商业单据;b.商业单据的托收,不附有资金单据。"在国际贸易实践中,货款的支付一般都是采用跟单托收的方式。根据《托收统一规则》和国际贸易支付的实践,跟单托收根据交单条件的不同又可分为付款交单和承兑交单两种。《托收统一规则》规定委托人(卖方)在托收指示书中应载明是付款交单还是承兑交单,否则银行按付款交单处理。

(1) 付款交单(document against payment,简称D/P)

按照付款交单的方式,付款人(买方)在向代收行支付了货款或其他票据金额后才能取得提单、保险单、发票等单据。付款交单可以分为即期付款交单和远期付款交单。如果卖方出具的是即期汇票,付款人(买方)于见票时即付货款然后获得上述单据,此为即期付款交单;如果卖方出具远期汇票,付款人一般先承兑,然后于到期日时才付款赎单,此为远期付款交单。

在远期付款交单的条件下,买方在承兑汇票后、付清货款前,是不能取得装运单据的。因此,如果汇票的到期日晚于货物运抵目的地的日期,买方就必须设法在汇票的到期日之前拿到装运单据,以便及时提取到货。在这种情况下,有些国家的银行往往允许买方在承兑远期汇票后,凭信托收据(trust receipt)借出装运单据去提货,待远期汇票到期时才付还货款。所谓"信托收据",是由买方向银行出具的表示愿意以银行的受托人(trustee)的身份代银行保管和处理货物,并承认货物的所有权属于银行,出售货物后所得的货款亦应交给银行或代收行暂为保管的一种书面文件。通过这种办法,买方在付款之前,就可以取得货物,并可及时转售货物获得利润,然后再用出售所得于汇票到期日偿付汇票金额,以达到融通资金的目的。凭信托收据借单据的办法,通常是进口地的代收行自行做主对买方给予资金融通方便的一种做法,与卖方无关。在这种情况下,代收行必须承担汇票到期付款的责任,如果买方到期因某种原因而不能或不愿付款,则付款的责任转移至代收行。如果卖方在托收指示书中指示银行允许买方预借单据提货,则日后买方拒付的风险由卖方自己承担。在采取这种办法时,卖方所承担的收汇风险同承兑交单是差不多的,因此,除非买方是信用可靠的老客户,卖方一般是不会轻易采取这种做法的。

(2) 承兑交单(document against accepment,简称D/A)

承兑交单系指付款人(买方)承兑汇票后即可获得装运单据,于汇票到期日再付款。因为只有远期汇票才需办理承兑手续,所以承兑交单方式只适用于远期汇票的托收。

在付款交单和承兑交单两种方式中,承兑交单对卖方的风险更大,卖方甚至可能钱货两空。这些风险是:买方虽有偿付能力,但不讲信用拒不付款;买方于到期日或之前被宣告破产或开始破产程序;买方出售货物后携款潜逃,不知下落;即使货物的所有权尚在买方手中,但卖方需要对他提起诉讼,从而冒败诉和增加额外费用的风险。在付款交单时,如果买方不付款,至少卖方手中还掌握着代表货物所有权的提单等票据,可以通过处理货物减少损失,这一点要优于承兑交单。但即使如此,如果买方拒不付款赎单,由于货物已运往国外,托收行通常又不负责提货、存仓、保管和转售等事宜,卖方往往需要指定一名“需要时的代理人”代为处理货物,这就需要支出一笔额外费用。如果货物在国外找不到买主,还要把它运回本国,支付本不用支付的运费、滞期费、仓储费。除此之外,还可能因拖延时日而冒货物市价跌落的风险等。

由上述可知,无论是付款交单还是承兑交单,卖方都冒着一定的风险。但由于它对买方较为有利,例如,买方不必像申请开立信用证那样向银行交纳开证押金、银行费用比较低廉等,所以这种支付方式对促进出口成交还是有一定作用的。

(三)托收当事人

1. 托收当事人概述

根据《托收统一规则》的规定,一笔托收业务共有四类当事人:(1)委托人(principal),即委托银行办理托收业务的客户。在国际贸易支付中即是国际货物买卖合同的卖方。(2)托收行(remitting bank),即受委托人的委托,办理托收业务的银行。国际贸易支付中通常是卖方营业地所在地的银行。(3)代收行(collecting bank),即托收行以外参与办理托收指示的任何银行。根据《托收统一规则》的规定,委托人可以指定代收行。如无指定,则代收行可以是托收行或其他银行视情况而选择的在付款或承兑所在国家的任何银行。在国际贸易支付中,代收行通常是买方营业地所在地的银行。(4)付款人(payer),即根据托收指示书向其作出提示的人。在国际贸易支付中通常是国际货物买卖合同的买方,亦即卖方所出具汇票的受票人(付款人)。

2. 委托人和托收行之间的关系

二者是委托代理关系,按照国际上的习惯做法,委托人在委托银行代为托收时,都要填写一份托收委托书,具体规定托收的指示及双方的责任,这项委托书就构成双方的代理合同。

3. 托收行与代收行之间的关系

二者亦是委托代理关系,他们之间的代理合同由托收指示书、委托书、原来双方签订的业务协议等构成。既然上述两对当事人之间皆是代理关系,他们的权利义务应受代理法的一般原则的支配,特别是本人应补偿代理人的开支,向其支付报酬,而代理人亦应尽职尽责完成代理事务并不得越权。这两个原则在《托收统一规则》中都得到了体现,该规则第1条规定:“银行应以善意和合理的谨慎行事。”其“总则和定义”C中规定:“银行只被允许按照托收指示书中的规定和根据本规则行使。如由于某种原因,某一银行不能执行它所收到的托收指示书的规定时,必须立即通知发出托收指示书的一方。”如果代理人违反了上述原则,则应赔偿由此给本人造成的损失。

4. 委托人与代收行之间的关系

委托人与代收行虽然没有直接的合同关系,但是《托收统一规则》第11条规定:“对被指示的免责:(1) 为使委托人的指示得以实现,银行使用另一银行或其他银行的服务是代该委托人办理的,因此,其风险由委托人承担;(2) 即使银行主动地选择了其他银行办理业务,如该行所转递的指示未被执行,该行不承担责任或对其负责;(3) 一方指示另一方去履行服务,指示方应受到被指示方的法律和惯例所加于的一切义务和责任的制约,并承担赔偿的责任。”

5. 银行的义务

《托收统一规则》还规定托收行对委托人、代收行对托收行负有完成下列具体代理行为的义务:(1) 负有及时提示的义务。遇有即期汇票应毫无延误地作付款提示;对远期汇票则必须不迟于规定的到期日作付款提示。当远期汇票必须承兑时应毫无延误地作承兑提示。(2) 保证单据(包括汇票和装运单据)与托收指示书的表面一致。银行必须核实所收到的单据在表面上与托收指示书所列一致,如发现任何单据有遗漏,应即通知发出指示书的一方。(3) 收到的款项在扣除必要的手续费和其他费用后必须按照指示书的规定无迟延地解交本人。(4) 无延误地通知托收结果,包括付款、承兑、拒绝承兑或拒绝付款、拒付的理由。

从以上委托人与托收行、托收行与代收行的关系可以看出,托收的一个重要特点是将银行的地位严格地限定于代理人,它对货款能否支付不承担任何义务或责任。因此从信用性质上说,托收是属于商业信用,而不是银行信用,卖方能否收回货款全赖于买方。

6. 银行免责

为了加强和突出银行的上述地位,《托收统一规则》还规定了许多银行不承担责任的情况,包括:(1) 银行只需核实单据在表面上与托收指示书一致,除此之外没有进一步检验单据的义务。代收行对承兑人签名的真实性或签名人是否有签署承兑的权限概不负责。(2) 与托收有关的银行,对由于任何通知、信件或单据在寄送途中发生延误或失落所造成的一切后果,或对电报、电传、电子传送系统在传送中发生延误、残缺和其他错误,或对专门性术语在翻译上和解释上的错误,概不承担义务或责任。(3) 与托收有关的银行,对由于天灾、暴动、骚乱、叛乱、战争或银行本身无法控制的任何其他原因,或对由于罢工或停工致使银行营业间断所造成的一切后果,概不承担义务和责任。(4) 除非事先征得银行同意,货物不应直接运交银行或以银行为收货人,否则银行无义务提取货物。银行对于跟单托收项下的货物无义务采取任何措施。然而,无论是否得到指示,如银行对货物采取了保护措施,它们不对货物的状况负责,也不对任何受委托看管和保护货物的第三者的行为和不行为负责,但代收行应立即就采取的措施发出通知。(5) 在汇票被拒绝承兑或拒绝付款时,若托收指示书上无特别指示,银行没有作出拒绝证书的义务。

三、银行信用证

(一) 信用证概述

1. 有关信用证的法律和惯例

各国基本上没有专门调整信用证的法律。只有在《美国统一商法典》中专设一编(第五编)对信用证作了规定,但也并不详尽完备。鉴于信用证在国际贸易中已经得到广泛的使用,为了统一各国对跟单信用证条款的解释,明确各有关当事人的权利、义务,国际商会于1930年制定了《跟单信用证统一惯例》(Uniform Customs and Practice for Documentary Credit)(简称UCP),供各国银行和银行公会自愿采用。该惯例曾于1951年、1962年、1967年、1974年、1983年、1993年和2006年进行修改。1994年1月1日生效的修订本称为国际商会第500号出版物(简称UCP500)。2006年10月,国际商会又通过了UCP600,于2007年7月1日生效。目前,《跟单信用证统一惯例》已为世界上绝大多数国家和地区的银行所采用,在国际上有很大的影响。

UCP600对UCP500的49个条款进行了大幅度的调整及增删,成为现在的39条。第1~5条为总则部分,包括UCP的适用范围、定义条款、解释规则、信用证的独立性等;第6~13条明确了有关信用证的开立、修改、各当事人的关系与责任等问题;第14~16条是关于单据的审核标准、单证相符或不符的处理的规定;第17~28条属单据条款,包括商业发票、运输单据、保险单据等;第29~32条规定了有关款项支取的问题;第33~37条属银行的免责条款;第38条是关于可转让信用证的规定;第39条是关于款项让渡的规定。UCP600适用于包括备用信用证在内的跟单信用证。

2. 信用证的概念

UCP600最大的变化之一是取消了“可撤销信用证”。因此,根据UCP600第2条的规定,“信用证意指一项约定,无论其如何命名或描述,该约定不可撤销并因此构成开证行对于相符提示予以兑付的确定承诺”。

国际贸易中的信用证可以定义为:银行根据买方的请求开给卖方的一种保证有条件承担支付货款责任的书面凭证。信用证方式与托收方式的最大区别在于:在信用证方式中,银行有条件地承担了支付货款的责任,卖方能否收到货款是以银行信用为基础,而不是依赖于买方的商业信用,而一般来说,银行信用比商业信用要可靠得多,所以卖方更有保证收到货款;而在托收方式中,银行只是代理人,他们对货款的支付与否不承担任何责任,卖方只能以买方的商业信用作为其收取货款的基础,所以卖方所承担的风险较大,尤其在承兑交单的情况下。正因为如此,信用证方式在国际贸易中比托收方式更为常用。

(二) 信用证的当事人

信用证的当事人并非是固定不变的,常因具体交易情况的不同而有所增减。但一般来说,信用证运转可能涉及的主要当事人有:(1) 开证申请人,意指发出开立信用证申请的一方。在国际贸易中是买卖合同中的买方。(2) 开证行,意指应申请人要求或代表其自身开立信用证的银行。通常是买方营业地的银行。(3) 通知行,意指应开证行要求通知信用证的银行。通常是受益人所在地、与开证行有业务往来的银行。(4) 受益人,意指信用证中受益的一方,即有权享有信用证上的利益的人,亦即国际贸易中的卖方。(5) 付款行,即信用证上指定的向受益人付款的银行,可以是开证行自己,亦可以是其他银行。(6) 议付行,即愿意买入或贴现受益人按信用证所开立的汇票的银行。可以是开证行、开证行指定的银行,开证行亦可授权任何其他银行作为议付行。(7) 承兑行,即根据承兑信用证在卖方出具的汇票上承兑的银行,可以是开证行或其他银行。(8) 保兑行,意指应开证行的授权或请求对信用证加具保兑的银行。

(三) 信用证的流转

在采用信用证方式付款时,一般要经过以下六个基本步骤。

1. 买卖双方在买卖合同中明确规定采用信用证方式付款

买卖合同的此类支付规定,一方面为买方设定了开立信用证的义务;另一方面也意味着如果买方履行了开立信用证的义务就认为他履行了支付货款的义务,卖方在一般情况下就不得再向买方直接要求付款。

在买卖合同规定采用信用证方式付款时,买方有义务负责向卖方发出信用证。根据英国法院的解释,这种义务的性质或者属于合同有效成立的先决条件,或者属于卖方履行交货义务的先决条件。如属前者,则只有在买方履行了开证义务时合同才能成立,否则就不存在任何有效的合同;如属后者,则在买方不履行开证义务时卖方有权拒绝进一步履行已经成立的合同所规定的义务,并要求买方赔偿损失。买方在履行开证义务时,所开立的信用证应符合买卖合同规定的种类,否则卖方有权解除合同。根据英国法院的解释,如果信用证与合同不符而卖方已接受,则视卖方放弃了解除合同的权利。

买方应在合理的时间内开立信用证。如果买卖合同规定了具体的开证日期或时期,则买方应如期开证。买卖合同常常规定买方应“立即”开立信用证,按照英国法院的解释,所谓“立即”是指应在“一个合理勤勉的人开立信用证所需要的时间内”。如果买卖合同对开证时间规定得不明确,那么买卖合同中装运时间的规定就具有特别重要的意义。根据国际习惯和英国的判例法,卖方有权期待在自己发运货物时就能得到信用证保证的付款,因此,信用证在装运期第一天前的合理时间内应该开出,或最迟不能迟于该天开出。需要注意的是,买方应在合同规定的装运期第一天前开证,并不是在卖方实际开始装船前开证,因为只要符合合同规定的期限,卖方可能在第一天、最后一天或中间某一天装船,这是卖方的权利。

如果买卖双方在买卖合同中约定以跟单信用证方式付款,而买方又正确地履行了开证义务,那么在一般情况下,卖方不得再向买方直接要求付款。上述原则有一个例外,即除非合同有明确或默示的相反规定,付款银行应资能抵债,有财力支付货款,如果银行破产,则买方的付款责任不能解除。

2. 开证申请

买方向其所在地的银行提出开证申请，填具开证申请书，并交纳一定的开证押金或提供其他保证，要求银行向卖方开出信用证。买方即是开证申请人，该行即是开证行（issuing bank）。

开证申请书以及据此开出的信用证是确定各当事人权利义务关系的最重要的文件和证据。申请书中一般写明要求银行开立的信用证的种类、金额、有效期限、装运方式及期限、保险条件、商品名称、对单据的要求以及交单付款的条件等项内容。

自信用证开立之时起，开证行即不可撤销地受到兑付责任的约束。

3. 通知

开证行按申请书的内容开立以卖方为受益人的信用证，并通过其在卖方所在地的往来银行（通知行，informing bank）通知卖方。

根据UCP600的规定，通知行意指应开证行要求通知信用证的银行。信用证及其修改可以通过通知行通知受益人。除非已对信用证加具保兑，通知行通知信用证不构成兑付或议付的承诺。通过通知信用证或修改，通知行即表明其认为信用证或修改的表面真实性得到满足，且通知准确地反映了所收到的信用证或修改的条款及条件。通知行可以利用另一家银行（第二通知行）的服务向受益人通知信用证及其修改。通过通知信用证或修改，第二通知行即表明其认为所收到的通知的表面真实性得到满足，且通知准确地反映了所收到的信用证或修改的条款及条件。如果一家银行被要求通知信用证或修改，但不能确定信用证、修改或通知的表面真实性，就必须不延误地告知向其发出该指示的银行。如果通知行或第二通知行仍决定通知信用证或修改，则必须告知受益人或第二通知行其未能核实信用证、修改或通知的表面真实性。

4. 交单

卖方对信用证审核无误后，即发运货物并取得信用证所要求的装运单据，然后，按信用证的规定凭单据向其所在地的银行议付货款。

5. 议付

UCP600第2条规定："议付意指被指定银行在其应获得偿付的银行日或在此之前，通过向受益人预付或者同意向受益人预付款项的方式购买相符提示项下的汇票（汇票付款人为被指定银行以外的银行）及/或单据。"若信用证由保兑行议付，则属无追索权的议付。

议付银行（negotiating bank）议付货款后即在信用证背面注明议付金额，并将出口人所提交的装运单据寄交开证行向其索偿。开证行审查单据，如认为符合信用证的要求，即偿还议付行付出的货款。

6. 付款赎单

开证行通知进口人赎单，进口人付款赎单后，信用证交易即到此结束。至于买方如何凭单据提货，以及在提货时如果发现卖方所交货物与买卖合同不符，买方能否拒收货物或向卖方请求损害赔偿，则应由买卖双方根据买卖合同的规定来处理，与信用证交易无关，银行对此不承担责任。

（四）信用证各方当事人之间的权利义务关系

信用证的运转涉及许多当事人，且几个当事人的角色可能集中于一家银行，所以他们相互间的关系比较复杂。

1. 开证申请人与开证行之间的关系

开证申请人与开证行之间的关系是开证申请书及其他文件所确定的合同关系。在这种合同关系中，开证行承担的主要义务是：(1) 根据开证申请书开立信用证；(2) 承担付款、承兑、议付或保证付款、承兑或议付的责任；(3) 合理小心地审核一切单据，确定单据在表面上符合信用证。在这种合同关系中，开证申请人的主要义务是：(1) 交纳开证押金或提供其他保证，缴纳开证费用；(2) 开证银行为有效地执行开证申请人的指示而利用另一银行或其他银行的服务，这是代理该申请人办理的，其风险应当由申请人承担，开证申请人应受外国法律和惯例加诸于银行的一切义务和责任的约束，并承担赔偿之责；(3) 付款赎单，包括偿付银行所付的款项及其利息。

2. 开证行与受益人之间的关系

在开证行与受益人之间是否存在着合同关系，这是法学理论上一个值得研究的问题。开证行与受益人的关系是以信用证为依据的，因此，如果信用证的种类不同，他们之间的关系也有所不同。

如果开证行开出的是可撤销的信用证，则受益人并不能从开证行获得任何有约束力的允诺，因为可撤销的信用证在议付行议付单据之前，可以随时由开证行撤销，而且无须事先通知受益人。因此，对受益人来说，可撤销的信用证的作用还不如一项要约，因为要约人如欲撤销其要约，必须向受要约人发出撤销通知，在该撤销要约的通知送达受要约人之前，受要约人有权对要约予以承诺，从而成立一项对双方均有约束力的合同。据此，有人认为，在可撤销信用证的场合下，开证行与受益人之间并不存在对双方有约束力的合同关系。

但是，如果开证行所开出的是不可撤销的信用证，则当该信用证送达受益人时，在开证行与受益人之间就成立了一项对双方都有约束力的合同。这是目前国际上普遍接受的观点。但这种观点在英美法学理论上却遇到了一个难以解决的问题，即所谓缺乏“对价”的问题。因为按照英美法，一个合同如果没有对价那是没有约束力的，不能强制执行的，而且对价必须来自订约的一方。但不可撤销信用证只是开证行对受益人的一项不可撤销的允诺，受益人在收到信用证时并未付出对价，这就很难说在他们之间成立了一项对双方有约束力的合同。为了克服这个理论上的障碍，英国法院在一些判例中，曾试图从以下两个方面给予解释：第一，受益人接受了不可撤销信用证，就承担了按买卖合同交货的义务，并且放弃了直接向开证申请人（买方）收取货款的权利，这都可以作为信用证的对价；第二，按照商业惯例，银行开出不可撤销信用证，就构成开证行与受益人之间的一项交易（bargain），它使开证行承担了绝对的付款义务。这是长期形成的商业惯例，英国法院亦应尊重此项惯例。美国对这个问题解决得比较彻底,《美国统一商法典》第 5 - 105 条明文规定,信用证无须对价。无论是开出信用证还是修改信用证,都不要求要有对价。

按照各国的法律和惯例,不可撤销信用证是开证行与受益人之间的一项独立的合同,它既独立于买卖双方之间订立的买卖合同,也独立于买方与开证行之间根据开证申请书成立的合同。因此,开证行应按照不可撤销信用证的条款对受益人承担付款义务,不受买卖合同或其他合同的影响。而且开证行按信用证的规定向受益人(卖方)付款后,即使开证申请人(买方)破产或由于其他原因拒绝付款赎单,开证行也不能对受益人(卖方)行使追索权追回已付的款项。因为开证行在信用证中已向受益人作出保证,只要受益人所提交的单据符合信用证的要求,开证行就必须付款,不能因买方破产或拒付而不承担信用证项下的付款义务。

3. 通知行与开证行、受益人、开证申请人之间的关系

通知行与开证行之间的关系是委托代理关系,通知行接受开证行的委托代理,将信用证通知受益人并从开证行获取佣金。通知行与受益人之间不存在合同关系。通知行之所以通知受益人,是因为它对开证行负有义务,而不是对受益人负有此项义务。因此,通知行在通知信用证时往往在通知书中声明它并不是当事人,不因其把信用证通知受益人而在他们中间产生任何合同关系。但鉴于国际贸易中伪造信用证的事情时有发生,所以如该行决定通知信用证,则应合理谨慎地审核所通知信用证的表面真实性。“表面真实性”是指信用证上的签名或押码的真实性。如通知行不能确定该信用证的表面真实性,它必须不迟延地通知向其发出该指示的银行。

通知行与开证申请人之间无直接合同关系,通知行只是开证行的代理人。

4. 开证行与付款行、承兑行、议付行的关系

如果开证行指定或授权其他银行付款、承兑或议付,而其他银行接受,则在两者之间形成了合同关系。根据这种合同关系,开证行应接受付款行、承兑行或议付行寄交的符合信用证的单据,并偿付上述银行;上述银行则对开证行负有审核单证一致的义务,如果上述银行所据以付款、承兑或议付的单据与信用证的规定不符,开证行有权拒绝偿付。

5. 受益人与付款行、承兑行、议付行的关系

受益人无权要求开证行所授权或要求的银行付款、承兑或议付,但是,一旦开证行以外的银行根据开证行的授权承兑或议付了受益人出具的汇票,那么他们之间的关系将是承兑人与受款人之间、转让人与受让人之间的关系,将受有关国家票据法的调整。

(五)信用证的主要内容

信用证没有统一的格式,各银行都使用自己制订的信用证,但其基本内容是相同的,主要包括以下事项:

1. 信用证当事人的名称和地址

当事人主要包括开证申请人(买方)、开证行、通知行和受益人(卖方)、指定的议付行或付款行,有的信用证还包括保兑银行等。

2. 信用证的种类和号码

主要载明该信用证的类型,并注明开证银行的开证编号。

3. 开证行保证条款

其主要内容是,由开证行向受益人、议付行或汇票的持票人保证,银行在收到符合信用证要求的单据后,即对根据信用证开出的汇票承担付款的责任。

4. 信用证的金额

规定该信用证应支付的最高金额。一般多规定受益人有权按信用证金额的百分之百开立汇票要求付款,但有时也可以规定受益人只能按信用证金额的百分之若干(如90%)开立汇票,其目的是使买方能把货款的部分余额(如10%)留在自己手中,暂时不付给卖方,如货到检验后发现卖方所交货物在品质或数量上与合同不符,买方可在这项余额中扣除。如有不足,可再向卖方索赔;如扣除后仍有剩余,则应付还卖方。

5. 汇票条款

主要规定汇票的金额、种类、份数及付款人的名称。开证行对于它所开出的信用证,不论是否出具汇票,均应承担付款义务。如果卖方(受益人)开出汇票,则不论受票人(付款人)是谁(开证行、开证申请人、信用证指定的付款行或者议付行或在信用证允许时的任何银行),开证行都须最后承担付款的责任。

6. 单据条款

主要规定单据的种类及份数,这是信用证最重要的条款。因为银行仅凭单据付款,如果银行认为卖方所提交的单据不符合信用证的要求,银行有权拒付;但只要单据与信用证的要求相符,银行就必须付款。即使单据项下的货物与合同的要求不符,银行对此也不负责任。

信用证所要求的单据,主要是提单、保险单和商业发票,但有时也可以要求卖方提交其他单据,如商品检验证明书、原产地证书等。提示信用证中未要求提交的单据,银行将不予处理。如果收到此类单据,可以退还提示人。

7. 装运条款

主要规定装运单据所应反映的启运地、目的地、装运期限以及是否允许分批装运等内容。UCP600规定,运输单据的出具日期将被视为发运、接受监管或装载以及装运日期。然而,如果运输单据以盖章或批注方式标明发运、接受监管或装载日期,则此日期将被视为装运日期。提单的出具日期将被视为装运日期,除非提单包含注明装运日期的装船批注,在此情况下,装船批注中显示的日期将被视为装运日期。

关于分批分期装运,UCP600规定,允许分批支款或分批装运。表明使用同一运输工具并经由同次航程运输的数套运输单据在同一次提交时,只要显示相同目的地,将不视为部分发运,即使运输单据上标明的发运日期不同或装卸港、接管地或发送地点不同。如果交单由数套运输单据构成,其中最晚的一个发运日将被视为发运日。如信用证规定在指定的时间段内分期支款或分期发运,任何一期未按信用证规定期限支取或发运时,信用证对该期及以后各期均告失效。

8. 信用证的有效期限

信用证的有效期是指信用证具有法律效力的期限。根据 UCP600 的规定,信用证必须规定可以有效使用信用证的银行,或者信用证是否对任何银行均为有效。对于被指定银行有效的信用证,同样也对开证行有效。

信用证必须规定提示单据的有效期限。规定的用于兑付或者议付的有效期限将被认为是提示单据的有效期限。提示若包含一份或多份正本运输单据,则必须由受益人或其代表按照相关条款在不迟于装运日后的 21 个公历日内提交,但无论如何不得迟于信用证的到期日。

和上述关于装运期限的规定结合起来,就期限而言,单据及其提交应符合以下条件:(1) 运输单据载明的装运日期不迟于信用证规定的装运期限;(2) 单据应在装运后的交单期限内提交;(3) 无论如何,单据的提交都不得晚于信用证规定的交单日。不具备上述任何一个条件,银行都有权拒绝付款、承兑或议付。另外,信用证规定的交单日或出单后的交单期限可因修改或届满之日适逢节假日而延长或顺延,但信用证规定的装运期限并不因此而延长。

9. 其他条款

当事人可根据每一笔交易的具体情况和需要,在信用证中规定不同的条款。

(六) 信用证的种类

根据不同的标准可将信用证作不同的分类。

1. 可撤销信用证和不可撤销信用证(revocable L/C 和 irrevocable L/C)

可撤销信用证是开证行在有关银行根据该信用证办理付款、承兑或者议付之前,或者(如果是迟期付款信用证)在有关银行接受符合信用证规定的单据之前,开证行可以不需事先通知受益人而修改或取消的信用证。UCP500 允许开立可撤销信用证,但 UCP600 取消了这一类型。根据 UCP600,银行只能开立不可撤销信用证。

不可撤销信用证系指在信用证有效期内,不经开证行、保兑行(如已保兑)和受益人同意就不得修改或撤销的信用证。根据不可撤销的信用证,只要受益人按信用证规定的条款提供符合信用证规定的单据,开证行就必须付款、议付或承兑,或保证付款、议付或承兑。

2. 保兑信用证和不保兑信用证(confirmed L/C 和 unconfirmed L/C)

根据 UCP600,保兑意指保兑行(confirming bank)在开证行之外对于相符提示做出兑付或议付的确定承诺。如开证行授权或要求另一家银行对信用证加具保兑,而该银行不准备照办时,它必须不延误地告知开证行并仍可通知此份未经加具保兑的信用证。保兑信用证就是指开证行开出的信用证又经另一家银行保证兑付,而没有经过保兑的信用证叫做不保兑信用证。倘若规定的单据被提交至保兑行或者任何其他被指定银行并构成相符提示,保兑行必须兑付。自为信用证加具保兑之时起,保兑行即不可撤销地受到兑付或者议付责任的约束。保兑行保证向对于相符提示已经予以兑付或者议付并将单据寄往开证行的另一家被指定银行进行偿付,无论另一家被指定银行是否于到期日前已经对相符提示予以预付或者购买,对于承兑或延期付款信用证项下相符提示的金额的偿付于到期日进行。保兑行偿付另一家被指定银行的承诺独立于保兑行对于受益人的承诺。

3. 可转让信用证(transferable L/C)

根据UCP600,可转让信用证意指经转让银行办理转让后可供第二受益人使用的信用证。可转让信用证应注明"可以转让"字样。根据受益人("第一受益人")的请求,转让信用证可以被全部或部分地转让给其他受益人("第二受益人")。转让银行意指办理信用证转让的被指定银行,或者在适用于任何银行的信用证中,转让银行是由开证行特别授权并办理转让信用证的银行。开证行也可担任转让银行的角色。除非转让时另有约定,所有因办理转让而产生的费用(诸如佣金、手续费、成本或开支)必须由第一受益人支付。倘若信用证允许分批支款或分批装运,信用证可以被部分地转让给一个以上的第二受益人。第二受益人不得要求将信用证转让给任何次序位居其后的其他受益人,第一受益人不属于此类其他受益人之列。任何有关转让的申请必须指明是否以及在何种条件下可以将修改通知第二受益人,转让信用证必须明确指明这些条件。由第二受益人或代表第二受益人提交的单据必须向转让银行提示。

在国际贸易中,当某些中间商经营出口业务时,往往要求进口商给他开出可转让的信用证。因为中间商自己手中并不掌握货物,他同进口商订立了出口销售合同之后,需要利用进口商给他开立的可转让的信用证作为他向供货人取得货源的信用工具,这样中间商不必动用自己的资金就可以从两者的差价中赚取利润。因此,在使用可转让的信用证时,第一受益人有权用自己的发票(通常为原信用证规定的金额)来替换第二受益人的发票(通常低于原信用证规定的金额),并可把原订的装船日期和有效期限适当提前。

我国在出口业务中,有些交易是由外贸总公司统一对外成交后,分口岸交货的,在这种情况下,为了便于各有关口岸在办理交货后,能就地及时结汇,我国的外贸公司往往要求国外进口商开立可转让和可分割的信用证。在进口交易中,如国外的中间商确有需要,而且信用可靠,我国的外贸公司有时也可要求银行对外开出可转让的信用证。

4. 循环信用证(revolving L/C)

循环信用证是指信用证准许受益人在每次规定的金额使用后,能够重新恢复至原金额再度使用,直至达到规定的使用次数或总金额限度为止。循环信用证适用于一些定期分批均衡供应、分批结汇的长年供货合同。使用这种信用证,对卖方来说可以减少按每批交货逐批催证、审证的手续,并可以获得收回货款的保证;对买方来说则可以减少逐笔开证的手续和费用。

5. 付款信用证、承兑信用证和议付信用证

这是根据受益人交单的条件不同所做的分类。

付款信用证,是受益人在提交单据以及出具或不出具汇票后即可获得货款的信用证。如果信用证系不可撤销的,则开证行根据付款信用证承担自己付款或保证指定的付款行付款的义务。付款信用证又可依据付款的时间分为即期付款信用证(交单即付款)和迟期付款信用证(交单后根据信用证规定的日期付款)。

承兑信用证,系指受益人在银行或他人承兑其出具的汇票后即交单的信用证。如信用证系不可撤销,那么根据该种信用证,开证行将承担下列义务:承兑以自己为付款人的汇票并到期付款,保证以开证申请人或其他人为付款人的汇票得到承兑和到期付款。当然,只有在受益人开立远期汇票时这种信用证才能实现。

议付信用证,指被指定银行在其应获得偿付的银行日或在此之前,通过向受益人预付或者同意向受益人预付款项的方式购买相符提示项下的汇票(汇票付款人为被指定银行以外的银行)及/或单据的信用证。

6. 备用信用证(standby L/C)

备用信用证是第二次世界大战后在美国首先发展起来的一种信用工具。虽然 UCP 适用于备用信用证,但是,备用信用证又有其自己的特点。1998 年 4 月 6 日,在美国国际金融服务协会、国际银行法律与实务学会和国际商会银行技术与实务委员会的共同努力下,《国际备用信用证惯例》(International Standby Practices,简称 ISP98,为国际商会第 590 号出版物)终于公布,并自 1999 年 1 月 1 日起正式实施。此外,联合国还于 1995 年 12 月 11 日通过了《联合国独立担保和备用信用证公约》,旨在促进独立担保和备用信用证的使用,而不论这两种票据中是不是只有其中一种可能传统上是在某一特定国家中使用。该公约加强了对独立担保和备用信用证的共同基本原则和特点的承认,从而减少了在国际贸易中使用这些票据的不确定性。该公约于 2000 年 1 月 1 日生效。

备用信用证实质上是银行担保,开证银行保证在主债务人(可以是买方也可以是卖方)不履行其义务时,即由该银行付款。银行在付款时也要求受益人提交某种单据,通常是表明主债务人(开证申请人)没有履行其义务的单据或文件。备用信用证同一般商业信用证相比较具有以下特点:

(1) 一般商业信用证主要涉及买卖合同货款的支付,开证银行仅在受益人(卖方)提交有关单据证明他已经履行买卖合同时,才支付信用证项下的货款;备用信用证则是在受益人提供单证证明债务人(开证申请人)没有履行基础交易中的义务时,开证银行才支付信用证项下的款项。

(2) 在正常情况下,当采用一般商业信用证时,开证银行是期待并愿意按信用证规定对受益人开出的汇票及单据付款的,因为这表明开证申请人和受益人之间的交易(如买卖合同)正在正常地进行(如卖方已履行交货义务并取得装运单据);但是备用信用证的开证银行并不希望按该信用证的规定对受益人开出的汇票及提供的单证付款,因为这表明开证申请人和受益人之间的交易出了问题。在前一种情况下,开证申请人一般亦希望开证行对受益人所提供的、符合信用证要求的单据付款,以便取得单据项下的货物,从而使买卖交易的最终目的得以实现;但在后一种情况下,备用信用证的开证申请人则总是力图否认自己有违约行为,设法让开证银行拒绝对受益人付款。

(3) 在进出口业务中,一般商业信用证都是以买方为开证申请人,以卖方为受益人。但在使用备用信用证时,情况则有所不同,开证申请人和受益人既可能是卖方也可能是买方。

备用信用证在性质上与银行保函(letter of guarantee)相类似,它主要用于借款保证、投标保证、履约保证、赊购保证等。由于美国法律不允许银行为其客户提供银行保函,因此美国的银行就用开立备用信用证的办法来代替保函。但是,近年来美国等一些国家已开始把备用信用证用于保证买卖合同项下货款的支付,其目的是减轻一般商业信用证所要求的审查单证的麻烦和费用。其做法是:由买方通过银行向卖方开出相等于发票金额的备用信用证,卖方发货后,即直接把发票寄交买方,如买方按发票付款,该信用证就备而不用。如果买方不按发票支付货款,卖方就可以根据备用信用证的规定,开立相当于发票金额的汇票,并附具一份证明买方未按发票付款的文件,要求开证银行付款。这样银行就不必费时去审查各种商业单据,银行费用也会相应降低。

(七) 信用证的独立性

UCP 规定,就性质而言,信用证与可能作为其依据的销售合同或其他合同,是相互独立的交易。即使信用证中提及该合同,银行亦与该合同完全无关,且不受其约束。因此,一家银行作出兑付、议付或履行信用证项下其他义务的承诺,并不受申请人与开证行之间或与受益人之间在已有关系下产生的索偿或抗辩的制约。此外,受益人在任何情况下,不得利用银行之间或申请人与开证行之间的契约关系。

(八) 银行的付款义务

在信用证支付方式中,开证行对受益人和开证申请人,付款、承兑和议付行对开证行负有一定的义务,这些义务因他们各自间的关系不同而互不相同,但也有一些是上述银行所应承担的相同义务和相同的免责理由。

1. 单证一致原则

单证一致原则是指,受益人提交的单据必须在表面上符合信用证条款,单据之间亦应互相一致,否则银行有权拒绝接受受益人提交的单据,并拒绝付款、承兑或议付;付款、承兑和议付行不得接受单证之间、单单之间有不符的单据,否则开证行有权拒绝偿付上述银行;如果开证行接受不符的单据,开证申请人有权拒绝补偿开证行;如果受益人或付款、承兑、议付行提供的单据符合信用证的规定,那么银行无权拒绝付款、承兑、议付,开证行无权拒绝偿付付款行、承兑行或议付行。

2. 审单标准

值得注意的是,UCP500 第 13 条规定的审核单据的标准是:“银行必须合理小心地审核信用证上规定的一切单据,以便确定这些单据表面是否与信用证条款相符合。本惯例所体现的国际标准银行实务是确定信用证所规定的单据表面与信用证条款相符的依据。单据之间表面不一致,即视为表面与信用证条款不符。”《关于审核信用证项下单据的国际标准银行实务》(International Standard Banking Practice for the Examination of Documents under Documentary Credits,简称 ISBP)第 24 条规定的审单标准是:“信用证项下提交的单据在表面上不得互相矛盾。该原则并不要求数据内容完全同一,而仅仅要求单据不得互相矛盾。”可见,ISBP 确立了较为宽松的审单标准。

UCP600 第 14 条对银行审核单据标准(standard for examination of documents)作出了较以往更详细且具有可操作性的规定,该条 a 款规定:“按照指定行事的被指定银行、保兑行(如有)以及开证行必须对提示的单据进行审核,并仅以单据为基础,以决定单据在表面上看来是否构成相符提示。”d 款规定:“单据中内容的描述不必与信用证、信用证对该项单据的描述以及国际标准银行实务完全一致,但不得与该项单据中的内容、其他规定的单据或信用证相冲突。” e 款规定:“除商业发票外,其他单据中的货物、服务或行为描述若须规定,可使用统称,但不得与信用证规定的描述相矛盾。” f 款规定:“如果信用证要求提示运输单据、保险单据和商业发票以外的单据,但未规定该单据由何人出具或单据的内容。如信用证对此未做规定,只要所提交单据的内容看来满足其功能需要且其他方面与 14 条(d)款相符,银行将对提示的单据予以接受。” l 款规定:“假如运输单据能够满足本惯例第 19 条、20 条、21 条、22 条、23 条或 24 条的要求,则运输单据可以由承运人、船东、船长或租船人以外的任何一方出具。” 由此可见,UCP600 确定的审单标准是“内容不冲突”的审单原则。

根据 UCP600 的规定,按照指定行事的被指定银行、保兑行(如有)以及开证行,自其收到提示单据的翌日起算,应各自拥有最多不超过五个银行工作日的时间以决定提示是否相符。该期限不因单据提示日适逢信用证有效期或最迟提示期或在其之后而被缩减或受到其他影响。

3. 银行免责的几种情况

根据 UCP600 的规定,参与信用证业务的银行在以下情况下免责:

(1) 关于单据有效性的免责。银行对任何单据的形式、充分性、准确性、内容真实性、虚假性或法律效力,或对单据中规定或添加的一般或特殊条件,概不负责;银行对任何单据所代表的货物、服务或其他履约行为的描述、数量、重量、品质、状况、包装、交付、价值或其存在与否,或对发货人、承运人、货运代理人、收货人、货物的保险人或其他任何人的诚信与否,作为或不作为、清偿能力、履约或资信状况,也概不负责。

(2) 关于信息传递和翻译的免责。当报文、信件或单据按照信用证的要求传输或发送时,或当信用证未作指示,银行自行选择传送服务时,银行对报文传输或信件或单据的递送过程中发生的延误、中途遗失、残缺或其他错误产生的后果,概不负责。如果指定银行确定交单相符并将单据发往开证行或保兑行,无论指定的银行是否已经承付或议付,开证行或保兑行必须承付或议付,或偿付指定银行,即使单据在指定银行送往开证行或保兑行的途中,或保兑行送往开证行的途中丢失。银行对技术术语的翻译或解释上的错误,不负责任,并可不加翻译地传送信用证条款。

(3) 关于不可抗力的免责。银行对由于天灾、暴动、骚乱、叛乱、战争、恐怖主义行为或任何罢工、停工或其无法控制的任何其他原因导致的营业中断的后果,概不负责。银行恢复营业时,对于在营业中断期间已逾期的信用证,不再进行承付或议付。

(4) 关于被指示方行为的免责。为了执行申请人的指示,银行利用其他银行的服务,其费用和风险由申请人承担。即使银行自行选择了其他银行,如果发出指示未被执行,开证行或通知行对此亦不负责。指示另一银行提供服务的银行有责任负担被指示行因执行指示而发生的任何佣金、手续费、成本或开支（“费用”）。如果信用证规定费用由受益人负担，而该费用未能收取或从信用证款项中扣除，开证行依然承担支付此费用的责任。信用证或其修改不应规定向受益人的通知以通知行或第二通知行收到其费用为条件。外国法律和惯例加之于银行的一切义务和责任，申请人应受其约束，并就此对银行负补偿之责。

（九）对信用证交易中欺诈行为的处理

如前所述，信用证是独立于买卖合同或其他合同的交易，这些合同虽然是开立信用证的基础，但银行却与这些合同无关，也不受其约束。在信用证业务中，银行所关心的是卖方所提交的单据是否与信用证要求相符，而不是卖方所提交的货物是否与买卖合同的要求相符，那是买卖双方的事情，应由买卖双方根据买卖合同的规定来解决，而不应影响银行按信用证规定付款的义务。这是一项公认的原则，也是信用证赖以存在的基石。如果让信用证受其基础合同的左右，允许买方（开证申请人）以卖方违反买卖合同为理由阻止银行按信用证规定付款，信用证就将失去其存在的价值，卖方也将失去收回货款的保障。

但是，近年来由于在国际贸易中不断发生欺诈案件，如伪造提单、以假货充真货等，使上述信用证独立的原则受到巨大的威胁。因为如果固守原则，不允许有任何例外，在遇到卖方有欺诈行为时，银行仍按单据在表面上与信用证相符即预付款，买方就会遭受严重的损失。有鉴于此，有些国家的法律和判例在承认信用证独立于基础合同的同时，也允许有例外：如果受益人（卖方）确有欺诈行为，买方可以要求法院下令禁止银行对信用证付款。在这个问题上，美国的法律和判例是具有代表性的。

1. UCP 600 对信用证欺诈的处理

《跟单信用证统一惯例》强调，只要受益人所提交的单据符合信用证的要求，开证行就必须付款，这一精神不仅贯彻于惯例的许多规定中，而且明确地反映于 1983 年修订本前言中的一段说明：“最后，我们应该注意目前存在的欺诈这个主要问题，清楚地认识到欺诈的起因首先是由于商业一方与一个无赖签订合约，但是跟单信用证只是为商业交易办理付款，它不可能当‘警察’来控制欺诈的发生。”UCP500 和 UCP600 维持这一基本精神不变，其目的主要是维护银行的利益，使银行不致卷入买卖双方关于买卖合同所引起的纠纷。由此产生的客观后果是让买方承担可能遭受卖方欺骗的风险。实践中，买方为了减少这种风险，在使用信用证方式付款时，往往在信用证中规定，卖方必须提交一份由信誉卓著的商品检验机构出具的品质、数量检验报告，作为银行议付货款的单据之一，这种做法对防止卖方欺诈有一定作用。

2. 美国关于信用证欺诈的判例和法律规定

最早将欺诈（fraud）概念引入到信用证交易之中的，当数美国 1925 年的Maurice O'Meara v. National Park Bank 一案。该案中，卡多佐（Cardozo）法官指出：“我不同意这种观点，即如果（开证）银行作出进行调查的选择，并通过调查发现所提交的货物并不真正是单据所描述的货物，银行可以在有过失的卖方的迫使下支付货款，而将他对欺诈行为已经知情置于不顾。”卡多佐的观点第一次向传统的信用证独立原则提出挑战，他认为，当（单据中）的虚假陈述在支付前被发现时，卖方不得威胁银行以取得货款。

由于卡多佐的观点与信用证独立原则相悖，故而未能得到法庭的支持和认同。美国法院认为，按照信用证法律的一般原则，法院基于买卖双方就买卖合同所产生的争议而禁止开证行向卖方付款，是不适宜的。1925 年的 Maurice O'Meara v. National Park Bank 案是一个涉及新闻纸质量的案件。该案中，卖方向银行提交了符合信用证条款的单据要求付款，但银行却根据买方的请求，以卖方所交的新闻纸的拉力与信用证规定的规格不相符合为理由拒绝付款。卖方在纽约法院对银行提起诉讼，认为信用证并没有要求银行检验货物的质量。法院判决卖方胜诉，认为信用证并没有要求银行检验货物的质量。并在判决中指出，银行根本无权要求对纸张进行拉力试验，亦无权对纸张进行检验，除非信用证本身对此作了具体规定。

美国法院以卖方欺诈为理由，下令禁止银行拒绝按信用证向卖方付款的典型案例是 Sztejn v. J Henry Schroder Banking Corp（1941），该案涉及一笔猪鬃交易，买卖合同规定以信用证凭单付款。卖方所交的货物不是猪鬃，而是垃圾、废纸和牛毛。纽约最高法院根据买方的请求，下令禁止银行对卖方按信用证开出的汇票及单据付款。法院在判决中指出：“如果卖方确有诈欺行为，即他所交付的货物不仅仅是质量低劣，而是一文不值的垃圾，而且银行在付款之前已经获悉了这种诈欺行为，那么，让银行拒绝付款是不为苛刻的。”法院在区别前案与本案的不同之处时强调指出，本案的关键在于它所涉及的不是货物的质量问题，而是卖方所装运的根本不是货物，只是一文不值的垃圾。这个案例开创了法院下令禁止银行按信用证要求向卖方付款的先河。其后，在 1968 年至 1984 年间，美国法院先后在几个案件中均以卖方有欺诈行为为理由，作出了禁止银行按信用证向卖方付款的决定。这是根据衡平法原则所采取的一种救济方法。美国法院的上述判例表明，美国法院已经把信用证同它的基础交易挂起钩来，只要法院发现卖方在基础交易（买卖合同）中有欺诈行为，即可下令禁止银行按信用证付款。

《美国统一商法典》采纳了上述判例所确立的法律原则，它一方面承认信用证独立于其基础交易的原则，但同时也承认有例外，欺诈行为即属于例外。按照该法 5－114（1）的规定，开证行必须按符合信用证条款开出的汇票或单据付款，而不管货物或单据是否与开证申请人和受益人之间的基础买卖合同相符。这项规定肯定了信用证独立于基础合同的原则。但该法典第 5－114（2）又规定，除另有约定外，如果各项单据在表面上看来符合信用证条款，但其中一份必要的单据在表面上不符合它在转让物权凭证时所作出的保证，或者是伪造的，或者是带有欺诈性的，或者在交易中有欺诈行为，则：（1）如果要求付款的人是汇票的正当持票人，则开证行必须对其汇票付款（不包括出票人）。（2）在其他情况下，尽管开证申请人已经把欺诈、伪造或其他在单据表面上没有显露出来的瑕疵通知了开证行，开证行如出于诚信仍可对信用证项下的汇票付款，但有管辖权的法院可以禁止开证行付款。按照这项规定，当开证行已获悉受益人有欺诈行为的时候，它只要根据诚信原则办事，可以自行决定是否对受益人开出的汇票或单据付款,如果开证行诚信地认为应予付款,则即使在付款后证实受益人确有欺诈行为,开证行也不承担责任,开证申请人仍须付还开证行按信用证支付的款项;但如果开证行诚信地认为应予拒付,则在拒付后如查明受益人并无欺诈行为,开证行就要对其错误拒付一事负责,而且会使自己的信誉受到损害。此外,如果法院确认受益人有欺诈行为,亦可下令禁止开证行付款。然而,《美国统一商法典》对"伪造、欺诈、交易中的欺诈"都没有下定义,在法律界也有不同的理解。

《美国统一商法典》1994 年修订本第 5 - 109 条对原第 5 - 114 条作了修订。归纳起来,值得注意的有以下几点:(1) 欺诈行为必须属于文件(单据)欺诈,或必须是收益人针对开证人或开证申请人所为。(2) 欺诈必须是实质性的(material)。为此,法院必须对"实质性的含义"加以界定,即对单据的购买人来说,该单据的欺诈性是实质性的,或该欺诈行为对参与基础合同的各当事人来说是严重的(significant)。(3) 开证人的拒付规定是任择性的,而非开证人的义务。

3. 中国的相关规定

早在 1989 年 6 月,最高人民法院曾经发布了《关于印发〈全国沿海地区、海外、涉港澳经济审判工作座谈会纪要〉的通知》,对信用证欺诈问题作出了规定。2005 年 10 月 24 日,最高人民法院又发布了《关于审理信用证纠纷案件若干问题的规定》,自 2006 年 1 月 1 日起施行。信用证纠纷案件,是指在信用证开立、通知、修改、撤销、保兑、议付、偿付等环节产生的纠纷。根据该司法解释,我国法院在处理信用证纠纷时应依据下列规则:

(1) 人民法院审理信用证纠纷案件时,当事人约定适用相关国际惯例或者其他规定的,从其约定;当事人没有约定的,适用国际商会《跟单信用证统一惯例》或者其他相关国际惯例。

(2) 开证申请人与开证行之间因申请开立信用证而产生的欠款纠纷、委托人和受托人之间因委托开立信用证产生的纠纷、担保人为申请开立信用证或者委托开立信用证提供担保而产生的纠纷以及信用证项下融资产生的纠纷,适用该规定。因申请开立信用证而产生的欠款纠纷、委托开立信用证纠纷和因此产生的担保纠纷以及信用证项下融资产生的纠纷应当适用中华人民共和国相关法律。涉外合同当事人对法律适用另有约定的除外。

(3) 开证行在作出付款、承兑或者履行信用证项下其他义务的承诺后,只要单据与信用证条款、单据与单据之间在表面上相符,开证行应当履行在信用证规定的期限内付款的义务。当事人以开证申请人与受益人之间的基础交易提出抗辩的,人民法院不予支持。

(4) 人民法院在审理信用证纠纷案件中涉及单证审查的,应当根据当事人约定适用的相关国际惯例或者其他规定进行;当事人没有约定的,应当按照国际商会《跟单信用证统一惯例》以及国际商会确定的相关标准,认定单据与信用证条款、单据与单据之间是否在表面上相符。信用证项下单据与信用证条款之间、单据与单据之间在表面上不完全一致,但并不导致相互之间产生歧义的,不应认定为不符点。

(5) 开证行有独立审查单据的权利和义务,有权自行作出单据与信用证条款、单据与单据之间是否在表面上相符的决定，并自行决定接受或者拒绝接受单据与信用证条款、单据与单据之间的不符点。开证行发现信用证项下存在不符点后，可以自行决定是否联系开证申请人接受不符点。开证申请人决定是否接受不符点，并不影响开证行最终决定是否接受不符点。开证行和开证申请人另有约定的除外。开证行向受益人明确表示接受不符点的，应当承担付款责任。开证行拒绝接受不符点时，受益人以开证申请人已接受不符点为由要求开证行承担信用证项下付款责任的，人民法院不予支持。

（6）凡有下列情形之一的，应当认定存在信用证欺诈：受益人伪造单据或者提交记载内容虚假的单据；受益人恶意不交付货物或者交付的货物无价值；受益人和开证申请人或者其他第三方串通提交假单据，而没有真实的基础交易；其他进行信用证欺诈的情形。

（7）开证申请人、开证行或者其他利害关系人发现有信用证欺诈的情形，并认为将会给其造成难以弥补的损害时，可以向有管辖权的人民法院申请中止支付信用证项下的款项。

（8）人民法院认定存在信用证欺诈的，应当裁定中止支付或者判决终止支付信用证项下款项，但有下列情形之一的除外：开证行的指定人、授权人已按照开证行的指令善意地进行了付款；开证行或者其指定人、授权人已对信用证项下票据善意地作出了承兑；保兑行善意地履行了付款义务；议付行善意地进行了议付。当事人在起诉前申请中止支付信用证项下款项符合下列条件的，人民法院应予受理：受理申请的人民法院对该信用证纠纷案件享有管辖权；申请人提供的证据材料证明存在本规定第 8 条的情形；如不采取中止支付信用证项下款项的措施，将会使申请人的合法权益受到难以弥补的损害；申请人提供了可靠、充分的担保。人民法院接受中止支付信用证项下款项申请后，必须在 48 小时内作出裁定；裁定中止支付的，应当立即开始执行。人民法院作出中止支付信用证项下款项的裁定，应当列明申请人、被申请人和第三人。当事人对人民法院作出中止支付信用证项下款项的裁定有异议的，可以在裁定书送达之日起 10 日内向上一级人民法院申请复议。上一级人民法院应当自收到复议申请之日起 10 日内作出裁定。复议期间，不停止原裁定的执行。人民法院在审理信用证欺诈案件过程中，必要时可以将信用证纠纷与基础交易纠纷一并审理。当事人以基础交易欺诈为由起诉的，可以将与案件有关的开证行、议付行或者其他信用证法律关系的利害关系人列为第三人；第三人可以申请参加诉讼，人民法院也可以通知第三人参加诉讼。

（9）保证人以开证行或者开证申请人接受不符点未征得其同意为由请求免除保证责任的，人民法院不予支持，保证合同另有约定的除外。开证申请人与开证行对信用证进行修改未征得保证人同意的，保证人只在原保证合同约定的或者法律规定的期间和范围内承担保证责任，保证合同另有约定的除外。

四、国际保理

（一）国际立法

国际保理（international factoring）最早起源于 19 世纪末的美国，并在 20 世纪 60 年代以后在全球范围内迅猛发展。国际保理是集贸易融资、国际间银行信用于一身的，发生在国际结算环节上的资金与信用融通范畴的经济活动。[①] 国际保理业务的发展与国际商品交易中赊销形式的商业信用的发展有密切关系。保理业务能够为客户提供许多便利:贸易融资功能,保理融资可办理收汇核销和退税手续;销售分户账管理和催收服务;信用风险控制;坏账担保。目前在国际上,欧美国家特别是欧盟内部,80% 的进出口业务都是采用非信用证方式,并由保理商代理收款。对出口方来说,不论进口方是否付款,货款都由保理商负责收付。[②] 但是,值得注意的是,虽然保理便于出口商融资和收款,同时也便于进口商以赊销方式购买货物,但是,保理商所收管理费通常高于信用证和托收的手续费。

目前,在国际保理方面主要有以下国际法律文件:

1.《国际保理业务惯例规则》

《国际保理业务惯例规则》(Code of International Factoring Customs, 简称 IFC)由国际保理商联合会[③]颁布,供保理当事人选用。该规则 1998 年修订本共有 28 条,主要规定了总则、信用风险的承担、付款责任、出口保理商和进口保理商的陈述和保证及其他义务、转让的合法性、补偿、预付款、期限、财务、报告和酬金、违反规则、规则修改等内容。

2.《国际保理公约》

《国际保理公约》(Convention on International Factoring)由国际统一私法协会(UNIDROIT)于 1988 年 5 月 28 日在加拿大首都渥太华通过,1995 年 5 月 1 日生效,目前,只有 6 个国家(法国、德国、匈牙利、意大利、拉脱维亚、尼日利亚)批准了该公约。该公约分为四章,即适用范围和总则、当事人各方的权利和义务、再转让和最后条款,共计 23 个条款。《国际保理公约》适用于国际保理合同(factoring contracts)及应收账款的转让(assignments of receivables)。

3.《国际贸易中应收款转让公约》

该公约由联合国国际贸易法委员会于 2001 年 12 月 12 日通过,目前还未生效,只有利比里亚一个国家批准该公约。该公约的主要目的是通过促进增加获得低成本信贷的机会,促进货物和服务的跨国界流动。为实现这一目标,该公约特别强调消除某些国际融资做法的法律障碍(例如确立未来应收款转让和整批转让的有效性,部分废止对应收款转让的合同限制);增进对关键问题(例如相竞债权之间的优先次序)适用法律的确定性和可预测性;通过提供一个供各国选用的相竞债权优先次序制度,协调各国的转让法。

该公约共有 47 条和 1 个附件,主要规定了适用范围、总则、转让的效力、权利、义务和抗辩、独立适用的法律冲突规则、最后条款。该公约适用于国际应收款的转让和应收款的国际转让。原始合同订立时,转让人和债务人所在地在不同国家的,该应收款具有国际性。转让合同订立时,转让人和受让人所在地在不同国家的,该转让也具有国际性。

---

① 张军、李茂华、于立新著:《加入 WTO 与中国国际保理发展》,西北大学出版社 2002 年版,第 1 页。

② 张军、李茂华、于立新著:《加入 WTO 与中国国际保理发展》,西北大学出版社 2002 年版,第 55 页。

③ 国际保理商联合会(Factors Chain International,简称 FCI)于 1968 年 11 月成立,是目前全球最大的保理商组织,现有 205 家会员,遍及 59 个国家和地区,其跨国境的保理业务量超过全球国际保理业务总量的一半。

（二）保理的概念和当事人

1. 保理与国际保理的概念

《牛津简明英语词典》中给"保理"一词的定义是:从他人手中以比较低的价格买下属于该人的债权,并负责收回债款,从而获得盈利的行为。该定义属于广义定义。狭义定义是,保理是指承做保理的一方同以赊销方式出售商品或提供服务的一方达成的具有连续性的协议,由承做保理方针对由出售的商品和提供的服务而产生的应收账款提供以下服务:(1) 以即付方式买下所有应收账款;(2) 负责有关应收账款的会计分录及其他记账工作;(3) 到期收回债款;(4) 承担债务人资不抵债的风险。①

《国际保理公约》第 1 条规定:公约适用于保理合同及应收账款的转让。保理合同是指在一方当事人(销售商)与另一方当事人(保理商)之间所订立的合同。根据该合同:A. 销售商可以或将要向保理商转让销售商与其客户(债务人)订立的货物销售合同产生的应收账款,但是,主要供债务人个人、家人或家庭使用的货物的销售所产生的应收账款除外;B. 保理商应履行至少两项下述职能:为销售商融通资金,包括贷款和预付款;保持与应收账款有关的账目(分类账);收取应收账款;防止债务人拖延付款。此外,《国际保理公约》第 2 条还规定:公约适用于任何通过保理合同进行的让予的应收账款,这些应收账款产生于供方与债务人之间的销售合同,债务人的业务处于不同国家,而且债务人营业地(place of business)所在国和保理商营业地所在国都是签字国,或者销售合同和保理合同都是由签字国的法律管辖。

根据上述规定,保理商可以从事下列保理业务:(1) 贸易融资。即为销售商融通资金,包括贷款和预付款。保理商在承做保理业务时,出口保理商先从出口商处购买应收账款或对出口商的应收账款进行贷款。保理商通常向出口商提供无追索权的贸易融资。即当出口商向国外进口商发货或提供服务后,只要将发票通知送交出口保理商,就可以获得不超过 80% 的发票金额和无追索权的预付款。对于出口保理商而言,在受让应收账款后,可以对有关债权行使权利。(2) 销售分户账管理,即提供分类账管理。保理商可以为出口商设立管理账户,保理商在收到出口商提供的销售发票后,可以根据管理账户记载的有关信息进行记账处理,包括清算债务金额、利息结算、债务收取往来记录、定期出具账务清单等。(3) 收取应收账款。即在卖方叙做保理业务后,保理商根据卖方的要求,定期或不定期地向其提供关于应收账款的回收情况、逾期账款情况、信用额度变化情况、对账单等各种财务和统计报表,协助卖方进行销售管理。(4) 应收账款的催收。为防止债务人拖延付款,保理商通常有专业人员进行账款追收,并根据应收账款逾期的时间采取信函通知、打电话、上门催款直至采取法律手段。(5) 信用风险控制与坏账担保。保理商在与出口商签订保理协议前,通常要对进口商进行资信调查,并对进口商核定一个信用额度(credit line)。对于出口商在核准的信用额度内发货所产生的应收账款,保理商提供 100% 的坏账担保。对于超过核准信用额度

---

① [英]弗瑞迪·萨林格著:《保理法律与实务》,刘园、叶志壮译,对外经济贸易大学出版社 1995 年版,第 1 页。

的应收账款,保理商不承担责任。即保理商只承担其所核定的信用额度内的货款,其余坏账损失由出口商承担。

概括而言,国际保理是指保理商在国际贸易中采用赊销(O/A)或跟单托收承兑交单(D/A)结算方式下,为卖方提供的将出口贸易融资、账务处理、收取应收账款和买方信用担保融为一体的综合性金融服务。[①]

2. 国际保理的当事人

参与国际保理业务的各当事人包括[②]:(1) 卖方,即对所供应的货物或所提供的服务出具发票的一方,其应收账款交由出口保理商叙做保理的当事人;(2) 债务人,即对由所供应的货物或所提供的服务而产生应收账款负有付款责任的当事人。(3) 出口保理商,即根据有关协议对卖方的应收账款叙做保理业务的当事人。(4) 进口保理商,即同意代收以卖方出具的发票表示的,并转让给出口保理商的应收账款的一方。进口保理商对转让给他的并已承担信用风险的应收账款必须付款。

(三) 国际保理的类型

保理商从事保理业务的主要收益是利息和手续费。保理商从购入单据向出口商支付现金开始,到从进口商或进口保理商处收到货款为止,向出口商提供了一段时间的资金融通,因此,可以收取相应的利息,而且利率通常比优惠利率高。利息一般在向出口商支付货款时就预先收取。除了利息以外,保理商还可以就所提供的其他服务(如资信调查等)收取手续费用。但是,保理商的风险随保理类型的不同而有所不同。

1. 单保理商模式和双保理商模式

这是根据保理商的数量所作的分类。

在国际保理业务中,可以将保理商分为出口保理商和进口保理商。位于进口方所在地的保理商称为进口保理商,位于出口方所在地的保理商称为出口保理商。

(1) 单保理商模式(single factor system)。只涉及一方保理商的国际保理业务是单保理商模式。单保理商模式是国际保理的早期形式,主要适用于国内保理业务,或进出口双方中有一方没有保理商的情况。由于单保理对于保理商的风险较大,随着国际保理业务的发展,单保理商模式已经逐渐为双保理商模式取代。

单保理商模式只涉及三方当事人:出口商、进口商、保理商(或为出口保理商,或为进口保理商)。当有出口商、进口商和出口保理商参与时,这种保理业务称为直接出口保理(direct export factor system);如果涉及出口商、进口商和进口保理商,则称之为直接进口保理(direct import factor system)。这种形式多用于出口方的客户集中在某个国家或地区的情况。在直接进口保理情况下,出口商和进口保理商直接订立保理协定,并在发货后将发票和所需单据直接交与进口保理商,进口保理商负责收款和提供坏账担保。在直接出口保理的情况

① 张军、李茂华、于立新著:《加入 WTO 与中国国际保理发展》,西北大学出版社 2002 年版,第 56 页。

② 国际保理商联合会 1998 年《国际保理义务惯例规则》第 1 条。

下,出口商和出口保理商签订保理协定,在发货后,出口商将发票和所需单据交与出口保理商,出口保理商负责向债务人收款和提供坏账担保。

(2) 双保理商模式(two－factor system)。双保理商模式涉及进出口双方保理商。在双保理商模式下,参加国际保理业务的当事人有四方:出口商、出口保理商、进口商、进口保理商。在这一模式中,主要有两份保理合同:一是出口商和出口保理商签订的保理协议,将其在国外的应收账款转让给出口保理商;二是出口保理商与进口保理商签订的代理协议,向进口保理商转让有关的应收账款,并且委托进口保理商直接向进口商收款,同时由进口保理商提供坏账担保、债款催收和销售额度核定等服务。

双保理商模式的具体运作程序是[①]:① 出口保理商与进口保理商签订国际保理协议;② 出口保理商与出口商签订国际保理合同;③ 出口商向出口保理商申请债务人(进口商)的信用额度;④ 出口保理商将信用申请提交给进口保理商,由其进行调查;⑤ 进口保理商对进口商进行资信调查评估;⑥ 进口保理商将批准的额度制成信用额度证实书通知出口保理商,再由出口保理商将其交给出口商;⑦ 出口商根据信用额度证实书上的额度金额发运货物;⑧ 货物出运后,出口商如需资金融通,则将全套正本单据寄送出口保理商;如不需要资金融通,则将发票副本传送给出口保理商;⑨ 出口保理商将上述单据传送给进口保理商;⑩ 出口保理商视出口需要,提供发票金额的70%~90%的资金融通;⑪ 进口保理商在规定时间内按照商业惯例向进口商催收货款;⑫ 在货款到期日,进口商将货款交给进口保理商,后者将其转交给出口保理商;⑬ 出口保理商在扣除预付款、服务费等项目后,将货款全部付给出口商。

在双保理机制下,出口商只需同出口保理商签订保理合同,融资方便。对出口保理商而言,通过和进口保理商的合作,分担了风险和损失。但是,双保理机制与单保理机制相比,出口费用更高。

2. 有追索权保理和无追索权保理

这是按照保理商对保理项下的融通资金是否有追索权所作的分类。

(1) 有追索权保理。有追索权(recourse)保理是指保理商在与出口商签订保理合同并向出口商融通资金后,如果债务人由于某些原因而无力支付或拒绝支付货款,保理商有权向出口商要求偿还其为出口商所融通的资金款项。实践中,有追索权的保理通常是无论何种原因,只要货款到期不能收回,保理商都有权向出口商追索。也就是说,在有追索权保理的情况下,保理商不承担债务人的信用风险。因此,有追索权保理业务适用于债务人信用较好的情况。

(2) 无追索权保理。无追索权(non-recourse)保理是指保理商在与出口商签订保理合同并为出口商融通资金后,在某些情况下放弃向出口商追索融通资金的权利。如果债务人由于合同约定的原因而无力或拒绝付款,保理商只能自行承担该风险。在此类保理业务中,保

① 张军、李茂华、于立新著:《加入WTO与中国国际保理发展》,西北大学出版社2002年版,第62页。

理商需承担债务人的信用风险,为债务人的坏账提供担保服务。实践中经常采用的是无追索权保理。

3. 到期保理和预付保理

这是根据保理商在购入应收账款的单据后是否立即向出口商付款所作的分类。

(1) 到期保理(maturity factoring)是指出口商将有关单据交给保理商后,保理商并不立即向出口商支付货款,而是确认并同意在票据到期时,无追索权地向出口商支付票据金额。

(2) 预付保理(advance factoring)是指出口商将有关单据交给保理商后,保理商立即对其支付票款。实践中经常采用的是预付保理。

本章小结

国际贸易支付是国际货物买卖合同的重要条款之一,选择正确的结算工具和结算方式对于贸易双方具有重要意义。《跟单信用证统一惯例》和《托收统一规则》是约束信用证和托收的最重要的国际惯例规则,在世界上具有重要影响。

本章思考题

1. 国际贸易支付的工具有哪些?
2. 简述汇票及其法律制度。
3. 简述托收的概念和类型。
4. 有关托收的国际法渊源有哪些?
5. 托收当事人的责任有哪些?
6. 简述信用证的概念和类型。
7. 信用证的国际渊源有哪些?
8. 信用证当事人的责任有哪些?
9. 简述信用证独立原则。
10. 什么是国际保理?简述国际双保理当事人的权利义务。

必读法规

1.《统一汇票和本票法公约》
2.《中华人民共和国票据法》
3.《托收统一规则》
4.《跟单信用证统一惯例》

推荐阅读书目

1. 陈岩、刘玲编著:《UCP600 与信用证精要》,对外经济贸易大学出版社 2007 年版。

2. 李金泽主编:《UCP600 适用与信用证法律风险防控》,法律出版社 2007 年版。

3. 曾鸣编著:《UCP600 的主要变化及对实务的影响》,东北财经大学出版社 2007 年版。

4. 陈国武主编:《解读〈跟单信用证统一惯例〉(2007 年修订本)第 600 号出版物》,天津大学出版社 2007 年版。

5. 梁树新主编:《跟单信用证与对外贸易》,人民邮电出版社 2007 年版。

6. 伏军编著:《英美信用证案例选评》,对外经济贸易大学出版社 2006 年版。

7. 最高人民法院民事审判第四庭编:《信用证纠纷典型案例》,中国民主法制出版社 2006 版。

8. 吴庆宝、孙亦闽、金赛波主编:《信用证诉讼原理与判例》,人民法院出版社 2005 版。

9. 金赛波编:《中国信用证和贸易融资司法案例选编》,中国商务出版社、当代出版社 2005 年版。

10. 金赛波、李健著:《信用证法律》,法律出版社 2004 年版。

11. 李金泽著:《信用证与国际贸易融资法律问题》,中国金融出版社 2005 年版。

12. 王江雨翻译:《美国统一商法典(信用证篇)》,中国法制出版社 1998 年版。

13. 左小东著:《信用证法律研究与实务》,警官教育出版社 1993 年版。

14. 刘德标、王屏、傅莲英、王善论编:《国际结算规则》,对外经济贸易大学出版社 2004 年版。

15. 国际商会中国国家委员会组织翻译:《国际商会托收统一规则评注(中英文对照本)》,中国民主法制出版社 2004 年版。

16. [美]Richand E. Speidel,[美]Steve H. Nickles 著:《票据法》(第四版英文影印),中国人民大学出版社 2003 年版。

17. 周辉斌著:《银行保函与备用信用证法律实务》,中信出版社 2003 年版。

18. 金赛波编著:《中国信用证法律和重要案例点评(2002 年度)》,对外经济贸易大学出版社 2002 年版。

19. 贺培主编:《国际结算学》,中国财政经济出版社 2000 年出版。

20. 孙满主编:《国际结算诈骗与防范(案例启示)》,对外经济贸易大学出版社 1999 年版。

21. 王宗湖主编:《国际汇兑与贸易结算》,对外经济贸易大学出版社 1998 年版。

22. 范一飞、沈明主编:《商业银行票据与结算》,中国财政经济出版社 1998 年版。

23. 刘舒年、严思忆编:《国际贸易结算与融资》,对外经济贸易大学出版社 1996 年版。

典型案件

潮连物资（香港）有限公司与中国农业银行湖南省分行信用证交易纠纷上诉案

第七章　世界贸易组织法律制度

世界贸易组织(World Trade Organization,以下简称WTO)成立于1995年,但其前身关税与贸易总协定(General Agreement on Tariffs and Trade,简称GATT)却从1948年就开始运作了。在近50年的时间里,GATT通过组织各缔约方进行削减关税和减少非关税壁垒的贸易谈判,以及处理各缔约方之间的贸易纠纷,不仅促进了国际贸易的发展,而且初步建立了一个多边贸易体制。WTO继承了GATT的传统,组织各成员进行更为深入的谈判,努力在更大范围内促进国际贸易数量和质量的提高。与此同时,经改良后的争端解决机制,也正在为世界贸易体制的稳定性和可预见性作出更大的贡献。

中国从2001年起成为WTO的正式成员。事实上,中国曾是GATT的创始缔约方。中国曾经参加GATT的一些谈判,并且为恢复缔约方地位和加入WTO作出了长期的努力。中国作为世界上名列前茅的贸易国,在成为WTO成员后,积极参加了WTO的各项活动,并且开始利用其争端解决机制解决与其他成员的贸易纠纷。不仅如此,加入WTO对中国的影响已经开始显现。所以,了解WTO,不仅是知识上的需要,更是现实的需要。

国际组织是国际法的重要主体,国际条约是国际法的首要渊源。因此,由一系列协议组成的WTO,应当是国际法学科中的一个研究对象。作为一个国际贸易组织,它的法律体制的建立,借鉴了其他国际组织的经验,是具有不同法律文化的成员长期谈判达成妥协的结果;它主要处理在经济全球化背景下飞速增长并纠纷不断的贸易问题;它仍然通过组织各成员之间的谈判以及裁决贸易纠纷,不断进行发展。这就决定了WTO的法律特点——内容丰富、复杂多样。美国乔治城大学享誉世界的GATT和WTO法律专家约翰·H.杰克逊(John H. Jackson)教授,在其1969年出版的名著*World Trade and the Law of GATT*的前言中说,在他刚刚接触关税与贸易总协定时,曾惊叹其错综复杂的法律制度。40年过去了,GATT组织了多轮谈判,形成了大量的文件,并且处理了近300起案件;WTO在短短几年时间里,又发起了新回合谈判,成立20年来,援用其争端解决机制处理了500多起案件。对于刚刚接触WTO的人来说,相比于当年的杰克逊教授,惊叹也许要用比较级了吧。

第一节　世界贸易组织概述
第二节　1994年《关税与贸易总协定》
第三节　多边货物贸易的其他协议
第四节　服务贸易以及与贸易有关的知识产权
第五节　争端解决与贸易政策审议机制
第六节　诸边协议
第七节　发展中国家以及新回合谈判
第八节　中国与世界贸易组织

第一节 世界贸易组织概述

2002 年 3 月 20 日,美国对 10 种钢材进口提高关税。包括中国在内的 8 个 WTO 成员将此案诉诸 WTO 争端解决机构。2003 年 5 月,争端解决机构专家组作出裁决,认定美国采取的措施违反了 WTO 义务,并要求美国改正其做法。“专家组认为,美国从 2002 年 3 月 20 日开始对部分钢铁产品进口所采取的保障措施,不符合《保障措施协议》和 1994 年《关税与贸易总协定》(以下简称 GATT 1994)……因此,专家组建议争端解决机构,要求美国使上述所有保障措施与其在《保障措施协议》和 GATT 1994 项下的义务相一致。”①

WTO 是一个什么样的组织? 它制定了什么样的规则,要求成员必须遵守? 它为什么有这么大的权威,对某一个具体贸易争端作出裁决?

一、世界贸易组织的成立及其协议框架

(一) 世界贸易组织的成立

第二次世界大战以后,国际社会曾经试图筹建一个“国际贸易组织”(International Trade Organization,ITO),并为此起草了《国际贸易组织宪章》。其后,国际贸易组织虽未能成立,但《国际贸易组织宪章》中的贸易政策条款却被单独抽出,经修改形成了单一的多边协定,定名为《关税与贸易总协定》,并从 1948 年 1 月 1 日起生效。从 1948 年到 1995 年,它一直是管理国际贸易的唯一的多边条约,成为事实上的“国际贸易组织”。

GATT 主持了 8 轮多边贸易谈判(称为“回合”),大大降低了各国的关税水平,并且发展了多边贸易体制。在最后举行的乌拉圭回合谈判(Uruguay Round of Multilateral Trade Negotiations)中,宣布成立 WTO。WTO 是根据 1994 年 4 月 15 日通过的《建立世界贸易组织的马拉喀什协定》成立,并于 1995 年 1 月 1 日正式开始运作。

WTO 虽然来源于 GATT,但二者有很大的不同:(1) GATT 是根据“临时适用议定书”成立的,从未得到各国立法机构的批准,协定中也没有关于成立一个组织的条款;而 WTO 及其协议是固定的,成员已经批准了协议,协议本身也规定了该组织的运作问题,因此 WTO 有明确的法律基础。(2) GATT 管理货物贸易的问题,而 WTO 还规制服务和知识产权问题。(3) 与 GATT 相比,WTO 的争端解决机制也更为迅速、有效。

WTO 成立以后,仍在主持谈判新的协议。1996 年 12 月 13 日,在新加坡举行的 WTO 第一届部长级会议上形成了《关于信息技术产品贸易的部长宣言》,即《信息技术协议》(Information Technology Agreement),并于 1994 年 4 月 1 日生效;1997 年 4 月 15 日达成了“《服务

① 美国钢铁产品保障措施案(WT/DS248/R,WT/DS249/R,WT/DS251/R,WT/DS252/R,WT/DS253/R,WT/DS254/R,WT/DS258/R,WT/DS259/R)专家组报告,第 938、941 页。

贸易总协定》第四议定书”及其减让表，即《基础电信协议》(Basic Telecommunications Agreement)，于1998年2月15日生效；1997年12月12日达成了“《服务贸易总协定》第五议定书”及其减让表，即《金融服务协议》(Financial Services Agreement)，于1999年3月1日生效。以上协议都是诸边协议。[①] 另外，根据有关协议所作的安排，对有关协议所涉及的内容还在进一步谈判，因此协议内容也在不断更新。例如，关于继续进行农业领域改革和针对《农业协议》进行的谈判已于1999年开始。[②]

2001年11月9日至13日，WTO第四次部长级会议在卡塔尔首都多哈召开。会议通过了《多哈部长理事会宣言》(简称《多哈宣言》)，决定全面启动新一轮全球多边贸易谈判(即“多哈回合谈判”)。新一轮谈判涉及诸多重要议题，如农业、服务业、非农业产品市场准入、知识产权、贸易与环境、贸易与竞争政策等。新一轮谈判旨在制定新的国际贸易规则，减少贸易壁垒，更加有力地促进世界贸易的发展，已经达成了《贸易便利化协议》等新的规则。

(二) 世界贸易组织协议的框架

《建立世界贸易组织的马拉喀什协定》[③]简称《建立世界贸易组织协定》只有16条，规定了WTO的结构、决策过程、成员资格、加入和生效等内容。规范多边贸易关系的实质性内容规定在4个附件中。

1. 附件1

分为附件1A、1B和1C。

附件1A包括14个多边货物贸易协议(Multilateral Agreements on Trade in Goods)：

(1)《1994年关税与贸易总协定》；

(2)《农业协议》；

(3)《纺织品与服装贸易协议》；

(4)《关于履行1994年关贸总协定第七条的协议》(即《海关估价协议》)；

(5)《装运前检验协议》；

(6)《进口许可程序协议》；

(7)《原产地规则协议》；

(8)《关于履行1994年关贸总协定第六条的协议》(简称《反倾销协议》)；

(9)《补贴与反补贴措施协议》；

(10)《贸易技术壁垒协议》；

(11)《实施卫生与动植物检疫措施协议》；

---

① 参见世界贸易组织秘书处编：《乌拉圭回合协议导读》，法律出版社2000年版，第393～409页。

② 参见程国强著：《WTO农业规则与中国农业发展》，中国经济出版社2000年版，第82～83页。

③ 此处介绍的世界贸易组织协议，仅为1994年4月15日通过的《乌拉圭回合多边贸易谈判结果》的法律文本中所包括的协议。WTO Secretariat, *The legal Texts: The Results of the Uruguay Round of Multilateral Trade Negotiations*, Cambridge University Press, 1999.

（12）《保障措施协议》；

（13）《与贸易有关的投资措施协议》；

（14）《贸易便利化协议》。

附件1B是《服务贸易总协定》(General Agreement on Trade in Services, GATS)。

附件1C是《与贸易有关的知识产权协定》(Agreement on Trade - Related Aspects of Intellectual Property Rights, TRIPS)。

2. 附件2

附件2是《关于争端解决规则与程序谅解》(Understanding on Rules and Procedures Covering the Settlement of Disputes)。

3. 附件3

附件3是《贸易政策审议机制》(Trade Policy Review Mechanism)。

4. 附件4

附件4是4个诸边协议(Plurilateral Trade Agreements)，包括：《民用航空器贸易协议》(Agreement on Trade in Civil Aircraft)、《政府采购协议》(Agreement on Government Procurement)、《国际奶制品协议》(International Dairy Agreement)和《国际牛肉协议》(International Bovine Meat Agreement)。WTO并不要求所有成员必须加入上述诸边协议，而是允许各成员自行决定是否加入。

二、世界贸易组织的宗旨、目标和基本原则

（一）世界贸易组织的宗旨和目标

《建立世界贸易组织协定》序言对WTO的宗旨作出了如下明确规定："本协定各参加方，认识到在处理它们在贸易和经济领域的关系时，应以提高生活水平，保证充分就业，保证实际收入和有效需求的大幅稳定增长以及扩大货物和服务的生产和贸易为目的，同时应依照可持续发展的目标，考虑对世界资源的最佳利用，寻求既保护和维护环境，又以与它们各自在不同经济发展水平的需要和关注相一致的方式，加强为此采取的措施；进一步认识到需要作出积极努力，以保证发展中国家，特别是其中的最不发达国家，在国际贸易增长中获得与其经济发展需要相当的份额；期望通过达成互惠互利安排，实质性削减关税和其他贸易壁垒，消除国际贸易关系中的歧视待遇，从而为实现这些目标作出贡献，因此，决定建立一个完整的、更可行的和持久的多边贸易体制，以包括《关税与贸易总协定》以往贸易自由化努力的结果以及乌拉圭回合多边贸易谈判的全部结果，决心维护多边贸易体制的基本原则，并促进该体制目标的实现。"①

WTO的目标是：提高生活水平，保证充分就业，保证实际收入和有效需求的大幅稳定增

① 石广生主编：《中国加入世界贸易组织知识读本（二），乌拉圭回合多边贸易谈判结果：法律文本》，人民出版社2002年版，第6页。

长以及扩大货物和服务的生产和贸易。而实现这些目标的手段,则是通过达成互惠互利安排、实质性削减关税和其他贸易壁垒以及消除国际贸易关系中的歧视待遇。

(二) 世界贸易组织的基本原则

WTO 的所有协议反映了以下基本原则:[①]

1. 非歧视的贸易

非歧视贸易原则包括两个方面,一个是最惠国待遇(Most - Favoured - Nation Treatment, MFN),另一个是国民待遇(National Treatment)。

最惠国待遇原则要求成员一般不能在贸易伙伴之间实行歧视,给予一个成员的优惠,也应同样给予其他成员。这个原则非常重要,在管理货物贸易的《关税与贸易总协定》中位居第1 条,在《服务贸易总协定》中是第2 条,在《与贸易有关的知识产权协定》中是第4 条。因此,最惠国待遇适用于 WTO 所有三个贸易领域。

国民待遇原则是指对外国的货物、服务以及知识产权应给予与本国国民同等的对待。《关税与贸易总协定》第 3 条、《服务贸易总协定》第 17 条、《与贸易有关的知识产权协定》第 3 条都规定了国民待遇。

2. 更加自由的贸易

协议确认,减少贸易壁垒是最明显的鼓励贸易的方式。这些壁垒包括关税和配额等限制数量的措施。关税与贸易总协定进行的 8 轮谈判主要就是为了减少贸易壁垒:起初致力于降低关税,后来又扩大到非关税措施,同时也从货物扩大到服务和知识产权。协议允许成员逐步减少贸易壁垒,发展中国家一般有更长的过渡期。

3. 可预见性

WTO 成员在同意开放货物或服务市场时,必须约束关税,即未经与其他贸易伙伴进行补偿谈判(即可能要补偿贸易伙伴的贸易损失)不得提高关税。承诺不增加贸易壁垒有时与减少贸易壁垒一样重要,因为商业人士可以对未来的机会有一个明确的预期。除了对关税进行约束外,WTO 还通过不鼓励配额和数量限制,要求成员保持各自规定的透明度(即公开各自的政策和做法)来增加可预见性。

4. 促进公平竞争

协议是一套鼓励公开和公平竞争的规则。非歧视原则就是为了创造公平的贸易条件。一些具体的规则,如反倾销和反补贴规则,也是为了确定公平和不公平的准则。

5. 鼓励发展和经济改革

WTO 中 3/4 的成员是发展中国家和正在向市场经济转型的国家。WTO 应致力于发展,最不发达国家在实施协议的时间方面需要灵活性,这已经成为共识。协议继承了关税与贸易总协定中的规定,给予发展中国家以特别的援助和贸易减让。

---

① WTO Secretariat, *Trading into the Future*: *Introduction to the WTO*, 2nd edition, published by the World Trade Organization, 1998.

三、世界贸易组织的职能、法律地位和组织机构

（一）世界贸易组织的职能

《建立世界贸易组织协定》第 3 条专门规定了 WTO 的以下职能：“1. WTO 应便利本协定和多边贸易协定的实施、管理和运用，并促进其目标的实现，还应为诸边贸易协定提供实施、管理和运用的体制。2. WTO 在根据本协定附件所列协定处理的事项方面，应为其成员之间就多边贸易关系进行的谈判提供场所。WTO 还可按照部长级会议可能作出的决定，为其成员间就它们多边贸易关系的进一步谈判提供场所，并提供实施此类谈判结果的体制。3. WTO 应管理本协定附件 2 所列《关于争端解决规则与程序的谅解》。4. WTO 应管理本协定附件 3 规定的《贸易政策审议机制》。5. 为实现全球经济决策的更大一致性，WTO 应酌情与国际货币基金组织和国际复兴开发银行及其附属机构进行合作。”①

从以上规定可以看出，WTO 具有以下职能：（1）促进乌拉圭回合多边协议的执行、实施和管理；（2）为成员间有关贸易协议的后续谈判和未来有关新议题的谈判提供一个场所；（3）协调解决货物贸易、服务贸易和与贸易有关的知识产权等纠纷和争端；（4）负责审议和监督各成员的贸易制度和相关的国内经济政策，从而实现全球经济政策制定的统一性；（5）组织编写年度世界贸易报告和举办世界经济与贸易研讨会，并向发展中国家提供必要的技术援助。

（二）世界贸易组织的法律地位

《建立世界贸易组织协定》第 8 条专门规定了 WTO 的法律地位：“1. WTO 具有法律人格，WTO 每一成员均应给予 WTO 履行其职能所必需的法定资格。2. WTO 每一成员均应给予 WTO 履行其职能所必需的特权和豁免。3. WTO 每一成员应同样给予 WTO 官员和各成员代表独立履行与 WTO 有关的职能所必需的特权和豁免。4. WTO 每一成员给予 WTO 官员及其成员的代表的特权和豁免应与 1947 年 11 月 21 日联合国大会批准的《专门机构特权及豁免公约》所规定的特权和豁免相似。5. WTO 可订立一总部协定。”②

概括起来，WTO 具有如下法律地位：（1）具有法人资格；（2）每个成员向 WTO 提供为履行其职责所必需的特权与豁免，范围等于联合国大会于 1947 年 11 月 21 日通过的《专门机构特权和豁免公约》所规定的特权与豁免。

（三）世界贸易组织的组织机构

《建立世界贸易组织协定》第 4 条专门规定了 WTO 的以下组织结构：

（1）部长会议（Ministerial Conference）。部长会议是 WTO 的最高权力机构，由所有成员的代表组成，每两年举行一次会议，可以对多边贸易协议的所有事务作出决定。

---

① 石广生主编：《中国加入世界贸易组织知识读本（二），乌拉圭回合多边贸易谈判结果：法律文本》，人民出版社 2002 年版，第 7 页。

② 石广生主编：《中国加入世界贸易组织知识读本（二），乌拉圭回合多边贸易谈判结果：法律文本》，人民出版社 2002 年版，第 10 页。

（2）总理事会(General Council)。总理事会从事日常工作,下设争端解决机构和贸易政策审议机构,还有三个理事会(货物贸易、服务贸易和知识产权),五个委员会(贸易与发展、国际收支、区域集团、行政预算、环境与贸易),以及诸边协议委员会。

（3）秘书处(Secretariat)。秘书处是日常办事机构,由部长会议任命的总干事领导,总干事的权力、职责和任期等由部长会议确定。

第二节　1994 年《关税与贸易总协定》

一、1994 年《关税与贸易总协定》概述

关税与贸易总协定作为一个事实上的国际贸易组织已经不存在了,但作为协议的 1947 年《关税与贸易总协定》(GATT 1947),却经修改保存了下来。

1994 年《关税与贸易总协定》(GATT 1994)包括四个部分:(1) 1947 年《关税与贸易总协定》的各项规定;(2) 在《建立世界贸易组织协定》生效之前,在 1947 年《关税与贸易总协定》下生效的有关法律文件,包括与关税减让相关的议定书,加入议定书,关于豁免的决定,缔约方全体的其他决定;(3) 1994 年达成的对一些条款的谅解,例如,关于第 2 条第 1 款(b)项的谅解,关于第 17 条的谅解,关于第 24 条的谅解等;(4) 1994 年关税与贸易总协定马拉喀什议定书,对各成员的关税削减作出了安排。《关税与贸易总协定》主要是调整货物贸易的,协议涉及成员货物贸易政策的许多方面,一些主要的方面已经形成了单独的协议。

《关税与贸易总协定》的基本原则包括:

（1）一般最惠国待遇原则。成员对来自或运往其他国家的产品,在关税和费用等方面所给予的利益、优待、特权或豁免,应当立即、无条件地给予来自或运往所有其他成员的相同产品。具体做法是,有关成员在双边基础上就有关产品进行相互减让关税的谈判,达成协议后,就列入“减让表”;这种关税的减让立即、自动地适用于全体成员。

（2）国民待遇原则。适用于征收国内税和有关国内销售、购买、运输、分配所适用的法令法规原则。

（3）互惠与关税减让原则。即有关成员应在互惠互利的基础上进行谈判,以大幅度降低关税和进出口其他费用的一般水平。

（4）透明度原则。即成员实施的影响贸易的政策、法令、条例等应予以公布。

（5）例外条款原则。即在以下情况下,成员可以实行进口限制:① 国际收支平衡,即成员遇到国际收支困难;② 新兴产业和幼稚产业的保护,即为了保护刚刚建立、还没有竞争能力的产业;③ 保障条款,即某些产品突然增加,对国内同类产品造成严重损害或损害威胁;④ 国家安全。另外,关税同盟和自由贸易区成员之间相互给予的贸易优惠可以不给予非成员国,一些特殊优惠待遇也可以只限于发展中国家。

二、《关税与贸易总协定》的主要条款

（一）普遍最惠国待遇

《关税与贸易总协定》第1条规定："在对进口或出口、有关进口或出口，或对进口或出口产品的国际支付转移所征收的关税和费用方面，在征收此类关税和费用的方法方面，在有关进口和出口的全部规章手续方面，以及在第3条第2款和第4款所指的所有事项方面，任何缔约方给予来自或运往任何其他国家任何产品的利益、优惠、特权或豁免应立即无条件地给予来自或运往所有其他缔约方领土的同类产品。"①

根据上述规定，最惠国待遇的特点是：在进出口关税和费用方面、在征收此类关税和费用的方法方面以及在有关进出口的全部规章手续方面，任何缔约方给予来自或运往任何其他国家任何产品的利益、优惠、特权或豁免，应立即无条件地给予来自或运往所有其他缔约方领土的同类产品（like product）。因此，最惠国待遇要求，对来自不同缔约方的同类产品应当一视同仁。

（二）减让表

《关税与贸易总协定》第2条规定："每一缔约方对其他缔约方的贸易所给予的待遇不低于本协定所附有关减让表中有关部分所规定的待遇……"②

这就是说，每一缔约方对其他缔约方的贸易所给予的待遇不得低于本协定所附有关减让表中有关部分所规定的待遇；任何缔约方不得改变其确定完税价格的方法或货币折算方法从而减损本协定所附有关减让表中规定的任何减让的价值。此外，缔约方谈判的结果，包括降低关税的承诺，都附列在关税与贸易总协定的减让表中。缔约方一般不得提高关税，也不得采取变相手段规避承诺。

（三）国内税和国内法规的国民待遇

《关税与贸易总协定》第3条规定："1. 各缔约方认识到，国内税和其他国内费用、影响产品的国内销售、标价出售、购买、运输、分销或使用的法律、法规和规定以及要求产品的混合、加工或使用的特定数量或比例的国内数量法规，不得以为国内生产提供保护的目的对进口产品或国产品适用。2. 任何缔约方领土的产品进口至任何其他缔约方领土时，不得对其直接或间接征收超过对同类国产品直接或间接征收的任何种类的国内税或其他国内费用。此外，缔约方不得以违反第1款所列原则的方式，对进口产品或国产品实施国内税和其他国内费用……"③

---

① 石广生主编：《中国加入世界贸易组织知识读本（二），乌拉圭回合多边贸易谈判结果：法律文本》，人民出版社2002年版，第499页。

② 石广生主编：《中国加入世界贸易组织知识读本（二），乌拉圭回合多边贸易谈判结果：法律文本》，人民出版社2002年版，第501页。

③ 石广生主编：《中国加入世界贸易组织知识读本（二），乌拉圭回合多边贸易谈判结果：法律文本》，人民出版社2002年版，第503页。

根据国民待遇，国内税和其他国内费用、影响产品的国内销售、标价出售、购买、运输、分销或使用的法律、法规和规定以及要求产品的混合、加工或使用的特定数量或比例的国内数量法规，不得以为国内生产提供保护的目的对进口产品或国产品适用；任何缔约方领土的产品进口至任何其他缔约方领土时，不得对其直接或间接征收超过对同类国产品直接或间接征收的任何种类的国内税或其他国内费用。因此，国民待遇要求，对进口产品应当与国内产品一视同仁。

（四）反倾销税和反补贴税

《关税与贸易总协定》第 6 条规定："1. 各缔约方认识到，用倾销的手段将一国产品以低于正常价值的办法引入另一国的商业，如因此对一缔约方领土内一已建立的产业造成实质损害或实质损害威胁，或实质阻碍一国内产业的新建，则倾销应予以谴责。就本条而言，如自一国出口至另一国的一产品额价格符合下列条件，则被视为以低于其正常价值的价格进入一进口国的商业：(a)低于正常贸易过程中在出口国中供国内消费时的可比价格，或(b)如无此种价格，则低于：(i)正常贸易过程中同类产品出口至第三国的最高可比价格；或(ii)该产品在原产国的生产成本加上合理的销售成本和利润。但应适当考虑每种情况下销售条款和条件的差异、征税的差异以及影响价格可比性的其他差异。2. 为抵消或防止倾销，一缔约方可对倾销产品征收数额不超过此类产品倾销幅度的反倾销税。就本条而言，倾销幅度为依照第 2 款的规定所确定的差价。3. 在任何缔约方领土的任何产品进口至另一缔约方领土时所征收的反补贴税，金额不得超过对此种产品在原产国或出口国制造、生产或出口时所直接或间接给予的津贴或补贴的估计金额，包括对一特定产品的运输所给予的任何特殊补贴。'反补贴税'一词应理解为目的为抵消对制造、生产或出口所直接或间接给予的任何津贴或补贴而征收的一种特别税……"①

关于反倾销和反补贴，在 WTO 中已经有了专门的协议。此处的规定比较简单，可以视为多边贸易体制中的最早规定。

（五）海关估价

《关税与贸易总协定》第 7 条规定："1. 对于应征关税或其他费用或根据价值实行或根据价值以任何方式管理进出口限制的所有产品，各缔约方认识到本款下列各款所列估价一般原则的有效性，并承诺实施此类原则。此外，应另一缔约方请求，它们应按照这些原则审议各自与海关估价有关的法律或法规的运用情况。缔约方全体可要求各缔约方就其按照本条约的规定所采取的步骤提出报告。2. (a)对进口商品的海关估价应根据进行关税估价的进口商品或同类商品的实际价格，不应根据国产品的价格或任意或虚构的价格……"②

根据上述规定，对于应征关税或其他费用，或根据价值实行或根据价值以任何方式管理

① 石广生主编：《中国加入世界贸易组织知识读本(二)，乌拉圭回合多边贸易谈判结果：法律文本》，人民出版社 2002 年版，第 507 页。

② 石广生主编：《中国加入世界贸易组织知识读本(二)，乌拉圭回合多边贸易谈判结果：法律文本》，人民出版社 2002 年版，第 508 页。

进出口限制的所有产品,进行估价应当遵循一定的原则。例如,根据进行关税估价的进口商品或同类商品的实际价格,而不应根据国产品的价格或任意或虚构的价格。

(六) 贸易法规的公布和实施

《关税与贸易总协定》第10条规定:"任何缔约方实施的关于下列内容的普遍适用的法律、法规、司法判决和行政裁定应迅速公布,使各国政府和贸易商能够知晓:产品的海关归类或海关估价;关税税率、国内税税率和其他费用;有关进出口产品或其支付转账,或影响其销售、分销、运输、保险、仓储检验、展览、加工、混合或其他用途的要求、限制或禁止。任何缔约方政府或政府机构与另一缔约方政府或政府机构之间实施的影响国际贸易政策的协定也应予以公布。本款的规定不得要求任何缔约方披露会妨碍执法或违背其公共利益或损害特定公私企业合法商业利益的机密信息……"①

上述规定要求每一缔约方应以统一、公正和合理的方式管理上述所有法律、法规、判决和裁定;每一缔约方应维持或尽快设立司法、仲裁、行政庭或行政程序,目的特别在于迅速审查和纠正与海关事项有关的行政行为。这主要是关于透明度、统一管理和司法审查的问题。

(七) 普遍取消数量限制以及数量限制的非歧视管理

《关税与贸易总协定》第11条规定:"任何缔约方不得对任何其他缔约方领土产品的进口,或向任何其他缔约方领土出口或销售供出口的产品设立或维持除关税、国内税或其他费用外的禁止或限制,无论此类禁止或限制通过配额、进出口许可证或其他措施实施……"②

《关税与贸易总协定》第13条规定:"任何缔约方不得禁止或限制来自任何其他缔约方领土的任何产品的进口,或向任何其他缔约方领土的任何产品的出口,除非来自所有第三国的同类产品的进口或向所有第三国的同类产品的出口同样受到禁止或限制……"③

取消进出口的数量限制是一般原则。各缔约方不应人为地给国际贸易设置障碍,但在为保障国际收支(第12条)等情况下,可以实施数量限制。实施数量限制时,也要实行"非歧视管理"(第13条),例如,配额应固定,并公布数量。

(八) 外汇安排

《关税与贸易总协定》第15条规定:"缔约方全体应寻求与国际货币基金组织进行合作,以便缔约方全体和基金管辖范围内的外汇问题和缔约方全体管辖范围内的数量限制和其他贸易措施方面,可以推行一个协调的政策……"④

---

① 石广生主编:《中国加入世界贸易组织知识读本(二),乌拉圭回合多边贸易谈判结果:法律文本》,人民出版社2002年版,第512页。

② 石广生主编:《中国加入世界贸易组织知识读本(二),乌拉圭回合多边贸易谈判结果:法律文本》,人民出版社2002年版,第514页。

③ 石广生主编:《中国加入世界贸易组织知识读本(二),乌拉圭回合多边贸易谈判结果:法律文本》,人民出版社2002年版,第518页。

④ 石广生主编:《中国加入世界贸易组织知识读本(二),乌拉圭回合多边贸易谈判结果:法律文本》,人民出版社2002年版,第521页。

可见，不得通过外汇措施而使本协定各项条款的意图无效，也不得通过贸易行动而使《国际货币基金组织协定》各项条款的意图无效。也就是说，不得采取外汇手段，如控制汇率等，规避所作承诺。同时，也不能通过贸易行为，影响《国际货币基金组织协定》的效果。

（九）补贴

《关税与贸易总协定》第 16 条规定："1. 如任何缔约方给予或维持任何补贴，包括任何形式的收入或价格支持，以直接或间接增加自其领土出口的任何产品或减少向其领土进口的任何产品的方式实施，则该缔约方应将该补贴的范围和性质、该补贴对自其领土出口、向其领土进口的受影响产品的数量所产生的预计影响以及使该补贴成为必要的情况向缔约方全体作出书面通知。在确定任何此类补贴对其他任何缔约方的利益造成威胁或造成严重侵害的任何情况下，应请求给予有关补贴的缔约方应与其他有关缔约方或全体缔约方讨论限制该补贴的可能性。2. 各缔约方认识到，一缔约方对任何产品的出口所给予的补贴，可能对其他进口和出口缔约方造成有害影响，可能对它们的正常商业利益造成不适当的干扰，并可阻碍本协定目标的实现。3. 因此，缔约方应寻求避免对初级产品的出口使用补贴。但是，如一缔约方直接或间接地给予任何形式的补贴，并以增加自其领土出口的任何初级产品的形式实施，则该补贴的实施不得使该缔约方在该产品的世界出口贸易中占有不公平的份额，同时应考虑前一代表期内该缔约方在该产品贸易中所占份额及可能已经影响或正在影响该产品贸易的特殊因素……"①

此处对补贴作出了定义，要求通报其他缔约方，并且在适当时限制补贴。对于出口补贴，则明确要求避免采用。对此，WTO 已经有了专门关于补贴的协议。

（十）国营贸易企业

《关税与贸易总协定》第 17 条规定："（a）每一缔约方承诺，如其建立或维持一国营企业，无论位于何处，或在形式上或事实上给予任何企业专有权或特权，则该企业在其涉及进口或出口的购买和销售方面，应以符合本协定对影响私营贸易商进出口的政府措施所规定的非歧视待遇的一般原则行事。（b）本款（a）项的规定应理解为要求此类企业在适当注意本协定其他规定的前提下，应仅依照商业考虑进行任何此类购买或销售，包括价格、质量、可获性、适销性、运输和其他购销条件，并应依照商业惯例给予其他缔约方的企业参与此类购买或销售的充分竞争机会。（c）缔约方不得阻止其管辖范围内的企业（无论是否属于本款（a）项所述企业）依照本款（a）项和（b）项的原则行事……"②

国营贸易企业（state trading enterprises），是国家赋予一定专营权的企业。缔约方可以赋予某些企业以专营权，但这些企业必须遵循非歧视原则，基于商业考虑经营，给予其他缔约

① 石广生主编：《中国加入世界贸易组织知识读本（二），乌拉圭回合多边贸易谈判结果：法律文本》，人民出版社 2002 年版，第 523 页。

② 石广生主编：《中国加入世界贸易组织知识读本（二），乌拉圭回合多边贸易谈判结果：法律文本》，人民出版社 2002 年版，第 524 页。

方企业以充分竞争的机会。

（十一）政府对经济发展的援助

《关税与贸易总协定》第 17 条规定："1. 各缔约方认识到，它们各自经济的逐步发展将便利本协定目标的实现，特别是那些经济只能维持低生活水平并处于发展初期阶段的缔约方。2. 各缔约方进一步认识到，为实施旨在提高人民总体生活水平的经济发展计划和政策，这些缔约方可能有必要采取影响进口的保护措施或其他措施，只要此类措施能够便利本协定目标的实现，即为合理的。因此它们同意，这些缔约方应享受额外的便利，以使它们（a）在其关税结构方面保持足够的灵活性，从而能够给予建立一特定产业所需的关税保护；及（b）在充分考虑它们的经济发展计划可能形成持续高水平进口需求的情况下，为国际收支目的而实施数量限制……"①

上述条款常常被称为"幼稚产业条款"，即缔约方在特定时期可以对某些产业进行特殊保护。但援用这个条款也是有条件的。例如，该缔约方的发展水平很低，某产业属于初期发展阶段，每年缔约方全体要审查该缔约方的做法等。

（十二）对某些产品进口的紧急措施

《关税与贸易总协定》第 19 条规定："（a）如因不能预见的情况和一缔约方在本协定项下负担包括关税减让在内义务的影响，进口至该缔约方领土的产品数量增加如此之大且情况如此严重，以致对该领土内同类产品或直接竞争产品的国内生产者造成严重损害或严重损害的威胁，则该缔约方有权在防止或补救此种损害所必需的限度和时间内，对该产品全部或部分中止义务或撤销或修改减让。（b）如属一优惠减让对象的任何产品，在本款（a）项所列情况下进口至一缔约方领土，对目前接受或曾经接受此优惠的一缔约方领土内同类产品或直接竞争产品的国内生产者造成严重损害或严重损害威胁，如该另一缔约方提出请求，则进口缔约方有权在防止或补救此种损害所必需的限度和时间内，对该产品全部或部分中止义务或撤销或修改减让……"②

这是保障措施的最早规定，即在进口大量增加，对国内产业造成严重损害的情况下，可以采取限制进口的措施。现在 WTO 已经有了此方面的专门协议。

（十三）一般例外和安全例外

1. 一般例外

《关税与贸易总协定》第 20 条规定了以下一般例外："在遵守关于此类措施的实施不在情形相同的国家之间构成任意或不合理歧视的手段，或构成对国际贸易的变相限制的要求前提下，本协定的任何规定不得解释为阻止任何缔约方采取或实施以下措施：（a）为保护公共道德所必需的措施；（b）为保护人类、动物或植物的生命或健康所必需的措施；（c）与黄

① 石广生主编：《中国加入世界贸易组织知识读本（二），乌拉圭回合多边贸易谈判结果：法律文本》，人民出版社 2002 年版，第 525 页。

② 石广生主编：《中国加入世界贸易组织知识读本（二），乌拉圭回合多边贸易谈判结果：法律文本》，人民出版社 2002 年版，第 533 页。

金或白银进出口有关的措施;(d) 为保证与本协定规定不相抵触的法律或法规得到遵守所必需的措施,包括与海关执法、根据第2条第4款和第17条实行有关垄断、保护专利权、商标权和版权以及防止欺诈行为有关的措施;(e) 与监狱囚犯产品有关的措施;(f) 为保护具有艺术、历史或考古价值的国宝所采取的措施;(g) 与保护可用尽的自然资源有关的措施,如此类措施与限制国内生产或消费一同实施;(h) 为履行任何政府间商品协定项下义务而实施的措施,该协定符合提交缔约方全体且缔约方全体不持异议的标准,或该协定本身提交缔约方全体且缔约方全体不持异议;(i) 在作为政府稳定计划的一部分将国内原料价格压至低于国际价格水平的时期内,为保证此类原料给予国内加工产业所必需的数量而涉及限制此种原料出口的措施;但是此类限制不得用于增加该国内产业的出口或增加对其提供的保护,也不得偏离本协定有关非歧视的规定;(j) 在普遍或局部供应缺乏的情况下,为获取或分配产品所必需的措施;但是任何此类措施应符合以下原则:即所有缔约方在此类产品的国际供应中有权获得公平的份额,且任何此类与本协定其他规定不一致的措施,应在导致其实施的条件不复存在时即行停止……”①

2. 安全例外

《关税与贸易总协定》第21条规定了以下安全例外:“本协定的任何规定不得解释为:(a)要求任何缔约方提供其认为如披露则会违背其基本安全利益的任何信息;或(b)阻止任何缔约方采取其认为对保护其基本国家安全利益所必需的任何行动:(i) 与裂变和聚变物质或衍生这些物质的物质有关的行动;(ii) 与武器、弹药和作战物资的贸易有关的行动,及与此类贸易所运输的直接或间接供应军事机关的其他货物或物资有关的行动;(iii) 在战时或国际关系中的其他紧急情况下采取的行动;或(c)阻止任何缔约方为履行其在《联合国宪章》项下的维护国际和平与安全的义务而采取的任何行动。”②

一般例外和安全例外的规定说明,在特定情况下,缔约方可以背离《关税与贸易总协定》的一些规定。

(十四) 磋商和利益的丧失或减损

1. 磋商

《关税与贸易总协定》第22条规定:“1. 每一缔约方应对另一缔约方就影响本协定运用的任何事项可能提出的交涉给予积极考虑,并应提供充分的磋商机会。2. 在一缔约方请求下,缔约方全体可就经根据第1款进行的磋商未能满意解决的任何事项与任何缔约方进行磋商。”③

---

① 石广生主编:《中国加入世界贸易组织知识读本(二),乌拉圭回合多边贸易谈判结果:法律文本》,人民出版社2002年版,第534页。

② 石广生主编:《中国加入世界贸易组织知识读本(二),乌拉圭回合多边贸易谈判结果:法律文本》,人民出版社2002年版,第535页。

③ 石广生主编:《中国加入世界贸易组织知识读本(二),乌拉圭回合多边贸易谈判结果:法律文本》,人民出版社2002年版,第536页。

2. 利益的丧失或减损

《关税与贸易总协定》第23条规定:"1. 如一缔约方认为,由于下列原因,它在本协定项下直接或间接获得的利益正在丧失或减损,或本协定任何目标的实现正在受到阻碍,(a)另一缔约方未能履行其在本协定项下的义务,或(b)另一缔约方实施任何措施,无论该措施是否与本协定的规定产生抵触,或(c)存在任何其他情况,则该缔约方为使该事项得到满意的调整,可向其认为有关的另一缔约方提出书面交涉或建议。任何被接洽的缔约方应积极考虑对其提出的交涉或建议。2. 如在一合理时间内有关缔约方未能达成满意的调整,或如果困难属于本条第1款(c)项所述类型,则该事项可提交缔约方全体。缔约方全体应迅速调查向其提交的任何事项,并应向其认为有关的缔约方提出适当建议,或酌情就该事项作出裁定。缔约方全体在认为必要的情况下,可与缔约方、联合国经济与社会理事会及任何适当的政府间组织进行磋商。如缔约方全体认为情况足够严重而有理由采取行动,则它们可授权一个或多个缔约方对任何其他一个或多个缔约方中止实施在本协定项下承担的、在这种情况下它们认为适当的减让或其他义务。如对一缔约方得减让或其他义务事实上已中止,则该缔约方有权在采取该行动后不迟于60天,向缔约方全体的执行秘书提出退出本协定的书面通知,退出应在执行秘书收到该通知后的第60天生效……"①

这是关于缔约方之间争端解决的规定,即在缔约方之间发生争议时,应先磋商;如磋商不成,可以提交缔约方全体裁决;缔约方全体可以授权报复。现在WTO中已经有了专门的争端解决程序。

(十五)关税同盟和自由贸易区

《关税与贸易总协定》第24条规定:"……4. 各缔约方认识到,宜通过自愿签署协定从而发展此类协定签署国之间更紧密的经济一体化,以增加贸易自由。它们还认识到,关税同盟或自由贸易区的目的应是为便利成员领土之间的贸易,而非增加其他缔约方与此类领土之间的贸易壁垒。5. 因此,本协定的规定不得阻止在缔约方领土之间形成关税同盟或自由贸易区,或阻止通过形成关税同盟或自由贸易区所必需的临时协定;但是:(a)就关税同盟或导致形成关税同盟的临时协定而言,在建立任何此种同盟或订立临时协定时,对与非此种同盟成员或协定参加方的缔约方的贸易实施的关税和其他贸易法规,总体上不得高于或严于在形成此种同盟或通过此种临时协定(视情况而定)之前,各成员领土实施的关税和贸易法规的总体影响范围;(b)就自由贸易区或导致形成自由贸易区的临时协定而言,每一成员领土维持的且在形成此种自由贸易区或通过此种贸易协定时对非自由贸易区成员或非协定参加方的缔约方实施的关税或其他贸易法规,不得高于或严于在形成该自由贸易区或签署协定之前相同成员领土内存在的相应关税或贸易法规……8. 就本协定而言,(a)关税同盟应理解为以一单一关税领土替代两个或两个以上关税领

① 石广生主编:《中国加入世界贸易组织知识读本(二),乌拉圭回合多边贸易谈判结果:法律文本》,人民出版社2002年版,第536页。

土……(b)自由贸易区应理解为在两个或两个以上的一组关税领土中,对成员领土之间实质上所有有关产自此类领土产品的贸易取消关税和其他限制性贸易法规……”①

关税同盟和自由贸易区是区域贸易安排的两种形式。WTO 成员之间可以进行这种区域贸易安排,使他们之间的贸易更加自由。但这种安排应当适用于这些成员间实质上的所有贸易,并且就其他成员而言,其贸易障碍不得高于这种安排形成之前的水平。

第三节　多边货物贸易的其他协议

一、《农业协议》

农产品对于各国的利益都很大,一些国家采取保护主义的政策,对农产品进口实行高关税和其他限制,把具有竞争力的农产品几乎完全拒绝于国内市场之外。《农业协议》(Agreement on Agriculture)的目的,就是“建立一个公平、公正、以市场为导向的农产品贸易体制……在议定的期限内,持续对农业支持和保护逐步进行实质性的削减,从而纠正和防止世界农产品市场的限制和扭曲。承诺在以下每一领域内达成具体约束承诺:市场准入;国内支持;出口竞争;并就卫生与植物卫生问题达成协议”。②

《农业协议》建立农产品自由贸易体制的措施是:(1) 约束关税并进行一定的减让,即将农产品的关税约束在一定的水平,各成员承诺按照一定的百分比对这些关税进行减让;(2) 将非关税措施关税化。协议要求成员取消数量限制和随意性许可证等非关税措施,并建立了一套规则,计算出这些措施的关税等量,然后将计算出的关税等量加到已有的固定关税上。这些关税不得随意提高。协议还要求减少补贴的使用。

二、《实施卫生与植物卫生措施协议》

植物、蔬菜和肉类等产品的进口,一般必须符合进口国动植物卫生检疫方面的严格规定。但有些国家借口保护国民的身体健康和生态环境,实施了一些不合理的卫生检疫措施和标准,从而使这些措施变成了一种非关税壁垒。因此,《实施卫生与植物卫生措施协议》(Agreement on the Application of Sanitary and Phytosaitary Measures,SPS)的宗旨是:“不应阻止各成员为保护人类、动物或植物的生命或健康而采用或实施必需的措施,但是这些措施的实施方式不得构成在情形相同的成员之间进行任意或不合理歧视的手段,或构成对国际贸易的变相限制;期望有关建立规则和纪律的多边框架,以指导卫生与植物卫生措施的制定、采用和

① 石广生主编:《中国加入世界贸易组织知识读本(二),乌拉圭回合多边贸易谈判结果:法律文本》,人民出版社2002年版,第537页。

② 石广生主编:《中国加入世界贸易组织知识读本(二),乌拉圭回合多边贸易谈判结果:法律文本》,人民出版社2002年版,第41页。

实施,从而将其对贸易的消极影响减少到最低程度。”①

协议对成员管制进口产品需要遵循的原则和规则主要作了以下规定:(1) 协议承认各成员有权采取动植物检疫措施,但这些措施应限制在保护人类、动植物的健康所必要限度之内,不应在成员之间有歧视;(2) 鼓励各成员在制定国内措施时以现有的国际标准为基础;(3) 明确规定了危险评定和确定适当保护水平的程序;(4) 希望各成员接受其他成员相等的检疫措施。

三、《纺织品与服装协议》

纺织品与服装贸易领域一直是各国设立歧视性数量限制较多的一个领域。《纺织品与服装协议》(Agreement on Textiles and Clothing, ATC)的主要目标是把纺织品贸易纳入1994年《关税与贸易总协定》的基本原则,实行其自由化。到2005年1月1日的10年期限到期之时,除非能依据保障措施协议项下的保障条款说明设限的合理性,任何成员都不能再对纺织品的进口实施限制。即使经调查并确认进口的迅速增加对国内纺织业造成了严重的损害,采取的限制措施也必须针对所有来源的进口,而不能在歧视的基础上专门针对某些国家。因此,该协议的宗旨是:“纺织品和服装领域的谈判应旨在制定有关模式,以使该部门在加强的GATT规则和纪律基础上最终纳入GATT,从而也对贸易进一步自由化的目标作出贡献。”②

《纺织品与服装协议》对10年期限内成员为实现上述目标所应该采取的具体措施作了详细的规定。到2004年12月31日,该协议已经完成了其目标,因此不再执行。

四、《技术性贸易壁垒协议》

为保护消费者,各国政府经常制定产品的健康和安全标准。但有些国家故意设置过严的技术标准、卫生检疫措施、商品包装和标签规定等,形成了技术性贸易壁垒,以限制进口,保护国内市场,从而影响了国际贸易的发展。

《技术性贸易壁垒协议》(Agreement on Technical Barriers to Trade, TBT)在序言中指出:“……期望保证技术法规和标准,包括对包装、标志和标签的要求,以及对技术法规和标准的合格评定程序不给国际贸易制造不必要的障碍……”③为此,该协议要求,成员在实行强制性产品标准时,应以科学资料和证据为基础,采用现有的国际标准,实施国际证书制度。成员技术标准不应对国际贸易造成不必要的障碍。该协议的附件还提供了关于标准的

---

① 石广生主编:《中国加入世界贸易组织知识读本(二),乌拉圭回合多边贸易谈判结果:法律文本》,人民出版社2002年版,第72页。

② 石广生主编:《中国加入世界贸易组织知识读本(二),乌拉圭回合多边贸易谈判结果:法律文本》,人民出版社2002年版,第88页。

③ 石广生主编:《中国加入世界贸易组织知识读本(二),乌拉圭回合多边贸易谈判结果:法律文本》,人民出版社2002年版,第149页。

制定、采用和实施的“行为守则”。

五、《与贸易有关的投资措施协议》

随着国际投资的大量增加,投资者和东道国之间的纠纷也大量增加。该协议的目的,是为了加强国际投资的协调与合作,减少和消除这些纠纷。该协议主要对东道国的投资措施中违背贸易自由化的措施进行了限制。

《与贸易有关的投资措施协议》(Agreement on Trade - Related Investment Measures, TRIMs)第2条规定:“在不损害GATT 1994项下其他权利和义务的情况下,各成员不得实施任何与GATT 1994第3条或第11条规定不一致的TRIMs。”①该协议附件列举了应禁止的违反GATT 1994第3条第4款国民待遇义务以及违反GATT 1994第11条第1款普遍取消数量限制义务的与贸易有关的投资措施。这些禁止使用的投资措施主要有:(1) 当地成分(含量)要求,即要求外商投资企业生产的最终产品中必须有一定比例的零部件是从东道国当地购买或者是当地生产的;(2) 贸易(外汇)平衡要求,即规定外商投资企业为进口而支出的外汇,不得超过该企业出口额的一定比例;(3) 进口用汇限制,即规定外商投资企业用于生产所需的进口额应限制在该企业外汇的一定比例内;(4) 国内销售要求,即规定外商投资企业要有一定数量的产品在东道国销售。

六、《反倾销协议》

如果一个产品经一国出口到另一国的出口价格低于在出口国正常贸易中旨在用于消费的相同产品的可比价格,即低于该产品的正常价值进入另一国商业,此产品即被视为倾销。当倾销对进口国的国内产业造成实质损害或实质损害威胁,或者实质阻碍国内产业的建立,进口国就可以对进口产品征收反倾销税。

鉴于GATT 1994第6条已经对反倾销问题作出原则规定,《关于履行1994年关税与贸易总协定第6条的协议》,即《反倾销协议》(Agreement on Implementation of Article Ⅵ of the General Agreement on Tariffs and Trade 1994 or Anti - Dumping Agreement)第1条指出:“反倾销措施仅应适用于GATT 1994第6条所规定的情况,并应根据符合本协定规定发起和进行的调查实施。GATT 1994第6条的适用按下列规定执行,但仅限于根据反倾销立法或法规所采取的行动。”②为此,《反倾销协议》规定了倾销的确定、损害的确定、国内产业的定义、发起和随后进行调查、证据、临时措施、价格承诺、反倾销税的征收、追溯效力、反倾销税和价格承诺的期限和复审、公告和裁定的说明、司法审查、代表第三国的反倾销行动、发展中国家成员、反倾销措施委员会、磋商和争端解决以及最后条款。

---

① 石广生主编:《中国加入世界贸易组织知识读本(二),乌拉圭回合多边贸易谈判结果:法律文本》,人民出版社2002年版,第174页。

② 石广生主编:《中国加入世界贸易组织知识读本(二),乌拉圭回合多边贸易谈判结果:法律文本》,人民出版社2002年版,第179页。

七、《海关估价协议》

海关估价是指进口国海关当局对进口货物的价格进行估算，并以此作为计算关税数额的依据。但在国际贸易中，有些国家为了限制进口，对进口货物进行任意估价，使海关估价成为一种非关税壁垒。《关于履行1994年关税与贸易总协定第7条的协议》，即《海关估价协议》（Agreement on Implementation of Article Ⅶ of the General Agreement on Tariffs and Trade 1994 or Customs Valuation Agreement）的目的是消除或减少海关估价对国际贸易的不利影响，促进《关税与贸易总协定》目标的实现，确保发展中国家在国际贸易中获得更多的利益。

《海关估价协议》规定了海关估价的具体方法，建立了简单、公平的标准，要求各成员使国内立法与协议协调一致，确保这些规则在实际操作中保持统一性。例如，进口货物在海关的价值应为交易价值，即该货物出口销售到进口国时付或应付的价格；如果无法据此确定，则为被估价货物同时或大约同时出口销售至相同进口国的相同货物的交易价值。这些规定都体现了该协议的宗旨："需要一个公平、统一和中性的海关对货物估价的制度，以防止使用任意或虚构的完税价格……海关对货物估价的依据在最大限度内应为被估价货物的成交价格……完税价格应依据商业惯例的简单和公正的标准，且估价程序应不区分供货来源而普遍适用。"①

八、《装运前检验协议》

货物装运出口之前，对其数量、质量和价格等进行核查，是为了防止逃汇、虚报产品价格和质量、偷漏关税等欺骗行为。《装运前检验协议》（Agreement on Preshipment Inspection）要求，进口商政府应确保所进行的检验活动遵守非歧视原则，即对外国商品的标准和程序，在待遇上不得低于本国商品；确保数量和质量的检验根据购销双方在购货合同中确定的标准进行；确保检验的透明度；将检验的内容作为商业秘密；确保检验的货物不受到不合理的延误。出口商政府应根据要求提供技术援助。这都体现了协议的宗旨："此类程序的实施不得造成不必要的迟延或不公平的待遇。"②

九、《原产地规则协议》

原产地规则，是各个国家和地区为了确定商品的原产国或地区而制定的法律、规章和行政命令。商品的原产地在国际贸易中具有重要的作用，签发原产地证书是各国实行进出口贸易管制的一种手段，也是海关核定减免进口关税的证明。但各国制定的确定原产地的规则相差很大。

① 石广生主编：《中国加入世界贸易组织知识读本（二），乌拉圭回合多边贸易谈判结果：法律文本》，人民出版社2002年版，第210页。

② 石广生主编：《中国加入世界贸易组织知识读本（二），乌拉圭回合多边贸易谈判结果：法律文本》，人民出版社2002年版，第245页。

《原产地规则协议》(Agreement on Rules of Origin)提出:"……明确和可预测的原产地规则及其实施可便利国际贸易的流动;期望保证原产地规则本身不对贸易造成不必要的障碍;期望保证原产地规则不使各成员在 GATT 1994 项下的权利丧失或减损……宜使与原产地规则有关的法律、法规和做法具有透明度……期望保证原产地规则以公正、透明、可预测、一致和中性的方式制定和实施。"①因此,成员应保证其原产地规则是客观的、可理解的和可预见的;原产地规则本身不得对国际贸易形成限制、扭曲或破坏性影响;成员应以连续、统一、公正和合理的原则执行其原产地规则;成员不得追溯性地实施普遍适用的原产地规则;原产地审议机构应对有关申请材料予以保密。例如,原产地应为货物完全获得的国家,或者货物最后实质性改变的国家。

十、《进口许可程序协议》

进口许可证制度是一种进口管理制度,即商品必须经进口国政府批准并发给进口许可证后才能进口。进口许可证维护了进口国正当的贸易权益,但同时也有可能会成为非关税壁垒。

《进口许可程序协议》(Agreement on Import Licensing Procedures)提出,"……进口许可的不适当使用可以阻碍国际贸易的流动……进口许可、特别是非自动进口许可,应以透明和可预测的方式实施……非自动进口许可程序的行政负担不应超过为管理有关措施所绝对必需的限度;期望简化国际贸易中使用的行政程序和做法,并使之具有透明度,并保证公平、公正地实施和管理此类程序和做法。"②因此,协议要求成员客观实施和公平地管理许可制度,提前公布有关规定和资料,简化申请表格和手续。进口许可证程序在实施和分配中应遵循的规则有:不应对进口商形成额外的限制,申请应尽快给予办理,配额分配不应具有歧视性,等等。

十一、《补贴与反补贴措施协议》

为了扩大出口,很多国家都对出口实行补贴,而进口国为了保护本国市场和产业的发展,则采取反补贴措施。协议就是为了对补贴和反补贴行为进行规范。《补贴与反补贴措施协议》(Agreement on Subsidies and Countervailing Measures)主要规范了以下问题:总则(补贴的定义)、禁止性补贴、可诉补贴、不可诉补贴、反补贴措施、机构、发展中国家成员、过渡性安排、争议解决、最后条款等。

1. 补贴的定义

补贴是指在一成员领土内由一个政府或任一公共机构作出的财政支持。它包括政府的行

① 石广生主编:《中国加入世界贸易组织知识读本(二),乌拉圭回合多边贸易谈判结果:法律文本》,人民出版社 2002 年版,第 256 页。

② 石广生主编:《中国加入世界贸易组织知识读本(二),乌拉圭回合多边贸易谈判结果:法律文本》,人民出版社 2002 年版,第 270 页。

为涉及一项直接的资金转移(即赠与、贷款和资产投入);潜在的资金或债务(即贷款保证)的直接转移;政府预定收入的扣除或不征收(即税收方面的鼓励);政府对非一般基础设施提供货物或服务,或者购买货物;政府向基金会组织或信托机构支付或指示某个私人机构执行上述所列举的、一般由政府行为承担的作用;政府给予的任何形式的收入或价格支持和由此而授予的利益。如果这些补贴属于专向性补贴,即给予某个、某些企业的补贴,就应当受到协议所规定纪律的约束。①

2. 禁止性补贴、可诉补贴和不可诉补贴

《补贴与反补贴措施协议》将上述的补贴措施分为三类:

(1) 禁止性补贴,即一国政府或其他组织对进口替代品或出口产品在生产、销售环节,直接或间接提供的补贴。这种补贴都将直接扭曲进出口贸易,或者严重损害别国经济利益。

(2) 可诉补贴,即允许使用,但可以提起反对申诉的补贴。这类补贴在一定范围内允许实施,但是,如果在实施过程中对其他缔约方的贸易利益造成严重损害或对其他缔约方的贸易利益产生严重歧视性影响,因这些补贴措施的实施而遭受损害或影响的成员可以就这些补贴措施向实施补贴的成员提出反对和提起申诉。

(3) 不可诉补贴,即成员在实施过程中,一般不会受到其他成员的反对或采取反措施的补贴。这种补贴措施具有普遍适用性或国内经济发展的必要性,并且通常不会直接扭曲国际贸易或损害别国经济。②

这三类补贴,由于各自所产生的后果不同,协议对其分别规定了相应的行为准则和处理程序。

3. 反补贴措施

如果进口产品受到补贴,对进口国国内产业造成实质损害或实质损害威胁,或者实质阻碍国内产业的建立,进口国就可以对进口产品征收反补贴税。因此,协议的另一内容,是对成员采取反补贴措施规定了严格的程序。这些程序与反倾销程序类似,包括调查、确定补贴与损害、征收反补贴税等。

十二、《保障措施协议》

如果一国的某一具体产业受到突然大量增加的进口产品的冲击,从而受到了损害,则该国可以采取临时性限制措施,即保障措施。但采取保障措施有严格的纪律。《保障措施协议》(Agreement on Safeguards)的宗旨是:“澄清和加强 GATT 1994 的纪律,特别是其中第 19 条的纪律(对某些产品进口的紧急措施),而且有必要重建对保障措施的多边控制,并消除逃

① 《补贴与反补贴措施协议》第 1 条,载石广生主编:《中国加入世界贸易组织知识读本(二),乌拉圭回合多边贸易谈判结果:法律文本》,人民出版社 2002 年版,第 279 页。

② 根据《补贴与反补贴措施协议》第 31 条的规定,关于不可申诉补贴的规定只临时适用 5 年。该协议现在不包括对不可申诉补贴的规定。

避此类控制的措施。”①

《保障措施协议》规定了保障措施的实施的条件和程序，具体包括：总则、条件、调查、严重损害或严重损害威胁的确定、保障措施的实施、临时保障措施、保障措施的期限和审议、减让和其他义务的水平、发展中国家成员、先前存在的第 19 条措施、某些措施的禁止和取消、通知和磋商、监督、争议解决。

采取保障措施必须符合以下条件：

(1) 产品进口出现不正常情况，包括进口数量是因为未预见的发展情况或因为承担关税与贸易总协定的义务所致，进口增加对国内生产者造成严重损害或严重威胁。

(2) 采取的保障措施，必须在防止或纠正严重损害或其威胁的必要限度和时间内，不能长久地实施。

(3) 采取的保障措施必须针对某一产品的所有进口，而不分其来源，不能针对该项产品的出口国。

(4) 遵守有关程序。在采取保障措施之前，必须向 WTO 提出书面通知，并且应给与该产品有实质性利害关系的各缔约方提供机会，就拟采取的行动进行协商。在延迟会造成难以补救损害的紧急情况下，也可以临时采取保障措施而在此后进行协商。如果协商没有达成协议，拟采取保障措施的进口国也可以采取行动。在这种情况下，贸易利益受到不利影响的国家可以采取报复行动并对采取保障措施的国家的贸易“暂停大体上对等的减让或其他义务”。

保障措施与反倾销、反补贴是不同的。“保障措施是一种特殊救济措施，只应在紧急情况下采取。这种措施是在没有证明存在不公平竞争的情况下实施的进口限制措施。在这一点上，保障措施与反倾销和反补贴是不同的，因为这两种措施是针对不公平贸易做法的。因此，保障措施所针对的，可能是其他成员的公平贸易做法，从而影响其他成员享受在多边贸易谈判中所得到的贸易利益。”②

第四节 服务贸易以及与贸易有关的知识产权

一、《服务贸易总协定》

（一）《服务贸易总协定》概述

服务贸易，是指以各种服务作为交易对象的活动。《服务贸易总协定》(GATS) 把国际服务贸易分为四种：(1) 跨境交付 (cross - border supply)，如国际电话服务；(2) 境外消费

① 参见《保障措施协议》序言，载石广生主编：《中国加入世界贸易组织知识读本(二)，乌拉圭回合多边贸易谈判结果：法律文本》，人民出版社 2002 年版，第 330 页。

② 参见美国钢管保障措施案 (WT/DS202/AB/R) 上诉机构报告，第 80 ~ 85 段。

(consumption abroad),如旅游;(3) 商业存在(commercial presence),即在外国设立商业机构,如在外国设立银行;(4) 自然人流动(presence of natural persons),即个人去外国提供服务。把服务贸易纳入世界贸易组织协议中,标志着国际贸易结构的重大变化。《服务贸易总协定》在其序言中指出:"……希望建立一个服务贸易原则和规则的多边框架,以期在透明和逐步自由化的条件下扩大此类贸易……" ①

《服务贸易总协定》适用于各成员为影响服务贸易所采取的措施,其中也包括影响基于商业目的所提供服务的政府措施。该协定共 29 条,分为 6 个部分,即范围和定义、一般义务和纪律、具体承诺、逐步自由化、机构条款、最后条款。

(二)《服务贸易总协定》的主要内容

《服务贸易总协定》的主要内容是关于成员义务的规定。成员的义务主要包括以下几个方面:

1. 最惠国待遇

原则上,一成员对另一成员的服务和服务提供者所采取的措施,应遵守最惠国待遇的原则,立即和无条件地适用于其他成员。成员可以在 10 年的过渡期内维持与这一原则不符的措施,但要将这些措施列入一个例外清单。这些例外是临时性的,维持这些例外的必要性要在 5 年之后进行定期审议,并必须在 10 年之后取消。

2. 透明度

除非在紧急情况下,各成员应迅速并最迟于其生效之时,公布所有普遍适用的有关或影响本协定实施的措施。《服务贸易总协定》要求每一成员建立一个或多个咨询点,其他成员可以通过这些咨询点了解对他们的服务部门有影响的法规的情况。

3. 相互承认服务提供者的资格

提供服务的公司或个人需要获得允许执业的证书、许可证或其他授权,但由于对资格的不同要求,外国服务提供者常常发现这种授权很难获得。为此,《服务贸易总协定》要求成员就资格相互承认进行双边或多边安排,并且规定,这种安排应该是开放性的,如果其他成员证明其国内标准和要求与这些安排相同,应允许加入这些安排。

4. 管理垄断和专营服务提供者及有关商业惯例

鉴于服务业在国内市场上经常出现垄断的现象,提供服务的专营权常常只授予少数提供者,服务提供者的某些商业惯例也会抑制竞争。各成员应确保垄断、专营服务提供者不滥用他们的权利,并应与其他成员进行磋商,消除限制竞争的商业惯例。

5. 服务贸易自由化的承诺

自由化主要涉及市场准入和国民待遇两个方面。在成员承诺承担市场准入的部门中,不得采取以下措施:限制服务提供者的数量;限制服务交易或资产的总金额;限制服务业务

① 石广生主编:《中国加入世界贸易组织知识读本(二),乌拉圭回合多边贸易谈判结果:法律文本》,人民出版社 2002 年版,第 343 页。

的总量;限制某一特定部门可雇用的或一服务提供者可雇用的,对一具体服务的提供所必需或直接有关的自然人的总数;限制或要求一服务提供者通过特定类型的法律实体或合营企业提供服务的措施;通过对外国持股的最高比例或单个或总体外国投资总额的限制来限制外国资本的参与。在成员承诺的部门中,每个成员在所有影响服务提供的措施方面,给予任何其他成员的服务和服务提供者的待遇不得比其给予本国相同服务和服务提供者的待遇不利。

服务贸易自由化是一个持续的过程,《服务贸易总协定》规定,新的一轮谈判应从建立世界贸易组织的协议生效后5年之内(即2000年1月1日)开始。

6. 发展中国家更多参与

为帮助发展中国家成员发展服务业,加强其国内服务能力、效率和竞争力,《服务贸易总协定》要求成员对发展中国家具有出口利益的交易方式和服务部门给予自由市场准入的优先权;发展中国家可以对总体部门或单个部门维持较高水平的保护,在对进口的开放上具有灵活性;发展中国家在作出自由化的承诺时,可以设置条件,要求投资者设立合资或合作企业,并向当地企业提供技术、信息或销售渠道。

二、《与贸易有关的知识产权协定》

(一)《与贸易有关的知识产权协定》概述

知识产权已经成为国际贸易的一个重要组成部分,药品、电影贸易就是明显的例证。越来越多的货物贸易也含有专利、商标等成分。但各国在保护知识产权的标准方面,还存在着很大的差距,从而影响了国际贸易的进行。《与贸易有关的知识产权协定》以下简称《TRIPS协定》就是为了在这一领域建立一些基本的规则和标准。《TRIPS协定》称:“期望减少对国际贸易的扭曲和阻碍,并考虑到需要促进对知识产权的有效和充分保护,并保证实施知识产权的措施和程序本身不成为合法贸易的障碍……需要制定有关下列问题的新的规则和纪律:(a) GATT 1994的基本原则和有关国际知识产权协定或公约的适用性;(b) 就与贸易有关的知识产权的效力、范围和使用,规定适当的标准和原则;(c) 就实施与贸易有关的知识产权规定有效和适当的手段,同时考虑各国法律制度的差异……”①

《TRIPS协定》共73条,分为一般规定和基本原则,知识产权效力、范围和使用的标准,知识产权的执法,知识产权的取得、维持和相关程序,争端的防止和解决,过渡安排,机构安排7个部分以及最后条款。

(二)《与贸易有关的知识产权协定》的主要内容

1.《TRIPS协定》的基本原则

《TRIPS协定》强调了国民待遇和最惠国待遇的原则。《TRIPS协定》在此援引了《保护

---

① 石广生主编:《中国加入世界贸易组织知识读本(二),乌拉圭回合多边贸易谈判结果:法律文本》,人民出版社2002年版,第383页。

工业产权巴黎公约》《保护文学艺术作品伯尔尼公约》等知识产权国际公约，称这些公约中的例外条款也适用于本协定。这可以说是《TRIPS 协定》的一个特点，即建立在其他国际公约的基础之上，明确规定各成员依其他主要国际公约所承担的义务并不由于该协定的规定而受到减损。

2.《TRIPS 协定》的适用范围

《TRIPS 协定》适用于版权和邻接权、商标、地理标志、工业品外观设计、专利、集成电路布图(拓扑图)设计、未披露过的信息的保护以及对许可协议中反竞争行为的控制。

《TRIPS 协定》为以上权利的保护规定了一定的标准。例如，对于专利，规定所有技术领域的任何发明，不论是产品还是方法，只要它们具有新颖性、创造性，并能适用于工业，均应有可能获得专利。但各成员为了保护公共秩序或道德，包括保护人类、动物或植物的生命或健康，或为了避免严重损害环境，有必要阻止某些发明在其境内进行商业上利用，可以把这类专利排除于授予专利的客体之外。专利权人对其专利享有专有权，有权阻止第三方未经同意制造、使用、推销、销售专利产品，或为以上目的而进口专利产品。专利权人还有权转让专利。专利的保护期限应自申请日起 20 年。另外，《TRIPS 协定》还对专利申请人的条件、授予权利的例外、专利的撤销等内容作出了规定。再如商标，《TRIPS 协定》规定，任何标记或标记的组合，能区别一企业和其他企业的商品或服务，就能构成商标，均能作为商标进行注册。注册商标的所有人应享有专有权，有权阻止所有第三方未经其同意在交易过程中使用相同或类似的标记。商标的保护期限不得低于 7 年，并可以无限期续展。又如版权，协议直接援引了《保护文学艺术作品伯尔尼公约》，涉及了文学艺术作品、计算机软件等客体，并对表演者、录音制品制作者和广播组织的邻接权作出了规定。对于计算机程序和电影作品，成员应给予作者及其权利继受人许可或禁止将其享有版权的作品的原件或复制品向公众商业性出租的权利。录音制品制作者应享有准许或禁止直接或间接复制其录音制品的权利。作品的保护期限，如果不以自然人的生命为基础计算，则该期限自作品准予出版的那一公历年年终起不得少于 50 年；或者，如果作品在创作后 50 年内未曾授权出版，则自创作的那一公历年年终起不得少于 50 年。

3. 知识产权的执法

TRIPS 协定要求，各成员应确保在其国内法中提供该协定所规定的执法程序，以有效打击任何侵犯知识产权的行为，包括可迅速阻止侵权的救济措施和遏制进一步侵权的救济措施。但实施这些程序时，应避免对合法贸易造成障碍，并为防止其滥用而规定保障措施。

TRIPS 协定规定的执法程序包括：民事和行政程序及救济，证据、禁令、损害赔偿等；临时措施，阻止任何侵犯知识产权行为的发生、保存有关证据；与边境措施有关的特别要求，如海关暂停放行、保证金或相当的担保；刑事程序，要求各成员规定刑事程序和处罚，至少将其适用于具有商业规模的故意假冒商标或版权盗版的案件。

TRIPS 协定除以上主要内容外，还要求在《建立世界贸易组织协定》于 1995 年 1 月 1 日生效后,发达国家应在1年内使其法律和做法符合协议的要求。发展中国家和转型国家实施这一协定的期限是5年,而最不发达国家的期限则为11年。

第五节　争端解决与贸易政策审议机制

一、《关于争端解决规则与程序谅解》

（一）《关于争端解决规则与程序谅解》的基本内容

WTO第一任总干事鲁杰罗称争端解决机制是WTO对世界贸易体制"最突出的贡献"①。《关于争端解决规则与程序谅解》(下称"DSU")也指出,WTO的争端解决机制是保障多边贸易体制的可靠性和可预见性的核心因素。

DSU共27条,对成员之间解决贸易争端的规则和程序作出了规定。

1. 磋商

WTO成员发生争议,应首先进行磋商。磋商时间一般为60天。

2. 成立专家小组

如果磋商未达成协议,一方可向"争端解决机构"(Dispute Settlement Body,DSB)申请成立专家小组(panel);该机构应于45天内决定是否同意成立专家小组(只有该机构全体反对,才能不成立专家小组);专家小组应于6个月内作出裁决。专家小组虽然只是协助争端解决机构作出裁决或建议,但专家小组的报告只有在该机构全体一致反对的情况下才能被否决。

3. 上诉

争端双方可以就裁决向"上诉机构"(Appellate Body)提出上诉。上诉机构将对裁决的法律问题进行审查,最长必须在90天内作出维持、修改或撤销专家组裁决的决定。争端解决机构应在30天内接受或否决上诉机构的报告。

4. 执行

败诉方必须履行裁决,但如果无法立即履行,争端解决机构可以给予一个合理的履行期限。如果在合理的期限里不履行裁决,胜诉方可以要求补偿;败诉方也可以主动给予补偿。当败诉方未能履行裁决,又未给予补偿时,胜诉方可以要求争端解决机构授权采取报复措施,中止协议项下的减让或其他义务。

（二）关于应用争端解决程序的典型案例:委内瑞拉和美国的汽油进口案②

1995年1月23日,委内瑞拉向争端解决机构提起诉讼,称美国适用了歧视汽油进口的

① WTO Secretariat, *Trading into the Future: Introduction to the WTO*, 2nd Edition, published by the World Trade Organization, 1998, p. 38.

② WTO Secretariat, *Trading into the Future: Introduction to the WTO*, 2nd Edition, published by the World Trade Organization, 1998, p. 42.

规则,并正式要求与美国进行磋商。1年以后(1996年1月29日),专家小组完成了最终报告。本案的发生,是美国对汽油化学成分的要求,进口的比国产的高。委内瑞拉认为,这是不公平的,因为这违反了国民待遇的原则。专家小组完成了最终报告,同意委内瑞拉的观点。美国提起上诉,上诉机构的报告维持了专家小组的报告,争端解决机构于1996年5月20日接受了该报告。此时距诉讼的提起为1年零4个月。

美国与委内瑞拉随后又用了6个半月的时间就美国应该做什么达成了协议。履行协议的时间为15个月,从上诉结束时算起,即从1996年5月20日至1997年2月13日。争端解决机构始终监督协议履行的进展,例如,该机构就审查了美国分别于1997年1月9日和2月13日提交的报告。

美国最终同意在15个月内修改相应的规定,并于1997年8月26日向争端解决机构提交报告,称新的规定已于8月19日签发。

二、《贸易政策审议机制》

贸易政策审议的目的是通过经常的监督,增加成员贸易政策和做法的透明度和理解,提高公众和政府对这些问题进行讨论的质量,就这些政策对世界贸易体制的影响作出多边的评价。WTO的“贸易政策审议机构”(Trade Policy Review Body)是总理事会。

《贸易政策审议机制》共有7个方面的内容,即:目标,国内透明度,审议程序,报告,与1994年《关税与贸易总协定》和《服务贸易总协定》的国际收支平衡规定的关系,对机制的评估,对国际贸易环境发展的回顾。

WTO对成员的贸易政策定期进行审议,其频率取决于各成员在世界贸易中所占的份额。份额最大的4方大约每两年审议一次;随后的16方每四年审议一次;其余的成员每六年审议一次;最不发达成员的审议间隔可以更长。审议时,必须准备两份报告:接受审议的成员准备的全面报告和秘书处独立准备的详细报告。审议结束后,这两份报告将公布。

第六节　诸边协议

世界贸易组织协议还包括关税与贸易总协定在“东京回合”达成的四个协议,即《民用航空器贸易协议》《政府采购协议》《奶制品协议》①和《牛肉协议》②。由于这些协议只在接受方之间有效,因此被称为“诸边协议”。诸边协议不是WTO整体权利和义务的组成部分,具有相对独立性。

① 由于农业协议和《实施卫生与植物卫生措施协议》的出台,1997年9月30日,国际奶制品理事会决定,该协议于1997年年底终止,其职能由世界贸易组织农业委员会和动植物卫生检疫措施委员会承担。

② 同上原因,国际肉类理事会于1997年9月30日决定,该协议于1997年年底终止,其职能由世界贸易组织农业委员会和动植物卫生检疫措施委员会承担。

一、《民用航空器贸易协议》

随着民用航空事业的发展,民用航空器贸易方面的竞争也日趋激烈,各国在竞争中所采取的一些政策和措施,对民用航空器贸易产生了不利的影响。《民用航空器贸易协议》的目的,就是促进民用航空器贸易的自由化。该协议的目标是:实现民用航空器、零件及其有关设备的世界贸易最大限度自由化;在全世界范围内鼓励航空器工业在技术上持续发展;为民用航空器及其生产者参与扩大世界民用航空器市场提供公正而平等的竞争机会;力求消除在发展、生产和销售民用航空器方面由于政府支持对民用航空器贸易而产生的不利影响。

《民用航空器贸易协议》适用于一切民用航空器、民用航空器发动机及其零部件。在1980年该协议生效时,取消对以上产品进口所征收的一切关税和其他费用,并把它列入各自的减让表。此外,民用航空器的购买者应根据商业和技术因素自由选择供应者,不应造成歧视;避免附加引诱性的条件;属于该协议产品的购买只能在竞争性价格、质量和交货条件的基础上进行。该协议要求不得运用数量限制或进出口许可证要求,限制民用航空器的进口与出口。

二、《政府采购协议》

政府采购是指政府或其代理人作为消费者为其本身消费而不是为商业转售所进行的采购行为。政府采购在国际贸易中占有相当大的比例,但却几乎不受多边贸易体制的约束和管理。这种采购活动常常对国内、国外商品及有关劳务的供应者实行差别待遇,事实上已经成为一种非关税壁垒。政府采购协议就是为了约束和监督政府采购行为。

《政府采购协议》适用于一定金额以上的合同。例如,中央政府采购货物和接受服务,合同金额在13万特别提款权以上。成员应当采取的贸易自由化措施包括:保证政府采购以商业考虑为基础,在有关政府采购的法律、程序及具体做法上,实行非歧视原则和国民待遇原则;在技术上不应故意设置障碍;政府采购机构应采用公开或选择性招标程序;应成立政府采购委员会,以便为签约方就该协议实施过程中出现的问题进行磋商,并在签约方出现"利益丧失或损害"时设法解决争端;有关法律、司法和行政裁决、程序及标准合同应予公布,保持透明度;应向发展中国家尤其是最不发达国家提供特殊及差别待遇。

第七节　发展中国家以及新回合谈判

一、发展中国家

如上所述,鼓励发展和经济改革是世界贸易组织协议的一项基本原则,在很多协议中都有对发展中国家的特别规定。概括说来,WTO在三个方面对发展中国家有特别的待遇：

（一）协议对发展中国家和最不发达国家作出了特别的规定

有关货物贸易的《关税与贸易总协定》有“贸易与发展”专门一节，规定发达国家和发展中国家在贸易谈判中应适用非互惠，即发达国家对发展中国家所作的贸易减让不应要求协议的回报。《关税与贸易总协定》还允许成员给予发展中国家的特别减让不给予其他成员，即“特殊差别待遇”。协议中有关发展中国家的规定还有：给发展中国家履行承诺更多的时间，通过更大的市场准入增加发展中国家的贸易机会，成员在采取国内、国际措施时保障发展中国家的利益，采取各种方式帮助发展中国家等。

（二）成立了贸易与发展委员会

贸易与发展委员会的职责很广泛，主要有：实施有利于发展中国家的规定，制定技术合作的准则，促进发展中国家参加贸易体制，关注最不发达国家的地位等。成员应通报世界贸易组织对发展中国家产品的贸易减让以及发展中国家之间的地区安排。贸易与发展委员会下设最不发达国家分委会，其主要工作是将最不发达国家纳入多边贸易体制和进行技术合作。分委会还负责检查协议中有利于最不发达国家的规定的实施情况。分委会已经确定，世界贸易组织可以从事两项工作：一项是确保最不发达国家成为世界贸易组织技术合作的重点，这主要是帮助最不发达国家建立必要的机构和培训人员，以提高最不发达国家的能力；另一项是准备一份最不发达国家行动计划。

（三）秘书处提供技术援助

技术援助是为了帮助发展中国家在世界贸易体制中更好地运作，援助包括建立必要的机构和培训官员。

二、新回合谈判

2001 年 11 月 9 日至 14 日，WTO 第四次部长会议在卡塔尔首都多哈召开。在这次会议上，面对着新世纪经济发展的挑战，世界贸易组织各成员的部长们表达了恢复世界经济的共同愿望与信心，就范围广泛的问题进行了富有建设性的讨论，并最终通过了《多哈部长理事会宣言》（简称《多哈宣言》），决定全面启动新一轮全球多边贸易谈判（即“多哈回合”谈判）。同时，这次会议还批准接纳中国为世界贸易组织的新成员，这使多边贸易体制更加趋于完整和稳定。

新回合谈判涉及诸多重要议题，如农业、服务业、非农业产品市场准入、知识产权等，因此自启动以来就受到很大的关注。尽管包括中国在内的众多世界贸易组织成员一直积极认真地参与各项议题的谈判，但由于众多议题的重要和敏感性，谈判进展并不顺利。除在与贸易有关的知识产权和公共健康以及贸易便利化等问题上达成协议外，其他主要议题迄今未按照《多哈宣言》规定的时间表完成谈判目标，在绝大多数议题上没有取得真正的实质性的成果，尤其是在发展中国家（特别是最不发达国家）的贸易增长和发展方面。

第八节　中国与世界贸易组织

一、中国加入世界贸易组织概述

中国是《关税与贸易总协定》的创始缔约方。1947 年 4 月至 10 月，当时的中国政府参加了在瑞士日内瓦举行的、联合国经社理事会召开的“国际贸易与就业会议”第二届筹委会，《关税与贸易总协定》就是在这个会议上形成的。1947 年 4 月 21 日，中国签署了实施《关税与贸易总协定》的《临时适用议定书》，于 1947 年 5 月 21 日正式成为《关税与贸易总协定》的创始缔约方。会议期间举行了关税减让的谈判，是《关税与贸易总协定》历史上的第一轮关税减让谈判，后被称为“日内瓦回合”。1949 年 4 月至 8 月，《关税与贸易总协定》在法国安纳栖举行了第二轮关税减让谈判，后被称为“安纳栖回合”。中国政府参加了这两轮谈判，并对关税作出了减让。

1949 年 10 月 1 日，中华人民共和国成立。为防止新中国利用《关税与贸易总协定》，台湾当局于 1950 年 3 月 6 日通过它的“常驻联合国代表”，以“中华民国”的名义照会联合国秘书长，决定退出《关税与贸易总协定》。次日，联合国秘书长致函《关税与贸易总协定》执行秘书（1965 年改称“总干事”），他已答复台湾“外交部长”，退出于 1950 年 5 月 5 日生效。台湾当局退出《关税与贸易总协定》之后，中国当时并没有及时恢复在《关税与贸易总协定》中的缔约方地位，从此与《关税与贸易总协定》中断联系长达 30 年。

1981 年，中国代表列席了《关税与贸易总协定》纺织品委员会第三个《多种纤维协议》（MFA，又称《国际纺织品贸易协定》）的谈判，并于当年 5 月获得了纺织品委员会观察员资格。中国开始恢复与《关税与贸易总协定》的联系。1986 年 7 月 10 日，中国照会《关税与贸易总协定》总干事，正式提出中国政府关于恢复在《关税与贸易总协定》缔约方地位的申请（简称“复关”）。中国提出复关申请后，随即参加了《关税与贸易总协定》于 1986 年 9 月发起的第八轮谈判，即“乌拉圭回合谈判”。从此以后，中国政府派团参加了乌拉圭回合历次重要的谈判和期间召开的三次部长大会，并就农产品、非农产品和服务业及知识产权保护等方面提交了符合中国当时国情的具体义务承诺表，为乌拉圭回合最终取得成功作出了贡献。1994 年 4 月 15 日，《关税与贸易总协定》乌拉圭回合最后一次会议发表的《马拉喀什部长宣言》宣告了旷日持久而且影响深远的乌拉圭回合正式结束。中国政府代表团参加了这次《关税与贸易总协定》的部长级会议，代表团团长代表中国政府和 125 个乌拉圭回合的全部参加方一道签署了乌拉圭回合最后文件。这意味着中国一旦成为 WTO 成员，乌拉圭回合协议就将对中国适用。

1995 年 1 月 1 日，WTO 成立，中国的复关谈判转为申请加入 WTO 的谈判。2001 年 12 月 11 日，中国正式成为 WTO 的成员。经过长达 15 年的谈判，中国与其他成员达成多项协议，对中国的贸易制度、货物贸易、服务贸易、知识产权和投资等方面作出了全面的规定。

中国加入 WTO 后,认真履行了加入 WTO 的承诺。中国对经济贸易方面的法律法规进行了大规模的清理和修改工作,大幅度降低了进口产品的关税,逐步放开了服务贸易市场准入的范围和条件,加强了知识产权保护工作。中国还全面参与 WTO 的事务,向 WTO 派出大使,参与 WTO 新一轮谈判工作,并且开始利用 WTO 争端解决机制解决与其他成员的贸易争端。

二、中国加入世界贸易组织的承诺

中国加入 WTO 的承诺,见《中国加入世界贸易组织工作组报告书》(Report of the Working Party on the Accession of China)简称《报告书》、《中国加入世界贸易组织议定书》(Protocol on the Accession of China)简称《议定书》及其 9 个附件。这 9 个附件分别是:(1) 附件 1A“中国按照过渡性审议机制应提供的信息”,附件 1B“总理事会根据中国加入议定书第 18 条第 2 款应审议的事项”;(2) 附件 2A1“实行国营贸易的产品(进口)”,附件 2A2“实行国营贸易的产品(出口)”,附件 2B“实行指定经营的产品”;(3) 附件 3“应取消的非关税措施”;(4) 附件 4“实行价格控制的产品和服务”;(5) 附件 5A“根据《补贴与反补贴协议》第 25 条所作的通知”,附件 5B“应取消的补贴”;(6) 附件 6“收取出口税的产品”;(7) 附件 7“世界贸易组织成员的保留”;(8) 附件 8“货物减让和承诺表”;(9) 附件 9“服务具体承诺减让表”。

《报告书》记录了工作组会议召开的时间、中国的经济贸易体制和政策、WTO 成员对中国的关注以及中国作出的部分承诺。《议定书》记载了中国的承诺。《报告书》和《议定书》中的承诺具有同等效力。《议定书》附件 8 记载了中国对于货物的关税、配额、农产品补贴等的承诺。例如,汽车进口关税,到 2006 年 7 月 1 日,降到 25%。附件 9 记载了服务贸易领域开放的承诺。例如,一外国律师事务所只能设立一个驻华代表处,上述数量限制在中国加入 WTO 后 1 年内取消。

中国承诺主要有 6 个部分:(1) 经济政策。例如,中国承诺,对外国个人、企业和外商投资企业,原则上给予国民待遇。中国将保证所有法律、法规和行政要求自中国加入之日起全面遵守和执行在国产品和进口产品之间的非歧视原则。(2) 政策制定和执行的框架。例如,贸易制度的统一管理。(3) 影响货物贸易的政策。例如,贸易权。(4) 与贸易有关的知识产权制度。例如,中国将修改有关的法律、法规及其他措施,以保证外国权利持有人在所有知识产权方面的国民待遇和最惠国待遇全面符合 TRIPS 协定。(5) 影响服务贸易的政策。例如,外国服务提供者将能够与自己选择的任何中国实体进行合营,包括合资企业经营行业以外的中国实体,只要该中国合作伙伴是在中国合法设立的。(6) 其他问题,如透明度。以下仅介绍一些主要条款。

(一) 贸易制度的统一管理

《建立世界贸易组织协定》和《议定书》的规定应适用于中国的全部关税领土,包括已建立特殊关税、税收和法规制度的经济特区和其他地区以及各级政府。

中国应以统一、公正和合理的方式适用和管理中央政府有关或影响货物贸易、服务贸易和与贸易有关的知识产权或外汇管制的所有法律、法规及其他措施,以及国家以下一级政府发布或适用的地方性法规、规定及其他措施(以下统称为"法律、法规及其他措施")。中国国家以下一级地方政府的地方性法规、规定及其他措施应符合在《建立世界贸易组织协定》和《议定书》中所承担的义务。

中国应建立一种机制,使所有个人和实体均可提请中央政府注意中国贸易制度中未统一适用的情况,包括其在《建立世界贸易组织协定》和《议定书》项下的承诺。此类情况将被迅速提交政府主管部门,且当证实未统一适用情况存在时,主管机关将迅速采取行动,使用中国法律项下可使用的救济,处理这一情况,同时考虑中国的国际义务和提供有意义补偿的需要。应迅速以书面形式将任何决定和采取的行动告知向中国主管机关作出通知的个人或实体。该机制将自加入时起开始运转。

(二) 司法审查

司法审查是指法院审查政府的另一部门或另一级政府决定的权力。行政机构向法院提起的上诉,主要审查事实的认定或法律的适用,或审查两者。也指上诉法院审查初审法院或中级上诉法院的裁决。简言之,司法审查是指由独立于行政机关之外的司法机构对行政行为进行审查。根据司法审查原则,所有的行政行为都应接受法院的审查,行政机关没有最后的决定权。

WTO 众多协议中,有些对司法审查作出了规定,大体包括四种情况:(1) 明确规定由司法机关审查,例如 TRIPS 协定第 41 条规定,对最终行政决定,由司法机关审查。(2) 由司法、仲裁或行政机构对有关行政行为进行审查,并且审查机构应独立于作出有关行政决定的机关。《反倾销协议》第 13 条、《补贴与反补贴协议》第 23 条、GATS 第 6 条都有这样的规定。这一规定来源于 GATT 1994 第 10 条(b)。(3) 没有提及由什么机构进行司法审查。例如,TRIPS 协定第 32 条规定,对撤销或宣布专利无效的决定,应可以提交司法审查。(4) 独立审查。《装船前检验协议》第 4 条规定,检验机关和出口商可以设立一个独立的实体,由专家对双方争议作出裁决。这类似于临时仲裁。WTO 的其他协议没有专门规定司法审查的问题。世界贸易组织秘书处法律司对此的解释是,由于各个协议的文本形成时间不同,提出草案的成员也不同,乌拉圭回合时间紧、任务重,没有来得及进行全面的协调。他们的理解是,与这些协议有关的行政行为,都应该可以提交司法审查。另外,也有人提出,GATT 是一个总的协议,由此,GATT 中有关司法审查的规定应适用于所有多边货物贸易协议。因此,司法审查是世界贸易组织协议的一个基本要求。但世界贸易组织协议所称的司法审查,不一定是法院的审查,而只强调了审查的独立性。

中国在司法审查方面的承诺是:(1) 中国应设立或指定并维持法庭、联络点和程序,以便迅速审查所有与 GATT 1994 第 10 条第 1 款、GATS 第 6 条和 TRIPS 协定相关条款所指的普遍适用的法律、法规、司法裁决和行政决定的实施有关的所有行政行为,包括与国民待遇、合格评定、服务的管理、控制、提供或促进(包括发放或拒绝提供服务所需的许可证和其他事项)的实施有关的行政行为。(2)中国将修改有关法律和法规,以便有关的国内法律和法规与《建立世界贸易组织协定》和《议定书》中关于行政行为的司法审查程序要求相一致。此类法庭应是公正的,并独立于被授权进行行政实施的机构,且不应对有关事项的结果有任何实质利益。(3)审查程序应包括给予受待审查的任何行政行为影响的个人或企业进行上诉的机会,且不因上诉而受到处罚。如初始上诉权需向一行政机构提出,则应在所有情况下提供就裁决选择向司法机构进行上诉的机会。关于上诉的裁决应通知上诉人,作出该决定的理由应以书面形式提供。上诉人还应被告知可进一步上诉的任何权利。有关此类程序的信息将通过中国在自加入时起建立的咨询点提供。

(三) 贸易权

中国应逐步放宽贸易权的获得及其范围,以便在加入后3年内,使所有在中国的企业均有权在中国的全部关税领土内从事所有货物的贸易,但依照中国加入议定书继续实行国营贸易的货物除外。对于所有外国个人和企业,包括未在中国投资或注册的外国个人和企业,在贸易权方面应给予不低于给予在中国的企业的待遇。

(四) 纺织品

以下规定是对来自中国的纺织品可以采取特殊限制措施。

下列规定将适用于纺织品和服装产品贸易,直至2008年12月31日,并成为中国加入条款和条件的一部分:

(1)如一WTO成员认为《纺织品与服装协议》所涵盖的原产于中国的纺织品和服装产品自《建立世界贸易组织协定》生效之日起,由于市场扰乱,威胁阻碍这些产品贸易的有序发展,则该成员可请求与中国进行磋商,以期减轻或避免此市场扰乱。请求进行磋商的成员在提出磋商请求时,应向中国提供关于磋商请求的原因和理由的详细事实声明,并附提出磋商请求成员认为能够证明下列内容的现行数据:市场扰乱的存在或威胁以及在该市场扰乱中原产于中国产品的作用。

(2)磋商将在收到磋商请求后30天内进行。双方将在收到此请求后90天内,尽一切努力就双方满意的解决办法达成协议,除非双方同意延长该期限。

(3)在收到磋商请求后,中国同意对这些磋商所涉及的提出磋商请求成员的一个或多个类别的纺织品或纺织制成品的装运货物,控制在不超过提出磋商请求的当月前的最近14个月中前12个月进入该成员数量的7.5%(羊毛产品类别为6%)的水平。

(4)如在90天磋商期内,未能达成双方满意的解决办法,则磋商将继续进行,提出磋商请求的成员可继续根据第(3)项对磋商涉及的一个或多个类别的纺织品或纺织制成品实行限制。

(5)根据第(4)项设立的任何限制将对自提出磋商请求之日起至提出磋商请求当年的12月31日止的期限有效,或如果提出请求时该年只余3个月或更少的时间,则对提出磋商请求后12个月结束的期限有效。

(6)根据本规定采取的行动的有效期不得超过1年,且不得重新实施,除非有关成员与中国之间另有议定。

(7) 不得根据本规定和议定书第16条("对具体产品采取的过渡性保障机制")的规定对同一产品同时适用措施。

(五) 针对中国保留的措施

WTO成员以与《建立世界贸易组织协定》不一致的方式针对自中国进口的产品维持的所有禁止、数量限制和其他措施,列明在《议定书》中。所有此类禁止、数量限制和其他措施应依照该附件所列共同议定的条件和时间表逐步取消或加以处理。这些措施见于《议定书》附件7"世界贸易组织成员的保留"。这些保留为:(1) 阿根廷,对来自中国的服装、玩具等保持限制,其中配额到2002年7月31日取消,特别税逐步取消;(2) 欧盟,对部分工业品的配额按时间表取消;(3) 匈牙利,对来自中国的纺织品的配额到2005年取消;(4) 墨西哥,对中国部分产品的反倾销措施于6年后取消;(5) 波兰,对中国部分产品的反倾销措施于2002年取消,保障措施于2004年取消;(6) 斯洛伐克,对中国鞋的数量限制于2005年前逐步取消;(7) 土耳其,对鞋类等的数量限制于2005年1月1日前取消。

(六) 过渡性保障措施

以下规定,在特殊情况下,可以专门针对中国的产品采取保障措施。

(1) 如原产于中国的产品在进口至任何WTO成员领土时,其增长的数量或所依据的条件对生产同类产品或直接竞争产品的国内生产者造成或威胁造成市场扰乱,则受此影响的WTO成员可请求与中国进行磋商,以期寻求双方满意的解决办法,包括受影响的成员是否应根据《保障措施协议》采取措施。任何此种请求应立即通知保障措施委员会。

如在这些双边磋商过程中,双方同意原产于中国的进口产品是造成此种情况的原因并有必要采取行动,则中国应采取行动以防止或补救此种市场扰乱。任何此类行动应立即通知保障措施委员会。

如磋商未能使中国与有关WTO成员在收到磋商请求后60天内达成协议,则受影响的WTO成员有权在防止或补救此种市场扰乱所必需的限度内,对此类产品撤销减让或限制进口。任何此类行动应立即通知保障措施委员会。

市场扰乱应在下列情况下存在:一项产品的进口快速增长,无论是绝对增长还是相对增长,从而构成对生产同类产品或直接竞争产品的国内产业造成实质损害或实质损害威胁的一个重要原因。在认定是否存在市场扰乱时,受影响的世界贸易组织成员应考虑客观因素,包括进口量、进口产品对同类产品或直接竞争产品价格的影响以及此类进口产品对生产同类产品或直接竞争产品的国内产业的影响。

在撤销减让或限制进口之前,采取此项行动的WTO成员应向所有利害关系方提供合理的公告,并应向进口商、出口商及其他利害关系方提供充分机会,供其就拟议措施的适当性及是否符合公众利益提出意见和证据。该WTO成员应提供关于采取措施决定的书面通知,包括采取该措施的理由及其范围和期限。

一WTO成员只能在防止和补救市场扰乱所必需的时限内根据上述规定采取措施。如一措施是由于进口水平的相对增长而采取的,而且如该项措施持续有效的期限超过 2 年,则中国有权针对实施该措施的 WTO 成员的贸易暂停实施 GATT 1994 项下实质相当的减让或义务。但是,如一措施是由于进口的绝对增长而采取的,而且如该措施持续有效的期限超过 3 年,则中国有权针对实施该措施的 WTO 成员的贸易暂停实施 GATT 1994 项下实质相当的减让或义务。中国采取的任何此种行动应立即通知保障措施委员会。

在迟延会造成难以补救的损害的紧急情况下,受影响的 WTO 成员可根据一项有关进口产品已经造成或威胁造成市场扰乱的初步认定,采取临时保障措施。在此种情况下,应在采取措施后立即向保障措施委员会作出有关所采取措施的通知,并提出进行双边磋商的请求。临时措施的期限不得超过 200 天,在此期间,应符合上述有关磋商(第 1 段)、中国采取防止或补救行动(第 2 段)及通知(第 5 段)的要求。任何临时措施的期限均应计入上述(第 6 段)正式保障措施的期限。

如一 WTO 成员认为中国采取的防止或补救行动(第 2 段)、其他成员采取的保障措施(第 3 段)或临时保障措施(第 7 段)造成或威胁造成进入其市场的重大贸易转移,则该成员可请求与中国和/或有关 WTO 成员进行磋商。此类磋商应在向保障措施委员会作出通知后 30 天内举行。如此类磋商未能在作出通知后 60 天内使中国与一个或多个有关 WTO 成员达成协议,则请求进行磋商的 WTO 成员在防止或补救此类贸易转移所必需的限度内,有权针对该产品撤销减让或限制自中国的进口。此种行动应立即通知保障措施委员会。

"对具体产品采取的过渡性保障机制"的适用应在加入之日后 12 年终止。

(2) 在实施关于市场扰乱的规定时,WTO 成员应遵守下列规定:

其一,处理市场扰乱的行动只有在该 WTO 进口成员主管机关根据以往确定的且已公开的程序进行调查后方可采取。

其二,该进口成员主管机关将公布关于根据《议定书》特殊保障条款开始进行任何调查的通知,并将在此后合理时间内,举行公开听证会或提供其他适当方法,以允许利害关系方提供证据和他们关于采取措施是否适当的观点,以及对其他各方的陈述作出答复。

其三,在确定是否存在市场扰乱时,包括是否存在快速增长的进口产品,无论是绝对增长还是相对增长,与对国内产业的任何实质损害或实质损害威胁之间的因果关系时,有关主管机关将考虑客观因素,包括:属于调查对象的产品的进口量;该产品进口对该 WTO 进口成员市场中同类或直接竞争产品价格的影响;该产品的进口对生产同类或直接竞争产品的国内产业的影响。

其四,有关主管机关将公布任何拟议采取的措施,并如提出请求,将提供包括公开听证在内的机会或提供其他适当方法,以供进出口商和其他利害关系方提交他们关于拟议措施适当性以及该措施是否符合公众利益的看法和证据。

其五,主管机关将迅速公布关于实施措施决定的通知,包括关于该决定依据的说明及该措施的范围和时限。

其六,该措施的适用期可以延长,只要该 WTO 进口成员主管机关确定仍有必要采取行动以防止或补救市场扰乱。该 WTO 进口成员主管机关将公布关于开始审议是否延长行动期限的任何程序的通知,并将在此后合理时间内,举行公开听证会或提供其他适当方法,以允许利害关系方提供证据和看法,以及对其他各方的陈述作出答复。

其七,除非有正当理由,否则不得根据《议定书》第 16 条在前一次调查结束后少于 1 年的时间内对同一主题事项进行调查,以及一 WTO 成员只能在防止或补救市场扰乱所必需的时间内实施一项措施。

贸易转移是指由于中国或其他 WTO 成员根据《议定书》第 16 条第 2、3 或 7 款采取行动(即中国采取的补救行动、其他成员采取的保障措施和临时保障措施),而使来自中国的一产品进入一 WTO 成员的数量增加。《议定书》要求确定任何贸易转移应是严重的,且为处理市场扰乱而采取的行动造成或威胁造成了此种转移。

(3) 在确定为防止或补救市场扰乱的行动是否造成或威胁造成严重贸易转移时应适用客观标准。需审查的因素包括:

第一,进口至 WTO 进口成员的中国产品市场份额的实际或迫近增长;中国或其他 WTO 成员拟议采取行动的特点或程度;由于采取或拟议中的行动造成的来自中国的进口产品的实际或迫近增长;对有关产品在该 WTO 进口成员市场中的供求关系;以及来自中国的产品对于根据《议定书》第 16 条第 2、3 或 7 款实施一措施的一个或多个 WTO 成员和对于 WTO 进口成员的出口程度。

第二,为处理严重贸易转移而采取的措施将在所涉一个或多个 WTO 成员针对来自中国的进口产品采取的措施终止后不迟于 30 天终止。

第三,如采取行动以处理市场扰乱的一个或多个 WTO 成员向 WTO 保障措施委员会通知一项行动的任何修改,则处理贸易转移的 WTO 成员主管机关将确定重大贸易转移是否仍然存在,并决定是否修改、撤销或维持所采取的行动。

(七) 确定补贴和倾销时的价格可比性

1. 可以不使用中国国内市场的价格或成本比较的情况

以下规定适用于在一定情况下,在进行反倾销调查时,可以不使用中国国内市场的价格或成本进行比较:

GATT 1994 第 6 条、《关于实施 1994 年关税与贸易总协定第 6 条的协议》(《反倾销协议》)以及《补贴与反补贴措施协议》应适用于涉及原产于中国的进口产品进入一 WTO 成员的程序,并应符合下列规定:

(1) 在根据 GATT 1994 第 6 条和《反倾销协议》确定价格可比性时,该 WTO 进口成员应依据下列规则,使用接受调查产业的中国价格或成本,或者使用并非根据对中国国内价格或成本进行严格比较的方法:

第一,如受调查的生产者能够明确证明,生产该同类产品的产业在制造、生产和销售该产品方面具备市场经济条件,则该 WTO 进口成员在确定价格可比性时,应使用受调查产业的中国价格或成本;

第二,如受调查的生产者不能明确证明生产该同类产品的产业在制造、生产和销售该产品方面具备市场经济条件,则该 WTO 进口成员可使用并非根据对中国国内价格或成本进行严格比较的方法。

(2) 在根据《补贴与反补贴措施协议》第二、第三及第五部分的程序中,在处理第 14 条(a)项、(b)项、(c)项和(d)项所述补贴时(《补贴与反补贴措施协议》第二部分是“禁止性补贴”,第三部分是“可申诉补贴”,第五部分是“反补贴措施”;第 14 条是“以接受者所获利益计算补贴的金额”,规定了计算补贴的一些准则),应适用《补贴与反补贴措施协议》的有关规定。但是,如此种适用遇有特殊困难,则该 WTO 进口成员可使用确定和衡量补贴利益的方法;这种方法应考虑到中国国内现有情况和条件并非总能作为适当基准的可能性。在适用此类方法时,只要可行,该 WTO 进口成员在考虑使用中国以外的情况和条件之前,应对此类现有情况和条件进行调整。

(3) 该 WTO 进口成员应向反倾销措施委员会通知依照第(1)项使用的方法,并应向补贴与反补贴措施委员会通知依照第(2)项使用的方法。

(4) 一旦中国根据该 WTO 进口成员的国内法(“国内法”一词应理解为不仅涵盖法律,而且涵盖法令、法规及行政规定)证实其是一个市场经济体,第(1)项的规定即应终止,只要截至加入之日,该 WTO 进口成员的国内法中包含有关市场经济的标准。无论如何,第(1)项对于第二种情况的规定应在加入之日后 15 年终止。此外,如中国根据该 WTO 进口成员的国内法证实一特定产业或行业具备市场经济条件,则第(1)项中的非市场经济条款不得再对该产业或行业适用。

2. 使用并非根据对中国国内价格或成本进行严格比较的方法时,WTO 成员将遵守的规定

(1) 在以并非根据中国国内价格或成本进行严格比较的方式,确定一具体案件中的价格可比性时,WTO 进口成员应保证已经制定并提前公布有关下列内容的规定:其确定生产该同类产品的产业或公司是具备市场经济条件所使用的标准;其确定价格可比性时所使用的方法。对于那些已具备一种适用特别包括下列准则在内的方法的确定做法的 WTO 进口成员以外的成员而言,应尽最大努力保证其确定价格可比性的方法包括与以下所述规定相类似的规定。上述准则为,调查主管机关通常应最大限度地、并在得到必要合作的情况下,使用一个或多个属可比商品重要生产者的市场经济国家中的价格或成本,这些国家的经济发展水平应可与中国经济相比,或根据接受调查产业的性质,属将使用的价格或成本的适当来源。

(2) WTO 进口成员应保证在适用其市场经济标准及其确定价格可比性的方法之前,已将这些标准和方法向反倾销措施委员会作出通知。

(3) 调查程序应透明,并应给予中国生产商或出口商提出意见的充分机会,特别是提出关于在一具体案件中适用确定价格可比性方法的意见。

(4) WTO 进口成员应通知其所要求的信息,并应向中国的生产者和出口商提供在一具

体案件中提供书面证据的充分机会。

(5) WTO 进口成员应向中国的生产者和出口商提供在一具体案件中维护他们利益的充分机会。

(6) WTO 进口成员应提供对一具体案件所作初步和最终裁定的足够详细的理由。

(八) 其他问题

1. 透明度

(1) 公布。中国承诺只执行已公布的,且其他 WTO 成员、个人和企业可容易获得的有关或影响货物贸易、服务贸易和与贸易有关的知识产权或外汇管制的法律、法规及其他措施。此外,应请求,在所有有关或影响货物贸易、服务贸易和与贸易有关的知识产权或外汇管制的法律、法规及其他措施实施或执行前,中国应使 WTO 成员可获得此类措施。在紧急情况下,应使法律、法规及其他措施最迟在实施或执行时可获得。

中国将使 WTO 成员获得译成一种或多种 WTO 官方语言的所有有关或影响货物贸易、服务贸易、与贸易有关的知识产权或外汇管制的法律、法规及其他措施,并将尽最大可能在实施或执行前,但无论如何不迟于实施或执行后 90 天使 WTO 成员可获得这些法律、法规及其他措施。

(2) 官方刊物。中国应设立或指定一官方刊物,用于公布所有有关或影响货物贸易、服务贸易和与贸易有关的知识产权或外汇管制的法律、法规及其他措施。公布将包括生效日期。还将包括受到一特定措施影响的产品和服务,按适当的税号和 CPC 分类编码确定。在其法律、法规或其他措施在该刊物上公布之后,应在此类措施实施之前提供一段可向有关主管机关提出意见的时间,但涉及国家安全的法律、法规及其他措施、确定外汇汇率或货币政策的特定措施以及一旦公布则会影响法律实施的其他措施除外。中国应定期出版该刊物,并使个人和企业可容易获得该刊物各期。

中国将按照适当的分类和服务(如相关),在官方刊物上公布负责授权、批准或管理服务活动的所有机构的名单,包括国家主管机关授权的组织,无论通过发放许可还是其他批准形式。获得此类许可证或批准的程序和条件也应公布。

(3) 咨询点。中国应设立或指定一咨询点,应任何个人、企业或 WTO 成员的请求,在咨询点可获得上述要求予以公布的有关或影响货物贸易、服务贸易和与贸易有关的知识产权或外汇管制的法律、法规及其他措施有关的所有信息以及公布的文本。该信息应包括负责实施一特定措施的国家或国家以下一级主管机关(包括联络点)的名称。

对此类提供信息请求的答复一般应在收到请求后 30 天内作出。在例外情况下,可在收到请求后 45 天内作出答复。延误的通知及其原因应以书面形式向利害关系方提供。向 WTO 成员作出的答复应全面,并应代表中国政府的权威观点。应向个人和企业提供准确和可靠的信息。

《建立世界贸易组织协定》或《议定书》所要求披露的信息均不得作为保密信息而拒绝提供,但涉及国家安全的法律、法规及其他措施,确定外汇汇率或货币政策的特定措施以及一旦公布则会影响法律实施的其他措施除外，或除非该信息的披露将明显损害一公私企业合法商业利益。

2. 过渡性审议机制

在过渡期内，对中国履行 WTO 承诺的情况将进行年度审议。

具有涵盖中国在《建立世界贸易组织协定》或《议定书》项下承诺的授权的 WTO 下属机构，即货物贸易理事会、与贸易有关的知识产权理事会、服务贸易理事会、国际收支限制委员会、市场准入委员会（包括《信息技术协定》）、农业委员会、卫生与植物卫生措施委员会、技术性贸易壁垒委员会、补贴与反补贴措施委员会、反倾销措施委员会、海关估价委员会、原产地规则委员会、进口许可程序委员会、与贸易有关的投资措施委员会、保障措施委员会和金融服务委员会，应在加入后 1 年内，在适合其授权的情况下，审议中国实施《建立世界贸易组织协定》和《议定书》相关条款的情况。中国应在审议前向每一下属机构提供相关信息（包括议定书附件 1A“中国按照过渡性审议机制应提供的信息”中所规定的信息。这些信息分为 7 类：(1) 经济信息，例如按价值和数量统计的最新进出口数据，国有企业贸易活动所占的进出口份额等；(2) 经济政策，包括非歧视（如与 WTO 国民待遇不一致措施的废止情况），外汇与支付，投资体制，价格政策；(3) 制定和执行政策的体制，包括政府在统一管理方面的结构和权力；(4) 影响货物贸易的政策，包括关税配额、含进口数量限制在内的非关税措施、进口许可、海关估价、出口限制、保障措施、对贸易的技术壁垒、与贸易有关的投资措施、国营贸易实体、政府采购；(5) 影响服务贸易的政策；(6) 与贸易有关的知识产权制度；(7) 在过渡性审议机制中的具体问题）。中国也可在具有相关授权的下属机构中提出与上述“世界贸易组织成员的保留”中任何保留或其他世界贸易组织成员在《议定书》中所作任何其他具体承诺有关的问题。每一下属机构应迅速向根据《建立世界贸易组织协定》第 4 条第 5 款设立的有关理事会（即货物贸易理事会、服务贸易理事会、与贸易有关的知识产权理事会）报告审议结果，有关理事会应随后迅速向总理事会报告。

总理事会应在加入后 1 年内，审议中国实施《建立世界贸易组织协定》和《议定书》条款的情况。总理事会应依照《议定书》规定的框架（这一框架规定在附件 1B“总理事会根据《议定书》第 18 条第 2 款应审议的事项”，这些事项包括：审议《议定书》第 18 条第 1 款所指的报告和事项；中国对其他 WTO 成员和其他贸易伙伴贸易的进展，包括贸易的数量、方向和组成；有关中国贸易体制的最新进展和各行业事项。该附件还规定，中国应于审议前 30 日提交有关材料），并按照上述下属机构所进行的任何审议的结果，进行此项审议。中国也可提出与“世界贸易组织成员的保留”中任何保留或其他世界贸易组织成员在中国议定书中所作任何其他具体承诺有关的问题。总理事会可在这些方面向中国或其他成员提出建议。

根据上述规定审议问题，不得损害包括中国在内的任何 WTO 成员在《建立世界贸易组织协定》或任何诸边贸易协定项下的权利和义务，并不得排除或构成要求磋商或援用《建立世界贸易组织协定》或《议定书》中其他条款的先决条件。

下属机构和总理事会的审议将在加入后 8 年内每年进行。此后，将在第 10 年或总理事会决定的较早日期进行最终审议。

本章小结

贸易自由化是促进人们交流的一种重要手段。同时,自由贸易可以有效配置资源,增进人民的福祉。于是,关税与贸易总协定应运而生。各国通过谈判,作出了互惠互利的安排,实质性削减了关税和其他贸易壁垒,消除国际贸易中的歧视待遇。

为了更好地促进国际贸易的发展,各国决定成立一个正规的国际组织——世界贸易组织。这个组织有正式机构,负责管理各成员的贸易活动。各成员制定了一系列实体性的协议,包括《保障措施协议》,规定了各自的权利和义务。世界贸易组织通过"贸易政策审议机制",定期审查各成员的做法。世界贸易组织还通过"争端解决机制",个案解决成员之间的贸易纠纷。通过这两个机制,确保了各成员对实体性协议的遵守。事实证明,世界贸易组织的运作是非常有效的,并且增加了对各国的吸引力。

世界贸易体制,是一套独特的法律体制。中国作为一个发展中国家、贸易大国,参与世界贸易组织活动,对世界贸易体制的发展、对中国的发展,都具有十分重要的意义。

本章思考题

1. 简述世界贸易组织的成立。
2. 简述世界贸易组织的法律框架。
3. 世界贸易组织的基本原则有哪些?
4. 简述世界贸易组织的法律地位和职能。
5. 简述世界贸易组织的组织机构。
6. 简述 GATT 1994 的主要规定。
7. 简述最惠国待遇制度。
8. 简述国民待遇制度。
9. 简述 GATT 的一般例外和安全例外。
10. 简述与贸易有关的投资措施制度。
11. 简述反倾销制度。
12. 简述反补贴制度。
13. 简述保障措施制度。
14. 简述服务贸易制度。
15. 简述与贸易有关的知识产权制度。
16. 简述中国加入世界贸易组织的主要承诺。
17. 简述关税与贸易总协定和世界贸易组织对世界经济发展的贡献。
18. 加入世界贸易组织对中国经济发展有哪些影响?

必读法规

1.《建立世界贸易组织的马拉喀什协定》
2. 1994 年《关税与贸易总协定》
3.《反倾销协议》
4.《补贴与反补贴措施协议》
5.《保障措施协议》
6.《与贸易有关的投资措施协议》
7.《与贸易有关的知识产权协定》
8.《服务贸易总协定》
9.《关于争端解决的规则与程序的谅解》
10.《中国加入世界贸易组织议定书》
11.《中国加入世界贸易组织工作组报告书》

推荐阅读书目

1. 对外贸易经济合作部国际经贸关系司译:《世界贸易组织乌拉圭回合多边贸易谈判法律文本》,法律出版社 2000 年版。

2. 对外贸易经济合作部国际经贸关系司译:《中国加入世界贸易组织法律文件》,法律出版社 2002 年版。

3. 世界贸易组织秘书处编:《认识世界贸易组织》,中国商务出版社 2011 年版。

4. 世界贸易组织秘书处编:《乌拉圭回合协议导读》,法律出版社 2000 年版。

5. 杨国华著:《世界贸易组织与中国》,清华大学出版社 2016 年版。

6. 杨国华著:《WTO 的理念》,厦门大学出版社 2012 年版。

7. 杨国华著:《WTO 中国案例评析》,知识产权出版社 2015 年版。

8. 吕晓杰、韩立余、黄东黎等编写:《入世十年法治中国:纪念中国加入世贸组织十周年访谈录》,人民出版社 2011 年版。

9. 孙振宇口述,杨国华、史晓丽整理:《日内瓦倥偬岁月:中国常驻 WTO 代表团首任大使孙振宇口述实录》,人民出版社 2011 年版。

10. 杨国华、史晓丽主编:《我们在 WTO 打官司——参加 WTO 听证会随笔集》,知识产权出版社 2015 年版。

11. 杨国华、史晓丽主编:《我与 WTO——法律人的视角》,知识产权出版社 2016 年版。

12. 杨国华、冯军、史晓丽主编:《WTO 的未来——约翰 · H. 杰克逊纪念文集》,上海人民出版社 2016 年版。

13. [美]John H. Jackson 著:《关贸总协定与世贸组织的法理》(第二版),高等教育出版社2003年版。

典型案件

美国钢铁产品保障措施案

美国对华反倾销和反补贴案上诉机构裁决的思路

第八章 区域与双边自由贸易协定

近年来，在经济全球化深入发展的同时，区域经济一体化加速发展，突出表现为区域贸易协定和双边自由贸易协定的迅猛发展。以欧盟、北美自由贸易区，亚太经合组织三大区域集团以及大量的双边贸易协定为代表的区域贸易体制，与以 WTO 为标志的多边贸易体制，并驾齐驱，掀起了新一轮全球法律多元化、区域化、双边化发展的高潮。从 20 世纪末到 21 世纪初，双边贸易协定呈现出数量急剧增加、形式更为灵活、政治情结鲜明、调整范围不断突破等特点。21 世纪以来，《区域全面经济伙伴关系协定》(RCEP)启动谈判，一系列高标准区域贸易协定相继出台，对促进区域经济一体化合作，促进成员国间相互开放市场具有重要意义。从 P4 到 TPP，从 TPP 到 CPTPP，日益呈现跨区域性、开放性、高标准、美国利益优先的特征，但也引发了不少未决问题。

第一节　区域贸易协定
第二节　双边贸易协定的新发展
第三节　21 世纪区域贸易协定的新发展

第一节 区域贸易协定

区域贸易协定(Regional Trade Agreements, RTAs)的含义可以有广义和狭义之分:广义理解是相对于WTO多边贸易协定而言,泛指两个或两个以上国家(单独关税领土或国家集团)之间签订的自由贸易协定,包括双边与多边区域贸易协定。狭义理解是指按照WTO对全球进行的11个经济地理区域的划分,区域贸易协定包括区域内自由贸易协定与跨区域自由贸易协定。前者是指某一区域内国家(或WTO成员)之间签订的贸易协定,后者指区域内成员与区域外成员签订的自由贸易协定。按WTO的分类标准,全球被分为北美地区、中美地区、南美地区、加勒比地区、欧洲地区、独联体地区、非洲地区、中东地区、西亚地区、东亚地区和大洋洲地区共11个经济地理区域。为阐述问题方便,本节采用广义理解。

有些区域贸易协定伴随有相应的组织机构支持,朝着贸易、经济一体化甚至更高层次的超国家组织形式发展,如欧洲共同体(欧盟)等。因此按照一体化程度,在名称上,称自由贸易协定(FTA)、框架协议(framework)、安排(arrangement)等;在组织形式上,称联盟、共同体等。在《关税与贸易总协定》/《世界贸易组织协定》中,只提到关税同盟和自由贸易区协定。

一、区域贸易协定的合法性

区域性贸易协定或区域经济一体化的合法性来自《关税与贸易总协定》第24条赋予的权利。第24条规定,GATT不妨碍关税联盟或自由贸易区或为成立关税联盟或自由贸易区而订立的临时协议的安排。按照第24条的解释,关税联盟是指联盟各组成区之间的大体上所有贸易或者原产于各该区产品的大体上所有贸易,取消了关税及其他限制性贸易规章(于必要时,为第11、12、13、14、15和20条所准许者除外),该联盟每个成员对非该联盟区的贸易,适用大体相同的关税及其他贸易规章。自由贸易区则指两个以上关税区的群体,其组成区之间对原产于各该区产品的贸易,大体上取消了关税及其他限制性贸易规章(于必要时,为第11、12、13、14、15和20条所准许者除外)。

1947年10月GATT签署时,美英之间冲突的核心是英国坚持的英联邦帝国特惠制(imperial preference system)。这一明显针对美国的歧视性的安排,与美国极力推崇的GATT的不歧视原则显然是背道而驰的。作为妥协,美国在GATT第1条中表达了其对不歧视原则的坚定支持,同时在第24条中允许把英联邦帝国特惠制等作为一个例外存在。美国的退让,主要是出于政治上的考虑。即第二次世界大战结束后,美国需要一个稳定的欧洲,而这个目标的实现需要靠欧洲的经济一体化来推动。从经济上看,美国认为关税联盟和GATT的多边主义、不歧视的目标是一致的。用美国GATT的谈判官员克莱尔·威尔克柯斯(Clair Wilcox)的话来说:“关税联盟创立了一个广泛的贸易领域,取消了竞争的壁垒,使得资源得到更为经济的分配，由此增加了生产，提高了生活水平。关税联盟在多边主义和不歧视的基础上，有助于扩大贸易。”①

经济学家从关税联盟的经济理论方面对其合理性进行的探讨，为关税联盟的合法性提供了理论基础。雅克布·维纳（Jacob Winen）在其1950年出版的《关税联盟问题》（*The Customs Union Issue*）一书中认为，数个国家或地区在结成关税联盟后，由于取消了内部关税，成员方之间的相互进口增加，生产成本减少，产生出资源分配效率提高的生产利得和消费者福利增加的消费利得，从而使社会福利水准增加。这就是关税联盟的贸易创造效果（trade creation effect）。另一方面，在关税联盟成立后，成员方所得关税收入的一部分转给了外国的出口商。如成员方在联盟前是从价格较低的非联盟国进口，联盟后转为从价格较高的成员方进口，则进口总支出增加，社会福利水准下降，这就是关税联盟的贸易转移效果（trade diversion effect）。在不考虑其他因素的情况下，如贸易创造效果大于贸易转移效果，则关税联盟使成员方社会福利增加；反之，则关税联盟使成员方社会福利减少。因此，从关税联盟静态分析得出的结论是：联盟前，成员方间关税水平越高，供需弹性越大，生产效率越高，则联盟后社会福利水准越有可能提高；而联盟与非联盟的进口需求弹性越低，贸易成本差异越小，联盟对外关税越低、参加联盟的成员越多，则贸易转移的损失越小。从关税联盟的动态效果来看，联盟后联盟之间虽竞争程度加强，专业程度加深，但市场扩大，投资机会增加，生产规模加大，而风险和不确定性降低，反而吸引更多联盟外国家投资设厂，加速了联盟内的技术进步和经济增长。而对发展中国家来说，结成关税联盟后，通过优惠性开放市场，在联盟内形成规模经济，从而减少生产成本，提高竞争力。② 总之，无论从关税联盟的静态效果、关税联盟的动态效果分析，还是从GATT第24条生效后半个世纪以来的实践证明，关税联盟对于联盟内成员方的社会福利的改善作出了巨大贡献。而对于联盟外的国家来说，按照GATT第24条的规定，对非成员的缔约方征收的关税及实行的其他贸易规章，大体上关税不得高于联盟成立前税率的总体水平。③ 因此，至少可以推断，它们原来拥有的福利并未受到侵犯。

尽管就GATT第24条的本意来说，它要保留的是在内部实现大体上所有贸易，即100%削除关税壁垒的关税联盟；此外，它提出对于临时性安排应有一个时间表，否则等于事实上承认了低于100%的优惠安排。然而由于第24条是个妥协的产物，它本身的漏洞和缺陷实

① Jagdish N. Bhagwati, The World Trading System at Risk, Princeton University Press, 1991, p. 63.

② 雅格布·维纳对关税联盟经济理论的分析，参见欧阳勋、黄仁德著：《国际贸易理论与政策》，三民书局印行1983年版，第426～441页，此外见Jagdish Bhagwani, The World Trading System at Risk, 1991, pp. 59－63. 该书提出贸易壁垒优先削减的理论。该理论由四套互相联系而又不同的分析方法组成，系统地阐述了关税联盟的合理性。

③ 第24条第5款（a）（b）参见Murray kemp和Henry wan的分析，见Jagdish Bhagwani, The World Trading System at Risk, Princeton University Press, 1991, pp. 60－61.

际上为其日后的不执行以及执行程序上的松弛打开了大门。[①] 自此以后，大大小小、形形色色一体化程度不同的双边与多边区域性安排此消彼长，层出不穷。其中，影响最大的多边区域安排主要有欧洲共同体（欧盟），北美自由贸易区（简称 NAFTA）和亚洲及太平洋经济合作组织（简称亚太经合组织或 APEC）。这三个区域性组织的范围还有扩大的趋势。[②] 此外，还有国家之间签署的大量双边贸易协定，世界经济全球化与区域多边、双边经济一体化已构成 20 世纪 90 年代以来世界经济发展的两大趋势，形成了世纪之交国际经济法发展中最为引人瞩目的现象之一。

据 WTO 报告提供的数据表明，截至 2013 年 7 月 31 日，曾向 WTO 通报的自由贸易安排（FTAs）共有 575 项。其中 379 项已经生效，双边贸易协定约占 90%。所涉 170 多个国家和地区中，不少国家和地区参加一个以上区域或双边自由贸易协定。其中 1/3 是在 1990 年至

---

① 对 GATT 第 24 条的详细分析和评论，请参阅赵维田著：《最惠国待遇与多边贸易体制》，中国社会科学出版社 1996 年版，第 60 ~ 61 页。关于欧洲煤钢联盟以及后来的欧共体《罗马条约》及其联系协定的合法性问题，在 GATT 成员中都发生过争议。有些争议不了了之，有些则以 GATT 的退让而结束。例如，GATT 第 25 条"缔约各方的联合行动"第 5 款规定，经缔约方全体半数中的 2/3 多数批准，可以免除某一缔约方的义务，参见 Ralph H. Folsom, Michael wallace Gordon, John A. Spanogle Jr. , Int'l Business Transactions—a Problem Oriented Coursebook, 3rd. 1995, West Publishing Co. , p. 414。在 GATT 历史上，理事会仅对 4 个区域贸易协定的审查形成不违反决定，对其他协定的审查或因资料不全，或因问题复杂等种种原因拖延，最终不了了之。

② 欧共体（欧盟）最初有 6 国。1973 年，英国加入；1977 年，丹麦、爱尔兰加入；1981 年，希腊加入；1986 年，葡萄牙、西班牙加入；1990 年，东德、西德合并；1995 年，奥地利、瑞典、芬兰加入；2004 年，吸收中欧、东欧、地中海的爱沙尼亚、拉脱维亚、立陶宛、波兰、匈牙利、捷克、斯洛伐克、斯洛文尼亚、马耳他、塞浦路斯 10 国加入，共计 25 国；2007 年，保加利亚、罗马尼亚加入；2013 年，克罗地亚正式加入欧盟。至 2014 年 9 月 16 日，欧盟成员共计 28 国。

在美洲，1994 年 1 月 1 日，北美自由贸易区建立后，美国又积极扩大其在美洲的势力范围。1994 年 12 月，34 个美洲国家首脑在迈阿密召开会议，商定在 2005 年建成美洲自由贸易区。但大多数经济基础脆弱、市场不完善、缺乏竞争力的拉丁美洲国家心怀疑虑，唯恐陷入灭顶之灾。由于拉丁美洲国家所持的谨慎态度，在 1994 年迈阿密会议以后，虽然进行了一系列的会谈，也取得了一定的成就，但至今美洲经济一体化并没有取得实质性的进展。

除北美自由贸易区协定外，1991 年阿根廷、巴西、巴拉圭、乌拉圭成立南锥共同体市场，1995 年实现 4 国间共同市场关税削减 54%。2011 年 11 月 22 日，墨西哥与中美洲萨尔瓦多、洪都拉斯、危地马拉、尼加拉瓜、哥斯达黎加 5 国在萨尔瓦多首都圣萨尔瓦多签署自由贸易协定，取代了现行的哥、尼、萨、危、洪与墨分别签署的自贸协定。

1989 年，亚洲及太平洋经济合作组织在澳大利亚堪培拉成立。这是一个开放性的推动贸易自由化的论坛性组织。最初成员 12 个。1997 年，亚太经合组织在拥有了亚洲、太平洋地区 21 个成员之后，印度、巴基斯坦、蒙古国、斯里兰卡、哥伦比亚、厄瓜多尔等也提出了加入申请。1991 年 10 月，在"一个中国"和"区别主权国家和地区经济"的原则基础上，中国和中国台北、中国香港正式加入 APEC。至 2014 年 12 月底，亚太经合组织 21 个国家和地区是：中国、中国台湾、中国香港、泰国、马来西亚、印度尼西亚、新加坡、菲律宾、文莱、韩国、日本、澳大利亚、新西兰、美国、加拿大、智利、墨西哥、巴布亚新几内亚、秘鲁、俄罗斯、越南。此外，东南亚国家联盟（Association of Southeast Asia Nations，简称东盟）、太平洋经济合作理事会（PECC）和南太平洋论坛（SPF）是 APEC 的观察员。APEC 按照全体成员协商一致的原则接纳新成员。1997 年，温哥华领导人会议宣布 APEC 进入十年巩固期，暂不接纳新成员。

1994 年间建立的。①

1995 年 1 月 1 日成立的 WTO 标志着全球贸易以及与贸易有关的其他领域已纳入全球多边贸易体制的轨道，而与之几乎同时出现的欧盟、北美自由贸易区、亚太经合组织三大区域集团以及大量的双边贸易协定则将区域经济纳入了与全球多边贸易体制并驾齐驱的区域性贸易体制的轨道，从而掀起了新一轮全球法律多元化、区域化、双边化发展的高潮。中国积极地投入到这股多边与区域、双边贸易安排的大潮中，为促进经济全球化以及亚太区域经济一体化发展作出了贡献。

---

① 在亚洲，除亚太经合组织外，还有 1967 年成立的东南亚联盟。前期多为政治合作，1976 年第一次首脑会议后开展经济合作，其成员有新加坡、泰国、马来西亚、印尼、菲律宾、缅甸。1995 年越南、1997 年文莱和老挝、1999 年柬埔寨相继加入东盟，东盟扩大为 10 国。2001 年 1 月 1 日，东盟自由贸易区正式启动。20 世纪 80 年代，在世界经济普遍不景气的情况下，创造出东亚奇迹。东盟自由贸易区的目标是实现区域内贸易的零关税。现在东盟成员之间的贸易关税已从 1993 年的 12.7% 下降至目前的 2.4% ~3.5%。2010 年东盟"老六国"已率先实现互免关税，2015 年东盟所有成员实现贸易自由化。南亚区域合作联盟成员有印度尼西亚、巴基斯坦、斯里兰卡、尼泊尔、孟加拉国、不丹、马尔代夫。7 国之间的优惠安排已于 1995 年 12 月生效。享受优惠安排的商品达 750 个项目，1 000 多种；该联盟覆盖成员国人口约 12 亿，但贸易额只占世界贸易额的 3.2%。2004 年 2 月 8 日，南亚和东南亚 6 国签署了《自由贸易区框架协议》。按照该协议的规定，签字国的产品将分为"快行道"和"普通进度"两种。印度、斯里兰卡、泰国三个发展中国家在 2009 年 6 月 30 日前减免所有属于"快行道"产品的进口关税。缅甸、不丹、尼泊尔三个最不发达国家在 2011 年 6 月 30 日前对上述产品免除关税。对于列入"普通进度"的产品，印度、斯里兰卡、泰国在 2012 年 6 月 30 日前免除所有关税，缅甸、不丹、尼泊尔在 2017 年 6 月 30 日前实现这一目标。从而在该区域实现贸易自由化。显示出发展中国家、最不发达国家在区域合作中团结一致的决心。

在非洲，除成立于 20 世纪 60 至 70 年代的东非共同体、中非共同体、西非共同体、马哥里布集团外，20 世纪 90 年代，南部非洲发展共同体（Southern African Development Community，SADC）成立。其前身是 1980 年成立的南部非洲发展协调会议（Southern African Development Co－ordination Conference，SADCC）。1992 年 8 月 17 日，南部非洲发展协调会议的成员国在纳米比亚首都温得和克签署建立南部非洲发展共同体的条约、宣言和议定书三个文件，正式将该组织更名为南部非洲发展共同体。1996 年 8 月，SADC 各国签署贸易协定，于 2000 年 1 月生效，目标是到 2008 年成立 SADC 自由贸易区。SADC 的成立宗旨为：在平等、互利和均衡的基础上，建立开放型经济，打破关税壁垒，促进贸易与投资以及货物和服务的自由往来，逐步统一关税和货币，最终实现区域经济整合。SADC 是非洲最具发展潜力和地区合作水准相对较高的区域性组织，自成立以来，SADC 积极推动南部非洲地区经济之协调与发展。截至 2014 年 8 月，南部非洲发展共同体共有 15 个成员国，包括：南非、斯威士兰、马拉维、刚果（金）、安哥拉、津巴布韦、纳米比亚、塞舌尔、博茨瓦纳、莱索托、赞比亚、毛里求斯、莫桑比克、坦桑尼亚和马达加斯加。

1991 年 6 月，非洲 32 国领导人签署了《成立非洲经济共同体条约》，规定在 5 年内建立区域性经济集团。

1993 年 3 月，沙特阿拉伯、科威特、巴林、卡塔尔、阿曼、阿拉伯联合酋长国 6 国建立由海湾阿拉伯国家合作委员会统一关税，进口货物在 6 国间自由流动的共同市场。

1992 年 6 月，黑海地区沿岸 11 国在伊斯坦布尔签署"黑海经济合作宣言"，正式成立黑海经济合作区，为商品、劳务、资金的自由流动创造条件。1985 年，伊朗、土耳其、巴基斯坦组成经济合作组织；1992 年 11 月，该组织正式接纳乌兹别克斯坦、土库曼斯坦、吉尔吉斯斯坦、塔吉克斯坦、阿塞拜疆斯坦和阿富汗以及哈萨克斯坦成立穆斯林共同市场，逐步降低关税，消除贸易壁垒。

1995 年，俄罗斯、白俄罗斯、哈萨克斯坦、乌克兰、塔吉克斯坦和吉尔吉斯斯坦 6 国签署关税同盟协议，并在此基础上成立了欧亚共同体。2010 年 1 月 1 日，在欧亚共同体框架内成立了俄、白、哈三国关税同盟，并成立了一个超国家的关税同盟委员会。2014 年 5 月 29 日，俄罗斯总统普京、哈萨克斯坦总统纳扎尔巴耶夫、白俄罗斯总统卢卡申科在阿斯塔纳签署了成立欧亚经济联盟的条约，该条约自 2015 年元旦正式生效。较之目前的关税同盟，欧亚经济联盟统一关税政策和商品自由流通的贸易政策不变；三国分配统一关税收入的比例也没变，分别为：白俄罗斯 4.7%，哈萨克斯坦 7.33%，俄罗斯 87.97%。但在确保商品、劳务、资金、劳动力自由流通的义务，并在包括能源、工业、农业、交通运输在内的关键性经济领域，三国推行协调一致的政策。

二、区域经济一体化与多边贸易体制的关系

目前,三大区域贸易集团以及无数双边贸易集团的形成和第二次世界大战后 GATT1947 签署时存在的关税联盟、自由贸易区已大不相同。主要表现在以下几个方面:

1. 1947 年时的 GATT 与目前的 WTO 协定相比,前者与后者无论在内容和适用范围上均不可同日而语。同样,目前的区域集团也已不仅仅停留在关税联盟和货物自由贸易区的规模。各种一体化程度不同的区域集团自身的扩张也早已突破了传统的地理边界的局限,形成了跨洲、跨洋的区域集团。

2. 冷战前的各种区域集团多以国家的政治、军事、安全等因素为主,目前的区域集团以及双边贸易协定则多以国家之间的经贸关系为主,且由不同层次、不同经济发展水平的国家和地区组成,前者强调的是政治合作,后者强调的是经济上的互惠与互补。

3. 双边与多边区域经济的一体化发展反映了世界朝着多极化、多样化方向发展的大趋势,标志着世界政治、经济力量的重新分化和组合。在 GATT 实施的近半个世纪里,世界经济飞速发展。WTO 的建立有效地推动了世界贸易的自由化,但是事实证明 WTO 多边体制固有的局限性不能满足成员经济发展的需要。随着经济全球化发展带来的负面影响日益显现,发达国家与发展中国家之间的分歧日趋严重,WTO 多边谈判屡次受阻。随着各国之间竞争的加剧,保护主义不断加强、多边贸易体制不断遭受挑战,因此发挥双边与多边区域的人力、资源、经济、技术优势,通过在资金、技术、劳务方面的合作,以取得比较利益,这与 GATT 以及 WTO 的多边贸易体系的宗旨是一致的。从国家之间相互依赖、共存共荣的观点出发,多边贸易体制与双边及多边区域性经济一体化之间的关系不应是互相排斥,而应是互惠互补,并行不悖的。由于目前双边及多边区域集团内成员多为世界贸易组织成员,如果区域内成员之间贸易自由化程度低于世界贸易组织,则因其违反世贸组织协定而为世贸组织所不容;而如果区域内成员之间贸易自由化程度高于多边贸易体制,由内部的开放推动外部的开放,由小区域的一体化扩展到更大区域的一体化,则最终将推动经济全球化进程,最终实现全球贸易的自由化。

当然,也应当看到,双边及多边区域安排原始的封闭性、排他性,必将导致区域内与区域外国家之间矛盾的加深、区域集团与区域集团之间矛盾的加深以及各区域集团内部之间矛盾的加深。这种不可避免的发展趋势往往与全球多边贸易体制的发展发生冲突,破坏多边贸易体制的纪律,削弱其宗旨和基本原则,对于区域经济一体化的这种消极、破坏作用的一面,则是我们需要时时提高警惕,予以防范的。

中国入世后,面对着复杂、多变的国际经济贸易形势,需要审时度势,善于研究分析和借鉴发达国家和发展中国家的做法,积极投入到双边和区域经济合作中去。以发达国家中的美国为例,区域经济一体化构成了美国全球经济战略的一个重要组成部分。目前三大区域贸易集团的形成,不是在战后美国经济发展的鼎盛时期,而是在美国的经济地位由强转弱的时期出现的,是在美国难以控制多边贸易体制的情况下,转而求助于区域集团中的优势以保

住既得利益。美国擅于打多边牌、双边牌和区域牌。多样手法，相互为用，互为补充，共同完成其称霸世界，继续占据世界经济主导地位的野心。多边牌，参加游戏国家众多，利益往往相悖，美国时感难于驾驭，不能随心所欲，达成的协议多流于空泛的形式；双边牌，美国占有绝对优势地位，可谓随心所欲，无所不能，但如遇上像欧盟、日本这样势均力敌的对手，双方如均态度强硬，则游戏往往处于僵持状态，一旦发生冲突，两败俱伤，风险太大；区域牌，其优劣均处于多边牌与双边牌之间，区域集团内成员之间虽有利益冲突，但总的目标相对一致，比较容易达成较为务实的协议。因此，美国在关贸总协定乌拉圭回合长达8年之久的谈判过程中，一方面先与加拿大、后与墨西哥签订了《美加墨自由贸易协定》，并积极致力于亚洲与太平洋经济合作组织的活动，同时不失时机地先后与以色列、约旦、新加坡、智利等签署双边贸易协定。双边及区域性经济一体化是其保住既得利益，且获取新的更为广阔的世界市场的有力工具。①

近年来美国高调推进的《跨太平洋伙伴关系协定》（简称TPP）与《跨大西洋贸易与投资伙伴协定》（简称TTIP）谈判，再次印证了上述判断。冷战结束，多哈回合谈判的停滞不前，2008年次贷危机引发的世界性经济危机，中国的和平崛起以及在亚洲经济一体化中日益增加的作用，这一切引起美国的担忧。区域经济一体化安排越来越被美国娴熟地用来作为实现其全球战略意图的工具。作为美国“重返亚洲”战略的一部分，2009年美国正式宣布加入并主导了《P4协议》谈判，于2010年正式启动TPP谈判。2013年6月，美欧之间正式启动TTIP谈判。如果这两个谈判都能达成协议，则意味着美国将重掌21世纪全球经济话语权。美国将通过TTIP控制欧洲，通过TPP控制太平洋两岸的亚洲、美洲和大洋洲。这些区域内原有的自由贸易协定，欧盟也好，NAFTA也好，东盟10+1或APEC，都将被逐步虚化或成为空壳。TPP和TTIP的所谓高标准将取WTO而代之，成为未来指导国际贸易、国际投资等重要经济活动的法律规则。

总之，自WTO成立以后，在国际贸易领域，WTO提出了各国贸易政策的最低或基本标准，在此基础上出现的各种双边贸易协定、区域贸易协定以及各国的国内法不过是国家间继续进行国际合作的不同表现形式，其内容有的单一，有的复杂，其自由化程度有高有低，但其宗旨是一致的。因此它们之间不再是相互排斥的关系，而是互补和相互促进的关系。事实证明，WTO无法照顾到各国、各地区的经济发展、产业保护和人民生活水平提高的需要；面对瞬息万变的世界，也无法高效率地在短期内协商出各国共同的行为规则以及对过时的规则及时进行修正。在促进贸易自由的大前提下，各种双边、区域安排的出现是不以人的意志为转移的经济全球化发展的必然趋势。它们的出现只要能促进贸易自由化，能实现WTO对

① 2004年2月8日，美国和澳大利亚签署自由贸易协定，展示了两国之间的特殊关系。依据该协议，双方将取消从对方进口的大部分工业产品、服务产品的关税。澳大利亚出口到美国的农产品的66%将免除关税。美国将分阶段逐步增加进口澳大利亚的牛肉和奶制品。美国出口到澳大利亚的价值4亿美元的农产品将免除关税。美国的电信、电脑、能源、旅游等行业将在澳大利亚取得更大的市场准入。这是继1988年美国和加拿大签署自由贸易协定后，再次与一发达国家签署的自由贸易协定。

资源合理配置、提高人民生活水平的宗旨，就是合法的。它们对 WTO 多边贸易体制的发展起着促进和推动作用，而不是阻碍作用。国内立法、双边、区域多边和全球多边协定是世界各国之间存在多元政治、经济、文化等制度、利益和价值观存在趋同和差异的反映，趋同是相对的，差异是永存的。这也是作为自然界一部分的人类社会要符合自然界生物多样化发展的规律所需要的。

第二节 双边贸易协定的新发展

全球新一轮双边自由贸易协定高潮是从 20 世纪 80 年代末局部出现，90 年代末开始全球盛行。尤其是最近几年，双边贸易协定如雨后春笋般发展起来，以一种新的姿态再度扮演全球自由贸易的主角，并呈现出与以往不同的发展特点和趋势。[①]

一、双边贸易协定复兴的原因

（一）WTO 多边贸易体制面临新挑战

1. WTO 谈判进程受阻

贸易自由化的必然结果是经济全球化进程的加速发展，而全球化带来的负面影响和新问题日益增多。WTO 协调及谈判范围已从过去的关税措施、市场开放准入等，逐渐转向各种非关税措施，如各种技术标准、环境要求等，但由于多边贸易体系不易协调，难以达成共识。1999 年，WTO 贸易部长在西雅图会议上试图启动新一轮全球多边贸易谈判的计划，但因反全球化组织的强烈阻挠而夭折。反全球化浪潮在全球尤其是发达国家急剧蔓延，直接导致 WTO 多边贸易谈判的难度大大增加。在 WTO 多哈回合坎昆部长会议上，由于发展中国家和发达国家在农产品补贴问题上分歧严重，最终导致谈判破裂。毫无疑问，WTO 多边贸易谈判受阻，是双边自由贸易再度盛行的主要原因。

2. WTO 本身机制上的弊端

实体内容方面，首先，GATT/WTO 作为一个自给自足的（self-contained system）封闭的法律体系[②]，不可能包含国际贸易的所有内容。在乌拉圭回合谈判中，虽然对一些相关条款进行了修正，在内容上做出了很大的扩展，但是，面对经济全球化带来的贸易中的新问题，WTO 需要与时俱进，不断完善和发展。其次，对于如全球环境的恶化、投资和竞争政策、劳工标准等问题缺乏有效的解决办法，限制了 WTO 的作用。争端解决机制方面，如果遇到有关上述方面的纠纷就会形成无法可依的局面。WTO 争端解决程序复杂、繁琐，争端解决期限过长，

---

① 郑先武：《“双边”：自由贸易的新热点》，载《经济世界》2002 年第 10 期。

② 王传丽：《WTO——一个自给自足的法律体系——兼论一国四地经贸关系新发展》，载《国际经济法学刊》2004 年第 11 卷，北京大学出版社 2004 年版。

有成为变相贸易壁垒的可能。[①] 而且,WTO 争端解决机制的一个重要特点是它以强硬的经济制裁方式来保证其裁决得到执行。其中典型的是中止减让和交叉报复。发达国家对其他发达国家或者针对某些发展中国家实施这样的经济制裁措施,通常是有效的,可以带来很大的威慑力。但是,对于弱小的发展中国家,由于其经济实力与发达国家相去甚远,因此难以真正实行交叉报复。

(二) 部分区域性多边自由贸易的进程受阻

由于经济发展水平差异及不同利益要求的制约,多边贸易体制在区域合作的层面上不断遇到障碍。特别是在世界经济衰退背景下出现的新贸易保护主义和反全球化浪潮的影响下,区域多边自由贸易区计划在具体实施过程中也面临越来越多的困难。如目前世界第一大自由贸易区——北美自由贸易区,2002 年 5 月 21 日,因双方谈判破裂,美国开始对从加拿大进口的软木征收 27.2% 的反倾销税,从而导致美、加软木贸易争端急剧升级。墨西哥也开始抱怨在加入北美自由贸易区后农牧业损失惨重。有些区域协定则因谈判争吵不休而无实质性进展,如前述《美洲自由贸易协定》;更有一些区域协定因涉及谈判方敏感或核心利益难以达成一致,如 RCEP 与 TTP。欧盟东扩也给欧盟法的适用带来一系列复杂问题等。区域性多边自由贸易区所面临的困难,给双边自由贸易再度盛行带来了契机。

(三) 各国重新调整自由贸易政策导向

贸易政策反映着一国国际竞争能力的强弱。经济发展处于强势者(包括国家和部门)多主张自由贸易,经济发展处于弱势者(包括国家和部门)多倾向贸易保护。WTO 的成立给各国运用贸易政策发展经济提供了多元化的平台,促使各国加快了调整贸易政策的步伐。WTO164 个成员中的绝大多数都参加了一个以上的双边自由贸易协定。2002 年国际贸易统计数据显示,2001 年世界货物贸易总量中有 43% 发生在各种自由贸易区之内。到 2013 年,参加双边贸易安排较多的国家是欧盟成员国(参加了 40 多个)、智利(参加了 20 多个),参加较少的是亚洲国家,如中国、韩国等。

二、双边贸易协定发展的新特点

传统双边自由贸易协定大多从地缘政治、经济出发,由主权国家或具有超国家性质的区域集团(如欧盟)缔结,与旷日持久的 WTO 多边贸易谈判相比,它具有时间短、见效快的特点;与程序复杂且缺乏国家强制力的 WTO 多边贸易体制相比,双边自由贸易机制只有两个当事方,因而具有简便、易操作、约束力强的特点。

从 20 世纪末到 21 世纪初,双边贸易协定呈现出如下新特点:

1. 双边贸易协定数量急剧增加

根据 WTO 的统计,截至 2013 年 7 月 31 日,曾向世贸组织通报的自由贸易安排(FTAs)

---

① 例如,美国 201 钢铁保障措施案历时 22 个月。虽然专家小组和上诉机构最终判决美国钢铁保障措施违反 WTO 规则,但美国已完成既定目标,虽败犹胜。

共有 575 项,其中 379 项已经生效,双边贸易协定约占 90%。

从美国情况看,1985 年 4 月,美国与以色列签订的《美以自由贸易协定》生效;1988 年 1 月,美国和加拿大完成自由贸易协定的签署;2000 年,美国与约旦达成双边自由贸易协定;2002 年,美国国会给予总统谈判新的贸易协议的授权后,布什政府加速了与许多国家签订双边自由贸易协议的步伐;2003 年 5 月,美国与新加坡达成双边自由贸易协定;2003 年 6 月,美国与智利达成双边自由贸易协定;2004 年 3 月,经过 7 轮谈判,美国与摩洛哥达成双边自由贸易协定;2004 年 4 月,美国与澳大利亚签订了自由贸易协定;2007 年 4 月,美国与韩国签署自贸协定。目前,美国正与新西兰和埃及就自由贸易协定进行协商。

1997 年到 2001 年,欧盟相继与巴勒斯坦、突尼斯、南非、墨西哥、摩洛哥、以色列和智利分别签署双边自由贸易协定。2002 年 6 月,欧盟和新加坡签署了自由贸易协定。

在东亚地区,首先出现的是日本与新加坡签订的双边自由贸易协定。2002 年,日本政府又先后与新西兰、墨西哥及几个非洲国家政府签署了双边自由贸易协定。接下来日本将与之进行双边贸易谈判的国家还有古巴、以色列、泰国和韩国等。尽管韩国曾经是最反感双边贸易谈判的国家之一,继与美国、欧盟签署自贸协定后,正与中国、日本等进行双边贸易协定谈判。自 2001 年中国正式加入《曼谷协定》后,①2002 年 11 月 4 日,中国和东盟 10 国共同签署了《中华人民共和国与东南亚国家联盟全面经济合作框架协议》(简称东盟 10 + 1);2004 年 4 月 14 日,新西兰政府正式承认中国已建立市场经济体系,中新两国于 2008 年 4 月签署自由贸易协定;2005 年 11 月 18 日,中国与智利签署《中华人民共和国政府和智利共和国政府自由贸易协定》(简称《中智自由贸易协定》,自 2006 年 10 月 1 日起实施);2006 年 11 月 24 日,中国与巴基斯坦签署《中华人民共和国政府和巴基斯坦伊斯兰共和国政府自由贸易协定》(简称《中巴自由贸易协定》,自 2007 年 7 月 1 日起实施)。此后,中国与新加坡、秘鲁、哥斯达黎加、冰岛、瑞士签署自贸协定;中国内地与香港、澳门特别行政区分别签署了《关于建立更紧密经贸关系的安排》(CEPA)、中国大陆与台湾地区签署《海峡两岸经济合作框架协议》(ECFA)。目前,中国已签署自贸协定 13 个。② 正在谈判的自贸协定有 7 个。③ 这些协定的性质均为自由贸易协定而不是建立关税同盟的协定。

2. 双边贸易协定形式更为灵活

目前更为灵活的双边贸易协定大体可划分为以下三种类型:(1) 传统的以国家为主体的两个缔约方,大部分双边协定属于此类。(2) 以同一主权国家内的单独关税区为主体的双边贸易协定,即中国内地与香港、澳门特别行政区分别签署的《关于建立更紧密经贸关系

---

① 2005 年更名为《亚太贸易协定》。除中国外,成员国有:孟加拉、印度、老挝、韩国和斯里兰卡。该协定的目标是通过持续扩大亚太发展中成员国之间的贸易促进经济发展,采取互利的、与各国现在与将来发展和贸易需求相一致的贸易自由化措施,进一步加强国际经济合作。

② 其中不包括 2013 年 7 月 10 日签订的“新西兰与台澎金马单独关税区经济合作协议”。

③ 分别是中韩、中国与海湾合作委员会(GCC)、中国与南部非洲关税同盟(包括南非、博茨瓦纳、纳米比亚、莱索托和斯威士兰 5 国)、中国与澳大利亚、中国与挪威、中日韩以及《区域全面经济伙伴关系协定》(RCEP)。

安排》(CEPA),中国大陆与台湾地区签署的《海峡两岸经济合作框架协议》(ECFA)。这是属于中国特有的形式。(3)洲际、区域集团之间、区域集团与一国之间双边自由贸易区协定,如"中国—东盟""欧盟—拉美自由贸易区""欧盟—地中海自由贸易区""跨大西洋自由贸易区"(TTIP)[①]等。

3. 双边贸易协定的政治情结

一国的对外贸易政策总是和该国的经济利益和外交政策联系在一起的,由此形成了双边贸易协定固有的政治情结。近年来出现的双边贸易协定其政治指向更为明确,而且从传统的以地缘政治经济为导向的选择方式向着"点菜单式"的选择方式转变。从美国对其双边自由贸易伙伴的选择中可以看出,其出于经济利益之外的考虑更为突出。美国选择的双边贸易伙伴通常都是"经济发达、政治开放"的所谓"民主国家",如新加坡、智利、澳大利亚等。有分析人士指出,美国实际上是在"两手抓",一手推进自由贸易,一手推行"美国式的民主"。以美国与新加坡签订的双边自由贸易协定为例,它既是美国打入东亚阵营的策略之一,也是其对新加坡坚定支持美国反恐和倒萨战争的褒奖。[②] 美国与澳大利亚签订的双边贸易协定,其政治意义也大于经济利益。[③]

4. 双边贸易协定调整范围的突破

近年来新签订的双边贸易协定的最大特点就是在调整范围上对 WTO 协议有所突破。许多通过多边贸易谈判难以解决的棘手问题通过双边贸易协定得到解决。以美国与智利、新加坡的自由贸易协定为例,劳工问题、环境问题、投资问题、竞争政策问题、争端解决问题等都一并纳入双边自由贸易协定,一方面推进了相关国家之间的贸易自由化,另一方面为推行国内的贸易保护主义提供了潜在的借口。[④]

三、双边贸易协定新发展的评价及前景展望

双边自由贸易协定与 WTO 及区域多边自由贸易协定二者目的的一致性决定了在双边

---

① 《跨大西洋自由贸易区协定》(Transatlantic Free Trade Agreement,TFTA),又称《跨大西洋贸易与投资伙伴协定》(Transatlantic Trade and Investment Partnership,TTIP)。20 世纪 70 年代,美国曾提出在欧、美之间建立一个跨大西洋自由贸易区的设想,后因 GATT 谈判的顺利进行而终止。苏联解体后,如何构筑欧美之间新型伙伴关系成为双方共同关心的问题。1995 年年底的马德里会议上,美国与欧盟委员会签署了《跨大西洋新纲要》;1998 年年初,欧盟委员会提出了关于"新跨大西洋市场计划"。终因双方分歧较大而被搁置。2013 年,在金融危机困扰下的欧美,决心重启跨大西洋共同市场的谈判。2013 年 7 月 8 日,美国和欧盟正式启动《跨大西洋贸易与投资伙伴协定》谈判。谈判设置了 20 个不同领域,覆盖了大多数行业。TTIP 的达成,将会是全世界规模最大的自由贸易协定。目前,欧美的国内生产总值约占全球的 50%,贸易额约占全球的 30%。目前,该协定尚未达成。

② 黄海波:《超越 GATT/WTO:美国对外贸易法中双边主义的复兴》,载《天津市政法管理干部学院学报》2003 年第 4 期。

③ 曹玖梅:《美澳自由贸易协定并不甜蜜》,载《国际商报》,2004 年 3 月 15 日。

④ 关于多边区域贸易协定(NAFTA、EU、APEC)以及双边贸易协定(中国与东盟、CEPA)的分析以及双边贸易协定中有关贸易与环境、贸易与劳工标准、贸易与投资问题、贸易与竞争政策问题、争端解决问题等的分析,参见王传丽主编:《国际贸易法》(修订版),中国政法大学出版社 2014 年版,第 390 ~ 458 页。

自由贸易体制中解决的问题将来可能会走进 WTO 多边贸易体制，因为只有 WTO 才能最终解决全球性自由贸易问题。目前高标准的美韩自贸协定已经生效、TTIP 谈判正在进行中。如果 TTIP 这个通常被认为是在同质性大于差异性的欧、美两大经济体之间进行的谈判能够先行一步，率先取得成功，则不失为对国际经济贸易自由化作出的贡献。

中国在加入 WTO 后，面对双边（区域）贸易协定发展的大潮，适时抓住这个机遇，在遵守 WTO 规则的前提下，自 2002 年起积极拓展双边和区域贸易，争取获得对自己最为有利的竞争条件。对于发达国家在双边（多边）谈判中提出的有关环境条款、劳工核心标准条款等，需要具体分析，看到其对提升我国产业竞争力和经济可持续发展有利的一面。为实现中华民族利益的最大化必须适时做好准备，才能在日后的世界贸易竞争中处于有利地位。

第三节 21 世纪区域贸易协定的新发展

21 世纪，引人注目的区域贸易协定主要有 RCEP 和 CPTPP。

一、RCEP

RCEP 是《区域全面经济伙伴关系协定》（Regional Comprehensive Economic Partnership）的缩写。2011 年由东盟 10 国发起，邀请中国、日本、韩国、澳大利亚、新西兰和印度参加（简称东盟 10 +6）①。

（一）RCEP 的背景

2002 年，亚太经合组织（APEC）酝酿并提出建立亚太自由贸易区的设想，但缺乏具体行动。2008 年，由美国次贷危机引发的全球性经济危机导致欧美国家经济低迷。相比之下，亚洲国家之间的经济交往与合作则呈现出勃勃生机。东盟国家意识到维护和增加亚洲经济活力的重要性。2011 年 2 月 26 日，在内比都举行的第十八次东盟经济部长会议决定在亚洲国家之间达成一个综合性的自由贸易协议，并产生了 RCEP 草案。2011 年的东盟峰会上，东盟 10 国领导人正式批准了 RCEP。2012 年 8 月底，东盟 10 国、中国、日本、韩国、印度、澳大利亚和新西兰的经济部长会议原则上同意 RCEP。2013 年年初，RCEP 启动谈判。2013 年 8 月底，在东盟 10 国与 6 国经济部长会议上达成了《RCEP 谈判指导原则和目标》，但至今尚未完成谈判。

（二）RCEP 的宗旨和内容

RCEP 的目的是通过削减关税及非关税壁垒，建立 16 国统一市场。RCEP 的谈判领域包括货物贸易、服务贸易、投资、经济技术合作、知识产权、竞争政策、争端解决机制等方面。

① 这 6 个国家都是之前与东盟已经签署了自由贸易协定的国家。东盟 10 国与这 6 个国家分别签署了 5 份自由贸易协定，其中澳大利亚和新西兰共同与东盟签署 1 份自贸协定。

涉及面虽然广泛，但以其自由化深度来衡量，基本上还是属于符合 WTO 标准的一般自由贸易协定。目前在市场准入自由化模式、关税减让模式、原产地规则、海关程序与贸易便利化、争端解决机制等方面，各方已达成初步共识。在货物贸易、服务贸易、投资及协议框架等问题上也取得了一定进展。但由于 RCEP 国家之间经济发展水平差距较大，各自都有自己的敏感行业和领域，因此如期达成一致协定并非易事。RCEP 现有 16 个成员方，人口约 27 亿，是世界最大的消费市场。RCEP 的成功对促进亚洲的区域经济一体化合作，促进成员国间相互开放市场将具有重要意义。

二、21 世纪高标准区域贸易协定

（一）从《P4 协议》到 TPP

1998 年，亚洲经济危机以及随后 APEC 的“部门先行自愿自由化”失败。一些成员开始探讨部分成员的先行自愿自由化，试图以此推动 APEC“茂物宣言”目标的实现和更广泛的亚太地区的自由贸易合作。2002 年 10 月，APEC 墨西哥峰会期间，智利、新西兰、新加坡领导人开始了缔结自由贸易协定的首次谈判。2005 年 7 月 18 日，三国签署了《跨太平洋战略经济伙伴协定》（Trans - Pacific Strategic Economic Partnership Agreement，TPSEPA）；同年 8 月，文莱也作为创始成员签署了该协议。该协议于 2006 年 5 月 28 日生效。由于初始加入该协议的国家是 4 个，因此该协议又被称为《P4 协议》，因其成员横跨太平洋两岸，因此也是第一个多国参加的横跨太平洋的跨区域自由贸易协定。与 APEC 相比，《P4 协议》的亮点在于它的约束性。《P4 协议》从一开始就确定为是具有约束性的协议。此外《P4 协议》具有开放性。《P4 协议》从一开始就面向 APEC 成员。《P4 协议》第 20.6 条准入（accession）规定：基于协定成员方的同意，协定向任一 APEC 成员方或其他国家（any APEC Economy or other State）开放准入。与一般自由贸易协定一样，《P4 协议》具有渐进性和灵活性。《P4 协议》以部门的自由化为导向，在贸易自由化进程中允许产业的保留和例外，也不以一揽子实施为基础。由于《P4 协议》的成员都是小国，因此在诞生之初并未受到太多关注。

随着美国“重返亚洲”战略的实施，2008 年 9 月 22 日，美国高调宣布要全面参与《P4 协议》，《P4 协议》大有可为的发展潜力开始受到关注。其后，澳大利亚、秘鲁及越南也分别表达了参加的意愿。2009 年 11 月 14 日，在新加坡召开的 APEC 领导人会议上，美国总统奥巴马明确表示美国将参加《P4 协议》谈判。2010 年 3 月 15 日，上述 8 国代表的首轮谈判在澳大利亚墨尔本举行，这是《P4 协议》转变为《跨太平洋伙伴协定》（Trans - Pacific Partnership Agreement，简称 TPP）的第一次正式谈判。与会代表就如何建立一个“面向 21 世纪的新型贸易协议”（new kind of trade agreement for the 21st century），并就“把 TPP 扩大到亚太地区所有国家的目标”进行了讨论。此后，马来西亚、墨西哥、加拿大、日本等先后加入 TPP 谈判，TPP 于 2016 年由澳大利亚、文莱、加拿大、智利、日本、马来西亚、墨西哥、新西兰、秘鲁、新加坡、美国和越南12国共同签署，覆盖了拥有8亿人口并占据全球经济约40%的市场。①

（二）从TPP到CPTPP

2017年3月8日，美国新上任总统特朗普宣布退出TPP。2017年11月11日，日本经济再担当大臣茂木敏充与越南工贸部长陈俊英在越南岘港举行新闻发布会，共同宣布除美国外的11国就继续推进TPP正式达成一致，11国将签署新的自由贸易协定，其名称为“全面且先进的TPP”（Comprehensive Progressive Trans - Pacific Partnership，简称CPTPP）②。

《P4协议》是小国之间经济合作与互补的协议。美国加入谈判之所以成为《P4协议》的转折点，就在于同美国主导的TPP和TTIP一样，《P4协议》是一个美国式的所谓高标准的区域贸易协定。在美国主导下，TPP成为反映美国价值观、以保护美国利益为核心，大国与小国、强国与弱国在经济利益与政治考量之间进行博弈的战场。

从人们对于TPP和RCEP贸易自由化的期许来看，两者或许不在一个平面上，TPP是一个21世纪的高标准自贸协定，而RCEP还停留在一个相对较低的标准上。但与WTO的贸易自由化标准相比，两者在范围的广度和自由化的深度上无疑都大大前进了一步。这是值得肯定和赞许的。从APEC的角度来看，RCEP是由东盟国家首次提出，并以东盟为主导反映亚洲发展中国家利益的自由贸易协定；TPP是以美国主导的反映发达国家利益的自由贸易协定。由于TPP与RCEP的成员并不完全重合，还有一些既不在TPP又不在RCEP的亚洲成员，这在APEC成员内部，无形中削弱了亚洲国家在经济一体化过程中的凝聚力。

① 关于《P4协议》、TPP与多哈回合谈判议题内容的比较及相关网址，参见张晓君、孙南翔：《多哈回合谈判困境与跨区域贸易协定的勃兴》，载《中国法学会WTO法研究会2013年年会论文集》，第83页。相关网址：（1）多哈回合谈判议题：WTO. Subjects treated under the Doha Development Agenda，available at http://www. wto. org/english/tratop_e/dda_e/doha-subjects_e. htm，访问时间：2018 - 09 - 20；（2）《P4协议》内容：WTO. Main topics Covered by Trans - Pacific Strategic Econom-ic Partnership，available at http://rtais. wto. org/UI/CRShowRTAIDCard. aspx? rtaid = 9，访问时间：2018 - 09 - 20；（3）TPP协定谈判议题：Office of the United States Trade Representative ，Outlines of the Trans - Pacific Partnership Agreement，available at http://www. ustr. gov/about - us/press - office/fact - sheets/2011/november/outlines - trans - pacific - partnership - agreement，访问时间：2018 - 09 - 20。

② 2018年12月30日，CPTPP正式生效。

三、21世纪高标准区域贸易协定的特征

以TPP、TTIP为代表的高标准区域贸易协定的框架和内容可以归纳如下:①②

1. 跨区域性

成员跨区域空前之广,其谈判方来自欧洲、美洲、亚洲和大洋洲地区。

2. 开放性

"开放性"是指在自由贸易协定中包含有"开放准入条款"(open accession provisions),规定其他国家加入协定的权利。一般来说,自由贸易协定都带有一定封闭性,不接受其他国家加入。只有少数自贸协定属于例外。③

3. 高标准

TPP、CPTPP、TTIP都被称为史上范围最广、更自由的贸易协定。其高标准体现在两方面:其一,议题覆盖面广;其二,标准设置高。

覆盖面广体现在贸易领域和投资领域的全面覆盖。在贸易领域,除了谈判议题与WTO多哈回合谈判基本重合外,④还包括多哈回合谈判议题之外的内容,如投资、环境、竞争政策、服务与金融开放、劳工问题以及所谓21世纪的新议题,如新能源与电子商务、视听部门、网络的自由化、文化、食品(特别是转基因食品)标准、政府采购、航空运输等。

标准设置高。TPP要求成员提供更多更深层次的保护与承诺。在货物贸易方面要求至2015年全面取消关税,不设置例外;在投资与服务贸易开放方面要求提供市场准入的负面清

① 参见张乃根:《论WTO体制面临的挑战与中国的应对》(第1页);张晓君、孙南翔:《多哈回合谈判困境与跨区域贸易协定的勃兴》(第69页);陈胜、沈佩仪:《加入跨太平洋伙伴关系协议(TPP)谈判对我国金融服务业的影响分析及相关建议》(第471页);高凛:《区域贸易协定与WTO多边贸易体制的冲突与协调》(第608页);李蕊:《TPP知识产权规则解读——从TPP与TRIPS相比较的角度来解读TPP规则高在何处?》(第649页);卢月:《〈跨太平洋战略经济伙伴关系协定(TPP)〉对WTO的挑战及对中美双边投资协定的影响》(第657页);黄志瑾:《国际投资协定多边化发展的困境》(第709页);蔡从燕:Trans - Pacific Partnership Negotiations and the Multilateralization of International Investment Law(第804页)。以上文章载《中国法学会WTO法研究会2013年年会论文集》。

② 除TPP、TTIP外,2012年生效的美韩自贸协定以及正在谈判中的《服务贸易协定》(TISA),也被称为高标准自贸协定。《服务贸易协定》(Trade in Service Agreement,简称TISA)是由美国和澳大利亚在2012年倡议发起,拟在FTA框架内就服务贸易市场准入、贸易规则等问题进行谈判并达成高水平规则的国际协定。TISA如能最终达成,将对WTO《服务贸易总协定》(GATS)多边服务贸易体系产生重大冲击,对国际服务贸易规则的构建产生重大而深远的影响。目前TISA谈判参与方总数已达22个,中国尚未参加TISA谈判。对TISA的介绍和分析,参见谢宝朝、宋锡祥《〈服务贸易协定〉谈判与我国的应对策略》,载《中国法学会WTO法研究会2013年年会论文集》,第436~446页。

③ 如《北美自由贸易协定》、APEC成员之间达成的自贸协定等。TTP继承APEC传统,包含有开放准入条款。

④ 多哈回合包括农业、服务、非农业产品的市场准入、与贸易相关的知识产权、贸易与投资的关系、贸易与竞争政策的互动、政府采购的透明度、贸易便利化、WTO规则、争端解决谅解、贸易与环境、电子商务、小经济体、贸易与债务及金融、贸易与技术转让、技术合作与能力建设、最不发达国家、特殊与区别待遇18项议题。

单以及准入前的国民待遇,[①]实现在无差别待遇基础上的充分市场准入以及投资各个阶段的全面自由化;在竞争政策领域,强调保证国有企业与私有企业的公平竞争;在知识产权保护方面,扩大知识产权范围并要求提供更为长期严密的保护;在环境保护方面,将国际环境公约纳入自贸协定;等等[②]。

4. 美国利益优先

TPP 和 TTIP 在贸易、投资自由化与便利化水平方面的高标准、全面覆盖,是积极主导谈判的美国的利益所在。一方面,其固然具有加速经济全球化、区域经济一体化的积极作用;但另一方面,不考虑各国的实际情况,特别是在经济和社会发展水平存在巨大差异的情况下,强求按照美国标准和速度实现一体化,则是违背国家经济、社会发展规律和其他成员方意愿的。其消极作用会挫伤一些国家特别是未参加谈判的发展中国家和最不发达国家平等参与国际竞争的积极性,产生事与愿违、欲速则不达的效果。当然,如果 CPTPP 与 TTIP 成功实施,那么毫无疑问,从大西洋到太平洋两岸,21 世纪的国际经济秩序的话语权仍将牢牢掌控在美国手中。

5. 引发更多的未决问题

高标准的自由贸易协定的实施可能导致 WTO 被边缘化,事实上将被取而代之。发展中国家期盼的多哈发展回合的目标被搁置一边。继之而来会引发更多的问题:未来在 TPP、TTIP 实施后,将如何处理其与 WTO 成员之间以及各国之间现有双边贸易协定以及区域安排之间的关系?两者并存还是由前者取代后者?如果并存,会出现两者规定之间存在大量不一致或冲突,如何进行协调?如果取代,包括美国在内的一些国家未必愿意放弃其在现有协定中已经取得的既得利益。[③] 目前 TTIP 还处在谈判阶段,CPTPP 刚刚生效,其成功与失败的可能性并存。考虑到其成员诉求、利益的多样性,要在短期内达成高标准的一致性,其困难不可小觑。

---

① 美国是负面清单的倡导者,在 NAFTA 中首次对服务贸易市场准入和国民待遇采用负面清单,在之后签署的 FTA 中,全部使用这一模式进行承诺。在美国通知 WTO 的 100 多个 FTA 中,一半左右使用了负面清单。采用负面清单模式与美国签署 FTA 的 TISA 谈判方有 10 国:澳大利亚、加拿大、哥伦比亚、哥斯达黎加、以色列、墨西哥、秘鲁、智利、巴拿马和韩国。TISA 其余谈判方如欧盟等对外缔结 FTA 时,一般采用正面清单。2012 年 TISA 参与方就"混合模式"展开讨论,即在国民待遇承诺方面使用负面清单,在市场准入义务方面使用正面清单。参见谢宝朝、宋锡祥:《〈服务贸易协定〉谈判与我国的应对策略》,载《中国法学会 WTO 法研究会 2013 年年会论文集》,第 437 ~ 438 页。

② 参见戴云飞、苏喆:《TPP 与 WTO 的关系研究——以知识产权相关规定为分析视角》,载《中国法学会 WTO 法研究会 2013 年年会论文集》,第 636 页。

③ 例如截至 2011 年 11 月,已通知 WTO 的 FTAs 中,有 90 项以上的协议含有服务贸易开放承诺。开放的服务部门数量和承诺远超 GATS,在跨境交付和商业存在两种服务提供模式上,WTO 成员方在 FTAs 中的平均开放水平超过 GATS 比例高达 56%。参见谢宝朝、宋锡祥:《〈服务贸易协定〉谈判与我国的应对策略》,载《中国法学会 WTO 法研究会 2013 年年会论文集》,第 436 页。

本章小结

区域贸易协定和双边自由贸易协定是区域贸易体制的集中体现,具有形式更为灵活、调整范围不断扩大、开放程度日益提高等特点,并呈现了迅猛发展的势头,从而对促进区域经济一体化合作和成员相互开放市场发挥了重要作用。中国应适时抓住这个机遇,在遵守世贸规则的前提下,积极通过谈判推动区域和双边自由贸易协定的签订,争取获得对自己最为有利的国际贸易竞争条件。

本章思考题

1. 区域贸易协定的合法性。
2. 区域贸易体制和多边贸易体制的关系。
3. 双边贸易协定复兴的原因。
4. 双边贸易协定发展的新特点。
5.《区域全面经济伙伴关系协定》的背景、宗旨和主要内容。
6. 以 TTIP、CPTPP 为代表的 21 世纪高标准区域贸易协定的特征。

必读法规

1.《区域全面经济伙伴关系协定》(RCEP)
2.《全面与进步跨太平洋伙伴关系协定》(CPTPP)
3.《跨大西洋贸易与投资伙伴协定》(TTIP)
4.《中华人民共和国与东南亚国家联盟全面经济合作框架协议》
5.《内地与香港关于建立更紧密经贸关系的安排》(CEPA)
6.《内地与澳门关于建立更紧密经贸关系的安排》(CEPA)
7.《海峡两岸经济合作框架协议》(ECFA)

推荐阅读书目

1. 欧阳勋、黄仁德著:《国际贸易理论与政策》,三民书局 1983 年版。
2. 赵维田著:《最惠国待遇与多边贸易体制》,中国社会科学出版社 1996 年版。
3. 王传丽主编:《国际贸易法》(修订版),中国政法大学出版社 2014 年版。

第九章　国际技术转让法

国际技术转让法是国际经济法的重要组成部分。本章主要介绍两部分内容,第一部分是国际技术贸易,即指商业性的国际技术转让。该部分探讨了技术的内涵以及与知识产权的关系、国际技术转让的法律含义、国际技术转让立法、国际技术转让的途径以及国际许可协议。国际技术贸易包括技术所有权转让和技术使用权转让两种贸易方式,其中,技术使用权转让是最常见的国际技术贸易形式。第二部分是知识产权的国际保护制度。该部分从知识产权的概念入手,对知识产权的范围进行了界定,并介绍了知识产权保护的多个主要国际公约。

第一节　国际技术转让法概述
第二节　国际技术转让的途径
第三节　国际许可协议
第四节　知识产权的国际保护

第一节 国际技术转让法概述

“在以知识为基础的全球经济中,技术在经济发展中发挥着越来越重要的作用。……技术转让的需要已在各种国际论坛上得到确认。……技术转让是一个进程,而不是一次性的交易。”①

一、技术与技术转让

(一) 技术的内涵

技术转让(technology transfer)中的“技术”与科技和经济等领域中的“技术”不同,与“知识产权”的范围也不相同。目前,国际上对技术转让中的“技术”有不同的理解。

世界知识产权组织(WIPO)在1977年于日内瓦发布的《发展中国家指南》中将“技术”定义为:“有关一项产品制造、一种工艺方法的采用或一项服务的提供的系统知识,而不论这种知识是否反映在一项发明中、一项工业设计中、一项使用工艺中,或一个新的植物品种中,或技术信息或技能中,或专家为工厂的设计、安装、运营或维护而提供的服务和协助中,或专家为一个工业或商业企业或其行为的管理所提供的服务和协助中。”②此外,WIPO在1977年出版的《供发展中国家使用的许可贸易手册》一书的第一章第778条第8款对“技术”也作出了相同的定义。③ 从上述定义可以看出,WIPO将“技术”分为三大类:制造产品的系统知识、一项工艺的系统知识以及有关服务的系统知识。

联合国工业发展组织在《发展中国家引进外国技术指南》中指出:“技术乃指为制造某种产品,建立一个企业所必需的知识、经验和技能。”④此外,经济合作与发展组织(OECD)将技术定义为:“为采用一项工艺生产产品,或提供一项服务的系统知识,包括任何有关管理和销售的方法。”④

联合国《国际技术转让行动守则(草案)》第1.2款规定:“本守则下的技术转让系指制造某件产品、应用某种制作方法或提供某项服务的系统知识的转让。”第1.3款规定:“技术转让交易如以1.2段所述,系指当事人之间有关转让技术的安排,特别是指下述安排之一:(1) 一切形式的工业产权的让与、出售和许可。商标、服务标记和商号当其非技术转让之一部分时,不在此列;(2) 提供可行性报告、计划书、设计图、模型、说明书、指南、配方、基本的或具体的工程设计、技术规范和培训设备,以及提供技术咨询和技术管理人

---

① 贸易和发展理事会“投资技术及相关的资金问题委员会”:《为促进发展中国家特别是最不发达国家的能力建设获取技术的最佳做法以及鼓励技术转让的措施》(技术转让国际协议专家会议的报告),2002年1月21—25日第六届会议。

② The Guide for Developing Countries, World Intellectual Property Organisation, Geneva, 1977, p. 28.

③④ 陈绍蓉著:《国际技术转让法理论与实践》,人民出版社1997年版。

④ OECD, North - South Technology Transfer: The Adjustments Ahead, Paris, 1981, p. 18.

员的服务及员工培训等技术知识和专家知识;(3) 提供工厂设备的安装、操作及运行所必需的技术知识和交钥匙工程;(4) 提供获取、安装及使用已经以购买、租赁或其他方式取得的机器、设备、中间产品(半成品)和/或原材料所必需的技术知识;(5) 提供工业与技术合作协议的技术内容。"根据上述规定,"技术"不包括商标、服务标记和商号,但当商标、服务标记和商号是技术转让的一部分时,商标、服务标记和商号则构成"技术"的一部分。

(二) 技术转让

美国学者认为,技术转让包括工业产权的许可或分配,技术知识的销售或其他方式的转让,以及技术服务的提供。[①] 联合国《国际技术转让行动守则(草案)》将一切形式的工业产权的让与、出售和许可作为技术转让安排的一种。因此,概括而言,技术转让是指拥有技术的一方通过某种方式,将其技术让与给另一方所有或使用的行为。这种让与包括技术所有权的让与和技术使用权的让与。但是,在大多数情况下,技术转让方只是转让技术的使用权,而非所有权。由于技术具有无形性,其使用权还可以同时完整地转让给多个受让方,且原有技术的转让方并不因该转让失去对该技术的所有权。

二、国际技术转让的管制及其立法

(一) 有关国际技术转让的国际立法

为了促进技术的正常转让与发展,促进各国之间在技术转让领域的合作,促进国际技术转让的增长,联合国有关文件确立了相关原则。

联合国大会于 1974 年 5 月 1 日通过的《建立新的国际经济秩序宣言》指出:"应当使发展中国家具有获得现代科学和技术成就的途径,促进有利于发展中国家的技术转让和建立本国的技术,并按照适合于他们的经济方式和程序进行。"

同日通过的《建立新的国际经济新秩序的行动纲领》关于技术转让一节也规定:"应作出一切努力:(a) 制定一项符合发展中国家的需要和条件的关于技术转让的国际行动准则;(b) 按改善了的条件提供现代技术,并视情况使这种技术适应发展中国家的具体的经济、社会、生态条件以及不同的发展阶段;(c) 扩大发达国家对发展中国家在研究和发展计划以及在创立适用的本国的技术方面的援助;(d) 使有关技术转让的商业惯例适应发展中国家的需要,并防止卖方权利的滥用;(e) 提倡对于自然资源和一切能源的勘探和开发、养护和合理利用,在研究与发展方面的进行国际合作。采取上述措施时,应铭记着最不发达国家和内陆国家的特殊需要。"

联合国大会于 1974 年 12 月 12 日通过的《各国经济权利与义务宪章》也规定:所有国家都应促进国家间的科技合作和技术转让,应适当地照顾到所有的合法利益,包括技术的持有

---

① Alan C. Swan&John F. Murphy: *Cases and Materials on the Regulation of International Business and Economic Relations*, Second Edition, Matthew Bender & Company Incorporated, 1999, p. 181.

者、提供者和接受者的权利和义务。[①]

为了实现联合国大会的上述精神，在发展中国家的强烈呼吁下，联合国贸易与发展会议（UNCTAD）受联合国大会委托，从1961年开始着手起草有关技术转让方面的国际公约，但是，美国等发达国家反对起草这一公约。1978年10月，联合国贸易与发展会议起草的《国际技术转让行动守则（草案）》（International Code of Conduct on the Transfer of Technology, TOT - Code）制定完成，并交参加会议的成员讨论。此后，该草案又经多次修改。1981年4月，联合国贸易与发展会议第十七届大会第四次会议公布了《国际技术转让行动守则（草案）》。此后，各国对草案又进行了修改，1985年6月5日，联合国贸易与发展会议在第六届会议上又公布了修改后的草案文本，但是，由于发展中国家与发达国家在一些重要问题上存在严重分歧，谈判陷于僵局，该草案至今未能获得通过。"主要问题是跨国公司母公司与它们在发展中国家的子公司之间的关系，这是属于私人关系，应遵从私人法则还是完全无法律可循，或者像其他任何关系一样应遵从国际法则？利益冲突是明显的：发达国家希望对其拥有的外国子公司有控制的特权；而发展中国家则希望它们能拥有控制权，能像控制其他公司一样对这些子公司进行控制。另一个问题是专利的一揽子转让，经常会出现这种情况，某公司有一个专利对发展中国家极有价值。然而，该公司拒绝给这个专利以许可，除非将其他专利也包括进一揽子许可中，而其他的专利并非发展中国家想要的。发达国家通常视一揽子转让为正常的商务实际。"[②]

例如，在起草过程中，七十七国集团提出，涉及受让国主权和公共秩序的合同，应当适用受让国的法律，违反了这个原则的任何条款都是非法的，私人交易所适用的法律应是与该交易有直接、实际和持久联系的法律。[③] 而西方国家和苏联、东欧国家则认为，国际技术转让合同的双方当事人可以根据合同的效力、履行以及解释等方面自由地选择所适用的法律。如果当事人没有选择，仲裁庭将根据他们认为可适用的冲突规范确定争议所适用的法律。此外，对于行动守则的约束力，发展中国家认为，行动守则应该对所有缔约国具有约束力。而发达国家则坚持，行动守则应是一个指导性文件，对各缔约国不具有约束力。[④] 总之，发达国家和发展中国家的分歧主要是各自代表不同的利益集团。发达国家代表了技术转让方的利益，而发展中国家则代表了技术受让方的利益。

然而，前述草案本身的制定意味着国际技术转让在法律的统一问题上已经引起各国的普遍重视，并为各国制定本国的技术转让法律以及开展该领域的双边或多边国际性合作提供了参考。

1985年修改后的《国际技术转让行动守则（草案）》包括序言和9章内容。这9章分别

---

① 汤宗舜著：《知识产权的国际保护》，人民法院出版社1999年版，第157页。

② 中华人民共和国科学技术部国际合作司、中国技术市场管理促进中心编译：《国际技术转让指南》，中国政法大学出版社2000年版，第55页。

③ 朱翠微：《国际技术转让合同中的法律适用》，载《经济与法》1999年第4期。

④ 汤宗舜著：《知识产权的国际保护》，人民法院出版社1999年版，第159页。

规定了定义和适用范围、目标和原则、国家对技术转让交易的管制、限制性惯例、当事人各方责任和义务、对发展中国家的特殊待遇、国际协作、国际性体制机构、适用的法律以及争议解决。

（二）国际技术转让法的概念

联合国亚太技术转让中心编写的《国际技术转让指南》指出:“转让的实质是指技术越过国界。”①

在联合国《国际技术转让行动守则(草案)》的讨论中,以七十七国集团为代表的发展中国家及苏联和东欧国家指出,判断是否是国际技术转让的标准应该看转让方和受让方是否在不同的国家,转让的技术是否作跨越国界的移动。此外,如果转让方和受让方在同一个国家范围之内,其中一方为外国公司的子公司、分公司或受外国公司控制的其他公司,该技术转让仍然是国际技术转让。② 但是,发达国家反对上述观点。发达国家认为,只有转让方和受让方分处于不同的国家,而且技术作跨越国界的移动,才是国际技术转让。鉴于上述分歧,《国际技术转让行动守则(草案)》没有对国际技术转让的“国际性”的认定作出明确规定。

从国际立法谈判可以看出,虽然不同国家对于国际技术转让的国际性判断标准有不同表述,但其共同的理解均认为,所转让的技术必须作跨越国界的移动。其分歧在于,除技术作跨国移动外,技术转让方和受让方是否一定处于不同国家。我国学者赵秀文教授认为:“国际技术贸易是指跨越国境的技术转让。跨越国境是指转让技术作跨越国境的移动,而不是单纯看技术转让方和受让方的国籍是否为不同国家。尽管双方为不同国家的当事人,但如果其营业地在同一国家境内,其技术转让并没有跨越国境,因此,不构成国际技术转让。……国际技术贸易法是调整跨国技术转让关系的法律规范的总和。”③此外,国内大部分学者也持相同观点。

2002 年 1 月 1 日起实施的《中华人民共和国技术进出口管理条例》第 2 条规定:“本条例所称技术进出口,是指从中华人民共和国境外向中华人民共和国境内,或者从中华人民共和国境内向中华人民共和国境外,通过贸易、投资或者经济技术合作的方式转移技术的行为。”从该条规定可以看出,我国对技术的进出口采取的是技术作跨国移动的标准。

因此,本书认为,国际技术转让是指跨越国界的技术转移,即被转让的技术作跨越国界移动的转让。通常情况下,技术转让是指商业性的技术转让,也称“技术贸易”。国际技术贸易就是指商业性的国际技术转让。本章中的国际技术转让主要是指国际技术贸易。

国际技术转让法或国际技术贸易法也就是指调整跨越国境的技术转移关系的法律规范的总和。该法具有如下特征:

---

① 中华人民共和国科学技术部国际合作司、中国技术市场管理促进中心编译:《国际技术转让指南》,中国政法大学出版社 2000 年版,第 3 页。

② 汤宗舜著:《知识产权的国际保护》,人民法院出版社 1999 年版,第 6 页。

③ 余劲松、吴志攀主编:《国际经济法》,北京大学出版社、高等教育出版社 2000 年版,第 120 页。

(1) 调整对象是跨国的技术转让关系。即所转让的技术从一个国家转让到另一个国家。也就是说,技术转让的国际性判断标准以技术是否作跨越国境的移动为准。

(2) 国际技术转让的主体广泛,包括国家、国际组织、法人和非法人经济组织以及自然人。

(3) 国际技术转让法的渊源包括国内法渊源和国际法渊源。如前所述,虽然一些国家和国际组织为制定国际转让方面的国际条约作出了许多努力,但是,至今仍未产生一个有效的国际条约,因此,国际技术转让关系的法律调整主要依赖国内法。“过去,许多强大的技术转让方与弱小的受让方之间签订的合同,存在权利上以强欺弱的不均衡,大大有利于转让方。这种不均衡不仅对受让方,而且对于受让国都是有害的,通常导致外汇流出失控。为使事情进行的合理,许多国家引进了保护性法律,规定在技术转让合同中哪些能写,哪些不能写。”①“有些国家并未颁布清晰的限制,政府允许各部门有许多斟酌处理的自由(自由选定什么允许及什么禁止)。有时,斟酌处理会比直接规定产生更大的壁垒。”②

第二节 国际技术转让的途径

“转让技术有两种主要方式。第一种类型,仅仅是技术的转让,转让方不进行投资,在受让方国家里没有直接投资的金融风险;第二种类型,转让方还进行资本投资,直接涉及新项目的财务。”③“技术流通至少可以通过五种不同的渠道,其中只有两种渠道是商业性质的④:渠道1:信息自由流通;渠道2:伴随产品采购的技术流通;渠道3:资金赞助的技术转让;渠道4:通过带有技术成分的商业合同的流通;渠道5:通过技术获取商业合同的流通。”⑤

本节将国际技术转让途径分为两大类,一是单纯的技术转让方式,通过签订单纯的技术转让合同转让技术;二是非单纯的技术转让方式,即伴随其他标的或行为而进行的技术转让,例如,通过补偿贸易、租赁、技术咨询和服务、合作生产或合作研究、国际直接投资、交钥匙(turn-key packages)合同、工程承包、含有技术转让内容的货物买卖(如设备买卖)、特许专营、管理合同等方式均可以实现技术转让。随着技术与技术成果交易活动的发展,今后还有可能出现新的技术转让方式。

一、单纯的国际技术转让方式

“在技术获取合同中,具有畅销技术的公司(转让方)把技术出售给顾客(受让方),如果

---

①② 中华人民共和国科学技术部国际合作司、中国技术市场管理促进中心编译:《国际技术转让指南》,中国政法大学出版社2000年版,第18页。

③ 中华人民共和国科学技术部国际合作司、中国技术市场管理促进中心编译:《国际技术转让指南》,中国政法大学出版社2000年版,第17页。

④ 渠道4和渠道5属于商业性质。

⑤ 中华人民共和国科学技术部国际合作司、中国技术市场管理促进中心编译:《国际技术转让指南》,中国政法大学出版社2000年版,第22页。

没有商定其他事项，那么此项协议就是纯粹的技术获取合同。”[①]单纯的国际技术转让方式有两种途径。以专利发明的转让为例，“第一种法律途径就是一项专利发明的所有权人的出售和另一人或法律实体对这些权利的购买。当所有权人将其专利发明的所有权在没有任何时间限制或任何其他条件的情况下，转让给另一人或法律实体时，就产生了这些权利的让与（assignment）。类似的原则和特征也适用于工业产权（如商标和工业设计）以及版权的让与（assignment）……第二种法律途径是通过许可（licence），也就是说，专利发明的所有权人许可另一个人或法律实体在一定的国家范围内和专利权期限内，在那个国家实施包括排他性专利发明权在内的一种或多种行为。”[②]

由此可见，单纯的国际技术转让是指该转让只是技术的转让，而不包括其他标的的转让。而且，单纯的国际技术转让包括两种形式：技术所有权的转让（assignment）和技术使用权的转让（licence）。在技术转让实践中，签订以转让技术的使用权为标的的国际许可协议方式所进行的国际许可贸易是国际技术贸易中最为广泛采用的技术贸易方式。

许可贸易（licensing ）是指技术所有人作为许可方（licensor），通过与被许可方（licensee）签订许可使用合同或协议，将其所拥有的技术授予被许可方，允许被许可方依照许可协议约定的条件使用该项技术，制造或销售该技术项下的产品，并由被许可方支付一定数额的技术使用费的技术交易行为。国际许可贸易就是以技术作为跨国转让目的所进行的贸易。

按许可标的不同，国际许可贸易可以分为专利许可贸易、专有技术许可贸易、专利转让或专有技术转让与商标、服务标记和商号许可等相结合的许可贸易。在国际许可贸易实践中，专利许可往往与专有技术许可合并成为一揽子许可，即在转让专利使用权的同时也转让专有技术的使用权。根据许可方授权程度的大小，许可贸易可以分为独占许可贸易、排他许可贸易、普通许可贸易、互换许可贸易以及分许可贸易。

二、非单纯的国际技术转让方式

“涉及技术转让合同的主要形式有：（1）工厂企业建设合同；（2）咨询或管理合同；（3）勘测合同；（4）机器设备采购合同；（5）代理或经销合同；（6）制造分承包合同；（7）专利技术许可合同；（8）商标协议或特许经销权协议。”[③]

根据 OECD 的调查统计，技术转让的主要途径首先是通过许可协议，其次分别是合资、

---

① 中华人民共和国科学技术部国际合作司、中国技术市场管理促进中心编译：《国际技术转让指南》，中国政法大学出版社 2000 年版，第 26 页。

② World Intellectual Property Organization，Technology Transfer Agreements，Overview of Contractual Terms.

③ 中华人民共和国科学技术部国际合作司、中国技术市场管理促进中心编译：《国际技术转让指南》，中国政法大学出版社 2000 年版，第 25 页。

无保留的出售技术、技术服务条款、提供交钥匙工程、管理合同及其他。①

(一) 含有技术转让内容的设备买卖

"商业性技术转让和技术取得可以通过设备和其他资本货物的购销实现。资本设备主要是产品生产或采用某种工艺所必需的机器和工具。在一定意义上,资本货物的购销和其向某些国家的进口可以被视为技术转让交易。包括资本货物购销和进口在内的合同有时和许可合同以及/或者技术诀窍合同结合在一起。在某些情况下,资本货物的购销和进口条款可以在许可合同或者技术诀窍合同中找到。"②

在进口方购买设备特别是科技含量较高的关键设备时,必须伴随技术的转让才能使设备的进口方和最终用户能够使用该设备。这种伴随设备买卖而进行的技术转让是技术转让的一种常见形式,尤其是在发达国家与发展中国家的技术贸易中占有相当大的比重。单纯的设备买卖(即不含有技术转让内容的设备买卖)属于普通的货物贸易范畴。

在含有技术转让内容的设备买卖中,其交易标的包括以下两个部分:(1) 设备,即设备本身,通常称为"硬件";(2) 技术,即设备中所含有的或与设备有关的技术知识,通常称为"软件"。

在合同的签订方式上,当事人可以采取以下两种方式:(1) 分别签订设备购销合同和技术转让合同;(2) 签订一份综合性合同,即包括设备的买卖条款,也包括技术转让条款。设备的成交价格可以包括设备本身的价格和转让的技术的价格,也可以分别计算设备的价格和转让技术的价格。

(二) 含有技术转让内容的对外直接投资

直接投资是指投资者以控制经营管理权为目的,参与投资企业或投资项目的经营管理并获取合理利润的投资活动。国际直接投资就是指一国投资者向其境外所作的直接投资。

近年来,随着世界经济的不断发展,各国国际直接投资的规模和比重不断增加,投资形式多种多样。在实践中,国际直接投资主要有以下两种形式:

1. 设立合营企业

合营企业是指两个或两个以上国家的投资者为实现特定的商业目的而在东道国共同投资成立的共同经营、共担风险、共负盈亏的一种企业形式,它是国际直接投资的最常见的企业形式。

"合营(joint venture)是两个独立公司之间的一种联合形式。它有两个基本的合营形式:股权合营和契约合营。契约合营是根据两个或两个以上的当事人之间的协议成立的一个独立法律实体。契约合营通常在不需要成立一个独立的法律实体或不可能成立这样的法律实体的情况下采用。商业性技术转让和取得可以通过合营安排的任何一种形式实现。"③

① 中华人民共和国科学技术部国际合作司、中国技术市场管理促进中心编译:《国际技术转让指南》,中国政法大学出版社2000年版,第28页。

②③ World Intellectual Property Organization, Technology Transfer Agreements, Overview of Contractual Terms.

综上可见,合资经营企业根据投资者投资,可以分为股份式合营企业和契约式合营企业。股份式合营企业(equity joint venture)的投资者的投资划分为股份,并按所占股份分享利润,承担亏损。股份式合营企业具有法人资格。契约式合营企业(contractual joint venture)是指合营各方的投资不划分为股份,而是按照合营契约的约定分享利润,承担亏损。契约式合营企业有时不具有法人资格。

2. 设立独资企业

独资企业是指根据东道国法律,在东道国境内设立的全部资本由外国投资者投资的企业。此外,也有的国家规定,大部分资本由外国投资者投资的企业也属于外资企业。外资企业具有东道国国籍,是东道国法人。

根据各国法律规定,投资者的投资可以是货币、实物以及知识产权,因此,在许多高科技项目中,一些投资者以技术作为投资,将其技术所有权转让给合营企业。但是,许多国家的法律还规定了以知识产权出资时的各种限制。例如,对技术作价总金额占注册资本的最高比例作出限制。有的国家规定,工业产权和非专利技术的出资比例不得超过注册资本的20%或30%等。也有的国家要求出资入股的技术必须符合一定的条件。

在以技术出资入股时,技术出资者应当与其他出资者协议约定该项技术入股使用的范围、技术出资者对该项技术保留的权利范围以及违约责任等。如果以技术向合营公司出资,在合营公司成立后,技术出资方应当根据各方签订的出资协议,办理技术权利的转移手续,并提供技术资料,协助技术的应用和实施。技术出资者应该提供有关文件、权利证书(如专利证书、专利权受让合同、技术合同等)、技术价值评估报告和确认书等,以证明技术的权利状态、使用权的出让情况及其实施效果、保证其对出资技术拥有合法有效的权利。

与货币出资和实物出资相比,以技术出资存在着特殊的风险,①例如,出资的技术被第三人指控侵权的风险、技术贬值的风险、导致重大责任事故的风险、技术价格高估的风险、技术出资方通过技术掌握一定控制权的风险等。因此,技术出资方在出资时必须保证,对出资的技术拥有合法的权利,并且其出资的技术在一定期间内具有先进性、适用性和经济性。

(三)补偿贸易

1. 补偿贸易的概念和特点

补偿贸易(compensation trade)是指买方在卖方提供信用的基础上,购买机器设备、技术、原材料或劳务等,约定在一定期限内,再以该设备或技术等所生产的产品、其他商品或劳务,分期清偿价款及利息的一种贸易方式。补偿贸易方式产生于20世纪60年代末,70年代初开始逐渐发展。早期的补偿贸易主要用于大型的工业项目。目前,补偿贸易已经广泛用于成套设备的进口。中国在一些项目的建设中也广泛采用补偿贸易方式。

补偿贸易具有以下特点:

(1) 贸易与信贷结合。进口方在出口方提供信贷或由银行介入提供信贷的基础上进口

---

① 李春林:《技术出资特殊风险及其法律防范》,载《国际贸易问题》1999年第2期。

设备或技术等。

（2）存在两个买卖关系或进出口关系。在设备或技术的买卖关系中，设备或技术的出口方是卖方，设备或技术的进口方是买方。而在返销贸易中，设备或技术的出口方是返销产品的买方，设备或技术的进口方是返销产品的卖方。因此，在补偿贸易的合同结构方面，可以采用综合性合同形式，将进口设备、引进技术和产品返销等内容全部在一份合同中明确；也可以采用多个合同形式，即签订一份总括性合同，再分别签订设备或技术的购买合同和产品返销合同，作为总括性合同的一部分。

设备或技术的进口方通过补偿贸易方式进口设备或技术的主要目的是解决因其资金短缺而不能进行设备更新和技术改造的问题。采用补偿贸易方式进口设备或技术时，进口方不需在货到之前付款或在货到后立即付款，而是在使用进口的设备或技术生产出产品后，将该产品返销设备或技术的出口方，以返销的产品抵偿设备价款或技术价款。此外，采用补偿贸易方式也可以充分利用设备出口方在国外的销售渠道，使产品进入国际市场。对于设备或技术的出口方而言，采用补偿贸易方式出口，可以扩大设备或技术的出口，甚至从返销产品中牟取利润。

2. 补偿贸易的方式

在实践中，补偿贸易有以下几种方式：

（1）返销方式（buy - back）。由设备或技术的进口方利用出口方提供的设备或技术制造产品，并将该产品（包括直接产品或有关产品）返销给出口方，用于偿付进口设备或技术的全部价款。这种方式也称为直接返销方式。

（2）互购方式（counter purchase）。即设备的进口方不需将使用出口方提供的设备或技术而制造的直接产品返销出口方，而是以双方商定的其他产品或劳务支付设备或技术的全部价款。这种方式也称为间接返销方式。

（3）部分补偿方式。即以部分现汇补偿部分设备或技术的价款，以部分产品或劳务补偿进口设备或技术的其余价款的贸易方式。

（4）多边补偿方式。即除设备或技术的进口方给予补偿外，第三方也参与补偿的方式。第三方补偿的方式可以是第三方接受并销售补偿产品，或由第三方承担或提供补偿产品。

3. 补偿贸易合同的主要内容

购买机械设备的补偿贸易合同通常包括以下主要内容：

（1）设备条款。载明所购设备、其他辅助机械设备、配件及备用件以及在生产过程中各种必需的测试仪器。通常情况下，双方通过另行签订《设备进口合同》，对所购机械设备、测试仪器、附件、配件、备用件的型号、名称、规格、数量、价格、包装、要求、交货期限等作出详细规定，作为补偿贸易合同不可分割的一部分。

（2）购买款项的支付。载明进口方用出口方提供的机械设备所生产的产品、或其他商品、或经双方协商的其他工厂生产的某种商品，偿付全部机械设备的价款。具体的偿付商品的名称、数量、价格、交货期限等，通常由双方另行签订《补偿商品供货合同》，作为补偿贸易合同不可分割的一部分。

（3）支付货币、支付条件与方式、利息。载明双方商品的计价货币。如果计价货币不同，还应载明两种货币的汇率。在支付方式上，通常由双方对开信用证，即由进口方分期开出以出口方为受益人的远期信用证，分期、分批地支付全部机械设备的价款；出口方开出以进口方为受益人的即期信用证，支付补偿商品的货款。进口方用出口方支付补偿商品的货款支付全部机械设备的价款。当出口方支付的货款不能相抵进口方所开的远期信用证之金额时，其差额部分由出口方用预付货款方式，在进口方所开的远期信用证到期前汇付给进口方，使进口方能够按时议付所开的远期信用证。进口方所开的远期信用证及出口方所预付货款的利息一般由进口方负担。

（4）偿付期限。规定进口方用商品偿付全部机械设备价款的期限。偿还日期通常自第一批机械设备到货后的几个月后开始，原则上每月偿还的金额是全部机械设备价款的一定比例。经出口方同意，进口方可以提前偿还。在进口方用补偿商品偿还机械设备价款期间，出口方一般应按补偿商品供货合同的规定，开出以进口方为受益人的足额、限期、不可撤销、不可分割和不可转让的信用证。

（5）技术服务。货物到达进口方口岸后，通常由进口方自行安装设备。但在主要设备的安装过程中，进口方认为有需要时，出口方必须派出技术人员进行现场指导，提供必要的技术服务，在此过程中由于技术上的问题所造成的损失由出口方负责。出口方技术人员在进口国的一切费用一般由出口方自行承担。

（6）附加设备。主要规定在补偿贸易合同项下的机械设备在配套生产时，需要继续增添新的机械设备或测试仪器时，可以提出增订，增订的项目应列入补偿贸易合同的范围之内。

（7）保险。载明进口设备的保险责任，通常由出口方投保。

转让技术的补偿贸易合同主要包括以下内容：

（1）转让的技术及其技术资料的范围、技术资料的修改和技术资料的提交、审核和验证。技术资料包括一般技术资料、产品设计图纸和生产技术资料等。

（2）技术合法性的担保。许可方应担保被许可方受让技术和技术资料后不受任何第三者的指控。

（3）技术使用费和支付方式。技术使用费通常采用固定价格加提成价格的方法。即技术的被许可方先支付固定数目的技术转让费用，其余按每年净产值（即每年总产值扣除进口部分价值和税收费用后的产值）的一定比例或其他比例提成。在支付固定价格时，一般要求技术的许可方提供一定的文件，如技术资料的空运提单、经被许可方确认的银行出具的不可撤销保函、商业发票、即期汇票等。

（4）返销产品及其比例。载明返销产品的型号和数量等。通常情况下，在技术转让的前期以现汇方式支付技术转让费，在以后的年度用返销产品抵偿技术转让费用。

（5）商标。载明合同产品的商标使用问题。

（四）特许经营

“商业性技术转让也可以通过货物和服务的特许方式实现。特许或分销是一方当事人基于直接向消费者出售货物或提供服务的目的，将其商誉、技术信息和专门技术与另外一方当事人的投资相结合的一种商业安排。这些货物和服务的市场开拓通常建立在商标或服务标记或商号以及特定形象或设计的提前下。所有者的这些标记或名称的许可通常与所有者以一些形式包括技术信息、技术服务、技术援助，或与生产、市场、维护和管理有关的管理服务形式提供技术秘密结合在一起。”①

1. 特许经营的概念和特点

特许经营(franchise)是营销商品或服务的方式之一，也是在近几十年来才迅速发展起来的一种新型商业性技术转让方式。美国是采用特许经营方式最早的国家，在1865年就已经开始使用。到目前，特许经营已经被许多国家用于分销商品和服务，并且在许多行业广泛采用。

特许经营是指特许人将其商标、商号名称、服务标志、专利、专有技术以及经营管理的方法或经验转让给被特许人的一种行为。被特许人有权使用特许人的商标、商号名称、专利、服务标志、专有技术及经营管理经验，但必须向特许人支付一定金额的特许费(franchise fee)。可见，特许经营并不等于商标的使用许可。

特许经营具有如下特点：

(1) 特许经营具有长期性。为了维持经营的稳定性，特许经营的时间通常较长，既适用于商业和服务行业，也可以适用于工业领域。

(2) 特许经营的客体或授权范围具有广泛性。特许人可以将其商号、服务标志、商标、专利、商业秘密、经营管理模式、经营管理经验、产品包装、店面陈设等无形资产，以签署特许经营合同的形式允许被特许经营者有偿使用。

(3) 特许经营的双方当事人具有独立性。各个特许经营企业是独立经营、自负盈亏的实体，并不一定存在隶属关系。被特许人自行承担特许业务的经营风险，特许人并不保证被特许人经营的特许业务能够盈利。被特许人不是特许人的代理人、买卖代表或特许人的雇员或合伙人，被特许人无权以特许人的名义签订合同。

(4) 被特许人与特许人对外具有经营形象的一致性。各被特许人应按照特许人的要求严格经营。许多特许人要求被特许人在特许经营的行业、生产和出售的产品、提供的服务、使用的商号名称、商标(或服务标志)、商店的装潢、用具、工作服等方面必须与特许人完全相同。

与传统的直接投资方式相比，特许经营有利于投资者避免投资带来的市场风险，同时又能达到进入东道国市场的目的。因此，一些外国投资者将特许经营作为直接投资之前的一个尝试。

① World Intellectual Property Organization, Technology Transfer Agreements, Overview of Contractual Terms.

2. 特许经营的类型

根据授权内容，特许经营可以分为以下类型：

(1) 商标特许经营。商标特许经营是最早出现的一种特许经营方式，也称产品分销特许。它是指特许者向被特许者转让某一特定品牌产品的制造权和经销权。特许者向被特许者提供技术、专利和商标等知识产权以及在规定范围内的使用权，但对被特许者的生产经营活动并不作严格的规定。为维护商标的声誉，特许人有权对被特许人的产品或服务质量进行监督。协议通常对特许产品或服务的配方、程式、原料以及其他质量标准等作出明确的规定，同时，特许人有权对被特许人的生产过程进行监督和质量检测。在商标特许经营中，特许人保留对商标的所有权，但通常提供某种形式的广告、管理和培训方面的协助等。被特许人是独立的分销商，并定期向特许人支付特许费用。

(2) 经营模式特许经营(business format franchise)。经营模式特许经营是在商标特许经营基础上发展起来的一种特许经营方式，也是目前最常见的特许经营方式。被特许人在经营特许人的产品和服务时，按照特许人的质量标准、经营方针等进行经营，并定期缴纳特许费(加盟费)。特许者为被特许者提供培训、广告、研究开发和后续支持。

3. 特许经营合同的主要条款

(1) 特许经营授权许可的内容、范围、期限、地域。载明特许人授予的特许权范围(包括商标、服务标志、专利、经营诀窍、管理经验等)及授予被特许人的各项权利。特许人应将特许经营权授予被特许者使用并提供代表该特许体系的营业象征及经营手册。特许人通常要求被特许人在规定的地区和建筑物中行使特许经营权，未经特许人同意，不可变更。

(2) 特许人的经营指导与技术援助。通常载明特许人提供的资料、给予的指导、进修及培训。特许人应提供开业前的教育和培训，指导被特许者做好开店准备；提供长期的经营指导、培训和合同规定的物品规定。

(3) 销售。载明促销方法、对促销的协助、促销义务人。通常情况下，特许人为被特许人提供广告策划和促销服务。

(4) 原材料及统一对外形象物品。特许人应向被特许人提供商品或原材料进货渠道信息，或直接为被特许人提供商品或原材料，以确保特许经营商品和服务的质量。此外，还应载明统一对外形象物品的筹办与提供。

(5) 特许费用。特许人有权向被特许者收取特许经营权费及各种服务费用。被特许人支付的费用一般包括：① 加盟费。特许者将特许经营权授予被特许者时所收取的一次性费用。② 特许权使用费。被特许者在使用特许经营权过程中按一定的标准或比例向特许者定期支付的费用。③ 保证金。为确保被特许者履行特许经营合同，特许者可要求被特许者交付一定的保证金，合同到期后保证金退还被特许者。④ 其他费用。特许者根据特许经营合同为被特许者提供相关服务向被特许者收取的费用，如店铺设计及施工费、培训费、广告宣传费、设备租赁费、财务业务费、意外保险费等。

(6) 销售商品及服务的质量管理。为维护经营形象,特许人通常要求被特许人自负费用,在装修、建筑物装饰、产品(服务)的展示、特许经营标志、广告的发布、发票的使用、货源供应、员工培训和员工服装、经营场所的选择、营业时间、价格等方面都应严格遵守特许人规定的条件,特许人有权对被特许人进行不定期的检查并提出改进措施。为确保特许体系的统一性和产品、服务质量的一致性,特许者有权对被特许者的经营活动进行监督。

(7) 对他人侵权行为的处理。当第三人非法使用特许的商号、商标时,特许者通常有义务对该行为予以制止。

(8) 向第三人的再特许。有的被特许人要求特许人承诺,不将特许经营的全部或部分授予第三者;或者特许人不从事全部或部分的特许经营,也不以相似的方法出售特许经营范围内的产品(服务);或者不向任何第三者供应全部或部分特许经营范围内的产品(服务);或者不得在特许地域范围内再将特许经营范围内的产品或服务特许给第三方。

(9) 保密条款。要求被特许人对特许人提供的技术和资料等承担保密责任。

(五) 技术咨询和技术服务

"对于那些希望从其他国家的企业取得技术的企业、实体和政府而言,在特定技术的计划和取得方面给予建议和提供其他服务的个人顾问或顾问公司的帮助是非常有意义和不可缺少的。这样的商业安排不仅有助于取得技术,同时,在与个人顾问和顾问公司的合作和工作中总结的经验和教训也将是很有价值的,它们可以更好地服务于将来的项目。"①

由于技术知识除了用书面资料表达以外,必须通过讲授和示范等方式让技术的受让人掌握,因此,技术咨询和技术服务是技术转让中的必不可少的环节。技术咨询和技术服务的内容可以载入技术转让协议中,也可以另外签订单独的技术咨询合同或技术服务合同。

技术咨询、技术服务和许可贸易不同。许可贸易以技术为交易对象,而技术咨询和技术服务则是以技术性劳务为交易对象。此外,许可贸易的技术许可方提供的技术大多属于专利技术或专有技术。而技术咨询和技术服务的受托方所提供的技术多是一般技术。尽管如此,在国际技术贸易中,含有技术咨询和技术服务内容的条款十分常见。

1. 技术咨询

技术咨询是指委托方与受托方签订技术咨询合同,由受托方就委托方提出的技术性问题提供建议或解决方案,供委托方参考。技术咨询合同主要有以下内容:

(1) 技术咨询的范围。委托方咨询的范围很广,包括项目的可行性研究、技术预测、市场预测、技术方案的设计和审核、招标任务书的拟订、生产工艺或产品的改进、设备的购买,工程项目的监督指导、发展规划、专利检索、专项技术调查、分析评价报告等。上述内容通常以合同附件的形式逐项列明。

(2) 咨询的要求及形式。主要载明完成咨询的时限,提供咨询的人员及其学历、资历和

① World Intellectual Property Organization, Technology Transfer Agreements, Overview of Contractual Terms.

等级，应提供的资料、最终报告、图纸、计算数据、最终审查办法等。

（3）委托方和受托方的责任。委托方的责任主要包括按照约定阐明咨询的问题，提供技术背景材料及有关技术资料和数据，接受受托人的工作成果并支付报酬。此外，还规定委托方为受托方所提供的工作条件、生活条件等。受托方的责任主要包括按照约定的期限完成咨询报告或者解答问题，提出的咨询报告应当符合约定的要求。

（4）技术咨询费用及支付。载明技术咨询费的计算、支付货币、支付时间和支付方式等。技术咨询费可以按照工程费一定百分比的方式计算，也可以采取成本加按工作量酬金的方式，还可以采取包干定价的方式。咨询费一般相当于项目总投资的5%左右。在费用的支付方面，可以采取一次支付和分期支付方式。一次支付是指在技术咨询合同签订后的一定时间内，或受托方抵达咨询地点，或受托方提供最终报告后，一次性支付咨询费用。分期支付是指按照咨询的工作进度，将技术咨询费用分为若干次支付。通常情况下，在委托方支付咨询费用前，要求受托方提供商业发票、汇票（一般为即期汇票）、技术资料以及咨询报告的邮寄单或空运单等，委托方收到上述单据并经审核无误后，即通过双方认可的银行向受托方支付咨询费用。通常情况下，如果委托人未按照约定提供必要的资料和数据，影响工作进度和质量，不接受或者逾期接受工作成果的，委托人支付的报酬不得追回，未支付的报酬应当支付。如果受托人未按期提出咨询报告或者提出的咨询报告不符合约定的，应当承担减收或者免收报酬等违约责任。

（5）风险承担。如果技术咨询合同的委托人按照受托人符合约定要求的咨询报告和意见作出决策，并造成损失，由委托人承担，但双方当事人可以作出另外的约定。

（6）改进成果的归属。在技术咨询合同的履行中，有时约定，如果受托人利用委托人提供的技术资料和工作条件完成新的技术成果，该成果属于受托人。如果委托人利用受托人的工作成果完成新的技术成果，属于委托人。

2. 技术服务

技术服务是指受托方以技术知识为委托方解决特定技术问题。技术服务合同主要有以下内容：

（1）技术服务的范围。技术服务的范围也比较广泛。详细的内容细目、技术指标和技术参数通常以合同附件的形式逐项列明。

（2）技术服务的要求及形式。主要载明完成技术服务的时限，技术服务人员及其学历、资历和等级，受托方应提供的资料，委托方所派培训人员的人数和培训时间等。

（3）委托方和受托方的责任。技术服务合同的委托人应当按照约定提供工作条件，完成配合事项，接受工作成果并支付报酬。技术服务合同的受托人应当按照约定完成服务项目，解决技术问题，保证工作质量，并传授解决技术问题的知识。

（4）技术服务费用及其支付。载明技术服务费的计算、支付货币、支付时间和支付方式等。技术服务费可以按照工程费一定百分比的方式计算，也可以采取成本加按工作量酬金的方式，还可以采取一揽子计算技术服务费用的方式。技术服务费的支付可以是一次支付或分期支付。一次支付是指在技术服务合同签订后的一定时间内,或受托方抵达服务地点,或受托方提供最终报告后,一次性支付。分期支付是指按服务的工作进度,将服务费用分为若干次支付。在委托方支付服务费用前,通常要求受托方提供商业发票、汇票、技术资料及有关报告的邮寄单或空运单等。通常情况下,当技术服务合同的委托人不履行合同义务或者履行合同义务不符合约定,影响工作进度和质量,不接受或者逾期接受工作成果时,委托方支付的报酬不得追回,未支付的报酬应当支付。技术服务合同的受托人未按照合同约定完成服务工作的,应当承担免收报酬等违约责任。

(5) 改进成果的归属。在技术服务合同的履行过程中,一般约定,受托人利用委托人提供的技术资料和工作条件完成的新的技术成果,属于受托人。委托人利用受托人的工作成果完成的新的技术成果,属于委托人。

(六) 交钥匙项目

"在某些情况下,两个或两个以上的商业安排以及这些安排所反映的法律安排可以通过这种方式结合起来,即将工厂的设计、建设和经营委托给某一个技术提供方或某几个技术提供方。当然,'交钥匙项目'可能涉及一个全面的法律安排。在这个安排中,一方当事人承诺向其客户——技术接受方移交一个完整的能够根据协商履行标准运营的工厂。通常情况下,交钥匙项目涉及一方当事人承诺向客户提供工厂设计和运营的技术信息。"①

在交钥匙项目中,国际工程承包是重要的一个环节。国际工程承包,是指一个国家的项目所有人委托国外的工程承包人(contractor)按规定条件完成某项工程任务的活动。其中,交钥匙项目则是指项目所有人委托工程承包人,按规定条件包干完成某项工程任务,包括负责工程设计、土建施工、提供机器设备、施工安装、原材料供应、提供技术、培训人员、投产试车、质量管理等全部过程。

由于在国际承包工程项目的建设过程中,包含有大量的技术转让内容,特别是项目建设的后期,承包人需负责培训技术人员,提供所需的技术知识,以保证项目的正常运行。因此,国际工程承包是一种综合性的国际经济合作方式,又称为国际技术贸易的一种方式。

武汉东立光伏电子有限公司与 GARY NING CAI
技术转让合同纠纷二审民事判决书

① World Intellectual Property Organization, Technology Transfer Agreements, Overview of Contractual Terms.

第三节　国际许可协议

由于转让技术的所有权对技术转让方日后利用转让出的技术很不方便，需要征得受让方的许可。同时，受让技术所有权的一方虽然支付了转让费，但技术转让人实际仍掌握该转让技术，因为技术是装在持有人的头脑之中的，购买技术的一方得到的只是图纸资料，所以对技术受让方来讲，受让技术使用权即可达到其经济目的，同时比受让技术所有权支付较少的转让费。由于上述原因，绝大多数技术转让只是转让技术的使用权，而不是所有权。这样，也就使得许可协议广泛应用。

一、国际许可协议的概念及特征

许可协议(licence contract)是指技术的许可方将其技术使用权在一定条件下让渡给被许可方，而由被许可方支付使用费的合同。国际许可协议就是指以技术使用权作跨越国境转移为目的签订的协议。

国际许可协议具有如下特征：

(1) 国际许可协议的主体是许可方(licenser)和被许可方(licensee)。许可方和被许可方可以是自然人，也可以是法人或非法人实体，但法人是国际许可协议的最常见主体。

(2) 国际许可协议的客体是技术使用权。国际许可协议的客体即许可协议的标的或许可的对象。国际许可协议的客体是技术的使用权，而不是技术的所有权。

(3) 国际许可协议的客体作跨越国境的移动。国际许可协议的客体是技术使用权。签订国际许可协议后，许可方需将其技术使用权跨越国境地转让给被许可方，即技术使用权从一个国家转移到另一个国家。

(4) 国际许可协议的内容复杂。很多国际许可协议属于混合性协议，或以一种标的为主兼有其他标的转让，或和机器设备的买卖、工程承包、合资经营、补偿贸易、合作生产、咨询服务等方式结合在一起转让。此外，国际许可协议往往还有大量的附件。

(5) 国际许可协议属于有偿合同。政府与政府之间，或者企业与企业之间出于某种特定目的，将其技术使用权无偿让渡给被许可方所签订的许可协议，不属于国际许可协议的范围。

(6) 国际许可协议的生效通常受一定条件制约。“大多数发展中国家的政府监控技术转让协议。一般协议在生效之前要得到政府的同意。……发达国家政府从一个不同的角度看待许可，首先它们检查其安全性：在许可中是否将任何有价值的秘密给了潜在的敌人？”①

---

① 中华人民共和国科学技术部国际合作司、中国技术市场管理促进中心编译：《国际技术转让指南》，中国政法大学出版社 2000 年版，第 71 页。

二、国际许可协议的种类

在国际许可贸易中,依许可标的及范围的不同,可将国际许可协议分为不同类型。

1. 根据许可协议的标的不同进行的分类

(1) 专利许可协议(patent licence contract)。即许可方将其在某国拥有的专利使用权转让给被许可方的协议。该种许可协议在许可贸易实践中数量位居第三,占20%。

(2) 专有技术许可协议(know – how licence contract)。即许可方将其拥有的专有技术使用权转让给被许可方的协议。专有技术大量存在,在许可贸易中,该种许可协议的数量位居第二,占30%。

(3) 混合许可协议。即许可方同时将其在某国拥有的专利和专有技术使用权转让给被许可方的协议。在技术转让实践中,这种混合许可协议的数量最多,占50%以上。因为专利受法律保护的前提是向社会公众公开,为保护自身利益,技术所有人往往将关键技术不申请专利,申请专利的只是其中的一部分技术,因此,被许可方只得到专利技术并不等于可以用于生产,必须得到关键技术,即没有申请专利的专有技术。此外,商标、服务标记和商号不属于技术的范畴,但是,专利权或专有技术所有人在转让专利使用权或专有技术使用权的同时,有时也将该专利或专有技术产品的商标一起转让给受让人使用。

2. 根据国际许可协议可使用的地域范围以及使用权范围的大小进行的分类

(1) 独占许可协议(exclusive licence contract)。指在协议规定的时间和地域范围内,被许可方对受让的技术拥有独占的使用权,许可方不能将该技术使用权另行转让给第三方,同时许可方也不能在该时间和地域范围内自行使用该项出让的技术。

(2) 排他许可协议(sole licence contract)。指在协议规定的时间和地域范围内,被许可方对受让的技术拥有使用权,许可方不能将该项技术使用权另行转让给第三方,但许可方自己仍保留在该时间和地域范围内的使用权。

(3) 普通许可协议(simple licence contract)。指在协议规定的时间和地域范围内,被许可方不仅可以使用某项技术,许可方也可以使用或许可第三方使用某项技术。通常情况下,如果许可协议未明确性质,应视为普通许可协议。普通许可协议为许可方保留了较多的权利,因此,普通许可的转让费比独占许可协议和排他许可协议的转让费低。

(4) 交叉许可协议(cross licence contract)。也称互换许可,指技术许可方和被许可方在协议中规定,将其各自的技术使用权相互交换,供对方使用。此种许可可以独占,也可以排他;可以有偿,也可以无偿。交叉许可通常发生在双方存在合作生产或开发研究关系,并且一方使用一项技术以另一方的技术互为前提、双方都有改进技术的情况。

(5) 分许可协议(sub – licence contract)。指协议中的被许可方可以将其受让的技术使用权再行转让给第三方。由于该种类型的许可协议赋予被许可方的权利较大,因此,转让费较高。在上述分类中,独占许可协议的技术使用费最高,比普通许可协议的技术使用费高60% ~100%,普通许可协议的技术使用费最低。

三、国际专利许可协议和国际专有技术许可协议

无论是专利许可协议,还是专有技术许可协议,由于其转让标的的共同特性,使其拥有很多共同特点和共同条款。国际许可协议的结构一般分为合同首部、本文、尾部三部分。其中,合同本文是有关权利义务的记载,是协议的核心。合同首部主要规定合同的名称、鉴于条款等。鉴于条款主要规定签约目的,有时也对谈判过程进行总结。国际许可协议的正文有如下主要条款:定义条款、许可使用的技术范围条款、技术文件和技术资料及其交付条款、技术培训与技术服务条款、考核验收条款、技术使用费条款、改进技术的归属和分享条款等。

除上述共同条款之外,不同转让标的的许可协议还有其特殊条款。例如,专利许可协议的特殊条款主要有专利保持条款等。专有技术许可协议的特殊条款主要有保密条款。此外,国际专利许可协议或国际专有技术许可协议中有时还载明转让专利产品或专有技术产品商标使用权的条款。国际许可协议的尾部包括许可方和被许可方的签字或盖章、附件等。附件是许可协议的重要组成部分,往往涉及协议的核心内容。

(一)国际专利许可协议

国际专利许可协议是指以转让专利使用权为目的的许可协议。专利许可协议通常有多个附件,例如:专利资料名称、内容和申请情况;合同产品型号、规格和技术参数;提成费的起算时间和计算方法;转让方查账的内容和方法;技术资料内容清单及交付时间和地点;技术服务和人员培训安排;产品考核验收方法、银行保函等。

国际专利许可协议的正文主要有以下条款:

1. 定义条款

为使许可方和被许可方准确理解许可协议的内容,定义条款通常对与合同标的有关的重要名词和术语、各国法律或惯例有不同理解,或有多种含义并易产生歧义的重要名词和术语、重要的专业性技术术语以及协议中多次出现并需要加以简化的名词和术语等进行界定和解释。

在国际专利许可协议中,需要定义的关键词语包括:专利技术、许可方、被许可方、合同产品、合同工厂、净销售额、净销售价、专利技术资料、培训、合同生效日、年度等。如果关键词语过多,也可以在专门的附件中作出具体解释,以简化合同的正文。

2. 合同标的或范围条款

也称"授权条款"。它是协议的核心部分,主要载明许可方授予被许可方使用的专利、许可方提供专利技术的方式以及许可方授予被许可方的权利范围和合同区域等。其具体内容包括:

(1)许可使用的专利技术的名称、规格、性能和技术指标、生产规模、产品品种范围、具体系列、型号和质量等。在专利许可协议中,通常以附件的形式将上述所有技术细节予以明确;并将协议中的技术部分与法律部分分开,附件阐明技术内容,协议正文阐明法律内容。

(2)专利批准的时间、批准机关、专利编号、专利权保护的范围、保护地区或国家、专利

的有效期限等。

(3) 许可使用的具体权利,如制造产品权、使用技术权、销售产品权等。许可方通常限制被许可方使用受让技术所生产的产品向许可地域以外的区域出口,以减少竞争。

(4) 许可的性质。即是否为独占许可、排他许可或普通许可等。

(5) 许可使用的地域范围和时间范围。使用区域是指允许被许可方使用技术、生产产品及销售产品的范围。通常情况下,使用区域是被许可方所在国家。实践中,许可方和被许可方在销售产品的区域方面存在较大的分歧。尤其是在被许可方向其所在国家以外的地区销售合同产品的情况下。许可方通常限制被许可方向其所在国家之外销售专利技术产品,以保证专利技术的多次转让,并获得更多的转让费收入,同时也减少竞争给技术许可方带来的经济损失。

3. 合同价格的计算与支付方式条款

合同价格是指专利技术使用费,即专利技术被许可方为取得技术使用权所支付的费用。

(1) 专利使用费的计算

第一,一次总算价格(lumpsum price),也称“固定价格”或“定额支付”或“总额付费”。指在合同中一次计算出固定的使用费数额,由被许可方一次付清全款或分若干期付清全款。

一次总算价格的特点是,技术价格一次确定,不再增减,不随技术被许可方受让技术后的经济效益大小而变化,并且与技术被许可方对技术的使用情况无关。一次总算价格对许可方较为有利,可以保证许可方的技术转让收益,同时,技术许可方也不需对技术被许可方的生产、销售、财务等情况进行跟踪了解。但是,对被许可方来讲,被许可方承担了过多的风险。如果引进的技术不可靠、不适用或者经济效益较差、市场发生变化,该风险损失完全由被许可方承担。此外,由于一次总算的技术使用费中包含了被许可方使用受让技术可望获得的利润,而估算利润又很难计算准确,如估算过高,被许可方则多支出使用费。而且,技术被许可方还要承担因此所带来的全部风险。最后,一次总算通常要求在技术被许可方取得经济效益之前就要付清全款,如果使用贷款支付,被许可方还需支付贷款利息和其他融资费用。综上,一次总算使被许可方承担了较重的经济负担,影响了被许可方资金的周转。

在专利技术许可协议中,如果采用一次总算价格,除载明总价格之外,还另外详细列举各分项价格,如技术转让费、设计费、技术资料费、人员培训费等。

在采取一次总算价格方式时,可以采取一次性支付和分期支付的方式完成付款。在一次性支付的情况下,通常在许可方交付技术资料并经被许可方核查验收后,由被许可方向许可方一次性支付全部转让费用。在支付转让费用时,被许可方通常要求许可方提供如下付款单据:许可方所在国家出具的出口许可证副本、商业发票、即期汇票、技术资料清单、交付技术资料的空运单、被许可方出具的技术资料验收确认书。在下列情况下,技术被许可方可以采用一次付清合同价款的方法:转让的技术具有整体性,可以一次性全部转移,或一次性全部吸收掌握;技术服务、技术咨询费用在咨询或服务完成或验收后,可以一次付清;技术转让费用较小或转让后被许可方承担较小的风险。在分期支付的情况下,一般按照合同的执行进度分若干期付清全部转让价款。以分四次支付为例,通常做如下规定:第一次支付,合同生效后,支付第一笔款项(占合同价格的5% ~20%)。相当于被许可方支付给许可方的预订金。许可方应提供如下付款单据:许可方所在国家出具的出口许可证副本、商业发票、即期汇票、许可方银行出具的不可撤销保函。第二次支付,许可方交付技术资料后,支付第二笔款项(占合同价格的35% ~50%)。许可方提供如下付款单据:商业发票、即期汇票、交付技术资料的空运单、被许可方出具的技术资料验收确认书。第三次支付,项目投产后,支付第三笔款项(占合同价格的20% ~30%)。许可方提供如下付款单据:商业发票、即期汇票、被许可方出具的项目正式投产的确认书。第四次支付,合同产品保证期满后,支付最后一笔款项(占合同价格的5% ~10%)。许可方提供如下付款单据:商业发票、即期汇票、被许可方出具的合同产品保证期满的确认书。合同产品保证期通常为1年,自合同产品正式投产之日起计算。

尽管一次总算方式对于技术被许可方弊多利少,但是,在国际技术转让实践中,还是有相当数量的技术交易采取一次总算方式,其中又以分期付款方式占绝大多数。

第二,提成价格(royalty price),也称“滑动价格”。即在合同中规定,在项目建成投产后,按照合同产品的产量、净销售额[①]或利润提取一定百分比(提成率,Royalty Rate)的费用作为技术使用费。

技术使用费的提成基础主要有以下几种:① 按净销售额提成。指按受让技术产品的销售金额的一定比例提成。产品的净销售额通常以发票为依据,技术的被许可方应该将技术产品的销售情况和销售收入向技术许可方公开。根据联合国贸易与发展组织的统计,按净销售额提成的比例一般为2% ~6%。② 按利润提成。指将转让技术所创造的新增利润作为基础,确定技术许可方应收取的技术转让费。由于是否获利,由技术、管理、经营、销售等多种因素决定,而且,多数企业将利润情况作为商业秘密,因此,技术许可方很难准确地掌握被许可方受让技术产品的利润情况。根据国际惯例,按税前利润提成的提成率通常为15% ~35%,一般为25%。③ 按产品的生产数量提成。指按照使用受让技术生产产品的数量提成。按该方法提成可以不必考虑产品的生产成本、产品的价格、产品的销售量,只要技术被许可方利用受让的技术进行生产并有产品,技术许可方就可以取得转让费用。但是,对于被许可方而言,则承担受让技术产品不能取得良好经济效益的风险。综合以上三种提成基础,按合同产品考核验收合格后,合同产品销售后的净销售额提成的方式支付使用费,对许可方和被许可方都比较有利,体现了许可方和被许可方利益共享的原则。因此,联合国工业发展组织建议,应以提成费方式,特别是按净销售额提成的方式计算转让费用。在国际技术转让实践中,基础工业品的提成率一般为2% ~3%,工业中间产品为3% ~4%,耐用消费品和非耐用消费品为4% ~5%,高技术产品为5% ~6%。

---

① 通常指合同产品的销售发票价格扣除原材料、包装、运输、保险、关税、销售代理等费用后的余额。为避免分歧,各方应该将净销售额的计算予以明确。

技术使用费提成的方式分为固定提成价格(fixed royalty price)与滑动提成价格(running royalty price)、最低提成费和最高提成费。固定提成价格是指在合同有效期内,规定固定的提成比率,并据以计算出提成费用。滑动提成价格是指在合同有效期内,按净销售额的不断增加而逐年提高或降低提成率而计算出的提成费。提成率通常与产品销售量成反比。最高提成费是指在合同中规定最高提成的上限。最低提成费是指在合同中规定最低提成费的下限。如果计算的提成费大于最低提成费,则按计算金额支付;如果计算的提成费小于最低提成费,则按最低提成费支付。

在许可协议中,还必须明确提成年限、提成开始的时间和结算间隔。提成年限通常为5~15年。随着现代科学技术的发展,许多技术转让费的提成期限为7~8年。在提成费的开始计算时间方面,按照国际惯例,提成价格开始计算的时间是合同产品的保证期满(通常为1年)。提成费在合同产品的保证期满后一般按年支付。

此外,为了保证被许可方提供真实的数据,许可方通常要求随时检查被许可方有关合同产品的生产、销售方面的账目。被许可方应该定期向许可方提供这些账目。查账费用一般由许可方承担。

第三,一次总算价格与提成价格相结合,也称“固定价格与滑动价格相结合”。即在合同中规定,在合同生效后,由被许可方先行立即支付固定价格部分(也称为“入门费”或“初付费”,initial price),在项目投产后一定年限内再支付提成费。因此,也可称之为“入门费加提成费”方式。

入门费是对许可方前期投入的部分补偿,通常占转让总价的10%~20%,提成费则占转让总价的80%~90%。在提成比例方面,通常逐年下调。如果以销售额为计算基础,则调至1%~3%。在许可协议中,为了进一步保护许可方的利益,有的许可协议规定最低提成费,即在一定时期内,不论销售额的多少或制造产品的产量的多少,被许可方必须支付固定数额的最低提成费。

一次总算价格与提成价格相结合的计价方式综合了前两种方式的优势,风险由许可方和被许可方共同分担,比较合理,因而,它是国际许可贸易中常用的计价方式。对许可方而言,首付费用可用于转让成本,减小了风险;而对被许可方而言,首次支付的费用较小,在技术上也易得到被许可方的支持。

(2) 专利使用费的支付方式

专利使用费的支付方式通常包括支付货币、付款方式、付款单据、结算银行、支付时间和地点等。

在技术转让交易中,专利使用费的支付工具主要是货币和汇票。通常情况下,计价货币与支付货币相同,如不同应规定兑换率。

使用费的付款方式主要采用托收和汇付方式。托收方式是指技术许可方开立即期汇票,连同有关单据交双方选择的银行,由该行委托技术被许可方所在地银行向技术被许可方收取技术使用费。汇付方式是指技术被许可方主动通过银行支付给技术许可方款项的一种方式。汇款方式有电汇(T/T)、信汇(M/T)和票汇。付款单据包括商业发票、即期汇票、提单、银行保函等。

在采用入门费加提成费方式时,入门费可以一次或分期付清,提成费的支付在合同产品保证期满后按季度、半年或年支付。

4. 技术资料的交付条款

交付技术资料是许可方将其专利技术使用权转让给被许可方的必要前提条件。如果许可方不交付技术资料,不可能实现专利使用权的真正转让。

交付技术资料条款包括以下内容:

(1) 技术资料清单、份数等。技术资料是指说明书、计算机软件等技术转让所需的各种载体,是用于说明许可方转让专利技术内容的书面文件,必须准确、完整。该条主要规定技术文件和技术资料的范围、内容及其变更、语言、文件缺陷的责任、文件的所有权、文件的使用方式与时间等。技术资料的范围通常包括用于制造与组装的图纸、蓝图和设计,技术规格,原材料表,总计算表,检验和试验的程序与数据以及质量管理程序,制造与装配程序,操作与维护手册,计算机软件,流程与计算方法,其他文件等。[①] 在技术资料使用的文字方面,许可方大多愿意使用本国文字,而被许可方则应根据自己的翻译能力选择适当的文字,否则,可能因为翻译困难而延误工期。为保证被许可方拥有完整的技术,文件的所有权通常在合同终止时归被许可方所有,被许可方无义务归还所有文件。

(2) 技术资料的交付时间、交付方式及实际交付日的确定。技术资料的交付时间多按被许可方的工程进度和计划进行,可一次交付或分批交付,也有的规定在许可协议签订后交付。交付技术资料多用空运方式,即由许可方将技术资料运到被许可方指定的目的地机场交付被许可方。实际交付日期以目的地机场在技术文件空运提单上所盖的日期印戳为准。如交付技术资料延期,许可方应该按照延期长短承担交付罚金的违约责任,罚款通常为合同总额的5%。

(3) 技术资料的所有权和风险分担。技术资料在抵达目的机场后,其所有权和风险从许可方转让给被许可方。如果技术资料在空运途中丢失或损坏,许可方应承担风险责任,并负责补寄丢失或损坏的技术资料。

(4) 技术资料的包装。许可方交付的技术资料应装在适于长途运输(空运)、多次转运,具防潮、防雨保护措施的包装箱内,同时包装内应附有技术资料清单。每包技术文件的包装封面上,应以醒目的印刷体标明以下内容:目的地、合同号、收货人代号、唛头、重量、箱号或件号。每包技术文件中,还应有装箱单。

(5) 发运前和交付技术资料后的通知。在每批技术文件发运前一段时间,许可方应将合同号、预计启运日期、大概包数、大概重量用电传或传真通知被许可方。每批技术文件发

① 中华人民共和国科学技术部国际合作司、中国技术市场管理促进中心编译:《国际技术转让指南》,中国政法大学出版社2000年版,第208页。

运后一定时间(多为24小时)内,许可方应将合同号、发运日期、空运提单号、包(件)数量和重量用电传或传真通知被许可方及被许可方指定的运输公司,并在每批技术文件发运后一定时间内,将技术文件空运提单和技术文件装箱单等单据用快递或快件方式寄给被许可方及合同工厂。

(6) 技术资料的验收。被许可方收到技术资料后,必须在规定时间内对资料进行清点,并检查清晰程度以及是否齐全。如发现与合同规定不符,被许可方应在规定期限内通知许可方补寄、重寄或更换。如许可方提供给被许可方的文件有丢失、损坏或不完整的情况,许可方应在收到被许可方的书面通知后一定时间内,免费将技术文件重寄或补发给被许可方。

5. 合同产品考核验收条款

与货物贸易不同,技术贸易的交货过程是许可方向被许可方传递和传授技术知识、经验和技能的过程。其中,除移交技术资料外,更主要的是向被许可方传授技术。因此,考核和验收利用受让技术生产的产品是考察技术许可方是否转让合格技术的一个重要方面。

产品考核、验收是指被许可方对按许可方提供的技术资料制造的产品是否符合许可协议规定的产品技术性能指标,有权进行检验核实。考核验收的目的旨在保证被许可方掌握所受让的技术。该条款主要包括:考核验收产品的型号、规格、数量;考核验收的内容、标准和方法、次数;考核验收的时间、地点、参加考核验收人员、仪器设备;考核验收结果的评定和处理;考核验收费用的负担、考核不合格的责任归属等。如不能达到合同指标,许可方应该支付罚金,性能指标每降低一定比例,则支付合同总额的一定比例的罚金,或降低一定比例的提成率,或降低一定比例的入门费和提成率。

6. 交货条款

当专利技术转让伴随硬件即机械设备的引进进行时,在协议中还应规定交货条款。该条款具体载明许可方提供设备的种类、规格、用途、交付时间和方式、风险及所有权的转移;许可方需提交给被许可方的单据;许可方出售机械设备的价格及支付方式等。此外,也可以在设备买卖合同之外,签订单独的许可协议,该协议不必载明交货条款。

有时,协议还规定合同产品的零部件或材料的提供。有的许可协议规定,许可方有义务以最优惠的价格向被许可方提供合同产品的零部件或材料等。该零部件或原材料的购销合同一般列为专利许可协议的附件。

7. 技术改进和发展条款

专利许可协议是一项长期性协议,在协议有效期内,许可方和被许可方都可能对转让专利技术予以改进或发展。该条款主要规定许可协议的各方在改进和发展原有技术并取得专有权之后所面临的问题,包括改进或发展技术所有权归属对象、许可方和被许可方能否相互交换改进或发展成果以及交换条件等。大多数合同规定,许可方和被许可方均可以对转让或受让的技术进行改进,但应承担相互交换改进和发展的技术的义务,并规定交换的办法。改进和发展的技术所有权通常归作出改进和发展的一方所有,另一方不得利用这些技术资料去申请专利或转让给第三方。有的专利许可协议规定,在合同有效期内,双方对合同产品涉及的技术如有改进和发展,应相互免费将改进和发展的技术资料提供给对方使用。

8. 技术服务条款

技术服务包括设计和安装、调试、操作等方面的指导。技术服务是实现技术真正转让的重要程序,特别是技术人员的培训是使技术资料运用于实际操作的不可缺少的步骤。技术服务条款主要载明许可方所派技术人员的性质及人数、承担的任务及工作量、服务时间、工作与生活条件、费用的支付等。需进行人员培训的,还应写明培训内容、方法、时间、地点、费用及培训人数等。

有时技术服务费并不单独计算,而是包括在合同总额中。有时则单独计算,单独支付。技术服务费也分为固定价格和滑动价格(按服务人数、时间、工资标准计算)。如采用固定价格,通常在设备试车考核合格后一次性支付,或分为若干期支付(有的合同规定,设备安装开始时支付15% ~25%、试车考核合格后支付60% ~70%、性能保证期结束后支付10% ~15%)。如采用滑动价格,可以按月支付或按季度支付。

9. 合同产品责任条款

该条主要规定,当被许可方使用受让的技术所生产的产品如果对他人造成人身伤害或经济上的损失时,由哪一方承担责任的问题。有的合同规定全部由被许可方承担责任。有的规定,如果被许可方完全按照许可方提供的技术和技术指导使用技术,而且所生产的产品也完全达到许可方的技术指标,产品责任由许可方承担。

10. 商标使用许可与许可标记条款

该条款不是国际专利许可协议的必备条款。只有当转让人在转让专利使用权的同时,也将专利产品的商标使用权转让给被许可方时才载明该条款。

商标许可使用条款通常载明以下内容:

(1) 许可使用的商标。包括商标名称、注册证号、核定使用的商品名称及范围、注册商标图样等。许可使用的商标(包括注册商标的文字、图案、申请情况、编号等)、合同产品(名称、型号、规格和技术参数)通常以附件的形式具体说明。被许可方通常在制造和出售、分销合同产品时使用受让的商标。

(2) 许可使用的性质和许可使用的区域。商标使用权的转让依授权范围的大小,分为独占使用许可、排他使用许可和一般使用许可。商标独占使用许可又称商标专有使用许可,即商标权人许可他人在规定地域内使用其注册商标后,不仅不得就同一注册商标在同一地域再许可给第三人使用,而且自己也不得使用的一种使用许可方式。商标独占使用许可不转移商标权人对注册商标的所有权,只是将在一定范围内的独占使用权(专用权)转让给被许可方。商标排他使用许可是指商标权人许可被许可方在规定地域范围使用商标的同时,自己在该规定的地域范围仍保留使用权,但不得再向该地域范围的第三人转让该商标使用权。商标一般使用许可是指即商标权人除许可给被许可方在规定地域使用注册商标外,自己在该规定地域仍保留使用该注册商标的权利,同时还有权在该规定地域范围内将同一注册商标再许可给任何第三方使用。许可方可以授予被许可方独占许可、排他许可或普通许可。在排他许可的情况下，许可方在合同的有效期内，不得在合同有效区域内再授予他人在制造、销售、分销合同产品时使用该商标。

（3）许可使用的工厂或生产地点。

（4）许可使用的时间。通常情况下，许可使用期限不超过注册商标的有效期。

（5）商标使用费及其支付。商标使用费与商标信誉及许可使用范围密切相关。该条通常规定商标使用费的计算方式、支付货币和支付方式。在计算方式方面，商标使用费可以采用按当年度合同产品的净销售价提成的方式计算。净销售额和使用费的具体计算方法一般用合同附件的方式详细说明。被许可方应该向许可方提供一份载明上一年度合同产品的销售数量、净销售额和应支付的使用费的报告。同时，被许可方还应建立和保留所有有关合同项下交易活动的会计账本和记录，许可方有权核查该账目。商标使用费可以按季或年计算和交付。通常情况下，许可方在收到被许可方发出的书面报告后应立即开具有关单据，被许可方在收到许可方出具的使用费计算单、商业发票、即期汇票等单据后，在一定时间内经审核无误后，就向许可方支付使用费。

（6）商品质量保证与监督。该条款是商标许可的特色条款之一。为保证消费者购买其依赖的商标商品，保护许可方商标的原有信誉，许可方通常要求：被许可方使用受让商标的商品应符合许可方的制造或生产产品的质量标准。被许可方在出售合同产品之前，应该向许可方免费寄送一定数量的产品样品和其包装纸箱及包装材料，以取得许可方的书面同意。如发现所交样品有任何质量或性能缺陷，许可方有权要求被许可方采取必要的措施，在目前和将来的生产中消除这些缺陷；许可方有权监督、检查被许可方生产的产品，有权到其工厂检查生产过程，有权要求被许可方定期将合同产品的样品送交许可方予以检查；许可方有权因合同产品的质量问题向被许可方提出警告，甚至终止商标许可。

（7）商标的使用和管理。规定对许可使用商标的商品订货、出厂、销售、服务维修等方面的所有宣传、广告、推销资料、包装等材料的制作和使用要求。有时，上述材料由许可方提供，有时则由受让人制作，但许可方有权事先检查。

（8）保证。许可方应保证是许可商标的合法所有者或持有者，并且有权授予被许可方使用。并保证未发现由于销售许可商标产品而侵犯他人专有权利的情况。如果在合同的执行过程中发生第三方指控侵权的情形，由许可方负责与第三方交涉，并承担由此引起的一切法律责任，被许可方有义务协助查明事实。此外，许可方还应向被许可方提供注册商标的名称、内容以及许可方向有关机构申请注册的有关情况。

（9）许可标记。许可方与被许可方可以约定，在被许可方生产的合同产品上采用许可方和被许可方的共有商标，或标明根据许可方的许可制造的字样。

11. 保证与索赔条款

该条款旨在维护被许可方的利益，加强许可方的责任。它包括权利保证和技术保证两项内容。权利保证主要是指许可方应保证其是所转让技术的合法拥有者，并有权进行技术转让,而且该转让在合同规定的地域内没有侵犯任何第三方的权利。技术保证是指许可方保证按合同规定提供技术,并且其提供的技术具有安全性和实用性,可以生产出合格的合同产品。有时,权利保证的内容在鉴于条款、侵权等条款中加以规定。而在保证条款中则主要规定技术保证的内容。

许可方向被许可方提供的保证内容如下:

(1) 保证许可方是协议所列一切专利技术和专利资料的合法持有人,并有权向被许可方转让。如在合同执行中发生第三方指控侵权时,由许可方负责与第三方交涉,并承担由此引起的一切法律责任,赔偿被许可方因此所遭受的损失。

(2) 保证协议所涉及的专利在协议执行期间是有效和合法的,并保证到协议签订日止对任何可能日后导致转让专利无效的情况不知情。如果由于许可方原因导致专利提前失效,许可方应将专利失效后被许可方支付的费用偿还被许可方,并支付利息。在协议有效期内,许可方应按规定缴纳专利维持费,以保持专利的有效性。同时,许可方应拥有和掌握专利的独占所有权,且不受任何限制或作出任何保留。

(3) 保证按协议规定方式和时间交付技术资料,并保证技术资料的完整、准确、可靠、清晰、有效,如内容有误或不完整,有义务免费更换或补齐。如果交付的技术资料有延误,则按延期时间的长短支付合同总价一定比例的罚款。如延期超过一定期限,被许可方有权终止许可协议。

(4) 保证被许可方正确使用技术资料后能够生产出符合协议规定的合同产品。如果合同产品不合格并导致被许可方不能投产,被许可方有权终止许可协议。如果合同产品的部分性能不能达到验收指标,但被许可方可以投产使用时,许可方应支付赔偿金,赔偿数额按合同产品的性能指标降低的比例确定赔偿的比例或确定降低提成率。

(5) 保证提供良好的技术服务。当许可方未能履行上述保证时,即构成违约,并承担违约责任,受让方有权提出索赔。在国际专利许可贸易中,违约责任主要采用罚款方式,主要有对技术资料迟期交付的罚款、产品达不到技术指标的罚款等。罚款比例由双方协商。有些情况下,保证与索赔条款也可规定被许可方应承担的保证责任。

(6) 保证许可协议获得政府批准及必要的其他批准。同时,许可方也大多要求被许可方有签署合同的合法权利和授权,并保证可以获得必要的政府批准及有关批准。因为,一些国家对技术进出口是有限制的,通常要求对技术转让合同进行审批方可有效。

12. 税收条款

各国在其税法中大多明确规定许可方在被许可方国家获得专利技术使用费时,应按被许可方国家的税法规定纳税,由被许可方支付在其境内产生的一切与许可协议有关的税费的包税做法是不公平的。

13. 不可抗力条款

该条款主要载明不可抗力事故的范围、发生不可抗力应采取的行动、不可抗力的通知、不可抗力的法律后果及处理原则等。根据国际惯例,在不可抗力发生后,违约方可以请求免责。

14. 争议解决与法律适用条款

国际技术转让协议的争议属于一般商事争议,当事人可以通过和解或者调解解决合同争议,也可以采用仲裁或诉讼方式解决纠纷。采用仲裁方式解决争议的,必须在许可协议中规定仲裁条款或在许可协议之外签订仲裁协议书。当事人没有订立仲裁协议或者仲裁协议无效的,可以向法院起诉。当事人应当履行发生法律效力的判决、仲裁裁决、调解书。拒不履行的,对方可以请求法院执行。

对于国际技术转让合同的法律适用,可以依照许可方住所地法,或依被许可方住所地法,或意思自治原则确定。

15. 合同的生效、变更和修改及合同的文字

许多国家规定,国际许可协议在当事人签字后不能产生法律效力,必须经过有关主管部门的批准。也就是说,许多国家将国际许可协议作为经批准才能生效的合同,以保护本国的利益。

在合同的执行中,如果对合同条款进行变更、修改和增减,通常必须经双方协商同意并签署书面文件,作为合同的组成部分,与合同具有同等效力。

合同的文字由双方当事人协商确定。

(二) 国际专有技术许可协议

专有技术许可协议以转让专有技术使用权为目的。由于专有技术的某些特性使专有技术的经济价值往往高于专利,因而,专有技术使用权的转让也日益重要。但是,在许可贸易实践中,单纯的专利许可协议越来越少,更多的是专利许可协议与专有技术许可协议相结合的混合协议,即在转让专利使用权的同时,又进一步向被许可方转让未公开的专有技术。

1. 保密条款

在专有技术许可贸易实践中,通常在谈判期间,许可方就要向被许可方公开其专有技术的内容。因此,为保护专有技术的秘密性,许可方在与被许可方谈判前,首先应就保密问题进行约定。无论谈判是否成功,被许可方都应承担保密责任。如果被许可方违反了该义务,应承担缔约过失责任。

专有技术许可协议条款的设置与专利许可协议条款的设置基本相同,但专利许可协议中没有专利技术的保密条款,而在专有技术许可协议中,保密条款则是必不可少的条款。此外,与专利许可协议相似,专有技术许可协议还有许多附件,例如,合同产品的名称、型号、规格和技术参数,技术资料的内容、数量和交付计划,合同产品的考核程序和验收标准,许可方技术服务的内容和要求,被许可方人员培训的内容和要求,许可方银行出具的不可撤销的保函格式,被许可方银行出具的不可撤销的保函的格式等。

专有技术之所以具有经济价值,其根本原因在于其不公开性。因此,专有技术的被许可方承担保守专有技术秘密的责任是签订专有技术许可协议的前提或先决条件,即使合同中没有明确规定也应承担相应的责任。但是,为强调被许可方的保密责任,大多数专有技术许

可协议都专门规定保密条款。可以说,保密责任是专有技术被许可方区别于其他技术被许可方的最大特征。

保密条款通常规定以下内容:(1) 保密范围。指保密的专有技术及其资料的范围。(2) 保密措施。即处理专有技术秘密文件的标准。(3) 承担保密责任的人员。包括专有技术受让人的雇员、分包商等。(4) 保密期限。通常不超过合同的有效期限。在合同有效期内,被许可方应对许可方提供的专有技术予以保密。此外,在被许可方承担保密义务期间,由于非被许可方的原因使得专有技术被公开,受让方承担的保密义务即行终止。为充分保证专有技术的秘密性,许可方有时特别要求规定处理专有技术秘密文件的标准、被许可方雇员的保密责任、分包人的保密责任。此外,在许可协议达成前的谈判阶段,保密义务也至关重要。因此,谈判开始前,许可方通常要求与被许可方签订初期保密协议。

2. 专有技术许可协议终止后涉及的问题

(1) 继续使用专有技术问题。专有技术许可协议终止后,被许可方无权继续使用该专有技术,并必须归还仍属于商业秘密的资料和文件。但是,有时在许可协议到期时,被许可方往往还有很多库存积压的商品,或仍有与他人签订的销售合同没有执行。因此,也有的专有技术许可协议规定,在协议终止后一定时间内,被许可方仍有权销售该部分商品。有的许可协议还允许,被许可方在协议终止后一定时间内仍有权使用许可方提供的专有技术,仍有权设计、制造、使用、销售和出口合同产品,而不构成侵权。这一规定旨在使被许可方不致在合同期满后突然失去在其原来领域中继续生产的机会。目前,有些国家对上述规定的合法性的认定持不同意见。因此,许可方和被许可方应在协议中对合同期满后的各种事宜的处理作出明确规定。

(2) 专有技术的保密问题。通常情况下,专有技术的被许可方在合同期满后仍应承担保密责任。

第四节 知识产权的国际保护

"充分保护知识产权,对于在包括发展中国家在内的一切国家,为投资和转让技术提供激励的同时,兼顾生产者、使用者和消费者的利益具有重要意义。"①

对知识产权的国际保护,除了国家之间签订的双边条约和协议之外,还有一些国际性的多边公约。在多边公约中,影响力较大、参加国较多的公约有《保护工业产权巴黎公约》《商标国际注册马德里协定》《保护文学艺术作品伯尔尼公约》《世界版权公约》《关于集成电路知识产权条约》《专利合作条约》和《与贸易有关的知识产权协定》。这些国际知识产权公约

① 贸易和发展理事会"投资技术及相关的资金问题委员会":技术转让国际协议专家会议的报告,为促进发展中国家特别是最不发达国家的能力建设获取技术的最佳做法以及鼓励技术转让的措施,2002 年 1 月 21 日至 25 日第六届会议。

和协定，几乎都涉及以专利、商标、计算机软件、专有技术和高新技术产品为客体的技术贸易。

一、知识产权的范围

目前，国际上对知识产权的概念有狭义和广义理解。狭义理解认为，知识产权只包括工业产权与版权（也称著作权），专有技术不包括在内。一些发展中国家持此观点。而大多数发达国家和一些发展中国家、国际组织则采用广义概念，即知识产权是指对人类智力创作成果所享有的权利，包括工业产权、版权、专有技术等。

已经有 100 多个缔约国的《世界知识产权组织公约》对知识产权采用广义理解。该公约第 2 条规定："'知识产权'包括：关于文学、艺术和科学作品的权利；关于表演艺术家的演出、录音和广播的权利；关于人们努力在一切领域的发明的权利；关于科学发现的权利；关于工业品式样的权利；关于商标、服务商标、厂商名称和标记的权利；关于制止不正当竞争的权利；以及在工业、科学、文学或艺术领域里一切其他来自知识活动的权利。"

世界贸易组织达成的《与贸易有关的知识产权协定》（以下简称 TRIPS 协定）也采用了广义概念。TRIPS 协定第 1 条规定："'知识产权'术语，系指第二部分第一至第七节中所包括的所有类别的知识产权。" TRIPS 协定第二部分第一节至第七节所列举的所有知识产权包括：版权及其相关权利、商标、地理标志、工业（外观）设计、专利、集成电路的布图设计、未公开的信息、不正当竞争。值得注意的是，TRIPS 协定充分考虑了现代信息技术的发展，将集成电路的布图设计纳入知识产权范围，同时更加明确地提出了对未公开技术（即专有技术）应给予知识产权保护。可见，TRIPS 协定对知识产权界定的范围更加明确，更适合现代社会需要。本章所述的知识产权采用广义的理解。

二、知识产权保护的国际法律制度

知识产权法是调整因智力成果而产生的各种社会关系的法律规范的总和。而国际知识产权法则是调整跨越国境的知识产权法律关系的法律规范的总和，其法律渊源包括有关知识产权的国际公约、国际惯例以及各国有关知识产权保护的国内立法。

目前，大部分国家区分不同保护对象分别立法，如分别制定专利法、商标法、版权法等，也有少数国家制定了综合性的知识产权法。知识产权法是在 17 世纪后随着各国科学技术的发展而产生的新的法律部门。世界上第一部专利法于 1474 年在威尼斯共和国诞生，第一部保护作者作品权利的法律于 1710 年在英国诞生，第一部商标法则于 1803 年在法国诞生。到目前为止，大多数国家都已经建立起了本国的知识产权保护法律体系。

但是，基于国家主权，一国的国内立法只能在其本国境内适用，且只能适用于本国人。特别是在传统知识产权保护方面，其保护的地域性更加突出。在一国取得的传统知识产权只能在该国境内受到保护，其他国家没有保护的义务。如果传统知识产权人欲使其知识产权在其他国家也得到法律保护，则必须分别向有关国家提出申请，并在得到批准后取得保护。由于各国传统知识产权法律制度差异较大,特别是对外国人的知识产权申请各有不同要求,使得知识产权的域外保护十分复杂,不利于科学技术的发展。为此,从19世纪开始,一些国家开始致力于起草和签订知识产权保护方面的双边或多边条约。目前,大多数国家之间的知识产权保护主要通过签订或参加知识产权国际公约实现。自世界上第一个保护知识产权的全球性多边国际条约《保护工业产权巴黎公约》于1884年生效以后,有许多有关知识产权的多边国际条约签订并生效。值得注意的是,随着信息技术的飞速发展,不仅许多国际条约作了相应的修改和补充,而且,也出现了一些反映信息技术发展要求的新的国际公约,如《与贸易有关的知识产权协定》《关于集成电路的知识产权条约》《世界版权条约》等。

目前,已通过的世界性的知识产权国际条约有30多个,其中将近30个已经生效。① 这些知识产权条约的绝大部分由世界知识产权组织(WIPO)负责管理。这些条约对于各国知识产权法律的统一以及知识产权保护水平的提高起到了重要的推动作用。本节按条约生效时间对重要的国际条约予以介绍。

(一)《保护工业产权巴黎公约》

早在1883年之前,一些国家已经制定了商标法和专利法,对本国人的商标和专利提供法律保护,而对于外国人的商标和专利则主要通过国家之间的双边条约提供保护。此外,在1873年,奥匈帝国曾经邀请一些国家在维也纳举办国际发明展览会,但是,大多数国家由于担心本国发明在奥地利展览期间不能得到奥地利法律的保护进而有可能被他人利用,不愿参加该展览会。为了解决知识产权的国际保护问题,一些国家在1878年成立了负责起草保护工业产权国际公约的专门委员会,1883年3月20日,比利时、西班牙、巴西、法国、危地马拉、意大利、荷兰、葡萄牙、萨尔瓦多、塞尔维亚、瑞士共11个国家在法国首都巴黎缔结了《保护工业产权巴黎公约》(The International Convention for The Protection of Industrial Property,简称《巴黎公约》)。该公约于1884年7月7日生效,并先后于1900年、1911年、1925年、1934年、1958年、1967年和1979年进行了7次修改,目前,大多数缔约国执行1979年10月2日

---

① 已经生效的国际条约包括:《保护工业产权巴黎公约》(1883年)、《保护文学艺术作品伯尔尼公约》(1886年)、《制止商品来源的虚假或欺骗标志马德里协定》(1891年)、《商标国际注册马德里协定》(1891年)及《商标国际注册马德里协定有关议定书》(1989年)、《工业品设计国际保存海牙协议》(1925年)、《世界版权公约》(1952年)、《商标注册用商品和服务国际分类尼斯协定》(1957年)、《原产地名称保护和国际注册里斯本协定》(1958年)、《保护植物新品种国际公约》(1961年)、《保护表演者、录音制品制作者和广播组织罗马公约》(1961年)、《保护录音制品制作者禁止未经许可复制其录音制品公约》(1971年)、《世界知识产权组织公约》(1967年)、《建立工业品外观设计国际分类的洛迦诺协定》(1968年)、《专利合作条约》(1970年)及其实施细则、《国际专利分类斯特拉斯堡协定》(1971年)、《关于播放由人造卫星传播载有节目的信号的布鲁塞尔公约》(1973年)、《建立商标图形要素国际分类维也纳协定》(1973年)、《商标注册条约》(1973年)、《国际承认用于专利程序的微生物保存布达佩斯条约》(1977年)、《保护奥林匹克会徽内罗毕条约》(1981年)、《商标法条约》及其实施细则(1994年)、《与贸易有关的知识产权协定》(1994年)、《世界知识产权组织版权条约》(1996年)、《世界知识产权组织表演和录音制品条约》(1996年)。此外,在世界知识产权组织的主持下,部分国家在1999年和2000年还分别签署了《工业品外观设计国际注册海牙协议日内瓦法案》、在2000年签署了《专利法条约》及其实施细则。

在斯德哥尔摩修订的文本。但也有少数国家执行以前的文本。

1.《巴黎公约》的主要内容

1979年的《巴黎公约》共有30条,主要规定了各缔约国在工业产权保护方面应遵循的共同规则。这些共同规则也是对各缔约国国内立法的最低要求,各缔约国在制定本国的工业产权保护法律时,不能低于该公约规定的保护标准。此外,适用该公约的国家组成"国际保护工业产权联盟"(简称"巴黎联盟")。

《巴黎公约》规定了以下应共同遵循的规则:

(1)保护的工业产权范围。《巴黎公约》对"工业产权"做最广义的解释。该公约第1条规定:"……(二)工业产权的保护对象是专利、实用新型、工业外观设计、商标、服务商标、商号、产地标记或原产地名称以及制止不正当竞争。(三)工业产权应做最广义的理解,不仅适用于工商业本身,而且也应同样适用于农业和采掘工业以及一切制成品或天然产品,例如酒类、谷物、烟叶、水果、牲畜、矿产品、矿泉水、啤酒、花卉和面粉等。(四)专利应包括本同盟成员国法律上承认的各种工业专利,如进口专利、改进专利、增补专利和补充证书等。"

(2)国民待遇原则。为了明确联盟的一个国家应给予联盟的其他国家国民在工业产权保护方面的法律待遇问题,《巴黎公约》规定了国民待遇原则。

《巴黎公约》第2条规定:"(一)本同盟任何成员国的国民,在保护工业产权方面,应在本同盟其他成员国内享有各该国法律现在或今后给予各该国国民的各种利益;本公约所特别规定的权利不得受到任何侵害。因此,他们只要遵守各该国国民应遵守的条件和手续,即应受到与各该国国民同样的保护,并在他们的权利遭到任何侵害时,同样依法律纠正。(二)但是,并不要求本同盟成员国国民在请求保护其产权的国家中设有住所或营业所才能享有工业产权的权利。(三)本同盟各成员国关于司法和行政程序、管辖权以及选定送达地址或指定代理人的法律规定等,凡关于工业产权的法律所要求的,都可明确地予以保留。"

《巴黎公约》第3条规定:"非本同盟成员国的国民,在本同盟一个成员国的领土内有住所或有真实、有效的工商企业的,都应享有与本同盟成员国国民同样的待遇。"

概括而言,《巴黎公约》规定的国民待遇原则有以下特点:① 只保证联盟国家国民在联盟其他国家享有与各该国国民同样的待遇,即享有与各该联盟国家国民同样的保护水平。但是,对于该国给予的保护水平的高低没有作出整体规定,而只是在某些具体方面有最低要求,如保护期限等。因此,在遵守最低要求的基础上,联盟各国家根据本国的经济和技术发展水平决定各自的工业产权保护水平。② 不仅联盟国家的国民享有国民待遇,在联盟国家有住所或营业地的非联盟国家的国民也同样享有国民待遇。

(3)优先权原则(right of priority)。优先权原则是指已经在联盟的一个国家正式提出专利、实用新型注册、外观设计注册或商标注册申请的任何人或其权利继受人,在规定的优先权期限内向联盟其他成员国提出同样申请时,优先授予其工业产权。

在优先权期间届满前,在联盟其他国家以后提出的申请,不会由于在优先权期间已经发生的任何行为(包括另外一项申请的提出、发明的公布或利用、外观设计复制品的出售或商标的使用)而无效,这些已经发生的行为不能使任何第三人获得权利。但是,如果第三人在作为优先权基础的第一次申请日期以前已经取得的权利,应该予以保留和承认。也就是说,在优先权期间,其他人的同样申请不能给予工业产权保护,该工业产权只能授予优先权人。

优先权原则对于已在本国正式提出工业产权申请,而后又需要在国外注册的工业产权所有人具有非常重要的意义。它避免了多次申请和重复申请,为申请人的工业产权在联盟其他国家的保护提供了方便。但是,《巴黎公约》中的优先权制度并不适用于一切工业产权,而只适用于专利、实用新型、外观设计注册和商标注册。对商号、商誉、产地名称等的保护不适用优先权制度。

概括而言,《巴黎公约》的优先权制度具有以下特点:① 申请人必须在享有优先权的期限内提出优先权请求。专利和实用新型的优先权期限是12个月,外观设计和商标的优先权期限是6个月。优先权期间自第一次申请的申请日次日开始计算。② 申请人必须已经在联盟的一个国家正式提出专利、实用新型注册、外观设计注册或商标注册申请。③ 申请人应提交优先权声明。优先权声明应说明提出第一次申请的日期和受理该申请的国家。联盟国家可以要求作出优先权声明的任何人提交以前提出的申请(说明书、附图等)的副本。

(4) 对专利和实用新型保护的最低要求。该要求包括以下几方面:

第一,专利权独立原则。鉴于联盟国家有不同的法律制度和申请程序,《巴黎公约》规定了专利权独立原则。专利权独立原则是指联盟国家的国民向联盟各国申请的专利,与在其他国家(不论是否联盟成员国)就同一发明而取得的专利是相互独立的。在优先权期间内申请的各项专利,其在无效和丧失权利的理由以及正常期间方面是相互独立的。也就是说,在不同国家就同一发明取得的专利是相互独立、互不干涉的。

第二,署名权。发明人有权要求在专利中记载自己为发明人。

第三,拒绝授予专利或使专利无效、被取消。成员国不能以专利产品的销售或依专利方法制造的产品的销售受本国法律禁止或限制为由,拒绝授予专利或使专利无效;专利权人将在联盟任何国家制造的物品进口到对该物品授予专利的国家时,也不应导致该专利的取消,该规定也适用于实用新型。

第四,强制许可。联盟各国有权规定强制许可制度,以防止由于行使专利所赋予的专有权而可能产生的滥用,例如,不实施专利。如果授予强制许可权不足以防止专利权的滥用,可以取消专利权。为了防止强制许可制度的滥用,《巴黎公约》特别规定了实施强制许可的期限以及行使取消或撤销权的期限。自授予第一个强制许可之日起2年届满前不得提起取消或撤销专利的诉讼。自提出专利申请之日起4年届满以前或自授予专利之日起3年届满以前(取其中期限较长者),不得以不实施或不充分实施为由申请强制许可。如果专利权人的不作为有正当理由,不能采取强制许可措施。强制许可是非独占性的,除与利用该许可的企业或商誉一起转让外,不得转让,以授予分许可证的形式进行的转让也包括在内。有关强制许可的规定也适用于实用新型。

第五,不构成侵犯专利权的情况。主要包括:联盟其他国家的船舶暂时或偶然进入上述国家的领水时,在该船的船身、机器、船具、装备及其他附件上使用构成专利对象的器械,但以专为该船需要而使用这些器械为限;联盟其他国家的飞机或陆上车辆暂时或偶然进入上述国家时,在该飞机或陆上车辆的构造或操作中,或者在该飞机或陆上车辆附件的构造或操作中使用构成专利对象的器械。

第六,制造方法的专利保护。当一种产品进口到对该产品的制造方法提供专利保护的联盟国家时,专利权人对该进口产品应享有按照进口国法律对在该国依照专利方法制造的产品所享有的一切权利。

(5) 对工业品外观设计保护的最低要求。联盟所有国家均应保护工业品外观设计,在任何情况下都不得以不实施或以进口物品与受保护的外观设计相同为由而予以取消工业品外观设计权利。

(6) 对商标保护的最低要求。

第一,商标权独立原则。联盟各国可以自行决定商标的申请和注册条件。使用商标的商品性质不能妨碍商标注册。联盟任何国家对联盟国家国民提出的商标注册申请,不能以未在原属国申请、注册或续展为由而拒绝,也不得使注册无效。在联盟的一个国家正式注册的商标,与在联盟其他国家注册的商标,包括在原属国注册的商标是相互独立的。

第二,强制使用商标。如果联盟国家的注册商标的使用是强制的,只有在经过适当期间,并且当事人不能证明其不使用存在正当理由的情况下,才可以撤销注册。

第三,商标的次要改变。商标所有人使用的商标与其在联盟国家之一注册的商标在形式上有一些要素不同,但并未改变其显著性的,不应导致注册无效,也不应减少对该商标所给予的保护。

第四,共同所有的商标。依照请求保护地国家的法律被视为商标共同所有人的工商企业,如果在相同或类似商品上同时使用同一商标,任何联盟国家不应拒绝注册,也不应以任何方式减少对该商标所给予的保护,但以这种使用并未引起公众误解以及不违反公共利益为限。

第五,驰名商标。如本国法律允许,联盟国家应依职权或依利害关系人的请求,对于被商标注册国或使用国主管机关认定在该国已经驰名并属于有权享受公约利益的人所有,且用于相同或类似商品上的商标构成复制、仿制或翻译,并容易产生混淆的商标,有权拒绝或撤销注册并禁止使用。该规定对于在商标的主要部分构成对上述驰名商标的复制或仿制并容易产生混淆的情况下也适用。撤销商标的请求应该自注册之日起至少 5 年内提出。联盟各国可以规定必须提出禁止使用请求的期间。对于恶意取得注册或使用的商标提出撤销注册或禁止使用的请求,不应规定时间限制。

第六,商标转让。根据联盟国家的法律,商标转让只有在与其所属企业或商誉同时移转方为有效,如该企业或商誉位于该国的部分连同在该国制造或销售的标有被转让商标的商品的专有权一起转让给受让人时,该转让有效。如果受让人使用受让的商标在事实上可能引起公众对使用该商标的商品的原产地、性质或基本品质的误解,该转让无效。

第七,商标在其他国家的保护。在原属国正规注册的商标,联盟其他国家应与在原属国注册一样接受申请并给予保护。各国在确定注册前可以要求提供原属国颁发的注册证书,注册证书无需认证。在下列情况下,可以拒绝注册或使注册无效:在其要求保护的国家,商标侵犯了第三人的既得权利;商标缺乏显著特征,或者完全由商业中用以表示商品种类、质量、数量、用途、价值、原产地或生产时间的符号或标记组成,或者在要求给予保护的国家的现代语言中或在善意和公认的商务实践中已经惯用;违反道德或公共秩序,尤其是具有欺骗公众的性质。联盟国家在决定商标是否给予保护时,必须考虑一切实际情况,特别是商标已经使用时间的长短。商标中有些要素与在原属国受保护的商标有所不同,但并未改变其显著特征,也不影响其与原属国注册的商标在形式上的同一性,联盟其他国家不能予以拒绝。任何人要求保护的商标,如果未在原属国注册,不能享有上述权利。

第八,服务标记。成员国应保护服务标记,但没有义务对服务标记的注册作出规定。

第九,集体商标。如果社团的存在不违反其原属国法律,即使该社团没有工商业营业所,联盟各国也应受理申请,并保护属于该社团的集体商标。各国应自行审定关于保护集体商标的特别条件,如果商标违反公共利益,可以拒绝给予保护。如果社团的存在不违反原属国法律,不能以该社团在其要求保护的国家没有营业所或不是根据该国法律组成为由,拒绝对该社团的商标给予保护。

第十,无授权。如果联盟国家的商标所有人的代理人或代表人,未经该所有人授权而以自己名义向联盟的一个或一个以上国家申请该商标注册,该所有人有权反对所申请的注册或要求取消注册,或者如该国法律允许,该所有人可以要求将该项注册转让给自己,除非该代理人或代表人能证明其行为是正当的。商标所有人如未授予使用权,商标所有人有权反对其代理人或代表人使用其商标。各国立法可以规定商标所有人行使上述权利的合理期限。《巴黎公约》除对商标作上述规定之外,还具体规定了国徽、官方检验印记和政府间国际组织的标志是否可以作为商标的问题以及商标续展问题,等等。

(7) 权利维持费的交纳。对于工业产权维持费的交纳,应给予不少于6个月的宽限期,但是,如果本国法律有规定,应交纳附加费。联盟各国对因未交费而终止的专利有权规定予以恢复。

(8) 厂商名称、虚假标记和不正当竞争。《巴黎公约》规定:① 厂商名称应在联盟国家受到保护,并且无须申请或注册,而不论其是否为商标的一部分。② 一切非法标有商标或厂商名称的商品,在进口到该商标或厂商名称受法律保护的联盟国家时,应予以扣押。在发生非法黏附上述标记的国家或在该商品已进口的国家,可同样执行扣押。扣押应按照各国本国法规定进行。各机关对于过境商品没有扣押的义务。如果一国法律不准许在进口时扣押,应禁止进口或在国内扣押。如果一国法律既不准许在进口时扣押,也不准禁止进口或在国内扣押,在法律作出相应修改以前,该国国民可以按该国法律采取诉讼和救济手段。上述规定适用于直接或间接使用虚假商品原产地、生产者、制造者或商人的标记的情况。③ 联盟国家有义务制止不正当竞争。凡在工商业事务中违反诚实的习惯做法的竞争行为构成不正当竞争的行为。特别应该禁止具有采用任何手段对竞争者的营业所、商品或工商业活动产生混淆性质的一切行为;在经营活动中,具有损害竞争者的营业所、商品或工商业活动的信用性质的虚伪说法;在经营活动中使用会使公众对商品的性质、制造方法、特点、用途或数量易于产生误解的表示或说法。

(9) 在国际展览会上的临时保护。联盟国家应按本国法律对在联盟国家内举办的官方或经官方承认的国际展览会展出的商品中可以取得专利的发明、实用新型、工业品外观设计和商标,给予临时保护。该项临时保护不应延展优先权期间。如以后要求优先权,任何国家的主管机关可以规定该期间应自该商品在展览会展出之日开始。各国在认为必要时可以要求提供证明文件,证实展出的物品及其展出的日期。

(10) 权利标记。联盟国家不应要求在商品上标志或载明专利、实用新型、商标注册或工业品外观设计,并以此作为承认取得权利保护的条件。

2.《巴黎公约》的影响

《巴黎公约》不仅是知识产权领域的第一个世界性多边公约,也是缔约国最多、影响最大的国际公约。很多工业产权公约,如《国际专利分类斯特拉斯堡协定》《商标国际注册马德里协定》等都要求,参加公约的国家必须首先是《巴黎公约》的缔约国。从这个意义上讲,《巴黎公约》是知识产权国际保护领域的基础性公约,其规定的基本原则和内容对其他公约的制定具有重要的指导意义。此外,WTO 达成的《与贸易有关的知识产权协定》也要求,WTO 的成员即使不是《巴黎公约》的成员,也必须遵守《巴黎公约》的实体规定。

然而,一些发展中国家对《巴黎公约》提出了以下批评:①

第一,《巴黎公约》加剧了摆在发展中国家面前的问题,即在《巴黎公约》的专利制度下,外国的专利拥有者在其国内占大多数,而其国内的发明数量却很少。例如,《巴黎公约》的国民待遇原则导致发展中国家在其专利制度下向外国企业提供国民待遇的实际权利,而交换来的大部分是发达国家给予的理论上的国民待遇。因为大多数发明是在发达国家产生,而且发展中国家的发明人很难与大多数发达国家的发明水平相竞争。

第二,优先权原则对发展中国家也不利。特别是,无论申请人的申请在最初申请的国家(通常是发达国家)是被放弃或被拒绝授予专利权,发展中国家都必须给予优先权。该规定使得发达国家的企业产生一个动机,就是等待并观察在向受《巴黎公约》约束的发展中国家申请优先权之前这种申请是否有利。

第三,专利权独立性原则也存在一定的问题。根据该原则,即使专利权在发达国家被授予并且后来在该国失效(如基于欺诈而取得专利权的情况),但是,同样的发明在受《巴黎公约》约束的发展中国家仍然可以被授予有效的专利权,除非有其他明确规定的无效情况。此外,发展中国家可能缺乏关于在发达国家申请专利的结果的信息,一些企业可能在缺乏竞争

① Alan C. Swan&John F. Murphy:*Cases and Materials on the Regulation of International Business and Economic Relations*, Second Edition, Matthew Bender & Company Incorporated, 1999, p. 195.

的发展中国家申请专利。

第四,《巴黎公约》关于专利所有人将在任何成员国制造的物品输入到核准该项专利权的国家不应导致该项专利权撤销的规定,可能导致专利权人的进口垄断。此外,关于强制许可的规定则可能导致外国专利权人对被授予专利权的发明拥有从在授予专利权的国家提起申请之日起至少 4 年的进口垄断权,或可能由于 1 年的优先权期限而有 5 年的进口垄断权。

鉴于对《巴黎公约》的上述批评,世界知识产权组织曾召开会议,探讨修改该公约的可能性,但没有取得成效。

客观而言,《巴黎公约》虽然没有能够为联盟各成员国提供一个多方面统一的关于知识产权保护的实体法,而只是规定了各成员国在制定本国的工业产权法律时应遵守的最低规则,但这也已经在一定程度上为成员国国民在成员国间申请工业产权保护提供了很大的方便。

(二)《保护文学和艺术作品伯尔尼公约》

《保护文学和艺术作品伯尔尼公约》是在国际文学作家协会的努力下达成的。1886 年 9 月 9 日,比利时、法国、德国、英国、海地、意大利、利比里亚、西班牙、瑞士和突尼斯 10 个国家在瑞士伯尔尼签署了《保护文学和艺术作品伯尔尼公约》(The Berne Convention for The Protection of Literary and Artistic Works,简称《伯尔尼公约》)。1887 年 12 月 15 日,《伯尔尼公约》生效,并先后于 1896 年、1908 年、1914 年、1928 年、1948 年、1967 年、1971 年和 1979 年进行了补充或修改。《伯尔尼公约》是世界上第一部版权方面的全球性多边国际公约,也是至今影响最大的版权公约,并成为许多知识产权国际条约订立的基础。我国于 1992 年 10 月 15 日成为《伯尔尼公约》的成员国。适用《伯尔尼公约》的国家组成了“伯尔尼联盟”。

《伯尔尼公约》与《巴黎公约》坚持同样的原则,即只对成员国提出最低版权保护要求,各成员国在该公约规定的基础上可以提供更高水平的保护。1979 年的《伯尔尼公约》文本共有 38 条,规定了以下主要规则。

1. “文学艺术作品”的范围

《伯尔尼公约》第 2 条规定:“‘文学艺术作品’一词包括科学和文学艺术领域内的一切作品,不论其表现方式或形式如何,诸如书籍、小册子及其他著作;讲课、演讲、讲道及其他同类性质作品;戏剧或音乐戏剧作品;舞蹈艺术作品及哑剧作品;配词或未配词的乐曲;电影作品或以电影摄影术类似的方法创作的作品;图画、油画、建筑、雕塑、雕刻及版画;摄影作品及以与摄影术类似的方法创作的作品;实用美术作品;插图、地图;与地理、地形、建筑或科学有关的设计图、草图及造型作品。”

2. 《伯尔尼公约》的保护范围

所有成员国都应保护上述文学和艺术作品,并可通过国内立法规定所有作品或任何特定种类的作品必须以某种物质形式固定下来方可受到保护。

对于翻译、改编、乐曲改编以及对文学或艺术作品的其他变动,应得到与原作同等的保护,但不得损害原作的版权。各成员国对立法、行政或司法性质的官方文件以及这些文件的正式译本的保护由其国内立法确定。文学或艺术作品的汇编，诸如百科全书和选集，如果对材料的选择和编排构成智力创作的，也应得到相应的、但不损害汇编内每一作品版权的保护。

各成员国可以通过国内立法规定其法律在何种程度上适用于实用艺术作品、工业品平面和立体设计，以及此种作品和平面与立体设计受保护的条件。在起源国仅仅作为平面与立体设计受到保护的作品，在同盟其他成员国只享受各该国给予平面和立体设计的专门保护；但如在该国并不给予这种专门保护，则这些作品将作为艺术作品得到保护。

《伯尔尼公约》的保护不适用于日常新闻或纯属报刊消息性质的社会新闻。政治演说和诉讼过程中发表的言论是否全部或部分地排除于保护之外，由同盟各成员国国内立法规定。公开发表的讲课、演说或其他同类性质的作品，如为新闻报道的目的，在哪些条件下可由报刊登载、进行广播或向公众传播以及公开传播，也由同盟各成员国国内立法予以规定。

3.《伯尔尼公约》保护的权利主体

《伯尔尼公约》保护的权利主体为文学和艺术作品的作者，对作者作品的保护分以下两种情况：

（1）作者是同盟国家国民的，其作品无论是否已经出版，都应受到保护。非《伯尔尼公约》成员国国民的惯常住所如果在一个成员国国内，也视为享有成员国国民的待遇。由此可见，《伯尔尼公约》对于同盟成员国国民作品的保护实行自动保护原则，在作品完成时自动享有版权。

（2）作者为非同盟成员国国民的，其作品首次在一个同盟成员国出版，或在一个非同盟成员国和一个同盟成员国同时出版的，也应受到保护。一个作品在首次出版后30天内如果在两个或两个以上国家出版，该作品应视为同时在几个国家出版。戏剧、音乐戏剧或电影作品的表演，音乐作品的演奏，文学作品的公开朗诵，文学或艺术作品的有线传播或广播，美术作品的展出和建筑作品的建造不构成出版。从上述规定可以看出，《伯尔尼公约》对于非同盟国家国民的作者作品的保护没有采用自动保护原则，而是以出版为前提条件。

即使不具备上述条件，下列作者也适用《伯尔尼公约》的保护：制片人的总部或惯常住所在同盟成员国内的电影作品的作者；建造在同盟成员国内的建筑作品或构成同盟成员国内建筑物一部分的平面和立体艺术作品的作者。

4. 国民待遇原则和版权保护独立原则

国民待遇原则是指作者在作品起源国以外的成员国享有各该国法律现在和将来可能给予其本国国民的权利以及《伯尔尼公约》特别授予的权利。享有和行使这些权利不需要履行任何手续，也不论作品起源国是否给予保护。《伯尔尼公约》的上述规定体现了版权保护独立的原则。作者在其他成员国享有与该国国民同样的待遇和《伯尔尼公约》特别规定的权利，并不以作品起源国给予保护为前提条件。作品在起源国的保护与在其他成员国的版权保护是相互独立、互不干涉的。

对作者作品的保护程度以及为保护作者权利而向其提供的补救方法由被要求给予保护的国家的法律作出规定。起源国的保护由起源国的法律规定。如作者不是起源国国民，但其作品受《伯尔尼公约》保护，则该作者在该国仍享有与本国作者相同的权利。

5. 限制保护原则

任何非同盟成员国如未能充分保护同盟某一成员国国民作者的作品，成员国可对首次出版时系该非同盟成员国国民而又不在成员国内有惯常住所的作者的作品的保护加以限制。如首次出版国利用这种权利，则同盟其他成员国对由此而受到特殊待遇的作品也无须给予比首次出版国所给予的更广泛的保护。但是，上述任何限制不影响在此种限制实施之前作者在同盟任一成员国出版的作品已经获得的权利。

6. 作者的精神权利

作者对其作品享有精神权利。作者的精神权利不受作者经济权利的影响，在经济权利转让之后，作者仍享有要求其作品作者身份的权利（即署名权），并有权反对对其作品的任何有损其声誉的歪曲、割裂或其他更改以及其他损害行为。

作者的人身权利在其死后应至少保留到作者经济权利期满为止，并由被请求给予保护的国家的本国法所授权的人或机构行使。例如，自然人作者通常由其继承人行使。为保障作者精神权利而采取的补救方法由被要求给予保护的国家的法律予以规定。

7. 作者的经济权利

《伯尔尼公约》赋予作者以下经济权利：

（1）翻译权。即在对原作享有权利的保护期间，享有翻译和授权翻译其作品的专有权利。

（2）复制权与合理使用。即享有授权以任何方式和采取任何形式复制作品的专有权利。同盟成员国法律可以允许在某些特殊情况下复制作者的作品，但这种复制不得损害作品的正常使用，也不能侵害作者的合法利益。所有录音或录像都构成复制。从一部合法公之于众的作品中摘出引文，包括以报刊提要形式引用报纸期刊的文章，只要属于合理使用，并在正当需要范围内，属于合法。同盟成员国法律以及成员国之间现有或将来签订的特别协议可以规定，可以合法地通过出版物、无线电广播或录音录像使用文学艺术作品作为教学解说的权利，只要是在正当需要范围内使用，并属于合理使用。上述摘引和使用应说明出处，如原出处有作者姓名，也应同时说明。同盟各成员国的法律可以允许通过报刊、广播或对公众有线传播，复制发表在报纸、期刊上的讨论经济、政治或宗教的时事性文章或具有同样性质的已经广播的作品，但以对这种复制、广播或有线传播并未明确予以保留的为限，同时还要说明出处。违反该义务的法律责任由被要求给予保护的国家作出规定。在用摄影或电影手段或通过广播或对公众有线传播报道时事新闻时，在事件过程中看到或听到的文学艺术作品在为报道目的正当需要范围内予以复制和公之于众的条件，也由同盟各成员国的法律规定。对作品的侵权复制品，在作品受法律保护的同盟成员国应予扣押，扣押按各国法律实行。

(3) 广播权。即授权广播其作品或以任何其他无线传送符号、声音或图像的方法向公众传播其作品；授权由原广播机构以外的另一机构通过有线传播或转播的方式向公众传播广播作品；授权通过扩音器或其他任何传送符号、声音或图像的类似工具向公众传播广播作品。行使以上权利的条件由同盟成员国的法律规定，但这些条件的效力严格限于对此作出规定的国家。在任何情况下，这些条件不应有损于作者的精神权利，也不应有损于作者获得合理报酬的权利。此外，上述权利不意味着授权利用录音或录像设备录制广播作品。但同盟成员国法律可以确定一广播机构使用自己的设备并为自己播送之用而临时录制的规定。同盟成员国法律也可以由于这些录制品具有特殊文献性质而批准由国家档案馆保存。

(4) 朗诵权。即授权公开朗诵其作品，包括用各种手段或方式公开朗诵，授权用各种手段公开播送其作品的朗诵。

(5) 改编权。即享有授权对其作品进行改编、音乐改编和其他变动的专有权利。

(6) 录制权。即成员国可就其本国情况，对音乐作品作者及允许其歌词与音乐作品一同录音的歌词作者授权对上述音乐作品以及有歌词的音乐作品进行录音的专有权利规定保留及条件。但这类保留及条件的效力严格限于对此作出规定的国家，而且在任何情况下均不得损害作者获得在没有协议情况下由主管当局规定的合理报酬的权利。录音制品如未经有关方面批准进口，视此种录音为侵权录音制品的国家可予扣押。

(7) 电影权。即授权将作品改编或复制成电影以及发行经过如此改编或复制的作品，授权公开表演、演奏以及向公众有线传播经过如此改编或复制的作品。根据文学或艺术作品制作的电影作品以任何其他艺术形式改编，在不妨碍电影作品作者授权的情况下，仍须经原作作者授权。在不损害已被改编或复制的作品的版权的情况下，电影作品应作为原作受到保护。电影作品版权所有者享有与原作作者同等的权利。电影作品版权的所有者的确定依照被要求给予保护的国家的法律。然而，在其法律承认参加电影作品制作的作者应属于版权所有者的同盟成员国内，这些作者如果应允参加此项工作，除非有相反或特别规定，不能反对对电影作品的复制、发行、公开表演、演奏、向公众有线传播、广播、公开传播、配制字幕和配音。应允形式是否应是一项书面合同或一项相当的文书应由电影制片人总部或惯常住所所在的同盟成员国法律加以规定。但是，被要求给予保护的同盟成员国法律可以规定这一应允应以书面合同或相当的文书形式。

(8) 公演权。即戏剧作品、音乐戏剧作品和音乐作品的作者享有授权公开表演和演奏其作品，包括用各种手段和方式公开表演和演奏，授权用各种手段公开播送其作品的表演和演奏。戏剧作品或音乐戏剧作品的作者在享有对其原作的权利的整个期间，应享有对其作品的译作的同等权利。除了上述权利之外，公约还规定，对于艺术作品原作和作家与作曲家的手稿，作者或作者死后由国家法律所授权的人或机构享有不可剥夺的权利，在作者第一次转让作品之后对作品进行的任何出售中分享利益。只有在作者本国法律承认这种保护的情况下，才可在同盟成员国要求该保护，而且保护程度应限于被要求给予保护的国家的法律允许的程度。分享利益的方式和比例由各国法律确定。

8. 对作品的最低保护期限

《伯尔尼公约》对于保护期限的规定是对成员国的最低要求,同盟成员国有权给予比上述保护期限更长的保护期。

《伯尔尼公约》规定,一般作品的保护期限为作者有生之年及其死后 50 年。特殊作品的保护期限分别是:

(1) 电影作品的保护期限是在作者同意下自作品公之于众后 50 年期满。如自作品完成后 50 年内尚未公之于众,则自作品完成后 50 年期满。

(2) 不具名作品和假名作品的保护期自其合法公之于众之日起 50 年。但根据作者采用的假名可以确定作者身份时,保护期为作者有生之年及其死后 50 年内。如不具名作品或假名作品的作者在公之于众后 50 年内公开其身份,保护期为作者有生之年及其死后 50 年内。同盟成员国没有义务保护有充分理由推定其作者已死去 50 年的不具名作品或假名作品。

(3) 摄影作品和作为艺术作品保护的实用艺术作品的保护期限由同盟成员国的法律规定,但这一期限不应少于自该作品完成之后算起的 25 年。作者死后的保护期和电影作品、匿名作品、假名作品、摄影作品、实用艺术作品的保护期限从其死亡或规定事件发生之时开始,但该期限应从死亡或规定事件发生之后次年的 1 月 1 日开始计算。

上述保护期限也适用于合作作者共有的作品,但作者死后的保护期应从最后死亡的作者死亡时算起。

(三) 商标国际注册马德里体系

由于《巴黎公约》对工业产权的保护只作了原则规定,特别是在程序问题上没有作出规定,因此,为统一各国的商标注册程序,一些国家根据《巴黎公约》第 19 条的规定,[①]于 1891 年 4 月 14 日在西班牙首都马德里签订了《商标国际注册马德里协定》(Madrid Agreement Concerning the International Registration of Marks,简称《马德里协定》)。该协定于 1892 年生效,1900 年、1911 年、1925 年、1934 年、1957 年、1967 年和 1979 年又进行了修改。《马德里协定》简化了国际注册手续。成员国申请人在其所属国办理商标注册后,只需使用一种语言(法语)向 WIPO 国际局提出注册申请并缴纳费用,就可以在其他成员国获得商标保护。然而,由于《马德里协定》规定的审查程序过于简单,有些国家不愿参加。为了适应未加入《马德里协定》国家的国内立法状况,使更多国家采用商标国际注册程序,在 WIPO 的努力下,1989 年 6 月 27 日,一些国家在西班牙首都马德里召开的外交大会上,通过了《商标国际注册马德里协定有关议定书》(简称《议定书》),1996 年 4 月 1 日生效。《议定书》与《马德里协

---

① 《巴黎公约》第 19 条规定,公约成员国保留相互间分别签订关于保护工业产权专门协定的权利,只要这些协定与本公约的规定不相抵触。

定》共同构成商标国际注册的马德里体系。① 《议定书》的参加国与《马德里协定》的参加国共同组成“马德里联盟”。我国分别于 1989 年 10 月 4 日和 1995 年 12 月 1 日成为《马德里协定》和《议定书》的缔约国。

虽然《议定书》以《马德里协定》为基础制定，但是，两个公约各自独立。此外，一些国家还签署了《商标国际注册马德里协定和议定书共同实施细则》。

1.《马德里协定》

1979 年的《马德里协定》文本共有 18 条，主要规定了以下程序方面的内容：

（1）接受申请的机构。任何缔约国国民都可以通过所属国的注册当局向 WIPO 国际局提出商标注册申请，以便在《马德里协定》其他参加国取得其已在所属国注册的用于商品或服务项目的标记的保护。

（2）对非成员国国民的国民待遇原则。非成员国国民在联盟领土内有永久住所或真实的、正当的工商业营业所的，享有与缔约国国民同样的待遇。

（3）国际注册的申请。每一个国际注册申请必须用规定的格式提出，商标所属国的注册当局应证明该申请中的具体项目与本国注册簿中的具体项目相符，并说明商标在所属国的申请和注册日期、号码及申请国际注册的日期。申请人应说明要求商标保护的商品或服务项目，如果可能，也应说明其根据《商标注册商品和服务项目国际分类尼斯协定》所属的相应类别。

（4）国际注册的效力。从在国际局有效注册日开始，商标在每个缔约国应视同该商标直接在各该国提出注册。办理国际注册的商标都享有《巴黎公约》规定的优先权，而不必再履行有关手续。如某一商标已在一个或更多缔约国提出注册，后来又以同一所有人或其权利继承人的名义经国际局注册，该国际注册视为已代替原先的国家注册，但不损及基于原先注册的既得权利。

（5）国际注册的有效期。在国际局注册的商标有效期为 20 年，并可续展，期限自上一次期限届满时算起为 20 年。对国际注册的续展还可给予 6 个月的宽限期。

---

① 除该体系外，WIPO 于 1994 年 10 月 27 日在日内瓦主持签署了《商标法条约》（Trademark Law Treaty），1996 年 8 月 1 日生效。《商标法条约》的最初目标在于协调各国的商标法律制度，但是，由于实体规定的谈判非常艰难，因此，《商标法条约》主要规定了程序方面的内容，包括申请书内容、申请日期、多个类别的商品和/或服务提出的单项注册、申请和注册的分解、商品和/或服务的分类、变更名称或地址、变更所有权、更正错误、注册期限及续展、拟驳回时的意见表达、服务商标等内容。《商标法条约》要求各缔约方遵守《巴黎公约》中有关商标的条款。《商标法条约》适用与由视觉标志构成的商标，但只有接受立体商标注册的缔约方才有义务将条约适用于立体商标。适用于与商品或服务有关的标志（商品商标或服务商标）或与商品和服务两者有关的标志。不适用于全息商标和不含视觉标志的商标，尤其是音响商标和嗅觉商标，也不适用于集体商标、证明商标和保证商标。此外，1973 年 6 月在维也纳召开的工业产权外交会议上还签订了《商标注册条约》，1980 年 8 月 7 日生效。该条约旨在弥补《马德里协定》的不足。条约对商标国际注册申请的规定比《马德里协定》简单。申请人可以直接将申请提交 WIPO 国际局。而且，申请人的范围比《马德里协定》广泛，包括成员国国民和在成员国内有住所或营业所的人，也包括非成员国的发展中国家的国民。该条约也不要求商标必须在原属国注册作为申请国际注册的前提条件。同时也不受在注册 5 年内本国商标注册被撤销的影响。即使本国商标注册被撤销，在其他成员国注册的商标仍然有效。

(6) 国际注册的独立性。自国际注册的日期开始满5年时，国际注册即与在所属国原先注册的国家商标无关。但是，自国际注册日期开始5年内，在所属国原先注册的国家商标已全部或部分不再享受法律保护时，国际注册所得到的保护，不论其是否已经转让，也全部或部分不再产生权利。当5年期限届满前因引起诉讼而导致停止法律保护，国际注册也同样不再产生权利。

(7) 国际保护的放弃。以自己名义取得国际注册的人，可在任何时候放弃在一个或更多的缔约国的保护。在行使放弃权时，应向其本国注册当局提出声明，要求通知国际局，国际局再依此通知保护已被放弃的国家。

(8) 所有人国家变更引起的国际商标的转让。当在国际注册簿上注册的一个商标转让给一个缔约国的人，而该缔约国不是此人以其自己名义取得国际注册的国家时，后一国家的注册当局应将该转让通知国际局。如果转让是在国际注册后未满5年内进行，国际局还应征得新所有人所属国的注册当局的同意。凡将国际注册簿上注册的商标转让给一个无权申请国际商标注册的人，不予以登记。

2.《商标国际注册马德里协定有关议定书》

《商标国际注册马德里协定有关议定书》共有16条。在《马德里协定》的基础上制定，许多方面都进行了重要修改。这些重要修改体现在以下方面：

(1) 申请商标国际注册的条件放宽。当一项商标注册申请已提交缔约方当局或一个商标已在缔约方当局注册簿注册时，该项基础申请的申请人或该项基础注册的所有人，可通过在WIPO国际局的注册簿获准注册该商标，并取得该商标在缔约国或联盟领土内的保护。国际注册申请应酌情通过受理基础申请或注册基础注册的局向国际局提出。

(2) 国际注册的有效期缩短。在国际局注册的商标有效期为10年，并可自届满起再续展10年。国际注册自注册之日起5年期满后，即分别与其基础申请或原注册，或者基础注册相独立。但是，在注册之日起5年期满前，如果基础申请、原注册或基础注册在指定的全部或部分商品和服务上分别被撤回、失效、放弃或最终驳回、撤销、注销或被宣布无效，无论其是否全部转让，也不能再要求国际注册给予的保护。

(四)《世界版权公约》

《世界版权公约》(Universal Copyright Convention, UCC)是在联合国教科文组织(UNESCO)的主持下，于1952年9月6日在瑞士日内瓦召开的政府间代表会议上签订，1955年9月16日生效，1971年7月24日在巴黎进行了修改。我国于1992年10月30日成为公约的缔约国。

《世界版权公约》只有21条。与《伯尔尼公约》相比，两者有许多相同规定，但也存在很多差异。

《世界版权公约》主要规定了以下内容：

1.《世界版权公约》保护的客体

《世界版权公约》第1条规定："各成员国应对文学、科学、艺术作品，包括文字、音乐、戏剧和电影作品,以及绘画、雕刻和雕塑作品的作者及其他版权所有者的权利,提供充分有效的保护。”与《伯尔尼公约》相比,上述保护客体较少,其目的是鼓励知识产权保护水平较低的国家加入该公约。

2. 国民待遇原则

《世界版权公约》第 2 条规定:“(一) 任何缔约国国民出版的作品及在该国首先出版的作品,在其他各缔约国中,均享有与那一国家给予其本国国民与本国首先出版之作品的同等保护,也享有本公约特许之保护。(二) 任何缔约国国民未出版的作品,在其他各缔约国中,享有同该国给予其国民未出版之作品的同等保护,也享有本公约特许之保护。(三) 为实施本公约,任何缔约国可依本国法律将寄居该国的任何人看作本国国民。”第 3 条规定:“……(四) 缔约各国应有法律措施保护其他各缔约国国民尚未出版之作品,而无须履行手续。”

根据上述规定,国民待遇体现在以下方面:(1) 已出版作品。任何缔约国国民出版的作品及在该国首先出版的作品,在其他各缔约国均享有与该缔约国给予其本国国民在本国首先出版之作品的同等保护以及该公约特许的保护。(2) 未出版作品。任何缔约国国民未出版的作品,在其他各缔约国享有该缔约国给予其国民未出版之作品的同等保护以及该公约特许的保护。各缔约国应规定法律措施保护其他各缔约国国民尚未出版的作品,而无须履行手续。

3. 允许实行非自动保护的原则

任何缔约国依其国内法要求履行手续作为版权保护条件的,对于在该国境外首次出版而其作者又非本国国民的一切作品,只要经作者或版权所有者授权出版的作品的所有各册自首次出版之日起,标有©的符号并注明版权所有者姓名、首次出版年份等,就视为符合上述履行程序要求。从上述规定可以看出,《世界版权公约》为了吸引更多国家参加,没有将自动保护作为各缔约国的最低义务,而是允许各缔约国对版权的保护设定程序性的条件。

4. 保护期限

《世界版权公约》规定的作品的保护期限比《伯尔尼公约》短,即不少于作者有生之年及其死后的 25 年。任何缔约国对某一作品给予的保护期限,均不长于有关缔约国(如果是未出版的作品,则指作家所属的缔约国;如果是已出版的作品,则指首先出版作品的缔约国)的法律对该作品所属的同类作品规定的保护期限。

5. 作者的经济权利

与《伯尔尼公约》相比,《世界版权公约》没有规定作者的人身权利。对作者经济权利的规定也非常简单。该公约规定,作者有准许以任何方式复制、公演及广播等专有权利。其中,对翻译权的规定比较详细。

从《世界版权公约》的规定可以看出,尽管在该公约签订并生效之前,已经有《伯尔尼公约》对版权的国际保护予以规范,使国际上形成了两大版权保护体系,但是,《世界版权公约》对版权的保护水平明显低于《伯尔尼公约》,因此,更加适合发展中国家和最不发达国家加入,为版权保护尚达不到或不愿达到高水平的国家提供了一种选择。

（五）《保护表演者、录音制品制作者和广播组织国际公约》

《保护表演者、录音制品制作者和广播组织国际公约》(International Convention for the Protection of Performers, Producers of Phonograms and Broadcasting Organizations，简称《罗马公约》)是有关邻接权保护的第一个国际公约，它是在国际广播组织的推动下，由 WIPO、国际劳工组织和联合国教科文组织共同发起，于 1961 年 10 月 26 日在罗马签订，1964 年 5 月 18 日生效。它只对《伯尔尼公约》或《世界版权公约》的缔约国开放，中国未加入此公约。[①]

《罗马公约》规定了以下主要内容：

1. 与其他公约的关系

由于《伯尔尼公约》和《版权公约》对文学和艺术作品给予版权保护，而表演者、录音制品制作者和广播组织属于作品的传播者，因此，对后者的保护必须建立在对文学和艺术作品作者的保护基础上。公约第 1 条规定，公约的规定不影响对文学和艺术作品的版权保护。

2. 《罗马公约》的保护对象

《罗马公约》保护表演者、录音制品制作者和广播组织的权利。此外，任何缔约国也可将该公约提供的保护扩大到不是表演文学或艺术作品的艺人。

3. 国民待遇

《罗马公约》第 2 条规定："（一）在本公约中，国民待遇指被要求给予保护的缔约国的国内法律给予：（甲）其节目在该国境内表演、广播或首次录制的身为该国国民的表演者的待遇；（乙）其录音制品在该国境内首次录制或首次发行的身为该国国民的录音制品制作者的待遇；（丙）其广播节目从设在该国领土上的发射台发射的总部设在该国境内的广播组织的待遇。（二）国民待遇应服从本公约具体给予的保护和具体规定的限制。"

（1）给予表演者国民待遇的条件。《罗马公约》第 4 条规定："只要符合下列条件之一，缔约各国应当给予表演者以国民待遇：（甲）表演是在另一缔约国进行的；（乙）表演已被录制在受本公约第五条保护的录音制品上；（丙）表演未被录制成录音制品，但在受本公约第六条保护的广播节目中播放。"

（2）给予录音制品制作者国民待遇的条件。《罗马公约》第 5 条规定："（一）只要符合下列条件之一，缔约各国应当给予录音制品制作者以国民待遇：（甲）录音制品制作者是另一个缔约国的国民（国民标准）；（乙）首次录音是在另一个缔约国制作的（录制标准）；（丙）录音制品是在另一个缔约国首次发行的（发行标准）。（二）如果某种录音制品是在某一非缔约国首次发行的，但在首次发行后三十天内也在某一缔约国发行（同时发行），则该录音制品应当认为是在该缔约国首次发行。"

（3）给予广播组织国民待遇的条件。《罗马公约》第 6 条规定："只要符合下列两项条件之一，缔约各国就应当给予广播组织以国民待遇：（甲）该广播组织的总部设在另一缔约国；（乙）广播节目是由设在另一缔约国的发射台播放的。"

---

① http://www.wipo.org/treaties/documents/english/word/k-rome.doc，访问时间：2018-09-20.

4. 对表演者的特别保护

(1)《罗马公约》禁止未经表演者同意的下列行为:① 广播和向公众传播其表演,但是,如果该表演本身就是广播演出或出自录音、录像者例外;② 录制其未曾录制过的表演;③ 复制其表演的录音或录像。

(2) 如果广播是经表演者同意的,则应防止转播。防止为广播目的的录音、录像,以及防止为广播目的的此类录音、录像的复制,应当由要求其保护的缔约国的国内法律规定。广播组织使用为广播目的而制作的录音录像的期限和条件也应当根据要求其保护的缔约国的国内法律确定。

如果若干表演者参加同一项表演,任何缔约国均可根据本国法律明确指出表演者在行使权利方面确定代表的方式。

5. 对录音制品作者的特别保护

《罗马公约》给予如下方面的保护:(1) 复制权。录音制品制作者应当有权授权或禁止直接或间接复制其录音制品。(2) 版权标记。对于录音制品,如果某缔约国根据其国内法律要求履行手续作为保护录音制品制作者或表演者或二者的权利的条件,只要已经发行的录音制品的所有供销售的复制品上或其包装物上载有包括符号Ⓟ和首次发行年份的标记,并且标记的方式足以使人注意到对保护的要求,就应当认为符合手续;如果复制品或其包装物上没有注明制作者或制作者的许可证持有者(载明姓名、商标或其他适当的标志),则标记还应当包括制作者权利所有者的姓名。此外,如果复制品或其包装物上没有注明主要表演者,则标记还应当包括在制作这些录音的国家内拥有此种表演者权利的人的姓名。(3) 报酬权。如果某种为商业目的发行的录音制品或录音制品的复制品直接用于广播或任何向公众的传播,使用者则应当付一笔总的合理的报酬给表演者,或录音制品制作者,或付给二者。

6. 对广播组织的特别保护

广播组织应当有权授权或禁止:转播其广播节目;录制其广播节目;复制未经其同意而制作其广播节目的录音或录像;向公众传播电视节目,并且该传播在收门票的公共场所进行。行使上述权利的条件由被要求保护的缔约国法律确定。

7. 保护期限

《罗马公约》给予的保护期限至少应当为20年,其计算始于:对录音制品和录制在录音制品上的节目,录制年份的年底;对未被录制成录音制品的节目,表演年份的年底;对广播节目,开始广播的年份的年底。

8. 例外规定

缔约国可以在下列情况下,对《罗马公约》规定的保护作出例外规定:(1) 私人使用;(2) 在时事报道中少量引用;(3) 某广播组织为了自己的广播节目利用自己的设备暂时录制;(4) 仅用于教学和科学研究之目的。此外,任何缔约国对于表演者、录音制品制作者和广播组织的保护,可以在其国内法律中作出与对文学和艺术作品的版权保护的同样的限制。

从《罗马公约》的规定可以看出:(1) 该公约赋予了保护表演者以广播权、向公众传播权、录制权、复制权、报酬权；(2) 赋予了录音制品制作者复制权和报酬权；(3) 赋予了广播组织转播权、复制权、录制权和向公众传播权。但是，由于该公约制定较早，没有涉及数字环境下的上述权利的保护。

（六）《建立世界知识产权组织公约》

《巴黎公约》和《伯尔尼公约》生效后，其成员国分别组成了“巴黎联盟”和“伯尔尼联盟”，分别管理两个公约。1893 年，上述两个联盟的国际局合并为“保护工业产权和文学艺术产权联合国际局”，负责管理上述两个公约及其专门协定。联合国于 1945 年成立后，为使该国际局脱离瑞士联邦政府而独立成为联合国的专门机构，《巴黎公约》和《伯尔尼公约》的成员国于 1967 年 7 月 14 日在斯德哥尔摩签署了《建立世界知识产权组织公约》(Convention Establishing the World Intellectual Property Organization)，1970 年 4 月 26 日该公约生效，世界知识产权组织(WIPO)成立，总部和国际局设在日内瓦。我国于 1980 年 6 月 3 日成为公约成员国。这也是我国参加的第一个知识产权国际公约。为了提高公众对知识产权的认识，中国与阿尔及利亚在 1999 年的 WIPO 成员国大会上，提出设立“世界知识产权日”的建议，并在 2000 年的成员国大会上获得通过。从 2001 年起，每年的 4 月 26 日作为“世界知识产权日”。

WIPO 成立以后，在缔结知识产权条约方面成效突出。1967 年以后，在 WIPO 的主持下已经缔结了 20 多个国际条约。① 由于 WIPO 在世界知识产权保护中所起的重要作用，从 1974 年起，WIPO 成为联合国下属的专门机构之一。

《建立世界知识产权组织公约》共有 21 条，主要规定了以下事项：

1. “知识产权”的范围

该公约第 2 条规定：“‘知识产权’包括：关于文学、艺术和科学作品的权利；关于表演艺术家的演出、录音和广播的权利；关于人们努力在一切领域的发明的权利；关于科学发现的权利；关于工业品式样的权利；关于商标、服务商标、厂商名称和标记的权利；关于制止不正当竞争的权利；以及在工业、科学、文学或艺术领域里一切来自知识活动的其他权利。”上述知识产权的范围已为世界上大多数国家所采纳。

2. 成立世界知识产权组织

《建立世界知识产权组织公约》第 3 条规定：“本组织的宗旨是：(1) 通过各国间的合作，并与其他有关国际组织适当配合，促进在全世界保护知识产权；(2) 保证各联盟间的行政合作。”

---

① 如《保护录音制品制作者禁止未经许可复制其录音制品的日内瓦公约》《保护奥林匹克会徽内罗毕公约》《关于集成电路知识产权公约》《商标法条约》《发送卫星传输节目信号布鲁塞尔公约》《版权条约》《表演和录音制品公约》《专利合作条约》《国际承认用于专利程序的微生物保藏布达佩斯条约》《商标国际注册马德里协定》《关于商标国际注册马德里协定的议定书》《保护原产地名称及其国际注册里斯本协定》《工业品外观设计国际保存海牙协定》《国际专利分类特拉斯堡协定》《商标注册用商品和服务国际分类尼斯协定》《建立商标图形要素国际分类维也纳协定》《建立工业品外观设计国际分类洛迦诺协定》等。参见汤宗舜著：《知识产权的国际保护》，人民法院出版社 1999 年版，第 29 页。

WIPO 的主要职责是：采取并改进各种办法，促进全世界对知识产权的有效保护，并协调在知识产权领域的国内立法，管理知识产权方面的国际条约等。

WIPO 总部设在瑞士日内瓦，设有大会、成员国会议、协调委员会、国际局和秘书处。其中，大会是最高权力机构。协调委员会是大会和成员国会议的执行机构。国际局和秘书处是常设机构，总干事负责全部工作。目前，WIPO 国际局管理着知识产权领域的大约 20 多项条约，但也有部分条约由其他国际组织管理。例如，《世界版权公约》由联合国教科文组织管理，《保护表演者、录音制品制作者和广播组织国际公约》由 WIPO 和国际劳工组织、联合国教科文组织共同管理，《与贸易有关的知识产权协定》由 WTO 管理。

（七）《保护录音制品制作者禁止未经许可复制其录音制品公约》

由于 1961 年签订的《保护表演者、录音制品制作者和广播组织国际公约》（《罗马公约》）对于表演者、录音制作者和广播组织的保护范围比较广泛，限制了许多国家的参加。此外，该公约没有授予录音制作者有权禁止销售和进口未经许可而复制的录音制品的权利，加上非法盗版复制录音制品的活动日益猖獗，为了加强对录音制作者的权利保护，一些国家又于 1971 年 10 月 29 日在日内瓦签订了《保护录音制品制作者禁止未经许可复制其录音制品公约》（Convention for the Protection of Producers of Phonograms Against Unauthorized Duplication of Their Phonograms，简称《录音制品公约》或《日内瓦公约》）。该公约于 1973 年生效。中国于 1993 年 4 月 30 日加入该公约。

该公约专用于保护录音制作者的权利。但值得注意的是，《录音制品公约》没有规定国民待遇原则，也没有要求各国实行统一的保护方式。因此，《录音制品公约》对各缔约国的要求也是最低的。

《录音制品公约》共有 13 条，主要规定了以下内容：

1. 保护录音制品制作者的义务

该公约第 2 条规定："各缔约国应当保护其他缔约国国民的录音制品制作者，防止未经录音制品制作者同意而制作复制品和防止此类复制品的进口，只要任何此种制作或进口的目的是为了公开发行，以及防止公开发行此类复制品。"

《录音制品公约》没有涉及《罗马公约》规定的录音制作者对其录音制品享有的公开传播权和播放权等，也没有涉及数字环境下的录音制品制作者权利的保护。

2. 义务的履行方式

履行公约义务的方式由各缔约国规定，可以包括以下一种或多种方式：（1）通过授予版权或其他专项权利的方式保护；（2）通过有关不正当竞争的法律保护；（3）通过刑事制裁的方式保护。

3. 保护期限

给予保护的期限由各缔约国国内法律予以规定。但是，如果国内法律规定一具体保护期，该保护期不应短于自录音制品载有的声音首次被固定之年年底起，或从录音制品首次出版之年年底起 20 年。

4. 允许非自动保护

如果一缔约国依照其国内法律要求以履行手续作为保护录音制品制作者的条件,只要公开发行的经授权的录音制品的所有复制品或其包装物载有(P)标记并标有首次出版年份,而且标记的部位足以使人注意到保护的要求,则视为履行了手续要求。如果复制品或其包装物上未(通过载有其姓名、商标或其他适当标识)注明制作者、其合法继承人或专有许可证持有人,标记还应当包括制作者和其合法继承人或专有许可证持有人的姓名。

5. 保护限制与强制许可

任何通过版权或其他专项权利的方式或通过刑事制裁的方式提供保护的缔约国,可以在其国内法律中对录音制品制作者的保护作出与允许对文学和艺术作品作者的保护所作的相同限制。但是,只有在下列条件下,才允许颁发强制许可证:(1) 复制品仅用于教学和科学研究的目的;(2) 许可证仅适用于在颁发许可证的主管当局管辖的领土内进行的复制,不适用于复制品的出口;(3) 根据许可证制作复制品,应支付由上述主管当局考虑要制作的复制品的数量和其他因素而确定的合理报酬。

(八)《专利合作条约》

《专利合作条约》(Patent Cooperation Treaty,PCT)是在遵循《巴黎公约》基本原则的基础上,于 1970 年 6 月 19 日在美国首都华盛顿缔结的有关专利申请的国际性公约。该公约于 1978 年 6 月 1 日生效,之后又于 1979 年、1984 年和 2001 年修订。[①]《专利合作条约》是封闭性条约,只有《巴黎公约》成员国方可加入。加入该公约的国家组成"国际专利合作联盟"。我国于 1994 年 1 月 1 日正式成为公约缔约国。此外,一些国家还于 1970 年 6 月 19 日通过了《专利合作条约实施细则》,该细则先后进行多次修改。实施细则主要对申请人资格、国际检索局应当使用的资料等作了详细规定,以减少各成员国在实施条约时可能产生的分歧。

《专利合作条约》是一个有关专利申请的受理及审查程序方面的国际公约,没有涉及实体问题。

《专利合作条约》共有 69 条,主要规定了以下内容:

1. 国际申请

在任何一个缔约国提出的保护发明的申请都可以向受理局提出国际申请。国际申请应包括请求书、说明书、一项或几项权利要求、一幅或几幅附图(需要时)和摘要。缔约国的任何居民或国民均可提出国际申请。联盟大会可以决定,允许《巴黎公约》缔约国但不是《专利合作条约》缔约国的居民或国民提出国际申请。受理局是指受理国际专利申请的国家专利局或政府间组织。中国专利局自加入该公约之后,也成为受理局之一。

2. 国际检索

每一国际申请都应经过国际检索,以发现有关的已有技术。国际检索由国际检索单位

---

① 2001 年,《专利合作条约》第三十次成员国联盟大会通过了修改该条约第 22 条的决定。根据该决定,自 2002 年 4 月 1 日起,国际申请进入国家阶段的期限由自优先权日起 20 个月改为自优先权起 30 个月。

进行。国际检索单位由国际专利合作联盟大会委任,可以是一个国家专利局或是一个政府间组织。国际检索单位检索后应撰写检索报告,转交申请人和国际局。申请人在收到国际检索报告后,有权在规定时间内向国际局提出修改意见,修改国际申请中的权项。

3. 国际公布

从国际申请的优先权日期算起满 18 个月,国际局应公布国际申请。如果国际申请在其公布的技术准备完成以前被撤回或被认为撤回,则不进行国际公布。

4. 国际初步审查

经申请人要求,其国际申请应按规定接受国际初步审查。对国际初步审查的要求应与国际申请分别提出。国际初步审查由国际初步审查单位进行,并在规定时间内按规定形式写成国际初步审查报告,转交给申请人和国际局。国际初步审查的目的是对申请专利的发明是否新颖、是否涉及创造性和是否在工业上适用等问题提出初步的无约束力的意见。

客观而言,《专利合作条约》简化了成员国国民在其他成员国范围内申请专利的手续,减轻了各成员国专利局的工作量,同时也使缺乏审查能力的国家能够实现实质性审查要求。

(九)《与贸易有关的知识产权协定》

20 世纪 80 年代以来,世界经济、科技全球化和世界贸易自由化进程的加快,使贸易问题与知识产权保护问题之间的关系日益密切。虽然已经签订的有关保护知识产权的一系列国际公约对于知识产权的国际保护起到了重要作用,但也存在许多问题。首先,几乎所有的知识产权公约未能很好地对争议解决问题作出切合实际的规定。一旦成员国之间发生知识产权纠纷,只能谈判或向国际法院提起诉讼。其次,很多知识产权公约缔结时间较早,已不能适应当今国际贸易和技术发展的需要,必须对知识产权进行高水平的保护。除上述原因之外,还有很多因素,如知识产权公约的约束力有限、保护范围有限、各国国内立法规定差异较大、有的国家甚至还未订立保护知识产权的法律等,这些因素都成为各国日益关注知识产权问题的重要原因。于是,关税与贸易总协定在 1986 年 9 月乌拉圭回合谈判初的埃斯特角宣言中,将与贸易有关的知识产权(包括冒牌货贸易问题)谈判作为重要议程,并在 1993 年 12 月乌拉圭回合闭幕时达成包括《与贸易有关的知识产权协定》(Agreement on Trade-Related Aspects of Intellectual Property Rights,简称 TRIPS 协定)在内的多个协议,1995 年 7 月 1 日协定生效。

TRIPS 协定的签订,旨在确保知识产权措施及程序的实施对合理贸易不造成任何障碍,并建立解决国际贸易中冒牌商品问题的原则(TRIPS 协定也称《与贸易有关的(包括冒牌货贸易的)知识产权协定》),通过多边程序达成强有力的约定,以解决与贸易有关的知识产权问题的争议等。

TRIPS 协定是一个高标准的国际条约,这个标准也是 WTO 成员在知识产权保护方面的最低标准,其内容在很大程度上反映了发达国家对知识产权保护的利益和要求,协议虽然规定了对发展中国家的过渡性安排,但对发展中国家利益的考虑仍然不够。其中规定的知识产权保护范围、标准、保护期限、实施措施、争端解决等内容超过了发展中国家的实际经济发展水平。但是客观而言,TRIPS 协定在实体法规定方面作出了详细规定,同时在程序法方面的规定也相当完善,TRIPS 协定是知识产权保护方面最全面的多边协定。

TRIPS 协定除序言外,有 73 个条款,其主要内容包括:

1. 总则和基本原则

(1) 义务的性质和范围。各成员方必须遵守 TRIPS 协定的各项规定。但是,各成员方没有义务实施比协定要求更广泛的保护。各成员方有权自由决定实施协议的适当办法。成员方应将协议中的规定适用于其他成员方的国民。

(2) 国民待遇。国民待遇是许多已有国际知识产权公约的基本原则,例如,《巴黎公约》《伯尔尼公约》《罗马公约》《世界版权公约》《表演和录音制品条约》等都规定了国民待遇原则。

TRIPS 协定也规定,成员方向其他成员方的国民就知识产权的保护提供的待遇不得低于它对本国国民所提供的待遇,但已在《巴黎公约》《伯尔尼公约》《罗马公约》和《关于集成电路知识产权条约》中规定的例外情况除外。表演者、唱片制作者或广播组织的义务只适用协定所规定的权利。任何成员如果有可能利用《伯尔尼公约》《罗马公约》的规定,必须事先通知与贸易有关的知识产权理事会。

(3) 最惠国待遇。与其他国际知识产权公约相比,最惠国待遇是 TRIPS 协定的特有原则,TRIPS 协定的高标准保护要求也表现在此。TRIPS 协定第 4 条规定:"在知识产权保护上,某一成员提供其他成员国民的任何利益、优惠、特权或豁免,均应立即无条件地适用于全体其他成员之国民。但一成员提供其他成员国民的任何下述利益、优惠、特权或豁免,不在其列:(a) 由一般性司法协助及法律实施的国际协定引申出且并非专为保护知识产权的;(b)《伯尔尼公约》1971 年文本或《罗马公约》所允许的不按国民待遇而按互惠原则提供的;(c) 本协议中未加规定的表演者权、录音制品制作者权及广播组织权;(d)《建立世界贸易组织协定》生效之前业已生效的知识产权保护国际协议中产生的,且已将该协议通知'与贸易有关的知识产权理事会',并对其他成员之国民不构成随意的或不公平的歧视。"

2. 知识产权的效力、范围及使用标准

(1) 版权及相关权利。各成员方必须遵守《伯尔尼公约》的规定。版权的保护应延伸到表达方式,而不包括思想、程序、操作方法或数学概念等。

计算机程序,无论是原代码还是目标代码,应作为文学作品保护。数据库或其他资料,无论是机器可读的或其他形式的,由于对内容的选编或汇制而构成了智力创造,也应加以保护。在计算机程序和摄影作品方面,成员方应规定作者及其合法继承人有权或有权禁止对其原作或其版权作品的副本对公众进行商业性出租。

著作的保护期限,除作者有生之年外,该期限从作品经授权出版之年底起开始不得少于 50 年,若作品创作后在 50 年内没有出版,则从作品创作之年年底算起,保护 50 年。

把演唱录制在唱片上,表演者应有权禁止下列未经其许可的行为:以无线方式广播和向公众播出其现场表演。唱片制作者享有准许或禁止对其唱片直接或间接翻录的权利。广播机构有权阻止下列未经其许可的行为:录制其广播及其复制品,通过无线电方式对其广播进行重播以及原样向公众播送电视广播。协议还规定对表演者和唱片制作者的有效保护期限,应从录制或节目表演当年年底开始至少为50年。广播组织的有效保护期为广播开始当年年底起至少20年。

(2) 商标。任何标记或任何标记的组合,能够将某一企业的商品或服务区别于其他企业的商品或服务,应能构成商标。如果标记没有固有的能够区别商品或服务的特征,各成员可以依靠使用获得的区别作出商标的可注册性。各成员可以将标志是否能为视觉显而易见作为注册的条件。

各成员可以根据使用进行注册,但实际使用并非是注册申请的条件。商品或服务的性质不应成为申请商标注册的障碍。成员方应在商标注册或注册后立即公告,并赋予其他成员方合理的时间申请撤销注册。注册商标的所有人拥有独占权,有权禁止所有未得到他允许的第三方使用与已获商标注册的商品、劳务相同或类似的标记。但上述权利不应损害任何现存的优先权利,也不应影响成员方有可能在已使用的基础上获得注册权。

商标首次注册和每次续展注册的期限不少于7年,商标注册允许无限展期。如以使用维持商标注册,只有不予使用的时间不间断的长达3年,该商标的注册可予以撤销,除非商标所有人提出正当理由,证明对该商标的使用存在障碍。经商标所有人同意,由另一方使用该商标者,应视为是为维持商标的注册而使用。

各成员可决定商标许可与转让的条件,但不允许商标的强制许可。

(3) 地理标志。地理标志标明一商品来源于一成员方国内或该国内的一地区或一个地方,而该商品的一种特定质量、声誉或其他特性本质上可以归于这一地理来源。对地理标志,成员方应提供法律保护,以防止不正当竞争以及公众对原产地的误解。

(4) 工业设计。成员方应对新的或原始的独立创造的工业设计提供保护。各成员方应保证对纺织品外观设计提供保护,不得无理损害寻求和获得保护的机会。受保护的工业设计的所有者,有权阻止第三方为商业目的的未经所有人同意而生产、销售或进口其拥有设计权的标的物。成员方对工业设计的保护期限至少为10年。

(5) 专利。成员方可以拒绝授予发明以专利权。但这种在本国内对商业利用的阻止应出于为保护公共秩序或公共道德的目的。对于以下情况,成员方可不授予专利:① 对人或动物的诊断、治疗和外科手术方法;② 任何植物、动物(微生物除外)。然而,成员方应对植物品种提供保护,无论是以专利形式,或是以一种特殊有效的体系,还是以综合形式保护均可。

专利获得者具有以下独占权:① 若一专利的标的物是某种产品,专利获得者有权制止第三方未经权利人同意而制造、使用、提供销售,或为这些目的而进口被授予专利的商品;② 若专利的标的是一项工序,专利获得者有权制止第三者未经权利人允许而使用该工序,或提供销售或为这些目的而进口,至少是以此工序直接获得产品。考虑第三者合法权益,成员方可以对专利的独占权规定有限的例外,只要该例外规定没有无理损害专利的正常利用,也没有损害专利所有人的合法权益。

专利的保护期限为自登记之日起不得少于 20 年。此外,协议还对专利的撤销与收回、方法专利的举证责任以及未经权利人许可的其他使用作了详细规定。

(6) 集成电路的外观设计。成员方应按《关于集成电路知识产权公约》①的有关规定对集成电路的布图设计提供保护。成员方有权认为下列未经权利人授权的行为是非法的:进口、销售或为商业目的出售受保护的外观设计,或含有受保护的外观设计的集成电路,或含有继续非法复制这种集成电路外观设计的产品。在以注册为保护条件的成员方,外观设计的保护期限从填写注册申请表之日或从第一次在世界上任何地方将其作商业应用之时起,不少于 10 年的有效期。对不以注册为保护条件的成员方,外观设计的保护期从第一次在世界上任何地方将其作商业应用之日起算,不少于 10 年。

(7) 对未泄露的信息的保护。自然人和法人应尽可能防止其所控制的信息在没有得到其同意的情况下,被他人以违反诚信商业做法的方式泄露、获得或使用,如以下信息:① 涉及的信息是秘密的,即该信息作为一个整体或其组成部分的组合和精确排列方式,不为接触该信息的公众所知或不容易获得;② 该信息因为秘密而具有商业价值,且信息的拥有者已采取了合理措施保证其秘密性。

(8) 对反竞争行为的控制。成员方可在其国内立法中详细规定构成滥用知识产权对有关市场的竞争产生负效应的许可行为或条件,并采取措施防止或控制此类行为。

3. 知识产权的实施

与其他国际知识产权公约相比,TRIPS 协定提供了全方位的知识产权保护手段,包括行政手段、民事手段、刑事手段等。

(1) 一般义务。成员方应保证知识产权保护的实施措施在国内立法中生效。知识产权保护的实施程序应公平合理。

(2) 民事和行政程序及救济。司法当局有权命令一成员方停止对知识产权的侵权行为,特别是应禁止那些对知识产权构成侵权行为的进口商品进入商业渠道。如某人在获得或订购这些受保护商品前,不知或无合理理由得知该行为将构成对知识产权的侵权时,成员方就不应该责成司法当局采取行动。由于对知识产权的故意或理应得知其有侵权行为者,司法当局有权令侵权人向权利所有人就其因侵权而造成的所受损害进行足够赔偿。同时还有权责令侵权人向权利人赔偿成本费用,包括诉讼过程中的律师费用。此外,司法当局发现对知识产权的侵权行为时,还可采取其他救济办法,如对侵权商品予以处置、没有任何补偿的予以销毁等。

(3) 临时措施。司法当局有权采取及时、有效的临时措施,以防止任何知识产权侵权行

---

① 《关于集成电路知识产权公约》(Washington Treaty on Intellectual Property in Respect of Integrated Circuits)于 1989 年 5 月 26 日在华盛顿签订,我国是签约国之一。该公约要求缔约国保护具有原创性的布图设计(拓扑图)。每一缔约国可通过版权、专利、实用新型、工业品外观设计、不正当竞争的法律或者任何其他法律给予保护,并且应给予其他缔约国国民以国民待遇。各缔约国对集成电路的保护期限至少应为 8 年。

为的发生或保护相关证据。特别是当任何延迟可能会给权利人带来不可弥补的损害时,或证据极有毁灭危险时,更有采取临时措施的必要。

(4) 与边境措施相关的特殊要求。权利所有人如有有效的证据怀疑仿冒商标的冒牌货或盗印其版权的商品有可能进口,可以书面向主管行政或司法当局提出,由海关当局中止此类商品的放行,以免其进入自由流通。主管当局有权要求申请人提供保证金或类似担保,以保护被告和有关当局并防止滥用此权。申请人对因错误扣押商品而造成的进口方的损失应予以赔偿。成员方也可要求有关当局依职权主动采取行为。

(5) 刑事程序。对具有大规模的、故意的商标仿冒和版权盗印案件,成员方可予以刑事处罚并制定相应的程序。处罚措施可包括:监禁、罚金、扣押、没收、销毁等。

4. 知识产权的取得和保持及相关程序

成员方可以要求协议中规定的知识产权取得或保持应符合合理的程序和手续。如果知识产权的取得以知识产权被授予或注册为准,成员方应依据取得知识产权的实质性要件,确立授予或注册的程序,允许权利在一个合理的时间内获得授予或注册,以避免保护期限被不适当地剥夺。

5. 争端的防止和解决

有关据以审理案件的法律、法规应向与贸易有关的知识产权委员会通告。此外,争端解决的方式适用世界贸易组织争端解决机制。

6. 过渡期安排

鉴于 TRIPS 协定的高标准保护要求,TRIPS 协定给予 WTO 所有成员以执行该协议的宽限期。TRIPS 协定规定:(1) 成员方无义务在《建立世界贸易组织协定》生效后 1 年期满内适用该协议。(2) 发展中国家成员有权再延迟 4 年适用该协议,但国民待遇和最惠国待遇的规定除外。(3) 任何其他成员方,如果它正处于由中央计划经济向市场经济转化的过程中,且正着手知识产权体系结构上的改革,并在起草和实施知识产权法的过程中遇到特殊困难,也可以在《建立世界贸易组织协定》生效 1 年后再延迟 4 年适用。(4) 如果某发展中国家成员按照协议有义务将产品专利的保护扩大到其适用协议之日前在其地域内不受保护的技术领域,其在该技术领域适用协议第二部分第五节的规定(关于专利的规定)可再延迟 5 年。(5) 不得要求最不发达国家成员在《建立世界贸易组织协定》生效 1 年后的 10 年内实施协议的规定,但国民待遇和最惠国待遇的规定除外。

(十)《版权条约》

《版权条约》(WIPO Copyright Treaty, WCT),也称《关于保护文学和艺术作品若干问题的条约》,是 WIPO 在 1996 年 12 月 20 日于日内瓦召开的关于版权和邻接权若干问题外交会议上通过的,2002 年 3 月 6 日生效。该条约充分考虑了现代信息技术发展的需要,因此,一些学者将该公约与《表演和录音制品公约》[①]称为互联网公约。

---

① 该公约将在下文予以讲述。

WCT共有25条,主要规定了以下内容:

(1)与《伯尔尼公约》的关系。WCT是《伯尔尼公约》下的专门协定。WCT的任何内容不减损条约的各缔约方之间依照《伯尔尼公约》已承担的现有义务。

(2)版权保护的范围。WCT第2条规定:"版权保护延及表达,而不延及思想、过程、操作方法或数学概念本身。"

(3)计算机程序。WCT不仅包括了传统的文学和艺术作品,也包括了计算机程序。WCT规定,计算机程序作为《伯尔尼公约》下的文学作品受到保护。无论计算机程序的表达方式或表达形式如何,该保护适用于各计算机程序。WCT对计算机程序保护的范围与《伯尔尼公约》的规定一致,也与《TRIPS协定》的有关规定相同。

(4)数据汇编(数据库)。数据或其他资料的汇编,无论采用任何形式,只要由于其内容的选择或排列构成智力创作,其本身即受到保护。这种保护不延及数据或资料本身,亦不损害汇编中的数据或资料已存在的任何版权。WCT对数据汇编(数据库)保护的范围与《伯尔尼公约》的规定一致,并与《TRIPS协定》的有关规定相同。

(5)发行权。文学和艺术作品的作者应享有授权通过销售或其他所有权转让形式向公众提供其作品原件或复制品的专有权。

(6)出租权。计算机程序、电影作品和按缔约各方国内法的规定以录音制品体现的作品的作者,享有授权将其作品的原件或复制品向公众进行商业性出租的专有权。但该规定不适用于程序本身并非出租主要对象的计算机程序和电影作品,除非此种商业性出租已导致对此种作品的广泛复制,并严重地损害了复制专有权。

(7)向公众传播的权利。在不损害《伯尔尼公约》规定的情况下,文学和艺术作品的作者享有专有权,以授权将其作品以有线或无线方式向公众传播,包括将其作品向公众提供,使公众中的成员在其个人选定的地点和时间可获得这些作品。

(8)摄影作品的保护期限。对于摄影作品,缔约各方不得适用《伯尔尼公约》第7条第4款的规定。①

(9)限制与例外。缔约各方在某些不与作品的正常利用相抵触、也不无理地损害作者合法利益的特殊情况下,可在其国内立法中对依条约授予文学和艺术作品作者的权利规定限制或例外。缔约各方在适用《伯尔尼公约》时,应将对该公约所规定权利的任何限制或例外限于某些不与作品的正常利用相抵触、也不无理地损害作者合法利益的特殊情况。该条规定允许缔约各方将其国内法中依《伯尔尼公约》被认为可接受的限制与例外继续适用并适当地延伸到数字环境中。同样,这些规定应被理解为允许缔约方制定对数字网络环境适宜的新的例外与限制。

(10)关于技术措施的义务。缔约各方应规定适当的法律保护和有效的法律补救办法,

---

① 该条规定,摄影作品和作为艺术作品保护的实用艺术作品的保护期限由本同盟各成员方的法律规定,但这一期限不应少于自该作品完成之后算起的25年。

制止规避由作者为行使条约或《伯尔尼公约》所规定的权利而使用的、对就其作品进行未经该有关作者许可或未由法律准许的行为加以约束的有效技术措施。

（11）权利管理信息的义务。缔约各方应规定适当和有效的法律补救办法，制止任何人明知或就民事补救而言有合理根据知道其行为会诱使、促成、便利或包庇对条约或《伯尔尼公约》所涵盖的任何权利的侵犯而故意从事以下行为：① 未经许可去除或改变任何权利管理的电子信息；② 未经许可发行、为发行目的进口、广播、或向公众传播明知已被未经许可去除或改变权利管理电子信息的作品或作品的复制品。“权利管理信息”是指识别作品、作品的作者、对作品拥有任何权利的所有人的信息，或有关作品使用的条款和条件的信息和代表此种信息的任何数字或代码，各该项信息均附于作品的每件复制品上或在作品向公众进行传播时出现。

（十一）《表演和录音制品条约》

《表演和录音制品条约》（WIPO Performances and Phonograms Treaty，WPPT）与《版权条约》同时在 1996 年 12 月 20 日于日内瓦召开的“关于版权和邻接权若干问题”的外交会议上通过，2002 年 5 月 20 日生效。

该条约的签订旨在适应在现代信息技术发展环境下对表演者和录音制品制作者权利保护的需要，同时也照顾了表演者和录音制品制作者的权利与公众利益之间的平衡。

WPPT 共有 33 条，主要规定了以下内容：

1. 与其他公约的关系

WPPT 的任何内容不减损缔约方之间依照《保护表演者、录音制品制作者和广播组织国际公约》（《罗马公约》）已承担的现有义务。根据该条约授予的保护也不得触动或以任何方式影响对文学和艺术作品版权的保护。

2. 受保护的受益人

缔约各方应将依条约规定的保护给予系其他缔约方国民的表演者和录音制品制作者。WPPT 第 2 条规定，“（a）‘表演者’指演员、歌唱家、音乐家、舞蹈家以及表演、歌唱、演说、朗诵、演奏、表现，或以其他方式表演文学或艺术作品或民间文学艺术作品的其他人员……（d）‘录音制品制作者’系指对首次将表演的声音、其他声音或声音表现物录制下来提出动议并负有责任的自然人或法人”。

3. 国民待遇

在 WPPT 所授予的专有权以及获得合理报酬的权利方面，每个缔约方均应将其给予本国国民的待遇给予其他缔约方的国民。

4. 表演者的精神权利和经济权利

（1）精神权利。表演者具有以下精神权利：第一，表演者的精神权利不依赖于表演者的经济权利。在经济权利转让之后，表演者对于其现场有声表演或以录音制品录制的表演仍然有要求承认其系该表演的表演者的权利，除非使用表演的方式决定了可以不提其是表演者；第二，表演者有权反对任何对其表演进行有损其名声的歪曲、篡改或其他修改。表演者的上述权利在其死后应继续保留,至少到其经济权利期满为止,并可由被要求提供保护的缔约方立法所授权的个人或机构行使。各缔约国通过国内立法确定为保障条约所授予的权利而采取的补救办法。

(2)经济权利。表演者拥有以下经济权利:① 表演者对其尚未录制的表演拥有的经济权利。表演者享有专有权,对于其表演可以授权广播和向公众传播其尚未录制的表演,除非该表演本身已属广播表演;表演者对于其表演也可以授权录制其尚未录制的表演。② 复制权。表演者享有授权以任何方式或形式对其以录音制品录制的表演直接或间接地进行复制的专有权。复制权完全适用于数字环境,尤其是以数字形式使用表演和录音制品的情况。在电子媒体中以数字形式存储受保护的表演或录音制品,构成复制。③ 发行权。表演者享有授权通过销售或其他所有权转让形式向公众提供其以录音制品录制的表演的原件或复制品的专有权。"发行"录制的表演或录音制品是指经权利持有人同意并在以合理的数量向公众提供复制品的条件下,将录制的表演或录音制品的复制品提供给公众。④ 出租权。表演者应按缔约方国内法规定享有授权将其以录音制品录制的表演的原件和复制品向公众进行商业性出租的专有权,即使该原件或复制品已由表演者发行或根据表演者的授权发行,也不影响该权利。⑤ 提供已录制表演的权利。表演者享有专有权,以授权通过有线或无线方式向公众提供其以录音制品录制的表演,使该表演可为公众中的成员在其个人选定的地点和时间获得。

5. 录音制品制作者的权利

(1)复制权。录音制品制作者享有授权以任何方式或形式对其录音制品直接或间接地进行复制的专有权。复制权完全适用于数字环境,尤其是以数字形式使用表演和录音制品的情况。在电子媒体中以数字形式存储受保护的表演或录音制品,构成复制。

(2)发行权。录音制品制作者享有授权通过销售或其他所有权转让形式向公众提供其录音制品的原件或复制品的专有权。

(3)出租权。录音制品制作者享有授权对其录音制品的原件和复制品向公众进行商业性出租的专有权,即使该原件或复制品已由录音制品制作者发行或根据录音制品制作者的授权发行。

(4)提供录音制品的权利。录音制品制作者享有专有权,以授权通过有线或无线的方式向公众提供其录音制品,使该录音制品可为公众中的成员在其个人选定的地点和时间获得。

6. 共同条款

(1)因广播和向公众传播获得报酬的权利。对于将为商业目的发行的录音制品直接或间接地用于广播或用于对公众的任何传播,表演者和录音制品制作者应享有获得一次性合理报酬的权利。以有线或无线的方式向公众提供的、可为公众中的成员在其个人选定的地点和时间获得的录音制品应被认为仿佛其原本即为商业目的而发行。缔约各方可在其国内立法中规定,该一次性合理报酬应由表演者或由录音制品制作者或由二者向用户索取。

（2）限制与例外。缔约各方在其国内立法中，可在对表演者和录音制品制作者的保护方面规定与其国内立法中对文学和艺术作品的版权保护所规定的相同种类的限制或例外。缔约各方应将对条约所规定权利的任何限制或例外限于某些不与录音制品的正常利用相抵触、也不无理地损害表演者或录音制品制作者合法利益的特殊情况。公约允许缔约方制定对数字网络环境适宜的新的例外与限制。

（3）保护期。① 授予表演者的保护期，应自表演以录音制品录制之年年终算起，至少持续到50年期满为止。② 对录音制品制作者的保护期，应自该录音制品发行之年年终算起，至少持续到50年期满为止；如果录音制品自录制完成起50年内未被发行，保护期应自录制完成之年年终起至少持续50年。

（4）关于技术措施的义务。缔约各方应规定适当的法律保护和有效的法律补救办法，制止规避由表演者或录音制品制作者为行使条约所规定的权利而使用的、对就其表演或录音制品进行未经该有关表演者或录音制品制作者许可或未由法律准许的行为加以约束的有效技术措施。

（5）关于权利管理信息的义务。缔约各方应规定适当和有效的法律补救办法，制止任何人明知或就民事补救而言有合理根据知道其行为会诱使、促成、便利或包庇对条约所涵盖的任何权利的侵犯而故意从事以下行为：① 未经许可去除或改变任何权利管理的电子信息；② 未经许可发行，为发行目的进口、广播、向公众传播或提供明知已被未经许可去除或改变权利管理电子信息的表演、录制的表演或录音制品的复制品。“权利管理信息”系指识别表演者、表演者的表演、录音制品制作者、录音制品、对表演或录音制品拥有任何权利的所有人的信息，或有关使用表演或录音制品的条款和条件的信息和代表此种信息的任何数字或代码，各该项信息均附于录制的表演或录音制品的每件复制品上或在录制的表演或录音制品向公众提供时出现。

本章小结

国际技术贸易是国际经济活动的重要组成部分。随着科技的发展，技术贸易在一个国家的经济发展中占有越来越重要的地位。充分保护知识产权、积极开发和利用先进技术成为所有国家的重要国策。国家的首要职责是完善相关立法，企业在积极研究和开发新技术的同时，也必须学会有效利用技术。国际技术贸易就为企业提供了这样的可能。

本章思考题

1. 简述国际技术转让的概念。
2. 简述国际技术转让法的概念。
3. 简述国际技术转让的国际立法。

4. 简述国际技术转让的途径。
5. 简述国际许可协议的概念和特征。
6. 简述国际许可协议的种类。
7. 简述国际专利许可协议的主要内容。
8. 简述国际专有技术许可协议的主要内容。
9. 简述知识产权的范围。
10. 简述《保护工业产权巴黎公约》的主要内容。
11. 简述《保护文学和艺术作品伯尔尼公约》的主要内容。
12. 简述商标国际注册马德里体系的主要内容。
13. 简述《世界版权公约》的主要内容。
14. 简述《保护表演者、录音制品制作者和广播组织国际公约》的主要内容。
15. 简述《世界知识产权组织公约》的主要内容。
16. 简述《保护录音制作者禁止未经许可复制其录音制品公约》的主要内容。
17. 简述《专利合作条约》的主要内容。
18. 简述《与贸易有关的知识产权协定》的主要内容。
19. 简述《版权条约》的主要内容。
20. 简述《表演和录音制品条约》的主要内容。

必读法规

1. 《国际技术转让行动守则》(1985 年草案)
2. 《保护工业产权巴黎公约》1979 年斯德哥尔摩文本
3. 《保护文学艺术作品伯尔尼公约》1979 年巴黎文本
4. 《与贸易有关的知识产权协定》
5. 《中华人民共和国技术进出口管理条例》

推荐阅读书目

1. 张丽娜著:《国际技术转让法律问题研究》,华文出版社 2009 年版。
2. 叶京生主编:《国际技术转让教程》,立信会计出版社 2007 年版。
3. 张丽娜著:《国际技术转让法律问题研究》,华文出版社 2009 年版。
4. 安丽著:《国际技术转让法》,中国法制出版社 2003 年出版。
5. 中国法制出版社编:《对外技术贸易》,中国法制出版社 2003 年版。
6. 孙玉涛编著:《国际技术贸易》,清华大学出版社 2017 年版。
7. 杜奇华主编:《国际技术贸易教程》(第三版),首都经济贸易大学出版社 2017 年版。
8. 马忠法著:《国际技术转让合同实务研究:法律制度与关键条款》,法律出版社 2016

年版。

9. 徐红菊著:《国际技术转让法学》,知识产权出版社2012年版。

10. 孔祥俊著:《WTO知识产权协定及其国内适用》,法律出版社2002年版。

11. 郑成思著:《WTO知识产权协议逐条讲解》,中国方正出版社2001年版。

12. 王新奎、刘光溪主编:《WTO与知识产权争端》,上海人民出版社2001年版。

13. 中华人民共和国科学技术部国际合作司、中国技术市场管理促进中心编译:《国际技术转让指南》,中国政法大学出版社2000年版。

14. 汤宗舜著:《知识产权的国际保护》,人民法院出版社1999年版。

15. 车丕照主编:《国际技术转让法》,吉林大学出版社1999年版。

16. 陈绍蓉著:《国际技术转让法理论与实践》,人民出版社1997年版。

第十章　国际投资法

经济学对国际投资采用广义的理解。本章所述国际投资法是一个狭义的概念,即国际投资法是调整跨国私人直接投资关系的国内法律规范和国际法律规范的总称。非跨国私人直接投资关系(如官方投资、间接投资)不属于国际投资法的调整范围。本章重点在于阐述国际投资法的特色问题,旨在使学生通过与国内投资法的对比学习,对国际投资法与国内投资法的异同有清晰的认识和理解,更准确地理解国际投资法的精髓。与国内投资法相比,国际投资法的特色问题主要包括国际投资法规范的范围、国际直接投资的方式、海外投资保证制度、国际投资争议的解决、国际投资的双边规范以及多边规范。

第一节　国际投资法概述

第二节　国际直接投资的途径

第三节　国际投资担保制度

第四节　外交保护与卡尔沃原则

第五节　世界贸易组织与国际投资多边协议

第六节　双边投资协定

第一节　国际投资法概述

国际投资法是国际经济法的重要分支之一。那么,国际投资法的调整对象是什么?是否规范包括外国直接投资以及间接投资在内的所有投资关系?是否规范长期投资和短期投资?国际投资法与国际金融法规范的范围存在哪些区别和联系?各国在国际投资交往中主要依据哪些法律规范和法律原则?本节是国际投资法的总论,旨在使读者澄清国际投资法的基本问题,为进一步学习国际投资法奠定基础。

一、国际投资

国际资本流动是指资本从一个国家转移到另一个国家的活动。国际投资作为国际资本流动的一种重要形式,泛指投资者为使其资本增值或营利而将其资本投入另一国家的经济活动。国际投资活动从不同角度可以分为不同类型。根据投资者对投资资产的控制程度,国际投资可以分为直接投资和间接投资。根据国际投资的主体,可以将国际投资分为外国官方投资和外国私人投资。外国官方投资是指外国政府进行的投资,外国私人投资则是指外国非官方机构以赢利为目的进行的投资。

(一) 外国直接投资

外国直接投资是各国进行海外投资的主要方式。但是到目前为止,国际上还未就"外国直接投资"的理解达成完全一致的认识。

1. 国际货币基金组织关于"直接投资"的规定

为了统一国际货币基金组织(IMF)成员国的国际收支统计制度,[①]IMF 早在 1948 年就发布了《国际收支平衡手册》(BPM),并先后于 1950 年、1961 年、1977 年、1993 年和 2008 年进行了五次修改。[②] 目前,大多数国家执行或参照第六版(即 2008 年版本)。

《国际收支平衡手册》第六版(BPM6)将"直接投资"(direct investment)定义为:"直接投资是跨境投资的一种形式,这种跨境投资表现为位于一经济体的实体对设在另一经济体的企业的管理拥有控制权或者重大影响。"[③]BPM6 还对"直接投资企业"(direct investment enterprise)和"直接投资者"(direct investor)进行了定义。BPM6 规定:"直接投资者是指能够

---

① 编制和提供国际收支平衡表已成为国际货币基金组织成员国的一项义务。国际收支平衡表应系统地记载在特定时期内一经济体与世界其他经济体的各项经济交易。国际收支平衡表包括以下两个主要核算账:(甲)经常账;及(乙)资本及金融账。经常账是包括进出口的货物、输入及输出的服务、从外地应收的收益及应付予外地的收益以及从外地来的及往外地的经常转移。资本账用于记载资本转移(主要是债务减免及移民转移)及非生产/非金融资产(如专利及版权)的对外交易。资本转移是指固定资产的转移或债务的减免。金融账用以显示一经济体如何融资以进行其对外交易。账内的交易账目可归类为直接投资、有价证券投资、金融衍生工具、其他投资及储备资产。

② 早在 2004 年 4 月,IMF 就发布了修改《国际收支平衡手册》第五版的提纲,以便为讨论更新第五版提供一个框架。

③ International Monetary Fund(IMF),*Balance of Payments Manual*,Sixth Edition,2008,para. 6. 8.

对设在另一不同经济体的实体行使控制权或者重大影响的实体或者团体。直接投资企业是指由一个直接投资者控制或者具有重大影响的实体。"[①]关于控制和影响的认定,BPM6 进一步指出:"控制或者影响可以通过拥有在企业能够行使投票权的股权直接实现,或者通过在另一企业拥有投票权而该另一企业在直接投资企业又拥有投票权而间接得到实现。因此,拥有控制权或者产生影响可以通过如下两种方式实现:(a) 当一个直接投资者直接拥有在直接投资企业的代表 10% 或 10% 以上投票权的股权时,即产生直接投资关系。如果直接投资者在直接投资企业拥有 50% 以上的投票权时,即视为存在控制关系。当直接投资者在直接投资企业拥有 10% 到 50% 的投票权时,即视为存在重大影响。(b) 当通过在一直接投资企业拥有投票权且该直接投资企业在另一企业也拥有投票权时,该投资者就可以通过直接投资关系的链条行使间接控制权或者施加影响,此时,该投资者就与该另一企业产生了间接的直接投资关系。"[②]

从上述规定可以看出,IMF 界定直接投资的标准有如下两个:第一,直接投资者在直接投资企业拥有控制权。第二,直接投资者对直接投资企业的经营管理具有重大影响。符合其中任何一个标准,即视为直接投资。值得注意的是,有的国家认为,10% 的比例要求不能绝对适用,应该有所变通。例如,有的国家规定,尽管低于 10%,但只要投资者对投资企业拥有有效的发言权,就可以视为具有重大影响。

2. 经济合作与发展组织关于"外国直接投资"的规定

为了向成员国提供关于外国直接投资的统计标准,经济合作与发展组织(OECD)根据金融统计专家小组的报告,于 1983 年发布了《外国直接投资的标准定义》(Benchmark Definition of Foreign Direct Investment),并于 1990 年、1992 年、1996 年和 2008 年先后进行了四次修改。该标准定义专门用于外国直接投资的界定。其中第三章对外国直接投资、直接投资企业、外国直接投资者等主要概念作出了详细规定。

根据 2008 年 4 月发布的《外国直接投资的标准定义》(第四版),"外国直接投资表现为在某一经济体的一居民企业(直接投资者)具有在直接投资者之外的另一经济体境内设立享受长期利益之企业的目的。长期利益意味着直接投资者和直接投资企业之间存在着长期关系,并对企业的经营管理具有重大影响。如果居住在一经济体的投资者对设在另一经济体的某一企业直接或者间接拥有 10% 或者更多的投票权,则视为存在上述关系。有些人认为,在某些情况下,拥有 10% 这样少的投票权并不能使其施加重要影响,而在另外的情况下,投资者虽然拥有低于 10% 的投票权,但却对企业管理具有有效的发言权。尽管如此,本手册推荐的衡量标准不允许对 10% 的下限标准作出任何限制,并且应严格适用该标准以确保各国统计的一致性"。[③] OECD 对"直接投资企业"和"外国直接投资者"也做出了解释:"直接投

---

① International Monetary Fund(IMF), *Balance of Payments Manual*, Sixth Edition, 2008, para. 6.11.

② International Monetary Fund(IMF), *Balance of Payments Manual*, Sixth Edition, 2008, para. 6.12.

③ Organization for Economic Cooperation and Development (OECD), *Benchmark Definition of Foreign Direct Investment*, Fourth Edition, 2008, para. 117.

资企业是指设在某一经济体,且位于另一经济体的投资者在其中直接或/和间接拥有10%或者更多投票权的公司企业或者非公司企业。10%投票权的下限要求是认定直接投资者与直接投资企业之间存在直接投资关系的标准。拥有另一企业至少10%的投票权就充分证明投资者在投资企业的管理中拥有有效发言权。与其他统计方法(如多国企业)相反,直接投资并不要求投资者拥有控制权(例如,投资者和/或其关联企业拥有50%以上的投票权)。"① "外国直接投资者是指位于某一经济体,并对设在另一经济体的公司企业或者非公司企业直接或者间接拥有至少10%投票权的实体(机构)。"②

从上述规定可以看出,IMF和OECD对直接投资、直接投资企业和直接投资者的解释尽管在表达上不完全相同,但并没有实质差别。

3. 世界贸易组织关于"外国直接投资"的规定

WTO秘书处在1996年10月16日发布了"贸易与外国直接投资"的报告。该报告将"外国直接投资"定义为:"当设在一个国家(母国)的投资者拥有在另一个国家(东道国)的并旨在进行管理的资产时就是外国直接投资。管理的程度是外国直接投资与以外国股票、债券和其他金融工具进行的证券投资的区别之处。在大多数情况下,投资者和其在国外管理的资产是商业性质的。在这种情况下,投资者被视为母公司并且其财产被视为关联或附属的。"③ WTO秘书处在该报告中还列举了以下三种主要类型的外国直接投资:第一,股本,指多国公司的投资在外国企业的股权中的价值。拥有一个公司型企业10%或10%以上的普通股或投票权,或拥有一个非公司企业的同等权利,通常被视为达到了资产控制的最低要求。股本包括合并、受让以及绿地投资(即投资新领域)。尽管合并和受让的重要性已经有所改变,但是,对于发展中国家而言,合并和受让仍然是一种主要的直接投资方式。第二,利润再投资。指多国公司的投资股份所得不再作为股息汇回多国公司。保留的投资利润作为再投资投入到附属企业。这在美国和英国占到对外投资的60%。第三,涉及跨国公司和附属企业的短期或长期资金借贷的其他资本。④

从WTO秘书处的上述报告可以看出,WTO对外国直接投资的解释与IMF以及OECD的解释在实质上也是相同的。

4. 联合国贸易与发展会议关于"外国直接投资"的研究

为了促进经济发展,大多数国家都或多或少地签署了投资协议,对投资自由化、投资促进和保护、投资流向的规范作出规定。为了帮助发展中国家尽可能有效地参与双边、地区、多边投资条约的制定,联合国贸易与发展会议(UNCTAD)秘书处正在进行一项关于国际投资协议的工作项目,该项目主要通过组织有关国际投资协议方面的讨论会、座谈会、培训、谈

① Organization for Economic Cooperation and Development (OECD), *Benchmark Definition of Foreign Direct Investment*, Fourth Edition, 2008, paras. 124, 125.

② Organization for Economic Cooperation and Development (OECD), *Benchmark Definition of Foreign Direct Investment*, Fourth Edition, 2008, para. 122.

③④ WTO Secretariat, *Trade and Foreign Direct Investment*, PRESS/57, October 9, 1996, p. 6.

判代表和民间团体的对话、发布一系列研究报告的方式进行。研究报告旨在对有关国际投资协议的讨论中所产生的问题进行公正的分析。联合国贸易与发展会议在其于1999年出版的《国际投资协议系列研究报告之一:定义与范围》中,对“直接投资”和“证券投资”给予了解释。“传统上,在一个公司的投资分为直接投资和证券投资。当投资者拥有的股权足以使它控制一个公司时,就被视为直接投资。而提供给投资者回报但不能控制公司的投资被视为证券投资(portfolio investment)。由于一个投资者可能不需要拥有多数股份就可以控制一个公司,因此,被界定为直接投资所要求的股权拥有程度可以随情况的不同而改变。在有些情况下,如果投资是长期的,可以被界定为直接投资。”①

从上述规定可以看出,UNCTAD对“国际直接投资”的解释更加原则,但与前述国际组织关于外国直接投资的认定标准没有实质差别。

5. 中国关于外国直接投资的解释

目前,中国还没有一部统一的投资法,而是制定和发布了一系列规范外商投资和中国企业境外投资的若干单行法律和法规。例如,国务院发布了规范外商投资的《中华人民共和国中外合资经营企业法》《中华人民共和国中外合作经营企业法》《中华人民共和国外资企业法》,商务部发布了规范境外投资的《境外投资管理办法》等。上述法律法规均未提及直接投资,自然也没有做出解释。但是,为了便于统一统计标准和统计范围,一些统计法规对直接投资有所解释。例如,商务部与国家统计局、国家外汇管理局于2016年12月发布的《对外直接投资统计制度》总说明部分规定:“本制度所称对外直接投资是指我国境内投资者以现金、实物、无形资产等方式在国外及港澳台地区设立、参股、兼并国(境)外企业,拥有该企业10%或以上的股权,并以拥有或控制企业的经营管理权为核心的经济活动。”2009年7月13日国家外汇管理局发布的《境内机构境外直接投资外汇管理规定》第2条规定:“本规定所称境外直接投资是指境内机构经境外直接投资主管部门核准,通过设立(独资、合资、合作)、并购、参股等方式在境外设立或取得既有企业或项目所有权、控制权或经营管理权等权益的行为。”从上述规定可以看出,我国对外国直接投资的界定基本上采取了上述国际组织通用的解释。

尽管一些国际组织以及一些国家关于外国直接投资的定义不完全相同,但都有如下共同特征:第一,投资者以谋求长期经济利益为目的向境外进行投资。第二,投资者对所投资企业的经营管理具有重要影响。投资者对所投资企业是否具有重要影响的判断标准一般是看投资者对所投资企业的经营管理是否具有有效的发言权。通行的标准是,投资者对所投资的公司型企业拥有10%或10%以上的普通股或投票权,或对非公司型企业拥有同等权利,就视为投资者对投资企业拥有有效的发言权,可见,有效发言权并不要求绝对控股。此外,有一些国家并不将上述10%的标准作为唯一判断标准,而是强调,即使投资者的投资不

① United Nations Conference on Trade and Development (UNCTD), *Scope and Definition*, *UNCTAD Series on Issues in International Investment Agreements*, New York and Geneva, 1999, p. 8.

能达到上述比例要求,但对投资企业确实拥有有效发言权,仍然构成对所投资企业的经营管理具有重大影响。

（二）外国间接投资

IMF在其发布的《国际收支平衡手册》第六版(BPM6)中,将国际账户按其功能分为直接投资、证券投资、金融衍生工具(储备资产除外)、雇员股票期权、其他投资以及储备资产。① 学者们通常将直接投资之外的证券投资和其他投资统称为间接投资。其中,证券投资是指涉及直接投资或者储备资产之外的债务证券或股本证券的跨境交易和头寸。② 证券是指具有可转让特征的债务和股权凭证。③ 金融衍生工具和雇员股票期权均属于在执行价格和风险因素等方面具有类似特征的金融资产和债务。尽管二者均可以转让,但雇员股票期权在本质上属于薪酬的一种形式。④ 金融衍生合同是与另一金融工具相联系的金融文件。通过该文件,某些金融风险(如利息率风险、外汇兑换率风险、股权和商品价格风险、信用风险等)可以在金融市场以其权利进行交易。⑤ 雇员股票期权是指向以薪酬形式向公司雇员提供的购买公司股票的期权。⑥ 其他投资是指直接投资、证券投资、金融衍生工具和雇员股票期权、储备资产之外的头寸和交易。⑦ 储备资产是指金融主管当局为了满足支付平衡的融资需要、干预汇率市场以便影响现钞汇率的需要以及为了其他相关目的(如为了维持货币和经济的稳定以及获得境外贷款)而可供使用的和可控制的外部资产。储备资产必须是外汇资产,并且实际存在。⑧ 概括而言,外国间接投资是指投资者通过购买外国股票、其他有价证券或提供贷款等方式使投资资本增值的经济活动。

根据上述国际组织采用的标准,在间接投资中,投资者不参与被投资企业的经营管理,对所投资企业的经营管理没有有效发言权。即外国直接投资和证券投资的区别在于对外国企业财产的控制权标准。⑨ 有WTO成员提出,对外国直接投资和证券投资加以区别是很困难的。⑩ 联合国贸易与发展会议的研究报告也指出:“直接投资和证券投资之间的区别并不是非常明显。在许多公司,一个投资者拥有大多数股份的情况很少,并且,拥有少数股份的投资者具有有效控制权的情况也不多。在某一公司构成证券投资的股份数额在另一个公司可能就构成直接投资。换句话说,没有任何一笔投资额在任何情况下都能够被准确地划分

---

① International Monetary Fund(IMF),*Balance of Payments Manual*,Sixth Edition,2008,para. 6. 1.

② International Monetary Fund(IMF),*Balance of Payments Manual*,Sixth Edition,2008,para. 6. 54.

③ International Monetary Fund(IMF),*Balance of Payments Manual*,Sixth Edition,2008,para. 5. 15.

④ International Monetary Fund(IMF),*Balance of Payments Manual*,Sixth Edition,2008,para. 5. 79.

⑤ International Monetary Fund(IMF),*Balance of Payments Manual*,Sixth Edition,2008,para. 5. 80.

⑥ International Monetary Fund(IMF),*Balance of Payments Manual*,Sixth Edition,2008,para. 5. 96.

⑦ International Monetary Fund(IMF),*Balance of Payments Manual*,Sixth Edition,2008,para. 6. 61.

⑧ International Monetary Fund(IMF),*Balance of Payments Manual*,Sixth Edition,2008,para. 6. 64.

⑨ M. Sornarajah,*The International Law of Foreign Investment*,Cambridge University Press,1994,pp. 4 - 8; J. H. Dunning,*Multinational Enterprises and the Global Economy*,Addison Wesley,1992,p. 5,exhibit 1. 2.

⑩ WT/WGTI/M/8,Report (1999) of the Working Group on the Relationship between Trade and Investment to the General Council,WT/WGTI/3,22 October 1999,para. 11.

为直接投资和证券投资。因此,经济学家通常采纳一个公认的硬性标准来划分直接投资和证券投资。例如,当某一投资者拥有某一公司10%或10%以上的主要股份时,该投资会被视为直接投资。”①对于直接投资和间接投资的利弊,在WTO“贸易与投资关系工作组”关于投资问题的讨论中,有成员指出,外国直接投资比证券投资更加稳定。因为它涉及那些不太容易转移到国外的财产。证券投资则通过增加国家储备、放宽对国内商业的贷款条件、分散信用风险来稳定本地经济,对东道国经济的发展具有重要的积极影响。②

二、国际投资法的概念

大多数国家和学者认为,国际投资法是指调整跨国私人直接投资关系的国内法律规范和国际法律规范的总称。例如,姚梅镇教授认为:“国际投资法是国际经济法的一个分支,指调整国际间私人直接投资关系国内法规范与国际法规范的总和。”③

陈安教授在其主编的《国际投资法》也指出:“狭义的国际投资仅指国际直接投资……资本输出国的对外投资法律,资本输入国的外国投资法律以及有关国际投资的国际条约和联合国文件,主要是针对国际直接投资制定或缔结的。换言之,国际投资法主要是调整国际直接投资关系的法律规范。”④

余劲松教授又进一步指出:“一般来说,国际投资法调整的对象主要是国际私人直接投资。国际间接投资关系一般不在国际投资法的调整对象之列,私人间接投资关系属于一般民商法、公司法、票据法、证券法等法律、法规的调整范畴,国际组织与政府间或政府间的资金融通关系一般是由国际经济组织法或有关政府间贷款协定调整。”⑤

跨国私人直接投资是国际直接投资的最普遍方式,它是指由一国的自然人或法人以营利为目的在外国进行的直接投资。因此,官方进行的直接投资不属于国际投资法的调整范围。

国际投资法所调整的跨国私人直接投资关系具体可以分为以下方面:外国投资者与东道国投资者基于投资所产生的投资合作关系;外国投资者与东道国基于投资所产生的投资管理关系;外国投资者与其母国基于对外投资所产生的投资保护关系;政府之间以及政府与国际组织之间基于缔结双边或多边条约而产生的国际投资协调关系。其中,外国投资者与东道国基于投资所产生的投资管理关系是最为复杂、也是最为有特色的投资关系,当双方发生争议时,往往要涉及外交保护问题。因此,如何尽量避免将投资者与东道国之间的投资纠

① United Nations Conference on Trade and Development (UNCTAD), *Scope and Definition*, *UNCTAD Series on Issues in International Investment Agreements*, 1999, p. 13.

② WT/WGTI/M/9, Report (1999) of the Working Group on the Relationship between Trade and Investment to the General Council, WT/WGTI/3, 22 October 1999. para. 10.

③ 姚梅镇著:《国际投资法》,武汉大学出版社1985年版,第37页。另见余劲松、吴志攀主编:《国际经济法》,北京大学出版社、高等教育出版社2000年版,第200页。

④ 陈安主编:《国际投资法》,鹭江出版社1987年版,第2页。

⑤ 余劲松、吴志攀主编:《国际经济法》,北京大学出版社、高等教育出版社2000年版,第200页。

纷上升为国家之间的纠纷是国际投资法需要解决的一个重要问题。

三、国际投资法的主体

国际投资活动的参与者主要包括自然人、法人、国家和国际组织。其中,自然人和法人主要以投资者的身份进行跨国私人直接投资活动,而国家和国际组织则主要以制定投资法律或签订国际投资条约的身份对国际私人直接投资活动进行管理和协调。此外,国家有时也作为合同的一方当事人与投资者签订特许协议等合同。值得注意的是,在国际投资活动中,跨国公司和国家最具特色,特别是在责任承担方面。

(一) 跨国公司

在国际投资活动中,跨国公司(transnational corporation,TNC)的各实体是最活跃的投资者。

1. 有关跨国公司的国际规范

现代跨国公司是在20世纪50年代末迅速发展起来的。1974年,联合国经济与社会理事会设立了“跨国公司委员会”(Commission On Transnational Corporations),负责协调和研究有关跨国公司事务。它的执行机构是联合国跨国公司中心。跨国公司委员会于1982年完成了《联合国跨国公司行为守则》草案的拟订工作,并于1990年提交联合国大会第四十五次会议讨论。该草案的主要内容包括:序言和目标;跨国公司的定义和守则的适用范围;跨国公司的活动及其对东道国的态度;跨国公司的待遇;各国政府为实施守则的合作;各国和国际上为实施守则而应采取的行动。草案提出后,进行了多次讨论和修改,但是,由于发达国家与发展中国家在跨国公司受东道国法律管辖、征收与国有化的赔偿标准、投资者与东道国政府争议的解决以及外汇汇出的限制等问题上存在很大的分歧,到1992年4月召开的跨国公司委员会的最后一次年会,该草案仍未能通过。1994年12月19日,联合国大会第四十九届会议第九十二次全体会议作出决定,将所有与跨国公司有关的活动并入联合国贸易与发展会议的“国际投资与跨国投资委员会”负责。到目前为止,联合国贸易与发展会议对跨国公司问题仍然没有达成国际协议。

此外,经济合作与发展组织于1976年6月21日在巴黎还公布了《关于国际投资和多国企业宣言》(OECD Declaration on International Investment and Multinational Enterprises),宣言分别在1979年、1984年、1991年和2000年进行了四次修改。宣言有两个附件,其中,附件一是《多国企业指南》(OECD Guidelines for Multinational Enterprises),该准则对成员国没有约束力。1977年11月16日,国际劳工组织还通过了《关于多国企业和社会政策原则的三方宣言》,该宣言也属于建议性质。

2. 跨国公司的法律概念和特征

联合国的《跨国公司行为守则(草案)》将跨国公司定义为:“由设在两个或两个以上国家的实体组成的企业。不论这些实体的法律形式和活动范围如何,这些实体在一个决策体系下经营,通过一个或多个决策中心允许实施一致的政策和共同的策略。各实体基于所有权或其他因素联系起来,使得其中一个或更多实体能够对其他实体的活动产生重要影响,尤其是能够与其他实体共享知识、资源和责任。”①

经济合作与发展组织在其制定的《多国企业指南》中,使用“多国企业”(multinational enterprise,MNE)的表达。该指南规定:多国企业“通常是由在一个以上国家设立的公司或者其他实体组成。这些实体之间通过各种方式协调其经营活动而存在一定的联系,其中的一个或多个实体可能对其他实体的活动产生重大影响。不同跨国企业,其实体的自主权程度各有不同。多国企业可以由私人拥有、政府拥有或者私人和政府混合拥有”。②

国际劳工组织通过的《关于多国企业和社会政策原则的三方宣言》对“多国企业”(multinational enterprises)定义为:“多国企业包括公共企业、混合所有企业或私人企业,它们拥有或控制所在国家之外的生产、分销、服务或其他事宜。多国企业内的并且相互关联的这些实体的自治程度根据这些实体与其活动领域的关联性质以及在所有权形式、规模大小、有关企业的经营性质和地点的方面的重大差异,从一个企业到另一个企业可以有很大的不同。”

尽管世界各国对跨国公司的概念还没有达成一致。但是,根据大多数国家的理解,跨国公司具有如下特征:

(1) 跨国公司不是法律上的公司组织,而是设在两个以上国家的实体的组合。跨国公司并不是法律意义上的依照某个国家的法律而成立的公司,而是企业的组合。它由设在两个以上国家的各类实体包括母公司、子公司和分支机构组成。其中,母公司(parent companies)在跨国公司的各实体中处于核心地位。母公司是指通过所有权关系或者合同关系等控制境外其他公司或者企业的公司或企业。子公司是指被母公司控制的公司或者企业。因此,跨国公司是经济学上的概念,而不是法律上的概念。

(2) 跨国公司各实体之间存在着关联关系。这些关联关系体现为所有权关系或控制和管理关系。在现代社会,企业之间的关联关系并不仅仅通过全部或部分拥有对方的所有权关系体现。因为多国企业包括许多跨国的非股权企业,如许可协议、非股权合资企业、战略联盟。③

(3) 跨国公司的母公司通过对子公司和其他实体进行统一管理而实施全球经营战略。跨国公司各实体之间可以共同分享产品、技术和资源等。

3. 跨国公司的内部关系和法律责任

跨国公司内部关系是指跨国公司各实体之间的关系。其中,最为复杂的是母公司与子公司之间的关系。传统公司法律认为,母公司与子公司各自依照所在国家的法律成立,在法律地位上是相互独立的法律实体,各自承担各自的债务。但是,在现代商业实践中,由于跨国公司母公司与子公司之间以及各子公司之间存在着关联关系,跨国公司中一个

---

① The Draft United Nations Code of Conduct on Transnational Corporations. UNCTAD,1996,volume I,p. 162.

② The OECD Guidelines for Multinational Enterprises,UNCTAD,2011,p. 17.

③ Thomas L. Brewer and Stephen Young,*The Multinational Investment System and Multinational Enterprises*,Oxford University Press,1998,p. 11.

实体的行为特别是履约行为往往受跨国公司母公司或其他关联实体的影响，因此，对子公司的违约行为产生影响的母公司是否对子公司的违约承担责任成为跨国公司的一个特色问题，同时也对传统法律提出了新的挑战。而且由于跨国公司各实体在经营方面的关联性和跨国公司的全球经营战略，使得单一国家很难对跨国公司的所有各实体的行为进行统一管理。

对于跨国公司内部实体责任的承担问题，英美法系国家采用“揭开公司面纱”理论解决这一问题，防止母公司借口独立法律人格理论而逃避其对子公司应承担的责任。根据该理论，在确定母公司或子公司对母公司的附属机构或其他子公司行为的责任承担方面，并不以两个公司的独立实体性质为基础，而是“刺破面纱”。大多数法院在处理这类案件时认为，“揭开公司面纱”理论只能作为公司有限责任原则的补充，适用于特定情况，即跨国公司的附属公司或一成员被母公司或另一成员主导或控制，这些公司属于母公司的工具、代理、通道或部门等范畴，进而导致其缺少法律上的独立性。这些公司有时被描述为“没有自己独立的头脑、意志或存在”①。

“揭开公司面纱”理论的适用主要有两个原则，一是工具原则（the instrumentality doctrine），二是自我调整原则（the alter ego doctrine）。许多法院在采用工具原则“揭开公司面纱”时主要考虑以下三个方面：过度的控制行为，不正当或不公平的行为，与原告损失之间的因果关系。但是，不同法院在过度控制行为的构成方面有不同理解。一些法院认为，对附属公司决策过程的干涉必须是很严重的，以致破坏了附属公司的独立存在性质。换句话说，如果母公司直接为附属公司作出决定，即使附属公司在许多方面作为独立机构继续进行经营，也构成过度控制。此外，在是否将证明存在不正当或不公平行为以及因果关系作为过度控制的构成要件方面，一些法院也有不同意见。许多法院在确定过度控制时并不考虑上述因素，甚至有的法院拒绝采纳上述三个构成要件。② 自我调整原则包括以下情况：一是两个成员公司不再各自独立，以及附属公司被纳入母公司的自我调整体系中；二是承认各自独立的法律地位将鼓励欺诈或鼓励不公平行为。一些采纳自我调整原则的案件，在不具有不公平行为存在的充分证据的情况下，仍然判决承担责任。此外，尽管不存在不正当行为，但是，附属机构被控制或缺少所有的独立存在的特征，或附属机构主要处理母公司的业务而不是自己的业务，一些法院也判决承担责任。③

此外，也有的法院采取代理的原则确定公司内部责任的承担。即附属公司是母公司的代理人，母公司是本人。但是，由于相关法律大多要求代理人和本人之间必须存在代理协议，而且代理人基于母公司的利益而不是自己的利益而行为。因此，采用代理原则解决公司内部责任的情况很少。

---

①②③ Phillip I. Blumberg, *Corporate Groups and Enterprise Liability: Procedural and Substantive Issues Pertaining to the Liability of Multinational Corporations for the Activities of Subsidiaries, Private Investers Abroad—Problems and Solutions in International Business*, Matthew Bender, 1986.

4. 我国《公司法》关于否定法人人格的规定

2005 年 10 月修订的我国《公司法》引入了“揭开公司面纱”理论，在第 20 条确立了否定法人人格制度。这一制度的确立为保护债权人利益提供了法律依据。该条规定：“公司股东应当遵守法律、行政法规和公司章程，依法行使股东权利，不得滥用股东权利损害公司或者其他股东的利益；不得滥用公司法人独立地位和股东有限责任损害公司债权人的利益。公司股东滥用股东权利给公司或者其他股东造成损失的，应当依法承担赔偿责任。公司股东滥用公司法人独立地位和股东有限责任，逃避债务，严重损害公司债权人利益的，应当对公司债务承担连带责任。”根据该条规定，否定公司的独立法人人格必须具备如下条件：一是公司股东滥用公司法人的独立地位和股东的有限责任；二是滥用的目的在于逃避债务；三是滥用行为严重损害了公司债权人的利益。在这种情况下，由具有滥用行为的公司股东为公司的债务对外承担赔偿责任。

在理解《公司法》第 20 条时，有一个重要的问题就是，该条关于否定法人人格的规定是否适用于外商投资企业及其中国和外国股东。《公司法》第 217 条规定：“外商投资的有限责任公司和股份有限公司适用本法；有关外商投资的法律另有规定的，适用其规定。”该规定意味着，外商投资企业的股东无论是外国股东或者中国股东，如果这些股东滥用外商投资企业的公司法人独立地位和股东的有限责任以逃避债务，并且严重损害了外商投资企业债权人的利益，由具有滥用行为的外商投资企业的外国股东或中国股东对该外商投资企业的债务对外承担赔偿责任。

客观而言，《公司法》第 20 条并没有引入“刺破公司面纱”的全部理论，而是仅限于为逃避债务而滥用公司法人独立地位的情况。对于不是出于逃避债务的情况，则不能否定公司法人的独立地位，显然这对于保护债权人的利益是不利的。例如，“博帕尔事件”是一起侵权纠纷，如果以公司股东存在逃避债务的故意作为赔偿的前提条件，受害者有可能就不能得到赔偿。此外，《公司法》第 20 条的规定非常原则，随后的司法解释也没有对第 20 条的执行问题做出详细规定。例如，如何界定公司股东是否具有逃避债务的故意。实际上，所有的投资都存在着这样一个目的——分散风险和责任。如果将具有逃避债务的故意做扩大化解释，将对公司法人的有限责任制度产生极大的破坏。因此，防止第 20 条的滥用是我国司法界应坚持的基本原则，即在司法实践中应该从严适用《公司法》第 20 条，尤其是对于合同关系引起的债权债务问题的处理更应如此。

（二）国家

国家在参与国际投资活动时，主要作为主权管理者对本国范围的投资活动进行管理和与外国签订双边或多边国际条约。但是，国家在有些情况下也可以作为合同一方当事人与投资者签订合同，例如，签订特许协议。在这种情况下，国家作为合同的一方当事人是否应当承担合同责任以及承担哪种责任成为投资者最为关心的问题。此外，在外国投资者与东道国政府发生投资争议的情况下，外国投资者的母国是否可以行使外交保护权以保护本国当事人的利益也是国际投资中面临的特色问题。

四、国际投资法的渊源

国际投资法由调整跨国私人直接投资关系的法律规范组成,这些法律规范从制定者的角度分为国内法律规范和国际法律规范两个类型。

(一) 国内法律规范

国际投资法的国内法律规范主要是指一个国家关于涉外私人直接投资的法律规范。目前,许多国家并没有制定专门的涉外投资法典,而是将关于涉外直接投资问题分散规定在国内的相关法律中,如公司法、税法、劳动法、环境法、知识产权法、反托拉斯法等。尽管经济全球化的发展在近年来非常迅速,但是,规范外国直接投资的法律仍然主要是国内法,而非国际条约。

国内涉外投资法律规范按照资金的投向,可分为规范资本输入的法律规范和规范资本输出的法律规范。长期以来,由于发展中国家缺乏国内资金,资本输入是其发展本国经济的一项重要策略。因此,发展中国家成为主要的资本输入国(东道国),而发达国家成为主要的资本输出国(母国)。

1. 规范资本输入的法律规范

东道国规范资本输入的法律几乎包括了投资所涉及的所有方面。具体包括:(1) 外国投资项目的审批:各国通常设立专门的审批机构,外国投资者通过审批后才可进行投资活动。(2) 投资范围:具体规定鼓励外国投资者投资的领域、限制投资领域和禁止投资领域。(3) 投资方式:许多国家要求外国投资者必须与本国投资者共同经营投资项目;也有的东道国对投资方式没有任何限制,外国投资者可以独资经营。(4) 外国资本:大多数国家规定,外国投资的资本可以是外币现金,也可以是机械设备、原材料等实物,也可以是知识产权等。(5) 投资比例:各国立法对外国投资者的投资比例有不同要求,有的规定外国投资者的投资比例上限;有的规定投资比例下限,如不能低于10%等。(6) 权力机构和经营管理权:有的国家规定,董事会是外商投资企业的最高权力机关;也有的规定,股东会是最高权力机构,总经理负责组织领导企业的日常经营管理工作。(7) 投资本金和利润的汇出:尽管绝大部分发展中国家都实行外汇管制,但仍然允许外国投资者在一定条件下汇出外资本金和利润。(8) 征收(或国有化)及其补偿:一般情况下,大多数东道国对外商投资企业不实行国有化和征收。但在特殊情况下,东道国有权根据社会公共利益的需要,对外商投资企业通过合法程序实行征收,并给予适当的补偿。(9) 劳动力雇佣:东道国一般规定,应该优先雇用东道国的劳动力。此外,一些国家还对投资期限、保险、税收优惠、投资争议的解决等问题作出规定。

总体而言,东道国规范资本输入的法律规范基本上是以吸收外国直接投资为宗旨,同时,又对外国直接投资加以必要的管理。吸收外国直接投资主要表现在提供投资保护和投资优惠措施方面;对外国投资的管理则主要体现在对外国投资的市场准入限制以及投资后的经营管理方面。

东道国规范外国私人直接投资活动的若干措施也称为“东道国管理措施”(host country operational measures,HCOMs)。早在20世纪70年代,东道国的许多规范措施已经成为投资政策工具。在这一时期,越来越多的东道国评估外国直接投资对其主要发展目标的影响(例如,改善国际收支平衡、提高技术水平以及劳动技能)以及对非经济利益(例如,社会和文化价值、环境发展)的影响。当这些国家发现,外国直接投资的作用并不总是和其目标完全相符时,许多东道国政府开始采取措施改变外国投资者的投资行为,这就使得东道国管理措施大量出现。① 80年代到90年代期间,外国直接投资作为私人资本向发展中国家流动的一个重要的、更加稳定的资源所起的日益突出作用,随着政府对东道国管理措施的运用态度改变而改变。得到公认的是,吸引外国投资的潜在能力并不是静态的,并且东道国政府采取的政策措施在涉及有利于外国直接投资的环境方面起了作用。同时,东道国也逐渐认识到,并不是东道国所有的管理措施在所有情况下都具有积极的影响,在许多领域,其他政策工具可能会更加有效。尽管如此,东道国管理措施作为东道国政府的一个政策工具仍然可以促进政府发展目标的实现。②

虽然各国对于“东道国管理措施”没有一个公认的定义,但通常都是指东道国政府制定的影响外国投资者经营的任何政策措施。从广义上讲,东道国管理措施不仅包括经营限制和履行要求,也包括投资鼓励和可能影响外国投资者行为的任何行政要求。③此外,东道国管理措施经常是不透明的,有时甚至是作为东道国政府和投资公司之间的机密而不予公开。

所有这些复杂因素都使得对东道国管理措施进行全面和准确的分类变得困难。为了避免这种复杂性,东道国管理措施通常通过文件的方式加以列明,即列举这些措施的清单。④为了使东道国管理措施公平、公正,一些国际条约对东道国可以采取的管理措施予以规范,东道国不能采取某些类型的管理措施。例如,WTO制定的《与贸易有关的投资措施协议》就明确禁止东道国采取扭曲公平贸易的投资措施。

2. 规范资本输出的法律规范

发达国家在20世纪90年代以前对本国的境外直接投资实行严格的限制政策。但是,在20世纪90年代以后,开始逐步取消对境外直接投资的限制,实现完全的自由化政策。发达国家为了促进并保护本国的海外私人直接投资,不仅在避免双重征税、信贷等方面采取了一些鼓励措施,同时还建立了海外私人直接投资保险制度,为本国的海外投资在东道国可能遇到的非商业性风险给予保险。

此外,在20世纪60年代和70年代,已经有少数发展中国家的企业开始向境外进行投资,但投资规模很小。80年代后,随着新兴市场国家的崛起,发展中国家境外直接投资迅速增加,并且政府也不同程度地放松了对境外投资的管制。但是,由于发展中国家的国内资金有限,并且缺乏有效的金融监管机制,因此绝大多数发展中国家并没有像发达国家那样实行

---

①②③④ UNCTAD Series on Issues in International Investment Agreements,HCOMs,UN,New York and Geneva,2001.

完全的自由投资政策。

大多数发展中国家对境外投资项目实行审批制度。限制较为严格的国家通常规定较高的审批最低限额,限额以下的项目,有的国家规定实行认可制,有的国家规定可自由向境外投资。限制较为宽松的国家通常根据本国需要,制定需要审批的投资项目的目录清单,列明需要审批的境外投资项目,目录以外的对外直接投资全部放开。还有一些发展中国家在20世纪90年代初就规定对境外直接投资基本上不需要审批,但仍然保留了某些方面的限制。只有少数发展中国家完全放开对境外投资的管制,对境外直接投资没有任何约束。

(二)国际法律规范

国际法律规范包括有关国际投资的双边条约、多边条约以及国际惯例。其中,双边条约和多边条约是国际投资法的主要渊源。在国际惯例方面,国际商会曾经于1972年通过了《国际投资指南》,供各国选用。①

"国家在双边、区域和多边级别缔结国际投资协议,但原因各异。多数资本输入国主要是为了协助吸引外国直接投资。而多数资本输出国则主要是为了提高资本输入国外国直接投资规章制度的透明度、稳定性、可预测性和可靠性,并减少对今后外国直接投资流动的障碍。无论是哪一种情况,各级外国直接投资规章制度最多只能起到促进作用。是否真有外国直接投资流动,主要取决于经济的决定性因素。过去十年来,缔结的国际投资协议,尤其是双边和区域级别的国际投资协议剧增。这反映了外国直接投资在世界经济中的重要性。"②

1. 双边投资条约

国际投资涉及东道国和投资国的经济利益,加之多边协调存在一定困难,因此,双边条约成为调整东道国和投资国之间关系的最有效和最迅速的手段,双边投资条约也相应成为国际投资法的首要渊源,同时也是各国最广泛使用的相互保护外国直接投资的法律文件。

双边投资条约主要规定外国投资的范围和定义、投资准入、外国投资的待遇、利润汇出、政治风险的担保、征用和补偿、双重征税的避免、投资争议的解决等事项。由于外国直接投资在东道国所面临的主要问题就是东道国对外国投资者的待遇问题,因此,双边投资条约的重点内容就是对外国投资者的待遇和保护。

2. 多边投资条约

多边投资条约根据签署或参加条约的国家的分布,可分为地区性多边投资条约和全球性多边投资条约。有关投资的地区性多边条约主要有《东南亚国家联盟(东盟)投资领域框架协定》《安第斯共同体第291号决定》《北美自由贸易协定》《南锥体共同市场(南方市场)议定书》《东非和南部非洲共同市场(东南非共同市场)条约》等。

---

① Organization for Economic Cooperation and Development, *Investing in Developing Countries*, 4th edition, Paris, 1978, p. 9.

② 贸发会议:《2003年世界投资报告——外国直接投资政策促进发展:国家和国际透视》。

"虽有几项区域协定专门处理投资问题,但迄今为止的趋势是在贸易协定(包括双边贸易协定)中处理这类问题。事实上,今天的自由贸易协议往往也是自由投资协议"①。

由于双边条约和地区性多边条约的局限性,自20世纪60年代以来,一些国家开始致力于起草并签署有关国际投资的全球性多边公约,以使国际投资规范在全球范围内得到统一。例如,经济合作与发展组织通过了《资本流动自由化法典》《无形交易自由化法典》《多国企业指南》。联合国跨国公司政府间委员会起草了《跨国公司行为守则》。② 但是,由于投资涉及一个国家的许多重大问题,因此,取得的成效不大。到目前为止,已经达成的多边投资条约主要有1966年生效的《解决国家与他国国民间投资争端公约》和1988年生效的《多边投资担保机构公约》。1995年1月1日生效的世界贸易组织《与贸易有关的投资措施协议》以及《服务贸易总协定》,也对与贸易有关的投资问题以及服务贸易领域的外资市场准入问题作出了规定。值得注意的是,上述多边国际投资条约只是针对某一方面的问题达成一致,并没有对国际投资的所有问题作出规定。

正是由于在国际投资领域缺乏规范内容全面的多边国际条约,一直致力于促进国际资本流动的经济合作与发展组织从1991年开始,探讨建立多边投资框架的可能性。1995年5月26日,经济合作与发展组织部长级会议作出决议,决定启动《多边投资协定》(Multilateral Agreement on Investment,MAI)的谈判,并确立了以下谈判原则:第一,提供一个综合性的有关投资准入、投资保护以及有效调解投资争议等内容的高标准的多边协议;第二,提供一个开放性的多边协议。OECD成员、欧盟成员以及非OECD成员都可以参加该协定。决议通过后,OECD很快成立了"多边投资协定磋商小组"(Negotiating Group)起草《多边投资协定》草案,并着手组织协议内容的谈判。《多边投资协定(草案)》参照了OECD制定的《资本流动自由化法典》和《国际投资与多国企业宣言与决议》的结构,吸收了国际双边投资条约、区域性多边投资条约以及WTO协议的原则和内容,并以国民待遇、最惠国待遇、透明度原则为核心构建而成。谈判原定于1997年5月前达成协议,但经过两年的谈判,各国分歧较大,于是又将达成协议的时间推迟到1998年4月。

1998年4月24日确定的MAI草案内容十分广泛,包括:(1) 总则:前言;(2) 范围和适用:定义(投资者与投资)、适用的地理范围、海外属地的适用;(3) 投资者和投资的待遇:国民待遇和最惠国待遇、透明度、投资者和主要人员的临时进入、居留与工作、经理及管理人员和董事会成员的国籍要求、就业要求、业绩要求、私有化、垄断及国有企业和特许、代表管理机构的实体、投资鼓励措施、确认安排、核准程序、自雇企业的成员、知识产权、公共债务、公司行为、R&D(研究与发展)技术、不可降低的标准、劳工与环境附加条款;(4) 投资保护:一般待遇、征收和补偿、内乱时的保护、转移、信息交换和数据处理、代位求偿权、保护已有

① 贸发会议:《2003年世界投资报告——外国直接投资政策促进发展:国家和国际透视》。

② Organization for Economic Cooperation and Development, *Investing in Developing Countries*, 4th Revised Edition, Paris, 1978, p. 8.

投资;(5) 争端解决;国家与国家间争议的解决程序、投资者与国家间争议的解决程序;(6) 例外和保障:一般例外、寻求货币与汇率政策的交易、临时保障;(7) 金融服务:谨慎措施、确认安排、核准程序、透明度、信息交换和数据处理、自雇企业与协会的成员、支付及清算体系和贷款人、最后求助、争端解决、金融服务的定义;(8) 税收;(9) 特定国别例外:特定国别例外的申诉;(10) 与其他国际协议的关系:根据国际货币基金组织条款应承担的义务、与OECD《多国企业准则》的关系;(11) 实施与运作:筹备小组、成员方小组;(12) 最终规定:签署、接受与生效、加入、不适用、检查、修订、OECD《多国企业准则》的修改、退出、保存、附件的法律地位、正式文件、利益的放弃等。①

OECD的上述草案具有以下特点:第一,对"投资"作广义理解。协定不仅规范外国直接投资行为,同时也规范外国间接投资行为。第二,采取与货物贸易相类似的高标准投资待遇要求。要求东道国向外国投资者提供安全和永久的投资保护,并给予公平合理的待遇。同时,禁止东道国采取法律上和事实上的歧视做法,除非属于一般例外、临时背离和国家保留的范畴。第三,在争端解决方面,引入了WTO争端解决机制。

由于1998年4月的草案强调对投资者利益的保护,而对东道国和发展中国家的利益保护不够,再加上谈判各国对劳工标准、环境标准、例外和保留、法律的域外适用、法律冲突、再投资障碍、知识产权保护、争端解决等问题也存在很大分歧,导致谈判十分艰难。1998年10月,法国政府在本国公众的压力下撤回谈判,从1998年12月开始,《多边投资协议》谈判进入停顿状态。

五、国际投资法的基本原则

国际投资法的基本原则是指被各国公认的、具有普遍约束力、并适用于国际投资法领域的构成国际投资法基础的法律原则。

《联合国宪章》第2条规定了联合国及其会员国应予遵循的七项原则:"为求实现第一条所述各宗旨起见,本组织及其会员国应遵行下列原则:一、本组织系基于各会员国主权平等之原则。二、各会员国应一秉善意,履行其依本宪章所担负之义务,以保证全体会员国由加入本组织而发生之权益。三、各会员国应以和平方法解决其国际争端,避免危及国际和平、安全及正义。四、各会员国在其国际关系上不得使用武力威胁或武力,或以与联合国宗旨不符之任何其他方法,侵害任何会员国或国家之领土完整或政治独立。五、各会员国对于联合国依本宪章规定而采取之行动,应尽力予以协助,联合国对于任何国家正在采取防止或执行行动时,各会员国对该国不得给予协助。六、本组织在维持国际和平及安全之必要范围内,应保证非联合国会员国遵行上述原则。七、本宪章不得认为授权联合国干涉在本质上属于任何国家国内管辖之事件,且并不要求会员国将该项事件依本宪章提请解决;但此项原则不妨碍第七章内执行办法之适用。"

---

① 联合国贸发会议:《1999年世界投资报告》(英文版),第129～130页。

上述七项原则可以归纳为:各会员国主权平等的原则;各会员国应忠实履行宪章义务的原则;各会员国应以和平方法解决其争端的原则;各会员国不得以武力相威胁或使用武力的原则;各会员国对联合国依宪章采取的任何行动,应尽力给予一切协助的集体协助原则;在维护国际和平与安全的必要范围内,应确保非会员国遵守上述原则;不得干涉在本质上属于任何国家国内管辖事项的原则。这些基本原则也构成了国际经济法基本原则的基础。

此外,联合国大会还通过了一系列涉及国际经济法基本原则的决议或宣言,例如,1962年12月14日的《关于自然资源之永久主权的决议》,1974年5月1日的《建立新的国际经济秩序宣言》,1974年12月14日的《各国经济权利和义务宪章》等。上述决议是各国规范国际投资行为的重要依据。

《关于自然资源之永久主权的决议》载明:“一、各民族及各国家行使其对天然财富与资源的永久主权,必须为其国家的发展着想,并以关系国人民的福利为依归。二、此种资源的查勘、开发与处置,以及为此目的而输入所需外国资本时,均应符合各民族及各国家自行认为在许可、限制或禁止此等活动上所必要或所应有的规则及条件。三、此等活动如经许可,则输入的资本及其收益应受许可条款、现行内国法及国际法的管辖。所获利润必须按投资者与受助国双方对每一项情事自由议定的比例分派,但须妥为注意,务使受助国对其天然财富与资源之主权,绝对不受损害。四、收归国有、征收或征用应以公认为远较纯属本国或外国个人或私人利益为重要的公用事业、安全或国家利益等理由为根据。遇有此种情形时,采取此等措施以行使其主权的国家应依据本国现行法规及国际法,予原主以适当之补偿。倘补偿问题引起争执,则应尽量诉诸国内管辖。但如经主权国家及其他当事各方同意,得以公断或国际裁判办法解决争端。五、各国必须根据主权平等原则,互相尊重,以促进各民族及各国族自由有利行使其对天然资源之主权。六、以谋求发展中国家经济发展为目的之国际合作,不论所采方式为公私投资、交换货物及劳务、技术协助或交换科学情报,均应以促进其国家独立发展为依归,并应以尊重其对天然财富与资源之主权为基础。七、侵犯各民族及各国族对其天然财富与资源之主权,即系违反联合国宪章的精神与原则,且妨碍国际合作的发展与和平的维持。八、主权国家或在主权国家间所自由缔结之外国投资协定应诚意遵守;各国及国际组织均应依照宪章及本决议案所载原则,严格审慎尊重各民族及各国家对其天然财富与资源的主权”。

《建立新的国际经济秩序宣言》载明:“新的国际经济秩序应当建立在充分尊重下列原则的基础上……(5)每一个国家对自己的自然资源和一切经济活动拥有充分的永久主权。为了保卫这些资源,每一个国家都有权采取适合于自己情况的手段,对本国资源及其开发实行有效控制,包括有权实行国有化或把所有权转移给自己的国民,这种权利是国家充分的永久主权的一种表现。任何一国都不应遭受经济、政治或其他任何形式的胁迫,以致不能自由地和充分地行使这一不容剥夺的权利……(7)根据跨国公司所有国的充分主权,采取有利于这些国家的国民经济的措施来限制和监督这些跨国公司的活动……”

《各国经济权利和义务宪章》在第二章“各国的经济权利和义务”第2条中规定:“1. 每个国家对其全部财富、自然资源和经济活动享有充分的永久主权、包括拥有权、使用权和处置权在内,并得自由行使此项主权。2. 每个国家有权:(a) 按照其法律和规章并依照其国家目标和优先次序,对在其国家管辖范围内的外国投资加以管理和行使权力。任何国家不得被迫对国外投资给予优惠待遇;(b) 管理和监督其国家管辖范围内的跨国公司的活动,并采取措施保证这些活动遵守其法律、规章和条例及符合其经济和社会政策。跨国公司不得干涉所在国的内政。每个国家在行使本项内所规定的权利时,应在充分顾及本国主权权利的前提下,与其他国家合作;(c) 将外国财产的所有权收归国有、征收或转移,在收归国有、征收或转移时,应由采取此种措施的国家给予适当的赔偿,要考虑到它的有关法律和规章以及该国认为有关的一切情况。因赔偿问题引起的任何争论均应由实行国有化国家的法院依照其国内法加以解决,除非有关各国自由和互相同意根据各国主权平等并依照自由选择方法的原则寻求其他和平解决办法。”

根据上述国际文件,与国际投资有关的原则主要包括以下三个:第一,各国对其境内的一切自然资源享有永久主权;第二,各国对其境内的外国投资以及跨国公司的活动享有管理监督权;第三,各国对其境内的外国资产有权收归国有或征用。

第二节 国际直接投资的途径

私人投资者向境外进行直接投资主要通过两个途径进行,一是在东道国成立新企业,二是收购东道国的现有企业。不论采用设立方式还是收购方式,投资者在境外投资的企业从投资者组成的角度有以下类型:合营企业和独资经营企业。合营企业是指外国投资者依照东道国的法律,与东道国的投资者一起,为了实现其共同的长期经济目的而共同投资成立的共同经营、共担风险、共负盈亏的企业形式。独资经营企业是指外国投资者在东道国境内,根据东道国法律成立的全部股权由外国投资者自己拥有的企业。该企业由外国投资者独立经营和管理,企业风险由外国投资者独立承担。由于东道国投资政策的限制,合营企业成为外国直接投资的主要形式。

一、合营企业

在东道国境内,根据东道国法律成立拥有全部产权的子公司是国际直接投资的最早形式。随着越来越多的发展中国家鼓励本国企业参与外商投资企业的经营,并禁止外国投资者在某些领域拥有企业的全部产权,外国投资者更多的是采用合营方式。因此,国际合营企业是国际私人直接投资的最常见形式。此外,联合国工业发展组织编写的《发展中国家合营企业协议指南》也指出:“历史上,外国在发展中国家直接投资的一般形式,是外国拥有全部产权的子公司。近年来,越来越多的新投资形式,则是当地和外国伙伴分享产权的合营企业。发展合营企业的有利因素很多,其中之一就是发展中国家可以通过立法禁止外国控制全部产权,鼓励当地占有一定份额的产权。更重要的是,许多外国私人和政府的投资者日益认识到,同当地伙伴分享产权是有利的。其中,有形的利益包括土地、资金、训练人员、当地语言知识、熟悉当地市场、供应者和做生意的环境；无形的利益包括同雇主、顾客和政府建立友好的感情，减少可能发生的国有化和区别对待的法律。”①另外，指南将合营企业分为股权式合营企业和契约式合营企业。

（一）股权式合营企业

股权式合营企业是指外国投资者和东道国投资者根据东道国法律规定，按照约定或法定的投资比例进行投资，并依照各自的投资比例享有权利和承担义务的具有法人资格的企业。我国的中外合资经营企业就属于股权式合营企业。

股权式合营企业具有如下特征：(1) 由外国投资者与东道国投资者按照东道国法律规定或投资者双方约定的投资比例出资，投资者各占一定的股份而成立。其中，外国投资者和东道国投资者大部分为法人企业。有些国家也允许自然人进行投资。(2) 外国投资者和东道国投资者的出资构成合资经营企业的财产。合资经营企业以其本身拥有的企业财产对外承担债务责任。(3) 外国投资者和东道国投资者共同成立董事会或股东会等管理机构，共同管理合资经营企业。(4) 外国投资者和东道国投资者按照各自的投资比例分享合资经营企业的经营利润，并承担合资经营企业的亏损。

“外国在发展中国家投资经营的合营企业中，股份合营企业是最常见的形式。股份合营企业，偶尔也由双方或多方在现有的公司里投入资本，但多数情况下，是由各方各占一定股份，组成新公司。由于新公司易于根据需要而注册成立，而修改原有结构使之适用于新经营方式要比前者困难，所以，组成新公司的办法可能更切合实际。”②

（二）契约式合营企业

契约式合营企业是指外国投资者和东道国投资者根据东道国法律规定，共同出资，共同经营，并根据合营合同规定分享利润、承担亏损的企业。我国的中外合作经营企业就属于契约式合营企业。契约式合营企业与股权式合营企业的最大区别就是，契约式合营企业的投资者不是必须按照各自的投资比例分享利润和承担亏损，而是根据合营合同的规定享受权利和承担义务。

根据大多数国家公司法的规定，公司性质的合营企业属于具有独立法律地位并且能够独立承担民事责任的企业法人，它拥有独立的财产、独立的名称和住所、公司章程以及完整的组织机构。

二、特许协议

特许协议是外国投资者在东道国进行石油开发时最早使用的一种形式。石油资源国在一定时期内将一定区域的石油开发权特许给外国石油公司，由外国石油公司承担全部费用与风险，进行勘探、开发和生产，所产石油产品有的全部归外国石油公司所有，资源国获得地

---

① 联合国工业发展组织：《发展中国家合营企业协议指南》序言。

② 联合国工业发展组织：《发展中国家合营企业协议指南》，“第一章：合营公司的组成”。

租、开采税和其他税收。也有的国家规定对所产石油进行产品分成。目前,特许协议已经广泛应用到东道国的基础设施建设领域以及其他公用设施的开发领域。

特许(concession)协议在有些国家也称为“国家契约”(state contract)。[①] 它是指一国政府与外国私人直接投资者签署的,赋予外国私人投资者在指定期间、指定地区内以及其他规定条件下,享有专属东道国国家的某种权利,投资东道国的公用事业建设或自然资源开发等特殊经济领域的协议。特许协议具有以下特点:(1) 协议的一方为东道国政府,另一方为外国私人直接投资者。(2) 东道国政府授予外国私人投资者在专属东道国政府投资和经营的领域内进行投资。这些专属领域通常是东道国的基础设施、公用设施、自然资源领域。(3) 东道国政府与外国投资者约定投资利润的分配方式。(4) 东道国政府与外国投资者各自享有一定的权利并承担相应的义务。

由于特许协议的签约一方是东道国政府,另一方是外国投资者,与一般民事协议有很大不同,因此,东道国政府在特许协议下应该承担什么责任成为外国投资者十分关心的问题。对于特许协议的性质,有以下三种观点:一是特许协议属于行政合同,类似于国有土地使用权出让合同的性质,协议双方的权利和义务具有不对等性。二是特许协议属于民事合同的范畴,政府必须按照合同规定承担责任。三是特许协议属于混合性合同,既有行政合同的特性也有民事合同的特性。政府既要履行合同中的义务,同时也有权基于公共利益修改或解除合同。英美法系对于政府合同原则上适用合同法的一般规定,除非政府基于社会公共利益或合同妨碍政府正常执行职务时,才有例外。此外,也有观点认为,特许协议是国家同外国公司基于当事人地位平等而订立的契约,即非国内法上的契约,又非国际法主体之间的条约,而属于“准国际协议”。有的从跨国关系出发,认为特许协议既包括公法因素,又包括私法因素,是两者结合所形成的一种开发国家资源的特别法律关系,既不完全属于国际公法,也不完全属于国内私法,是一种具有双重性质的“混合协议”,又称“跨国契约”。还有的认为,当事人的协议是决定契约权利义务的主要依据,契约本身形成约束当事人的第三秩序,称之为“契约条款法”或“当事人法”。协议不适用国际法,而只服从契约本身的规定。[②]

三、BOT 投资方式

BOT(Build - Operate - Transfer,建设—经营—转让)是 20 世纪 80 年代初出现的一种新型的利用国际私人资本进行基础设施项目建设的特殊投资方式。BOT 投资方式由土耳其已故总理奥扎尔于 1984 年提出,随后被广泛采用。英法海底隧道、中国香港东区港九海底隧道等一些耗资巨大的项目,都是采用 BOT 方式建设完成。

BOT 是指东道国政府通过特许协议,授予外国投资者在特许协议规定的期限内,投资东道国的基础设施领域的专营权。投资者对所投资项目拥有建设、运营、管理、维护和收益权。

---

① 姚梅镇著:《国际投资法》,武汉大学出版社 1985 年出版,第 325 页。

② 姚梅镇著:《国际投资法》,武汉大学出版社 1985 年出版,第 329 页。

在特许协议期满后,投资者将所投资项目无偿移交给签约的东道国政府。实践中,BOT 投资方式是东道国政府与外国承包商合作经营东道国基础设施项目的一种特殊运作模式。与一般的国际直接投资方式相比,BOT 具有以下特征:

(1) BOT 投资方式适用于特定领域。BOT 方式一般不适用于普通投资领域,而是适用于资金需求较大的具有公益性质的基础设施或服务项目。这些项目通常规模很大、建设时间较长、投资风险大(如商业风险、政治风险、工程技术风险、自然风险等)。

(2) BOT 投资方式涉及一系列合同,包括特许协议、合营合同、建设施工合同、完工担保合同、产品购买合同、贷款合同、运营维护合同、保险合同等。其中,特许协议是 BOT 项目的基础协议。

(3) BOT 投资方式的项目建设资金来自项目投资者的直接投资和贷款人的间接投资,其中,直接投资所占的比例较小,大部分建设资金来自贷款。

(4) 特许协议期满后,特许建设项目无偿移交东道国政府所有和经营。投资者在特许期间,对 BOT 项目享有占有、使用和收益权,但不能处分 BOT 项目。

第三节　国际投资担保制度

国际私人直接投资活动不仅面临商业风险,同时,相比其他商业活动也更容易受政治风险的影响。特别是战后相当长一段时间内,发达国家在发展中国家的海外私人直接投资屡屡遭遇战争、内乱、没收、国有化及外汇禁兑、政府违约等种种政治风险的影响。因此,发达国家认识到,对本国的海外私人直接投资必须予以法律上的保护,使本国的海外私人直接投资尽量免受或少受政治风险所造成的损失。

一、国际投资担保的国内法制度

(一) 海外私人直接投资保险制度的概念

为了鼓励本国国民对外进行直接投资,使本国私人直接投资免受东道国政治风险的影响,美国于 1948 年根据其《对外援助法》实施马歇尔援欧计划,首创国际投资担保的国内法制度——海外私人直接投资保险制度,主要针对欧洲国家的货币汇兑风险,其后转变为针对在发展中国家投资的政治风险提供担保。随后,德国、法国、丹麦、澳大利亚、加拿大、瑞士、英国等几乎所有的发达国家都建立了本国的海外私人直接投资保险制度。[①] 到目前,海外私人直接投资保险制度已成为一项重要的海外投资保证制度(guarantee system for overseas investment)。

海外私人直接投资保险制度是资本输出国政府为了保护本国国民在国外投资的安全,

① Organization for Economic Cooperation and Development, *Investing in Developing Countries*, 4th edition, Paris, 1978, p. 11.

对本国的海外投资者在资本输入国可能遇到的政治风险给予保险的制度。投资者向本国投资保险机构申请保险后,若发生承保的政治风险并造成投资者的投资损失,由国内保险机构予以补偿。

(二) 海外私人直接投资保险制度的类型

目前,国际上主要存在两种保险制度:一是美国式的双边保证制度,它以与东道国政府签订双边投资保证协定为实行国内法上的海外投资保险制度的法定前提。也就是说,海外投资保险机构提供投资保险的前提是本国已经和东道国签订了双边投资保证协定,否则不予承保。二是德国式的单边保证制度,它不要求以本国政府同东道国政府订有双边投资保证协定为承保的前提,而是仅依国内法的规定进行海外投资的承保。

(三) 海外私人直接投资保险制度的特征

海外私人直接投资保险是一种特殊的保险,与一般保险相比具有如下特征:

1. 海外私人直接投资保险是一种政府保证或国家保证

保险人是政府机构或公营公司,不以营利为目的,而是以保护本国的海外私人直接投资为目的。依据各国立法与实践,负责承保海外私人直接投资保险业务的机构有如下类型:政府机构从事投资保险业务、政府公司从事投资保险业务、政府与国营公司共同从事投资保险业务。其中,大多数国家是由政府公司从事海外投资担保业务,如美国的"海外私人投资公司"(OPIC)、澳大利亚的"出口融资和保险公司"(EFIC)、加拿大的"出口发展公司"(EDC)、荷兰的"荷兰信用保险公司"(NCM)等。① 政府公司作为法人承保海外投资保险业务可以避免投资纠纷的政治化。

2. 投保人必须是合格投资者

建立海外投资保险制度的国家大多要求海外投资保险的投保人只限于本国国民。特殊情况下,在保险国的外国企业进行的海外投资有利于保险国时也予以承保。例如,美国法律规定,允许由美国人全部控股的外国公司投保。

3. 保险对象只限于符合特定条件的海外私人直接投资

被保险的海外私人直接投资必须符合下列条件:

(1) 属于合格投资。合格投资是指海外投资应符合法律和保险合同规定的条件和标准。这些条件和标准主要有:① 海外投资应有利于东道国的经济发展并(或)经东道国政府的同意、批准。② 只限于新的海外投资,即在投保前未承诺或实际向海外的投资,一般指新建企业的投资。其目的是便于对承保者的引导,并有利于发展本国对外的经济关系。③ 海外投资必须符合投资国的本身利益。通常情况下,投资的类型通常包括股权投资、贷款和预付款、许可和使用费等,有的国家还包括长期贷款。②

(2) 属于向合格的东道国进行的投资。合格的东道国通常是指发展中国家,并且已经

①② Organization for Economic Cooperation and Development, *Investing in Developing Countries*, 4th edition, Paris, 1978, p. 12.

与保险人所在国家签署了双边投资保证协定。这种要求一是鼓励向发展中国家和最不发达国家进行投资;二是在保险事故发生后,保险人可以依照双边条约行使代位索赔权。此外,有些国家的合格投资并不仅限于对发展中国家进行的投资。有的国家的海外投资保险制度可以对在世界范围内的投资都予以承保,也有的只承保向与之签订双边投资保护协议的国家进行的投资。①

4. 保险的范围主要是非商业风险(政治风险)

各国承保的政治风险的范围根据各国经济利益和对外关系与对外政策的发展而变化,通常包括征收险、外汇险(也称转移险)、战争与内乱险等。除政治风险外,有的国家还承保其他风险,例如,比利时承保自然灾害风险,日本承保信用风险,瑞士承保本地公共机构拒绝支付或不能支付的风险等。②

(1) 征收险(expropriation risks)。包括征收或国有化以及未给予充分补偿的没收。③国有化(nationalization)或征收(expropriation)是指国家基于公共利益的需要对私人所有的财产予以全部或部分征收,收归国家所有。征收分为直接征收和间接征收。直接征收是指直接剥夺私人财产的所有权,间接征收是指私人财产所有人使用、占有和处置的财产虽未被政府接管,但由于政府所采取的措施或行为的无理干涉或阻碍,使所有权人在合理期限内不能使用、占有和处置其财产或使企业不能有效经营而导致损失的风险。几乎所有国家的征收险都包括直接征收,但是,对于"蚕食式征收",有的国家将其包括在征收险范围之内,有的国家则不包括。"蚕食式征收"是指本地企业没有被接管,而是其经营活动被政府行为阻止,不再能够有效地经营。④

一些发展中国家在争取民族解放和国家独立的过程中,最早使用征收或国有化的措施,以保证独立后民族经济的发展。目前,发达国家一般不采用国有化,但也有少数国家法律规定了国有化。如日本规定,可依法收用或收购外国投资者合法财产的全部或一部,但应按等价报酬付给适当的金额。

对于征收和国有化的合法性,目前国际上有两种意见。一种观点认为,征收和国有化是一个国家的主权的体现。另一种观点认为,只有出于国家公共利益的需要,才能实行征收或国有化。国有化应该是为了公共利益,非歧视地、有补偿地进行。关于国有化的补偿问题,国际上有三种观点:第一,应给予及时支付、数量充分和有效的补偿。以美国为代表的发达国家持该观点。在同发达国家签署的投资保护协议中经常规定有这一标准。第二,给予适当和合理的补偿。第三,不予补偿。在补偿的方式方面,大多数发展中国家采取一次补偿、一次征收。有些国家也采取逐步征用、逐步收购的措施。

联合国大会通过的《各国经济权利与义务宪章》规定:"每个国家都有权将外国财产收归国有、征收或转移其所有权。在收归国有、征用或转移时,应由采取这些措施的国家,考

---

①②③④ Organization for Economic Cooperation and Development, *Investing in Developing Countries*, 4th edition, Paris, 1978, p. 12.

虑本国有关法律和条例的规定以及本国认为有关的一切情况，给予适当的补偿。”从联合国的规定可以看出，国有化和征收是一种国家权力，并且可以给予适当的补偿，而不是全部补偿。

（2）战争险（war risks）。包括革命、叛乱和内战等致使外国投资者在东道国的投保财产受到损害的风险。

（3）外汇险（transfer risks）。外汇险包括禁兑险和转移险，一般是指当地政府实行外汇管制，妨碍、迟延资本和收益兑换成自由货币并转移出境而导致外国投资者的损失，当地货币贬值的风险不包括在内。禁兑风险发生的原因有多种，如东道国实行外汇管制、停止或限制外汇，或由于其他突发事变，如革命、战争、内乱等，致使投资者无法在一定期间内进行外汇业务等。海外私人投资公司在批准这种政治风险保证前，必须从东道国获得关于原本与利润等自由汇出的保证，投保者则须确切证明东道国政府原已同意并允许自由汇出的事实。在外汇险中，大多数国家都排除了货币贬值风险。[①]

5. 保险期限较长

大多数国家的投资保险制度规定的保险期限最长可达 15 年或 20 年。

6. 代位求偿权的行使对象是主权国家

海外私人直接投资保险中的代位求偿权是指保险人在投资保险事故发生后，向投保人支付保险金并取得向造成投资风险的东道国政府进行索赔的权利。因此，投资保险中的代位求偿权对象是东道国政府。

在投资保险中，投保人和保险人签订的投资保险合同中的代位求偿权条款是保险人行使代位求偿权的依据。但是，为了保证保险人能够有效地行使代位求偿权，投资母国往往和东道国政府事先签订双边投资保护协定，使东道国政府在双边投资保护协定中承诺接受投资母国的保险机构向其行使代位求偿权。以双边投资保护协定作为投资母国的保险人向东道国行使代位求偿权的法律依据，可以将承认和接受代位求偿权转化为东道国在国际法上应承担的义务。因此，为了使代位求偿权得到有效行使，大多数投资保险机构要求投资保险合同必须得到东道国政府的批准或者认可，或者东道国政府已经与投资母国签署了双边投资保证协定。

需要注意的是，许多投资母国在投资保险合同中要求投保人在向保险人求偿之前有义务尽量寻求东道国的国内法律救济，从东道国取得赔偿。例如，美国的海外私人直接投资保险合同规定，投保人在向海外私人投资保险机构索赔之前，必须先在东道国采取一切可能的行政或司法补救措施，要求制止风险或取得赔偿。否则，保险公司有权拒绝支付保险赔偿金。

① Organization for Economic Cooperation and Development, *Investing in Developing Countries*, 4th edition, Paris, 1978, p. 11.

二、国际投资担保的国际法制度

（一）《多边投资担保机构公约》的产生

世界银行关于通过对非商业风险提供保险以促进国际投资发展的讨论最早可以追溯到1948年。1948年3月3日，世界银行就收到了《为外国私人投资的转移风险和其他风险提供担保的建议》，但是，该建议并没有得到世界银行的重视。也就是在这一年，美国政府实施了其投资保险制度。1950年10月，又有人建议世界银行应该通过采取一系列措施，包括建立一定比例的投资或设立一个保险基金，对外国投资的风险，如未给予充分补偿的国有化、战争和货币兑换等，给予担保。早期的建议设想世界银行应该提供直接的保险或给予补贴。此外，在20世纪50年代到60年代早期，世界银行之外的一些机构和国家也陆续提出一些建议，建议设立一个多边投资保险框架，由世界银行管理或给予财政资助。鉴于这些要求，世界银行在1961年决定，对多边投资保险问题进行进一步的研究，并考虑世界银行是否能够通过投资保险制度向其会员提供有效的服务。国际金融公司（IFC）成立国际投资保险工作组，于1961年6月28日召开了第一次会议。1962年1月，工作组起草了第一份多边投资保险报告。报告考察了提交的建议，并明确了一些原则，但并没有指出世界银行的管理角色以及实施项目的责任等。针对该报告，国际商会向世界银行指出，应由世界银行或创立的其他国际机构负责实施投资保险制度。此外，经济合作发展组织的专家委员会在1965年6月完成了关于建立多边投资担保合作的报告，并提交世界银行，建议世界银行履行实施职责。联合国贸易与发展会议也要求世界银行在征求发达国家和发展中国家意见的前提下继续研究投资保险问题，并向联合国提交研究和咨询报告。在收到联合国以及OECD等要求后，世界银行开始探讨成立多边投资担保机构的可能性。1966年11月30日，《国际投资担保机构协议（草案）》完成，并提交世界银行各成员政府和有兴趣的国际组织讨论。在此后的讨论中，曾经由于世界银行是否有能力充当管理投资保险机构的角色而将讨论搁置。直到1981年，世界银行新任主席开始关注投资保险问题，并建议继续研究建立多边投资担保机构的可能性，以及准备公约草案。1984年10月，公约草案完成并提交世界银行年会。1985年10月11日，在韩国首尔召开的世界银行年会上正式通过《多边投资担保机构公约》，1988年4月12日，该公约生效。[①] 多边投资担保机构（Multilateral Investment Guarantee Agency，MIGA）在1988年作为世界银行集团的成员之一正式成立。我国于1988年4月30日交存加入书。

《多边投资担保机构公约》包括11章67条及两个附件，分别对该公约的宗旨，MIGA的建立和地位，会员国资格和资本，MIGA的业务、组织与管理，投票认股的调整和代表权、特权与豁免，争端的解决等问题作出了规定。该公约的主要目的就是成立多边投资担保机构，并确信多边投资担保机构在鼓励外国投资、补充国家性和区域性的投资担保计划以及非商业

---

① Ibrahim F. I. Shihata, *Multilateral Investment Guarantee Agency and Foreign Investment*, Martinus Nijhoff Publishers, 1988, p. 31.

性风险的私人保险方面能够发挥重要作用。

《多边投资担保机构公约》的签署和生效为没有国内投资担保机构的资本输出国提供了一个选择,消除了这些国家的投资者对东道国非商业风险的忧虑。此外,多边投资担保机构主要担保面向发展中国家的投资,对资本向发展中国家的流动起到了促进作用。

(二) 多边投资担保机构的地位

多边投资担保机构具有完全的法人地位,有权签订合同、取得并处理不动产和动产以及进行法律诉讼。该机构设理事会、董事会、总裁和职员。其中,理事会是权力机构,董事会是执行机构。此外,多边担保机构在各会员国领土内应给予以下豁免和特权:法律程序豁免、财产豁免、档案和通信豁免、税收豁免。

MIGA 的目标是鼓励在会员国之间,特别是向发展中国家会员国进行生产性投资,以补充国际复兴开发银行、国际金融公司和其他国际性开发金融机构的活动。为达到上述目标,MIGA 对投资的非商业性风险予以担保。

(三) 多边投资担保机构的业务活动

由于 MIGA 具有担保和政策协调的双重作用,故其业务包括担保业务和非担保业务两类。其中,投资担保业务是 MIGA 的主要业务。MIGA 的非担保业务主要是为担保业务提供服务。

1. 担保机构承保的险别

担保机构所担保的政治风险是指东道国政府(包括中央政府、地方政府)的行为(包括作为与不作为)以及其所同意、授权、批准或指示的作为和不作为。《多边投资担保机构公约》第 11 条规定,担保机构可为合格的投资就货币汇兑、征收和类似的措施、违约、战争和内乱风险中的一种或几种风险而产生的损失提供保险。但是,被保险人认可或负有责任的东道国政府的任何行为或疏忽,以及发生在担保合同缔结之前的东道国政府的任何行为、疏忽或其他任何事件,不在保险范围之列。与许多国家的国内投资保险制度不同的是,多边投资担保机构承保的风险除包括“货币汇兑险”“征收和类似措施险”以及“战争和内乱险”外,还另外增设了“违约险”。

(1) 货币汇兑险(transfer restriction)。货币汇兑险是指东道国政府采取新的措施,限制其货币兑换成可自由使用货币或被保险人可接受的另一种货币以及汇出东道国境外,包括东道国政府未能在合理的时间内对该被保险人提出的此类汇兑申请作出行动。

“它旨在包罗一切形式的新的直接限制措施(包括在现存的限制措施之上增加的限制),以及间接或隐蔽的限制措施,无论这些限制措施是法律上规定的还是事实上存在的。这些限制措施必须‘可归因于东道国政府’,这一措辞也包含了东道国公共机构或其他公共机关所施加的限制。这一条款没有规定特定的期限,这一期限将在董事会制定的规则和细则中,尤其是在担保合同中加以规定。在确定何为合理期限时,机构需在迅速汇兑对投资者的利益与东道国政府在处理申请时被认为可能是正当的某些迟延之间求得平衡。”①

---

① 《多边投资担保机构公约解说》,国际复兴开发银行理事会 1985 年 10 月 11 日提交各国政府。

（2）征收和类似措施险。指东道国政府采取立法或行政措施，或懈怠行为，实际上剥夺了被保险人对其投资的所有权或控制权，或其应从该投资中得到的大量收益。但政府为管理其境内的经济活动而通常采取的普遍适用的非歧视性措施不在此列。

"它将包括可归因于东道国政府的措施，如国有化、没收、查封、剥夺、扣押和冻结资产等。条款中'任何立法上的作为或行政上的作为'的措施包括行政机关采取的措施，但不包括司法机关在行使其职能时所采取的措施。政府通常采取的管理其经济活动的措施，如税收、环境、劳动方面的立法以及保护公共安全所采取的措施，都包括在这一条款中，除非这些措施是歧视投保人的。在认定这些措施时，机构在实践中不得损害成员国或投资者基于双边投资条约、其他条约和国际法而享有的权利。"①

（3）违约险（breach of contract）。违约险是多边投资担保机构的一个创新。是指东道国政府不履行或违反与被保险人签订的合同，并且被保险人无法求助于司法或仲裁机关对其提出的有关诉讼作出裁决，或该司法或仲裁机关未能在担保合同根据机构的条例规定的合理期限内作出裁决，或虽有这样的裁决但未能执行。可见，东道国政府有违约行为并不当然构成违约险，只是在具备上述条件的情况下，才构成违约险。

"违约保险可以根据个案与具体问题量身定做。保险范围可以包括吊销执照或许可、关税、法规风险，也包括不合理的要求履约保证或终止管理合同。"②

多边担保机构设立该险别的目的是促使东道国和投资者之间合同的履行和实施，并且要求被保险人在风险发生后应首先通过东道国的救济使损失得到补偿，只有在东道国的救济不能实现的情况下才能求助于多边投资担保机构的保险赔偿。这也是多边投资保险制度与一般商业风险保险的一个很大的区别。

（4）战争和内乱险（war and civil disturbance）。指东道国境内任何地区的任何军事行动或内乱。军事行动一般是指不同国家的政府武装力量之间的战争行动，包括经宣战或未经宣战的战争。内乱通常是指直接针对政府的并以推翻政府或将其驱逐出某个特定地区为目的的有组织的暴力行动，包括革命、暴乱、叛乱和军事政变。

"它旨在包括典型的在东道国政府控制之外的革命、动乱、政变和类似的政治事件。然而，具体针对投保人的恐怖主义行为和类似活动不包括在这一条款之中，但可包括在以下所述的第 11 条（b）款之中。"③

（5）其他非商业风险。除上述非商业风险外，应投资者与东道国的联合申请，经 MIGA 董事会特别多数票通过，可以将担保范围扩大到上述四种风险以外的其他特定的非商业风险。但是，在任何情况下，货币贬值或降低定值的风险都不包括在内。

2. 合格投资

《多边投资担保机构公约》第 12 条规定，合格的投资应包括股权投资，其中包括股权持有者为有关企业发放或担保的中长期贷款和董事会确定的其他形式的直接投资。董事会经特别

①③ 《多边投资担保机构公约解说》，国际复兴开发银行理事会 1985 年 10 月 11 日提交各国政府。

② Development Themes, MIGA Annual Report 2003.

多数票通过,可将合格的投资扩大到其他任何中长期形式的投资。担保限于要求机构给予担保的申请收到之后才开始执行的那些投资。这类投资包括为更新、扩大或发展现有投资所汇入的外汇以及现有投资产生的、本可汇出东道国的收益。机构在担保投资前,应弄清下列情况:该投资的经济合理性及其对东道国发展所作的贡献;该投资是否符合东道国的法律条令;该投资与东道国宣布的发展目标和重点是否一致等。

"第 12 条规定了机构担保的合格投资的类型。这一条款努力在需要保护机构有限的资本以促进直接投资流动,和需要允许董事会扩大担保其他类型的投资,以确保将来的灵活性之间谋求平衡。根据设计,机构将集中担保符合于第 12 条(a)款的投资,即:产权投资,不同类型的直接投资,以及产权所有者在有关企业中发放或担保的中、长期贷款(所谓产权类型或赞助贷款)。'直接投资'是一个一般的词,其明确的范围将必须由董事会决定。董事会将受国际货币基金组织的外国直接投资定义的指导,即:'为了获得在一经济中经营的一个企业的持久利益,而非投资者的利益,投资者的目的是为了取得该企业管理中的有效发言权而进行的投资。'董事会认为,服务和管理合同等新形式的投资,和投资者的收入依赖于企业运行的特许协议、许可证协议、租赁协议和产品分成协议为直接投资。在任何情况之下,用货币形式或以诸如机器、服务、技术工艺和技术的实物进行投资都无关紧要。"①

3. 合格的投资者

《多边投资担保机构公约》第 13 条规定,符合以下条件,任何自然人和法人都有资格取得机构的担保:(1) 该自然人是东道国以外一会员国的国民。(2) 该法人在一会员国注册并在该会员国设有主要业务点,或其多数资本为会员国或几个会员国或这些会员国国民所有。在上述任何情况下,该会员国必须不是东道国。(3) 该法人无论是否私营,均按商业规范经营。如果投资者有一个以上的国籍,会员国国籍应优先于非会员国国籍,东道国国籍应优先于任何其他会员国国籍。根据投资者和东道国的联合申请,董事会经特别多数票通过,可将合格的投资者扩大到东道国的自然人、在东道国注册的法人或其多数资本为东道国国民所有的法人。但是,所投资产应来自东道国境外。自然人投资者必须是东道国以外的会员国的国民;法人投资者必须是在东道国以外的会员国注册并在该会员国设有主要业务点,或其多数资本为东道国以外的会员国国民所有。

4. 合格的东道国

《多边投资担保机构公约》第 14 条规定,机构只对在发展中国家会员国境内所作的投资予以担保。

5. 东道国认可

《多边投资担保机构公约》第 15 条规定:"在东道国政府同意机构就指定的承保风险发放担保之前,机构不得缔结任何担保合同,任何东道国都可以拒绝同意。这会促使东道国在同意之前评估拟议中的投资。……尽管不需要投资者母国的同意,但是,如果投资者母

① 《多边投资担保机构公约解说》,国际复兴开发银行理事会 1985 年 10 月 11 日提交各国政府。

国政府通知机构，该投资的资金是违反该国法律转移出境的，那么机构应拒绝提供担保。”①

6. 担保条件

《多边投资担保机构公约》第16条规定，每一担保合同的担保条件应由机构根据董事会发布的条例和规定予以确定，但机构不得担保承保投资损失的全额。担保合同应在董事会指导下由总裁批准。

7. 索赔的支付

《多边投资担保机构公约》第17条规定，总裁在董事会指导下，应根据担保合同和董事会制定的政策，决定对被保险人索赔的支付。担保合同应要求被保险人在机构支付索赔之前，寻求在当时条件下合适的、按东道国法律可随时利用的行政补救办法。担保合同可要求在引起索赔的事件发生与索赔的支付之间要有一段合理的期限间隔。

“为了确保迅速付赔，将由总裁根据担保合同和董事会可能通过的政策作出有关决定，在发生争端的情况下，最终的决定将依赖机构和所涉投资者之间的仲裁结果（第58条）。根据设计，这些政策将要求投保人寻求在当时条件下适当的行政救济，如果这些救济根据的法律可随时利用的话，并且可以规定合理的期限，以便最大限度地促成友好解决投资者和东道国之间的争端（第17条）。在担保合同中订入具体的时间期限，将与其他政治风险保险人的惯例相一致。这一条款反映了各国国家性投资保证机构公认的惯例，不应该加给投资者过分的负担，因为投资者没有要求用尽一切当地救济之后，才能从机构那里得到赔偿，时间限制将取决于所涉及的风险类型和特殊情况的复杂性。以上时间限制与提出索赔到机构就索赔作出决定之间的最长期限，是两个不同的概念。这些时间限制没有具体规定于本公约之中，因为难以确定在所有情况下都合适的具体期限。但是，机构可以在其规则和细则中规定这些时间限制，并可以在担保合同中订入这些时间限制，以增加其所提供服务的吸引力。”②

8. 代位求偿权

《多边投资担保机构公约》第18条规定，在对被保险人支付或同意支付赔偿后，机构应代位取得被保险人对东道国和其他债务人所拥有的有关承保投资的权利或索赔权。担保合同应包括关于代位的条款。全体会员国应予承认机构的代位求偿权。

“如果机构根据担保合同赔偿或同意赔偿投资者，那么它将取得投资者对东道国的权利，该权利是因导致向机构索赔的事件而取得的。代位权是一项公认的保险法原则。它规定的是，被担保的投资者向机构转让现存的索赔权，机构作为代位人，将取得投资者所拥有的同样权利。担保合同将规定代位权的条款和条件。由于机构将仅仅赔偿投资者的部分损失（第16条），这些条款和条件对于投资者有特别重要的意义。第18条（b）款规定，全体成员国应承认机构代位的权利。……机构作为代位权人所获得的当地货币，在使用和转移方面，有权得到所给予投保人的同样优惠待遇。此外，如果这些货币不是可自由使用的货币，

①② 《多边投资担保机构公约解说》，国际复兴开发银行理事会1985年10月11日提交各国政府。

那么机构有权用这些货币支付其行政开支或其他费用,并就这些货币的其他用途直接寻求与东道国达成协议。这类其他用途可能包括将当地货币卖给其他机构(例如国际信贷机构)、在这些国家的外国投资者或从这些国家进口商品的进口商。在机构取得大量当地货币的情况之下,机构有效地使用或处分这种货币的能力,显得十分重要。”①

MIGA 赔偿的案件

第四节 外交保护与卡尔沃原则

“国际投资,是当代国际经济交往的常见形式。在国际投资的实践中,资本输出国与资本输入国之间,外国投资人与东道国政府之间,外国投资人与东道国公民或公司之间,都有互惠互利的一面,也时有利害冲突的一面。前一面导致国际合作,后一面导致国际争端。”②因此,妥善解决国际投资争议具有重要的现实意义。

一、外交保护

国际投资争议是指基于国际投资关系所产生的争议。这些争议包括国家之间基于投资条约所产生的争议,东道国政府和投资者之间产生的争议,投资者之间产生的争议以及外国投资者和母国产生的争议。其中,外国投资者与东道国政府之间的投资争议最为复杂。在这方面,在世界银行的主持下,一些国家签订了《解决国家与他国国民间投资争端公约》(Convention on the Settlement of Investment Disputes between States and Nationals of Other States,ICSID Convention),该公约于 1966 年生效。

通常情况下,外国投资者与东道国政府之间的争议在外国投资者与东道国政府所签协议对争议解决有明确规定的情况下,依照协议规定解决。在没有争议解决规定的情况下,外国投资者有时寻求在东道国境内解决争议,有时寻求在其母国解决或其他国家解决,有时则向其母国寻求外交保护。实践中,大多数投资合同对争议解决方式作出明确规定,东道国政府通常要求投资争议应在东道国解决。但是,外国投资者经常担心东道国司法机构袒护东道国利益,大多不愿意将争议提交东道国司法机构解决,而倾向在母国或第三国解决。

外国投资者有时会请求母国根据双边条约或多边条约的规定向东道国提出交涉,保护外国投资者在条约中的权利。如果有关权利的保护没有双边或多边条约的依据,则依照传统的外交保护方式解决,由母国与东道国进行谈判或协商解决。由于外交保护手段涉及国家之间的政治利益和以后的关系,是否实施外交保护由母国决定。为避免国家与国家之间

① 《多边投资担保机构公约解说》,国际复兴开发银行理事会 1985 年 10 月 11 日提交各国政府。

② 陈安主编:《国际投资争端仲裁——“解决投资争端国际中心”机制研究》,复旦大学出版社 2001 年版,第 9 页。

发生直接的政治冲突,母国通常严格限制采用外交保护方式解决投资争议。所以,外交保护是外国投资者可以选择的一个途径,但不是最佳途径。

联合国国际法委员会于1996年第四十八届会议确定“外交保护”专题为适于编纂和逐渐发展的三个专题之一,并在1997年第四十九届会议期间在第2477次会议上设立了关于外交保护专题的工作组。国际法委员会在其2006年第五十八届会议上通过了《外交保护条款草案》。《外交保护条款草案》中对外交保护做了以下规定。

(一) 外交保护的概念

《外交保护条款草案》第1条规定:“外交保护是指一国对于另一国国际不法行为给属于本国国民的自然人或法人造成损害,通过外交行动或其他和平解决手段援引另一国的责任,以期使该国责任得到履行。”第2条规定:“一国享有按照本条款草案行使外交保护的权利。”

从上述概念可以看出,外交保护具有以下特点:

(1) 外交保护是一个国家的权利。“草案评注”指出:“该条承认了Vattel提出的观点,即对一国民的损害便是对一国的间接损害。常设国际法院在Mavrommatis Palestine Concession案中比较审慎地提及这一看法,指出:‘事实上,一国为其某一国民出面,代表他诉诸外交行动或国际司法诉讼,就是在维护其本身的权利,即通过其国民本身确保国际法规则得到尊重的权利。’这个看法常常受到批评,被认为是一种虚拟的情况,不容易符合外交保护的实际规定:要求行使外交保护的个人必须具有持续的国籍、受损害的国民必须用尽当地补救办法、损害的评估务必与个人受到的损失一致。但是,‘Mavrommatis原则’或‘瓦特勒虚拟’认定对一国民的损害即是对该国的损害,这一概念仍然是外交保护的奠基石。”①

(2) 外交保护不是一个国家的义务。“草案评注”指出:“一国有权对一国国民行使外交保护。该国没有任何责任或义务这样做。一国国内法可能规定对一国民行使外交保护,但国际法并没有规定这种义务。国际法院在巴塞隆那电车案中明确地说明了它的立场:‘……在国际法规定的范围内,一国可采用其认为妥当的手段、在其认为妥当的程度上实行外交保护,因为国家维护的是本身的权利。如果它所代表的自然人或法人认为其权利没有得到充分保护,他们在国际法下是没有补救办法的。如有方法,他们也只能诉诸国际法,以期继续争取其利益或得到补救……必须认识到,只有国家可以决定是否提供保护、在何种程度上提供保护以及何时停止提供保护。在这方面,国家保留酌处权,这种权力的行使可取决于与特定案件无关的政治考虑或其他考虑。’”②

(3) 国家行使外交保护权的根据,是本国国民受到他国不法行为的侵害。

(4) 外交保护的手段限于外交行为或其他和平解决手段。“草案评注”指出:“‘外交行

---

① 国际法委员会报告,第五十四届会议(2002年4月29日至6月7日和7月22日至8月16日)大会正式记录,第五十七次会议补编第10号(A/57/10),第104页。

② 国际法委员会报告,第五十四届会议(2002年4月29日至6月7日和7月22日至8月16日)大会正式记录,第五十七次会议补编第10号(A/57/10),第105页。

动’的范围包括:国家为了相互通报自己的看法和关切事项而使用的所有合法程序,包括为了解决争端而要求进行调查和谈判。‘其他和平解决手段’的范围包括合法解决争端的一切形式,从谈判、调停与和解到仲裁与司法解决在内。为《联合国宪章》第2条第4款所禁止的使用武力是行使外交保护权时不允许使用的方法。”①

总之,外交保护是国籍国为保护受损害的人,并使该人从受国际不法行为造成的损害得到赔偿所使用的程序。

(二) 有权行使外交保护权的国家

《外交保护条款草案》第3条和第8条规定,有权行使外交保护的国家是国籍国。但是,一国在下列情况下可以为非本国国民的人行使外交保护:一国可为无国籍人行使外交保护,但该人须在受到损害之日和正式提出求偿之日在该国具有合法的和惯常的居所;一国可为被该国根据国际公认的标准承认为难民的人行使外交保护,但该人须在受到损害之日和正式提出求偿之日在该国具有合法的和惯常的居所。

根据上述规定,外交保护的行使是基于国家和受害人之间的国籍联系。对于一国籍国对另一国籍国行使外交保护权,“草案评注”解释说:“委员会认为,容许主要国籍国或有效国籍国针对另一国籍国提出求偿的规定体现了习惯国际法当前的立场,而且符合国际人权法(甚至针对个人的国籍国)对个人给予法律保护的情况。”②

(三) 请求外交保护的当事人

《外交保护条款草案》规定,一国有权对从发生损害之日到正式提出求偿之日持续为其国民的人行使外交保护。如果在上述两个日期该人都持有该国籍,则推定该国籍是持续的。但是,一国对在正式提出求偿之日为其国民但在受到损害之日不是其国民的人,也可以行使外交保护,条件是该人曾具有被继承国的国籍,或者已丧失原国籍,并且基于与提出求偿无关的原因、以不违反国际法的方式已获得该国的国籍。一人在受到损害时为其原国籍国国民,而不是现国籍国的国民,则现国籍国不得针对原国籍国就该人所受到的损害行使外交保护。一国对于在正式提出求偿之日后获得被求偿国国籍的人不再享有为其行使外交保护的权利。对于公司而言,一国有权为从发生损害之日到正式提出求偿之日持续为该国或其被继承国国民的公司行使外交保护。如果在上述两个日期该公司都持有该国籍,则推定该国籍是持续的。一国对于在提出求偿后获得被求偿国国籍的公司不再享有为其行使外交保护的权利。一国继续有权为在发生损害之日为其国民,但由于损害的原因,按照成立地国法律终止存在的公司行使外交保护。

从上述规定可以看出,请求外交保护的当事人必须在受损害时以及提出求偿之日属于被请求国的国民。该要求也称为“持续国籍原则”。但是,《外交保护条款草案》也规定

---

① 国际法委员会报告,第五十四届会议(2002年4月29日至6月7日和7月22日至8月16日)大会正式记录,第五十七次会议补编第10号(A/57/10),第104页。

② 国际法委员会报告,第五十四届会议(2002年4月29日至6月7日和7月22日至8月16日)大会正式记录,第五十七次会议补编第10号(A/57/10),第114页。

了持续国籍原则的例外，即如果在受到损害时不是被请求国国民，也可以向求偿时的国籍国提出外交保护，但前提是，原国籍已经丧失并正当获得被请求国的国籍。

"草案评注"指出："虽然'持续国籍原则'已经确立，但历来受到相当多的批评，因为如果原告人由于与要求外交保护无关的原因而改变其国籍，这一规则便会窒碍难行。批评者认为应该放弃这一规则的意见遇到反对，反对者担心有人钻空子，为了获得外交保护而'购买国籍'。委员会认为，'持续国籍原则'应该保留，但也应该规定例外情况，以便考虑到如若不这样就会引起不公平结果的案件。"此外，该"评注"指出："国家实践和学说对该国民是否必须在这两个日期之间保持求偿国的国籍并不明确，主要是因为实际上这个问题很少发生。在这种情况下，委员会决定暂不处理是否必须在受害日和求偿日之间持续保有国籍的问题。"①

（四）用尽当地救济原则

用尽当地救济原则是指在东道国遭受损害的外国投资者应首先尽可能地利用东道国的一切可能采取的司法或行政救济手段，当东道国救济措施没有效果或遭到拒绝时，才能请求母国政府行使外交保护权。发展中国家基于国家主权原则普遍赞成采用用尽当地救济原则以限制外交保护权的使用。

关于用尽当地补救办法规则是程序规则还是实质规则的问题，是在用尽当地补救办法方面最具有争议性的问题。有三种意见：实质立场、程序立场和混合立场。主张采取实质立场的人坚持认为，在用尽当地补救办法以前，违法国的国际不法行为并未完成。在这里，用尽当地补救办法规则是实质性规则，这是国际责任赖以存在的基础。② 若必须用尽、却一直没有用尽当地补救办法，则不得行使外交保护。因此，不能就据称的违背义务行为提出求偿，并且不得采取反措施。在这一点上，一项据称违背义务以后没有补救办法的行为，若对有关的国家或个人来说没有在国际上产生任何后果，其实际意义并不明确。就此而论，由于先决条件适用于涉及这种情况的所有程序，所以必须把它视为实质性的。③

支持程序立场的人认为，用尽当地补救办法规则是一个程序性条件，在提出国际求偿以前必须满足这个条件。④对于没有用尽当地补救办法而作出宣告性判决的情况来说，由于程序费用过于高昂等原因，用尽当地补救办法实际上并不总是办得到的。在没有用尽当地补救办法的情形下获得的宣告性判决可能给予切实的抵偿，导致实际变革。但是，如果将用尽

① 国际法委员会报告，第五十四届会议（2002 年 4 月 29 日至 6 月 7 日和 7 月 22 日至 8 月 16 日）大会正式记录，第五十七次会议补编第 10 号（A/57/10），第 109 页。

②④ 国际法委员会报告，第五十四届会议（2002 年 4 月 29 日至 6 月 7 日和 7 月 22 日至 8 月 16 日）大会正式记录，第五十七次会议补编第 10 号（A/57/10），第 78 页。

③ 国际法委员会报告，第五十四届会议（2002 年 4 月 29 日至 6 月 7 日和 7 月 22 日至 8 月 16 日）大会正式记录，第五十七次会议补编第 10 号（A/57/10），第 80 页。

当地补救办法规则规定为实质性的,便会排除这种可能性。①

混合立场区分了外侨在国内法范围内受到的损害和在国际法范围内受到的损害。如果损害是由不违反国际法、只违反国内法的行为造成的,如由于违反特许合同造成的,则只有当被告国有拒绝司法的行为时,如司法部门在一外侨企图在一国内法庭行使其权利时对他存有偏见,才引起国际责任。在这种情况下,用尽当地补救办法规则显然是必须履行的实质性条件。反之,如果对外侨的损害违反了国际法或同时违反了国际法与国内法,在发生损害时,即已引起国际责任,而用尽当地补救办法规则是提出国际求偿的程序性条件。②

二、卡尔沃条款

(一) 卡尔沃原则及卡尔沃条款的产生和理解

卡尔沃博士(Carlos Calvo)是19世纪阿根廷著名的外交家和学者,他针对19世纪一些资本输出国滥用外交保护权的情况发表了若干观点,这些观点被一些国家和学者归纳为"卡尔沃原则"。根据该原则,一些拉丁美洲国家在其与外国投资者所签的合同中又创造了"卡尔沃条款"。卡尔沃条款是一项契约条款,它是指东道国政府与外国投资者在合同中约定的,外国投资者同意放弃寻求其国籍国给予外交保护的权利,并只在东道国寻求补救的条款。例如,委内瑞拉政府和外国投资者签订的合同规定,关于合同的解释和履行方面产生的争议和纠纷应该由委内瑞拉法庭根据委内瑞拉的法律解决,在任何情况下都不能采取国际请求。③

自卡尔沃原则和卡尔沃条款产生以来,国际法学界对卡尔沃原则和卡尔沃条款一直有很大的争议,因此也产生不同的解释和不同的定义。

关于卡尔沃原则,有各种不同理解:第一,卡尔沃原则的核心是,在一个国家从事商业活动的外国人有权享有非歧视待遇,并根据该国国内法享有权利和请求救济。外国人享有同样的法律保护,不能取得比本国国民更多的权利。④ 第二,卡尔沃原则的目的是防止外交保护权的滥用,但并不阻止对违反有关外国人待遇的国际义务的行为提出国际请求。所以,卡尔沃原则并没有要求本国人和外国人具有完全的、绝对平等的地位。相反,拉丁美洲国家宪法和法律以及拉丁美洲国家和外国投资者所签合同中的卡尔沃条款却排除外交保护权。⑤第三,私人请求无论是基于侵权或基于合同产生,都不应成为干涉的基础,除非遭受损害的

---

① 国际法委员会报告,第五十四届会议(2002年4月29日至6月7日和7月22日至8月16日)大会正式记录,第五十七次会议补编第10号(A/57/10),第80页。

② 国际法委员会报告,第五十四届会议(2002年4月29日至6月7日和7月22日至8月16日)大会正式记录,第五十七次会议补编第10号(A/57/10),第78页。

③ Denise Manning-Cabrol, *The Imminent Death of The Calvo Clause and The Rebirth of The Calvo Principle: Equality of Foreign and National Investors*, Law and Policy in International Business, Summer, 1995.

④⑤ Alan C. Swan, John F. Murphy, *Cases and Materials on The Regulation of International Business and Economic Relations*, 2nd edition, Matthew Bender, 1999, p. 1070.

外国人在用尽本地救济以及得不到审理。只有在这种情况下,外国人才可以向其国籍国寻求国家保护。即使用尽了所有的救济措施并且遭受了司法拒绝,一个国家也不应该采取武力干涉以便实现诉求,除非其他措施已经尝试并失败。① 第四,卡尔沃理论由两个主要原则构成:一是自由和独立的主权国家在平等的基础上享有不受其他国家任何形式干涉,无论是武力还是外交干涉的自主权;二是外国人不能享有没有给予本国国民的权利和特权,只有在当地才能寻求对不公平待遇的救济。不干涉以及外国人和本国人绝对平等是卡尔沃原则的本质。②

对于卡尔沃条款的内容,有学者认为有四种类型:一是在任何情况下都排除外交保护;二是只有在拒绝司法的情况下才准许外交保护;三是只有在拒绝司法的情况下才能行使外交保护权,而且,拒绝司法不仅仅是指对原告的不利判决;四是宪法没有规定卡尔沃条款但包含了卡尔沃原则,规定外国人与本国人享有同等的待遇和义务。也有学者认为,卡尔沃条款包括三个主要因素:本国人和外国人的平等待遇、东道国的排他管辖以及外交保护的限制。③

(二) 卡尔沃条款的效力

关于卡尔沃条款的法律效力,有三种观点:卡尔沃条款具有完全的约束力;卡尔沃条款不具有约束力;卡尔沃条款在一定条件下具有约束力。联合国国际法委员会在其第五十四届会议的报告中对卡尔沃条款效力方面的几种观点进行了总结:第一,卡尔沃条款效力有限,因为它并不构成对外交干预的彻底排斥。它只是用于涉及外侨与东道国之间缔结的包含该条款的争议,而不适用于违背国际法的情况。第二,卡尔沃条款确认用尽当地补救措施规则的重要性。第三,国际法并不禁止外侨根据契约放弃请求国籍国代表它行使外交保护的权利。第四,一个外侨不能借助于卡尔沃条款放弃根据国际法属于他的政府的权利。第五,卡尔沃条款中的放弃只及于因契约发生的争议或对契约的违背,这无论如何不能构成对国际法的违背,尤其不能扩大到拒绝司法。④

拉丁美洲国家认为,如果投资者决定在东道国投资,他们不应该获得比东道国国民更多的权利。卡尔沃条款构成合同义务,如果合同当事人有意识和自愿放弃寻求外交保护的权利,应该被认为是合同交易,在签订了旨在从东道国获取更大收益的交易合同后,投资者应该遵守交易并在东道国范围内寻求对任何不公平待遇的当地救济。美国对拉丁美洲国家对卡尔沃条款的立场表示强烈反对。美国认为,国家必须向个人提供明确的最低标准保护。即使一个国家不能向其本国国民提供最低国际权利的保护,也不能逃避其应向其他国家国

① A. J. Thomas, Jr., *Protection of Property of Citizens Abroad*, Institute on Private Investment Abroad, Matthew Bender & Company, 1959.

②③ Denise Manning-Cabrol, *The Imminent Death of The Calvo Clause and The Rebirth of The Calvo Principle: Equality of Foreign and National Investors*, Law and Policy in International Business, Summer, 1995.

④ 国际法委员会报告,第五十四届会议(2002 年 4 月 29 日至 6 月 7 日和 7 月 22 日至 8 月 16 日)大会正式记录,第五十七次会议补编第 10 号(A/57/10)。

民提供最低标准保护的国际义务。根据美国的观点，国家有权干预，以保护本国国民的利益。国家有权保护本国国民，无论本国国民在什么地方受到损害。对本国国民的伤害就是对国家的伤害。有的美国学者甚至认为，个人请求是国家的权利而不是个人的权利。所以，尽管有卡尔沃条款的规定，但是，个人不能放弃国家的权利。国际法院对卡尔沃条款法律效力的看法介于拉丁美洲国家和美国之间，即在一定条件下承认卡尔沃条款具有法律效力。例如，在著名的得克萨斯州北美疏浚公司诉墨西哥政府案件[North American Dredging Company of Texas(U. S.)v. United Mexican States]中，法庭承认了卡尔沃条款的法律效力。在该案件中，当事人之间的合同中载有卡尔沃条款。法庭拒绝了北美疏浚公司的请求，理由是，该公司已经合法地限制了自己不将请求提交本国政府。该案件之后的一些判决也采用了相同的观点并进一步指明了卡尔沃条款的范围。卡尔沃条款仅适用于与合同有关的事项，它必须很明确地在与中央政府签订的协议中以及与东道国个人签订的合同中作出规定，它必须是一个明确的合同条款。如果订约的政府一方使合同无效，卡尔沃条款也不具有法律效力。在这种情况下，多数法庭承认卡尔沃条款是合同的一部分，而不是完全否定其法律效力。①

卡尔沃条款尽管由拉丁美洲国家首先采用，甚至规定在宪法之中，但是，一些亚洲国家以及其他发展中国家也相继采用这一条款。此外，卡尔沃条款的学说已经反映在1962年12月14日关于对自然资源永久主权的大会第1803(XⅦ)号决议中，也已出现在1974年12月12日大会第3281(XXIX)号决议中所载的《各国经济权利和义务宪章》中，该宪章声称由于征收外国财产引起的关于赔偿的争端必须按照实行国有化的国家的国内法律加以解决。卡尔沃学说的影响还可在《安第斯公约》第24号决定中看到。② 但是，也有相当一部分学者认为，卡尔沃原则和卡尔沃条款正在走向消亡。因为很多拉丁美洲国家已经开始允许外商投资争议通过涉外仲裁方式(如ICSID)解决。

第五节　世界贸易组织与国际投资多边协议

世界贸易组织是世界上最有影响的国际贸易组织。世界贸易组织不仅规范国际贸易问题，也规范与贸易有关的投资问题，如《与贸易有关的投资措施协议》等。此外，越来越多的WTO成员要求在WTO框架下开展国际投资自由化谈判并达成相关协定。

---

① Denise Manning-Cabrol, *The Imminent Death of The Calvo Clause and The Rebirth of The Calvo Principle: Equality of Foreign and National Investors*, Law and Policy in International Business, Summer, 1995.

② 国际法委员会报告，第五十四届会议(2002年4月29日至6月7日和7月22日至8月16日)大会正式记录，第五十七次会议补编第10号(A/57/10)。

一、世界贸易组织关于国际投资的规定

早在1948年,在为成立国际贸易组织而起草的《哈瓦那宪章》中,不仅规定了贸易问题,也规定了多边投资和竞争规则,并进一步规范了外国投资行为、外国投资的经营和外国投资的待遇。但是,由于《哈瓦那宪章》没有生效,加之《关税与贸易总协定》仅仅涉及货物贸易问题,因此,国际投资问题在关税与贸易总协定体系没有得到规范。直到乌拉圭回合期间,一些国家提议将与贸易有关的投资问题作为谈判的议题之一,并在谈判结束时达成了《与贸易有关的投资措施协议》。此外,《服务贸易总协定》也涉及服务贸易领域的市场准入问题。

(一)《与贸易有关的投资措施协议》

《与贸易有关的投资措施协议》(TRIMs)并不是WTO关于国际投资所有问题的协议,该协议只对与货物贸易有关的投资措施,即对贸易产生限制和扭曲影响的投资措施进行了规范。因此,TRIMs属于货物贸易领域的协议。根据协议的规定,在不损害GATT 1994项下其他权利和义务的情况下,各成员不得实施任何与GATT 1994第3条(国民待遇)或第11条(普遍取消数量限制义务)规定不一致的投资措施。

与GATT 1994第3条第4款规定的国民待遇义务不一致的投资措施包括:根据国内法律或根据行政裁定属强制性或可执行的措施,或为获得一项利益而必须遵守的措施,且该措施:(1) 要求企业购买或使用国内产品或自任何国内来源的产品,无论按照特定产品、产品数量或价值的规定,还是按照其当地生产在数量或价值上所占比例的规定;或(2) 要求企业购买或使用的进口产品限制在与其出口的当地产品的数量或价值相关的水平。

与GATT 1994第11条第1款规定的普遍取消数量限制义务不一致的投资措施包括:根据国内法律或行政裁定属强制性或可执行的措施,或为获得一项利益而必须遵守的措施,且该措施:(1) 普遍限制企业对用于当地生产或与当地生产相关产品的进口,或将进口限制在与其出口的当地产品的数量或价值相关的水平;(2) 通过将企业可使用的外汇限制在与可归因于该企业外汇流入相关的水平,从而限制该企业对用于当地生产或与当地生产相关产品的进口;(3) 限制企业产品出口或供出口产品的销售,无论是按照特定产品、产品数量或价值规定,还是按照当地产品在数量或价值上所占比例的规定。

(二)《服务贸易总协定》

《服务贸易总协定》(简称GATS)虽然规范服务贸易问题,但对国际投资也具有重要影响,尤其是GATS第16、17条的规定与国际投资关系较为密切。

第16条规定了"市场准入"问题。协议规定:"1. 对于通过第1条确认的服务提供方式实现的市场准入,每一成员对任何其他成员的服务和服务提供者给予的待遇,不得低于其在具体承诺减让表中同意和列明的条款、限制和条件。2. 在作出市场准入承诺的部门,除非在其减让表中另有列明,否则一成员不得在其一地区或在其全部领土内维持或采取按如下定义的措施:(a) 无论以数量配额、垄断、专营服务提供者的形式,还是以经济需求测试要求的形式,限制服务提供者的数量;(b) 以数量配额或经济需求测试要求的形式限制服务交易

或资产总值;(c) 以配额或经济需求测试要求的形式,限制服务业务总数或以指定数量单位表示的服务产出总量;(d) 以数量配额或经济需求测试要求的形式,限制特定服务部门或服务提供者可雇用的、提供具体服务所必需且直接有关的自然人总数;(e) 限制或要求服务提供者通过特定类型法律实体或合营企业提供服务的措施;以及以限制外国股权最高百分比或限制单个或总体外国投资总额的方式限制外国资本的参与。”从上述规定可以看出,GATS有关市场准入的规定也涉及投资服务贸易领域的问题。

第17条是关于“国民待遇”的规定。GATS规定:“1. 对于列入减让表的部门,在遵守其中所列任何条件和资格的前提下,每一成员在影响服务提供的所有措施方面给予任何其他成员的服务和服务提供者的待遇,不得低于其给予本国同类服务和服务提供者的待遇。2. 一成员可通过对任何其他成员的服务或服务提供者给予与其本国同类服务或服务提供者的待遇形式上相同或不同的待遇,满足第五款的要求。3. 如形式上相同或不同的待遇改变竞争条件,与任何其他成员的同类服务或服务提供者相比,有利于该成员的服务或服务提供者,则此类待遇应被视为较为不利的待遇。”上述关于国民待遇的规定涉及了外国投资者投资服务贸易领域后的待遇问题。

二、世界贸易组织关于投资问题的进一步谈判

世界贸易组织秘书处于1996年12月在新加坡召开部长级会议,会议报告指出:“投资是WTO的核心问题”。在这次部长级会议上,同意建立工作组进一步检验贸易与投资的关系以及贸易和竞争政策的相互影响。1997年5月,贸易与投资关系工作组成立。工作组对贸易与投资之间关系的评估主要考虑以下方面:贸易与投资之间的关系对发展和经济增长的影响;贸易与投资之间的经济关系;评估和分析现有的有关贸易和投资的国际文件、活动以及双边、区域或多边投资规则对世界贸易组织成员的利弊。在1999年于西雅图举行的WTO部长级会议上,一些发达国家成员在一些发展中国家的支持下,建议在WTO内开展关于外国投资的多边规则框架的谈判,以补充已经存在的双边投资条约和区域投资安排。但是,西雅图部长级会议对此并没有达成共识。此后的部长级会议在这方面也没有取得进展。

许多专家认为,如果OECD《多边投资协定》最终没有达成一致,WTO应制定多边投资协议。OECD以往一直认为,WTO不应该负责起草国际投资协定,而应由OECD负责。但是,在1998年4月28日召开的OECD部长级会议时,鉴于《多边投资协定》没有达成协议,OECD部长们表示,支持WTO在这方面的努力。欧共体委员会在其关于欧盟和南方共同市场(MERCOSUR)之间关系的“宣言”中指出:“OECD的《多边投资协定》的谈判表明在这个方向迈出了第一步。但是,从中期方面,WTO将是全球投资发展的主要论坛。”①

① OECD, Investment policies in Latin America and Multilateral Rules on Investment.

第六节 双边投资协定

双边投资协定是各国调整本国涉外投资关系最重要的法律规范。近年来,双边投资协定不仅在数量上大幅度增加,而且其范围和内容也日益标准化。除专门的投资保护双边协定外,越来越多的双边或区域自由贸易协定也将投资纳入其规范范畴。

一、双边投资协定的概念及其发展

双边投资协定(bilateral investment treaties,BITs)是指两个国家就相互之间的投资与保护问题达成的协议。双边投资协定主要是对缔约一方向缔约另一方的投资以及投资后的待遇问题作出规定,但是,由于侧重点不同,名称也不尽相同。有的称为"相互促进与保护投资协定",这种类型的协定首先由德国采用;有的称为"相互鼓励与保护投资协定";还有的称为"投资保证协定",这种类型的协定首先由美国采用。例如,1980 年 10 月 30 日美国与我国签订的《中华人民共和国和美利坚合众国关于投资保险和投资保证的鼓励投资协议和换文》,1984 年 1 月 18 日加拿大和我国签订的《中华人民共和国政府和加拿大共和国政府关于投资保险协议》。这些投资保证协定旨在解决投资保险中的代位求偿权问题。此外,早期的双边通商航海条约也对投资问题加以规定。

从 1959 年世界上达成第一个双边投资协定到 20 世纪 90 年代初,双边投资协定的数量稳定增长。到 90 年代后期,几乎双倍增长。根据联合国贸易与发展会议于 2007 年发布的《世界投资报告》,从 1997 年到 2006 年,世界上共达成了 2 500 多个双边投资协定。不仅如此,双边投资协定的范围和内容也日益标准化。目前的双边投资协定主要包括:外国投资的范围和定义,准入和设立,设立后的国民待遇,最惠国待遇,公正和平等待遇,征收下的保证和补偿,资金的自由转移以及资本和利润的汇回的担保,国家与国家之间以及国家与投资者之间的争议解决。但是,根据已有的过去十年和最近的大量双边投资协定,个别条款在语言表达上有所变化。更重要的是,一些国家最近开始扩大范围,如包括了设立权(right to establishment)条款、业绩要求(performance requirements)条款以及主要外国员工的雇佣条款。这些体现在最近的一些谈判以及双边投资协定中的变化,赋予了更多的义务。①

除专门的投资保护双边协定外,一些双边自由贸易协议也包括投资事项。《日本和新加坡新世纪经济合作伙伴协定》就是典型的范例。②

尽管很难确定双边投资协定在特定环境下对特定国家是否起了作用。但是,通过签署

① Issues Related to International Arrangements, Note by the UNCTAD secretariat, 28 November 2003, TD/B/COM. 2/54, United Nations Conference on Trade and Development, page 3.

② Issues Related to International Arrangements, Note by the UNCTAD secretariat, 28 November 2003, TD/B/COM. 2/54, United Nations Conference on Trade and Development, page 3. 日本和新加坡关于新时期经济合作伙伴协议(Japan - Singapore Agreement for a New-Age Economic Partnership)于 2002 年 1 月签订。该协议第八章专门对投资问题作出规定。

双边投资协定,为东道国的外国投资者提供投资保护,并进而减少投资者所面临的非商业风险。签署国发出了这样一个信号,就是将提供有利的投资环境。同时,双边投资协定也发出了另外一个信号,即东道国对外国直接投资的态度已经改变,并且其投资环境正在改善。此外,投资者似乎也将双边投资协定作为良好投资框架的一部分。所以,双边投资协定在东道国全面吸引外国投资方面具有重要作用。换句话说,双边投资协定(就像所有的国际投资协定一样)趋于更加透明、稳定、可预见和安全的框架之内。①

二、双边投资协定的特点和主要内容

双边投资协定具有如下特点:(1) 缔约国通常为资本输出国与资本输入国,或互有资本输出或输入的国家。(2) 规范一缔约国国民向缔约另一方境内投资的问题。(3) 缔约国签署双边投资协定后,承担协定项下的义务。(4) 双边投资协定的规定与缔约国外资立法相辅相成。在双边协议达成后,签约国必须承担相应的国际法上的义务。因此,双边投资协定与签约国家的国内法相辅相成。

一般的双边投资协定主要包括以下条款:定义条款(包括外国投资、外国投资者、收益、领土等概念的解释);投资待遇(包括国民待遇、最惠国待遇等);征收及其补偿;资金的自由转移及资本和利润的汇回;国家和国家之间、国家与投资者之间争端解决条款;等等。双边投资协定由于名称不同,其侧重点也不相同。

三、中外双边投资协定

我国与外国签订的双边投资条约大多数为综合性投资协定,在名称上不尽相同。例如,有的称为“关于相互促进和保护投资协定”,有的称为“关于鼓励和相互保护投资协定”,也有的称为“关于保护投资的协定”。此外,我国也曾经和外国签订特定方面的双边投资协定。例如,我国于 1980 年 10 月 30 日与美国签订《中华人民共和国和美利坚合众国关于投资保险和投资保证的鼓励投资协议和换文》,1984 年 1 月 18 日和加拿大签订《中华人民共和国政府和加拿大共和国政府关于投资保险协议》。上述协议旨在解决投资保险的代位求偿权问题,即要求中国政府对美国、加拿大投资保险机构向中国政府行使代位求偿权给予认可。

与我国签订的综合性双边投资协定,无论名称如何,其主要内容差别不大,主要包括以下条款:

(一) 定义条款

定义条款通常对重要词语,如投资、投资者、收益、领土等,进行定义。

1. 投资

从我国早期签订的双边投资条约到近期签订的双边投资条约,均采用了广义的“投资”

---

① Issues Related to International Arrangements, Note by the UNCTAD secretariat, 28 November 2003, TD/B/COM. 2/54, United Nations Conference on Trade and Development, p. 4.

定义，不仅规范外国直接投资，也规范证券投资。同时，这些投资必须是东道国许可的投资，或在东道国法律许可范围内的投资。广义的投资定义可见于早期的双边条约之中。例如，1984 年 5 月 30 日签订的《中华人民共和国政府和法兰西共和国政府关于相互鼓励和保护投资的协定》第 1 条规定："本协定内：一、投资，系指依据在其领土和海域内接受投资的缔约一方的法律用于投资的各种财产。尤其是：（一）动产、不动产及其他各种物权，如抵押权、用益权、担保及类似的权利；（二）股票和在缔约一方领土内的公司的其他形式的直接或间接的参股，包括少数参股；（三）债券，债权以及各种具有经济价值的给付请求权；（四）著作权，工业产权（如发明专利、许可证、注册商标等），专有技术，工艺流程，商名和商誉；（五）依据法律授予的特许权，尤其是种植、勘探、开采和开发自然资源，包括在缔约各方海域内的自然资源的特许权。所投资产形式的变更，在不违背在其领土和海域内接受投资缔约一方的法律规定的条件下，不影响其作为投资的性质。"

此外，2003 年 3 月 27 日签订的《中华人民共和国政府和圭亚那共和国政府关于促进和保护投资协定》第 1 条也规定："本协定内：一、投资系指缔约一方投资者依照缔约另一方的法律和法规在缔约另一方领土内所投入的各种财产，包括但不限于：（一）动产和不动产及其他财产权利，如抵押、留置和质押；（二）公司的股份、股票、债券和其他形式的参股；（三）金钱请求权或合同项下与投资有关的具有经济价值的行为请求权；（四）知识产权，包括著作权、专利、工业设计、商标、商名、工艺流程、专有技术和商誉；（五）法律或法律允许依合同授予的商业特许权，包括勘探、耕作、提炼或开发自然资源的特许权。作为投资的财产发生任何形式上的变化，不影响其作为投资的性质。只要这种变化符合接受财产作为投资的缔约一方的法律、法规。"

2. 投资者

一些中外双边投资条约将中外投资者分别定义。例如，1983 年 10 月 7 日签订的《中华人民共和国和德意志联邦共和国关于促进和相互保护投资的协定》第 1 条规定："投资者一词，在中华人民共和国方面，系指：（一）具有中华人民共和国国籍的自然人；（二）经中国政府核准、注册并有权同外国进行经济合作的公司、企业或其他经济组织。在德意志联邦共和国方面，系指：（一）在本协定有效范围内有住所的德国人；（二）住所在本协定有效范围内依照法律设立的法人，具有或不具有法人资格的、其股东或成员具有有限责任或无限责任的、营利或非营利性的商业公司、其他各种公司和社团。"我国与津巴布韦等国签订的双边投资协定也采用了这种表述。[①]

还有一些中外双边投资协定采用了统一定义的方法。例如，《中华人民共和国政府和法兰西共和国政府关于相互鼓励和保护投资的协定》第 1 条规定："投资者，系指：（一）具有缔约任何一方国籍的自然人；（二）依据缔约任何一方法律成立并在其领土内设立公司总部的各种经济实体或法人，以及由缔约任何一方国民或依据该一方法律设立并在其领土内设立

① 《中华人民共和国政府和津巴布韦共和国政府关于鼓励和相互保护投资协定》于 1996 年 5 月 21 日签订。

公司总部的各种经济实体或法人所直接或间接控制的各种经济实体或法人。"《中华人民共和国政府和圭亚那共和国政府关于促进和保护投资协定》第1条也规定:"投资者,系指:(一)根据缔约任何一方的法律,具有其国籍的自然人;(二)经济实体,包括根据缔约任何一方的法律设立或组建且住所在该缔约一方境内的公司、企业、协会、合伙及其他组织。"

概括起来,中外双边投资条约中的"投资者"既包括自然人,也包括各种经济实体。自然人必须具有中国国籍或与中国缔约的该外国国籍。对于经济组织这种投资者,必须在中国设立或在与中国签订条约的该外国设立,且在设立国有营业地。此外,有的中外双边投资条约还规定,投资者的总部必须设在中国或与中国签订条约的该外国,或当某个经济实体由中国或与中国签订条约的国民或经济实体直接或间接控制时,该被控制的经济实体也可以称为控制方所属国的投资者。可见,我国对经济实体这种投资者的认定并没有完全采取设立制,而是部分采取了资本控制标准。如果该经济实体被中国或与中国签订条约的该外国投资者控制,该经济实体就是协定范围内的投资者。[①]

3. 收益

《中华人民共和国政府和圭亚那共和国政府关于促进和保护投资协定》第1条规定:"'收益'系指由投资所产生的款项,特别是,包括但不限于利润、利息、资本利得、股息、提成费和其他费用。"

《中华人民共和国政府和法兰西共和国政府关于相互鼓励和保护投资的协定》也规定:"收益,系指投资在一定时期内所产生的利润、利息或其他合法收入。投资的收益和可能的再投资的收益,与投资享受同样的保护。"

4. 领土

中外双边投资协议对"领土"的一般解释如下:"领土"一词系指缔约各方的领土,包括由该缔约方根据国内法和国际法行使主权、主权权利和管辖权的领海、专属经济区以及延伸领水界限之外的大陆架。

(二)促进和保护投资

该部分主要规定对外国投资和投资者的保护原则。例如,《中华人民共和国政府和圭亚那共和国政府关于促进和保护投资协定》第2条规定:"一、缔约一方应鼓励缔约另一方的投资者在其领土内投资,为之创造有利条件,并依照其法律和法规接受这种投资。二、缔约一方的投资者在缔约另一方的领土内的投资,应始终享受公平与平等的待遇,应享受持续的保护和安全。三、在不损害其法律法规的前提下,缔约一方不得对缔约另一方投资者在其境内投资的管理、维持、使用、享有或处分采取任何不合理的或歧视性的措施。四、缔约一方应依据其法律和法规,为在其领土内从事与投资有关活动的缔约另一方国民提供签证和工作许可。缔约一方应鼓励其投资者尽最大努力为当地员工开展培训和传授技术。"

---

① 参见1984年5月30日签订的《中华人民共和国政府和法兰西共和国政府关于相互鼓励和保护投资的协定》第1条关于投资者的定义。

《中华人民共和国政府和法兰西共和国政府关于相互鼓励和保护投资的协定》第 2 条也规定:“缔约各方在其法律和本协定规定范围内,接受并鼓励缔约另一方的投资者在其领土和海域内进行投资。”

(三) 最惠国待遇和国民待遇

所有中外双边投资协定都规定相互给予公平和公正待遇。但是,这些待遇必须依靠具体的制度和措施实施。我国与外国签订的双边投资协议并没有全部规定相互给予最惠国待遇和国民待遇,而是根据不同情况区别对待。

我国与大多数国家签订的双边投资协定只规定了最惠国待遇,而没有规定国民待遇。例如,1996 年 7 月 19 日签订的《中华人民共和国政府和柬埔寨王国政府关于促进和保护投资协定》第 3 条规定:“一、缔约任何一方的投资者在缔约另一方的领土内的投资和与投资有关的活动应受到公正与公平的待遇和保护。二、本条第一款所述的待遇和保护不应低于其给予任何第三国投资者的投资及与投资有关的活动的待遇和保护。三、本条第一款和第二款所述的待遇和保护,不应包括缔约另一方依照关税同盟、自由贸易区、经济联盟、避免双重征税协定和为了方便边境贸易而给予第三国投资者的投资的任何优惠待遇。”

这些协定中的最惠国待遇有如下特点:第一,适用于投资以及与投资有关的活动,包括投资准入的条件、投资财产、投资的范围、类型、内容等,以及投资者在缔约国的各种经营活动。此外,有的中外双边投资协定还规定,在战争、革命造成的损失补偿方面,也应该给予最惠国待遇;①投资和投资收益等的转移也要相互给予最惠国待遇。② 第二,规定了最惠国待遇的例外。例如,大部分中外双边投资协定规定,缔约另一方依照关税同盟、自由贸易区、经济联盟、避免双重征税协定和为了方便边境贸易而给予第三国投资者投资的任何优惠待遇等可以不适用于缔约对方。

也有少数中外双边投资协定既规定了相互给予最惠国待遇,也规定了相互给予国民待遇,同时也包括这些待遇的例外。例如,《中华人民共和国政府和圭亚那共和国政府关于促进和保护投资协定》第 3 条规定:“在不损害其法律法规的前提下,缔约一方应给予缔约另一方投资者在其境内的投资、收益及与投资有关活动不低于其给予本国投资者的投资、收益及与投资有关活动的待遇。三、缔约一方给予缔约另一方投资者在其境内的投资、收益及与投资有关活动的待遇,不应低于其给予任何第三国投资者的投资、收益及与投资有关活动的待遇。四、根据本条款赋予的待遇,不影响缔约任何一方根据关税同盟、经济联盟、共同市场或自由贸易区协定给予第三国投资者的特权。五、根据本条款赋予的待遇,不影响缔约任何一方根据避免双重征税协定或其他与税收有关的国际协议给予第三国投资者的优惠。六、本条规定不影响任一缔约方根据其法律、法规,为了促进本地工业的产生和发展,只赋予本国

---

① 《中华人民共和国政府和法兰西共和国政府关于相互鼓励和保护投资的协定》第 4 条规定:“三、缔约一方投资者,如其投资由于缔约另一方的领土和海域内发生战争或其他武装冲突、全国紧急状态或叛乱而遭受损失时,应享受缔约另一方给予的不低于最惠国投资者的适当的待遇。”

② 《中华人民共和国政府和黎巴嫩共和国政府关于鼓励和相互保护投资协定》,1996 年 6 月 13 日签订。

国民和公司的特别激励措施。只要这类激励措施不损害缔约另一方的国民和公司的投资及与投资有关的活动。”

此外,1988 年 8 月 27 日我国与日本签订的《中华人民共和国和日本国关于鼓励和相互保护投资协定》第 3 条规定:“一、缔约任何一方在其境内给予缔约另一方国民和公司就投资财产、收益及与投资有关的业务活动的待遇,不应低于给予第三国国民和公司的待遇。二、缔约任何一方在其境内给予缔约另一方国民和公司就投资财产、收益及与投资有关的业务活动的待遇,不应低于给予该缔约一方国民和公司的待遇。”针对国民待遇,该协定还规定了以下豁免情形:“缔约任何一方,根据有关法律和法规,为了公共秩序、国家安全或国民经济的正常发展,在实际需要时,给予缔约另一方国民和公司的差别待遇,不应视为低于该缔约一方国民和公司所享受的待遇。”①

需要说明的是,中国对外签订的双边投资协定中基本上不规定只相互给予国民待遇。

(四) 征收

《中华人民共和国政府和圭亚那共和国政府关于促进和保护投资协定》第 4 条规定:“一、缔约任何一方不得对缔约另一方的投资者在其领土内的投资采取征收、国有化或其他类似措施(以下称‘征收’),除非:(一) 为了公共利益;和(二) 依照国内法律;和(三) 非歧视性的;和(四) 给予补偿。二、本条第一款所述的补偿,应等于采取征收或征收为公众所知的前一刻被征收投资的市场价值,以在先者为准。该价值应根据普遍承认的估价原则确定,即按照不考虑征收问题时,将该投资作为运营中的企业在公开市场上出售时的价值确定。补偿包括自征收之日起到付款之日按照正常商业利率计算的利息。补偿的支付不应迟延,并应有效兑换和自由转移。三、受影响的投资者应有权根据进行征收的缔约一方的法律,要求该缔约方的司法或其他独立机构,根据本条规定的原则,对征收和补偿的价值进行及时的审查。”

我国与其他国家签订的双边投资协定有关征收的规定与上述规定基本相同。归纳起来,我国在签订双边投资协定时坚持以下原则:第一,一般情况下不采取征收措施,除非基于公共利益的需要。第二,即便采取征收措施,也是依照法律程序,且是非歧视的。第三,征收措施包括直接征收和间接征收。第四,对于征收财产给予补偿。补偿额的计算有以下方法:有的规定为采取征收措施时被征收投资的市场价值;②有的规定补偿应等于征收为公众知晓前一刻被征收的投资的市场价值;③也有的规定为采取征收或征收为公众所知的前一刻被征收投资的市场价值,以在先者为准;④有的规定补偿应代表受影响投资的真正价值,并应包含

① 我国与沙特阿拉伯、摩洛哥、冰岛、斯洛文尼亚、韩国、西班牙、捷克和斯洛伐克、英国等签订的双边投资协定,也同时规定了国民待遇和最惠国待遇。

② 《中华人民共和国政府和柬埔寨王国政府关于促进和保护投资协定》第 4 条,1996 年 7 月 19 日签订。

③ 《中华人民共和国政府和黎巴嫩共和国政府关于鼓励和相互保护投资协定》第 4 条,1996 年 6 月 13 日签订。

④ 《中华人民共和国政府和圭亚那共和国政府关于促进和保护投资协定》第 4 条,2003 年 3 月 27 日签订。

直至付款之日的按正常商业利率计算的利息;[1]还有的规定补偿额应相当于有关投资的实际价值。[2]

(五) 损失的补偿

损失的补偿主要是指外国投资在东道国遇到战争等突发事件,并造成损失时的东道国补偿问题。大部分中外双边投资协定都要求对于这类补偿给予最惠国待遇。例如,1986 年 5 月 15 日签订的《中华人民共和国政府和大不列颠及北爱尔兰联合王国政府关于促进和相互保护投资协定》第 4 条规定:“一、缔约一方的国民或公司在缔约另一方领土内的投资,因在缔约另一方领土内发生战争或其他武装冲突、革命、全国紧急状态、叛乱或骚乱而遭受损失,缔约另一方给予缔约一方国民或公司的待遇,不应低于其给予任何第三国国民或公司的待遇。二、在不损害本条第一款的情况下,缔约一方的国民或公司在缔约另一方领土内,在上款所述事态下遭受损失,是由于:(一) 缔约另一方的军队或当局征用了他们的财产;(二) 缔约另一方的军队或当局非因战斗行动或情势必需而毁坏了他们的财产,应予以恢复或合理的补偿。由此发生的支付款应能自由转移。”

(六) 自由转移

该部分主要规定投资本金、利润等从东道国转移到国外的情形。大部分中外双边投资协定都有类似规定。例如,1988 年 7 月 1 日签署的《中华人民共和国政府与澳大利亚政府相互鼓励和保护投资协定》第 10 条规定:“一、缔约一方经要求,应依照其法律和政策,允许缔约另一方国民在其领土内的与投资或投资活动有关的所有资金,以及与投资有关而从国外雇用人员的收入和其他财产,自由转移,并不得无故迟延。此类资金包括以下几项:(一) 初期资本和任何用于维持或扩大投资的追加投资;(二) 收益;(三) 费用,包括有关知识产权和工业产权的支付;(四) 全部或部分出售、抽回或清算投资所得;(五) 按贷款协议所作的支付;(六) 资本增值。二、此类资金和个人收入的汇出,应以国际货币基金组织分类的可自由兑换货币,并依照接受投资缔约方的法律确定的汇出之日的汇率进行。三、缔约各方可通过公平地、非歧视地和诚信地适用其法律,保护债权人的权利,或保证执行司法或行政诉讼的判决。”

1996 年 12 月 9 日签署的《中华人民共和国政府和叙利亚阿拉伯共和国政府关于相互促进和保护投资协定》第 6 条规定:“一、缔约一方应根据其法律法规的规定,准许缔约另一方投资者转移在其领土内接受的投资和收益,包括:(一) 利润、股息、利息及其他合法收入;(二) 投资的全部或部分清算所得款项;(三) 与投资有关的贷款协议的偿还款项;(四) 第一条第一款第(四) 项提及的提成费;(五) 技术援助或技术服务所作的支付、管理费;(六) 有关承包工程的支付;(七) 按照缔约一方有关法律法规在其领土内从事与投资有关活动的缔约另一方国民的收入。二、上述转移应按照转移之日接受投资缔约一方的通行汇率进行。”

---

① 《中华人民共和国政府与毛里求斯共和国政府关于相互促进和保护投资协定》第 4 条,1996 年 5 月 4 日签订。

② 《中华人民共和国政府和法兰西共和国政府关于相互鼓励和保护投资的协定》,1984 年 5 月 30 日签订。

（七）代位求偿原则

代位求偿是指投资担保机构在赔偿被保险人后取得向东道国政府求偿权利的问题。1980年签订的《中华人民共和国和美利坚合众国关于投资保险和投资保证的鼓励投资协议和换文》首次在中外双边投资条约中规定了代位求偿条款。此后，大多数中外双边投资条约都将投资中的代位求偿作为重要问题加以规定。例如，《中华人民共和国政府和大不列颠及北爱尔兰联合王国政府关于促进和相互保护投资协定》第9条规定："一、如缔约一方或其指定的代理机构，依照其对在缔约另一方领土内某项投资的保证向其国民或公司作了支付，缔约另一方应承认被保证的国民或公司的全部权利和请求权，依法律或合法行为转让给了缔约一方或其指定的代理机构，并承认缔约一方或其指定的代理机构由于代位有权行使和执行与被保证的国民或公司同样程度的权利及请求权。缔约一方或其指定的代理机构可承担与投资有关的义务。二、缔约一方或其指定的代理机构，通过转让取得的权利和请求权以及实行这种权利和请求权时得到的支付所享受的待遇，在所有情况下，应与被保证的国民或公司依本协定就有关投资及其收益有权享受的待遇相同。三、缔约一方或其指定的代理机构在行使取得的权利和请求权时所得到的支付，应由缔约一方自由使用，以偿付其在缔约另一方领土内的开支。"

此外，有的中外双边投资协定规定了代位求偿权数额的限制。例如，《中华人民共和国政府和法兰西共和国政府关于相互鼓励和保护投资的协定》第6条规定："如果缔约一方根据其对在缔约另一方领土和海域的某项投资提供的担保，向有关投资者支付了款项，缔约另一方应承认缔约一方对该投资者的权利和诉讼权的代位。但代位所取得的权利不应超出该投资者原有的权利，代位也不损及缔约另一方对该投资者原有的一切权利。"

（八）缔约一方与缔约另一方投资者的争议解决

大多数中外双边投资协定对于缔约一方政府与缔约另一方的投资者之间发生争议的解决规定了如下办法：首先协商或谈判，在规定时间内如何不能达成协议，任何一方都可以将争议提交诉讼解决。同时，对于征收的补偿额争议可提交仲裁机构。例如，《中华人民共和国与澳大利亚政府相互鼓励和保护投资协定》第12条规定："一、如缔约一方和缔约另一方国民之间发生有关投资和投资有关活动的争议，争议双方应首先通过协商和谈判寻求解决争议。二、如争议在争议一方书面通知另一方争议事宜之日起三个月内未能解决，任何一方可采用下列方式：（一）依照接受投资缔约一方的法律，向其有管辖权的司法或行政部门提出诉讼；（二）双方同意的或第八条下的有关补偿额的争议，可提交依本协定附件一组成的仲裁庭解决。三、本条第二款所述方式应不损害双方向接受投资缔约一方有管辖权的政府部门就争议问题寻求协助的权利。四、一旦中华人民共和国和澳大利亚都成为一九六五年《关于解决国家和他国国民之间投资争端公约》的成员国，争议可依照接受投资缔约一方成为公约成员时的条件提交'解决投资争端国际中心'解决。五、在任何有关投资或投资有关活动的争议的诉讼程序中，缔约一方不能以有关国民已根据保险或担保合同获得或将获得部分或全部所要求的损失的赔偿或其他补偿作为抗辩，提出反请求权、抵销权或其他权利。然而争议的缔约另一国民不应获得多于由第八条第二款确定的投资争议标的的价值的补偿。补偿应考虑到有义务补偿的缔约一方领土内的所有补偿来源。”

（九）缔约双方之间的争端解决

大多数中外双边投资协定规定，如果缔约双方对协定的解释或适用发生争议，首先应该协商解决，如果在一定期限之内不能达成一致，可提交仲裁。裁决是终局的，对缔约各方具有约束力。①

本章小结

国际投资法是国际经济法的重要分支，它是调整跨国私人直接投资关系的法律规范的总称。其法律规范包括一国的涉外投资立法、双边以及多边国际投资条约和国际投资惯例。其中，国际投资条约在国际投资中起着重要作用。多边国际投资条约主要规范投资保险以及国家与外国投资者之间的投资争议问题。而双边国际投资条约规范的问题则较为全面，包括国际投资涉及的各个重要环节，其中主要规范外国投资者的待遇和保护问题。

本章思考题

1. 简述外国直接投资的概念和特征。
2. 简述国际投资法的概念和调整对象。
3. 简述跨国公司的概念、特征以及内部关系和法律责任。
4. 简述国际投资法的渊源。
5. 简述国际投资法的基本原则。
6. 简述国际直接投资的途径。
7. 简述特许协议的概念和特征。
8. 简述 BOT 投资方式的概念和特征。
9. 简述海外私人投资保险制度的概念和特征。
10. 简述《多边投资担保机构公约》的主要内容。
11. 简述国际投资争议的类型。
12. 简述外交保护的概念和特征。
13. 简述用尽当地救济原则。
14. 简述卡尔沃原则与卡尔沃条款。
15. 简述《解决国家与他国国民间投资争端公约》的主要内容。
16. 简述世界贸易组织关于国际投资的规定。
17. 简述世界贸易组织关于国际投资问题的谈判。
18. 简述中外双边投资协定的主要内容。

---

① 《中华人民共和国政府与澳大利亚政府相互鼓励和保护投资协定》第 13 条，1988 年 7 月 1 日签订。

必读法规

1.《多边投资担保机构公约》

2.《解决国家与他国国民间投资争端公约》

推荐阅读书目

1. 史晓丽、祁欢著:《国际投资法》,中国政法大学出版社2009年版。

2. 万猛主编:《国际投资争端解决中心案例导读》,法律出版社2015年版。

3. 孙南申著:《国际投资法》,中国人民大学出版社2008年版。

4. 王贵国著:《国际投资法》(第二版),法律出版社2008年版。

5. 张庆麟主编:《国际投资法问题专论》,武汉大学出版社2007年版。

6. 辛柏春著:《国际投资法研究》,黑龙江人民出版社2007年版。

7. 陈安主编:《国际投资法的新发展与中国双边投资条约的新实践》,复旦大学出版社2007年版。

8. 余劲松主编:《国际投资法》(第三版),法律出版社2007年版。

9. 杨文升著:《国际投资准入法律制度》,辽宁师范大学出版社2007年版。

10. 吕岩峰、何志鹏、孙璐著:《国际投资法》,高等教育出版社2005年版。

11. 汤树梅著:《国际投资法的理论与实践》,中国社会科学出版社2004年版。

12. [美]拉尔夫·H. 费尔瑟姆、迈克·W. 戈登、约翰·A. 史帕诺戈著:《贸易与投资(第2版)》,法律出版社2004年版。

13. 徐泉著:《国际贸易投资自由化法律规制研究》,中国检察出版社2004年版。

14. 陈安主编:《国际经济法学专论》(第二版)(下编),高等教育出版社2007年版。

15. 朱延福著:《外资国民待遇导论》,中国财政经济出版社2003年版。

16. 李万强著:《ICSID仲裁机制研究》,陕西人民出版社2002年版。

17. 刘笋著:《国际投资保护的国际法制若干重要法律问题研究》,法律出版社2002年版。

18. 刘笋著:《WTO法律规则体系对国际投资法的影响》,中国法制出版社2001年版。

19. 陈安主编:《国际投资争端案例精选》,复旦大学出版社2001年版。

20. 陈安主编:《国际投资争端仲裁——“解决投资争端国际中心”机制研究》,复旦大学出版社2001年版。

21. 范剑虹编著:《国际投资法导读》,浙江大学出版社2000年版。

22. 陈安总主编、曾华群主编:《国际投资法学》,北京大学出版社1999年版。

23. 姚梅镇著:《国际投资法》,武汉大学出版社1987年版,2011年重印。

第十一章　国际金融法

国际金融关系是当代国际经济关系的重要组成部分，国家与国家之间乃至整个国际社会经济交往的目标及要求，往往是通过国际金融关系体现出来的，而国际金融关系的细微变化，将直接造成国际经济关系的变化与动荡。国际金融交易作为一种跨越国境的货币资金运动，已经渗透到现代经济生活的各个层面，并与国际贸易、国际投资及其他国际经济交易紧密地交织在一起，由此引出的一系列法律问题，诸如国际货币制度、国际贷款、国际证券融资、国际融资租赁、跨国银行的监管等，这些形成了国际金融法律制度的主要内容。

第一节　国际金融法概述

第二节　国际货币制度

第三节　国际融资的法律制度

第四节　国际融资协议的共同条款

第五节　国际融资担保的法律制度

第六节　国际金融监管的协调与合作制度

第一节 国际金融法概述

国际金融法是国际经济法的一个重要分支。随着国际间经济交往与合作的迅速扩大，交通与通信技术的不断发展，各国间的经济日益呈现出相互依赖、相互制约的全球化态势。国际金融作为一种跨越国界的货币资金运动，已经渗透到现代经济生活的各个层面，成为现代经济的核心。国际贸易、国际投资及其他国际经济交易，均与国际金融活动密切地交织，不同程度地受到有关国际金融的条约、惯例及相关国家的金融法律法规的调控与规制。国际金融法又是一门尚不成熟的年轻学科，其发展仍处于初创阶段。①

一、国际金融法的概念

国际金融关系是随着国际经济交往的不断扩大、深化而逐步产生和发展起来的，国际金融关系的发展带动了国际金融法的发展。自20世纪80年代以来，国际金融法在我国的研究取得了长足发展，但其基础理论研究仍较薄弱，至今国际金融法学仍未形成一个逻辑结构严谨而完整的理论体系。对于国际金融法的概念，学者们由于研究角度不同，概念也有所不同。

董世忠教授认为："国际金融法是调整国际间金融关系的法律规范的总和。"②李国安教授认为："国际货币金融法是调整国际货币金融关系的各种法律规范的总称。"③董安生教授认为："国际货币金融法是调整国际货币金融关系的国际法规范和国内法规范的总称。"④李仁真教授认为："国际金融法是调整国际金融关系的法律规范的总称，是国际经济法的一个重要分支。"⑤吴志攀教授认为："国际金融法是关于国际金融交易的法律规范的总称……它涉及金融资产跨国流动、国际交易过程中产生的有关法律问题。"⑥这些论述主要分为两种观点：一种认为国际金融法是调整国际金融关系或国际货币金融关系的法律规范的总和，另一种则是强调由于金融资产跨越国界交易、流动而产生的法律关系。我们倾向于采用国际金融法是调整货币、资金跨境流动而产生的各种关系的总和。因为金融资产一旦跨越国界而流动，不仅产生新的法律关系，而且使它的本质特征得以体现，能够与其他法律部门区别开来。

从国内教材所采用的名称来看，主要有国际金融法、国际货币法、国际货币金融法等。这种名称的差异实际上也是对其内容认识不一的一种反映，有的学者认为国际货币法律关

① 李仁真：《论国际金融法的概念和体系》，载《中国法学》1999年第1期。
② 董世忠主编：《国际金融法》，法律出版社1989年版，第1页。
③ 李国安主编：《国际货币金融法学》，北京大学出版社1999年版，绪论。
④ 董安生著：《国际货币金融法》，中国人民大学出版社1999年版，第1页。
⑤ 李仁真主编：《国际金融法》，武汉大学出版社1999年版，第1页。
⑥ 余劲松、吴志攀主编：《国际经济法》，北京大学出版社、高等教育出版社2000年版，第277页。

系主要是在国家之间、政府之间发生的，相应的法律制度和法律规范具有公法性质；国际金融法律关系则是在民间发生的私法主体之间的权利义务关系，法律制度和法律规范具有私法性质。如吴志攀教授认为，研究国际金融法既可以从公法角度进行，如国际货币基金组织与某一个国家的关系；也可以从私法角度考察，如跨国公司、国际商业银行、国际保险公司、国际证券公司、各种国际金融中介机构的跨国金融关系中遇到的法律问题，但他更偏重于从私法的角度来研究国际金融法，①所以他直接命名为“国际金融法”。而有的学者认为国际货币金融法就是调整国际货币金融关系的国际法规范和国内法规范的总称，强调货币法律制度是金融法律制度的基础，所以采用了“国际货币金融法”的提法，如李国安教授主编的《国际货币金融法学》。

应该说，国际金融活动是在一定的国际货币制度下展开的。现在一般认为国际货币法和国际金融法（狭义）因其主体和规范的对象不同，应认作是两种法律，但同时这两种法律又是紧密联系的，构成了统一的整体。基于这种认识，我们把国际金融法分为广义的国际金融法与狭义的国际金融法。国际货币法是指调整国家之间因国际货币管理活动而产生的国际货币关系的法律规范的总和，它规定的是关于国际货币的兑换、流动和汇率方面的法律规则，构成一国国际货币金融制度的基础，具有典型的公法性质。狭义的国际金融法主要是调整不同国家民事主体之间发生的跨国金融交易活动而产生的国际金融关系，它规定的是关于国际贸易融资、国际贷款融资、国际证券融资、国际租赁融资等金融交易的法律规则。尽管在不同国家的法律中，此类法律制度往往也可能包含有一定的管制法内容，但它在本质上具有私法性质。广义的国际金融法不仅包含狭义的国际金融法，而且还调整政府间发生的国际货币关系，不仅有私法规范，也有公法规范。本书所称国际金融法即指广义的国际金融法。不仅如此，由于共同体的需要，经济上的相互依赖以及货币金融的国际一体化，使得各国有必要在金融领域进行国际合作，这样又发展起来了国际金融的协调和合作关系。如有学者将国际金融关系分为三类：一是国际金融交易关系，即地位平等的民商事主体之间因跨国金融交易所结成的关系，如国际借贷关系。参加国际金融交易关系的，不仅包括法人和自然人，也包括国家和政府间国际组织。二是国际金融管理关系，即国家与私人（法人与自然人）之间因国际金融活动而发生的管理关系，如国家与私人之间就境外债券的发行所结成的管理与被管理关系。三是国际金融协调关系，即国家之间就国际金融活动管理所形成的关系，如有关国家之间就维持汇率稳定所结成的关系。政府间国际组织在上述类型的国际金融关系中，或者处于类似私人的地位，或者处于类似国家的地位。②

综上所述，国际金融法是调整货币、资金跨境流动而产生的各种法律关系的总和。它既包含国际法规范也包含国内法规范，既有公法规范也有私法规范，是国际经济法的一个重要

① 吴志攀教授的这些观点详见余劲松、吴志攀主编:《国际经济法》，北京大学出版社、高等教育出版社 2000 年版，第 278 页；吴志攀主编:《国际金融法》，法律出版社 1999 年版，第 1 ~ 2 页。

② 车丕照著:《国际经济法概要》，清华大学出版社 2008 年版，第 364 ~ 365 页。

组成部分。

二、国际金融法的特点

国际金融法作为上层建筑,反映了货币资金超越国境而流动的国际性或跨国经济关系的性质,其本质特点体现在以下几个方面。

(一) 主体的广泛性

主体即发生法律关系的当事人。国际金融法的主体,既有国家、地区和国际组织,也有从事国际金融交往和国际金融活动的自然人、法人和其他经济组织。因此,国际金融关系不仅包括国家之间、国际经济组织之间、国家与国际经济组织之间所发生的金融关系,而且包括了分属于不同国家的自然人、法人之间以及他们与国家、国际经济组织之间发生的金融关系。

国家是国际金融关系的重要主体。国家一方面可以基于其主权者身份,通过其政府或有关当局对涉外货币金融事务有关的活动依法进行管理、调控、监督等,另一方面也可以平等交易者的身份参与各类融资活动。

政府间国际货币金融组织也是国际金融法律关系的重要主体。这类国际组织能成为国际金融法律关系的主体,是由设立它们的有关国际条约所规定的,其主体地位来源于其成员的共同赋予。由于这类国际组织所享有的权利和承担的义务由有关国际条约具体规定,其法律地位受制于主权国家的制约,因而它们会因为与其成员之间从事金融交易活动而成为权利和义务主体,也会因其监督成员是否履行条约所规定的义务而成为权利主体,还可能因其按条约规定与成员的私人进行某种国际金融交易活动而成为权利和义务主体。简言之,政府间国际货币组织可以基于三种国际金融关系而成为国际金融法律关系的主体:与成员发生的金融交易关系;与成员发生的金融管理关系;与成员的私人所发生的金融交易关系。①

一个地区能否成为国际金融活动的主体是有条件的,即需视其是否具有相对独立的货币金融制度而定。例如中国香港地区,由于具有相对独立的货币金融制度,因此,香港地区同中国其他地区的货币金融往来,不被视为中国的国内往来,而是作为国际货币金融往来对待。②

自然人能否成为国际金融法律关系的主体,除了是否具有民事权利能力和民事行为能力外,还取决于是否从事外汇买卖、从事与国际金融有关的跨国活动和使用外汇的资格与能力。③

法人和其他非法人组织能否成为国际金融法律关系的主体,取决于它们是否具有与自然人成为国际金融法律关系主体相似的资格与能力。

---

① 邓瑞平主编:《国际金融法》,重庆大学出版社 2002 年版,第 11 页。

② 刘丰名著:《国际金融法》,中国政法大学出版社 1996 年版,第 7 页。

③ 在无外汇管制或管制较少的国家,自然人可以自由进行外汇兑换,自由使用外汇,自然人是国际金融法律关系的主体。但在实行外汇管制的国家,个人从事国际金融活动有关的活动取决于国内法的规定。

（二）客体的复杂性

国际金融法律关系的客体是指国际金融法律关系主体权利义务所指向的对象。主要包括货币、货币资产和行为三类。

货币作为国际金融法律关系中最基本的客体,包括本国货币、外汇和跨国运转中的货币资金等。货币作为国际金融法的客体,必须在国际间具有可兑换性。如果是不能自由兑换的货币,其充当国际金融法客体的媒介作用就被极大地限制住了。

货币资产是指以货币形式表现或确定的各项财产或财产权益,包括:政府公债、国库券、企业债券、股票、息票等有价证券,各种形式的存款,货币支付凭证和其他货币资产。并非所有的货币资产都是国际金融法律关系的客体,能成为国际金融法律关系客体的货币资产须具备一定的条件,即跨境流动或以非本国货币表现。以本国货币表现且不跨境流动的货币资产只能为国内金融法律关系的客体,如果跨境流动,则是国际金融法律关系的客体。以非本国货币表现的货币资产通常要跨境流动,即使不跨境流动,也是国际金融法律关系的客体。①

行为是指国际金融法律关系的主体为了实现一定的经济目的而进行的各种金融活动,主要包括国际金融交易行为和国际金融管理行为。

（三）内容的实践性

国际金融法规定的是关于涉外货币管理活动和跨国金融交易活动的规则,它在内容和功能上均具有实践性和技术性特征,不仅仅为一国既定的国际贸易政策和国际投融资政策提供了法律框架和法律工具,而且为建立和维护国际金融秩序提供了保障国际金融安全的手段。

无疑,国际金融法作为一门新兴学科,仍处于不断地发展、变化之中。由于国际金融的不断发展、更新,其速度相当之快,致使已有的法律规范乃至法学研究常常落后于实际需要。因此,对国际金融法的研究不可不注意实践的发展。

第二节 国际货币制度

国际货币秩序,是国际经济秩序的重要组成部分,它主要指在国别的及国际的货币制度、货币立法基础上形成的国家之间的货币关系。一个健全而完善的国际货币秩序,应该以法律来确定明确而公认的本位货币、国际储备币种及有效的汇率制度和外汇管制规则。以这样的标准来衡量,国际货币秩序发端于 19 世纪 70 年代的国际金本位制度,后又经历了布雷顿森林体系、牙买加体系、基金协定第三次修订后的体系这样几个发展阶段。②

① 邓瑞平主编:《国际金融法》,重庆大学出版社 2002 年版,第 11 页。

② 杨松著:《国际法与国际货币新秩序研究》,北京大学出版社 2002 年版,第 1 页。

一、国际金本位制

最早出现的国际货币制度是国际金本位制。它的基础是各国金本位制度。1816 年英国建立了金本位制度,19 世纪后期由于西方各国普遍实行了金本位制,[①]因而这种货币制度具有了国际性质。它是在各国自发实行金本位制的基础上形成的。

(一) 金币本位制

金币本位制是金本位制的最初形态,也是最典型的金本位制,狭义上所称的金本位制就是指金币本位制。它的主要特点是:(1) 黄金作为本位货币。用黄金来规定货币的价值量,即每一单位的货币都有其法定的含金量(gold content),各国货币按其含金量来确定彼此间的比价。(2) 金币可以自由铸造,任何人都可以按本币的含金量将金块交给国家造币厂铸成金币。(3) 自由兑换。在市面上流通的其他金属辅币和银行券可以自由地兑换成金币或者等量的黄金。(4) 自由输出输入。由于黄金是各国唯一的国际储备资产,国与国之间的结算也使用黄金,黄金可以自由输出与输入。

建立金本位制是以国内立法为基础,由各国颁布法令自行确定本国货币的含金量和对外国货币的比值。要让国际金本位发挥作用,各国必须遵守三项规则:一是要把本国货币与一定量的黄金固定下来,并随时可以兑换黄金;二是黄金可以自由输出输入;三是中央银行或货币当局发行钞票必须有一定的黄金准备。基本上各国是在自愿的基础上遵守一定的国际规则,而并没有正式在国际上承担法律义务。因此,一旦出现特殊情况,各国出于本国利益的考虑也可以不遵守这些规则。实际上,国际金本位制作为一种国际货币制度并不是建立在国际法律基础上,没有条约规定各国必须承担一定的国际义务。所以,在上述三项规则中,第三项规则常常被放弃,没有被严格遵守。

从 19 世纪 70 年代到第一次世界大战爆发,国际金本位制经历了约 35 年的"黄金"时期。国际金本位制作为第一个世界性的国际货币制度,并不是通过各国共同制定成文的国际法规所确定的制度,而是由各国自发地实行大致相同的金本位制并且是逐渐形成的。因此,国际金本位制表现出两个特征:共同性和松散性。

国际金本位制的形成,使黄金充分发挥出世界货币的职能作用,对于生产的发展、汇率的稳定、国际收支的自动调节、国际资本的流动、国际贸易的发展和各国经济政策的协调,都起到了积极的作用。总之,它在当时以平稳的金融秩序促进了世界经济的发展。

(二) 金块本位制

第一次世界大战期间,各国禁止黄金外流,实行浮动汇率,币值很不稳定。战争结束后,各国都需要恢复遭到战争破坏的经济,首先是建立稳定的货币制度。1922 年世界货币会议决定恢复金本位制。但是,由于当时各国之间黄金分配不均,供应量远远不能满足需要,参战各国的黄金储备大量减少,特别是战前最大的金融帝国英国和曾经拥有巨额金融资本的

① 1871—1879 年间,德国、瑞典、意大利、美国等欧美资本主义国家也建立了金本位制度。

法国，它们的经济实力都遭到很大削弱。因此，真正有条件继续实行金本位制的国家只有美国，而英国和法国则不得不采取有限制的金本位制，即金块本位制。在这种制度下，金币已退出流通界，而专门担当起大宗国际收支清算的任务；国家以一定数量的黄金作准备，发行代表法定含金量的银行券；银行券进入流通，具有本位币的无限法偿性，但银行券只有在一定的条件下才能兑换成黄金（如英国法令规定每一次必须兑换400盎司黄金，即1 700英镑；法国规定持有215 000法郎才能向发行银行兑换黄金）。对兑换的最低数额加以规定，大大限制了民间的兑换，缩小了自由兑换的基础，这实际上是在黄金储备不足的条件下企图继续保证币值稳定的一种变通办法。

金块本位制的实行，节约了国内需要的黄金，但也使黄金不再像过去那样充分发挥货币的职能，从而严重削弱了国际金本位制的基础。

（三）金汇兑本位制

第一次世界大战后，有些国家直接采取了金汇兑本位制，亦称虚金本位制。在这种制度下，禁止铸造和流通金币；定有含金量的银行券作为本位币参加流通，持有者不能将其兑换成黄金，但可用以购买外汇，凭外汇到其发行国兑换黄金；实行金汇兑本位制的国家，在金块本位制国家或金币本位制国家存放外汇准备基金，并规定本国货币与该国货币的法定汇价，居民可按这一汇价无限制地购买外汇，在所联系的国家兑换黄金；禁止黄金的输出输入。这是在黄金和外汇储备不足的情况下，避免兑换黄金，而依靠自由汇兑作为同金本位制维持联系的一种形式。第一次世界大战以后，战败国和其他一些国家曾分别同美元、英镑或法郎挂钩，形成一种货币依附关系，使黄金和外汇更加集中于少数几个国家。比如战败国德国，由于国库黄金被用于战争赔款，1924年由战前的金币本位制直接改行金汇兑本位制。

从上述三种金本位制来看，重要的特点是黄金逐步与货币直接联系，特别是金汇兑本位制下，黄金存放于国外，实际上扩大了信用创造能力，使货币进一步摆脱了黄金数量的束缚。但黄金存于国外并不安全，本国货币币值要受联系国货币价值波动的影响；在国际经济发生危机时，各国纷纷将外汇兑换成黄金运回本国，引起联系国信用紧缩，使危机加剧。

20世纪30年代的大危机是经济危机与金融危机相互交织的全球性危机，西方各国之间贸易战与货币战达到了空前激烈的地步。这个大危机摧毁了西方国家普遍实行的金块本位制和金汇兑本位制，统一的国际金本位制度也随之瓦解。在西方各国普遍实行纸币流通制度的情况下，它们的货币信用制度危机加深，矛盾重重，建立不起统一的国际货币制度，而纷纷成立货币集团，如英镑集团、美元集团和法郎集团。在货币集团内部以一个主要国家的货币作为中心，并以这个货币作为集团内部的储备货币，进行清算，集团内部外汇支付与资金流动完全自由，但是对集团外的收付与结算则受到严格管制，常常要用黄金作为国际结算手段。西方国家从统一的国际货币体系分裂为若干货币集团，各货币集团内部的货币比价、货币波动界限及货币兑换与支付均有统一严密的规定，而对集团外的国际支付则采取严格管制，集团之间壁垒森严，限制重重。因此，在这一时期不存在统一的国际货币制度。

二、布雷顿森林制度

第二次世界大战即将结束时，为了整顿和改变国际货币领域的混乱局面，保证战后经济的顺利恢复，建立稳定的世界货币秩序，各国迫切要求建立一个政府间国际金融机构来协调国际间的货币政策，加强国际间货币合作。在英美两国的策动下，30 多个国家的专家于 1943—1944 年在纽约集会讨论英国提出的“凯恩斯方案”（Keynes plan）与美国提出的“怀特方案”（White plan），1944 年 4 月达成“国际货币基金共同声明”，形成国际货币基金协定草案蓝本，该蓝本最终以怀特方案为基础，并吸收了一些凯恩斯的主张。1944 年 7 月 1 日至 22 日，美、英、法、苏、中等 44 国代表在美国新罕布什尔州布雷顿森林会议通过了以“怀特计划”为基础的《国际货币基金协定》和《国际复兴开发银行协定》，合称“布雷顿森林协定”。

《国际货币基金协定》（以下简称《基金协定》）又称“布雷顿森林货币协定”，其 1944 年文本确立的国际货币制度称为“布雷顿森林制度”，它实际上是以美元为中心的金汇兑制度。这是世界货币史上第一次在世界范围内通过国际协议正式建立的货币制度，第一次以法律文件的形式明确规定了国际货币制度的基本要求，各国的权利、义务以及国际货币关系的行为准则，说明国际货币金融关系已经发展到有条件也有必要建立统一的世界货币制度的程度，突破了长期认为金融货币领域应该保持自由调节和灵活机动的特点的传统观念，为国际货币关系进入统一法律秩序开辟了新纪元。因此，尽管布雷顿森林体系是在主要金融大国的操纵下建立的，但也使国际货币金融关系从完全不受国际法规约束到承认若干基本原则和行为准则，不能不说是向前迈进了意义重大的一步。从 1944 年到 1971 年，这个体系建立后一直在顺利运行。在这期间，它对整顿和改变世界货币领域的混乱局面，保证战后各国经济恢复，建立稳定的世界货币秩序起到了积极作用。

布雷顿森林体制建立了一个以美元为中心的国际货币制度，其主要内容如下：

（1）建立了一个永久性的国际金融机构——国际货币基金组织（International Monetary Fund，IMF，以下简称基金组织）。IMF 旨在促进国际间货币合作，其各项规定构成了战后国际金融领域的基本秩序。《基金协定》第 1 条规定：“国际货币基金组织的宗旨是：（i）通过设置一常设机构，便于国际货币问题的商讨与协作，以促进国际货币合作。（ii）便利国际贸易的扩大与平衡发展，以促进和维护高水平的就业和实际收入以及所有会员国生产资源的发展，作为经济政策的首要目标。（iii）促进汇价的稳定，维持会员国间有秩序的外汇安排，并避免竞争性的外汇贬值。（iv）协助建立会员国间经常性交易的多边支付制度，并消除妨碍世界贸易发展的外汇管制。（v）在充分保障下，以基金的资金暂时供给会员国使用，使其有信心利用此机会调整其国际收支的不平衡，而不致采取有害于本国或国际繁荣的措施。（vi）依据以上目标，缩短会员国国际收支不平衡的时间，并减轻其程度。基金的一切政策与决定，均应以本条所列宗旨为原则。”

（2）实行以美元为中心的国际金汇兑本位制。布雷顿森林体制以黄金储备为基础，以美元为主要国际货币,并实行“双挂钩”制度:首先,美元与黄金挂钩,各成员国有义务确认美国法定的35美元=1盎司黄金的官价,同时有权随时按此官价以美元向美国政府兑换黄金;其次,其他成员国的货币与美元挂钩,即这些国家的货币与美元的汇率可按各自的含金量来确定,或者不规定含金量而径行确定与美元的比价。这种以黄金为基础、以美元为主要储备货币的黄金——美元本位制度,也称为国际金汇兑本位制。

(3) 确立可调整的固定汇率制。各成员国货币对美元的汇率仅被允许在固定汇率的上下各1%的幅度内波动。本国货币对美元固定汇率,未经基金组织同意,不得随意加以改变。成员国对此固定汇率有责任维持,以保证外汇行市的稳定。除非为消除本国国际收支的严重不平衡,否则各成员国不得对本国货币采取贬值或升值措施。

(4) 提供资金调节国际收支。基金组织的宗旨之一是为成员国提供资金,以帮助其调整国际收支不平衡,而不致采取有害于本国或国际繁荣的措施。基金组织向各会员国政府提供贷款,贷款的额度与该会员国缴纳的份额成正比,贷款主要用于解决国际收支不平衡。基金组织提供普通资金账户内贷款的基本做法是:会员国用本国货币向基金组织换购它们所需要的外汇,此举称为“购买”(purchase)或“提取”(drawing),该会员国还款时,用黄金或外汇买回货币,此举称为“购回”(repurchase)。

(5) 力图取消经常项目的外汇管制。根据《基金协定》第8条规定,除有该协定允许的例外,各成员国不得限制经常项目的支付,不得采取歧视性的货币措施,并应实行多边支付制度等。

《基金协定》把协助成员国建立经常性交易的多边支付制度作为其宗旨之一,这对发展多边贸易具有意义。要普遍做到自由的多边结算,各国需要取消至少应放松在货币兑换和收付方面的外汇管制。因此,《基金协定》的宗旨同时规定了取消阻碍国际贸易发展的外汇管制。为实现这一宗旨,《基金协定》在题为成员国一般义务的第8条作了如下规定:① 各会员国未经该组织核准,不得限制经常性交易的支付;② 未经基金组织核准,也不得采取歧视性的差别汇率措施和复汇率制度;③ 任何会员国对其他会员国在经常性交易中积存的本国货币,在对方为支付经常性交易而要求兑换时,应用黄金或对方货币换回。基金组织把同意履行《基金协定》第8条规定的义务而取消外汇管制的国家称为第8条成员国,并承认第8条成员国货币为可兑换货币,可以在国际外汇市场上自由买卖。

由于第二次世界大战期间近90%的国家都实施外汇管制,《基金协定》在第14条规定了一个“过渡办法”,即成员国在必要时可以维持和实施外汇管制,一旦情况许可,即应取消。申请加入基金组织的国家,都得与基金组织商定参加条件。对接受第14条规定的“过渡”办法而实施外汇管制的国家称第14条成员国,第14条成员国货币为不可兑换货币,在国际外汇市场上不能自由买卖。第14条成员国的过渡期为5年,但至今,仍有不少国家实际上或多或少地继续实行外汇管制。由此,第14条规定便一直延续下来了。目前,184个成员里,已有165个成员通知货币基金组织接受第8条的义务,这其中有95个成员是在1992年至

2005 年期间通知基金组织，开始接受第 8 条义务的。①

三、《国际货币基金协定》的第一次修订

《国际货币基金协定》签订以后，战后国际货币关系发生了一系列重大变化，美元危机频繁发生，美元的国际货币地位动摇。为了阻止美国黄金大量外流，同时为了解决国际清偿力不足，难以满足世界贸易增长的需要等问题，国际货币基金组织于 1969 年 9 月第二十四届年会上通过了设立“特别提款权”的决议。这是基金组织成立以来对《国际货币基金协定》的第一次修订，这次修订被称为《特别提款权协定》。通过该协定，基金组织创设了一种实验性质的新储备货币。该协定共 12 条，主要包括以下内容。

（一）特别提款权的概念

所谓“特别提款权”，是国际货币基金组织在原有的普通贷款权之外，按各国认缴份额的比例分配给会员国的一种使用资金的特别权利。会员国分得的特别提款权是一种账面资产，可以作为会员国的国际储备归还国际货币基金的贷款，以及在会员国政府之间偿付国际收支逆差。但它不能兑换黄金，也不能当做现实的货币用于国际贸易和非贸易的支付。

（二）特别提款权的使用

各会员国可以凭特别提款权向基金组织提用资金，因此，特别提款权可与黄金、外汇一起作为国际储备。与普通提款权相比，特别提款权的使用不受条件限制（普通提款权的使用是有条件限制的，而且进入的档次愈高限制愈严）。成员国在基金组织开设特别提款权账户，作为一种账面资产或记账货币，可用于办理政府间结算，偿付会员国国际收支逆差。此外，特别提款权还可以用以偿还基金组织的贷款，或用于援助、捐赠或作为偿还贷款的担保等。但是，必须注意，特别提款权只能在各会员国的金融当局和基金组织、国际清算银行等官方机构之间使用，私人企业不能持有和使用特别提款权。

《基金协定》第 19 条第 1 款规定：“本协定中规定或批准的业务可以使用特别提款权。”第 2 款规定：“（a）一个参与国可以使用特别提款权向根据本条规定而指定的另一参与国换取等值的货币；（b）一个参与国经征得另一参与国同意，可以使用特别提款权，换取另一参与国的等值的货币；（c）基金经 70% 的多数票通过，可以规定一参与国经授权和另一参与国按基金认为合适的条件所进行的业务，条件应符合于特别提款权账户的有效实施以及本协定中关于正当使用特别提款权的规定；（d）基金对于以上述第二或第三款进行业务活动的参与国，如认为该业务活动不利于本条第五节规定的指定程序或不符第二十二条的规定，可向其提出意见。如该参与国仍坚持实行此项业务活动，则按第二十三条第二节第二款处理。”

（三）特别提款权的性质与定值

特别提款权不是货币，而是一种权利，一种记账单位。它只存在于基金组织的账面上，它不能兑换黄金，也不能直接用于国际支付。

---

① IMF Article VIII Acceptance by IMF Members: Recent Trends and Implications for the Fund, p. 2, May 26, 2006.

特别提款权在创设时是一种以黄金定值的记账单位，35 单位特别提款权与 1 盎司黄金等值，即 1 单位特别提款权含金量为 0.888 671 克，与 1971 年 12 月贬值的 1 美元等值，人称"纸黄金"(paper gold)。由于原规定特别提款权与美元挂钩，对其他货币比价按美元与其他货币比价进行套算，这显然不符合特别提款权作为一种独立国际储备单位的原则。特别是由于美元的两次贬值及主要西方国家货币实行浮动汇率制，为了保持特别提款权的稳定，发挥其定值作用，从 1974 年 7 月 1 日起，基金组织宣布特别提款权与黄金脱钩，按一揽子货币定值。当时入选货币篮子中的 16 种货币是从 1968 年至 1972 年 5 年内，商品和劳动出口额占世界总出口额 1% 以上的国家的货币中选择的。每种货币在篮子里的比重，大体根据该国出口额占世界总出口额的比例而定，同时还考虑其他经济因素。

1978 年 7 月 1 日，基金组织对个别货币作了调整，并建立了 5 年调整一次的制度。为了简化计算手续，便于管理和保持特别提款权价值相对稳定的特点，基金组织自 1981 年 1 月 1 日起，采取 5 种货币代替过去 16 种货币，作为计算特别提款权价值的基础。该决议同时规定，确定特别提款权篮子的组成，应选择以 5 年为期的每一期结束前的 12 个月内，占国际出口与服务比例最大的 5 个基金成员国的货币，组成特别提款权货币篮子。1996—2000 年，其货币比重分别为美元 39%、德国马克 21%、日元 18%、法国法郎 11%、英镑 11%。为适应国际贸易和欧元启动的新需要，基金组织决定，2001—2005 年，特别提款权由美元、欧元、日元和英镑四种货币构成。

在最近一次审查中(2015 年 11 月结束)，执董会决定，从 2016 年 10 月 1 日起，中国的人民币将被认定为可自由使用货币，并作为除美元、欧元、日元和英镑之外的第五种货币加入特别提款权篮子。[①] 详见表 11－1。

表 11－1　特别提款权篮子货币权重[②]

货币名称	权重
美元	41.73%(2010 年审查时的权重为 41.9%)
欧元	30.93%(2010 年审查时的权重为 37.4%)
人民币	10.92%
日元	8.33%(2010 年审查时的权重为 9.4%)
英镑	8.09%(2010 年审查时的权重为 11.3%)

① Special Drawing Right SDR, April 6, 2016, available at http://www.imf.org/en/About/Factsheets/Sheets/2016/08/01/14/51/Special－Drawing－Right－SDR，访问时间：2018－09－28.

② Review of the Special Drawing Right (SDR) Currency Basket, April 6, 2016, available at http://www.imf.org/en/About/Factsheets/Sheets/2016/08/02/19/35/Review－of－the－Special－Drawing－Right－SDR－Currency－Basket，访问时间：2018－09－28.

这种以多种货币定值的方法,可以利用各种货币汇率之间升降相互抵消,较之以一种货币定值,更能保持特别提款权的相对稳定。正因为如此,特别提款权作为一种计价和定值单位,已得到广泛运用。不仅基金组织计算份额使用特别提款权定值,其他一些国际组织进行国际清算,以及私人公司、企业发行证券、签订贷款协议等,也使用特别提款权作为计价单位。此外,特别提款权还被用作国际民事责任索赔的计算标准。例如,1978 年《联合国海上货物运输公约》(《汉堡规则》)第 6 条和第 26 条就规定海上货物运输责任事故索赔权的计算标准为特别提款权。此外,一些实行钉住浮动汇率的国家也选择特别提款权作为货币定值标准。

(四) 特别提款权的分配

特别提款权不是会员国通过贸易、投资等收入得来的,而是由基金组织根据需要进行分配。会员国在分得这项资产时,预先也无须向基金组织缴纳任何基金。《基金协定》第 15 条第 1 款规定,当发生需要时,基金有权将特别提款权分配给参与特别提款权账户的会员国,以补充其现有储备资产之不足。基金组织在作出关于分配与撤销特别提款权的一切决定时,所考虑的出发点是“力求弥补世界长期性的现有货币储备之不足,从而促使达到设立基金之宗旨,并避免世界性的经济停滞与萧条或需求过度与通货膨胀”[①]。分配建议(关于特别提款权分配额占认缴份额的百分比)由基金组织执行董事会总裁提出,经理事会 85% 的多数票决定分配。1970 年至 1972 年,共分配了 93 亿特别提款权;1979 年至 1981 年,共分配了 121 亿特别提款权;2009 年 8 月 28 日,分配了 161.2 亿特别提款权;2009 年 9 月 9 日,又一次性分配了 21.5 亿特别提款权。从而使基金组织成员国分配总额达到 214 亿特别提款权,相当于 381 亿美元。[②] 对所有成员国来说,分得的特别提款权均以按认缴基金份额的百分比计算,但发展中国家无力认缴较多份额,实际上也就享受不到按份额分配的特别提款权的较多好处。现发展中国家分得的特别提款权仅及发达国家的一半。

《基金协定》第一次修订的意义在于,创设的特别提款权同黄金、美元一样可以作为国际储备,从而使之部分取代了美元。这次修订的缺陷表现为特别提款权的地位并非牢固。首先,它没有实际资产作为后盾,仅属账面资产,其本身价值缺乏保证;其次,特别提款权的发行分配、计算、定值等重大决定权仍操纵在西方货币大国之手。

四、牙买加制度

20 世纪 70 年代初,美元与黄金挂钩、各国货币与美元挂钩的布雷顿森林体系彻底瓦解,《基金协定》的某些条款已无法实施,必须进行修改,以适应变化了的国际货币关系。基金理事会于 1976 年 4 月依照其下属的“国际货币制度临时委员会”的提议对《基金协定》进行了第二次修订,其主要内容包括:

---

① 《国际货币基金协定》第 18 条第 1 款(a)项。

② See Special Drawing Right(SDR) Allocations, available at http://www.imf.org/external/np/exr/faq/sdrallocfaqs.htm#q3,访问时间:2018-09-28.

1. 确认浮动汇率制的合法化

《基金协定》规定:(1) 成员国可以自由选择汇率制度,基金组织承认固定汇率制度和浮动汇率制度并存;(2) 成员国的汇率政策,应受基金组织的监督,防止采取竞争性货币贬值措施;(3) 经总投票权 85% 的多数通过,认为国际经济条件已经具备时,基金组织可以决定采取稳定而可调整的货币平价制度,即固定汇率制度。

《基金协定》有关汇兑安排的基本内容,主要反映在第 4 条第 2 款,该款有三项规定,即:"1. 各会员国应在本协定第二次修改日之后 30 天内,把它在履行本条第一节规定的义务方面打算采用的外汇安排通知基金,在外汇安排方面如有任何改变应及时通知基金。2. 根据 1976 年 1 月 1 日当时通行的国际货币制度,外汇安排可以包括:(1) 一个会员国以特别提款权或选定的黄金之外的另一种共同标准,来确定本国货币的价值;(2) 通过合作安排,会员国使本国货币同其他会员国的货币保持比价关系;(3) 会员国选择的其他外汇安排。3. 为适应国际货币制度的发展,基金可以总投票权 85% 的多数规定总的外汇安排,不限制各会员国根据基金的目的和本条第一节规定的义务选择外汇安排的权利。"

2. 削弱黄金的国际货币作用

废除了原协定中所有黄金条款,实行黄金非货币化,目的是使黄金与货币完全脱离关系,让黄金成为一种单纯的商品。按照新规定,基金组织为实现黄金非货币化采取了四项措施:(1) 废除黄金官价和对成员国中央银行处理黄金的限制(在旧协定中规定货币当局不得以低于官价卖出,以高价买进),成员国中央银行可按市价从事黄金交易;(2) 黄金不再作为各国货币定值的标准,改由特别提款权表示;(3) 废除了增缴资金等与国际货币基金组织在交易时使用黄金的义务;(4) 基金组织持有的黄金将以市价出售其 1/6,另 1/6 归还成员国,剩余部分依成员国决议处理。

3. 提高特别提款权的国际储备地位

确认未来将以特别提款权作为主要的国际储备资产,逐步取代美元和黄金的地位;各成员国间的特别提款权的交易和转移无需取得基金组织的同意;成员国之间或对基金组织的某些支付可用特别提款权;不仅在基金组织的一般业务中扩大了特别提款权的使用范围,并且尽量扩大了特别提款权的其他业务使用范围。

4. 扩大对发展中国家的资金融通,放宽对成员国贷款的比例和数额

《基金协定》的第二次修订又被称为《牙买加协定》,于 1978 年 4 月 1 日生效。它为国际货币关系的调整或安排提供了相当大的弹性,有学者认为是非制度化,这是值得商榷的。尽管布雷顿森林体系的某些基本规则已经被否定,但国际货币基金组织和《基金协定》仍有效存在,并在许多方面仍然发挥着重要作用。进入 20 世纪 90 年代后,基金理事会根据国际货币关系变化的状况,分别于 1990 年和 1997 年对《基金协定》进行了第三次和第四次修订,但所涉及的问题有限。现行的国际货币制度正是在 1944 年《基金协定》的基础上经过四次修订而形成的。

但是,1997 年,亚洲金融危机爆发,现行的国际货币体系在防范和处理这一危机的过程

中,暴露了许多缺陷和弱点。诸如,因应对机制不完善,基金组织对成员国金融政策和经济政策的监管缺乏应有的力度,尤其是对资本项目缺乏管理权;基金组织在确定解决危机的方案时,未充分寻求国际私人资本的合作;基金组织运作透明度不够,磋商机制不尽完善以及决策机制有待进一步强化;等等。目前,各成员国正在推动现行国际货币法律制度的改革,并取得了一些进展。例如,1999 年 10 月,基金组织已将原来负责国际货币体系监管及成员国份额提高的内部咨询机构——临时委员会,改名为"国际货币金融委员会",强化并扩大了该机构的职能。当今,除了全球性的国际货币法律制度外,一些国家还不断加强区域性货币经济关系的协调,谋求区域性货币体系的建立,直至实现区域性货币一体化。其中,最引人注目的是欧盟。根据 1993 年生效的《马斯特里赫特条约》,经过分阶段努力,欧盟已于 1999 年元旦引入了单一货币制(欧元),从而创立了一个全新的区域性货币法律体制。①

第三节 国际融资的法律制度

融资即资金融通,是指在现代信用货币制度下资金的借贷和筹资活动。国际融资是指在国际金融市场上,运用各种金融手段,通过各种相应的金融机构而进行的资金融通。目前,国际融资已成为一国融资的重要手段之一。其主要的融资方式,如国际贷款融资、国际证券融资、国际融资租赁等,构成国际金融法的核心内容。

一、国际贷款融资的法律制度

(一) 国际贷款的概念和特点

20 世纪 80 年代以前,国际贷款是国际融资的主要方式。国际贷款又称"国际借贷""国际信贷",是指不同国家当事人之间基于信用授受而进行的货币资金的有偿让渡,是资金使用权的跨国交易活动。② 国际贷款一般是通过订立国际贷款协议而进行的。所谓国际贷款协议,是指位于不同国家的当事人之间为一定数额货币的借贷而订立的,明确相互关系中的权利与义务的书面协议。

国际贷款的特点在于:(1) 国际贷款的借款人与贷款人分属于不同的国家或地区,有关贷款协议的订立、履行和争议解决受到国际惯例、意思自治原则或相关国家法律的支配,这不同于国内贷款。③ (2) 国际贷款通常使用可兑换货币,而不局限于借款人或贷款人国家的货币。所谓可兑换货币,是指可以自由支付国际收支经常项目,并由该货币发行国承担兑换义务的国际货币。(3) 国际贷款协议还涉及许多复杂的法律问题,如由主权国家政府的借贷行为引起的主权豁免问题,由跨国界交易产生的法律适用和司法管辖问题,由国际贷款交

① 陈安主编:《国际经济法学》(第二版),北京大学出版社 2001 年版,第 307 页。
② 李仁真主编:《国际金融法》,武汉大学出版社 1999 年版,第 158 页。
③ 董安生著:《国际货币金融法》,中国人民大学出版社 1999 年版,第 72 页。

易的特殊性导致违约救济、债权担保的复杂化等。

国际贷款协议从不同的角度可作不同的划分。如按贷款期限的长短,国际贷款协议有长期、中期和短期之分;按贷款有无担保,可分为有担保贷款协议和无担保贷款协议;按借款人数量的多少,可分为独家贷款协议和银团贷款协议;按贷款利息的种类,可分为固定利率贷款协议和浮动利率贷款协议;按照贷款资金的来源,可分为外国贷款协议和欧洲货币贷款协议。由于分类标准不同,一种国际贷款可分别属于几个不同的种类。通常有意义的划分是按贷款主体划分,可分为国际金融机构贷款、政府贷款和国际商业银行贷款。

(二) 国际金融机构贷款的法律制度

国际金融机构贷款是指国际金融机构对成员国政府、政府机构或公私企业的贷款。从事国际贷款的国际金融机构可分为全球性国际金融机构和地区性金融机构。全球性金融机构如国际货币基金组织、世界银行集团(包括国际复兴开发银行、国际开发协会、国际金融公司)。地区性国际金融机构目前主要有亚洲开发银行、非洲开发银行、泛美开发银行等。下面主要介绍两个全球性金融机构——国际货币基金组织和世界银行的贷款制度。

1. 国际货币基金组织的贷款制度

国际货币基金组织是以成员入股形式组织起来的企业性组织。《基金协定》第1条规定:"国际货币基金组织的宗旨是……(v)在充分保障下,以基金的资金暂时供给会员国,使有信心利用此机会调整其国际收支的不平衡,而不致采取有害于本国或国际繁荣的措施。"可见,发放贷款仅是其达到促进国际货币合作、调整国际收支失调的手段之一。

基金组织的贷款有许多自己的特点:

(1) 贷款对象。国际货币基金组织发放贷款的对象仅仅限于成员政府,不对私人企业组织贷款。它只与成员的财政部、中央银行或类似的财政机构往来。

(2) 贷款的条件性。基金组织的主要业务是为成员提供财政援助,这种援助与世界银行以发展为宗旨的贷款有很大差别,体现为成员以"购买"和"购回"的方式行使的普通提款权,这种提款权的实现是以特定的"条件性"为前提的。基金"条件性"的法律程序非常复杂,要求很高,常常使急需资金的发展中成员望而却步。

例如,1997年8月5日,泰国外债总额达884亿美元,而国际储备仅约为300亿美元,在严峻的形势下,泰国向基金组织提出援助申请,后者同意向其提供172亿美元的贷款。此后,从1997年7月14日,金融危机波及印度尼西亚,印度尼西亚放弃固定汇率制,印尼盾大幅度贬值。9月,印度尼西亚正式向基金组织申请援助贷款。10月,基金组织同意向印度尼西亚提供400亿美元的资金,其中30亿美元于11月到位,但是,由于印度尼西亚没有履行基金组织援助协议中规定的义务,此次援助中途告终。1998年1月和4月,印度尼西亚又和基金组织达成了两次协议,才再次获得了基金组织的援助。就在泰国和印度尼西亚焦头烂额的时候,韩国若干大企业集团(包括韩宝、起亚)由于不良贷款剧增而相继破产,韩元大幅贬值。1997年11月,韩国向基金组织求援。经过近一个月的磋商,基金组织同意提供总额为210亿美元的短期贷款,并与世界银行、美国和日本共同宣布了总额为570亿美元的援助计划。从1997年8月到1998年2月,基金组织中对以上三个国家实施了有史以来最大的一次援助,总额约为1 000亿美元。此后,基金组织还对马来西亚等其他亚洲国家、俄罗斯和拉丁美洲国家进行了援助。基金组织的援助并不是无偿的,在和各国达成的援助协议中,附加了以下条件:① 整顿金融体系,勒令部分金融机构破产,并对金融机构进行重组,使其尽快达到"巴塞尔资本协议"的资本金要求,但在此过程中必须保护存款者和债权人的利益;② 开放金融市场,取消对外资参与本国金融机构的限制;③ 削减财政开支(包括补贴)、紧缩经济,提出新年度的宏观经济预测指标(包括降低GDP增长率、遏制通货膨胀水平、改善国际收支);④ 调整经济结构,进行市场化和私有化改革。基金组织认为,这几条措施有利于危机国家实现长期稳定的发展。原因在于:第一,整顿金融部门、保护存款人利益是恢复市场信心、提高金融体系抗风险能力的重要手段。第二,开放金融市场可以吸收国际先进的管理水平和先进技术、引进外资,同时可以在外国金融机构的竞争下加速本国机构与国际接轨、加大改革步伐、提高经营效率。第三,削减财政开支、紧缩经济能够缩减有效需求,减少进口,改善国际收支状况,保持币值稳定。第四,调整经济结构能提高经济发展水平,从本质上增加产品附加值、增强产品的竞争性;市场化和私有化改革、减少政府的干预则能使各国充分运用市场机制配置资源。①

(3) 贷款方式。基金组织提供普通资金账户内贷款的基本做法是:成员用本国或本地区货币向国际货币基金组织申请换购他们所需要的外汇,还款时以外汇购回本国或本地区货币的方式。因此,基金的业务术语中不称成员向国际货币基金组织"借款",而称"购买",或称"提存",成员还款时称"购回"。普通资金账户之外的贷款方式与一般意义上的贷款方式相同。

(4) 贷款的种类。主要有普通贷款、中期贷款、出口波动补偿贷款、缓冲库存贷款、补充贷款。另外,国际货币基金组织还设立了结构调整贷款、加强结构调整贷款、补偿和应急贷款。

(5) 贷款限额。成员能申请的贷款,与其在基金中所分得的股份或认缴的股份成正比。各种贷款一般都规定借用的最高限额。

2. 世界银行集团的贷款制度

世界银行集团(World Bank Group)除包括国际复兴开发银行(IBRD)、国际开发协会(IDA)和国际金融公司(IFC)三个金融机构外,还包括两个非金融机构,即依1965年《华盛顿公约》成立的"解决投资争议国际中心"(ICSID)和依1985年《汉城公约》成立的"多边投资担保机构"(MIGA)。世界银行集团的三个金融机构均属于联合国的专门机构。虽然它们的成立依据和具体职责各不相同,但其基本宗旨是一致的,即通过向成员特别是发展中国家成员提供资金和技术援助,以促进其经济发展。实践中,三者在业务上密切联系,但各自依其组织章程的规定开展活动,各司其职。其中,国际复兴开发银行主要向发展中国家提供

① 肖伟主编:《国际经济法学案例教程》,知识产权出版社2003年版,第316~317页。

中、长期贷款;国际开发协会专司向低收入的发展中国家提供长期无息优惠贷款;国际金融公司负责向发展中国家的私人企业提供贷款或直接投资。

世界银行集团自成立以来,通过开展其业务活动,在促进成员特别是发展中国家的经济发展方面起了十分重要的作用。我国于 1980 年 5 月 15 日恢复在国际复兴开发银行、国际金融公司和国际开发协会的代表权,并从 1981 年开始利用世行贷款。目前,世行贷款成为我国利用外资的一个主要渠道,我国利用世行贷款的规模日益扩大,已见成效。

《国际复兴开发银行协定》第 3 条第 4 节对银行担保或贷款的条件做了如下规定:银行对任何会员或其所属任何政府部门,及其国内或地区内任何工农商企业承做担保贷款、参加贷款或发放贷款,其条件如下:(i) 如项目在一会员境内,而该会员本身并非借款人,该会员或其中央银行或本行认可的其他相当机关,须完全担保还本付息及其他因贷款而应付的费用。(ii) 银行确认,按当时市场情况,借款人无法在银行认为对借款人来说是合理的条件下自其他方面获得贷款。(iii) 按第五条第七节所规定,已有一合格的委员会对于贷款项目经过审慎研究其优点后,提出书面报告予以推荐。(iv) 银行认为利率和其他费用都合理,并且此种利率、费用及还本日程与该项目也都适合。(v) 在承做或担保一笔贷款时,银行应充分考虑到借款人(如借款人是非会员,则对保证人)将来能履行贷款的义务;银行并应兼顾贷款项目所在地会员及全体会员的利益,妥慎处理。(vi) 银行在担保其他投资人承做的贷款时,为其所承担的风险,需收取适当报酬。(vii) 除特殊情况外,银行所承做或担保的贷款,应用于指定的复兴或开发项目。

概括起来,世界银行集团的贷款特点如下:

(1) 贷款对象主要是发展中国家。世行贷款只限于成员政府、政府机构或由政府担保的公私企业。其中,国际开发协会信贷只贷给会员政府,但可以由其转贷。贷款只提供给有偿还能力的成员。

(2) 贷款一般只对成员的特定项目发放。世界银行的贷款具有明显的开发性,一般只用于成员的特定开发或建设项目,其重点投放于农业、乡村建设、交通运输、通信、教育、卫生等经济效益低、建设期限长的基本建设项目。只有在特殊情形下,世界银行才发放非项目贷款,即为支持成员完善现有的生产设备或实现一定的经济计划而提供的贷款,如结构调整贷款、部门调整贷款、技术援助贷款以及用于支持灾后重建和恢复生产的应急借款等。

(3) 贷款期限长,贷款条件较为优惠,并含有一定的宽限期。三者的贷款原则和运作程序基本相同。区别主要在于:国际复兴开发银行偏重向中等收入国贷款,费率较高,但比商业银行低,俗称硬贷款;国际开发协会着重向低收入国提供长期优惠贷款(IDA credit),俗称软贷款;而国际金融公司的主要业务是向成员私人企业贷款,但不像国际复兴开发银行和国际开发协会贷款一样需要政府担保,因而贷款期限较短,利息和费用较高。

(4) 贷款的发放通常根据各自的组织章程及有关文件的规定进行,条件一般比较优惠,但程序一般比较严格。

(三) 政府贷款的法律制度

政府贷款是指一国政府利用财政资金向另一国政府提供的优惠性贷款。它是贷款国与借款国之间进行国际经济合作的重要形式,也是援助国向受援国提供经济发展援助的重要形式。政府贷款自第二次世界大战后发展迅速。美国1948年实施“马歇尔计划”,对西欧的恢复、发展和美国资本、商品的输出,起到了重要的作用。20世纪60年代以后,发达国家的政府贷款主要流入发展中国家。从1974年到1981年期间,伴随着石油美元的兴起,石油输出国援助非产油发展中国家就多达550亿美元,其中68%是双边性质的赠与,开创了“南南援助”的先河。

上海地铁工程政府贷款是我国利用国际上通行的政府贷款方式取得建设资金的一次尝试。1987年5月、9月、12月和1988年6月,在上海市外经贸委的全力支持下,上海市地铁公司先后联合组织参加竞争的日本、英国、法国、美国、德国和加拿大等7个国家的15家地铁集团和公司,按照车辆、供电、通信、信号、架空接能网、环境控制车与车站设备等几个专项进行报价。12个国家的42个集团和50多家公司纷纷以各自政府优惠贷款为坚强后盾,争相提出自己的资金、技术和价格条件,竞争十分激烈。

德国德沪集团(由AEG公司、车辆联合公司、杜瓦格公司、西门子公司和克诺尔公司组成)的设备技术先进,价格最低,资金条件最优惠。为了使德国企业拿到项目,德国政府也积极参与其中的有关工作。1986年德国经济合作部国务院秘书冷格尔正式函告我国外贸部,同意额外为上海地铁一号线工程提供2.6亿马克政府软贷款,7月又正式书面承诺增加2亿马克。德国政府提供的这笔4.6亿马克的100%的软贷款,是我国迄今为止所得贷款中条件最优惠的,在世界上也是十分罕见的——年利率0.75%,偿还期40年,其中含宽限期10年,每节空调电动客车的价格比原来没有空调的车辆的报价还要低。①

1. 政府贷款的主要特点

(1) 贷款期限长、利率低,贷款条件优惠,具有援助性质。政府贷款的期限一般都长达20年至30年,而且还有一定年限的宽限期。利率一般较低,有的为无息或含有一定比例的赠与成分。

(2) 限定用途。政府贷款一般都对贷款的使用目的有明确规定,如规定贷款只能用于特定的项目工程,或规定贷款的全部或一部分只能用于购买贷款国的商品、技术和劳务,以增加贷款国的出口贸易。

(3) 政府贷款的程序较复杂。一般先由借款国提出有关贷款的计划建议书,经过贷款国专家实地考察、评估后,才开始谈判。谈判成功后,签订贷款协议书。从协议谈判、签约到使用贷款,往往需要较长时间。

2. 政府贷款机构的组成单位

(1) 确定贷款的机构。其负责选择确定项目,多为政府职能部门,如法国、奥地利为财

---

① 徐冬根著:《国际信贷的法律保障》,上海译文出版社1996年版,第65~66页。

政部，加拿大、丹麦、意大利为外交部。也有的国家由专职的对外援助机构承担，如澳大利亚的国际发展援助局、芬兰的国际开发署等。有的国家需要几个部门共同研究确定提供贷款的项目，如比利时由外交部、外贸部和发展合作部共同决定，英国由贸工部、海外开发署和出口信贷担保局共同决定。

（2）负责签订贷款协议的执行机构。一般由银行代理，如奥地利监督银行、比利时通用银行、意大利中央中期信贷银行、英国皇冠代理银行。也有的国家由非银行金融机构承担，如澳大利亚出口信贷保险公司、加拿大出口发展公司等。还有的国家由专门的担保机构承担，如芬兰的信贷担保局、英国的出口信贷担保局等，负责对贷款进行担保。

（四）国际商业银行贷款的法律制度

国际商业银行贷款又称国际银行贷款，是指分属于不同国家的商业银行贷款人与借款人之间的贷款。国际商业银行贷款是国际金融市场上的重要融资形式，对促进各国经济的发展起着十分重要的作用。国际商业银行贷款的贷款人往往是一国的大商业银行或大型跨国银行，借款人可以是各国的银行、公私企业、政府机构、国际机构。从国际资本市场的流动来看，国际贷款的主要形式为商业银行贷款，从商业银行贷款来看，其中又以银团贷款和项目贷款最为典型，它体现了现代国际融资中国际贷款的基本特点和基本发展方向。

1. 国际银团贷款

国际银团贷款，是指由数家直至数十家各国银行联合起来，组成一个银行集团（即银团），按统一的贷款条件向同一借款人提供贷款。国际银团贷款适于一些资金额度大、期限长、风险大、技术性强的借贷交易。采用这种贷款方式具有其他贷款方式无法比拟的优点：对借款人来说，他可以从多家银行获得贷款，容易筹集到巨额资金；对各贷款银行来说，与银团其他成员共同提供这笔贷款，既可以使自己的资金得到充分利用，又避免承担过大的贷款风险。

银团贷款自 20 世纪 60 年代以来已成为国际上筹集中长期资金的主要途径。组织银团贷款一般要经过以下几个步骤：

（1）选择牵头银行。组织银团贷款的第一步是借款人选出一家牵头银行，由该银行负责组织贷款事宜。牵头银行择定以后，借款人通常要交给牵头银行一份委托书，委托其代为物色愿意提供贷款的银行。牵头银行收到委托书以后，则要向贷款人递交一份义务承担书，表明其愿意承担组织银团贷款的义务。

（2）征求参加者。牵头银行和借款人一起起草一份关于借款人经济状况的信息备忘录，分发给那些对贷款感兴趣的银行，邀请这些银行参与贷款。

（3）谈判借贷条件，签订贷款协议。由牵头银行把愿意参加银团贷款的银行召集在一起，组成一个银团，然后和借款人具体谈判借款条件，双方就具体贷款条件达成一致以后，签署贷款协议。

国际银团贷款基本上可以分为直接式银团贷款和间接式银团贷款两种方式。直接式银团贷款是指在牵头银行（或经理银行）的组织下，各个贷款银行或通过其代理人分别和借款人签订贷款协议,按照协议所规定的统一条件向借款人发放贷款。各个贷款银行与借款人直接发生借贷法律关系,仅就各自承诺的贷款份额向借款人负责,相互之间不负连带责任。间接式银团贷款是指由牵头银行(或经理银行)单独与借款人签订贷款协议,向借款人提供贷款,然后由牵头银行把参与贷款权分别转让给其他愿意提供贷款的银行,这些银行即成为参与贷款银行,它们以持有的参与证书作为债权证明文件。

在间接式银团贷款中,借款人、牵头银行与参与银行之间的关系取决于转让贷款参与权的方法。牵头银行将参与贷款权转让给其他银行的方法通常有以下几种:

(1) 合同更新(novation)或替代(substitution)。即由借款人、牵头银行和参与银行三方就贷款的转让达成一项协议,约定牵头银行在贷款协议项下的部分义务改由参与银行来承担。这种做法实际上是借款人与参与银行订立新的贷款协议,以参与银行承担的贷款义务更新或替代牵头银行在原贷款协议项下的部分贷款义务。这时,借款人和参与银行之间基于新的贷款协议形成债权债务关系;牵头银行和参与银行虽然都是借款人的债权人,但它们各自与借款人存在独立的合同关系,相互之间不负连带责任。

(2) 转贷款(sub-loan)。即牵头银行以借款方式将参与贷款权授予其他贷款银行。在这种方式下,参与银行所承担的贷款不是直接贷给借款人,而是贷给牵头银行。据此,只有牵头银行与借款人之间存在直接的合同关系,各参与银行与借款人之间并不存在直接的合同关系。牵头银行与参与银行之间则依贷款合同形成债权债务关系。需要注意的是,参与银行向牵头银行提供的贷款通常都约定为无追索权贷款,即以借款人还本付息作为牵头银行向各参与行履行还本付息的前提。如果借款人拒不还款,各参与银行均无权向牵头银行追索,当然更无权追诉借款人。反之,只要借款人依约还款,牵头银行即应将借款人的偿还额在各参与银行之间按各自的参与比例分配,即使牵头银行破产,各参与银行也有权就借款人的偿还款优先受偿。

(3) 让与(assignment)。即牵头银行将其根据贷款协议应获得的收益或可以行使的请求权部分或全部转让给其他参与银行。一般来说,让与并不需要取得债务人的同意,但让与人只能将其权利让与给受让人,而不能转移其对债务人的义务。

(4) 隐名代理(undisclosed agency)。即牵头银行受银团其他成员之托,但不披露其代理人的身份,以本人的身份与借款人签订贷款协议,因此只有牵头银行与借款人之间存在直接的权利义务关系。一旦发生借款人违约,只有牵头银行有权行使救济权;反之,如果牵头银行违约,借款人也只能对牵头银行行使请求权。但是,如果这种隐形代理关系被公开或被揭露,借款人即可选择向牵头银行或参与银行要求履行贷款义务。

2. 项目贷款

项目贷款(project loan)是指对某一特定的工程项目发放的贷款,以项目建成后的经济收益还本付息。项目贷款是为了适应国际上一些大型工程项目,如石油、天然气、煤炭等自然资源开发以及交通运输、电力、农林等项目的巨额资金的需求而逐步发展起来的,是目前国际上最常用的融资方式之一。由于这类项目所需的资金往往高达数十亿美元,风险也很大，传统的融资方式已难以满足这类大型项目对资金的需求，由此便产生了这种新的筹资方式。世界上许多著名的工程都是利用项目融资进行建设的，如英国北海油田的开发、美国阿拉斯加天然气输送管道以及英法海底隧道的建造等。

项目贷款与传统贷款方式的主要区别是：

（1）贷款对象。传统的贷款方式是贷款人把资金贷给借款人，借款人有权自主决定将资金投入某一项目，偿还贷款的义务由借款人承担。进行项目贷款时，项目主办人一般都专门为该项目的筹资和经营成立一家新的公司，此公司在项目所在国登记注册并且受当地法律的管辖。贷款人把资金贷给项目公司，由该项目公司承担偿还贷款的义务，而不是直接贷给该项目的主办人。

（2）还款来源。在传统的贷款方式中，贷款人看重的是借款人的信用，而不是贷款所兴建的项目的成败。虽然项目的成败会影响借款人的还债能力，但对贷款人来说，借款人的其他资产也可供还债。项目贷款的主办人则是以项目建成并投入营运以后所得的收益作为还款来源，因此，贷款人所看重的是该项目的经营及其所取得的收益，项目的成败对于贷款人能否收回贷款具有决定性的意义。项目主办人一般只在项目中投入自己的部分资产，并将项目资产同自己的其他资产相分割。即使项目的日后收益不足以还清贷款，项目主办人也不承担从其所有的其他资产和收益中偿还全部贷款的义务，而仅以其投在该项目公司中的资产偿还。

（3）贷款担保。在传统的贷款方式中，以银行或政府提供的信用担保居多。而在项目贷款中，通常是以主办项目的资产和收益为贷款人设定担保。由此可见，项目贷款的主办人已经将原来应由他承担的还债义务，部分地转移到该工程项目上，也就等于把本应由借款人承担的风险部分地转移给贷款人，由借贷双方共同承担项目风险。

项目贷款既可以由单独一家银行承担，也可以采用银团贷款方式。在国际商业贷款实务中，由于大型工程项目所需资金数额巨大、期限长、风险大，单独一家银行承担全部贷款较困难，所以，比较常见的项目贷款是银团贷款。

项目贷款可以分为无追索权项目贷款和有限追索权项目贷款两种类型：

（1）无追索权项目贷款。无追索权项目贷款或称纯粹项目贷款，是指贷款人对项目主办人没有任何追索权，即由贷款人将资金提供给主办人专为该项目而成立的公司，以项目建成后所产生的收益作为还本付息的来源。贷款人可以在该项目的资产上设定担保权益，但无权再要求主办人提供任何信用担保，如果项目中途停建或经营失败，其资产或收益不足以清偿全部贷款，贷款人亦无权向项目主办人追索。由于无限追索权项目贷款对贷款人的风险太大，因此贷款人一般很少采用这种方式。

（2）有限追索权项目贷款。在这种项目贷款方式下，贷款人为了减少贷款的风险，除要求以贷款项目的收益作为偿还债务来源，并在该项目资产上设定担保物权以外，还要求与项目有利害关系的第三人提供各种担保。当项目不能完工或经营失败，项目本身的资产或收益不足以清偿债务时，贷款人就有权向项目主办人和这些担保人追索。项目主办人和担保人对项目债务所负的责任，仅以贷款合同和担保合同所规定的金额为限。

随着我国“走出去”战略的实施，会有越来越多的基础设施项目、资源开发类项目或大型工程项目采用项目融资的方式。

二、国际证券融资的法律制度

20世纪80年代以来，国际金融市场上出现了“融资证券化”特征，即融资由银行贷款转向具有流动性的债务工具，筹资者除向银行贷款外，更多的是通过发行债券、股票及其他商业票据等方式，在证券市场上直接向国际社会筹集资金。

（一）国际证券的概念和特点

国际证券（international securities）既是国际间接投资的一种重要形式，也是国际融资的一种重要手段。近年来，随着经济全球化、国际投资证券化以及国际借贷证券化趋势的形成和发展，国际证券作为一种融资手段在国际金融领域日益占据重要地位。

国际证券是指发行人在其本国境外或国际金融市场上发行并流通的，以发行地所在国货币或其他可兑换货币为面值的证券。它除了具有证券的一般特征外，还具有一些与国内证券不同的特点，主要表现在以下几方面：

（1）证券的发行人和投资者分属于不同的国家。在通常情况下，国际证券的发行人即筹资者是一国的政府、金融机构或公私企业，其购买者是属于另一国法律管辖的投资机构或个人。因此说，国际证券是一种国际融资工具。而国内证券一般是本国政府和本国公司面向本国投资者发行的证券，故属于一种国内融资手段。

（2）证券的发行地不在发行人所在国境内。国际证券一般不是在发行人所在国的国内市场发行并流通的证券。它通常是由一国的政府、金融机构、公司企业在本国境外或国际金融市场上市并流通的。

（3）证券以发行地所在国货币或其他可兑换货币为面值。国际证券与国内证券不同，它一般不以发行人所在国货币确定面值，而是以发行地所在国货币或某一种（或多种）可兑换货币确定面值，故属于外汇的范畴。

（二）国际证券的种类

国际证券可依不同的标准作不同的分类。依其持有人所享权利性质的不同，国际证券可分为国际股票和国际债券两类。

1. 国际股票

国际股票是指各国股份公司在境外发行并交易的股票。这类股票的发行人大都是在世界各地设有分支机构或子公司、业务规模巨大的国际托拉斯和跨国公司，如美国的通用汽车公司、埃克森石油公司、国际商用机器公司、国际电话电报公司等。我国公司发行的境内上市外资股和境外上市外资股均系国际股票。国际股票多在国际金融中心（如纽约、伦敦、东京、中国香港等地）交易所挂牌交易。

2. 国际债券

国际债券是指一国政府机构、金融机构，工商业或国际金融组织，为筹集资金而在国际金融市场上发行的债券。按面值货币与发行地的关系,国际债券可分为外国债券与欧洲债券两大类。所谓外国债券(foreign bond),是指发行人在其本国以外的某一个国家发行的,以发行地所在国货币为面值的债券。其特点是债券发行人在一个国家,债券面值货币和发行市场属另一个国家,如中国在日本发行的日元债券就属于外国债券。所谓欧洲债券(euro bonds),是指一国发行人在外国的离岸市场(off - shore market)发行的,不以发行地所在国货币计值的债券。欧洲债券是20世纪60年代以后才开始出现的一种新型国际债券,其最初表现形式为在欧洲发行的以美元为计值货币的债券,即欧洲美元债券。现在,欧洲债券发行的地域范围已不限于欧洲,除了欧洲金融中心的债券市场以外,还包括亚洲、中东等地区的国际债券市场,如中国在伦敦市场发行的美元债券就属于欧洲债券。

外国债券与欧洲债券相比,具有以下不同点:

(1) 在发行市场方面,外国债券由一国的发行人到另一国传统的国际债券市场上发行;而欧洲债券一般是在债券面值货币发行国以外的国家的离岸市场上发行的,它通常涉及三个以上国家,即债券发行人所在国、债券发行地所在国、债券面值货币发行国,而且,往往是在两个或两个以上国家的资本市场上同时发行。

(2) 在发行方式方面,外国债券一般由发行地所在国的证券公司、金融公司或银行承销;而欧洲债券则由欧洲债券市场一家或几家大银行牵头,组成一个由十几家或几十家国际性银行和证券公司参加的世界范围的承销辛迪加,同时在一国或多国发行销售。

(3) 在面值货币方面,外国债券只能使用发行地所在国货币;而欧洲债券的发行则可以根据货币的汇率、利率和集资的用途,从发行地所在国货币以外的自由兑换货币中选择任何一种合适的货币。

(4) 在法律管制方面,外国债券的发行必须接受发行地所在国有关法律的管制和约束,并须经过发行人所在国有关当局的批准或注册,手续较烦琐;而欧洲债券实际上是一种无国籍债券,各东道国对这种以外币计值的债券,在发行上往往没有特别的登记、披露等要求,而货币母国(除日本、德国、比利时等)对于使用其货币计值但在境外发行的债券一般也不予限制。但在债券发行协议中二者都明确规定发生纠纷时以哪国法律为准。

(5) 在税收方面,外国债券的发行及投资者所获利息的税收问题,受发行地所在国有关税收法令调整;而欧洲债券的发行则无须纳税,也没有利息预扣税。

不过,也存在一些例外情形。例如,有的国家如美国规定,除非在美国履行注册手续,否则不得在该国率先发售一笔欧洲债券;有的国家禁止或限制使用本国货币计值发行欧洲债券,如比利时。

(三) 国际证券的发行

国际证券的发行有私募发行和公募发行之分,与二者相关的法律制度也不同。

1. 国际证券的私募发行(private placement)

这种发行方式又称国际证券的直接发行,是指证券发行人直接向特定投资者销售证券的证券发行方式,通过私募方式发行的证券不得公开向其他投资者销售,发行后也不得进入公开的证券市场流通、买卖。国际证券的私募发行是与国际证券市场投资团体化发展的趋势相一致的一种发行方式,其发行对象一般不是社会公众投资者,而是一些机构投资者。如投资银行、保险公司、投资基金会等机构。它们都是熟悉证券市场情况的专家,一般均能自行对发行人的资信状况和财务状况进行调查,并对投资风险有较强的判断能力。因此,各国法律对私募发行的法律管制较为宽松,一般不要求发行人就证券发行向证券管理部门登记或注册,也不要求发行人在发行证券之前对与自己和发行有关的情况作充分的披露。另外,证券私募发行的筹备时间短、费用低、手续简单,比证券公募发行方式简便易行,这是私募发行的好处。但私募发行也存在着需向投资人提供高于市场平均条件的特殊优厚条件、发行者的经营管理易受干预、证券难以转让等缺点。

2. 国际证券的公募发行(public placement)

这种发行方式又称"证券的公开发行",是指证券发行人公开向社会公众即不特定的投资者推销证券的证券发行方式。公募发行的证券可以在公开的证券市场流通、买卖。由于公募发行涉及的投资者范围广泛,一些大众投资者可能与发行人毫无联系,事先并不了解发行人和证券发行的真实情况。因此,从保护投资者利益出发,各国证券法或公司法对证券的公募发行都有比较严格的要求,例如:要求发行者必须具有较高的社会信誉,发行时必须向政府主管部门提出申请,呈交发行证券的说明书并进行登记等。发行人在说明书中要如实披露其财务状况和经营状况以及证券发行条件等重要事实。如果发行人对有关重要情况作了不正确的说明或有欺诈行为,须承担民事乃至刑事责任。投资者凭借发行人披露的情况,作出是否购买证券的决定。虽然公募发行证券的这些限制和要求会增加发行人的发行成本,但是它可以提高发行人在国际证券市场上的知名度,扩大社会影响,可以分散债权或股权,避免大的债权人或持股者干预、控制集资者,还可以筹集到巨额资金。并且由于公募发行的证券可以在流通市场进行买卖转让,具有较高的流动性,因而易于被社会投资者所接受。

三、国际融资租赁的法律制度

(一) 融资租赁的产生

租赁这一既古老又崭新的交易方式,随着商品经济的发展,其形式和内容也处于不断的变化之中。现代意义上的租赁与古老的、以不动产为主要标的的传统租赁相比已大不相同,它是将金融信贷、商品交易和出租三者结合在一起,通过租物的形式达到融资的目的。由于它具有融通资金的机能,因而被称为融资租赁。

美国是现代租赁业的发源地。1952 年 5 月,世界上第一家专业性租赁公司——美国人 H. 叙思费尔德创立的美国租赁公司诞生,开创了通过融通资金为企业提供新设备的出租方式。20 世纪 60 年代初,租赁业务跨出美国国界,相继传到西方一些发达国家,如英、法、德、日等国,并进而扩展到一些发展中国家。从 80 年代起,西方各工业发达国家的租赁业进入较高级阶段,不少发展中国家的租赁业亦有了一个较大发展。90 年代以来到 21 世纪初,世界租赁市场基本保持稳定增长态势。[①]

1981年2月,中信公司与日本东方租赁公司合资成立了中国第一家租赁公司——中国东方租赁公司;同年7月,中信公司与国内有关单位合资成立了国营的中国租赁公司,这标志着现代租赁业在我国的诞生。融资租赁业在中国产生、发展的30多年来,为开辟我国引进外资渠道、引进国外先进技术及设备、促进企业产品销售以及探索企业融资新渠道等方面,作了积极有益的尝试和巨大贡献。

(二)国际融资租赁的概念和特点

《国际会计准则第17号——租赁》(1999年修订)第3条规定:"融资租赁,指本质上转移了与一项资产所有权有关的几乎全部风险和报酬的一种租赁。所有权最终可能转移,也可能不转移。"《美国财务会计准则公告第13号——租赁会计》对租赁的定义是:"指一个规定的期间转让固定资产(土地和/或可折旧资产)的使用权的协议。"《英国标准会计惯例公告第21号——租赁及租购合同会计》对租赁的定义是:"指出租人与承租人就租用某一指定资产所订立的合同。出租人保留资产所有权,但在约定期间内将资产的使用权转让给了承租人以换取租金。"《国际融资租赁公约》第1条规定:"本公约管辖第2款所指的融资租赁交易,其中,一方(出租人),按照另一方(承租人)的规格要求同某个第三方(供货人)订立一项协议。根据该协议,出租人按承租人就涉及其利益的部分所认可的条件取得成套设备、资本货物或其他设备(设备),并且,同承租人订立一项协议(租赁协议),以承租人支付租金为条件,授予承租人使用设备的权利。前款所指的融资租赁交易是一种包括以下特点的交易:承租人指定设备和选择供货人,并且不主要地依赖出租人的技能和判断;出租人取得设备是同某一租赁协议相关联的,并且供货人知悉该协议已经或必将在出租人和承租人之间订立,以及该租赁协议项下应付租金的计算是特别考虑了摊提设备的全部或大部分成本的。无论承租人是否已有或随后取得购买该设备或凭另一租期的租赁协议占有该设备的任择权,也无论是支付名义货价还是支付租金,本公约均适用。本公约适用于涉及所有设备的融资租赁交易,除非该设备将主要供承租人个人、家人或家庭使用。"

综上所述,融资租赁亦称金融租赁,是指出租人根据承租人对租赁物的特定要求和对供货人的选择,出资向供货人购买承租人已经选定的机器设备,出租给承租人使用,并按双方商定的租赁期限收取租金。租期内,出租人拥有法律上的所有权,承租人以按期支付租金为条件享有该设备的使用权,并负责设备的维修、保养及保险。租赁物以动产为主,租期较长,约为设备使用年限的80%。租赁期满,承租人可按约定选择退租、续租和留购租赁物。当上述融资租赁业务跨越国界,在分属于两个或两个以上国家的租赁三方当事人之间进行时,就成为国际融资租赁(international financial lease)。国际融资租赁有三种情况:一是出租人和承租人在同一国家,而设备供应商在另一国家;二是出租人和设备供应商在同一国家,而承租人在另一国家;三是出租人、承租人和设备供应商分属三个不同的

---

① 刘敬东著:《国际融资租赁交易中的法律问题》,中国人民公安大学出版社2002年版,第28页。

国家。

国际融资租赁除了具有当事人分属不同国家、租赁标的物作跨国流动这些涉外因素以外,与一般意义上的融资租赁并无本质区别,它具有如下法律特征:

(1) 具有鲜明的信贷融资性质。这是融资租赁最根本的特性。当企业需要筹借资金添置设备时,出租人并不是直接向其提供贷款,而是根据企业的选择购入设备,出租给企业使用,将商品信贷和资金信贷相结合,以融物的形式达到融资的目的,它可以提供一般中、长期信贷所不能提供的融资便利。所以,国际融资租赁在当今国际经济活动中,已被企业当做一种获得资本设备使用权的筹资方式,一种采用信贷方式融通中、长期资金的有效手段。

(2) 租赁设备的所有权与使用权相分离。在国际融资租赁业务中,租赁设备由出租人融资购买,出租人是租赁设备的所有权人,在租赁期内,其所有权不可侵犯。承租人以按期支付租金为条件,在租赁期内享有使用权,设备的所有权和使用权相分离。只有在租赁期满后,由承租人按设备残值作价买下时,设备所有权才转移给承租人。如果租赁期满后,承租人采取续租或退租方式,则设备所有权仍属于出租人。

(3) 国际融资租赁是自成一类的三边贸易。一项国际融资租赁交易至少同时涉及三方当事人,即出租人、承租人和供货人,并至少由两个合同即国际贸易合同和国际租赁合同将三方当事人有机地联系在一起,形成自成一类的三边贸易。租赁合同的订立是供货合同签订的前提,即有租才有买。而同时,供货合同的履行又是租赁合同履行的前提,即设备交付之后才可能发生租赁。租赁和贸易密不可分。

(4) 国际融资租赁业务在税收及会计处理上具有独特性。在国际融资租赁业务中,作为设备所有权人的出租人可享受到投资减税的优惠待遇,而承租人支付的租金也可作为费用在成本中列支,并因此减低应纳税所得额。在财会处理上,承租人承租使用的设备,一般不视作资产购入,通常也不体现在资产负债表中,因而不会影响企业对外举债的能力。

第四节　国际融资协议的共同条款

国际融资是一种跨国的借贷活动,主要包括国际贷款、国际证券融资和国际租赁等形式。无论采用哪一种融资方式,双方当事人都需要签订有关协议明确彼此间的权利义务关系。由于融资方式、融资环境和借款人的法律地位等不同,各种国际融资协议的内容互有差异,但是它们都使用一些共同性的标准条款。这些标准条款多属保护性条款,主要用以保护贷款人的利益。因为融资交易的法律特点是,贷款人的贷款一经发放,其义务即告终结,其后便面临着借款人可能无法按期还本的风险。为了最大限度地避免和减少交易风险,贷款人需要在融资协议中加入各种保障自己权利和控制对方行为的条款。国际融资协议的双方当事人和交易行为往往具有跨国性,融资风险尤大,保护性条款对贷款人来说,更是必不可少。[①]

一、陈述与保证条款

陈述与保证条款是由借款人作出的,这一条款有重要的法律意义。按照英美法,当事人应对虚假的陈述负严格的法律责任。而根据国际贷款协议的违约条款,陈述事实不实,本身就构成违约。[②] 陈述与保证条款的内容大致可以分为两类,其一为有关借款人法律地位以及关于合同有效性的说明与保证,其二是借款人为保证切实履行贷款协议而对其经营和财务状况所作的说明与保证。

借款人关于法律事项的说明,是为了使贷款人确信该项贷款的效力在法律上不会遇到来自借款人方面的阻碍。比较常见的说明事项有:借款人是依法成立、有效存在且具有良好信誉的法律实体,具有订约资格;贷款协议的签订和履行不违反法律、法规、借款人的公司章程及对借款人有拘束力的其他合同;贷款协议是合法有效的,并可按其条款的规定强制执行;若借款人是政府或政府机构,往往需要保证其借款行为属于商业行为。

借款人关于其财务和商务状况的说明,是为了使贷款人确信借款人有良好的资信和还款能力。常见的有:不存在对借款人的财产构成重大不利影响的诉讼,也不存在此类诉讼的威胁;经过审计的财务报表真实反映了借款人的财务状况,不存在未披露的重大负债等。

如果借款人的实际情况与行为和他所作的陈述与保证不相符合,就构成违约,贷款人有权中止提供贷款或要求提前还款。为此,借贷协议通常规定借款人提供真实有效的陈述和保证,是贷款人发放贷款的先决条件。作为一项先决条件,除非借款人满足其陈述与保证义务,否则贷款人有权拒绝提供全部贷款或发放下一笔贷款。这项措施是贷款人事前预防风险的有效机制。

在借款人作出陈述与保证之后,借款人受到法律的约束,不得采取与陈述与保证事项相违背的立场。尤其是在借贷协议中签订了“永久保证”(evergreen warranties)条款时,借款人不仅必须在签订借贷协议的时候确保所作陈述与保证的真实性,而且必须在整个借贷协议有效期间始终保持其正确性。在此条款之下,借款人必须承担日后法律发生改变或他的财务状况经营状况发生变化,而致使他先前所作的保证失实的风险。这对借款人而言是一个重负,对贷款人而言却是掌握主动权维护自身利益的有效工具。即便借贷协议中没有规定“永久保证”条款,借贷双方通常会约定,借款人陈述与保证除了构成贷款人提供贷款的先决条件之外,其陈述与保证的真实还构成违约事态之一,贷款人可以据此取消继续放款承诺,并提出立即回还已经发放的贷款的要求。此外,由于借贷协议中通常规定了“交叉违约”条款,一旦贷款人采取上述措施,势必引起连锁反应,使借款人的其他债权人有权宣布借款人

① 陈安主编:《国际经济法学》(第二版),北京大学出版社 2001 年版,第 315 页。
② 曹建明、陈治东主编:《国际经济法专论》,法律出版社 1999 年版,第 333 页。

的行为同样构成对其他借贷协议的违约并尽早采取补救措施。[①]

二、先决条件条款

先决条件是指贷款人发放贷款须以借款人满足有关约定的条件为前提。从国际贷款协议的履行过程来看,贷款人一开始就必须履行提供资金的义务,而借款人偿还债务(还本付息)往往需要比较长的时间。为了保护自己的利益,贷款人都要求在贷款协议中规定某些先决条件,只有借款人满足这些先决条件,贷款人才履行贷款的义务。

先决条件应在贷款协议中明确规定,尽管其范围因具体协议而异,但其内容通常可分为两类。

(一) 涉及贷款协议项下全部义务的先决条件

这类先决条件是指只有某些条件成熟才能使贷款协议生效或要求贷款人开始履行全部的贷款义务。这部分先决条件多为借款人必须提供落实陈述与保证各项具体内容的书证和文件等。为此,借款人通常需要准备下列法律文件:借款人的组织章程和营业执照,主要用来证明其经营性质和范围;借款人最高权力机构(如股东大会或董事会的决议)批准该贷款协议的文件,用以证明借款人已获得合法授权;借款人所在国外汇主管当局的批准书,用以证明借款人从国外借款没有违反本国的外汇管理法;贷款人要求提供的保函或其他担保文书,以及由借款人所属国律师和起草该贷款协议律师出具的法律意见书,等等。

(二) 涉及提供每一笔款项的先决条件

国际贷款协议往往规定贷款人分期提供贷款。在第一次放款之后,借款人的有关状况可能会朝着不利于贷款人的方向变化。有鉴于此,贷款人往往在贷款协议中规定,在借款人提取每一笔款项之前,还必须满足以下各项先决条件:借款人在订约时所作的陈述和保证,仍保持真实无误;借款人的财务状况和经营状况没有发生实质性的不利变化;没有发生违约事件或可能构成违约的其他事件;没有出现任何情况使得借款人履行贷款协议项下的义务受到限制;等等。

三、约定事项条款

约定事项是借款人在贷款期限内承诺的作为或不作为义务。约定事项的内容因借款人或贷款事项的不同而有所不同,其中有些事项是各类贷款人所共同要求的,对双方当事人都是利益攸关的,主要包括:

(一) 消极担保条款

消极担保(negative pledge)条款规定,借款人在偿还全部贷款之前,不得在自己(有时还包括其子公司)的资产及收益上,为其他债权人维持或设定任何担保物权。消极担保条款意在限制借款人为另一债权人设定担保权益,从而使无担保权益的贷款人在受偿顺序上位于

① 李文、高翔阳等编著:《律师涉外金融业务——国际商业银团贷款》,法律出版社1997年版,第185页。

其他有担保权益的债权人之后。消极担保条款的约定对于保持贷款人的有利受偿地位及保持借款人的清偿能力都起到了较强的保障作用,但消极担保条款在适用上往往受到一些例外的限制。例如:借款人在为其他债权人设定担保物权时,也按比例给予贷款人同等的担保权益;在订约前已设定了担保物权;在借款人资产上存在法定留置权;等等。

《国际复兴开发银行贷款协定和担保协定通则》第 9.03 节是关于消极保证的规定。该条规定:“(a) 银行的政策是,在向其会员国贷款或由会员国作担保时,在正常情况下要求有关会员国提供特别担保品,但要求保证该会员国在对其所控制的或为其利益而保管的外汇进行分摊、兑现或分配时,其他外债不应享有超过银行贷款有优先地位:(i) 为此,如果以任何公共财产(其定义如下述)建立任何留置权为任何外债作担保,其结果将会或可能导致在外汇的分摊、兑现或分配方面有利于该外债的债权人的某种优先地位,除非银行另行同意,否则该留置权应根据这一事实本身,不需银行付出代价的条件下,平等地、按比例地担保银行贷款的本金、利息及其他费用,并且作为借款人或担保人的银行会员国在建立或允许建立此种留置权时,应当为此作出明文规定;但是,如果出于任何宪法方面或其他法律方面的原因,不能对其下属的任何政治或行政部门的资产建立的任何留置权作出上述明文规定时,则该会员国应及时地,并且在不需银行付出代价的条件下,用使银行满意的对其他公共资产建立相等的留置权,来担保银行贷款的本金、利息及其他费用;(ii) 本段中使用的‘公共资产’系指会员国或其下属的任何政治或行政分部门或为该会员国或任何该种下属分部门所拥有、控制或为其利益而经营的任何实体的资产,其中包括为该会员国行使中央银行或外汇平准基金或类似职能的任何机构所拥有的黄金和外汇资产。(b) 除非银行另行同意,非银行会员国的借款人应承担:(i) 如果该借款人对其任何一项资产建立留置权,作为任何债务的担保时,该留置权将平等地和按比例地担保贷款的本金、利息和其他费用的偿付,同时,在不需银行付出代价的条件下,应为实现上述要求而建立的该类留置权作出该类明文规定;(ii) 如该借款人为其任何一项资产建立法定留置权作为任何债务的担保时,该借款人应在不需银行付出代价的情况下,授予银行所满意的相等的留置权,以担保贷款的本金、利息和其他费用的偿付。(c) 本节上述规定不适用于以下情况:(i) 在购置一项财产时,完全是为了担保偿付该财产的购买价格或为了担保偿付为筹资购买该财产而产生的债务而以该财产设置的留置权;或(ii) 在正常金融交易过程中产生的任何留置权,作为自负债务之日起算,期限不超过一年的债务的担保。”

(二) 平等位次条款

在国际贷款协议中,平等位次(*pari passu*)条款往往与消极担保条款同时存在,互为补充。即消极担保条款旨在使贷款人的受偿权不逊于其他有担保权益的债权人;而平等位次条款则是为了使贷款人的受偿权不落后于其他无担保权益的债权人。因此,平等位次条款要求借款人保证无担保的贷款债权人至少应与借款人的其他无担保债权人处于按比例平等受偿的地位,不得以任何借口不适当地歧视贷款人的受偿权利。

平等位次条款的作用主要在于当借款公司破产时,应保证所有的无担保债权人处于平等受偿的地位。当然,法律另有规定的,应依法律规定。如许多国家的法律都规定,国家税收和职工工资应优先于其他任何债权,如果借款人是政府或政府机构,平等位次条款的作用则在于防止将其有限的外汇全部支付给其他无担保债权人,使贷款人未能获得同等的受偿机会。

(三) 财务约定事项

财务约定(financial covenent)条款主要规定借款人应定期向贷款人报告自身的财务状况和经营状况,并遵守各项约定的财务指标。例如:保证其负债率不超过一定比率,而使其净资产值保持在一定数额以上;保证其资产的流动比率和速动比率不低于一定比值,以使其始终具有足够的流动资产支付流动负债,而不必变卖固定资产还债;保证其最低周转资本(流动资产减去流动负债后的余额)不低于一定数额,以保持其应付日常周转的净流动资产需要;保证其每年对股东的分派利润不超过其可分配利润的一定比例,以防止其分光现金资产,影响还贷条件等。

《国际复兴开发银行贷款协定和担保协定通则》第 9.02 节是关于财政与经济数据的规定。该条规定:“作为借款人或担保人的银行会员应向银行提供银行所合理要求的、在其领土内的一切有关财政和经济情况的资料,包括其国际收支和外债情况,以及其下属的政治或行政分部门和为该会员或任何此类下属的分部门所有的、控制的或为其利益而经营的任何实体及为该会员行使中央银行或外汇平准基金或类似职能的任何机构的一切该类资料。”

(四) 贷款的用途

除某些用于特别目的的贷款外,国际商业贷款一般都不限制用途。但从法律的角度考虑,对贷款的用途应注意以下问题:贷款不能用于非法目的,如用于资助法律禁止的进口、用于资助危及某一友好国家的军事行动等;贷款不能用于收购公司;不能用于资助侵权行为及违约行为;等等。如果借款人利用贷款从事上述违法活动,必然导致贷款协议无效,使其无法得到强制执行。

(五) 保持资产条款

保持资产条款又称“限制资产处置条款”,其目的在于要求借款人以适当的方法维持其现有及将来取得的财产,并对其处分资产及收益行为作适当的限制,使借款人保持较强的清偿能力。依此条款,借款人须承诺以下义务:(1) 非经贷款人同意,借款人不得出售、转让、出租或以其他方式处置其资产的全部或大部分,但借款人为日常经营而从事的商品处分或类似财产处分不在此限;(2) 借款人有义务对其企业资产向保险公司投保,以保障其资产不因意外危险而损失。限制资产处置条款意在防止借款人不适当地转移、贬损或丧失其资产,使贷款人的受偿利益受到威胁。

除以上各项条款外,比较常见的约定事项还有:(1) 未经贷款人书面同意,借款人不得改变其经营性质和范围。因为贷款人在提供贷款时已将借款人的经营性质和范围作为证明其还款能力的重要依据,如果随意改变,可能导致借款人经营状况和财务状况的恶化,或招致有关部门的处罚。(2) 禁止借款人与其他公司、企业合并,以免借款人的资信及资产和负债发生重大变化,对偿还贷款产生不利影响。(3) 禁止借款人过度举债,等等。

四、违约事件条款

违约事件条款是国际贷款协议中最重要的债权保障措施之一。只要发生贷款协议所规定的任何违约事件,贷款人即可根据违约的程度采取相应的救济措施,以便及时、有效地保护自身的利益。

(一) 违约事件的种类

1. 实际违约

实际违约是指借款人违反贷款协议本身的规定,包括:(1) 到期不能还本付息。依约定的日期还本付息是借款人最基本的义务。违反该项约定,即构成借款人的根本违约。但在实践中,对于借款人轻微的违约行为,只要其财务状况仍然良好,贷款人通常给予借款人一定的宽限期,以便借款人作出适当的补救。(2) 违反陈述与保证条款,但在许多情况下,不包括微小失实的情形。(3) 违反约定事项,并且在贷款人指定的宽限期内未能纠正该违约状态。(4) 其他事件。除了上述明确列举的违约事件外,贷款协议通常还将违反协议规定且未能在一定的期限内作出适当补救的其他事件总括性地规定为“其他违约事件”。

2. 预期违约

预期违约又称“先兆性违约”。虽然借款人并非实际违约,但这些事件的发生足以表明借款人的财务状况正在恶化,最终势必导致实际违约,因此贷款协议也将此类事件规定为违约事件,以便贷款人据此及时采取救济措施,以充分保护自己的贷款权益。预期违约包括:(1) 连锁违约。又称交叉违约或串联违约,是指借款人虽未直接违反本贷款协议,但由于其在其他债权债务关系中违约,或其他债务被宣告加速到期,因此也视为对本贷款协议的违反,构成本贷款协议的违约事件。订立交叉违约条款,可以防止借款人的其他债权人从借款人处优先受到清偿,并使同一种类的债权人处于同等地位。(2) 借款人丧失清偿能力。借款人被宣告破产或书面承认自己无力清偿到期债务或主动向其他债权人转让其财产等都已明显地构成借款人丧失清偿能力的预期违约事件。此外,如果借款人的其他债权人已通过法院取得对借款人财产的扣押令状或强制执行命令,也视为借款人丧失清偿能力。(3) 借款人的财产被征用。借款人的企业或其主要财产被征用或国有化,往往无法及时获得充分和有效的补偿,其履约能力必然受到严重影响,甚至导致无力履约。(4) 借款人的状况发生重大的不利变化。这是对事先无法预料的违约事件所作的总括性规定。即规定无论是由于政治、经济还是金融方面的原因,使借款人的状况发生重大不利变化,从而可能导致实际违约事件时,可以将这种不利变化作为违约事件。如借款人所在地发生军事行动或经济严重不景气,对借款人的业务活动造成重大影响等。

(二) 对违约事件的救济

当出现违约事件时,贷款人可以采取合同上的救济措施,即进行内部救济,也可以采取法律规定的救济措施,即外部救济。内部救济和外部救济可以同时或单独采取。

内部救济是在贷款协议中规定的，当出现违约事件时，贷款人可以采取的救济措施，包括：(1) 对尚未提取的贷款暂时中止提取或取消；(2) 对已提取但尚未到期的贷款，可宣告贷款加速到期，要求借款人立即偿还；(3) 对已经到期仍不偿还的贷款，可要求借款人支付违约利息。

外部救济即法律规定的救济方法，包括：(1) 解除贷款协议。借款人的违约行为属根本性违约，贷款人可解除贷款协议；(2) 请求损害赔偿。损害赔偿请求可单独提出，也可与其他救济方法合并运用。如果借款人的违约未达到根本违约程度，贷款人只能请求损害赔偿。(3) 请求实际履行。如借款人拒不偿还到期贷款本息，贷款人有权提起诉讼，请求法院判令借款人实际履行，支付已到期的贷款本息。

国际贷款协议中常订有“累加救济”条款，主要规定协议中约定的救济方法是累加在法律规定的救济方法之上的，以防止借款人把内部救济方法解释为唯一的救济方法而排除外部救济的可能。此外，有的贷款协议和一些国家的法律往往还规定，对未按期偿还的借款，如果贷款行持有借款人的存款，那么，可以将未偿还贷款和借款人的存款互相冲抵，这就是所谓的“抵销救济”方式。

在实践中，如果借款人只有轻微的违约行为，对贷款人的权利未造成严重损害，而其信用良好的，贷款人一般不立即采取上述救济措施，而是放弃其可以主张的权利，以免借款人陷入交叉违约的困境。贷款人放弃权利可以用书面形式表示，也可以用口头方式或行动来表示。例如，贷款人明知借款人的某种违约事件，而仍旧提供贷款，这种行为可以视为弃权。

第五节 国际融资担保的法律制度

在国际经济交往中，为了有效地控制交易风险，债权人往往要求使用各类担保来维护自己的权益。国际融资担保是指借款人或第三人以自己的财产或信用，对外国贷款人(持券人)作出的承诺，当借款人不履行或不能履行偿债义务时，以担保标的偿还债务。国际融资担保运用十分普遍，是国际融资的前提条件。

国际融资担保主要可分为信用担保(人的担保)和物权担保(物的担保)两大类。此外，国际融资活动中还有许多在经济效果上起担保作用的其他担保方式，如在贷款协议中订入消极保证条款、设定从属之债等。

一、国际融资的信用担保

信用担保又称为人的担保，是指借款人或第三人以自己的资信为偿还贷款债务的保证。信用担保的具体方法有：保证、备用信用证、安慰信。从法律上讲，信用担保属于债法的范畴，大陆法系国家将之归为民法债篇，英美法系国家将之归为合同法。

(一) 保证

1. 保证的概念和法律特征

国际融资中的保证是由保证人与贷款人约定由保证人在借款人不履行债务时按约定履行债务或承担责任的一种信用担保形式。

依各国有关法律规定,保证一般具有如下特征:(1) 从属性。保证协议是为确保贷款协议的履行而订立的协议。贷款协议是主协议,保证协议是从协议,保证协议以贷款协议的有效存在为前提,以贷款协议规定的债务范围为界限,并随着贷款协议的消灭而消灭。(2) 次位性或补充性。即相对于主债务人而言,保证人是从债务人。其因提供信用担保而承担的责任,具有明显的次位性。只有当主债务人到期不能偿还或拒不偿还贷款本息时,债权人才有权要求保证人依约代为履行清偿义务。(3) 或然性。由保证本身的补充性所决定。保证人是否实际承担保证责任,完全取决于主债务人的履约情况,因而具有或然性。如果主债务人适当履行了偿债义务,保证人的保证责任便可免除。否则,保证人就应当依约承担保证责任。

2. 保证人的资格

保证是国际融资活动中使用最广泛的担保方式之一。有人曾形象地将保证人比作偿还贷款的另一个口袋,即当借款人口袋中的钱不足以偿还贷款时,贷款人有权根据保证合同要求保证人代为偿还。因此,保证人的信用至关重要,这往往是贷款人在决定是否给予贷款时所要考虑的一个重要因素。从理论上讲,自然人、公司企业、政府机构、国际组织均可担任保证人。但由于国际借贷一般所涉金额较大、风险较多,使自然人作为保证人几乎成为不可能。只有在某些特殊情况下,贷款人才要求个人提供人担保。例如,对规模较小的私营公司的贷款,贷款人一般要求该公司的所有人提供保证,以便了解真正借款人的资信。国际金融组织一般不会从事商业借贷担保,因为这可能削弱其放贷能力。国家以国库作为商业借贷担保既不符合商业惯例,也会使国家过多暴露于金融风险之中。因此,在国际借贷实务中,保证人通常是银行类金融机构或信誉好、实力雄厚的公司。在公司为保证人的情况下,公司的保证资格、保证权利及其范围一般由公司所在国法律或公司章程限定,违反法律规定和公司章程的保证无效。在西方国家,公司对外提供保证的行为长期以来受到"越权原则"的严格限制。依此原则,公司为保证的资格须在公司章程中有明确规定,且其保证行为须与其业务有关并能给公司带来收益,否则,其保证应属越权行为而归于无效。需要注意的是,自然人、法人为国际贷款提供跨国担保,一般须事先得到其所在国政府或主管部门的批准或授权。

3. 保证范围

保证的范围为当事人约定的范围,一般限于主债务(如贷款)及利息、违约金、损害赔偿金和实现债权的费用,但不应超出主债务的范围。有时也可能加诸保证人其他义务,例如:要求国家保证人提供配套资金或所需偿债外汇,免除有关税金;要求保证人不采取有损借款人偿债能力或业务经营的任何措施等。

4. 保证形式

在只有一个保证人的情况下,可分为一般保证和连带保证。一般保证是保证人在借款人不履行债务时负清偿之责,具有从属性和补充性,故除保证人放弃先诉抗辩权外,贷款人在就借款人的财产强制执行而无效果之前,不得对保证人主张保证责任的履行。连带保证是保证人与借款人连带负债务履行责任的保证,在借款人不履行债务时,贷款人可直接向保证人请求给付,保证人不得拒绝。

在保证人为复数时,保证可划分为共同保证(joint guarantee)、按份保证(several guarantee)、共同按份保证(joint and several guarantees)。按共同保证的形式,每一保证人都对全部贷款债务承担清偿责任,贷款人可以向任何一个保证人或所有保证人提出全部清偿的要求。但依此种形式,贷款人只有一个诉权。也就是说,贷款人只能提起一次诉讼,他可以起诉所有保证人(共同被告),也可以起诉其中某一个保证人,如果他对其中之一的保证人提起诉讼,却未能从判决中得到全部清偿时,他也不能再对其他保证人起诉。根据按份保证,每一保证人对全部贷款债务按一定比例承担清偿责任。贷款人只能就每个保证人承担的责任提出清偿请求。贷款人对每一个保证人都有一个诉权,有多少个保证人就可以提起多少次诉讼。共同按份保证吸收了上述两种方式对贷款人有利的部分。贷款人可以分别对每一个保证人提出清偿所有债务的请求,也可以对所有保证人提出清偿请求,并可以提起多次相应的诉讼。贷款人在这种形式下选择余地较大,权益能得到较好的保护。因此,共同按份保证在国际金融界被普遍采用。[①]

(二) 备用信用证

《联合国独立保证与备用信用证公约》第 2 条规定:"为了适用本公约,保证系指一项独立的义务,国际惯例上称为:独立保证或备用信用证中的承诺或义务。银行或其他机构或个人(亦可称'保证人')签发此类保函或备用信用证并承诺:一经请求或一经附其他单据的请求即行以符合保函的条款和任何单据条件、指示或可推知的条件的方式向受益人支付确定的或有限期的款项。付款已到期,包括以下原因:不履行义务,另一随附义务,借款、预付款,任何由主债务人/申请人或另一人所保证的到期债务。"

备用信用证是开证行(担保人)应客户(借款人)要求开立的以贷款人为受益人的付款凭证,承诺在受益人出示信用证所规定的违约证明和票据时即向受益人付款。备用信用证于 20 世纪 50 年代在美国兴起,源于美国银行规避法律禁止为客户出具保证或保函之类的限制,后为英国、澳大利亚等国的银行所接受。备用信用证的最大特点是它独立于作为它的基础的借贷合同。如果开证行经审查认为证明符合信用证的规定,开证行即可付款。开证行不负责审查是否确实存在不履行贷款协议义务的违约事件。

备用信用证虽然也是一种债权担保的方式,但与一般的保证有以下区别:

(1) 对价要求不同。英美法系国家对商业合同都有对价要求,提供保证也不例外。但对于备用信用证,各国均无此要求。各国普遍接受的《跟单信用证统一惯例》也未对信用证作对价要求。

---

① 姚梅镇主编:《国际经济法概论》(修订版),武汉大学出版社 1999 年版,第 529 页。

（2）可撤销性不同。备用信用证可约定为可撤销或不可撤销，如果约定不明，则视为不可撤销。可撤销的信用证无需受益人（贷款人）同意，在贷款议付之前的任何时候都可被修改或撤销，这种撤销是无条件的。可撤销的备用信用证对贷款人担保作用不大。保证也是可以撤销或不可撤销的，但即使是可以撤销的，也不是无条件的。是否撤销取决于某些事件的发生，如贷款人未经保证人同意就延长贷款期限等。

（3）承担的责任不同。由于备用信用证独立于贷款债务，因此担保人就是主债务人，其义务的履行不受借款人的任何影响，即使后者的行为在法律上是无效的。而保证人处于次债务人的地位，一般在被保证人不履行其义务时才代为履行。

（4）付款条件不同。备用信用证的开证银行不负任何审查借款人是否真正违约的义务，只要贷款人提示的证件合格，开证分行必须支付规定的款项。开证行业务与作为信用证基础的借贷交易完全独立，不会卷入借款人和贷款人之间的争议。而在保证合同项下，保证人只有在借款人实际违约或无力清偿时才需履行，保证人也可能被牵入保证人和受益人的纠纷之中。

（三）安慰信

安慰信通常是指母公司为其子公司或一国政府为其下属政府机构的借款而写给贷款人表示愿意敦促借款人还款的书面文件。安慰信通常在保证人不愿意接受法律约束时使用，其原因可能是公司章程限制担保或担保人不愿在资产负债表中把担保债务作为“或有债务”列举出来等。取而代之的是以安慰信的形式向债权人对其债务的发行作出道义上的或具有法律责任的承诺。

最初，安慰信在德国被广泛地应用于银行融资，原因是为了逃避母公司为子公司借款提供担保而必须缴纳的2%的资本投资税。该税种在1972年即被取消，但这一商业习惯却被沿袭下来。目前，安慰信作为获取资金的一种手段，已在世界范围内得到广泛应用。最常见的是子公司筹资时由其母公司向债权人开具安慰信，承诺向其子公司提供资金或承诺在子公司未清偿其债务期间不出售子公司的权益等，以表示支持之意，故有时也可称为支持信。但由于各国法律对安慰信的性质及法律效力等均未作明确的规定，安慰信的效力和作用主要取决于其内容。所以，安慰信的法律效力是不确定的。实践中，安慰信的内容常常是模棱两可，在解释上见仁见智，即使在同一国家，不同的法院对同一份安慰信的效力也常存在不同的理解和判断。为了消除或减少对安慰信的歧义，出信人应尽量在安慰信中明确其真实意愿。

（四）见索即付担保

1. 见索即付担保的含义

见索即付又称“凭要求即付”，是20世纪50年代兴起的信用担保的一种新形式，是银行应借款人请求开立的以贷款人为受益人的书面保证，只要贷款人向开证行提出付款的书面请求，银行就应当向贷款人支付约定的金额。

国际商会1992年发布的《见索即付保函统一规则》第2条规定：“所谓见索即付保函不

论其如何命名或描述,意指任何保证、担保或其他付款承诺,这些保证、担保付款承诺是由银行、保险公司或其他组织或个人(下称担保人)出具的,以书面形式表示在交来符合保函条款的索赔书或保函中规定的其他文件(诸如:工艺师或工程师出具的证明书、法院判决或仲裁裁定书)时,承担付款责任的承诺文件。该承诺的作出系:(Ⅰ)受一方(下称主债务人)之委托或指示,并由主债务人承担责任;或(Ⅱ)受银行、保险公司或其他任何组织或个人(下称指示方)依据主债务人要求向另一方(下称受益人)开立保函的指示而发出的委托或指示,并由指示方承担责任。"

2. 见索即付担保的特点

(1) 独立性。见索即付担保是非从属性的独立担保。担保人承担的义务独立于基础合同,担保人不能以基础合同所产生的抗辩事由对抗受益人。

(2) 无条件性。在受益人按照担保合同的规定索赔时,保证人必须无条件承担赔付责任,因此有人称它为"自动担保",还有的称之为"自杀保函"。

(3) 担保人承担第一位付款责任。在传统的保证方式下,保证人处于从债务人或第二位债务人的地位,仅在主债务人被强制执行后仍然不能履行债务时,保证人才承担保证责任。而在见索即付担保中,担保人对受益人承担无条件的第一位的赔付责任,不享有先诉抗辩权。只要贷款人索偿符合约定的条件,担保人即应付款。

(4) 单据化。确定赔付责任时,保证人只审查受益人所提交的单据是否符合合同和保函的规定,是否表面相符,而不对基础合同履约情况进行调查,也不核定受益人所受实际损失的多少。担保人依约付款后,即可向债务人追偿款项。①

二、国际融资的物权担保

国际融资的物权担保是指借款人或第三人以保证债务清偿为目的,而在自己的财产上(特定物或权利)为贷款人所设定的一种优先受偿权。从法律上讲,物权担保属于财产法或物权法范畴,大陆法系国家将之称为担保物权,英美法系国家称之为担保权益(secured interest)。物权担保可分为动产担保和不动产担保两大类。

(一) 动产担保

国际融资中的动产担保,是指借款人或第三人以自己的动产向贷款人所作的履行债务的担保。它主要分为动产质押与动产抵押两种。

1. 动产质押

动产质押一般是指由债务人或第三人将其动产或权利转移给债权人作为履行债务的担保,如债务人不能清偿其债务,债权人有权依法将该动产出售以得到优先受偿。债务人或第三人为出质人,债权人为质权人,移交的财产或权利为质物。权利质押的质物包括汇票、本票、支票、债券、存款单、仓单、提单,依法可以转让的股份、股票以及知识产权中的财产权等。

---

① 曹建明主编:《国际经济法学》,中国政法大学出版社1999年版,第442页。

动产质押,各国通例应以书面为之,质押合同自质物移交质权人占有时生效。权利质押,则可依其性质,有的可以凭交付票证而成立质押,如票据、存单、提单等。有的则须另立合同,有时还须登记,例如:股票或股份出质,应向证券机构登记或记载于股东名册之中;以知识产权中的财产权出质,应向知识产权管理机构办理出质登记。质押具有从属性的特点。它仅以确保主债务的履行为目的,以主债务的存在为前提,并随着主债务的消灭而消灭。

质押的设定以移转质物占有为要件,未移转占有或已返还占有均不构成质押关系的有效存在。若以法定特定质物设定质押,除移转占有,还需办理质押登记方为有效。质权的优先顺序正是以质押有效设定的时间先后排列的,即"设定在先,权利在先"。但与抵押权登记不同的是,除非法律规定以登记为质押生效要件,质权的优先顺序并不受登记的影响。

质权人受偿时,质物价款超过债权金额的归出质人所有,不足部分由债务人清偿。就动产而言,质权人可就质物折价、拍卖或变卖受偿。就权利质押而言,质权人实现债权的方式则因质物不同而不同,如票据的兑现,仓单或提单的提货,股票和股份、知识产权使用权的享有等,也可依法转让质物实现债权。

2. 动产抵押

在某些情况下采用动产质押不可行,如借款人要使用机器设备、物料等进行生产,如果因借贷而将其占有移交给贷款人,借款企业就无法生产,这时则可采用抵押。抵押是指债务人或第三人不转移动产和不动产的占有,而将其作为债权的担保。在债务人不履行债务时,债权人有权依法以该财产折价或以拍卖、变卖该财产的价款优先受偿。在抵押法律关系中,债务人或第三人是抵押人,债权人是抵押权人,提供担保的财产是抵押物。在国际借贷实务中,动产抵押主要适用于工农业开发项目的借贷上,作为动产抵押的标的物通常为工农业设施和产品,如机器、车辆、农产品、家畜、原油等。飞机和船舶也可以作为抵押的标的。

由于抵押权的设定无需移转抵押物的占有,为了证明抵押权的存在,减少争议,各国法律普遍要求抵押权应以书面形式成立。一些动产和不动产如建筑物、地产或土地使用权及其孳生物(如林木)、交通工具等抵押,需要经过法定部门的登记,登记后抵押合同才能生效(或才能产生对抗第三人的效力)。其他财产抵押,抵押合同签字即可生效。各国法律对抵押登记都有规定,它是使抵押权完善化的方式,其意义主要在于使抵押产生法律效力,特别是通过抵押公示,使抵押人得以对抗善意第三人,同时也有利于维护交易安全,另外还可以确定清偿顺序的先后。

关于抵押物的清偿,抵押物作为债权的担保,可能超过或低于债权金额。超过部分应退还抵押人,不足部分应由债务人清偿。同一财产有两个以上抵押权人时,就会发生受偿顺序问题。如我国《担保法》第 54 条规定,抵押合同登记生效的,按抵押物登记的先后顺序清偿;顺序相同的,按债权比例清偿。抵押合同自签订之日起生效的,该抵押物已登记的,按登记的先后顺序清偿;未登记的,按债权比例清偿;倘若抵押物灭失,那么抵押权是否随之消灭?我国法律规定,抵押权随抵押物的灭失而消灭,但因灭失所得的赔偿金应作为抵押财产。

（二）不动产担保

即在不动产上设置的物权担保。不动产包括房屋及其地上定着物、林木、土地使用权等。在国际融资中，由于各国法律对外国人处分不动产有不同程度的限制，而担保物权的实现又要受到物之所在地法的管辖，因此在国际交易中不动产担保用得不多。

（三）浮动担保

浮动担保又称浮动抵押，是指借款人以其现有的和将来取得的全部财产或某类资产，为贷款人的利益而设定的一种物权担保。

浮动担保的法律特征表现为：(1) 它是以债务人某一类或全部财产而设定的担保，不论这些财产是现有的还是将来的，也不论是企业的有形资产，如厂房及基础设施、机器设备等固定资产，原材料、物资等流动资产，应收款等未来收入，还是知识产权等无形资产。(2) 担保物的价值或形态在设定时并非确定，而是处于浮动不定的状态，即在日常经营中经常变化，时增时减、时进时出。因此相对于特定化的物权担保而称浮动担保。(3) 浮动担保不移转占有。执行担保前债务人可以任意处分已提供担保的资产，有利于发挥资产的使用价值。(4) 浮动担保于约定事件发生时方转化为固定担保。其约定事项通常包括借款人违约、破产或停业清算等。

浮动担保起源于 19 世纪的英国，后来逐渐为其他国家所接受。浮动担保在国际项目融资中较为多见，这主要是因为在国际项目融资下，借款人往往无法提供与巨额贷款相应的固定担保，在这种情况下，以该项目的全部资产及未来收益提供浮动担保对借贷双方都有好处。对债务人（借款人）来说，设定浮动担保之后，他仍然可以自由占有处分已供担保之用的企业资产，使得债务人在融通资金的同时充分发挥担保物的增值功能。对债权人（贷款人）而言，浮动担保也具有其他担保形式所不具有的优点：当债务人违约时，债权人可以直接接管企业，这种救济方法在项目融资中尤为重要。而且浮动担保的覆盖面广，包括企业的一切资产，而且不会由于动产等资产没有登记而无效。但是，浮动担保也有不利于债权人的一面：由于浮动担保的担保物被固定之前，债务人可以自由处分担保物，且在个别资产上还可以设定有优先效力的特定担保，从而在借款人过度处分其资产或过多设定有优先效力的特定担保给其他债权人时，浮动担保对债权人的保护较为薄弱。因此，在国际融资实务中，出现了特定担保与浮动担保相结合的混合担保，如先就公司的重要固定资产设定特定担保，再就其余资产补充设定浮动担保。或者借助消极担保条款、违约条款等对借款人处分其资产作出限制。

第六节　国际金融监管的协调与合作制度

金融市场全球化以及互相渗透的加强，使得一国的监管力所不及，加之在金融自由化趋势下，为保持本国金融机构的竞争能力，各国亦难以单独采取较严格的监管措施。在此情况下，对金融市场的监管便开始趋向联合与统一。国际性的协调机制和国际联合监管、区域联合监管成为当今国际金融市场的重要发展趋势。①

一、国际金融监管协作的成因

20世纪90年代以来,全球范围、地区范围以及双边范围内各个层次上的国际金融监管的协调与合作都得到了空前发展。这主要归因于以下几个因素:

(1) 金融全球化的必然反应。金融监管的国际协作是对金融全球化进程的反应。随着金融自由化和金融全球化的快速发展,大量金融机构跨越国境扩张和发展,各种金融创新层出不穷,传统金融市场之间的分界线变得越来越模糊不清,资本的国际流动在不断加快,国与国之间的金融渗透、金融依赖关系日趋紧密,金融风险在国家之间相互转移、扩散的趋势不断增强,金融全球化要求实现金融监管本身的国际化,单凭传统的以国别为基础的金融监管方式已不足以控制风险。另一方面,各国监管政策的不一致,客观上为跨国金融机构利用遍布全球的分支机构逃避各国监管、从事高风险甚至非法的经营活动创造了条件。因此,加强金融监管的国际合作和协调势在必行。

(2) 金融电子化的要求。随着电脑、网络、电子商务等技术的迅猛发展,利用网络发展金融业已成大势所趋。网络金融业经营成本低,依赖网络技术突破了传统的地理边界,可以在全球范围内多领域、跨国界进行低成本扩张。而对网络化的全球金融市场和全球化经营的跨国金融机构进行监管,势必要求在全球范围内加强政府间的国际协调与合作。

(3) 金融危机的影响。金融全球化进程中的一系列事实表明,大多数旨在加强国际金融监管的重要举措和合作协议都是迫于个别或系统危机的压力背景下出台的。频发的金融危机在国际社会引起了巨大反响,每当一场国际金融风暴过后,都会引起国际金融业监管措施的改进和调整。② 1997年亚洲金融危机发生之后,金融监管的国际合作问题,更引起了国际社会的高度重视,越来越多的国家和组织加入到跨国监管的合作中来。巴塞尔委员会的监管文件就是在一次又一次危机过后,不断地丰富和完善起来的。同时,监管合作的范围也逐渐从传统的货币汇率和银行业方面,扩展到包括银行、证券、保险、外汇、金融衍生产品等在内的整个金融活动领域,内涵不断地丰富。

二、国际金融监管协调与合作的特点

第一,合规性监管和风险性监管并重,进入全方位持续监管阶段。金融监管方式从单一合规性监管转向合规性监管与风险性监管并重。合规性监管是指监管当局对金融机构执行有关政策、法律、法规情况所实施的监管。合规性监管注重事后的补偿与处罚,起不到风险预测和防范的作用,使监管者长期扮演"救火队"的角色,监管效率低下。风险性监管是指监管当局对金融机构的资本充足程度、资产质量、流动性、盈利性和管理水平所实施的监管,以

---

① 强昕:《论当前国际金融市场的发展趋势及其特点》,载《中山大学学报论丛》2001年第5期。

② 胡继红:《全球化视野下现有国际金融监管法律制度的局限及其克服》,载《法学评论》2003年第3期。

求最大限度地减少金融风险及其影响。风险监管较之于合规性监管的最大优点在于它侧重于对风险的事前防范,能够及时地和有针对性地提出监管措施。国际银行监管组织相继推出了一系列以风险监管为基础的审慎规则,对信用风险、市场风险、国家和转移风险、利率风险、流动性风险、操作风险、法律风险、声誉风险实施全面风险管理。

第二,金融监管法制趋同化和国际化。金融监管法制的趋同化是指各国监管模式及具体制度上相互影响、相互协调而日趋接近。由于经济、社会文化及法制传统的差异,金融监管法制形成了一定的地区风格,如英国模式以自律监管著称,而美国模式以立法管制闻名。但在日益激烈的全球金融竞争中,各国在金融实践中注意优势互补,积极引进他国先进立法,竞相采行金融惯例规则,以重塑或改善本国的金融环境,促进金融交易安全与繁荣,避免本国金融业遭受歧视性待遇。同时,双边协定、区域范围内监管法制统一化,尤其是巴塞尔委员会通过的一系列协议、原则、标准等在世界各国的推广和运用,也促进了各国金融交易规则和监管制度的趋同。

第三,金融监管国际协调与合作的主体不断增加,功能不断完善。从国际货币基金组织到巴塞尔委员会,从国际证券委员会组织和国际保险监管者协会到1995年开始正式运行的WTO,金融监管国际协调与合作的主体在不断增加,它们之间的协调与合作也越来越频繁。例如,巴塞尔委员会1999年2月公布的《多元化金融集团监管的最终文件》就是巴塞尔委员会、国际证券委员会组织与国际保险监管协会自1993年开始合作的研究成果。

世界贸易组织等在未来的金融监管国际协调与合作中将发挥更加重要的作用。“1995年1月1日,GATT被WTO所取代,这一‘取代’掀开了经济全球化的一个新篇章。WTO取代GATT,基本延续与保持了GATT的原则条款,更重要的是它把管辖范围进一步扩大到服务贸易等其他领域,其中,于1997年12月达成的《金融服务贸易协定》,标志着WTO已正式介入全球金融服务领域。该协定涉及全球95%的金融服务贸易范围,参加成员统一对外开放银行、证券、保险和金融信息市场。该协定的主要内容包括:界定金融服务的范围;允许外国公司在国内建立金融服务公司并按竞争原则运行;外国公司享有同国内公司同等的进入国内市场的权利;取消跨边界服务的限制,允许外国资本在投资项目中所占比例达50%等。目前计有100多名成员承诺在此领域逐步实施自由化,占全球金融服务贸易的65%,而只要承诺并遵循《金融服务贸易协定》,也就意味着这些国家和地区必须遵循世贸组织的一般性原则,如最惠国待遇原则、国民待遇原则、透明度原则、发展中国家逐步自由化原则等,该协定已于1999年3月生效。可见,伴随着服务贸易自由化的新发展,WTO在未来的金融监管国际协调与合作中将发挥更加重要的作用。”①

三、国际银行监管的协调与合作

对国际银行监管的国际协调与合作,主要体现在巴塞尔银行监管委员会的成立及其制

① 白钦先主编:《金融监管的国际协调与合作》,中国金融出版社2003年版,第94页。

定与实施的一系列协议和规则上。

(一) 巴塞尔体制

1975 年 2 月,根据英格兰银行总裁理查森的提议,在国际清算银行的发起和主持下,由"十国集团"成员国比利时、英国、加拿大、法国、荷兰、意大利、日本、瑞典、德国、美国,再加上瑞士和卢森堡等 12 个国家中央银行的首脑,在瑞士的巴塞尔聚会,讨论跨国银行的国际监督与管理问题,会议决定成立一个监督常设委员会——银行管理和监督实施委员会(Committee On Banking Regulations and Supervisory Practices),简称巴塞尔委员会。

设立该委员会,是为了国际间进行更紧密的合作,就银行业监督问题提供一个正式的讨论场所,达成一致意见或协议,并且努力改善有关从事国际银行活动的银行监督工作。为此,委员会的工作主要是致力于:第一,改善对国际银行监督技巧的效能;第二,提出任何影响从事国际银行业务的问题;第三,为改善全世界银行监管工作,同世界各国监管机构交换信息和意见。

巴塞尔委员会自 1975 年成立以来,对跨国银行的监管提出了一系列原则、规则、标准和建议,统称为巴塞尔体系。主要包括:1979 年《对银行国际业务的并表监管》、1980 年《银行外汇头寸的监管》、1983 年《对银行国外机构的监管原则》(巴塞尔协定)、1986 年《银行表外风险管理》、1988 年 7 月颁布并于 1997 年 4 月修订的《统一银行资本衡量与资本标准的国际协议》、1991 年《大额信用风险的衡量与管理》、1990 年《银行监管当局的信息交流》(巴塞尔补充协定)、1991 年《将一般储备金/一般呆账金纳入资本的建议》、1992 年《对国际银行集团及其境外机构的最低监管标准》、1994 年《衍生产品风险管理准则》、1996 年《跨国银行监管》、1997 年《有效银行监管的核心原则》、1997 年《利率风险管理原则》,等等。

巴塞尔委员会发表的各类监管文件大致可分为两类,一是最低标准,二是最佳做法。所有这些文件都不具备法律效力。在重大监管问题上,若各成员国能达成一致,委员会则努力形成最低标准,如《对银行国外机构的监管原则》(又称《巴塞尔协定》,Basel Concordat)和《资本协议》(即《巴塞尔协议》,Basel Accord)。若各国监管方式各异,且无法求同,委员会在总结各国成功的监管经验的基础上,制定出仅具指导意义的最佳原则,供有关各方参考。

(二) 巴塞尔协议的主要内容

1.《巴塞尔资本协议Ⅰ》(1988 年《关于统一国际银行资本衡量与资本标准的协议》)

该协议序言指出:"委员会统一国际银行规例的工作有两个主要目的:第一,新架构应能使国际银行业系统更健全、更稳定;第二,新架构应是公平的,而且在各国银行的使用中有高度的一致性,以便消除国际银行间目前存在的不平等竞争的根源。"协议分成四个部分。前两个部分描述架构,其中第一部分是关于资本的组成,第二部分是关于风险加权制,第三部分涉及目标标准比率,第四部分是关于过渡及实施安排。

(1) 资本的组成。该协议序言指出:"……该架构用以为国际业务活动的银行确立资本的最低标准。各国的监管机构可根据本国的实际情况,自行作出安排确立较高标准的资本。"《巴塞尔协议》将银行资本分为核心资本(core capital)和附属资本(supplementary cap-

ital)。核心资本包括实收资本(已发行并缴足的普通股、永久非累积性优先权)和公开储备;附属资本包括未公开的储备、资产重估储备、普通准备金或普通呆账准备金,债务性资本工具及初级长期债券。核心资本在各国银行的账目上公开发表,其价值相对稳定,同银行的盈利率和竞争能力密切相关,能作为衡量资本充足率的基础。所以《巴塞尔资本协议Ⅰ》规定在资本构成中,核心资本所占比重不得低于50%。

(2) 银行各类资产的风险权重。银行资产的性质不同,风险的大小也不相同,如库存现金,无风险可言,信用贷款比抵押贷款的风险高,对政府机构的贷款比对普通企业贷款的风险低。所以《巴塞尔资本协议Ⅰ》将表内项目的风险划分为从“无风险”到“十足风险”四级。《巴塞尔资本协议Ⅰ》还将表外业务纳入监管范围,按表外业务的信用换算系数分为“无风险”到“十足风险”四级,即0、20%、50%和100%。这是国际银行监管领域的一大突破。

(3) 统一的资本充足率标准。所谓资本充足率,为资本与风险资产之间的比率(即资本充足率=资本/风险资产×100%)。《巴塞尔资本协议Ⅰ》将银行资本与风险资产的目标标准比率定为8%,其中核心资本至少为4%,要求各银行在1992年底达到这一水准,资本对资产的比率越高,意味着资产的安全性越高,构成其资产来源的负债拥有更为可靠的保障。提高银行资本对资产的比率,可以限制银行从事过度的资产扩张或持有高风险的资产,从而达到保证银行经营安全的目的。

(4) 过渡期和实施的安排。为顺利过渡到新的监管体系,《巴塞尔资本协议Ⅰ》规定了一个5年期的过渡期,即从1987年年底至1992年年底,并且确立了一个在1990年年底实现的中期目标,以便让各银行调整和建立所需的资本基础。

2.《有效银行监管核心原则》

经过多年的实践,巴塞尔委员会制定的一系列原则、规则、标准和建议已被许多国家广为接受,但是国际金融市场风险频频发生,一些国际知名银行(如巴林银行)倒闭案说明,仅仅靠达到资本充足率的规定,不足以充分防范金融风险。为此,巴塞尔委员会于1997年9月发布了《有效银行监管核心原则》(以下简称《核心原则》),强调应对银行业进行全方位、多角度的风险监控,将建立银行业监管的有效系统作为实现有效监管的重要前提,并注重建立银行自身的风险防范约束机制。

该原则主要规定了以下内容:

(1) 有效银行监管的先决条件。《核心原则》第1条明确规定:“在一个有效的银行监管体系下,参与银行组织监管的每个机构要有明确的责任和目标,并应享有工作上的自主权和充分的资源;适当的银行监管的法律框架是必要的,其各项条款应包括对银行组织的审批及持续监管,要求其遵守法律与法规及安全稳健性的权力和对监管者的法律保护。另外,还要建立监管者之间分享信息及为信息保密的各项安排。”①

① 参见《有效银行监管核心原则》,转引自国际清算银行:《巴塞尔银行监管委员会文献汇编》,中国金融出版社1998年版,第10页。

（2）发照程序和对机构变动的审批。为了形成一个健康的金融体系，避免不合格者进入银行业市场，《核心原则》第 2 ~ 5 条从市场准入管制的角度对新设银行机构的许可程序及现存银行结构变化的审批两个方面确立了四项基本原则，具体包括：① 必须明确界定已获得执照并接受银行监管的种类机构可以从事的业务范围，并且严格控制“银行”一词的使用；② 发照机关必须有权制定发照标准并拒绝一切不符合标准的申请。发照程序至少应包括审查银行组织的所有权结构、董事和高级管理层、经营计划和内部控制，以及包括对资本金在内的预计财务状况等，当报批的所有者是外国银行时，首先应获得其母国监管当局的批准；③ 银行监管者必须有权审查和拒绝银行向其他方面转让大量股权或控制权的申请；④ 银行监管者必须有权制定用以审查银行的大笔收购和投资的各项标准，确保其附属机构或组织结构不会带来过高的风险或影响有效的监管。[①]

（3）持续性银行监管的安排。这是关键部分，《核心原则》第 16 ~ 21 条规定了以下三个方面的内容：① 审慎法规与要求的制定与实施。可细分为资本充足率、信用风险管理、市场风险管理、其他风险管理和内部控制等。指出银行监管的一项重要任务，就是要通过制定并实施审慎监管法规与要求，确保银行管理层能够识别，监测与控制其业务的内在风险。② 持续性银行监管方法。这可以通过现场检查或非现场检查或聘用外部审计人员、综合并表监管等方法来实施。银行监管者都应与银行管理层保持经常性接触，全面了解该机构的经营情况，必须具备在单个和并表的基础上收集、审查和分析各家银行的审计报告和统计报表的手段，必须有办法通过现场检查中利用外部审计师对监管信息进行核实。③ 银行机构的信息要求。银行监管者必须确保银行根据统一的会计政策和做法保持完备的会计记录，从而使监管者能客观而公正地了解银行的财务状况和盈利水平。

（4）监管者的正式权力。为了加大银行监管的力度，将监管贯穿于银行运行的全过程，《核心原则》突破了巴塞尔体制的现有框架，正式而明确地涉及问题银行的处理和市场退出管制，并对银行监管者的正式权力提出了原则要求。它规定，银行监管者必须掌握完善的监管手段，以便在银行未能满足审慎要求（如最低资本充足率）或当存款人的安全受到威胁时采取及时的纠正措施和行动。在紧急情况下，这些措施应包括吊销银行执照或建议吊销其执照。

（5）跨国银行业。《核心原则》要求银行监管者实施全球性并表监管，母国与东道国建立联系，交换信息，加强监管的国际合作，确保对跨国银行进行充分的监管。第一，母国监管者的责任，作为实施并表监管的一部分。银行监管者必须对其活跃的国际性银行实施全球性并表监管，必须对这些银行组织在世界各地从事的所有业务，尤其是其外国分行、附属机构和合资机构从事的各项业务，进行充分的监控并适用适当的审慎准则。并表监管的一个关键因素是与各有关监管者、特别是东道国监管当局建立联系并交换信息。第二，东道国监

① 参见《有效银行监管核心原则》，转引自国际清算银行：《巴塞尔银行监管委员会文献汇编》，中国金融出版社 1998 年版，第 10 页。

管当局的责任。《核心原则》从审慎监管的角度,要求东道国银行监管者必须要求外国银行按东道国国内机构所遵循的同样的高标准从事当地业务,并有权分享母国监管当局为实施并表监管的目的所需的信息。

(三)《巴塞尔资本协议Ⅱ》

1988 年的《巴塞尔资本协议Ⅰ》无疑对提高商业银行信用风险和市场风险管理能力具有划时代的意义。然而,随着技术进步和金融创新,巴塞尔委员会认识到有必要对协议进行大刀阔斧的修改。首先,自《巴塞尔资本协议Ⅰ》出台以来,商业银行防范风险的能力、监管部门的监管方法和金融市场的运作方式都发生了巨大的变化,新的风险管理技术快速发展已经使得该协议明显过时。其次,众多的金融创新常常被用来规避资本协议的规则,金融创新的出现降低了协议的有效性。事实上,在发达国家中,该协议已逐渐丧失了约束力。

1999 年 6 月 3 日,巴塞尔委员会公布了《新资本充足率框架征求意见稿》,该协议是对 1988 年的《巴塞尔资本协议Ⅰ》的修订,这次修订"旨在改进监管部门规定的资本标准对风险的反映方式,更好地应对近年来的风险创新,也旨在肯定在风险衡量和风险控制方面已经取得的进展"。此后委员会又于 2001 年 1 月和 2003 年 4 月相继发布了经过修正的两个征求意见稿,在全球范围内征求银行界与监管部门的意见,最终在 2004 年 6 月定稿,确定了新的银行监管框架,即《巴塞尔资本协议Ⅱ》,并决定于 2006 年年底在 10 国集团开始实施。此后,25 个欧盟成员国、澳大利亚、新加坡和中国香港等发达国家和地区也表示将利用新协议对商业银行进行监管,部分发展中国家也表示将采取积极措施克服困难实施新协议。

与《巴塞尔资本协议Ⅰ》相比,《巴塞尔资本协议Ⅱ》的内容更广、更复杂,推出了具有开创性内容的三大支柱:最低资本要求(minimum capital requirements)、监管部门监督检查(supervisory review process)和市场纪律(market discipline),要求资本监管更为准确地反映银行经营的风险状况,进一步提高金融体系的安全性和稳健性。

1. 第一支柱——最低资本要求

相对于 1988 年的《巴塞尔资本协议Ⅰ》,《巴塞尔资本协议Ⅱ》中的最低资本要求仍然包括三个方面:资本的定义、最低资本充足比率和风险的衡量。其中,前两个方面基本维持 1988 年《巴塞尔资本协议Ⅰ》的现有规则,而将风险衡量的范围拓展到包括信用风险、市场风险、操作风险在内的三大风险。它要求授权机构根据其信用风险、市场风险和操作风险持有最低要求的资本,这就使得风险的测量方法更全面、更精细。

2. 第二支柱——监管部门监督检查

委员会认为,监管当局的监督检查是最低资本规定和市场纪律的重要补充。具体包括:

(1) 监管当局监督检查的四大原则。原则一:银行应具备与其风险状况相适应的评估总量资本的一整套程序以及维持资本水平的战略。原则二:监管当局应检查和评价银行内部资本充足率的评估情况及其战略以及银行监测和确保满足监管资本比率的能力。若对最终结果不满足,监管当局应采取适当的监管措施。原则三:监管当局应希望银行的资本高于最低监管资本比率,并应有能力要求银行持有高于最低标准的资本。原则四:监管当局应争取及早干预从而避免银行的资本低于抵御风险所需的最低水平，如果资本得不到保护或恢复，则需迅速采取补救措施。

（2）监管当局检查各项最低标准的遵守情况。银行要披露计算信用及操作风险最低资本的内部方法的特点。作为监管当局检查内容之一，监管当局必须确保上述条件自始至终得以满足。委员会认为，对最低标准和资格条件的检查是第二支柱下监管检查的有机组成部分。

（3）监管当局监督检查的其他内容包括监督检查的透明度以及对换银行账簿利率风险的处理。

3. 第三支柱——市场纪律

《巴塞尔资本协议Ⅱ》在总结市场实践的基础上，对市场纪律提出了更加严格和清晰的要求。市场纪律的潜在作用在于强化资本监管和保障金融体系的安全性和稳健性。市场纪律能使银行提高自动进行资本合理调控内部风险的能力。有效的市场纪律要求银行建立一定的信息披露制度，以便投资者充分估计银行的风险管理水平和债务清偿能力。应该披露的相关信息包括银行当前的资本充足率、财务状况、经营业绩、战略管理等，这显然有助于银行不断加强自身的风险管理与内部控制。

《巴塞尔资本协议Ⅱ》从操作层面正式引入了全面风险监管的理念，其内容更复杂、更全面，充分考虑了银行可能面临的多种风险，风险敏感性也更大。其最主要的特点则是建立了有效资本监管的三大支柱，即最低资本要求、监管部门监督检查和市场纪律，进一步丰富了资本监管的手段，从多个维度对银行风险管理能力提出了要求，更加强调从多视角、多层次进行灵活宽松的资本监管。

（四）《巴塞尔资本协议Ⅲ》

2007年以来的金融危机暴露了现行国际金融监管体系的内在缺陷，并在全球范围内引起了对既往监管理念、监管方式和监管有效性的深刻反思。

为了进一步加强对银行部门的监督和风险管理，巴塞尔银行监督委员会以《巴塞尔资本协议Ⅱ》为基础，制定了一套全面的改革措施，即《巴塞尔资本协议Ⅲ》。2010年9月12日，巴塞尔银行监管委员会召开央行行长及监管当局负责人会议，就《巴塞尔资本协议Ⅲ》的基本框架达成了一致。[①] 2010年11月，二十国集团领导人首尔峰会正式通过了该框架。《巴塞尔资本协议Ⅲ》无论在银行资本构成、资产质量还是在资本充足率以及其他流动性指标方面都大幅度甚至成倍地提升了监管要求，代表了全球银行业监管强化的新趋向。其主要内容包括：

第一，提高资本充足率监管标准。在最低资本金比率方面，全球各商业银行的一级资本充足率下限将从现行的4%上调至6%，其中由普通股构成的“核心”一级资本占银行风险资

---

① Group of Governors and Heads of Supervision announces higher global minimum capital standards, available at http://www.bis.org/press/p100912.htm，访问时间：2018-09-28.

产的下限将从现行的2%提高至4.5%。总资本充足率仍为8%。《巴塞尔资本协议Ⅲ》对一级资本提出了新的限制性定义,规定一级资本只包括普通股和永久优先股,并要求各家银行最迟在2017年年底完全接受针对一级资本的最新定义。待新标准实施后,正常情况下,商业银行的普通股、一级资本和总资本充足率应分别达到7%、8.5%和10.5%。(参见表11-2)

表11-2　《巴塞尔资本协议Ⅲ》关于资本充足率的要求①

资本要求和留存缓冲(单位:%)			
	普通股(扣除之后)/风险加权资产	核心资本/风险加权资产	总资本/风险资产
最低资本要求	4.5	6.0	8.0
资本留存缓冲	2.5		
最低资本要求+资本留存缓冲	7.0	8.5	10.5
逆周期缓冲范围	0~2.5		
系统重要性银行资本要求	1		

第二,将资本留存缓冲纳入资本框架。为进一步提高银行自身应对风险的能力,以保证发生危机时不必依靠政府救助,《巴塞尔资本协议Ⅲ》要求银行必须设立资本缓冲资金。按照规定,银行需保留不低于银行风险资产2.5%的资本缓冲资金,如达不到要求,则银行的派息、回购股票和发放奖金等将受到限制。此规定从2016年1月开始执行,于2019年1月完全生效。

第三,引入逆周期资本要求的概念。巴塞尔委员会还特别提出了一个逆周期的资本缓冲要求,要求各银行须设立不低于风险资产2.5%的资本留存缓冲,即在经济繁荣时期,银行应额外划拨0到2.5%的逆周期缓冲资本,以防止信贷过度增长,同时在经济不景气时帮助吸收亏损风险。此部分资本由普通股和其他可完全吸收亏损的资本构成。“逆周期缓冲”主要基于宏观审慎目标,即要求银行在信贷过分充足的情况下居安思危、未雨绸缪。

第四,引入杠杆率监管标准。2007年金融危机之前,金融工具创新以及低利率的市场环境导致银行体系积累了过高的杠杆率,使得资本充足率与杠杆率的背离程度不断扩大。危机期间商业银行的去杠杆化过程显著放大了金融体系脆弱性的负面影响。为此,巴塞尔委员会决定引入基于规模、与具体资产风险无关的杠杆率监管指标,作为资本充足率的补充。2009年12月,巴塞尔委员会发布了杠杆率计算方法的征求意见稿,于2010年7月就杠杆率计算方法与监管标准达成共识,自2011年年初按照3%的标准(一级资本/总资产)开始监控杠杆率的变化,2013年年初开始进入过渡期,2018年正式纳入第一支柱框架。

---

① Source from“Basel Committee on Banking Supervision, Group of Governors and Heads of Supervision Announces Higher Global Minimum Capital Standards”, Sep. 12, 2010.

第五，强化流动性监管。《巴塞尔资本协议Ⅲ》引进了流动性覆盖比率①和净稳定融资比率②两个检测指标以及其他一些辅助性的监测工具，以更好地获得关于银行现金流、资产负债结构的信息。新的流动性监管框架和逆周期、注重系统性风险防范的思路一起，从宏观和微观两方面为审慎监管奠定了良好基础。并分阶段做了渐进安排，即：流动性偿付比率（LCR）自2011年进入观察期，并于2015年达到最低标准；净稳定资金比率（NSFR）自2012年进入观察期，并于2018年以前达到最低标准。委员会将在过渡时期制定严格的报告程序进行监控，并将于必要时发布这些结果。

第六，确定新监管标准的实施过渡期。鉴于目前全球经济复苏存在不确定性，为防止过快引入新的银行监管国际标准对经济复苏产生潜在的不利影响，按照二十国集团领导人的要求，巴塞尔委员会从宏观和微观两个层面对国际新监管标准实施可能带来的影响进行了评估。根据评估结果，2010年9月12日召开的中央银行行长和监管当局负责人（GHOS）会议决定设立为期8年（2011—2018年）的过渡期安排。各成员国应在2013年之前完成相应的国内立法工作，为实施新监管标准奠定基础，并从2013年年初开始实施新的资本监管标准，随后逐步与新标准接轨，各项规则的最终落实期虽有所不同，但最晚应于2019年1月1日实施。

《巴塞尔资本协议Ⅲ》体现了微观审慎监管与宏观审慎监管有机结合的监管新思维，按照资本监管和流动性监管并重、资本数量和质量同步提高、资本充足率与杠杆率并行、长期影响与短期效应统筹兼顾的总体要求，确立了国际银行业监管的新标杆。

四、国际证券监管的协调与合作

证券市场的国际化使证券市场的有效监管不再是一国监管当局所能胜任的，证券的跨境交易要求各国监管当局必须加强监管合作与协调，以通过严格监管和相互协助，来共同对国际证券市场进行有效监管，保证国际证券市场的公平、公正、公开。因此，国际合作成为国际证券监管的重要内容。在证券市场交易与管理方面的国际协调与合作的标志，是1984年国际证券监管委员会③的创设。它是目前国际社会唯一的一个多边证券监管组织。现在国际证监会、巴塞尔委员会、各国中央银行与证券委员会、证券交易所等组织之间的监管合作成为国际证券市场监管的重要趋势。

（一）证券监管的双边合作

在证券监管的国际合作中，最基本、最常见的形式是双边合作，即两国证券主管机关之间就证券管理的一些法律性、技术性问题开展交流与协作。主要通过以下两种方式来实现：

---

① 流动性覆盖率主要描述短期（30天以内）特定压力情境下，银行所持有的无变现障碍的、高质量的流动性资产数量，以此应对资金流失的能力。

② 净稳定融资比率主要考核的是银行中长期（1年以上）的流动性，即各项资产和业务融资，至少具有与它们流动性风险状况相匹配的满足最低限额的稳定资金来源。

③ 其前身为成立于1974年的美洲证监会协会。

其一,通过法律互助协定进行监管合作与协调。法律互助协定(Mutual Legal Assistance Treaties,简称 MLATs)是各国通过外交途径签订的,具有法律效力的双边协议。MLATs 一般都包括下列一些内容:法律协助的种类、法律协助请求必须满足的条件、请求执行的方法、允许使用已调取信息的范围以及拒绝法律协助请求的情形。[①] 法律互助协定虽不是专门针对证券监管问题而签订的,但其内容大都明确包含了证券法律事务方面的协助,特别是涉及证券违法行为如内幕交易的查处事宜。[②]

世界上第一个有关证券的 MLATs 是由美国和瑞士在 1973 年签订的。中国亦先后同法国、意大利、罗马尼亚、泰国、埃及、土耳其、希腊、加拿大、保加利亚等国家签订了法律互助协定,其他国家之间也相继签署了有关证券的 MLATs。这些协定为缔约国一方证券法在域外适用时获得外国有关当局的协助带来了极大的便利,从而有利于缔约国之间携手共同打击证券违法犯罪活动与过度投机行为。

其二,通过谅解备忘录进行监管合作与协调。双边合作的另一个重要途径是谅解备忘录(memorandum of understanding,简称 MOUs)。与法律互助协定不同的是,谅解备忘录仅是双方就某些特定类型的案件所作的一种无法律上约束力的意向声明,且大多数主要针对内幕交易。由于这些谅解备忘录是各国对证券市场负有直接监管责任的监管部门之间达成的,因此它在获取有关证券违法和犯罪的情报方面比法律互助协定更为有效,更具有预见性。

世界上最早的谅解备忘录是美国与瑞士在 1982 年达成的,目前已为世界上许多国家以及一些国际组织普遍采用。中国证监会自成立以来,已先后同美国、新加坡、澳大利亚、英国、日本、马来西亚、巴西、法国、卢森堡等国以及中国香港特别行政区证券期货事务监察委员会签订了监管合作谅解备忘录。[③]

(二)证券监管的区域合作

在国际证券监管的区域性合作方面,欧盟的实践最具有代表性。为有利于欧洲统一市场的形成,欧盟发布了一系列证券监管的指令,如《证券上市指令》《上市说明书指令》《中期报告指令》《招股说明书指令》《内幕交易指令》等。[④] 这些指令旨在确立一套管理证券发行、上市与交易等方面的原则、标准和制度,以消除欧盟各成员国之间因证券监管的冲突所带来的欧共体内部的监管障碍,同时加强对欧共体证券市场的审慎监管。根据《罗马条约》和《马斯特里赫特条约》的规定,欧盟的指令对于各成员国有约束力,只是实施的方式、方法由各成员国主管当局选择。因此,欧盟有关证券监管的指令所确立的监管原则、标准在各成员

---

① Carolin A. A. Greene, International Securities Law Enforcement: Recent Advances in Assistance and Cooperation, *Vanderbit Journal of Transnational Law*, Vol. 27, No. 3, 1994, p. 641.

② 李仁真主编:《国际金融法》,武汉大学出版社 1999 年版,第 284 页。

③ 详见中国证监会与境外证券(期货)监管机构签署的备忘录一览表(2018 年 6 月),载于中国证监会网站 http://www.csrc.gov.cn/pub/newsite/gjb/jghz/201806/t20180614 339866.html,访问时间:2018-09-20。

④ 李仁真主编:《国际金融法》,武汉大学出版社 1999 年版,第 286 页。

国内均具有普遍约束力,并优于国内法。

(三) 证券监管的多边合作

在证券监管的国际合作与协调中,国际证券监管委员会(International Organization of Securities Commissions,IOSCO)发挥了重要作用。国际证监会组织是由各国证券监管机构组成的一个专业性国际组织,总部设在加拿大的蒙特利尔。中国证监会于1995年7月正式加入该组织,上海证券交易所和深圳证券交易所于同年9月亦成为其附属会员。该组织的宗旨是:通过成员机构的合作,保证在本国及国际范围的有效监管,以维持公正和高效的市场;通过交换信息和交流经验,发展各国的国内市场;共同努力建立国际证券发行与交易的规范和有效监控;互相帮助,通过严格执法和有效稽查来保证市场的公正性。IOSCO共有三个委员会,即执行委员会、技术委员会和新兴市场委员会。在这三个委员会中,对证券跨国发行与交易行的法律监管起主导作用的则是技术委员会。

技术委员会由世界上大多数发达市场的证监机构组成,其工作分为五个工作小组来执行。第一工作小组负责审议国际会计、多国信息披露与稽核,即一级市场的监管。第二工作小组负责证券、期货交易、结算、交割三个环节的监管,即二级市场的监管。第三工作小组负责经纪机构、投资银行、财务顾问机构等的监管,即中介机构的监管。第四工作小组负责法规执行,目前主要研究防止及打击利用国际互联网进行非法活动,如跨地区的内幕交易。第五工作小组负责投资基金业的监管,研究为集体投资机构提供健全的操作规则。在五个工作小组协调一致的努力下,技术委员会发表和通过了一系列有关国际证券监管的报告、决议以及建议标准。

国际证监会现已通过的正式协议(即《国际商业行为准则》《洗钱》《国际审计标准》《金融合并监管》《清算和结算》《国际会计标准》《现金和衍生产品市场间的协调》和《跨国证券与期货欺诈》)涉及证券监管的目标与原则、证券公司资本充足率标准、结算和清算、国际会计和审计标准、信息披露、信息分享、证券公司风险管理与控制、金融集团的监管、金融衍生工具及金融中介的监管、跨国证券与期货欺诈监管。[①] 虽然国际证监会的决议对其成员不具有强制约束力,但国际证监会所确立的证券监管的原则与标准对促进全球证券市场的良性发展、建立有效的证券监管国际合作与协调制度有着重要的作用。

此外,随着证券市场全球化向纵深发展,一般性的双边谅解备忘录很难满足日益变化的市场监管要求。因此,世界各国又通过签订多边性监管合作协议来加强对证券跨国发行与交易行为的法律监管。目前,多边性监管合作协议大多以联合声明的形式出现。1995年5月,16个不同国家的监管机构在英国的温莎召开会议,发出了一份有关跨境监管世界各主要期货及期权市场的联合声明(即《温莎宣言》),它们一致同意加强交易间的合作,努力保护客户头寸资金和资产;澄清和加强违约过程管理;在紧急情况下加强监管合作。1996年3月15日,49个交易所和清算所、14个监管机构在期货产业协会的年会上签署了《国际信息

① 刘敢生:《论国际证券监管的合作与协调》,载《法学评论》1997年第6期。

共享协议》和《国际期货交易所和清算组织合作与监管宣言》,该协议和宣言允许交易所、清算所和监管当局共享成员的市场和金融信息,以便更为有效地合作监管和处理证券市场上的风险和各种违法犯罪行为。①

除上述国际组织之外,国际证券管理者协会(ISSA)、国际证券市场协会(ISMA)、国际证券和互换交易委员会(ISDA)、国际会计准则委员会(ISAC)和经济合作与发展组织(OECD)等国际性组织对沟通证券市场信息、交流经验、讨论国际性的重大问题,促进各国证券法律制度的一致,推动证券市场的国际化也起到了重要作用。

本章小结

国际金融法是调整国际金融关系的法律部门,其调整对象所特有的国际金融内容使其与国际经济法的其他分支相区别而自成一类。主要包括国际货币制度、国际融资的法律制度、国际融资担保、国际结算及贸易融资制度、跨国银行的法律制度以及国际金融监管的法律制度等。

本章思考题

1. 如何理解国际金融法的概念?
2. 国际金融法有哪些特点?
3. 国际间的资金融通有哪些方式?试就各种方式的特点、利弊进行分析。
4. 试述国际证券的种类和发行方式。
5. 为什么说国际融资租赁是自成一类的三边贸易?
6. 国际融资协议有哪些共同条款?
7. 在国际经济交往中有哪些融资担保形式?各有些什么特点?
8. 为什么要加强国际金融监管的协调与合作?它包括哪些内容?

必读法规

1. 《国际货币基金协定》
2. 《国际复兴开发银行贷款协定和担保协定通则》及《提款指南》
3. 1988 年《统一资本衡量与资本标准的国际协议》
4. 1997 年《有效银行监管的核心原则》

---

① 邱永红:《证券跨国发行与交易中的法律监管问题刍议》,载《河北经贸大学学报》1998 年第 5 期。

推荐阅读书目

1. 李仁真主编:《国际金融法新视野》,武汉大学出版社 2013 年版。

2. 杨松等著:《国际金融新秩序的法律问题》,法律出版社 2014 年版。

3. 张晓静著:《国际法视野中的全球金融治理》,法律出版社 2017 年版。

4. 李国安著:《国际金融监管法制现代化研究》,法律出版社 2016 年版。

5. 李国安主编:《金融服务国际化法律问题研究》,北京大学出版社 2011 年版。

6. [美]海尔·斯科特、[美]安娜·葛蓬著:《国际金融:法律与监管》,刘俊译,法律出版社 2015 年版。

7. 伏军编著:《国际金融法》(第二版)(英文),对外经贸大学出版社 2013 年版。

8. 唐应茂著:《国际金融法:跨境融资和法律规制》,北京大学出版社 2015 年版。

9. 李仁真主编:《国际金融法》(第三版),武汉大学出版社 2011 年版。

10. 廖凡著:《国际金融法学的新发展》,中国社会科学出版社 2013 年版。

11. 韩龙著:《国际金融法前沿问题》,清华大学出版社 2010 年版。

12. 徐冬根著:《国际金融法》(英文版),高等教育出版社 2015 年版。

13. 韩龙等著:《国际金融法要论》,人民出版社 2008 年版。

14. 王贵国著:《国际货币金融法》(第三版),法律出版社 2007 年版。

15. 范晓波主编:《国际金融法》,中国政法大学出版社 2005 年版。

16. [英]菲利普. 伍德著:《金融法的世界地图》(第六版),陈儒丹、黄韬译,法律出版社 2013 年版。

17. [英]菲利普. 伍德著:《国际金融的法律与实务》,姜丽勇、许懿达译,法律出版社 2011 年版。

18. 张忠军著:《金融业务融合与监管制度创新》,北京大学出版社 2007 年版。

19. 刘丰名著:《国际金融法》(2007 年修订版),中国政法大学出版社 2007 年版。

20. 邹小燕著:《国际银团贷款》,中信出版社 2002 年版。

21. 中国银行业协议银团贷款与交易专业委员会编著:《中国银行业银团贷款优秀案例》,中国金融出版社 2014 年版。

22. 中国银行业协议银团贷款与交易专业委员会编著:《银团贷款理论与实务》,中国金融出版社 2011 年版。

23. 刘胜题著:《国际银团贷款与法律风险分析》,中国财政经济出版社 2013 年版。

24. 史万钧编著:《银团贷款与项目融资实务》,上海财经大学出版社 2007 年版。

25. 隋平、程琳著:《项目融资与银团贷款业务操作指引》,法律出版社 2012 年版。

26. 蒋先玲编著:《项目融资》(第三版),中国金融出版社 2008 年版。

27. 蒋先玲著:《项目融资法律与实务》,对外经济贸易大学出版社 2004 年版。

28. 叶苏东编著:《项目融资:理论、实务与案例》(第二版),清华大学出版社、北京交通大学出版社2010年版。

29. 朱怀念著:《国际项目融资法律问题研究》,武汉大学出版社2002年版。

30. [意]斯特凡诺·加蒂著:《项目融资理论与实践》,尹志军、赵丽坤译,陈立文审校,电子工业出版社2011年版。

31. 梅明华、李金泽著:《项目融资法律风险防范》,中信出版社2004年版。

32. 邢会强、申林平主编:《中国企业境外上市法律实务》(修订版),法律出版社2011年版。

33. 刘乃忠、戴瑛著:《中国公司境外上市法律监管研究》,社会科学文献出版社2014年版。

34. 陈平凡、明阿龙著:《中国企业美国上市融资法律实务》,法律出版社2012年版。

35. 张朝元主编:《境外上市实务》,中国金融出版社2011年版。

36. 伏军著:《境外间接上市法律制度研究》,北京大学出版社2010年版。

37. 韩龙主编:《国际金融法》,法律出版社2007年版。

38. 徐冬根著:《国际金融法高级教程》,对外经济贸易大学出版社2009年版。

典型案件

深圳市南油(集团)有限公司与东亚银行有限公司上海分行等借款及担保合同纠纷案

第十二章 国际税法

随着国际经济的发展和国际经济交往规模的扩大,跨国经济交易活动的当事人,都不可避免地会同时面对不同国家的税收管辖与税收征收;相对各国政府而言,也面临着如何利用税收手段,既努力促进国际经贸的合作与发展,又能有效维护国家税收主权利益的问题。国际税法即是为协调与解决上述矛盾与问题应运而生的,它是国际经济法的一个重要分支,它同国际经济法的其他各个分支一样,是一个崭新的法律部门。

目前,国际税法主要通过国际税收的协调与合作来调整跨国税收征纳过程中产生的国际税收分配矛盾、协调各国税收管辖权冲突、解决国际重复征税与国际重叠征税、防止国际逃税与国际避税、禁止税收歧视等。这为国际经贸合作与发展创造了一个宽松和谐、公平合理的国际税收环境,从而促进了国际经济贸易和国际经济交往的进一步发展。

第一节 国际税法概述
第二节 税收管辖权
第三节 国际重复征税与国际重叠征税
第四节 国际逃税与国际避税
第五节 国际税收协定

第一节 国际税法概述

国际税法是为协调和处理跨国经济交往活动中引起的国际税收分配矛盾和问题，从传统的国内税法部门中逐渐形成和发展起来的一个新的税法分支体系，是调整在跨国征税对象上存在的国际税收分配关系的各种国际法和国内法规范的总称。对于一国政府而言，国际税法是发展国际经贸合作和在国际经济交往关系中维护主权利益的重要法律手段。而对于从事跨国经济交易活动的纳税人来说，国际税法也是他们实现预期的经济效益，避免国际重复征税和税收歧视待遇的一种法律制度保障。①

一、国际税法的产生

国际税法，是国际经济交往发展到一定历史阶段的产物。国际税法是国际经济法的一个重要分支，它同国际经济法的其他各个分支一样，是一个崭新的法律部门，是在第二次世界大战以后随着世界经济的迅猛发展和国际经济贸易往来的日益频繁而产生的。那么，在第二次世界大战以前漫长的历史时期为什么没有产生国际税法呢？我们都知道，“政治、法……的发展是以经济发展为基础的”②。国际税法作为一个法律部门也必须以税收、特别是国际税收这一经济现象的存在和发展为前提。

国际税收(international taxation)是指两个或两个以上国家政府对跨国纳税人行使征税权而形成的税收征纳关系中所发生的国家之间的税收分配关系。③ 因此，虽然税收现象与税法几乎是与国家的产生具有同样悠久的历史，但与此有着紧密联系的国际税法的产生却要晚得多。这主要是因为国际税收关系的形成与发展经历了一个漫长的历史过程。国际税收关系和国际税法的产生有两个前提条件：一是国际经济交往的发展，二是所得税制度在各国的普遍确立。前者为国际税法的产生提供了经济基础，后者为其提供了法律条件。

从国家产生以后，人类的税收活动就延续了几千年。但是，在自然经济条件下，人们的生产和经济活动都囿于有限的范围，各个国家的税收征收都只限于本国范围：

甲国——征纳关系——本国纳税人
乙国——征纳关系——本国纳税人

在这里，甲国和乙国之间在税收上没有任何关系，这时不可能存在国际税收关系，也更不可能有国际税法的存在。这时只存在调整各国国内税收关系的国内税法。

随着资本主义制度的确立，商品经济日益扩大。同时，各资本主义国家开始以商品流转额作为征税对象。商人到本国以外的其他国家去经商，不可避免地由外国政府对其商品流

① 廖益新主编：《国际税法学》，北京大学出版社 2001 年版，前言。
② 《马克思恩格斯选集》第 4 卷，人民出版社 1995 年版，第 732 页。
③ 葛惟熹主编：《国际税收教程》(第十一版)，中国财政经济出版社 1987 年版，第 8 页。

转额进行征税，这样外籍纳税人就开始出现了。这时的税收征收形式呈现为：

甲国——征纳关系——外籍纳税人

乙国——征纳关系——外籍纳税人

这时，各国开始出现了涉外税收征纳关系，但是，国际税收关系仍未产生。以商品流转额为征税对象的流转税，如产品税、增值税、关税等税种均属对物税。对同一商品流转额来说，一般只存在一次征税可能。当甲国的商人到乙国去经商时，乙国政府会对其商品流转额征税，而甲国政府因该商品不在本国流转而不会对其征税。因此，这里虽然出现了外籍纳税人，但征税多少、什么时候征税等都是甲国或乙国政府自己的事情，甲国与乙国之间并没有任何矛盾或利益冲突。因而，这时并没有形成国家之间的国际税收关系，也无需国际税法来进行调整。

当商品经济发展到近代，特别是 19 世纪末 20 世纪初，所得税（income tax）制度开始在资本主义各国确立并逐步成为其主要税种，由此跨国纳税人出现，国家与国家之间在税收权益方面出现了矛盾与冲突。这时，真正意义上的国际税收关系形成了，其税收征收形式衍变为：

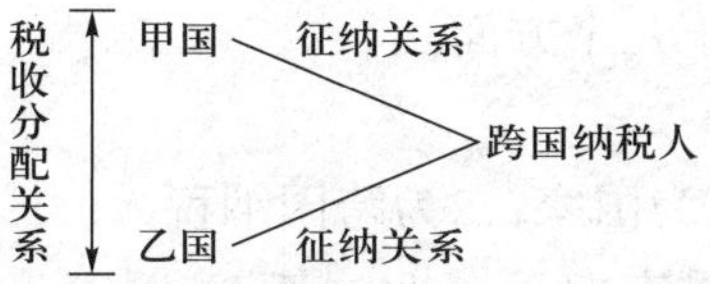

在这里，由于所得税是国家对纳税主体的纯收益直接征收的一个税种，属于对人税。于是，当甲国的商人到乙国经商并获取利润后，甲国作为该商人的居住国（residence state）会对其所获利润征税，而乙国作为该利润的来源国（source state）也会对该商人征税。这样，同一所得同时被甲、乙两国征税，该商人则成为跨国纳税人（transnational tax payer）。反之，乙国商人到甲国经商亦会出现这种情况。在这种税收形式中，既存在甲国或乙国与跨国纳税人之间的税收征纳关系与矛盾，更存在甲国与乙国之间在税收权益分配方面的矛盾与冲突，如征税权行使的先后、征税多少的分配等。在这些矛盾中，尤其是后一种矛盾，单靠一国的国内税法是不可能彻底解决的，必须由甲、乙两国共同谋求解决。

特别是第二次世界大战以后，世界经济发生了重大变化，国际经贸蓬勃发展，资本输出不断扩大，货物、资金、技术和劳动力等经济要素的跨国流动日趋频繁，跨国的科技、文化、艺术和体育等交流活动也锐增。总之，跨国活动的增多带来收入的国际化，收入的国际化带来了税收的国际化。国际税收关系更加复杂化，一个跨国经营者往往同时成为三国、四国甚至更多国家的纳税主体，这时的跨国纳税人已经具有了更多层面的含义。同时，随之而起的是国际逃税、避税现象愈益严重，国际税收矛盾更加尖锐化、复杂化。这时，单靠各国的国内税法已无法调整这重重矛盾与冲突，必须在世界范围内对国际税收关系加以规范、调整和管理。在这样的历史条件与背景下，国际税法作为一门新兴的法律学科终于诞生了。

二、国际税法的含义与法律特征

关于国际税法的具体含义，国内学者的表述不尽相同。高尔森教授认为："国际税法(international tax law)是调整国际税收关系，即国家间税收分配关系，以及国家与跨国纳税人之间税收征纳关系的各种法律规范的总称。"①廖益新教授将国际税法定义为："国际税法是适用于调整在跨国征税对象(即跨国所得和跨国财产价值)上存在的国际税收分配关系的各种法律规范的总称。"②虽然不同学者的表述不尽相同，但没有实质区别。此外，从国际税法的产生过程以及国际税法几十年来的实践中，我们可以了解与认识到，国际税法是对国际税收关系进行调整与规范的法律。

国际税法的调整对象为国际税收关系，它具有双重含义：一是国际经济活动中主权国家与跨国纳税人之间的税收征纳关系；二是由此而产生的有关国家间的税收分配关系。③ 其中国家间的税收分配关系是国际税法调整的核心。形成这个核心的基础是国家与跨国纳税人之间的税收征纳关系，它反映了各国的征税权及其征税制度，理应囊括在国际税法的调整范围之中。

和国际税法的调整对象相联系，与国际经济法的其他分支及相邻法律部门相比较，国际税法的法律特征主要表现在以下几个方面。

(一) 主体的特殊性

国际税法的主体有两个：一为国家，二为跨国纳税人。

作为国际税法主体的国家具有双重属性。其一，国家为一般主权性的主体。作为主权国家，国家在国际税法上既享有权利，又负有义务。比如在国际税收条约的谈判、签订与实施过程中，国家即是以一般主权性主体存在的。这时的国家与国际经济法的其他分支中的国家主体是一致的。其二，国家为特殊的征税主体。国家作为主体对跨国纳税人行使征税权是征税主体，只享有征税的权利，而不承担任何义务。这时的国家则与国际经济法的其他分支中的国家主体不一致。

作为国际税法主体的跨国纳税人(包括自然人与法人)同时对两个或两个以上国家承担纳税义务，而不享有权利。这与国际经济法其他分支中作为主体的自然人和法人既享有权利、又承担义务有所不同。

(二) 客体的跨国性

国内有学者认为："国际税法的客体包含着具有递进关系的两个层面的内容。第一层面，国际税法中的征税对象。要回答这个问题，必须先要弄清的是：国际税收法律关系涉及哪些税种或者说国际税收关系会发生在哪些法定税种上？目前，存在着狭义说和广义说两种观点。

---

① 高尔森主编：《国际税法》(第二版)，法律出版社1993年版，第3页。

② 余劲松、吴志攀主编：《国际经济法》，北京大学出版社、高等教育出版社2000年版，第374页。

③ 由于对国际税收关系的认识不一，狭义的国际税法学说认为国际税法只调整国家间的税收分配关系，此学说以德国学者李卜特为代表。但广义的国际税法学说目前已得到各国学者的普遍赞同。

前者认为国际税收分配关系主要发生在所得税上,在某些国家,也会发生在财产税和遗产税上。因此,国际税法的客体就是跨国纳税人的跨国所得。在关税等流转税方面,因为流转税的征税环节的地域性质往往同国家的地域管辖权相吻合,一般不会发生不同国家对同一征税对象同时征税的现象。所以,关税法等流转税法是不包括在国际税法中的。后者则认为除了狭义说所涉及的税种法以外,关税法等涉外性的流转税法也包括在国际税法中。"①

本书认为,国际税法的客体是纳税人的跨国所得(transnational income),这是国际税法与其他相邻法律部门又一个完全不同的地方。跨国所得主要包括两类:一是本国居民来源于国外的所得,二是非本国居民取自本国境内的所得。只有在存在着跨国所得的情况下,才会发生国家与跨国纳税人的税收征纳关系,从而,才会出现国家间的税收分配关系。因此,国际税法所涉及的税种主要是各国的所得税及少数国家的一般财产税与遗产税,而很少涉及其他税种。近一二十年来,随着社会保障税在发达国家的盛行,国际税法也开始涉及社会保障税这一新的税种。无论是遗产税、社会保障税,还是其他一般财产税,它们都和所得税一样,是对人税,因而容易导致国家税收管辖权之间的冲突。

(三) 法律规范的多样性

与相邻法律部门相比,国际税法所包括的法律规范种类最多。国际税法既包括国际法规范,又包括国内法规范,这与国际经济法的其他分支相同。但是,国际经济法其他分支的法律规范只限于实体法规范,而国际税法除了实体法规范之外,还有冲突法规范。如"不动产及其收益由所在国征税"就是一个典型的冲突规范。

(四) 权利义务的非完全对等性

如前所述,在国际税收法律关系中,国家主要享有征税的权利,而跨国纳税人则负有纳税的义务,其权利义务是不完全对等的。这也和国际经济法其他分支中主体之间权利义务基本相等完全不同。尽管现在人们愈来愈关注纳税人权利的研究,但更多的是从宪政的角度来关注和保护纳税人的基本权益,而并不直接否认在税收关系中国家的征税权和纳税人承担纳税义务的基本规范。②

三、国际税法的法律渊源与基本原则

(一) 国际税法的法律渊源

1. 国际法渊源

目前,国际税法的渊源首先主要表现为国际税收条约或协定。自 1843 年法国和比利时

---

① 刘剑文、李刚:《国际税法特征之探析》,载《武汉大学学报》(哲学社会科学版),1999 年第 4 期。

② 例如台湾学者黄俊杰在其《纳税人权利之保护》一书中即认为:"从法律之观点,人民之金钱给付,系作为财政国中国家财政收入之核心要素,国家经由课税权之行使,将人民财产权转换成公法之强制性财政收入。由此可知,在财政国家中,税捐系国家不可或缺之金钱要素。"从而,"'纳税'宪法制度之形成……首先应系税捐基本权之肯认,以有效实践纳税者之权利保护。至于,国家课税权之行使,则仍应受到人民税捐基本权之限制。"参见黄俊杰著:《纳税人权利之保护》,北京大学出版社 2004 年版,第 2 页。

缔结的第一个双边税收协定至今,世界上业已生效的双边税收协定已有 4 000 多个,形成了税收协定网络。此外,还有少数多边税收条约。更引人关注的是,国际税收公约也开始越来越多地登上了国际税收协调的舞台[①]。

其次,国际惯例也是国际税法的渊源。外交使领馆人员的税收豁免原则、外国人税收待遇的无差别原则等都是国际税收方面的惯例。

此外,其他国际条约或协定中有关税收问题的规定,国际法院关于税收纠纷的判例等,也可作为国际税法的渊源。

2. 国内法渊源

各国的涉外税法(foreign-related tax law),尤其是涉外所得税法是国际税法的又一重要渊源。国际税收条约的许多法律规范或内容,都必须通过相关国家国内税法的配合与落实,才能发生实际效力。况且,许多国家的涉外税法都有旨在避免重复征税,防止国际逃税、避税等内容的规定。因此,国际税收关系的调整必须依赖于国际法规范和国内法规范的相互配合才能完成。

(二) 国际税法的基本原则

主权原则、公平互利原则、共谋国际发展原则等国际经济法的原则,也是国际税法所必须遵循的基本原则。但作为国际税法所特有的原则,最主要、最为各国所公认的则是税收管辖权独立原则和税收公平原则。

(1) 税收管辖权独立原则,是主权原则的直接体现,它要求在国际税收关系中,各国都必须互相尊重与承认对方国家的税收管辖权。一国的税收管辖权是完全独立自主的,不受任何其他国家的干扰与侵犯;一国也不得以行使本国的税收管辖权为由侵犯或剥夺其他国家的税收管辖权。有关国家间在税收管辖方面的冲突与矛盾,应由相关国家在承认对方管辖权的前提下互相协商,共同寻求解决的方法与途径。

(2) 税收公平原则,是公平互利、共谋国际发展的国际法原则的体现与补充。税收公平包括国家间税收分配公平和跨国税收征纳公平两部分内容。[②] 而对跨国纳税人的税收征纳公平又包含横向的公平和纵向的公平两个方面。横向的公平,是指对同等收入的纳税人在相同的情况下应当同等征税;纵向的公平,是指对高收入者应当比低收入者征收更多的税。这是一种表象的不公平,却体现了实质的公平。与此同时,税收公平原则还要求在国际税收领域消除国际重复征税,防止国际逃税、避税,对外国人实行无差别待遇,利用税收手段鼓励向发展中国家投资等。因为上述问题的反面都是有悖于公平原则的:国际重复征税的存在,相对于国内纳税人来说就是对跨国纳税人的不公平;对国际逃税和避税的纵容,就是对奉公守法者的不公平;对外国纳税人的税收歧视本身就是一种不公平;发展中国家与发达国家处

---

① 近年来,随着国际税收协调与合作的深入,《多边税收征管互助公约》《金融账户涉税信息自动交换多边主管当局间协议》《实施税收协定相关措施以防止税基侵蚀和利润转移的多边公约》等相继出台,成为国际税法的重要法律渊源。

② 刘剑文主编:《国际税法》,北京大学出版社 1999 年版,第 18 页。

于一个不公平的起跑线上,发展中国家在争取国际经济新秩序的斗争中,本身就包含着建立一个公平的、合理的国际税收关系在内。因此,国际税法的目的与任务,就在于建立一个公平合理的国际税收关系,从而为国际经济合作与经贸往来创造良好的条件。

(3) 其他税收原则。近年来,国内税法中的税收中性原则和税收效率原则,也被一些学者引入了国际税法领域。[①] 本书也认为,这些原来只在国内税收关系中起重要作用的基本原则,在现代国际税收关系中也具有了越来越重要的意义。所谓国际税收中性原则,是指国际税收体制不应对涉外纳税人跨国经济活动的区位选择以及企业的组织形式等产生影响。一个中性的国际税收体制应既不鼓励、也不阻碍纳税人在国内进行投资还是向国外进行投资,是在国内工作还是到国外工作,或者是消费外国产品还是消费本国产品。[②] 而税收效率原则要求以最小的费用获取最大的税收收入,并利用税收的经济调控作用最大限度地促进经济的发展,或者最大限度地减轻税收对经济发展的妨碍。[③]

四、国际税法的发展前景

虽然世界上签订第一个国际税收协定的历史可以追溯到19世纪中叶,1899年奥匈帝国和普鲁士又缔结了世界上第一个旨在所得税方面避免重复征税的国际税收协定,但国际税法却是在第二次世界大战以后才真正形成和发展起来的。伴随着世界各国所得税制的普遍创设和国际经济活动与交往的日益频繁,协调各国税收权益分配关系的国际法规范大量出现,国际税收关系已成为国际社会普遍关注的问题。近几十年来,国际税法在各方面都得到了空前的发展,具体表现为:

(1) 国际税收协定的数量急剧增加,越来越多的发展中国家成为国际税收协定的主体。战后广大殖民地国家纷纷独立,拥有了自己的征税权,开始加入到签订国际税收协定的行列中来。在现已生效的双边税收协定中,发展中国家参加缔结的已有半数之多。因此,发展中国家的加入也是国际税收协定数量激增的主要原因。

(2) 国际税收协定日趋规范化。两个范本的诞生,是现代国际税收协定规范化的标志。1977年,以24个发达国家组成的经济合作与发展组织(简称经合组织,或OECD)正式颁布了《关于对所得和财产避免双重征税协定范本》(Model Double Taxation Convention on Income and Capital,简称《经合组织范本》,或OECD Model Convention)。1980年,联合国经社理事会应广大发展中国家的要求正式颁布了《关于发达国家与发展中国家间避免双重征税的协定范本》(The United Nations Model Double Taxation Convention Between Developed and Developing Countries,简称《联合国范本》,或U. N. Model Convention)。这两个范本虽不具有公约的强制效力,却为世界上大多数国家所接受,具有较强的影响力,成为众多国家间缔结双边或多边

---

① 参见刘剑文主编:《国际税法学》(第二版),北京大学出版社2004年版,第59~63页。

② Lorraine Eden, *Taxing Multinationals: Transfer Pricing and Corporate Income Taxation in North America*, University of Toronto Press, 1998, p. 74. 转引自刘剑文主编:《国际税法学》(第二版),北京大学出版社2004年版,第59页。

③ 刘剑文主编:《国际税法学》(第二版),北京大学出版社2004年版,第61页。

税收协定的重要参考依据。

(3) 各国涉外税法日臻完善。当今世界各国已越来越重视国际税收问题,纷纷致力于运用税收手段参与国际竞争或促进投资。同时,在消除国际重复征税、防止国际逃税和避税方面,各国也作出了较大努力。

(4) 国际税收协调与合作取得巨大进展。尤其是在国际反逃避税领域,《多边税收征管互助公约》《金融账户涉税信息自动交换多边主管当局间协议》《实施税收协定相关措施以防止税基侵蚀和利润转移的多边公约》等一系列国际多边条约的出台,标志着各国在国际税收协调与合作的深度及广度方面都取得了实质进展,获得了巨大成功。

近几十年来,国际税法虽然取得了较大发展,但它毕竟还只是一个尚处于形成与发展之中的新兴学科,无论在理论上或实践中,都还很不成熟与完善,还有许多领域尚待研究。从国际税法目前的发展趋势来看,主要有以下几个方面的问题亟须认真对待与研究:其一,制定一个对各国具有普遍约束力的国际税收公约或协定。虽然已有《多边税收征管互助公约》等国际条约的出台,但它们都还只是局限于税收征管的相互协作领域,而非全方位的法典式的国际税收公约。制定一个全球性的、对各国具有普遍约束力的国际税收公约或协定,一直以来都是国际税收协调所追求的目标和梦想。尽管国际组织过去和现在都为此作出了不懈的努力,各国也都迫切希望这一公约早日诞生,但因世界各国政治经济制度的异常复杂,相互间的权益对立尖锐,难以达成统一成熟的意见,因此短期内还不易实现。然而,国际税收公约的诞生,既是国际税收形势所趋,也将是国际税法走向成熟的标志,这一天也迟早会到来。其二,国际税法的研究范围应否延伸及间接税的问题。一般认为,只有跨国所得能引起国家间的税收分配关系,因而国际税法应着重研究所得税及与此有相同性质的财产税、遗产税和社会保障税等直接税,而关税、商品流转税等间接税则不应包括在国际税法的体系之中。然而,近年来随着国际经济活动的深入,各国经济进一步互相渗透、互相依赖,关税和流转税的征收已经间接地涉及和影响到国家间的财权利益分配,并且关税与流转税方面的国际协调活动也越来越频繁。因此,不少学者认为应将间接税,特别是关税纳入国际税法的研究范围。从整个国际经济法发展的趋势来看,间接税的研究对国际税法体系的发展与完善具有重要作用。其三,20 世纪 90 年代以来,信息技术革命引起的互联网电子商务交易的迅猛发展,对传统的所得税制度概念和国际税收协调规则的适用,提出了严峻的挑战。一系列新的适应未来信息经济技术时代的国际税法概念和规则正在酝酿形成。[①] 这无疑会对国际税法的发展产生深远的影响。

第二节　税收管辖权

在税收管辖权争议中,1974 年美国的库克诉泰特案(Cook v. Tait)具有典型意义。原告

---

① 廖益新主编:《国际税法学》,北京大学出版社 2001 年版,第 9 页。

库克是一名在墨西哥城拥有居所并居住在该城的美国公民,他被要求依美国国内收入法,将其收入转回美国缴纳所得税。原告被征了1 193.38美元的税款,但原告认为,其取得收入的财产位于墨西哥城,遂在支付税金后提起诉讼。但原告的这一辩解遭到了美国联邦最高法院的否定。法院认为:税收管辖权的基础不在于财产的位置在美国国内或在国外,也不取决于该公民的居所位于美国国内还是国外,关键在于被告作为公民同美国之间存在的特殊关系。恰恰是这种关系决定了美国政府对于那些居住在国外且财产也在国外的美国公民拥有税收管辖权。①

一、税收管辖权概述

(一) 税收管辖权的含义

税收管辖权(tax jurisdiction)是指一国政府对一定的人或对象征税的权力。简单地说,税收管辖权就是一国政府行使的征税权力。一国政府可以自行决定对哪些人征税、征何种税以及征多少税等。由于国际税收关系中一系列矛盾和问题的产生都与国家行使税收管辖权有着密切的联系,因此,税收管辖权是国际税法研究的一项重要内容。

一国政府行使税收管辖权的依据源于国家主权。主权国家对其领域范围之内的一切人与事物都有行使法律管辖的权力,这是国家主权的重要属性。而税收管辖权即是国家主权在税收领域的体现,是国家主权的重要内容。因此,税收管辖权具有类似于主权的固有属性,它对外表现为一种完全独立自主的、不受任何干预的权力。一国政府完全可以根据自己的意志确定适合本国的税收制度,规定纳税人和征税对象的范围。正因为如此,税收管辖权独立原则,才会为世界各国所普遍接受与遵循。

(二) 税收管辖权的两个理论原则

税收管辖权的两个理论原则是“居住国原则”和“来源国原则”。目前,世界上大多数国家普遍兼采这两种不同的管辖权原则来确定本国的税收管辖权范围。这两种税收管辖权理论,来源于主权国家的“属人原则”(principle of person)和“属地原则”(principle of territoriality)。众所周知,主权国家是按照属人原则和属地原则行使其管辖权的。与此相适应,对作为国家主权重要内容之一的税收管辖权,各国也是以纳税人或征税对象是否与自己的领土主权存在某种属人性质或属地性质的联结因素为依据来行使权力的。当纳税人与征税国之间存在某种属人性质的联结因素时,征税国则按“居住国原则”对该纳税人行使征税权;当征税对象与征税国存在某种属地性质的联结因素时,征税国则按“来源国原则”对该征税对象的所有人行使征税权。

1. 居住国原则

居住国原则(principle of residence state),也称“居住原则”或“居民税收管辖权原则”,是指一国政府对于本国税法上的居民纳税人来自境内境外的全部财产和收入(即环球所得)实

① 李泳著:《国际税收的法律与实务》,上海译文出版社1996年版,第29页。

行征税的原则。

在这里，最重要的是怎样确认居民纳税人。按照属人原则，目前各国税法都是以“税收居所”(tax residence)作为属人性质的联结因素来确定纳税居民的。税收居所，是国际税法上的一个重要概念。它是指纳税人与征税国之间存在的以人身隶属关系为特征的法律事实。在自然人方面，表现为纳税人在征税国境内是否拥有住所、居所或具有征税国的国籍；在法人方面，表现为纳税人是否在征税国注册或者其实际管理和控制中心或总机构等是否设在征税国境内。国际税法上将这类属人性质的联结因素通称为“税收居所”。与征税国存在这种税收居所联系的纳税人，就是该国税法上的居民纳税人(resident of tax payer)，而这个征税国也相应地称为该纳税人的居住国(residence state)。基于纳税人在本国境内存在税收居所这一事实，居住国政府可以要求该居民纳税人就其来源于境内和境外的各种收入，即世界范围内的所得，承担纳税义务，这就是居住国原则。由于这种纳税义务不受国境的限制，有些国家也称之为无限纳税义务(unlimited tax liability)。因此，国家根据纳税人在本国境内拥有税收居所这一联结因素而要求其承担无限纳税义务的权力，就是所谓的居民税收管辖权(tax jurisdiction over residents)。

2. 来源国原则

来源国原则(principle of source state)，也称“领土原则”或“来源地税收管辖权原则”，是指一国政府针对非居民纳税人就其来源于该国境内的所得征税的原则。

依国家主权的属地原则，国家对其领土范围内的人与物具有属地管辖权。税收管辖权上的属地性质，是指纳税人的各种所得与征税国之间存在着经济上的源泉关系。这种源泉关系主要表现在其所得直接来源于该征税国的某种地域标志，例如，不动产所得来源的不动产所在地，营业利润所得来源的营业机构所在地，劳务报酬所得来源的劳务提供地，股息、利息、租金等所得来源的债务人或支付人所在地，等等。这些表示属地性质的地域标志联结因素，国际税法上通称为“所得来源地”或“所得来源国”(source state)。基于这种所得来源地标志，所得来源国政府就有权要求获取该种所得的非居民(non - resident)纳税人就这部分所得承担纳税义务，这就是来源国原则。由于非居民纳税人仅就来源于征税国的所得部分纳税，其他所得不向该国纳税，因而其承担的是有限的纳税义务(limited tax liability)。因此，国家根据非居民纳税人在本国境内存在着所得来源地这一联结因素而要求其承担有限纳税义务的权力，就是所谓的收入来源地税收管辖权(tax jurisdiction over the area)。

综上所述，根据税收管辖权的“居住国原则”与“来源国原则”，居民税收管辖权和收入来源地税收管辖权是国家税收管辖权的两种不同表现形式。世界上大多数国家在所得税方面都同时行使这两种税收管辖权：作为居住国要求本国的居民纳税人就世界范围的环球所得承担无限纳税义务；作为来源国要求从其境内取得收入的非居民承担有限的纳税义务。这样可以尽最大可能扩大本国的征税范围。当然，世界上也有少数国家仅依所得来源地行使税收管辖权，而放弃居民税收管辖权，以鼓励资本输出与输入。

二、居民税收管辖权的确认

（一）纳税人居民身份的认定

居民税收管辖权的行使，是以纳税人与征税国之间存在税收居所这一法律事实为前提条件的。因此，对于纳税人居民身份的判定，即确定纳税人与征税国之间是否存在某种税收居所联系的法律事实，成为各国税法的重要内容。《联合国范本》第 4 条规定："本协定中'缔约国一方居住者'这一用语是指按照该国法律，由于住所、居所、管理机构所在地或任何其他同类性质的标准，负有纳税义务的任何纳税人。"《经合组织范本》第 4 条也有类似规定："本协定中'缔约国一方居民'一语是指按照该国法律，由于住所、居所、管理场所或其他类似性质的标准，负有纳税义务的人。但是这一用语不包括仅由于来源于该国的所得或位于该国的财产在该国负有纳税义务的人。"

1. 自然人居民身份的确认

各国税法上判定自然人的居民身份，主要有以下标准：

（1）住所标准。凡在一国拥有住所的自然人，便是该国的居民纳税人。住所(domicile)一般是指一个自然人设立其生活根据地并愿意永久定居的场所，通常为配偶和家庭所在地。由于住所体现了自然人与某一特定区域的内在联系，具有永久性和稳定性，易于识别，故许多国家如法国、瑞士、德国等均以住所作为确定自然人居民身份的标准。如法国法律规定："凡在法国国内有住所的个人，均为法国税法规定的居民。所谓有住所是指：在法国国内有利害关系的中心地点和有五年以上的经常居所；作为所有权人，使用收益权人和租赁人，在法国国内居住并有主要停留地。"[①]我国《个人所得税法》也明确规定，在中国境内有住所的个人为居民纳税人。所谓在中国境内有住所的个人，是指因户籍、家庭、经济利益关系而在中国境内习惯性居住的个人。[②]

（2）居所标准。居所(residence)一般指一个人经常性居住的场所，但并不具有永久居住的性质。按照居所标准，凡在一国拥有居所的自然人，便是该国的居民纳税人。如英国、加拿大、澳大利亚等国即以居所作为判定自然人居民身份的重要标志。但居所标准的缺陷是往往缺乏某种客观统一的识别标志，以致同一国法院做出的判决也会前后不一、相互矛盾。例如，加拿大税务法院就分别在 1949 年的鲁塞尔诉国家财政部长一案和 1950 年的麦德隆诉国家财政部长一案中对一个人在加境内拥有住宅是否构成居所做了前后不一的判决。在前一案件的判决中，加拿大税务法院认为：一个人当其离开加拿大期间仍在加境内保留有住房，这对确认个人的居民身份具有重要意义。而在后一案件中，一个生活在美国但经常往返于美国和加拿大之间航程的船长，虽然在加境内拥有一幢住宅，并且每年偕夫人来此

---

① 转引自李泳著：《国际税收的法律与实务》，上海译文出版社 1996 年版，第 29 页。

② 参见《中华人民共和国个人所得税法》第 1 条；《中华人民共和国个人所得税法实施条例》第 2 条。

住宅度假两周,法院却不认为他在加拿大有居所。①

不过,本书则认为,加拿大税务法院在对待这两个案件的判决中,并没有前后不一、相互矛盾。从表面看,这两个案件似乎都针对纳税人的房屋是否构成在加拿大境内拥有居所的问题,但这两个案件的最大不同在于,前一案例中的鲁塞尔是加拿大人,后一案例中的麦德隆是美国人。这只能说明一个问题,即加拿大法院在判决中并非仅依房屋作为判断税收居所的唯一标志,实际上还综合考虑了纳税人的国籍。许多国家在判定纳税人的税收居所身份时都兼采两种以上的标准,故加拿大税务法院这样做也就不足为奇了。

(3) 居留时间标准。以自然人在征税国境内居住或停留是否超过一定的时间期限,作为划分纳税居民与非居民的标准。这一标准可以弥补居所标准的不足。但在居留时间的期限上,各国规定不一,有的为半年,如英国、印度、印度尼西亚等国;有的为一年,如巴西、新西兰、日本等国。

(4) 国籍标准。即以自然人的国籍来确定纳税居民的身份,实行所谓公民税收管辖权(tax jurisdiction over citizens)。凡系一国公民,无论其是否居住在国籍国境内,都是该国的居民纳税人。国籍是最早用于判定居民身份的标准,但随着经济的国际化,人们脱离其国籍国活动的现象愈益普遍,故越来越多的国家已摒弃国籍标准。现仅有美国、菲律宾、墨西哥等少数国家仍坚持以国籍标准确认自然人的居民身份。前述库克诉泰特案即是美国实行公民税收管辖权的典型实例。

目前,国际上确定自然人居民身份最通常的做法是同时兼采住所(或居所)与居留时间两项标准。中国也是同时采用住所与居留时间两项标准。例如,我国原《个人所得税法》第1条规定:"在中国境内有住所,或者无住所而在境内居住满一年的个人,从中国境内和境外取得的所得,依照本法规定缴纳个人所得税。"而2018年8月31日通过、2019年1月1日施行的《个人所得税法》第1条则规定:"在中国境内有住所,或者无住所,而一个纳税年度内在中国境内居住累计满一百八十三天的个人,为居民个人。居民个人从中国境内和境外取得的所得,依照本法规定缴纳个人所得税。"可见,住所一直是我国《个人所得税法》采用的最主要标准,而居留标准过去规定为一年,现在则改为一个纳税年度内居住满183天。

2. 法人居民身份的确认

各国税法上对法人或公司的居民身份认定,主要有以下几种标准:

(1) 法人注册成立地标准。即法人的居民身份依法人在何国依法注册成立而定。因法人注册地只有一个,所以这一标准的优点是法律地位明确、易于识别。但其缺点是往往不能真实反映法人的实际经营活动场所,并且还可为纳税人避税创造条件。采用这一标准的国家主要有美国、加拿大等国。

(2) 法人实际管理和控制中心所在地标准。法人的居民身份决定于法人的实际管理和

① 参见1949/1950 Dominion Tax Cases(CCH),Canada,转引自高尔森主编:《国际税法》(第二版),法律出版社1993年版,第44~45页。

控制中心设立在哪个国家。董事会或股东大会所在地是判定实际管理中心所在地的重要标志。采用这一标准的主要以英国、德国、希腊、瑞士为代表。例如，在1906年的比尔斯联合矿业有限公司诉荷奥一案中，原告公司在南非注册成立，其产品的开发与销售也多在南非进行，但该公司的大部分股东却住在英国，董事会也多在英国举行，公司的经营与管理决策均在英国作出。英国法院据此认定，该公司为英国居民公司，应承担纳税义务。[①]

（3）法人总机构所在地标准。法人的总机构指的是负责管理和控制企业的日常经营业务活动的中心机构。采用总机构标准，则法人的总机构设在哪一国，该企业则为哪国的居民公司。采用这一标准的主要有日本、法国等国。

此外，尚有法人主要经营活动所在地标准、法人资本控制标准等。由于没有任何一个确定法人居民身份的标准是完美无缺的，所以实践中许多国家往往兼用两个或两个以上的标准来确定本国税法上的居民公司。我国原《外商投资企业和外国企业所得税法》实际上就是以法人注册地和总机构两个标准结合使用来判定法人的居民身份的。[②] 但我国《企业所得税法》则兼采了注册地和实际管理机构所在地标准来确定法人的税收居民身份。[③]

（二）居民税收管辖权冲突的协调

由于各国税法确定纳税居民身份采用的标准不一致，则当纳税人跨越国境从事国际经济活动时，就有可能被两个以上的国家同时认定为本国的纳税居民，从而产生居民税收管辖权的冲突。在居民税收管辖权冲突下的纳税人，将同时对两个或两个以上的国家承担无限纳税义务，其税收负担过重可想而知。因此，在国际税收领域，必须解决居民税收管辖权冲突问题。目前，只能由有关国家间通过双边税收协定来协调解决。

1. 关于自然人居民身份冲突的协调

关于自然人居民身份的冲突，也称双重居所冲突，一般有两种可供选择的解决办法：一是由缔约双方通过协商确定该纳税人应为哪一方的居民。如中国同日本、美国等国家签订的双边税收协定即采用的这一办法。[④] 二是采用《经合组织范本》或《联合国范本》所提供的先后顺序来确定自然人的居民身份。《经合组织范本》第4条规定："2. 由于第1款的规定，同时是缔约国双方居民的人，其身份应确定如下：（1）应认为是其有永久性住所所在国的居民；如果在（两个国家）同时有永久性住所，应认为是与其个人和经济关系更密切（重要利益中心）所在国居民；（2）如果其重要利益中心所在国无法确定，或者在其中任何一国都没有永久性住所，应认为是其有习惯性居处所在国的居民；（3）如果其在两个国家都有，或者都没有习惯性居处，应认为是其国民所在国的居民；（4）如果其同时是两个国家的国民，或不是其中任何一国的国民，应由缔约国双方主管当局通过协商解决。3. 由于第1款的规定，除

---

① 高尔森主编：《国际税法》（第二版），法律出版社1993年版，第48～49页。

② 参见原《中华人民共和国外商投资企业和外国企业所得税法》第3条，《中华人民共和国外商投资企业和外国企业所得税法实施细则》第5条。

③ 参见《中华人民共和国企业所得税法》第2条。

④ 财政部税务总局编：《中国对外税收协定集》（第一辑），中国财政经济出版社1985年版，第58、83页。

个人以外同时是缔约国双方居民的人，应认为是其实际管理机构所在国的居民。”

2. 关于法人居民身份冲突的协调

关于法人居民身份冲突的解决方式也有两种：一是由缔约国双方协商确定某一具体法人的居民身份归属；二是在税收协定中预先确定一种解决冲突时应依据的标准。两个范本均以实际管理机构所在国为居住国，[①]而我国与日本、法国等国家签订的税收协定则以总机构所在国作为解决法人居民身份冲突的标准。[②]

三、收入来源地税收管辖权的行使

收入来源地税收管辖权，是征税国基于有关的收益或所得来源于本国境内的法律事实，针对非居民行使的征税权。征税国对非居民主张收入来源地税收管辖权的依据，在于国家主权的属地原则，也即认定纳税人收益或所得来源于征税国境内。因此，关于收入来源地的识别判定，就成为收入来源地税收管辖权的重要内容。

纳税人的各项收益与所得从性质上一般划分为四类：营业所得、劳务所得、投资所得和财产所得。由于各国税法上对不同种类性质所得的来源地采用的判定标准与识别原则不一致，因而在跨国所得上，各国也往往产生税收管辖权冲突。下面分别就上述四种所得来说明各国对非居民行使收入来源地税收管辖权的法律实践和国际税法上的协调原则。

（一）对非居民营业所得的征税

营业所得（business income），又称营业利润或经营所得，一般指纳税人从事工业生产、交通运输、农林牧业、金融、商业和服务性行业等企业经营性质的活动而取得的纯收益。在国际税法上，对非居民营业所得的征税，目前各国都普遍接受并实行常设机构原则。所谓常设机构原则（permanent establishment principle），是指来源国仅对非居民纳税人通过在境内常设机构而获取的工商营业利润实行征税的原则。

两个范本第 7 条均对常设机构原则作出了类似规定。例如，《经合组织范本》第 7 条规定：“1. 缔约国一方企业的利润应仅在该国征税，但该企业通过设在缔约国另一方的常设机构进行营业的除外。如果该企业通过在缔约国另一方的常设机构进行营业，其利润可以在另一国征税，但其利润应仅以属于该常设机构的为限。2. 从属于第 3 款的规定，缔约国一方企业通过设在缔约国另一方的常设机构进行营业，如果该常设机构是一个独立分设企业，在相同或类似的情况下从事相同或类似活动，并完全独立地同其所隶属的企业进行交易，该常设机构在缔约国各方可能得到的利润应属于该常设机构。3. 确定一个常设机构的利润时，应允许扣除常设机构所发生的各项费用，包括行政和一般管理费用，不论其发生于常设机构所在国或其他任何地方。4. 如缔约国一方习惯于以企业总利润按一定比例分配给所属各

---

① 参见《经合组织范本》第 4 条，《联合国范本》第 3 条。

② 财政部税务总局编：《中国对外税收协定集》（第一辑），中国财政经济出版社 1985 年版，第 58 页。财政部税务总局编：《中国对外税收协定集》（第二辑），中国财政经济出版社 1987 年版，第 32 页。

部门的方法来确定一个常设机构的利润，上述第2款并不妨碍该缔约国按这种习惯分配方法确定其应税利润。但是采用的分配方法所得到的结果，应与本条所含的原则一致。5. 不应仅由于常设机构为企业采购货物或商品，将利润归属于该常设机构。6. 以上各款中，除了有适当的和充分的理由需要变动外，每年应采用相同的方法确定属于常设机构的利润。7. 利润中如包括有本协定中其他各条单独规定的所得项目时，本条规定不应影响其他各条的规定。”这表明，非居民纳税人在来源国境内是否设有常设机构是来源国对非居民纳税人取自本国境内的营业所得进行征税的前提条件。因此，常设机构在国际税法上是一个非常重要的概念。对常设机构范围的扩大或缩小，对常设机构利润的归属与核算原则的不同都将会直接影响缔约国双方的税收权益。虽然常设机构原则对居住国与来源国之间在跨国营业利润上的征税权益分配作了明确划分，但在具体的实施过程中，仍有许多问题需要加以解决。

1. 常设机构的概念和范围

根据两个范本之规定，缔约国一方居民在缔约国另一方从事经营活动，可以基于某种物的因素或人的因素而构成常设机构。

从物之因素而言，常设机构首先是指一个企业进行其全部或部分生产、经营的固定场所。这种固定场所必须具备固定性、长期性、营业性三大特征，其一般包括管理场所，分支机构，办事处，工厂，车间或作业场所，矿场、油井或气井、采石场或任何开采自然资源的场所以及建筑安装工地等。[①] 而商品库存、陈列、展销，为采购货物或收集情报而保有的场所，以及其他任何具有准备性、辅助性的固定场所则不构成常设机构。例如，甲国的M公司在乙国设有一分公司，在丙国设有一常驻代办处。1996年10月，M公司在丁国又举办了一次为期3个月的商品展销会。已知甲国与乙、丙、丁三国均签订有双边税收协定。则依协定规定，M公司在乙国设立的分公司、在丙国设立的代办处均在东道国构成常设机构，而在丁国的展销会则不构成常设机构。

从人之因素而言，缔约国一方企业，在缔约国另一方境内并未通过某种固定的营业场所从事营业活动，但如果其在另一方境内通过特定的营业代理人开展业务，仍有可能构成常设机构的存在。按照两个范本之规定，缔约国一方企业通过依附于该企业的非独立代理人在缔约国另一方从事特定性质的营业活动，如依授权代表该企业签订合同等，一般构成在缔约国另一方设有常设机构。但是，如果缔约国一方企业在另一方境内通过独立地位的代理人进行营业，并不构成在另一方设有常设机构。除非，这种代理人的活动全部或几乎全部是代表该企业。

2. 常设机构利润范围的确定与核算

对常设机构利润范围的确定一般采取“实际联系原则”和“引力原则”，对已归属于常设机构范围的利润的核算则采用“独立企业原则”和“收入费用分配原则”。

---

① 关于建筑安装工地，《联合国范本》规定以连续为期6个月以上构成常设机构；《经合组织范本》规定以12个月以上为限。我国对外签订的税收协定早期一般采用《联合国范本》6个月的规定。但随着中国对外投资的扩大，晚近我国对外签订的税收协定对此类常设机构规定的时间则较多突破了《联合国范本》甚至是《经合组织范本》的规定，多以12个月或18个月为准。

（1）实际联系原则（effectively connected principle），是指非居民企业通过其设在来源国境内的常设机构的活动实现的营业利润，以及与常设机构有关联的其他所得（如常设机构对其他企业的投资、贷款所获的股息、利息收益以及特许权使用费等），可以归属于该常设机构的利润范围。至于非居民企业未通过常设机构而取得的营业利润和与常设机构并无实际联系的其他所得，应排除在常设机构的利润范围之外。

（2）引力原则（principle of the force of attraction），指非居民企业在来源国设有常设机构的情况下，非居民企业在来源国所取得的其他营业所得，尽管未通过该常设机构的活动而取得，只要产生这些所得的营业活动本身属于该常设机构的营业范围，来源国都可以将它们归纳入常设机构的利润项下征税。例如，甲国 A 公司在乙国首都建立一办事处，主要用于接收、发送货物及订立合同，提供售后服务。A 公司董事长在乙国参加地区性经济论坛会议期间，与 B 公司签订了销售 A 公司产品的合同，产品的运输提供均由 B 公司负责。A 公司在乙国的办事处并不知情，但在纳税时，却被要求将 A 公司与 B 公司直接订立合同产生的利润纳入应税所得。A 公司的办事处对此表示不同意，认为其总机构 A 公司的利润与该办事处没有联系，不应由其纳税。乙国的税务机关则认为，A 公司与 B 公司订立合同的营业活动属于该办事处的经营范围，故应由该办事处纳税。双方因此发生争议。① 在本案中，A 公司办事处所持有的观点为实际联系原则，乙国税务机关所持有的观点即为引力原则。采用引力原则，有利于扩大来源国的税收管辖权，但从税务行政的角度考虑，则存在着适用上的困难。因此，从各国实践看，大多数国家在确定常设机构的利润归属时均采用实际联系原则，两个范本也基本倾向于实际联系原则。②

（3）独立企业原则，是指常设机构虽然在法律地位上不具有独立法人资格，只是总公司或总机构的派出机构，但来源国却将其视为独立的纳税实体，要求其按照正常的市场交易原则来与其他企业及其总机构进行经济交往，并以此来核定常设机构的应得利润。

（4）收入费用分配原则，指常设机构在计算利润扣除成本费用时，允许其分摊总机构的部分管理费用。但这部分费用必须是以总机构为常设机构的营业所发生的或与常设机构的生产经营有关的费用。

独立企业原则与收入费用分配原则的适用，都是为了合理而正确地计算常设机构的营业利润，从而维护来源国的税收权益。

3. 常设机构原则的例外——对国际海运和航空运输业利润的征税

上述常设机构原则，不适用于国际海运和航空运输业。这是因为国际运输涉及的国家众多，如按常设机构征税，将有碍于国际运输业的发展。按照两个范本的原则，对从事国际海运和航空运输企业的利润应仅由企业的实际管理机构所在国一方独占征税。这一特殊原则，已为世界上大多数国家所签订的税收协定所接受。

---

① 汤树梅主编：《国际经济法案例分析》，中国人民大学出版社 2000 年版，第 123 ~ 124 页。

② 《联合国范本》列入了引力原则，《经合组织范本》未列入引力原则。

（二）对非居民劳务所得的征税

个人劳务所得(income from service)包括独立劳务所得和非独立个人劳务所得两类。

1. 对非居民独立劳务所得的征税

独立个人劳务所得(income from independent personal service)，指个人独立地从事某种专业性劳务或其他独立性活动所取得的收入。“专业性劳务活动”这一用语，特别包括独立的科学、文学、艺术、教育或教学活动，也包括医师、律师、工程师、建筑师、牙医师和会计师的独立活动。

对跨国独立劳务所得的课税，国际税法上一般遵循“固定基地原则”(principle of fixed base)和“183 天规则”(183 days rule)。即来源国对非居民纳税人的独立个人劳务所得征税，应以提供劳务的非居民个人某一会计年度在境内连续或累计停留达 183 天或在境内设有经营从事这类独立劳务活动的固定基地为前提条件。例如，《联合国范本》第 14 条规定：“缔约国一方居住者由于专业性劳务活动或其他独立性质的活动而取得的所得，应仅在该缔约国征税。但在下列情况下，也可以在缔约国另一方征税：a. 在缔约国另一方为从事上述活动的目的而经常设有固定基地的；在这种情况下，缔约国另一方据以征税的，应仅以属于该固定基地的所得为限；或者 b. 在缔约国另一方停留期间在该会计年度中累计等于或超过 183 天的；在这种情况下，缔约国另一方据以征税的，应仅以在缔约国另一方进行活动取得的所得为限；或者 c. 在缔约国另一方进行活动的报酬，该项报酬是由该缔约国居住者所支付或者由设在该缔约国的常设机构或固定基地所负担，其金额在会计年度中不超过……(具体金额通过双方谈判确定)……”《经合组织范本》中没有“183 天”的规定，只有固定基地的规定。该范本第 14 条规定：“缔约国一方居民由于专业性劳务或其他独立性活动取得的所得，应仅在该国征税。但在缔约国另一方设有经常为从事上述活动目的的固定基地除外。对于上述固定基地，缔约国另一方可以对仅属于该固定基地的所得征税。……”但尽管如此，《经合组织范本》在其后来的修订中已将有关“固定基地”的规定删去，相关内容纳入了“常设机构”的范畴。

中国在对外签订的税收协定中，也多数采用的是“固定基地原则”与“183 天规则”。例如，《中华人民共和国政府和日本国政府关于对所得避免双重征税和防止偷漏税的协定》第 15 条规定：“一、除适用第十六条、第十八条、第十九条、第二十条和第二十一条的规定以外，缔约国一方居民因受雇取得的薪金、工资和其他类似报酬，除在缔约国另一方受雇的以外，应仅在该缔约国一方征税。在缔约国另一方受雇取得的报酬，可以在该缔约国另一方征税。二、虽有第一款的规定，缔约国一方居民在缔约国另一方受雇取得的报酬，同时具有以下三个条件的，应仅在该缔约国一方征税：(一) 收款人在有关历年中在该缔约国另一方停留连续或累计不超过 183 天；(二) 该项报酬由并非该缔约国另一方居民的雇主支付或代表该雇主支付；(三) 该项报酬不是由雇主设在该缔约国另一方的常设机构或固定基地所负担。三、虽有第一款和第二款的规定，受雇于缔约国一方企业经营国际运输的船舶或飞机而取得的报酬，可以在该缔约国征税。”

2. 对非居民非独立个人劳务所得的征税

非独立个人劳务所得(income from dependent personal service),是指个人由于受雇于他人从事劳动工作所得的报酬,包括工资、薪金和各种劳动津贴等。对跨国非独立个人劳务所得的征税,总的原则是由作为收入来源国一方从源征税。《经合组织范本》第15条规定:“1. 从属于第十六、十八和十九条的规定,缔约国一方的居民由于受雇取得的薪金、工资和其他类似的报酬,除了受雇于缔约国另一方的以外,应仅在该国征税。如果受雇于缔约国另一方取得的该项报酬,可以在另一国征税。2. 虽有第1款的规定,缔约国一方的居民由于受雇于缔约国另一方取得的报酬,在下列情况下,应仅在首先提及的国家征税:(1) 收款人在有关会计年度中在缔约国另一方停留累计不超过183天;同时(2) 该项报酬是由并非缔约国另一方居民的雇主支付或代表雇主支付的;并且(3) 该项报酬不由雇主设在另一国的常设机构或固定基地所负担。3. 虽有本条以上规定,由于受雇于从事国际运输的船舶或飞机上,或受雇于从事内河运输的船只上取得的报酬,可以在企业实际管理机构所在的缔约国征税。”

此外,对特殊情况下的个人劳务所得,如跨国取得收入的董事、演员、运动员、退休人员、政府职员以及留学生、实习生等特定人员,其收入既不能纳入非独立个人劳务所得征税,又很难适用独立个人劳务所得的征税,因此双边税收协定往往对此采取特别的单独征税规则。

(三) 对非居民投资所得的征税

投资所得(income from investment),是指纳税人从事各种间接投资活动而取得的如股息、利息、特许权使用费等各项收益。来源国对非居民纳税人的投资所得,一般都采取从源预提的方式征税,国际上将此种征税通称为预提税,即由支付人在向非居民支付投资所得款项时按税法规定代为预先扣缴应纳税款,是所得税的一种源泉控制征收方式。由于此类所得的成本、费用计算复杂,所以预提税都仅就收入总额(毛收入)计税,不扣除成本、费用,因此预提税的税率一般都较低。为了合理划分来源国与居住国的税收权益,双边税收协定一般都采用“税收分享原则”对跨国投资所得进行税收征收。

(四) 对非居民财产所得的征税

对非居民财产所得,特别是针对非居民运用不动产与转让不动产所取得的所得,各国的通行做法都是由财产所在国征税。但对转让从事国际运输的船舶或飞机,以及属于经营上述船舶或飞机的动产所获的收益,应仅由转让者的居住国一方独占征税。而对非居民运用或转让动产所得的收入,则由双边税收协定具体划分。

四、电子商务与税收管辖权

随着国际互联网的发展,跨国电子商务交易越来越频繁。基于电子商务交易的无址化、虚拟化特征,传统的国际税法原则在电子商务环境下的适用受到越来越严峻的挑战,而其实质依然是各国在新经济条件下如何行使其税收管辖权的问题。例如,关税及其他流转税在跨国电子商务交易中应如何进行征收,网上交易的所得性质应怎样划分,以及如何应对国际避税的监管更加复杂、艰巨等问题。但其中最引人注目的问题即是对前述常设机构原则的挑战。

常设机构原则适用的前提在于企业在来源国有某种基于物的因素或人的因素所构成的具有物理空间形态的“场所”的存在，这是来源国据以征税的客观标志所在。而电子商务与传统贸易的最大区别即在于它的虚拟性。通过跨国电子商务交易，贸易商可以从来源国获取巨额营业利润，却不用在来源国设置任何具有物理空间形态的“场所或机构”，从而使来源国的征税权失去了任何可以依据的客观标志。例如，欧洲一家公司通过互联网销售货物和劳务给日本顾客，并在日本设置辅助机构用于接受订货和售后服务。这种辅助机构一无存货，二不代表外国公司对外签订合同，依法不能认定为常设机构。故日本税务机关无法对这家欧洲公司来源于本国的收入征税。①

为此，发达国家多主张对跨国电子商务交易给予免税，而发展中国家基于维护自身税收权益则主张对通过跨国电子商务交易所获得的利润应适用常设机构原则并对其征税。但对如何适用常设机构原则，目前尚未找到最佳途径。有的主张扩大常设机构范围，将网址作为常设机构来认定从而实现对其征税；有的主张以网络传输信息的电子数节比特(bit)为征收对象征收比特税；还有的学者提出“虚拟常设机构”的主张；也有学者提出将纯粹的网上交易视为权利转让从而依投资所得进行预提税征收等。上述主张虽各有其合理性，但在实践中均会产生这样或那样的问题。比如网址具有不确定性，销售商可以不将网址设在来源国境内，而将其设在本国或任何第三国境内从而逃避来源国的税收管辖。而征收比特税，无法区分单位数量电子数节的应税收入，从而不适用所得税的征收。虚拟常设机构的主张，因缺乏客观标志而不具有可操作性。预提税方案则因模糊网上交易的所得性质而被认为违反税收中性原则，遭到发达国家的强烈反对。因此，对于跨国电子商务交易所得如何适用常设机构原则的问题，还是一个值得进一步探讨与研究的新课题，也是广大发展中国家在新经济形势下如何维护来源国税收权益的新问题。

第三节　国际重复征税与国际重叠征税

兹有甲国母公司 A 在某纳税年度内有来自甲国境内所得 150 万元，甲国的公司所得税税率为 40%。A 公司拥有设在乙国的子公司 B 50% 的股份。已知子公司 B 在该纳税年度内获利 100 万元，并按乙国公司所得税税率 30% 缴纳税额 30 万元。子公司 B 从税后利润中按股权比例分配母公司 A 股息 35 万元，并在支付股息时按乙国预提所得税税率 10% 代扣缴 3.5 万元预提所得税。②

本案中，当 A 公司实际收到股息后，甲国又会依法将股息所得纳入 A 公司该年度的境内外所得进行所得税征收。在这里，甲国 40% 的公司所得税征收，相对于乙国 10% 的预提

① 汤树梅主编：《国际经济法案例分析》，中国人民大学出版社 2000 年版，第 122 页。

② 廖益新主编：《国际税法学》，北京大学出版社 2001 年版，第 331 页。

所得税征收，是国际重复征税；相对于乙国 30% 的公司所得税征收，是国际重叠征税。

一、国际重复征税

（一）国际重复征税的概念

国际重复征税（international double taxation），也称国际双重征税，是指两个或两个以上国家各依据自己的税收管辖权按同一税种对同一纳税人就同一征税对象在同一征税期限内同时征税。国际重复征税，是国际税收关系的焦点，也是国际税法的核心。国际税法的许多法律规范，都是解决国际重复征税现象的规范。

（二）国际重复征税的产生

国际重复征税的产生与国家税收管辖权有着直接的联系。只有在两个或两个以上的国家对同一纳税人都行使税收管辖权的情况下，才会产生国际重复征税。因此，税收管辖权的冲突或重叠，是产生国际重复征税的根本原因。

国家间税收管辖权的冲突，主要表现为以下三种类型：（1）居民税收管辖权之间的冲突。居民税收管辖权之间的冲突，主要是由于有关国家确定税收居所的标准不一致，致使一个纳税人在两个或两个以上国家同时被认定为居民纳税人，从而在这些国家都负有无限纳税义务。居民税收管辖权的冲突，发生的情况相对较少，且目前国际上自然人与法人的税收居所冲突都已有了相应的解决规则。（2）来源地税收管辖权之间的冲突。当一个纳税主体的同一笔所得被两个或两个以上的国家同时认为来源于本国，该纳税人应在两个或两个以上国家就同一笔所得承担有限纳税义务时，则产生了来源地税收管辖权之间的冲突。其产生的原因在于有关国家对同一种所得采取的确认来源地标准不同。关于这一类型的税收管辖权冲突，发生的概率更少，目前国际上尚无固定的解决原则，只能由有关国家协商解决。（3）居民税收管辖权与来源地税收管辖权之间的冲突。当纳税人在其居住国以外的其他国家进行经济活动或其他活动而取得收益时，其居住国要对其行使居民税收管辖权，作为居民纳税人，他要对居住国负无限纳税义务；而来源国要对其行使来源地税收管辖权，作为非居民纳税人，他要对来源国负担有限纳税义务。因此，该纳税人在来源国取得的这笔收益，必须同时向来源国与居住国承担纳税义务，来源地税收管辖权与居民税收管辖权之间的冲突由此产生。这种情形之下的重复征税是大量的、普遍的并经常存在的，一般所说国际重复征税即指这一种，这也是国际税法所要着重解决的问题。下述国际重复征税均指这一类型。

（三）国际重复征税的消极影响

国际重复征税的存在，首先有悖于税收公平原则。相对于国内纳税人来说，跨国纳税人要同时承担来源国与居住国的双重纳税义务，担负更沉重的税负。因此，国际重复征税被视为对跨国投资与商业活动的歧视。由于过重税负的存在，国际重复征税严重影响跨国投资者的积极性，从而阻碍国际资本流转、商品流通和经济技术交流。所以，避免和消除国际重复征税，具有极为重要的意义。

二、国际重叠征税及与国际重复征税的异同

(一) 国际重叠征税的概念及产生

国际重叠征税(international double tax imposition),也称国际双层征税,[①]是指两个或两个以上国家对同一笔所得在具有某种经济联系的不同纳税人手中各征一次税的现象。

重叠征税主要发生在公司与股东之间。由于公司与股东(包括个人股东与法人股东)在法律上都具有各自独立的人格地位,公司所获利润,一般应当依法缴纳所得税,税后利润以股息的形式分配给股东后,股东依法又应当缴纳个人所得税或公司所得税。所以,同一所得,在不同的纳税人手中被各征一次税,则是重叠征税。如果公司与股东,在同一国内,则为国内重叠征税;如果公司在一国,股东在另一国,即为国际重叠征税。并且,又由于公司的股东可能也是一家公司,该公司又有自己的股东,因此,在母公司与子公司之间,子公司与孙公司之间,以及孙公司与重孙公司之间,等等,同一笔所得都可能被各征一次税,所以重叠征税中多层次征税的现象是很普遍的。

(二) 国际重叠征税与国际重复征税的异同

二者的相同之处在于同一来源的所得在不同的税收管辖下被多次征税,但它们之间也有本质的不同。其最主要的区别在于:(1) 产生的原因不同。国际重复征税是基于国家间的管辖权冲突;而国际重叠征税则是由于国家税制结构导致的。故国际重复征税往往被称为狭义的国际重复征税或法律上的国际重复征税,国际重叠征税则往往被称作广义的国际重复征税或经济上的国际重复征税。(2) 纳税主体不同。国际重复征税是不同国家对同一纳税人的同一所得两次或多次征税;而国际重叠征税则是不同国家对不同纳税人的同一税源所得两次或多次征税。这是国际重复征税与国际重叠征税之间最基本、最重要的区别。(3) 其他方面的诸多不同。重复征税没有国内重复征税,其有时只涉及个人纳税人,而与公司无关;重叠征税有国内、国际之分,重叠征税涉及的纳税人中,至少有一个为公司。另外,国际重复征税只涉及同一税种,而国际重叠征税则有可能涉及不同税种。

目前,国际社会已经有了行之有效的、并为各国所普遍接受的解决国际重复征税的办法,但对国际重叠征税尚无普遍适用的解决原则。因此,国际重叠征税是国际税法亟待研究与解决的又一重要问题。

(三) 国际重叠征税的消极影响

国际重叠征税的存在,对国际税收关系及国际经济关系也会产生许多负面影响,主要表现在以下几个方面:(1) 造成跨国纳税人税负过重,影响国际投资的积极性。同一笔所得,被多次征税,使纳税人负担过重,所获得利润甚少,必然使其在国际投资面前徘徊不定,举步维艰。(2) 使公司尽量不分配股息或少分配股息,不仅对公司本身的发展不利,而且股东所

---

① 陈安主编:《国际税法》,鹭江出版社 1987 年版,第 76 页。

在国不能按时收到投资收益,对国际收支平衡也会产生不利影响。(3) 使公司尽量使用借贷资本,而不愿过多吸收股份资本。因为借贷资本利息可以作为成本从应纳税所得中扣除,使公司的应纳税额减少;但股份资本的股息则不能作为成本扣除,只能从税后利润中支付。由此必将增加产品成本,不利于国家财政收入。同时,借贷资本过多还会影响资本结构,对国际经济的正常发展不利。

因此,国际重叠征税的存在,对国际经济的顺利发展不利,消除和避免国际重叠征税意义重大。

三、避免国际重复征税的方法

国际重复征税源于税收管辖权冲突,因此从逻辑而言,限制各国的税收管辖权,如各国只行使单一的居民税收管辖权,或仅行使来源地税收管辖权,就可以有效地避免税收管辖权冲突,从而完全避免国际重复征税的产生。然而,这既涉及国家主权,又涉及国家的财政利益,实践中几乎没有国家愿意放弃任何一种管辖权。因此,目前避免国际重复征税的唯一办法只能是在相互承认对方国家税收管辖权的基础上由双方各自通过国内立法或通过双边税收协定来协商解决。所以,相互承认对方的税收管辖权是避免国际重复征税的前提。由此,居住国首先就要承认来源国的优先征税权;而来源国也必须作出一定的让步与限制,以保证居住国的居民税收管辖权不至于在事实上落空。

与此相联系,在国际税收的实践中,避免国际重复征税的具体方法主要有以下几种。

(一) 运用冲突规范划分征税权

运用冲突规范将某一征税对象的征税权完全划归一方或分配给双方,从而在一定程度或范围上避免国际重复征税。这是国际税收协定中常用的一般方法,也是某些国家的国内税法中所采用的办法。比如上一节中已介绍过的常设机构原则,对国际海运和航空运输业利润的征税原则,对个人劳务所得征税的固定基地原则和 183 天规则,对投资所得的税收分享原则等,都是运用冲突规范划分征税权的做法。所以,利用国内法冲突规范与国际法冲突规范划分征税权,是消除国际重复征税的重要方法之一。

(二) 免税法

免税法(exemption method),是指居住国政府对本国居民来源于国外的所得和位于国外的财产免于征税。免税法的实行,可以使跨国纳税人在收入来源国已经纳税的那部分所得,不用再向居住国政府纳税,从而避免重复征税。目前,免税法主要在各国国内法里规定,如法国、丹麦、瑞士等欧洲大陆法系及拉美的一些国家。有时,免税法也作为避免国际重复征税的方法列入国际税收协定之中。

由于具体操作方式及其结果的不同,免税法可分为全部免税法和累进免税法两种。

1. 全部免税法(full exemption)

也称全额免税法,指居住国在确定纳税人的应税所得及其适用税率时,完全不考虑应免予征税的国外所得部分。其计算公式为:

居住国应征所得税税额 = 居民的国内所得 × 适用税率

2. 累进免税法(exemption with progression)

指居住国在确定纳税人的国内应税所得的适用税率时,将应免予征税的国外所得部分考虑进去,但对国外所得部分却不予实际征收。其计算公式为:

居住国应征所得税税额 = 居民的国内外总所得 × 适用税率
× (国内所得/国内外总所得)

举例:假定某跨国纳税人来自国内外的全部应税所得共计 40 万元,其中居住国所得为 30 万元,收入来源国所得为 10 万元。收入来源国实行 30% 的比例税率;居住国实行 20% 至 50% 的累进税率,30 万元所得的适用税率为 35%,40 万元的适用税率为 40%。[①] 该纳税人在不同情况下的纳税额分别如下:

	来源国纳税	居住国纳税	两国共纳税
无免税	3 万(10 万 × 30%)	16 万(40 万 × 40%)	19 万元
全部免税	3 万(10 万 × 30%)	10.5 万(30 万 × 35%)	13.5 万元
累进免税	3 万(10 万 × 30%)	12 万(30 万 × 40%)	15 万元

可见,采用累进免税法,相对于全部免税法而言,既可以多增加税收收入,以避免因对国外所得免税而使国内所得适用较低的税率,更重要的是又表明本国并未放弃居民税收管辖权。居住国只是在承认来源国有优先征税权的基础上对本国居民税收管辖权采取一定的限制措施,以避免重复征税,减轻纳税人的负担,并未从根本上放弃本国的居民税收管辖权。因此,在实行免税制的国家中,很少有采用全部免税法的,大多实行累进免税法。需注意的是,采用累进免税法,必须以居住国实行累进税率为前提,否则即无实际意义。

(三)抵免法

1. 抵免法的概念

抵免法(foreign tax credit),也称外国税收抵免,指纳税人可将已在收入来源国实际缴纳的所得税税款在应当向居住国缴纳的所得税税额内扣除。其基本计算公式为:

居住国应征所得税税额 = 居民的跨国总所得 × 居住国所得税税率
− 允许抵免的已向来源国缴纳的所得税税款

居住国对本国居民纳税人的国外税收实行抵免,既承认了来源国税收管辖权优先地位,又不放弃居民税收管辖权的行使,从而避免了国际重复征税。即如果来源国实际上并未向跨国纳税人征税,则居住国要按本国税法依法征税。居住国是否对纳税人的国外税收实行抵免,是以纳税人是否实际向来源国纳税为前提的。因此,抵免法为世界上大多数国家所普遍采用,也是国际税收协定所采用最多的避免国际重复征税的方法。中国也是采用抵免法

① 高尔森主编:《国际税法》(第二版),法律出版社 1993 年版,第 89 页。

的国家之一。

2. 限额抵免及其分类

目前,在国际税收实践中,实行抵免法的国家的普遍做法是实行限额抵免(ordinary credit),也称一般抵免,即居住国允许跨国纳税人扣除其国外已纳税款的最大数额为国外所得部分按居住国所得税税法计算的应纳税额。即:

抵免限额 = 跨国总所得按居住国税法计算的应纳税额
× (国外应税所得/跨国总所得)

实行限额抵免的理论根据在于:税收抵免的目的在于消除重复征税,抵免国没有义务用本国的财政收入去补贴外国税收。规定外国税收抵免的最大限额,既可以达到避免重复征税的目的,又可以防止过量的国外税收抵免额造成对国内税收收入的不良影响。

抵免限额(limitation on credit)的计算,在各国依不同情况,还有分国限额、综合限额与分项限额之分。

(1) 分国限额(per country limitation)。即分别对待本国居民从各个不同的国家取得的所得,一国一个抵免限额,不得互相抵补。其计算公式为:

分国限额 = 国内外全部应税所得按居住国税法计算的应纳税额
× (某一外国的应税所得/国内外全部应税所得)

(2) 综合限额(overall limitation)。即将本国居民在国外所取得的全部所得当做一个整体计算抵免限额,各国共用一个限额。其计算公式为:

综合限额 = 国内外全部应税所得按居住国税法计算的应纳税额
× (国外全部应税所得/国内外全部应税所得)

对跨国纳税人来说,分国限额与综合限额各有利弊。当纳税人在高税率国和低税率国均有投资的情况下,综合限额优于分国限额;当纳税人在国外的投资,出现有的盈利、有的亏损时,分国限额则又优于综合限额。

例一:甲国 A 公司国内应纳税所得额为 100 万元,来自乙国分公司的应纳税所得额为 20 万元,来自丙国分公司的应纳税所得额也是 20 万元。甲、乙、丙三国的所得税税率分别为 46%、60% 和 30%。[①] 则该公司在乙国纳税 12 万元,在丙国纳税 6 万元。

① 如果甲国采用分国限额抵免法避免国际重复征税,则:

乙国限额 = (140 × 46%) × (20/140) = 9.2 万元

丙国限额 = (140 × 46%) × (20/140) = 9.2 万元

A 公司向甲国纳税额 = (140 × 46%) − 9.2 − 6 = 49.2 万元

② 如果甲国采用综合限额抵免法避免国际重复征税,则:

综合限额 = (140 × 46%) × (40/140) = 18.4 万元

A 公司向甲国纳税额 = (140 × 46%) − 12 − 6 = 46.4 万元

---

① 高尔森主编:《国际税法》(第二版),法律出版社 1993 年版,第 102 页。

例二：甲国B公司国内应纳税所得额为100万元，来自乙国分公司的应纳税所得额为20万元，来自丙国分公司的应纳税所得额也为20万元，而丁国分公司亏损10万元。甲、乙、丙、丁四国的所得税税率分别为46%、60%、30%和50%。则该公司在乙国纳税12万元，在丙国纳税6万元，在丁国不用纳税。

① 如果甲国采用分国限额抵免法避免国际重复征税，则：

乙国限额 = (130 × 46%) × (20/130) = 9.2 万元

丙国限额 = (130 × 46%) × (20/130) = 9.2 万元

丁国限额 = 0

B公司向甲国纳税额 = (130 × 46%) − 9.2 − 6 − 0 = 44.6 万元

② 如果甲国采用综合限额抵免法避免国际重复征税，则：

综合限额 = (130 × 46%) × (30/130) = 13.8 万元

B公司向甲国纳税额 = (130 × 46%) − 13.8 = 46 万元

(3) 分项限额。在某些实行分类所得税制的国家，还有分项限额的抵免方法。即将纳税人的国外所得按不同项目或类别分别计算抵免限额。其计算公式为：

分项限额 = 国内外该项全部应纳税所得额按居住国税法计算的应纳税额
× (国外某一专项应纳税所得额/国内外该项全部应纳税所得额)

分项限额与综合限额、分国限额相结合，又可分为分国不分项限额、分国分项限额、综合不分项限额和综合分项限额四种类型。我国的税收实践中，对法人的国外税收抵免采用的是分国不分项限额，而对自然人的国外税收抵免则适用的是分国分项限额。[①]

(四) 扣除法和减税法

1. 扣除法

扣除法，是指居住国在对跨国纳税人征税时，允许本国居民将国外已纳税款视为一般费用支出从本国应纳税总所得中扣除。其计算公式为：

居住国应征所得税税额 = (居民跨国总所得 − 国外已纳税额)
× 居住国适用税率

例如，某跨国纳税人有国内外应税所得12.7万元，已知在来源国缴纳所得税5万元。居住国所得税税率为40%，如果居住国不考虑重复征税，则该纳税人应向居住国纳税5.08万元(12.7 × 40%)；如果居住国采用扣除法避免重复征税，则该跨国纳税人只需向居住国纳税3.08万元[(12.7 − 5) × 40%]。

2. 减税法

减税法，是居住国对于其本国居民来源于国外的所得进行征税时给予一定的减征照顾。比如对应纳税额只征90%或85%等。

扣除法与减税法都是作为避免国际重复征税的辅助措施出现的，其防止重复征税的效

① 参见《中华人民共和国企业所得税法实施条例》第78条，《中华人民共和国个人所得税法实施条例》第32条。

果不如免税法与抵免法,只能在一定程度上对国际重复征税有所缓解。

四、国际重叠征税的解决办法

关于对国际重叠征税的解决办法,目前尚无各国普遍适用的国际法规范。实践中,只是一些国家为鼓励国际投资而单方面在国内法中谋求解决途径,另外尚有一部分国际税收协定中有关于解决国际重叠征税的规定。这些解决办法主要是从两个方面着手的:一是由收取股息所在国采取措施,二是由付出股息所在国采取措施。

(一) 股息收入国所采取的措施

1. 对来自国外的股息减免所得税

对母公司或个人股东从国外的子公司或投资公司所收取的股息,收取股息的所在国对这部分股息不再征收公司所得税或个人所得税,或者减征股息应缴纳的所得税,这自然可以从根本上避免国际重叠征税或对其有所缓解。在具体操作中,各国做法有所不同。在对股息进行减免税时,有的国家不附带任何条件,完全减免;有的则要求附带一定的条件,比如,要求收息公司持有付息公司股份的比例达到一定数量,持股须达到一定期限,或收取股息必须进行再分配等各种条件。

2. 准许国内母公司与国外子公司合并报税

准许母子公司合并报税(consolidated tax return),事实上就是对子公司付给母公司的股息免征所得税,从而避免了重叠征税。而准许国内母公司与国外子公司合并报税,则避免了国际重叠征税。凡允许母子公司合并报税的国家所规定的必备条件都是母公司在子公司须持有较高比例的股份,一般规定的持股比例都在 80% ~90%,甚至高达 100%,低的也在 50% 以上。此外,有的还规定须经财政部长批准等其他条件。

3. 对外国所征收的公司所得税实行间接抵免

间接抵免(indirect credit),是指母公司所在国对子公司向东道国缴纳的公司所得税所给予的税收抵免。由于母公司的股息收益出自子公司的税后利润,如果母公司所在国先对子公司付出的股息部分所承担的向东道国缴纳的所得税实行抵免,然后再向母公司所收取的股息征收所得税,则可以避免国际重叠征税。对此种抵免称为“间接抵免”,是相对于避免国际重复征税的“抵免法”而言的。因为避免国际重复征税的抵免是对同一纳税人采取的措施(一般为总公司与分公司之间,两者是同一法人),而避免国际重叠征税的抵免是针对母公司与子公司这两个位于不同国家的独立法人而采取的,并且基于重叠征税的抵免额需要从母公司所收取的股息来倒推计算,所以在国际税法上将前一种抵免称为“直接抵免”(direct credit),将后一种抵免称为“间接抵免”。

按国际通行原则,享受间接抵免必须符合下列条件:(1) 享受者为法人股东,而非自然人股东;(2) 法人股东须是直接投资者,而非证券投资者;(3) 该直接投资者必须拥有付出股息的子公司一定数量的股份。间接抵免的复杂性在于收取股息的公司并非都持有付息公司 100% 的股份;而付息公司也并非都将 100% 的税后利润作为股息进行分配。因此,股息收取国在进行抵免之前，须先算出收取股息公司（即母公司）可获得的间接抵免额，该间接抵免额即为支付股息公司（即子公司）向东道国缴纳的所得税按比例属于股息承担的份额。其计算公式为：

间接抵免额 = 母公司的股息/子公司的税后所得

×子公司向东道国缴纳的所得税款

这一公式只适用于一般间接抵免，如系多层间接抵免，则须另加一补充公式，即：

间接抵免额 = 母公司的股息/子公司的税后所得

×（子公司东道国所得税 + 属于子公司承担的孙公司东道国所得税）

如系三层公司，则应先按前述第一个公式计算出子公司对孙公司的间接抵免额（即属于子公司承担的孙公司东道国所得税），然后，再按补充公式计算母公司对子公司及孙公司的间接抵免额。如系四层、五层公司，计算时则需依次再增加计算一至两个层次。

间接抵免额计算出以后，并非一定如额抵免。一般国家在直接抵免中关于抵免限额的规定，也同样适用于间接抵免，即实际抵免额不得超过国外所得应向提供抵免国缴纳的所得税额。因此，母公司的国外所得额为股息与间接抵免额之和，然后再以母公司的国外所得额依母公司所在国的税法计算出抵免限额。当抵免限额大于或等于间接抵免额时，间接抵免额可以完全如额抵免；如果抵免限额小于间接抵免额时，间接抵免额则不能完全抵免，其最大抵免限度即以抵免限额为界。请看如下实例：

科迪佳公司 1998 年度有国内应税所得 20 万元。其国外子公司该年获利 10 万元，向东道国纳税 3 万元，税后利润 7 万元支付科迪佳公司股息 2.1 万元。已知科迪佳公司所属国国内公司所得税税率为 50%。

其一，当科迪佳公司所在国不考虑国际重叠征税的负担时，科迪佳公司应向本国缴纳 11.5 万元公司所得税。

① 科迪佳公司所收股息应承担的东道国税收 = 2.1/7 × 3 = 0.9 万元

② 科迪佳公司的国外应税所得 = 2.1 + 0.9 = 3 万元

③ 科迪佳公司应向本国纳税 = (20 + 3) × 50% = 11.5 万元

其二，当科迪佳公司所在国采用免税法避免国际重叠征税时，科迪佳公司应向本国缴纳公司所得税 10 万元。

科迪佳公司应向本国纳税 = 20 × 50% = 10 万元

其三，当科迪佳公司所在国采用间接抵免法避免国际重叠征税时，科迪佳公司应向本国纳税 10.6 万元。

① 间接抵免额 = 2.1/7 × 3 = 0.9 万元

② 科迪佳公司的国外应税所得 = 2.1 + 0.9 = 3 万元

③ 间接抵免限额 = 3 × 50% = 1.5 万元

④ 科迪佳公司应向本国纳税 = (20 + 3) × 50% − 0.9 = 10.6 万元

不过，须注意的是，为了说明问题，我们这里只举了一个纯粹的例子。实践中投资东道国往往会对本国企业支付出境的股息征收预提税，而股息收入国一般又会依据双边税收协定或本国税法的规定，对已征收的预提税给予直接抵免。因此，直接抵免与间接抵免在实践中往往是同时使用的。

我国税法过去只规定了直接抵免，而对国际重叠征税一直未采取解决措施，只是在少数双边税收协定中应缔约对方的要求而列入了间接抵免法。但2007年颁布的《中华人民共和国企业所得税法》第一次在我国税法中明确规定了对国际重叠征税可以采用间接抵免的方式进行抵扣。①

（二）股息付出国所采取的措施

股息付出国主要以双税率制和折算制来解决国际重叠征税。

1. 双税率制（two - rate system）

双税率制，也称分割税率制（dual rate system /split - rate system），指对公司利润中的积累部分和分配部分实行不同的公司所得税率，用于分配的利润税率低，用于积累的利润税率高。由于用于分配的利润适用较低的所得税率，股东收到的股息就更多，股东再依本国税法交纳所得税后的净股息自然也会较多。这样，就在一定程度上缓和了国际重叠征税。

2. 折算制（imputation system）

折算制，也称冲抵制（credit system），指股东所收取股息后应交纳的所得税税额可以用一部分付息公司已缴纳的公司所得税款予以冲抵。具体做法是：(1) 付息公司在所在国交纳公司所得税后，其税后利润用于分配股息；(2) 股东收到股息后，付息公司所在国国库按股东所收股息的一定比例退税给股东；(3) 股东再以所收股息与所退税款之和为基数向本国政府依税法缴纳公司所得税或个人所得税。折算制通过付息国退出一部分付息公司所得税的办法，可以对国际重叠征税起到一定的缓解作用。需注意的是，折算制本是一些国家用于解决国内重叠征税的办法，如果以其解决国际重叠征税，一般须以双边税收协定加以规定，并且还另有许多附带条件的限制。

第四节 国际逃税与国际避税

美国麦波公司为了利用我国香港对外国企业低征所得税、免征财产税以及不征资本利得税等特殊优惠，在香港设立子公司。现该公司把成本为3 000万美元、原应作价4 200万美元的一批货物，以3 300万美元销售给香港子公司，香港子公司最后以4 500万美元的价格出售这批货物。经过这一过程，麦波公司总共减少国际税负157.5万美元。同时，香港子公司又用该项所得购置房地产，供公司营业和股东居住使用，这样又可免除全部财产税。并且，等到将来这批财产卖出之后，还可以逃避出售这些财产利益原应缴纳的资本利得税。

① 参见《中华人民共和国企业所得税法》第24条。

一、国际逃税与国际避税的含义与异同

国际逃税(international tax evasion),是指跨国纳税人采取某种非法的手段或措施,以减少或逃避就其跨国所得本应承担的纳税义务,从而违反相关国家税法的行为。

国际避税(international tax avoidance),是指跨国纳税人利用各国税法的差异或国际税收协定的漏洞,通过各种形式上不违法的方式,以减少或躲避就其跨国所得本应承担的纳税义务的行为。

可见,国际逃税与避税的目的与动机都是为了减轻或消除税负。但是,二者在性质上却有不同之处。国际逃税是纳税人在纳税义务发生以后,以各种非法手段来逃避税负,具有欺诈的性质,是非法行为。而国际避税则是纳税人在纳税义务发生以前,以合法的手段来安排自己的事务,从而达到逃避交税的目的,其行为在形式上是合法的,不具有欺诈性。因此,对于逃税行为,当事人应承担相关的法律责任;而对于避税,各国只能以完善和修改有关税法或税收协定的方式来解决。

逃税与避税问题,几乎是与税收的产生相伴而生的。而第二次世界大战以后,随着国际商业联系的日益紧密,特别是跨国公司的大量涌现,逃税与避税也越来越国际化。尤其是国际避税港的逐渐增多与资本输出国的赋税越来越重所形成的强烈反差,使国际逃税与避税现象越来越严重。目前,国际逃税与国际避税问题已日益受到国际社会与各国政府的关注,同时,它们也不可避免地成为国际税法迫切需要解决的课题之一。

二、国际逃、避税产生的原因及其危害

(一)国际逃、避税产生的原因

第二次世界大战后,国际逃税与避税大量产生并迅速发展蔓延,究其主客观原因,主要表现在以下几个方面:

第一,追逐利润最大化,是国际投资者从事国际逃税与避税的主观原因。追求最大利润,是任何投资者的最终目标,多获利、少纳税当然也是所有跨国纳税人的共同目标。因此,为了达到少纳税的目的,有的不惜铤而走险,从事国际逃税;有的不惜挖空心思进行所谓“税收筹划”,从事国际避税。

第二,各国税收制度的差异,为国际投资者从事国际逃税和避税提供了客观上的便利条件。税制属于各国的内政,因而各国都依据本国的具体情况与政策来制定自己的税收制度,因此,不同国家之间在税制上就会存在较大差异。比如税收管辖权所采取的原则不同,税种与征税对象的不同,税率的高低与种类的不同,扣除项目的内容不同,优惠措施的不同等,这些差异都为跨国纳税人逃税、特别是避税提供了可乘之机。此外,各国税务当局在税收管理方面的有效性及各国之间的税务合作程度等诸多因素也会被跨国纳税人所利用。

第三,第二次世界大战后的几十年里,国际避税港的大量出现和大多数资本输出国竞相提高所得税税率又从客观上促进了国际逃税与避税的迅速增长。一方面,这一时期是世界

主要发达资本主义各国所得税制度的大发展时期,各国所得税税率的提高已达到了登峰造极的地步;另一方面,世界上一些国家与地区,为了吸引资本、促进本地经济的繁荣,又纷纷降低税率,甚至对许多商品与所得不征税。于是,出现了大量的避税港。这两方面的剧烈反差,就使得大量的国际投资者纷纷利用避税港来从事国际逃税与避税。

第四,国际交通和通信的便捷性,尤其是电子信息技术的发展,也为国际逃税和避税提供了想象的空间和操作的便利条件。

(二) 国际逃、避税产生的危害

国际逃税与国际避税,虽然在性质上不相同,但其危害却是相同的。

第一,严重损害有关国家的税收利益。逃税与避税的结果自然是有关国家该收的税不能按时收上来,国家的财政利益受到严重损害。值得注意的是,国际逃税与避税不仅在资本输出国大量存在,目前在发展中国家也越来越多。跨国纳税人主要利用发展中国家缺乏国际税收经验及涉外征管的不完善、征管水平与技术的落后等弱点,在享受税收优惠的同时进行逃税、避税。因此,国际逃税、避税不仅损害资本输出国的利益,也严重损害作为资本输入国的发展中国家的税收利益。

第二,造成国际资本的不正常移转,引起国际经济关系的混乱。抽逃资金、转移利润等逃税、避税的惯用手法,使大量资金从一国流转到另一国,就会引起国际资金的不正常流动,造成国际资金流通秩序的混乱。当有关国家的国际收支出现巨额逆差时,则不得不采取限制本国资金外流的措施,从而影响国际经济活动的正常运转。

第三,违背税收公平原则,损害税法的尊严。大量逃税、避税的存在,使逃税者在国际市场上获得不正当的竞争地位,而其他守法经营者则会处于竞争的劣势。因此,国际逃税与避税的存在,就是对守法者的不公平,严重违背税收公平原则。从而,也动摇税法在纳税人心目中的尊严地位。

综上,国际逃税与避税对国际税收关系和国际经济关系都危害极深,如何有效地防止国际逃税与避税,是国际税法的又一重要任务。

三、国际逃税与国际避税的主要方式

要有效地防止国际逃税与避税,就必须对跨国纳税人如何逃税与避税有所了解,才能有针对性地采取措施。

(一) 跨国纳税人从事国际逃税的主要方式

跨国纳税人进行国际逃税的方式多种多样,最常见的主要有:

第一,不向税务机关报送纳税资料,隐匿应税所得。即不履行填报纳税申报单的义务,隐匿其应税财产与所得。主要是对在国外拥有的财产或获得的股息、利息以及薪金、报酬等收入进行隐匿。常用的方法有进行无记名证券投资,将收入转移到国外银行,利用外国银行为客户保密等条件,使国内税务当局无法稽查。

第二,谎报所得和虚构扣除。谎报所得表现为以多报少或不如实说明所得的性质,将一种所得谎报为另一种所得,以达到少纳税的目的。比如将贷款利息作投资股息申报或正好相反。虚报成本费用等扣除项目以减少应税所得,是纳税人最常采用的一种逃税方式。比如多摊折旧,虚列利息支出,虚构佣金、技术使用费和交际应酬费等以少报多、无中生有的各种手段。

第三,伪造账册及收付凭证。伪造账册主要是设双账。一套账簿为伪造的虚假账目,以应付东道国税务当局的检查,一套为反映企业真实的经营状况的账簿,但严格保密,自行掌握。伪造收付凭证主要是在购入时多开发票,在售出时少开发票或不开发票,从而达到少交税的目的。企业的收支凭证是建立账册的原始凭证与依据。因此,建假账总是与伪造收付凭证相联系的,假账必定是以假凭证为基础的。

此外,跨国纳税人还可以通过逃离应纳税国家,转移收入或财产的所有权,滥用税收优惠与税收抵免等形形色色的方式进行国际逃税。

(二)跨国纳税人从事国际避税的主要方式

跨国纳税人进行国际避税的方式更是花样繁多,手法各异,比较典型的主要有以下几种:

1. 通过纳税主体的跨国移动进行国际避税

在自然人方面,跨国纳税人往往以移居国外,压缩居留时间及改变国籍等方式来变更税收居所,以达到规避在某一国承担居民纳税人的义务。更有甚者,采取不购置住所,如长期住在旅馆、船舶或游艇上,出境,流动性居留等方式,设法使其不成为任何国家的居民纳税人,以逃避税收征管。这种人在国际上被称作"税收逃难者"(a tax refugee)。

在法人方面,跨国纳税人也往往通过选择或变更税收居所的方式进行避税。比如,选择在低税国家注册,变换董事会会议地点,变动主要决策人员居住地及改变决策中心等。

2. 跨国联属企业通过转移定价与不合理分摊成本费用进行避税

联属企业(affiliated group),又称关联企业(related enterprises),一般指存在着一定的股权关系或控制关系的企业,包括总公司和分公司、母公司和子公司以及受同一公司控制的各个子公司与分公司。跨国联属企业,即指分布在不同国家之间的有各种股权关系或控制关系的关联企业。由于跨国联属企业之间存在共同的利益关系,它们往往通过制定内部的非正常交易办法与费用分摊原则,来安排各企业之间的经营事务,将利润从高税国家转移到低税国家,从而达到国际避税的目的。

联属企业跨国转移利润最常见的手法有两种,即转移定价与不合理分摊成本费用。

(1) 转移定价。转移定价(transfer pricing),也称转让定价,是指跨国联属企业之间通过人为不合理的交易价格来达到避税的一种常用手段。转移定价主要发生在股权控制达到一定程度的母、子公司之间,或在同一母公司控制下的两个子公司之间。

独立企业之间的经济交易,一般都是根据市场竞争的原则,按公平交易价格实现的。而联属企业之间,在同一集团利益的支配下,就完全可能背离市场竞争原则,在商品、资本、技术、劳务、信贷及租赁等各种交易中采用人为地抬高或压低交易价格的办法,把利润从高税率国转移到低税率国,从而达到少交税的目的。例如,跨国公司布朗国际集团有三个关联公司A、B、C,分别设在甲、乙、丙三个国家,三个国家的公司所得税税率分别为50%、30%和20%。A公司为B公司生产组装电视机用的零部件。现A公司以200万美元的成本生产了一批零部件,本应以240万美元的价格直接售给B公司,经B公司组装后按300万美元的总价格投放市场。为了减轻税负,A公司将该批货物以210万美元卖给C公司,C公司转手以280万美元的价格卖给B公司,B公司经组装后以300万美元的总价格投放市场。[①] 通过这一低一高的两次人为作价,布朗国际集团公司减少纳税13万美元;同时,甲国减少财政收入15万美元,乙国减少财政收入12万美元,而丙国则增加财政收入14万美元。

(2) 不合理分摊成本与费用。众所周知,根据常设机构原则,常设机构在核算利润时,可以合理地分摊总机构的一部分管理费用。而跨国联属企业的总机构与分支机构之间则常利用这一原则,通过不合理地分摊成本和费用的方式,人为地增加某一机构的成本和费用开支,从而减少盈利,达到逃避该机构所在国国家税收的目的。例如,法国GRE公司是一个跨国集团公司,除在中国深圳设有分支机构外,还在世界各地拥有数十家分支机构和控股子公司。1994年,GRE公司研究出一项专有技术,其开发成本为2亿法郎。此项技术陆续在GRE公司下属的几个分支机构使用,深圳分支机构是最后一个使用该项技术的分支机构。GRE公司出于税收的考虑,将该项技术开发成本的40%分摊于深圳分支机构账下,人为地提高了深圳分支机构的产品成本,达到了在中国减少缴纳所得税的目的。

转移定价与不合理分摊成本费用是跨国联属企业经常采用的两种逃避国际税收的方式,只是其分别用于不同的联属企业之间。转移定价常常用于母、子公司或同一母公司之下的子公司之间;不合理分摊成本费用则经常用于总公司与分公司之间。在实践中,跨国纳税人还往往将这两种手段相互结合使用。例如,位于高税国家的母公司通过抬高价格向在低税国家的子公司购进某种技术,然后将此种技术使用于第三国的分支机构。这样,通过转移定价可以减少母公司所在国的税负,而通过把较高的成本费用分摊在分支机构的办法,又可以逃避分支机构所在国的税收。

3. 跨国纳税人利用避税港进行国际避税

避税港(tax haven),一般指那些对财产和所得不征税或按很低的税率征税的国家或地区。避税港一般都具有政治稳定、交通和通信便利、商业环境宽松、法律制度健全及有严格的银行保密法与商业秘密法等特点,纳税人正是利用这些特点在避税港进行避税活动的。巴哈马、摩纳哥、百慕大、开曼群岛、巴拿马、哥斯达黎加、中国的香港和澳门、瑞士、卢森堡、荷兰等,都是世界各国公认的避税港。

跨国纳税人利用避税港实现避税,主要是通过在避税港设立"基地公司"(base company)的形式,将在避税港境外的财产和所得汇集在基地公司账户下,以达到逃避所在国税收的目的。所谓基地公司,是指那些在避税港设立而实际受外国股东控制的公司,这类公司的全部

① 卢福财、匡小平主编:《企业国际避税策略》,江西高校出版社1995年版,第70~71页。

或主要的经营活动是在避税港境外进行的。跨国纳税人通过基地公司避税的具体方式主要有以下几种:(1)利用基地公司虚构中转销售业务,实现利润的跨国转移。例如,一笔本应从甲国销往乙国的货物,先以低价从甲国销往设于避税港的基地公司,再以高价从基地公司销往乙国,而货物实际上仍直接从甲国运往乙国。这样,该笔货物的大部分利润都从甲国公司转移到了基地公司。所以,跨国纳税人在采用这一方式时一般都与转移定价和不合理分摊成本费用等手段结合使用。(2)利用基地公司为持股公司,将联属企业各子公司的利润以股息的形式汇集于基地公司账下,从而达到免缴或缓缴母公司所在国税收的目的。(3)利用基地公司为信托公司,将避税港以外的财产虚构成基地公司的信托财产,其财产经营所得挂在基地公司的名下,即可获得免税或少纳税的好处。此外,跨国纳税人还通过以基地公司为保险公司、金融公司、专利公司、服务公司等形式来从事国际避税活动。

转移定价与在避税港设立基地公司,是跨国公司最常使用的两大国际避税手法,而且跨国公司还经常将这两大手法结合使用。

4. 跨国投资人有意弱化股份投资进行国际避税

当跨国企业需要资金时,跨国投资人往往采用减少股份投资,而更多采用贷款投资的形式以达到避税的目的。其原因为:(1)股份投资的股息不能从应税所得中扣除,只能从税后利润中分配,而贷款利息可以从应税所得中以费用列支扣除。(2)股份资本往往面临两次以上的重叠征税,而目前许多国家对跨国重叠征税都不予以解决。(3)股息一般都要被征收预提税,利息虽然也征预提税,但往往税率更低,况且不少国家都免征利息税。因此,跨国投资人,尤其是跨国集团公司,就利用两种融资形式的国际税负差异,把本应以股份形式投入的资金转为采用贷款方式提供,以此达到少缴税的目的。这类避税安排通常被称作"隐蔽的股份投资"或"资本弱化"(thin capitalization)。

四、国际逃避与国际避税的防范

由于国际逃税、避税危害极大,因此各国政府及国际组织对反逃税、避税都极为重视。目前,对国际逃税与避税的防止主要还是以各国的国内法救济措施为主,以国际法救济措施为辅。

(一)防止国际逃税与避税的国内法措施

在国内法防止国际逃税与避税方面,主要有一般国内法律措施和特别国内法律措施两种。诸如健全国际税收征管制度,重视税务情报收集,加强对跨国纳税人经济交易活动的税务监督等,虽为一般性措施,不具有特别针对性,但对防止国际逃税、避税具有十分积极的意义。

1. 一般国内法律措施

具体而言,一般国内法律措施,包括以下内容:

(1)加强国际税务申报制度。许多国家在国内税法上都明确规定跨国纳税人应定期向税务当局申报其国内外的经营活动与财产所得情况。这作为一项法定义务,无论实际上应否纳税都必须申报。同时，有些国家还规定纳税人有就有关国外事实负举证责任的义务。比如，除非纳税人能够证明有相反的事实，否则对避税港所作出的某些付款项目，应推定为虚假的支付，不得从应税所得中扣除。

（2）强化税务会计审查制度。这是加强对纳税人经营活动税务监督的重要手段。各国一般都规定，会计报表、尤其是股份公司会计报表，必须经公证会计师或注册会计师审核才有效。此外，一般还规定，税务机构、政府经济发展局、商业犯罪调查局等，有检查、监督企业常年会计账目的权力。总之，健全的会计、审计制度，是对国际逃税与避税的有力打击。

（3）实行评估所得征税制度。许多国家都对不能提供准确的成本费用凭证，因而无法正确计算应税所得的纳税人和每年所得额较小不便计算应税所得的纳税人，采取评估所得征税制度。评估办法一般依照同行业纳税人的正常或平均利润水平核定应税所得。实行评估所得征税制度，也是对国际逃税与避税最直接的有力打击。

2. 特别国内法律措施

除一般国内法律措施外，各国还针对跨国纳税人惯常采用的几种国际逃税、避税方式，有针对性地采取一些特别国内法律措施来防止国际逃税与避税。

（1）防止跨国联属企业利用转移定价和不合理分摊成本费用进行国际逃税、避税的法律措施。对于转移定价与不合理分摊成本费用，各国主要采用正常交易原则，也称独立竞争原则或转让定价税制来对跨国联属企业之间的国际收入与费用进行合理的分配与调整。

所谓“正常交易原则”（principle of arm’s length），是指将跨国联属企业的总机构与分支机构、母公司与子公司以及分支机构或子公司相互之间的关系，当做独立竞争的企业之间的关系来处理。按照这一原则，联属企业各个经济实体之间的营业往来，都应按照公平的市场交易价格计算。如果有人为地抬价或压价，有关国家的税务当局则可依据这种公平市场价格，重新调整其应得收入和应承担的费用。因此，独立竞争原则的关键是找到一种真正独立的、公平的市场价格标准。在这方面，美国《国内收入法》第482节中对诸如贷款、劳务、货物销售、财物租赁、技术转让等各项交易都规定了较为具体的方法与评判标准。比如在货物销售方面，税务机关可按可比非受控价格法、转售价格法、成本加成法以及其他合理方法依次进行审定和调整。这些方法与标准，有的已得到有关国际组织的认可与采纳，并为许多国家在国内立法中所仿效。我国税法也引进了独立竞争原则的有关规定。①

鉴于上述正常交易原则是对跨国联属企业的转移定价进行事后调整，在执行中存在诸多困难，比如真正具有可比性的第三方独立的交易价格难以寻求，价格调整需对具体交易逐项审查等，对跨国联属企业的经营决策更是存在巨大的不确定性。因此，晚近在美国、加拿大、日本、德国等发达国家开始实施并推行“预约定价协议制”。其基本做法是跨国联属企业在开始内部交易之前，向税务机关提出申请并报送有关材料；税务机关经过认真审查，确定

① 参见《中华人民共和国企业所得税法》第41～44条；《中华人民共和国企业所得税法实施条例》第109～115条；《中华人民共和国个人所得税法》第8条第1款的相关规定。

联属企业间交易价格的幅度，并和企业签订定价协议。跨国联属企业在开始内部交易时应遵照协议确定的价格进行。预约定价协议制的核心在于税务机关对跨国联属企业的内部交易定价进行事先确认，避免了事后调整的烦琐和困难，也使企业能预知行为的后果而无后顾之忧。所以，预约定价协议制一经推出，即受到了征纳双方的欢迎。我国在 2001 年修订的《税收征管法》及其实施细则中不仅保留和细化了原有的正常交易原则，还引进了预约定价协议制；[①]后来在 2007 年颁布的《企业所得税法》和《企业所得税法实施条例》中也进一步明确了预约定价协议制的相关规范。

同时，各国也注意到预约定价协议制并不可能完全取代正常交易原则，为了克服传统的正常交易原则在适用中存在的困难和问题，美国和经合组织成员国在推行预约定价协议制的同时，也开始着手对传统的转移定价税制进行改革。例如：适当放宽和弹性处理正常交易原则中的可比性要求；扩大正常交易原则下可比对象的范围，增补以利润比较为依据的有关管制转移定价新方法，如可比利润法、利润分劈法和交易净利润法等；赋予税务机关在采用各种管制方法上更大的灵活性。尤其是美国在 1994 年修订的转移定价税制中提出了"最佳方法原则"，授予税务机关可根据具体情况，在传统的比较价格法和新的利润比较法中选择适用最合适的转移定价调整方法，不再有适用顺序上的限制。[②]

（2）防止跨国纳税人利用避税港进行逃税、避税的法律措施。针对跨国纳税人利用避税港逃避税收的做法，各国也采取了不少反避税的措施与方法。其主要倾向是适当延伸和扩大居民税收管辖权范围，并结合独立竞争原则，防止纳税人的逃税、避税行为。美国是最早针对避税港采取反避税措施的国家，其做法是取消延迟纳税，即凡是受控制的外国公司的利润，无论是否以股息分配形式汇回美国母公司，都应计入母公司的应纳税所得中征税，不准延期纳税。由于这一反避税措施针对的是受控制的外国公司利润，因而也被称为"受控外国公司税制"。取消延迟纳税，这对美国设在避税港的基地公司，是一个有力的打击。这一做法后来为日本、加拿大、德国等许多国家所效仿，我国 2007 年颁布的《企业所得税法》和新修订的《个人所得税法》也正式纳入了"受控外国公司税制"。[③] 此外，英国以采用直接阻止设立基地公司的做法实行反避税；而比利时则以禁止非正常的利润转移来制止基地公司的设立，从而达到反避税的目的。

（3）防止纳税人通过变更税收居所逃税、避税的法律措施。针对变更税收居所逃避税收的行为，许多国家都在税法反避税条款中特别规定，纳税人的某些行为有事先取得政府同意的义务。国家对本国居民移居国外的自由加以不同程度的限制。并且，多数国家都要求本国居民在移居外国前必须缴清全部税款。

（4）防止跨国投资人弱化股份资本逃避税收的法律措施。针对跨国投资人故意弱化公

① 参见《中华人民共和国税收征收管理法》第 36 条，《中华人民共和国税收征收管理法实施细则》第 51 ~ 56 条。

② 陈安主编：《国际经济法概论》（第 2 版），北京大学出版社 2001 年版，第 509 页。

③ 参见《中华人民共和国企业所得税法》第 45 条，《中华人民共和国企业所得税法实施条例》第 116 ~ 118 条；《中华人民共和国个人所得税法》第 8 条第 2 款。

司股份资本而增加贷款融资比例以逃避纳税义务的行为，一些国家已开始采取各种不同的措施，以限制股东对公司过高的贷款融资安排。比如，有的通过特别税收立法规定贷款不得超过公司注册资本一定的比例，即所谓“安全岛”法则；有的运用“独立竞争原则”对贷款利息进行必要调查；有的以适用税法上的“滥用法律行为”防止过高的贷款安排。虽然措施各不相同，但其效果都在于限制在以贷款融资掩盖股份融资情况下公司付给贷款股东的利息，规定其不得从公司应税所得中列支扣除，而股东取得的贷款利息应视为股息处理。我国《企业所得税法》也引入了类似“安全岛”法则的规定。①

需注意的是，各国在长期的反避税实践中逐步认识到：国际避税是跨国纳税人在谋取税收利益的前提下，从经营形式上进行安排的行为；因而其表面上均符合税法的要求，这时要想再从形式上找出破绽，发现避税线索，无异于缘木求鱼。可行的办法是，撇开形式上的安排，抓住国际避税者谋求税收利益的实质，以达到反避税的效果。由此，各国近年来纷纷发展出“实质重于形式”的国际反避税原则并应用于实践。试以美国的一起反避税案为例：美国S公司与荷兰的两家子公司共同组成一家境外合伙企业P，S公司投入50%的资金，其余的资金由其在荷兰的两家子公司向荷兰A银行贷款后入股，P企业主要从事证券投资业务。合伙契约规定：当P企业盈利时，荷兰的两家公司享有利润的95%，当P企业亏损时，S公司承担90%的亏损。第二年，美国税务局进行核查后认定S公司规避美国税法，责令S公司就P公司的所有利润申报纳税。S公司不服，遂向美国税务法院提起诉讼。在该案中，美国税务局及税务法院均认为，S公司在荷兰设立的P企业在经营上无存在必要，纯属“导管公司”。实质上，S公司只是直接从荷兰A银行借款后进行证券投资，合伙契约的规定使得S公司得不到利润，却要承担损失。其实质是在盈利时逃避纳税，亏损时转入S公司抵消其应税所得。因而最后法院依据“实质重于形式”的原则判定P合伙企业不存在；S公司应就其通过P合伙企业进行证券投资的所有利润纳税。②

从这一案例中，我们可以清楚地看到，如果过多地纠缠于避税的具体形式，防止国际避税往往难以奏效。世界上的避税形式可以说千千万万，而各国税法的反避税措施规定却总是有限的。但如果以“实质重于形式”的反避税原则加以规范，则可以起到防微杜渐的根本效果。

我国税法除正常交易原则以外，过去一直缺乏对避税的防范性规定。2007年颁布的《企业所得税法》则专门设置了“特别纳税调整”一章，对转让定价、资本弱化以及利用避税港避税等都进行了明确规定，并且也有类似“实质重于形式”的兜底条款规范。③

特别值得注意的是，国家税务总局于2014年12月发布并于2015年2月实施的《一般反避税管理办法》不仅将《企业所得税法》第47条、《企业所得税法实施条例》第120条所规范的“不具有合理商业目的和经济实质”的税收安排作为“特别纳税调整”的对象，而且还第

① 参见《中华人民共和国企业所得税法》第46条，《中华人民共和国企业所得税法实施条例》第119条。

② 汤树梅主编：《国际经济法案例分析》，中国人民大学出版社2000年版，第137页。

③ 参见《中华人民共和国企业所得税法》第41～48条。

一次在我国现行法律规范中使用了“避税安排”“反避税调查”“实质重于形式的原则”等典型用语。这不仅表明我国税法已充分吸收和借鉴了其他国家反避税的经验和方法，而且一改过去对使用“避税”和“反避税”概念的迂回态度，体现了我国法律打击避税的坚定决心和正式确定反避税合法性的主张。在新修正的《个人所得税法》第8条第3款中也规定了“个人实施其他不具有合理商业目的的安排而获取不当税收利益”的反避税兜底条款。

（二）防止国际逃税与避税的国际法措施

通过国内法防止国际逃税与避税，固然意义重大，但存在较大局限性。因为国际逃税、避税必然涉及两个或两个以上国家的税法体制，因此单靠一国国内法采取措施还不足以完全解决问题，还需要有关国家间的相互配合，通过国际法上的双边或多边救济措施方可奏效。目前，国际法上防止逃税与避税的主要救济措施包括以下两个方面：

（1）税务情报交换制度。跨国纳税人往往利用国内税务当局的不知情进行逃税，因此，建立税收情报交换制度是国际合作防止逃税、避税最基本的措施。在这方面，两个范本都对一般情报交换的原则有所规定：缔约国之间有相互提供有关税收情报的义务；情报交换的范围包括缔约国税收立法与稽征管理方面的发展变化、反避税的新经验与方法以及具体纳税人的详细情况等；缔约国有对所获情报进行保密的义务等。此外，情报交换的具体方法分为例行的交换、经特别请求的交换与一方主动提供三种。

（2）跨国税务合作。除了税收情报交换之外，在税务行政方面实行跨国合作，是国际法上防止逃税、避税的又一重要内容。目前，在这方面的合作主要限于在征税方面的相互协助，包括缔约国一方代表另一方执行某些征税行为。比如代为送达纳税通知书、传送纳税申报单与财务报表，对有关纳税人及其财产实施保全措施以及代为征收税款等内容。

（三）国际合作新发展

长期以来，基于传统的主权观念和国家间相互利益的冲突，国际税收情报交换与跨国税务合作在深度与广度方面都还有待于进一步发展。美国金融危机之后，国际社会对进一步加强国际税收合作与情报交换以防止国际逃、避税有了更深入的认识与合作积极性，使原有的国际税收合作状况有了极大的改观，国际社会在跨国税收合作领域推出了一系列新成果。

1. 美国FATCA法案的实施与双边合作

美国国会于2010年3月通过并颁布《海外账户税收合规法案》（Foreign Account Tax Compliance Act，简称FATCA法案），该法案于2014年7月正式实施。依据该法案，不仅美国的税收居民应就其海外资产披露纳税，即使与美国没有任何关系的外国金融机构，也负有和美国政府合作以披露特定的美国企业与个人账户的义务。[①] 虽然美国的这一做法引发了其他各主权国家的反弹，但基于国际反逃、避税的需要，各国还是纷纷和美国政府就此达成了合作协议。中美双方也就此达成了合作意向，作为互惠安排，这也有利于中国政府掌握中国

① 美国海外账户纳税法案，载凤凰财经网，http://finance.ifeng.com/a/20140630/12624477_0.shtml，访问时间：2018-1-18.

居民海外账户信息，实现信息共享。[①]

2.《多边税收征管互助公约》诞生

原只对欧洲理事会和经合组织成员国开放的《多边税收征管互助公约》(the Multilateral Convention on Mutual Administrative Assistance in Tax Matters)于2010年重新修订后对全球所有国家开放，并于2011年6月1日正式生效。根据OECD官方网站统计，截止到2018年11月29日，已经有126个国家或地区加入该公约，其中17个属于有关国家或地区的海外领土。[②] 中国也已于2013年8月正式加入了该公约。《多边税收征管互助公约》是一项旨在通过国际税收征管互助合作，以打击国际逃、避税的多边条约，其最大的亮点在于全面推行以自动交换为核心的国际税收情报交换新标准。同时该公约也堪称是国际税收领域的第一个多边国际公约，意义重大。

3.《金融账户涉税信息自动交换之多边政府间协议》的签订

经合组织于2014年12月13日发布《金融账户涉税信息自动交换之多边政府间协议》(Standard for Automatic Exchange of Financial Account Information，简称《AEOI标准》)，中国于2015年12月签署了该协议。《AEOI标准》主要包含两部分内容：一是明确各税收辖区内金融机构所应遵守的尽职调查与报告义务共同标准(简称为"共同报告标准"，Common Reporting Standard，英文简称CRS)；二是发布了《税务当局有关金融账户信息自动交换双边协定范本》(简称为"税务当局协定范本"，Model Competent Authority Agreement，英文简称Model CAA)。其中第一部分CRS是《AEOI标准》的核心内容，它需要各国将其转化为国内法来实施；第二部分Model CAA则可借助现有的税收信息自动交换国际法框架来实施。[③] 为了落实CRS在中国境内的实施，2017年5月，中国国家税务总局联合财政部等五部委正式发布了《非居民金融账户涉税信息尽职调查管理办法》，并于2017年7月1日正式实施，该管理办法被称为中国版的CRS。根据该管理办法，中国将于2018年9月开始和其他国家与地区主管当局交换非居民持有金融账户的涉税信息。

4. BEPS公约的出台

2017年6月7日，《实施税收协定相关措施以防止税基侵蚀和利润转移(BEPS)的多边公约》(简称BEPS公约)首次联合签字仪式在法国巴黎的经合组织总部举行，包括中国在内的67个国家和地区的政府代表共同签署了该公约。[④]

BEPS英文全称为Base Erosion and Profit Shifting，中文翻译为"税基侵蚀和利润转移"，它是指企业利用不同税收管辖区的税制差异和规则错配进行税收筹划的策略，其目的是人

---

① 美国海外账户纳税法案执行在即 中国金融机构宜及早准备，载新华网 http://news.xinhuanet.com/world/2013-08/15/c_116959260.htm，访问时间：2018-01-22。

② 相关资料参见OECD网站，http://www.oecd.org/ctp/exchange-of-tax-information/convention-on-mutual-administrative-assistance-in-tax-matters.htm，访问时间：2018-12-26。

③④ OECD，Standard for Automatic Exchange of Financial Account Information(hereafter"AEOI Standard Report")，published on 13 Feb. 2014，available at http://www.oecd.org/ctp/exchange-of-tax-information/automatic-exchange-financial-account-information-common-reporting-standard.pdf，p9，访问时间：2018-09-28。

为造成应税利润“消失”或将利润转移到没有或几乎没有实质经营活动的低税负或无税负国家（地区），从而达到不交或少交企业所得税的目的。

2013年，OECD和G20国家联手出击，在圣彼得堡峰会启动实施的国际税收改革项目，旨在修改国际税收规则、遏制跨国企业规避全球纳税义务、侵蚀各国税基的行为，这一全球行动被称为BEPS行动计划，BEPS公约正是该行动计划的结果与最后结晶。这是对国际税收规则体系实施百年来最为重大的一次重塑。BEPS行动计划及其公约的出炉，标志着一个世纪以来国际税收规则体系正在发生根本性变革。

无论是美国FATCA法案的出台，还是连续三个国际税收公约的诞生，现行国际税收合作都紧紧围绕着国际反避税斗争而展开，其合作手段虽然无非还是停留在传统的税收情报交换和税务合作两个方面，但其合作的深度与广度则与过去不可同日而语。

第五节　国际税收协定

国际税收协定（international taxation treaty/agreement），亦称国际税收条约，是指两个或两个以上的主权国家，为了协调相互间在处理跨国纳税人征纳事宜方面的税收关系，依照对等原则，通过政府间谈判所缔结的确定其在国际税收方面的权利义务关系的一种书面协议。目前它是国际法上调整国际税收分配关系的主要法律表现形式。它随着国际经济合作与交往的不断扩大而产生，又反过来为国际经济合作与交往的进一步发展而服务。国际税收协定是经济国际化、收入国际化和税收国际化发展的必然产物，它是国际间协调税法差异和利益冲突、进行国际税法调整、实现国际税务合作的有效形式，它在国际经济合作中的积极作用已为世界各国的实践所证明。①

一、国际税收协定概述

国际税收协定是有关主权国家间通过政府协商谈判而缔结的旨在调整彼此间税收权利义务关系的书面协定。国际税收协定是国际法上调整国家间税收分配关系最主要的法律表现形式，也是国家间协调税制差异和利益冲突，进行国际税务合作的有效形式。

目前，国际税收协定的目的与内容已不仅限于避免国际重复征税，开始扩展到包括征税权的划分、反对税收歧视、防止国际逃税与避税等多项内容。并且，国际税收协定还成为广大发展中国家争取与实现税收饶让等合理税收权益的最佳途径。因此，从世界历史上第一个税收协定诞生至今，国际税收协定无论从数量上，还是从内容上都已经有了巨大发展。而以强调居民税收管辖权为主的《经合组织范本》和以强调来源地税收管辖权为主的《联合国范本》的诞生，更是标志着国际税收协定在质量上也已走向成熟化与规范化。

---

① 刘剑文主编：《国际税法》，北京大学出版社1999年版，第152、154页。

二、国际税收协定的主要内容

（一）国际税收协定的结构

由于受两个范本的影响，各国所缔结的税收协定在条款顺序、结构安排上逐渐趋向一致。除协定名称和序言之外，国际税收协定的体系结构大致包括以下几个方面：

（1）协定范围。协定范围包括人的范围与税种范围。人的范围一般适用于缔约国一方或双方的居民。税种范围一般明确规定本协定适用于缔约国双方现行的税种范围及将来实质相同或相似的税种。

（2）定义。定义条款包括一般定义与特定用语的解释。一般定义主要明确协定基本用语的含义，如："人""公司""缔约国一方企业"和"缔约国另一方企业""国际运输""主管当局"等；特定用语的解释主要是对"居民""常设机构"等重要概念的内涵与外延的界定。

（3）对所得的征税。这一条款主要是对各项所得作出课税安排，解决缔约国间关于各项所得在征税权上如何划分的问题，是协定的核心。主要包括：① 不动产所得；② 营业利润；③ 航运、内河运输和空运所得；④ 联属企业所得；⑤ 股息；⑥ 利息；⑦ 特许权使用费；⑧ 财产收益；⑨ 独立个人劳务所得；⑩ 非独立个人劳务所得；⑪ 董事费和高级人员报酬；⑫ 表演家和运动员的所得；⑬ 退休金和社会保险金；⑭ 为政府服务的报酬和退休金；⑮ 学生和学徒收到的款项；⑯ 其他所得。

（4）对财产的征税。该条主要对不动产与各种动产的征税权进行划分。需说明的是，《联合国范本》对该条的内容未作强制性规定，协定是否包括对财产征税，留待缔约国双方谈判确定。

（5）消除双重征税的方法。这部分规定了消除双重征税（即重复征税）的两种主要方法，即免税法和抵免法，由缔约国双方协商选择使用。在选择以抵免法消除重复征税时，有些国家间的税收协定也在此处对有关税收饶让抵免的问题进行规定。

（6）特别规定。这部分主要是关于国际税收上的无差别待遇、相互协商程序、情报交换、外交代表及领事官员税收豁免等特殊事项的规定。

（7）最后规定。主要涉及协定的生效和终止、文字效力等问题的规定。

（二）国际税收协定的内容

国际税收协定最重要、最核心的内容，主要包括以下几个方面的问题：

1. 避免和消除国际重复征税

避免和消除国际重复征税，主要涉及两个方面的内容：一是关于征税权的划分；二是消除重复征税的方法。

由于国际重复征税的产生是各国税收管辖权交叉重叠的结果，因此，国际税收协定的主要任务，就是对跨国纳税人的各项所得的征税权在各缔约国之间进行公平合理的划分。分别规定某项所得该由哪国取得优先或独占的征税权，对某项所得的征税权应进行哪些限制，以此来协调国家间的税收管辖关系，避免国际重复征税的产生。因而，征税权的划分是各缔约国谈判的重点与争执的焦点。征税权的划分主要涉及营业所得、投资所得、劳务所得和财产所得。关于跨国纳税人的营业所得,国际税收协定一般都规定应由居住国行使征税权,但来源于常设机构的营业所征得除外,即应由收入来源国优先行使征税权;关于跨国纳税人的投资所得,一般都规定采用税收分享原则,即在承认来源国对非居民纳税人的投资所得拥有优先征税权的基础上,同时又对来源国的征税权加以某些限制。比如来源国应将预提税的税率适当降低,以保证居住国能分享一部分征税利益;关于跨国纳税人的个人劳务所得,协定一般规定仅由居住国或来源国单独行使征税权;关于跨国纳税人的不动产所得,一般规定应由不动产所在地一方的缔约国优先行使征税权,而动产交易则一般由居住国行使征税权。

在征税权划分的基础上,对于缔约国一方优先征税的税款,缔约国另一方就应采取相应的措施避免重复征税。国际税收协定一般都提供两种最常用的解决国际重复征税的方法,即免税法和抵免法。

2. 税收无差别待遇

所谓税收无差别待遇,即反对税收歧视,主要含义是保证缔约国一方给予缔约国另一方的纳税居民的待遇不低于给予本国居民的待遇。无差别待遇原则是国际税法上的一项重要原则,无差别待遇条款也成为国际税收协定的重要内容。两个范本第 24 条均是关于无差别待遇(non – discrimination treatment)的规定,具体包括:(1) 缔约国一方企业在缔约国另一方常设机构的负担,不应高于进行同样活动的另一方企业;(2) 缔约国一方的企业如为另一方居民全部或部分、直接或间接控制者,该企业的税负和有关条件不应与另一方同类企业有所不同或更重;(3) 除收支两企业有特殊的关系者外,缔约国一方企业支付给缔约国另一方居民的利息、特许权使用费和其他款项,在确定该企业应纳税所得额时,应与在相同情况下支付给缔约国一方居民同样给予扣除。总之,无差别待遇条款的总原则是使缔约国双方的国民在相同或类似条件下所享受的税收待遇是相同的,以便于双方国民在平等的基础上进行经济竞争。但是,协定也一般规定,缔约国一方由于公民地位或家庭负担等原因,在税收上给予本国居民的个人扣除、优惠和减除,并非必须给予缔约国另一方居民,这已构成对无差别待遇的合理例外。

3. 防止国际逃税与避税

由于跨国纳税人利用各国税制的差异及立法的疏漏与不完善之处进行国际逃税、避税的活动日益猖獗,因而防止国际逃税和避税已成为国税收协定的重要内容。但目前对此问题的国际合作还仅限于利用情报交换这一手段。而对于情报交换的范围,国际税收协定一般都不列出具体项目,而仅作出原则性的规定,主要包括:交换为实施税收协定的规定所需要的情报;交换与税收协定有关税种的国内法律的情报;交换防止税收欺诈、偷漏税的情报等。

4. 税收饶让抵免

税收饶让抵免,也称税收饶让(tax sparing),是指居住国政府对本国纳税人国外所得因来源国给予税收减免而未缴纳的税款视同已纳税款而给予抵免的制度。

在以抵免法避免国际重复征税时，按照外国税收抵免制度的规定，只有在收入来源国实际交纳的所得税税款，居住国才给予税收抵免。但是，近几十年来，广大发展中国家为了吸引外资，发展本国经济，纷纷对外来投资实行大量的税收优惠。然而，跨国纳税人因享受优惠政策而获得减免的税款却由于在来源国未实际缴纳而必须如实向居住国政府纳税。这样，国际投资者不能从来源国的优惠政策中得到实惠，而来源国却将一笔本可征收的税收拱手让给了居住国国库，因而其吸引外来投资的优惠政策却起不到应有的作用。因此，近几十年来，发展中国家（多为来源国）纷纷要求发达国家（多为居住国）给予税收饶让。

例如，甲国居民公司A在某纳税年度内有所得150万元，其中50万元为来自设在乙国境内的分公司B的经营所得。已知甲国公司所得税率为40%的比例税率，乙国的公司所得税率为30%，分公司B的50万元所得在乙国享受减半征税的优惠，实际缴纳乙国所得税额7.5万元。在甲乙两国间的税收协定规定甲国应实行饶让抵免的条件下，甲国对其居民公司A在该纳税年度境内外所得应征所得税额为：(1) 甲国允许抵免的A公司已缴乙国所得税额为15万元(7.5×2或7.5+7.5)；(2) 甲国对来源于乙国所得的抵免限额为20万元(50×40%)；(3) 甲国应征公司所得税额为45万元[(100+50)×40%-15]。从上述计算过程可知，尽管A公司实际缴纳乙国税额为7.5万元，但居住国甲国在实行饶让抵免的情况下，实际允许A公司抵免的乙国税额中包括了因享受减免优惠而未缴纳的7.5万元税款。如果甲国不提供饶让抵免，认定A公司已缴乙国税额仅限于其实际缴纳的7.5万元，并依此数额进行抵扣，则A公司最终应纳居住国甲国税额将为52.5万元。与甲国实行饶让抵免情况下的结果45万元相比，相差7.5万元。这表明在居住国甲国没有实行饶让抵免的条件下，作为来源地国乙国给予A公司的减免税优惠7.5万元，并未使跨国纳税人A公司真正受惠，而是全部转化为居住国甲国的税收收入。①

税收饶让抵免已不同于一般的税收抵免，其目的不再是为了避免国际重复征税，而是为了使来源国的税收优惠收到实效，使国际投资者从来源国的税收优惠政策中得到实惠。因此，税收饶让抵免是一种特殊的抵免制度，它的实行可以使国际投资者和来源国均得到好处。因而，税收饶让抵免的关键在于居住国（即发达国家）是否同意采取这一特殊制度。由于作为资本输出的发达国家一般都对本国资本输出持鼓励态度，所以大多数发达国家都同意实行税收饶让。从1964年日本同意给予斯里兰卡税收饶让以来，实行税收饶让的国家已经越来越多。但是，发达国家又都坚持税收饶让必须在双边税收协定中进行安排。因此，税收饶让在越来越多的税收协定中成为谈判与签约的一项重要内容。

须注意的是，由于税收饶让还是一个正在形成与发展中的特殊抵免制度，因而并不是所有的发达国家都承认并实行这一制度，比如美国即是一个坚决拒绝实行税收饶让的国家。而在承认税收饶让的国家中，对实行饶让的具体范围和程度也分歧不一。两个范本也未对税收饶让抵免作出任何规定。近年来，随着发展中国家经济的逐步发展，发达国家对于是否

① 廖益新主编：《国际税法学》，北京大学出版社2001年版，第337～338页。

应继续给予发展中国家税收饶让抵免又提出了一些新的看法和意见,要求重新评价税收饶让抵免的现实意义。

三、国际税收协定的实施

国际税收协定一经缔结,就将通过缔约各国得到实施。不能实施或未经实施的国际税收协定无异于一纸空文;而实施不当或被他人滥用,则又与缔结国际税收协定的初衷不相符。

(一) 国际税收协定的效力

国际税收协定在各缔约国内的有效实施,首先遇到的问题即是国际税收协定的法律效力问题。按照国际法的基本原则,国际条约一经缔结并由有关国家批准后,即具有法律效力。国际税收协定也同样如此,经缔约各方签字并经缔约国批准即生效。但是,已经生效的国际税收协定与各国国内税法还有一个如何相互协调的关系问题。首先,国际税收协定与国内税法是相互补充、相互配合的。国际税收协定的有效实施往往依赖于国内税法,需要国内税法的进一步明确与配合,才能适用。国内税法在碰到复杂的国际税收问题时,也常常需要国际税收协定的规范才能加以解决。其次,当国际税收协定与国内税法产生矛盾与冲突时,无论是按照"条约必须遵守"的国际法原则,还是依据国际税收协定本身的特点,都应当是国际税收协定优于国内税法。但是,也须注意,国际税收协定尽管优于国内税法,但不能完全脱离国内税法,必须以国内税法为基础。凡是国内税法中没有开征的税种,在税收协定中一般不能列入。此外,国际税收协定也不能代替国内税法,更不能干涉国内税法的制定与变更。

(二) 利用第三国税约

在国际税收协定的实施过程中,另一个应引起足够重视的是"利用第三国税约"的问题。所谓"利用第三国税约"(treaty shopping),是指在两国没有签订税收协定或签订的税收协定对纳税人提供优惠利益较少的情况下,纳税人利用第三国与对方国家签订的税收协定来享受协定所规定的优惠待遇。①

纳税人要想利用第三国与对方国家签订的税收协定来享受协定所规定的优惠待遇,一般需要通过在第三国设立子公司来实现。这种以利用第三国税约为目的而设立的子公司通常称之为直接导管公司(direct conduit company)。有时,纳税人因其本国与第三国也没有签订税收协定或无法获得较多税收优惠时,则需要寻求在第四国设立一个子公司,该子公司再在第三国设立孙公司来获得第三国与别国所签税收协定的优惠利益。这种方式被称为设立"借助导管公司"(stepping - stone company)或"踏脚石公司"。所以,跨国纳税人通常都是以设立直接导管公司或设立借助导管公司的办法来达到利用第三国税约的目的。*以荷兰安的列斯群岛避税港结构模式为例,一家美国公司欲从外国贷款人处筹措借款,首先其在荷兰安*

① 高尔森主编:《国际税法》(第二版),法律出版社 1993 年版,第 194 页。

的列斯群岛注册登记设立一家海外金融公司作为导管公司。该安的列斯群岛金融公司在诸如卢森堡或日内瓦等国际金融中心发行以美元计价的无记名债券。该首笔借款的收入再由该金融公司转贷给其美国母公司，而美国母公司对该金融公司的债务在第二笔借款中作为该金融公司向最终贷款人发行债券的担保。根据荷兰安的列斯群岛与美国签订的所得税条约的规定，美国借款人支付给安的列斯群岛金融公司的利息在美国免予缴纳预提税。而荷兰安的列斯群岛对金融公司支付给外国贷款人的利息免予征收预提税。在这种情况下，无论是美国借款人还是外国贷款人实际上都滥用了美国与荷兰安的列斯群岛之间的税收条约以达到规避上述两笔借款利息所应承担的纳税义务的目的。①

利用第三国税约的存在，使不该享有税收优惠待遇的纳税人享有税收协定的待遇，从而扰乱国际税收秩序，侵害缔约国的财政利益。因此，在国际税收协定的实施中，必须对这一问题引起足够的重视，并采取一定的防范措施。目前世界上一些国家已注意这一问题并开始采取一定的措施加以防止。比如，在国内税法中设立专门的反利用第三国税约的条款，或者适用国内税法的反避税条款与反滥用税约条款来防范纳税人利用第三国税约。另外，在签订税收协定时，也可以通过避免与各国公认的避税港所在国签订协定，或在协定中明确规定某些情形下不得享受协定优惠待遇等办法来防止纳税人利用第三国税约。

在前述实例中，如果美国避免与著名的避税港荷兰安的列斯群岛签订税收协定，或虽签订税收协定但在税收协定中作出必要的限制性规定，则该税收协定的优惠利益则不会被滥用。

四、中国对外双边税收协定的实践

中国进入国际税收领域的时间较晚。20 世纪 80 年代初，在完善国内税制的基础上，中国陆续同日本、美国、英国、法国、比利时等国家签订了避免双重征税和防止逃避税的协定。随着中国对外开放的深入发展，中国对外签订的国际税收协定也日益增多。截至 2017 年底，中国已先后同世界上 100 多个国家和地区签订了双边税收协定，其中绝大多数已经生效执行。②

（一）中国对外签订税收协定的基本原则

中国作为发展中国家，在对外签订税收协定的过程中，既要维护国家的基本权益，又要吸引外资和引进技术，促进对外经济技术合作与交流。因此，中国在对外税收协定的谈判与签约过程中，一贯主张并坚持的重点主要包括以下内容：

（1）强调收入来源国税收管辖权优先原则。作为发展中国家，中国迫切需要吸引资金与技术。因此，这就必然存在资金、技术的单向流入和利润收入的单向流出，中国在客观上

---

① 李泳著：《试论国际税收条约滥用的法律防范措施》，载丁伟、朱榄叶主编：《当代国际法学理论与实践研究文集·国际经济法卷》，中国法制出版社 2002 年版，第 302～303 页。

② 资料来源：国家税务总局网站，http://www.chinatax.gov.cn/n480462/n4273674/n4273789/n4273812/4329633.html，访问时间：2018－09－28.

处于来源国的地位。因而,中国在对外税收协定的谈判中始终强调来源国税收管辖权优先原则:在协定的签约中尽量采用《联合国范本》的模式;不接受资本输出国缩小常设机构范围的要求;不同意特许权使用费由居住国独占征税的规定;对于其他财产所得,不同意居住国独占征税权;等等。这些措施都有效地维护了中国的正当权益,同时也符合广大发展中国家利益。

(2) 坚持平等互利、友好协商原则。中国在强调来源国征税权优先的基础上,本着平等互利、友好协商的原则,也充分体现和照顾对方国家利益与要求,在一定范围内作出合理的让步。比如在一定程度上缩小来源地的征税范围,在所有的税收协定中都未采用"引力原则";在海运、空运所得上尊重居住国的征税权;对投资所得适当降低预提税税率,确保资本输出国也能分享部分税收利益。

(3) 要求资本输出国提供税收饶让抵免。对外来投资实行税收减免优惠,是中国对外开放的一项重要政策,也是中国涉外税收立法的重要内容。为了使这些税收优惠措施收到实效,切实起到鼓励跨国投资者来中国投资的作用,中国在税收协定的谈判与签约过程中,应坚持要求资本输出国提供税收饶让抵免,将中国税法和行政法规所规定的减免税,以及在税收协定中接受限制税率所减少的税收,由对方国家视同已征税而给予抵免;与其他发展中国家签订的双边税收协定,可以相互给予税收饶让。目前,中国对外签订的双边税收协定中,除美国等少数国家以外,绝大多数国家都在不同程度上对中国提供了税收饶让抵免。但是,随着我国新企业所得税法的颁布,原外资企业和外国企业享有的大量税收优惠已基本取消,我国在未来双边税收协定的缔结与修订中,是否还有必要继续坚持这一原则值得商榷。不过,需要注意的是,随着中国经济实力的增强以及"走出去"和"一带一路"倡议的实施,中国在国际经济中的总体地位有所变化,即从过去以资本输入为主的国家发展为既有资本输入又有资本输出的国家。由此晚近一二十年来我国在双边税收协定的签订中会更加灵活地秉持和实施上述基本原则,比如在对常设机构范围的确定、税收饶让抵免的规范方面等,都有了一定程度的宽松与灵活处置,甚至更有我们单方给予对方国家税收饶让抵免的可能。

(二) 中国对外双边税收协定的待遇

中国对外签订的双边税收协定基本上采用《联合国范本》的结构。考虑国际通行做法及对方国家的合理要求,中国在缔结的税收协定中,按照所得的不同种类,分别作出了一些优于国内税法规定的税收待遇,以利于相互间经济与文化交流。

(1) 对常设机构的限定。对常设机构的确定,中国对外签订的税收协定一般按照《联合国范本》的规定,从物的因素和人的因素两个方面加以限定。特别是关于承包建筑、安装、勘探等工程的场所,协定多以连续存在6个月以上者才视为常设机构;比国内税法规定的类似工程无论期限长短均视为常设机构的待遇优惠得多。

(2) 对预提税的征税限定。对于股息、利息、特许权使用费等消极投资所得征收的预提税,中国在对外签订的税收协定中,按照缔约国双方税收权益分享的原则,实施限制税率征税。其一般规定的预提税的限制税率均不超过10%,这比国内税法规定的20%预提税税率无疑也优惠得多。

(3) 对个人劳务所得的征税限定。中国在对外签订的税收协定中,对个人劳务所得的征税也采取国际通行做法,分别对独立个人劳务所得与非独立个人劳务所得实行不同的税收待遇。

对于独立的个人劳务所得,应仅由居住国行使征税权。但是,如果取得独立劳务所得的个人在来源国设有固定基地或者连续或累计停留超过183天者,则应由来源国征税。这相对于国内税法规定的只要在中国境内有个人独立劳务所得,而无论有无固定基地与停留时间长短均应依法征税也优惠许多。

对于非独立个人劳务所得,中国对外签订的税收协定一般规定原则上应由来源国行使征税权。但是,如果该个人在一个纳税年度内在来源国连续或累计停留不足183天,并且,该劳务报酬既非来源国的居民所支付,也非雇主设在来源国的常设机构或固定基地所负担,则该非独立个人劳务所得应由其居住国行使征税权,来源国不得征税。此处的183天规定相对于中国国内税法的90天规定,也是一种优惠待遇。

本章小结

国际税法作为国际经济法的重要分支,旨在协调国际税收矛盾,这一矛盾的核心在于国家间的税收管辖权冲突。税收管辖权的积极冲突表现为国际重复征税与国际重叠征税,消极冲突表现为国际逃税与国际避税。目前,国际税法主要通过有关国家间缔结双边或多边的国际税收协定来消除和缓解国际重复征税与国际重叠征税,防止国际逃税与国际避税,禁止税收歧视。在这方面,《经合组织范本》与《联合国范本》是各国缔结税收协定时的重要指南与参考依据。《多边税收征管互助公约》《金融账户涉税信息、自动交换之多边政府间协议》和《实施税收协定相关措施以防止税基侵蚀和利润转移的多边公约》是主要的多边国际法规范。

本章思考题

1. 国际税法产生的前提条件有哪些?
2. 国际税法的调整对象是什么?
3. 国际税法的法律特征有哪些?
4. 国际税法的基本原则有哪些?
5. 如何理解税收管辖权的基本理论原则?
6. 确定纳税人居民身份的标准有哪些?
7. 跨国劳务所得与投资所得的征税权划分通常是如何行使的?
8. 怎样全面理解常设机构原则?
9. 国际重复征税与国际重叠征税有何异同?其解决方法分别有哪些?

10. 直接抵免与间接抵免分别在哪种情况下使用？

11. 国际逃税与国际避税有何异同？

12. 跨国纳税人进行国际避税的主要方式有哪些？

13. 如何通过国际法和国内法来进行反避税？

14. 什么是正常交易原则？应如何深入理解该原则？

15. 美国《海外账户税收合规法案》的实施和中国加入《多边税收征管互助公约》对于防止国际逃税和国际避税有何重要意义？

16. 什么是 BEPS 和 CRS？

17. 国际税收协定的内容有哪些？

18. 什么是税收饶让抵免？

19. 什么是利用第三国税约？

必读法规

1.《联合国关于发达国家与发展中国家间避免双重征税的协定范本》(1980 年版)

2.《经济合作与发展组织关于对所得和财产避免双重征税的协定范本》(1977 年版)

3.《中华人民共和国企业所得税法》及其实施条例

4.《中华人民共和国个人所得税法》及其实施条例

5.《多边税收征管互助公约》

6.《金融账户涉税信息自动交换之多边政府间协议》

7.《实施税收协定相关措施以防止税基侵蚀和利润转移的多边公约》

推荐阅读书目

1. [美]维克多・瑟仁伊著:《比较税法》,丁一译,北京大学出版社 2006 版。

2. 朱炎生著:《国际税收协定中常设机构原则研究》,法律出版社 2006 年版。

3. [美]罗伊・罗哈吉著:《国际税收基础》,林海宁、范文祥译,北京大学出版社 2006 年版。

4. 熊志君主编:《国际税收与世界各国税制》,海南出版社 2004 年版。

5. 刘剑文主编:《国际税法学》(第三版),北京大学出版社 2013 年版。

6. 张智勇著:《国际税法》,人民法院出版社 2002 年版。

7. 陈安主编:《国际经济法概论》(第二版),北京大学出版社 2001 年版。

8. 廖益新主编:《国际税法学》,高等教育出版社 2008 年版。

9. 余劲松、吴志攀主编:《国际经济法》,北京大学出版社、高等教育出版社 2000 年版。

10. 刘剑文著:《国际所得税法研究》,中国政法大学出版社 2000 年版。

11. [美]理查德・L. 多恩伯格著:《国际税法概要》,马康明等译,中国社会科学出版社

1999 年版。
12. 那力著:《国际税法学》,吉林大学出版社 1999 年版。
13. 程永昌主编:《国际税收学》,中国税务出版社 1998 年版。
14. 陈大刚著:《国际税法原理》,上海财经大学出版社 1997 年版。
15. 李泳著:《国际税收的法律与实务》,上海译文出版社 1996 年版。
16. 高尔森主编:《国际税法》(第二版),法律出版社 1993 年版。
17. 陈安主编:《国际税法》,鹭江出版社 1987 年版。
18. 葛惟熹主编:《国际税收教程》,中国财政经济出版社 1987 年版。
19. 王选汇著:《避免双重征税协定简论》,中国财政经济出版社 1987 年版。

典型案件

ABC 卫星公司税收案例分析

第十三章　限制性商业惯例的管制

竞争是市场经济的灵魂，运用法律手段对限制性商业惯例进行管制，确保市场经济主体平等、公平、自由地参与市场竞争，是世界各国通行的做法。反垄断法被西方国家称为“经济宪法”，主要原因在于反垄断法所维护的是竞争自由，完善的是有效竞争的市场结构，制止的是限制竞争的行为、不公平交易行为以及不正当竞争行为。反垄断法在维护竞争秩序、促进经济发展中发挥了重大的作用。中国是一个由计划经济向市场经济转轨的国家，反垄断法除了具有维护竞争自由和保护消费者利益的一般作用外，还具有促进经济体制转轨和完善市场结构的特殊作用。中国市场中已出现垄断现象，如限定价格、价格歧视、划分市场、卡特尔、掠夺性定价、搭售、强制交易、公用企业限制竞争的行为等，严重地干扰了市场经济的正常运行，破坏了竞争和市场秩序。随着中国加入 WTO，跨国公司的垄断也越来越威胁着中国的民族产业。为了保护民族工业和国家经济安全，促进中国市场经济体制的建立和市场结构的完善，我国已于 2007 年 8 月 30 日制定并颁布了《中华人民共和国反垄断法》。为了进一步完善该部千呼万唤始出来的市场经济的根本法，我们有必要对发达国家的保护市场竞争、管制限制性商业惯例的立法进行比较研究，以期有所收获。

第一节　限制性商业惯例概述
第二节　限制性商业惯例的国内管制
第三节　限制性商业惯例的国际管制

第一节 限制性商业惯例概述

反垄断政策对国际贸易发展的重要性体现在对私人限制性商业行为在开放的竞争性市场上的副作用的抑制上。GATT 与 WTO 体系建立的结果是使国家市场开放,政府对贸易造成的壁垒降低和消灭(数量限制、配额、关税等),并要求国家以国民待遇和最惠国待遇的不歧视做法实现上述要求。一般而言,政府贸易壁垒的削减并不能直接消灭私人的限制性商业行为,而私人的限制性商业行为仍可以取代政府的贸易壁垒从而构成对市场准入的新的障碍。因此,反垄断法实施的效果在于致力于消灭私人壁垒。反垄断法有可能引入到国际贸易体系中,但确切地说,如何引入、引入程度如何尚待研究。①

一、限制性商业惯例的概念及种类

"限制性商业惯例(restrictive business practice)在不同国家有不同解释,但其基本含义都是指在商品交易中阻止、限制或妨碍其他企业和个人参与市场竞争的行为。这些行为可分为两类:一是垄断行为;二是不正当竞争行为。"②

限制性商业惯例又可称为限制性商业行为或限制性商业实践。这些行为和实践阻碍了市场的正常运行和商业的正常发展,限制了产品市场化的渠道,损害了消费者的利益,降低了消费者的福利,是市场经济的最大破坏力量。因此,世界主要经济大国都对限制性商业惯例中的垄断行为和不正当竞争行为分别进行管制。

(一) 垄断行为

"垄断一词的英文是'monopoly',指企业以攫取超额利润为目的的独占活动或金融寡头的独占统治。垄断的表现形式主要有以下四种:(1) 卡特尔:是法语'Cartel'的音译,指同类产品的生产企业为获取高额利润,在市场划分、商品产量、商品价格等方面达成一致协议,形成垄断联合体,即卡特尔。卡特尔各成员在生产、销售和财务上均保持各自的独立性,只不过根据协议在某些方面采取一致行动或联合。卡特尔这种垄断形式消除了企业之间本应进行的竞争,限制了企业的活动。卡特尔在战前很盛行,它遍及各个经济部门;战后私人卡特尔数目大大减少,现已不常见。但跨国公司在经营中仍经常采用卡特尔方式。(2) 辛迪加:是法语'syndicat'的音译,指同类产品的生产企业订立统一采购原材料和销售商品的协议,以实现垄断联合。辛迪加各成员在生产上保持各自独立性,但在购和销两方面失去独立性,只能由辛迪加统一管理。购销垄断可使垄断企业低价购进原材料,高价销售其产品。(3) 托拉斯:是英语'trust'的音译,指同类产品的生产企业从生产到销售实行全面合并,形

① *Competition Policy in the Global Trading System—Perspectives from the EU, Japan and the USA*, edited by Clifford A. Jones, Mitsuo Matsushita, Kluwer Law International, 2002, p. 1.

② 王传丽主编:《国际贸易法》,法律出版社 1998 年版,第 460 页。

成垄断联合体。托拉斯的成员不具有独立的法律地位,而是托拉斯的股东,按股权获得其利润。(4) 康采恩:是德语'konzern'的音译,指以一个大企业为核心形成的不同生产部门企业的垄断联合。这种联合多以金融控制为基础,核心企业通过持股等方式控制其他企业,以实现企业之间的垄断联合。"①

垄断是经济学的概念,是指少数大企业或若干企业联合独占市场,控制着一个或几个部门的生产和流通,从而在市场上占据统治地位。对垄断的批评主要是基于对消费者造成损失的事实,因为垄断厂商为了维持高额垄断利润从而限制产量,提高垄断价格,进而造成消费者剩余的净损失。但是,对于垄断厂商而言,垄断行为是有利可图的,因为垄断使其节约了生产成本,因而可获取竞争优势,排挤竞争对手,保持垄断利润。

在确定垄断的利弊时,一般考虑以下几个因素:(1) 有效竞争因素。关于竞争的经济学理论经历了几个阶段,每一个阶段的理论都有其局限性。亚当·斯密(Adam Smith)的古典经济学的自由竞争理论是反对封建的重商主义,而只谈竞争的重要性和后果;库尔诺特(Cournot)的完善竞争理论描述的是一种静止的市场状态,而使其理论限于纸上谈兵;张伯伦(Chamberin)的垄断竞争或不完善竞争理论只告诉人们,"竞争不得不是这样的";克拉克(J. M. Clark)的有效竞争理论认为竞争在经济上是有益的,而且根据市场的现实条件又是可行的,因此又被称为"可行性竞争",并且承认垄断存在的合理性,认为当垄断与有效竞争相容时就是适度垄断。根据有效竞争理论,在现代市场经济中,竞争的存在必然会破坏企业规模的均质性,形成大中小企业并存的格局,只要这种格局下的垄断没有破坏有效竞争,就不能认为是反垄断法所规制的垄断。(2) 规模经济因素。(3) 公共利益因素。垄断的适度与否还应该看是否与公共利益相悖,有些垄断形态本身的存在是为了避免竞争厂商对消费者和社会利益的可能侵害,或由于在这些特定的行业内只有一个或几个厂商经营是效率最高的。如少数与国计民生关系重大,或投资巨大、获利微薄又涉及面很广的行业,由国家垄断经营,是各国通常的做法,这主要体现在城市的水电供应等属于自然垄断的行业上。另外,在定义垄断时,除了考虑上述因素外,还应考虑的方面包括政治价值、理性价值、公平价值等。一些自然垄断企业,如边远地区小镇的唯一一家工具店,显然对市场无害。而它们是否违法,也全由各国法律自己规定,不同国家在不同发展阶段,可以有不同的限制重点。

总之,限制性商业惯例中的垄断行为必须具备两个要件:(1) 个人或企业的垄断行为本身必须是有害的、限制和阻碍市场竞争的;(2) 这种有害的垄断行为必须是为法律所禁止的。各国反垄断法所涉及的垄断行为一般有:独占、兼并、股份保有、董事兼任、独家交易、限制转售价格、差别待遇、掠夺性定价、搭售、附加不合理交易条件、强制交易、联合行动,等等。

(二) 不正当竞争行为

不正当竞争行为也称不公平竞争行为。该类行为的范围以广泛且不确定而著称。"不正当竞争"一词出现于19世纪,当时主要规定在一些法规之中,如商标法、广告法、专利法、

① 王传丽主编:《国际贸易法》,法律出版社1998年版,第460~461页。

民商法等。其最初的含义是指诚实的生产者和经营者所不会采取的行为。现代意义上的不正当竞争则是指违背商业道德和善良习俗而进行竞争的行为。

世界各国的竞争法体系基本上由两部分组成,即反不公平竞争法和竞争法(也被称为反垄断法或反托拉斯法)组成。这两部分都与竞争问题紧密相连,所不同的是,反不正当竞争法所使用的"竞争"二字所指的并不是严格意义上的竞争,而是违反商业道德或者诚实信用原则的商业行为,这种行为可能损害经营相同产品或可替代产品的经营者的利益或其间的竞争关系,也可能并没有损害竞争者的利益或相互间的竞争关系,但却损害了消费者的利益;而竞争法所调整的对象是严格意义上的竞争关系。所谓"严格意义上的竞争关系",是指在同一市场上(或在相关市场上)经营具有替代关系的产品的经营者之间相互争夺交易机会和相互争夺市场和客户的竞争关系。在竞争法/反托拉斯法/反垄断法(下文中,这三个术语会交替使用)中,竞争者或其相互之间的行为若损害了相关市场上的这种竞争,就会被视为违反竞争法而受到处罚。维护具有竞争性的市场结构、制止限制竞争的行为、维护竞争自由是竞争法的立法目的。

《巴黎公约》第 10 条第 2 款第 2 节规定:"在工商业活动中违反诚实信用的任何竞争行为,构成不正当竞争行为。"但 1996 年世界知识产权组织国际局起草的《反不正当竞争示范法》,在对不正当竞争行为的界定中抛弃了《巴黎公约》中"竞争行为"的说法,认为"在工商业活动中违反诚实信用的任何行为都构成不正当竞争行为"。世界知识产权组织国际局在其注释中特别强调 :"竞争行为不是构成不正当竞争行为的条件,反不正当竞争法适用于当事人之间没有直接竞争关系的情形,即使当事人的行为不是指向竞争对手,但借此获取了竞争优势或者增强了其自身的竞争力,也是影响竞争的行为。何况不要求必须是竞争行为,也表明反不正当竞争法是保护消费者的。"①该解释是对《巴黎公约》的不正当竞争行为的诠释,也反映了世界各国,尤其是欧盟国家对反不正当竞争法中的不正当竞争行为的普遍认识和发展趋势。

在美国,反不正当竞争问题并没有包含在《谢尔曼法》和《克莱顿法》之中,虽然在《联邦贸易委员会法》中出现,但也只是作为联邦贸易委员会活动职权的一部分。在《联邦贸易委员会法》第 5 条的基础上,很多州都制定有一个"欺诈性贸易行为法",实则就是反不正当竞争法。在欧盟的竞争法中没有任何专门对不正当竞争关系进行规定的条款,而是由成员国自己对此加以规定和调整。从这些事实可以看出,与反垄断法中的竞争关系相比,反不正当竞争法中的竞争不限于同一市场上的经营者之间的关系,竞争对手也不限于同一相关市场的经营者,无论是使不正当竞争行为脱离出竞争关系的范畴而等同于不公平交易(经营、商业、贸易)行为,还是主张竞争关系包括直接的和潜在的竞争关系,都说明反不正当竞争法中的"竞争关系"是以不正当方式进行的侵害与被侵害的关系,而不是严格意义上的竞争关系。

---

① *Model Provisions on Protection Against Unfair Competition*, *Articles and Notes*, Presented by the International Bureau of WIPO, pp. 7 - 8.

其原因有二："（1）反不正当竞争法上的'不正当竞争行为'归根到底是以不正当手段牟取竞争优势的行为，牟取竞争优势的方式既可以是直接损害竞争对手，又可以是间接损害竞争对手，还可以是采取损害消费者的方式。竞争优势的获取并不以损害特定的竞争对手为限。（2）反不正当竞争法的保护对象和目的具有多元性，既包括经营者，又包括消费者，而在经营者中，既可以是属于严格意义上的竞争对手的经营者，还可以是没有直接竞争关系的经营者。"①

总之，无论是美国还是欧盟，反不正当竞争法所反对的行为是一种不诚实的商业行为，具体包括下列行为：采用欺骗手段进行交易、诋毁竞争对手、虚假和引人误解的广告、巨奖销售、妨碍竞争对手正当经营、亏本销售、商业贿赂、侵犯商业秘密、假冒产品或假冒商标、混淆原产地标志，等等。

二、对限制性商业惯例进行管制的发展历史

从人类进入商品经济社会后，商人们为赢得客户，扩大销售，获得更多的利润而采取了各种各样的竞争方式。有些竞争方式是通过提高商品和服务的质量、增加商品和服务的品种、降低生产成本等来打垮竞争对手而在市场竞争中获胜的。这样的竞争方式会造成一些企业退出生产或销售市场，甚至破产。由此以来，通过竞争的优胜劣汰机制，使社会得以发展。另一些方式则是通过限制、阻碍和妨害竞争对手的经营活动的限制商业行为以达到排挤、打击竞争对手，而独自获利的目的。商人在利益的驱动下，为了在竞争中取得优势，往往不惜采用各种违背商业道德和善良习俗的行为，排斥、打击竞争对手，有的甚至通过各种方式进行联合，垄断生产和销售市场以获得高额利润。垄断和不正当行为的出现，严重损害了绝大多数诚实的生产者或经营者以及广大消费者的利益，阻碍了正当竞争的进行。因此可以说竞争与对竞争的限制——"限制性商业惯例"是商品经济必然的孪生产物。如果没有法律法规对竞争行为进行规制和引导，任何一个商人都不会放弃对限制性商业惯例的采用。所以，商品经济社会开始后不久，对限制性商业行为管制的法律就开始逐渐被制定和完善。

管制限制性商业惯例的法律早在古罗马时期就已存在。"公元前50年，罗马立法禁止投机倒把以及影响谷物交易的联合行为。公元200年，Diocletian颁布了一项法令，以死刑作为该法的威慑力，禁止食品买卖中的欺诈行为，以及由于这种欺诈行为而导致的人为的食品短缺。公元483年颁布的'Zeno宪法'，保护消费者不受所有食品价格和其他日用品价格人为提高的影响。罗马帝国衰落以后，政治经济的不稳定持续了很长时间，既没有繁荣的经济、贸易，也没有反竞争的商业活动。直到10世纪，曾经被罗马竞争法所打击的商人们，开始对重建商业联合与垄断显示出热情。为了回应和对付这些重新出现的反竞争行为，英国、法国和意大利城邦在13世纪末颁布了一些法规禁止具体的限制贸易行为，如矿石交易者的

① 孔祥俊著：《反垄断法原理》，中国法制出版社2001年版，第266页。

固定价格以及鱼贩子们联合购售其产品的联合行为等问题。”①

“18 世纪,在大陆法系各国的民法典中出现有关反垄断法的条款,如《法国民法典》第 1382 条,《意大利民法典》第 2598 条、第 2599 条、第 2600 条,《德国民法典》第 138 条和第 826 条等。特别值得一提的是法国 1791 年颁布的《沙彼利耶法》,该法专门针对卡特尔组织和其他限制竞争的措施。”②

上述这些虽然是直接保护竞争的法律规定,但立法意图较为模糊,条款规定都散见在各个法规和判例之中,没有形成体系。现代意义上的独立的管制限制性商业惯例的法律产生于 19 世纪。加拿大于 1889 年制定的《禁止限制贸易合并法》是世界上最早的一部独立的管制限制性商业惯例的法律。随后,美国于 1890 年制定了《谢尔曼法》,德国于 1909 年制定了《反不正当竞争法》等。总的来讲,第二次世界大战之前,制定和颁布管制限制性商业惯例单行法律的国家为数不多。第二次世界大战之后,各国经济逐渐恢复和发展,限制性商业惯例越来越多,并对经济发展产生了阻碍作用。于是原先制定管制限制性商业惯例法律的国家对原先的立法进行修改和补充,一些原来没有制定管制限制性商业惯例法律的国家开始制定这方面的法律。如联邦德国于 1957 年重新制定了《反对限制竞争法》,日本于 1947 年颁布了《禁止私人垄断和确保公平交易的法律》,英国于 1948 年制定了《垄断和限制性行为(调查和管制法)》,美国于 1950 年颁布了《赛勒—凯弗维尔法》,等等。到目前为止,西方发达国家基本上都制定了较为完备的管制限制性商业惯例的法律,一些发展中国家也已制定或正在制定这方面的法律。

三、管制限制性商业惯例法律的形式和内容

(一) 立法形式

从各国管制限制性商业惯例的法律的立法情况来看,大多数国家分别制定限制垄断以及制止不正当竞争的法律;有的国家则只制定反垄断法或反不正当竞争法;也有的国家采用一部法律,既限制垄断又限制不正当竞争行为。上述这些法律有的以法典形式出现,大陆法系多采用此种立法形式,如联邦德国于 1957 年制定的《反对限制竞争法》,日本于 1947 年制定的《禁止私人垄断及确保公正交易法》等。英美法系国家大多采用制定单行法规的形式,如美国的反托拉斯法即是由各个单行法规组成。

(二) 主要内容

无论是分别制定的反垄断法或反不正当竞争法,还是综合性的管制限制性商业惯例法,都包括实体法和程序法的内容。

实体法主要规定反垄断或反不正当竞争的内容,即被禁止的垄断行为和不正当竞争行为。关于不正当竞争行为的概念,我们已经在上文述及,无需赘述。以下只讨论垄断的法律

---

① 白艳:《欧美竞争法比较研究》,中国政法大学 2004 年博士论文,第 20 ~ 21 页。

② 刘宁元、司平平、林燕萍著:《国际反垄断法》,上海人民出版社 2002 年版,第 24 页。

意义。

垄断在法律上的含义各国不尽相同,通常是从某个角度或对垄断的某个方面进行解释。日本《禁止私人垄断及确保公正交易法》第 5 条第 5 款采用概念式,规定:"本法所说的'私人垄断',是指事业者单独或与其他事业者结合或合谋以及采取其他任何方法,排除其他事业者的事业活动或进行支配,从而违反公共利益,在一定的交易领域限制竞争。"有些国家采用列举式,即没有对垄断下定义,只是列举了被禁止的某些垄断行为;还有的国家采取定义和列举式相结合的方法。根据各国反垄断法律的规定,并不是所有垄断行为都是法律所禁止的,有些行为虽构成垄断,但有可能不在被禁止之列。因为根据一国经济政策的需要,对某些经济部门必须实行垄断经营,才能促进本国经济的发展。如美国反托拉斯法对农业银行、运输、保险业、通信事业、国有企业等重要部门给予豁免,允许这些部门实行垄断经营。日本则允许铁路、电力、煤炭等行业实行垄断。一般情况下,各国对某些使正当竞争遭受实质上限制或损害的垄断行为才加以禁止,这些行为主要有:(1) 限制竞争的行为,如私人垄断和卡特尔协议即是限制竞争的常用手段。私人垄断是指个人、公司或财团通过合并、收买等手段排挤其他竞争对手,取得市场上的支配地位。卡特尔协议是指企业之间以垄断市场并获得高利润为目的而就生产、销售等方面达成的协议。(2) 经济力量过度集中的行为,主要体现为兼并。兼并是指一家企业购买另一家企业的资产、股份,或与其他企业联合等行为。如果兼并使得企业的经济力量过度集中,往往就会形成垄断。(3) 滥用市场优势的行为,是指在市场上居支配地位的企业,凭借其优势地位左右其他企业,迫使其他企业接受不合理的交易条件等,从而妨碍竞争的进行。上述三种垄断行为必须以限制竞争、获得高额利润为目的。

各国管制限制性商业惯例法律中的有关程序性规定主要包括建立执行管制限制性商业惯例法律的机构,以及对限制性商业惯例的处罚。管制限制性商业惯例法律在市场经济国家占有相当重要的地位,素有"经济宪法"之称。因此,各国都设立了专门机构负责该法的实施。在美国,联邦贸易委员会和联邦司法部共同负责执行美国反托拉斯法;在日本,设有公正交易委员会;英国设有公平贸易署;德国设有卡特尔局。由于管制限制性商业惯例具有举足轻重的作用,各国对违反该法规定了较为严格的处罚措施。一般分为民事制裁、行政制裁和刑事制裁。有的国家只规定了民事制裁和行政制裁,也有的国家三者并用。此外,从限制性商业惯例的种类上讲,对垄断行为的处罚较不正当竞争行为的处罚要严厉。除规定巨额罚金外,往往还对严重违法的个人追究刑事责任。因为垄断虽是过度的、无节制的、不正当的竞争带来的必然结果,但反过来又会带来不正当竞争,甚至更大规模、破坏性更强的不正当竞争。不正当竞争行为在各国多视为侵权行为,在处理时一般都采用民事诉讼程序。因不正当竞争行为而遭受损害的人可行使下列权利:要求停止不正当竞争行为,要求赔偿因不正当竞争造成的损失,要求排除或恢复因不正当竞争造成的信誉上的损害。

发生法律禁止的限制性商业惯例后,任何经济利益遭受损害或威胁的个人、法人,包括民间协会以及国家行政管理部门,都有权提出反垄断或反不正当竞争诉讼。如当事人对判决或裁决不服，可向有关法院上诉。

“根据弗赖堡自由主义学派的观点，经济自由和竞争不仅可以导致国家经济的繁荣，而且是通向国家政治自由的必经之路，因此，竞争原则是一个社会的‘经济宪法’，国家应该通过法律保护竞争，为竞争创造环境和条件。这种经济宪法和市场融合的理论观点特别符合欧共体建立之时以及当前通过建立共同市场和制定统一的竞争法来实现统一欧洲的目的。直至目前，人们仍普遍认为竞争法不仅具有经济功能，而且还具有政治功能，是创建民主政治的基础。弗赖堡学派自由主义理论观点的传播实际上是欧洲统一的过程，而且在统一欧洲的过程中，这是一股其他任何力量都不可取代的推动力。”①

第二节　限制性商业惯例的国内管制

自20世纪80年代以来，美国的“反托拉斯法”和欧盟的“竞争法”已经成为世界上两个主要的竞争法体系。这两个法律体系有着同样的基础结构，有着同样的一套规则，并作为标准规则为全世界所接受，竞争法基本结构中有四种受法律管制的限制性商业行为：横向限制、纵向限制、单边行为（滥用市场支配地位）、市场集中（合并和收购），也可以说竞争法可以被分成两大类控制：事前控制和事后控制。

下图可表示竞争法的基本结构：

- 竞争法
  - 事后控制
    - 协商行为
      - 横向限制
      - 纵向限制
    - 单边行为——滥用市场支配地位
  - 事前控制——市场集中——股份和资产的合并与收购（须事前通知）②

一、美国对限制性商业惯例的管制

（一）美国反托拉斯法的产生

自英国的《大宪章》（Magna Carta）后，英国的普通法法官开始提出关于“贸易限制”的原则。该原则禁止独占和串通，认为这是对个人自由参与竞争的限制，是不合法的。1349年颁布的一项法令规定多收了食品费用的商人必须向受到损害的当事方赔偿双倍于其所收的费用。这些规则以及普通法的原则后来融合到了英国的殖民地美国的司法判例中，后来成了新独立的美国的法律。而且美国殖民地人民对英皇所定义的贸易垄断行为非常敌意，以至

① David J. Gerber, *The European Competition Law Story: Some German Roles*, Festschrift fuer Wolgang Fikentscher, 1998, p. 666.

② Chapter Six Competition Rules and Enforcement in the US, EU and Japan, *Competition Policy in the Global Trading System—Perspectives from the EU Japan and the USA*, edited by Clifford A. Jones, Mitsuo Matsushita, Kluwer Law International, 2002, p. 95.

于新成立的几个州都在其宪法中写明了对垄断的禁止。目的是为了结束不合理的特权,保证自由的、多样化的非集中(decentralized)的经济生活方式。

在市场准入自由、缔结合同自由、商业/经济个人主义的自由原则下,19世纪的美国占统治地位的经济、政治、社会文化都笼罩在自由气氛中,这种气氛鼓励了个人通过不受限制的竞争和适者生存的经济原则追求技术进步所带来的收益。随着在银行、通信、制造业、运输业技术革新步伐的加快,效率和规模经济越来越受到重视。大规模生产要求巨大的固定投资,反过来这又意味着只有商业状况良好的大型企业才能稳步地进入多样化产业。此外,对资源供给的控制而产生的经济优势、生产方式的革新以及拥有多个营销点所带来的利润都刺激企业进行联合以便很容易地进入市场。

在这种压倒一切的合同自由和自由放任的(laissez-faire)经济的氛围中,竞争变得越来越激烈,企业之间为资本、客户和原材料而进行你死我活的争夺。这种竞争以及与其相伴随的掠夺性行为的结果是毁灭产业中最弱小的成员。在经济竞争战争中幸存下来的竞争者接着组成联合以稳固自己的地位,一个垄断企业就此产生。私人企业主和小的市场参与者逐渐被公司、托拉斯、卡特尔这些商业组织的惯用形式所取代。公司可以永远存在,具有有限的责任以及可以埋名隐姓(anonymity),但是州法律限制公司的活动。为了创建一个更有效率的商业组织形式,1897年成立的"洛克菲勒美孚石油公司"(即标准石油公司)首先使用了托拉斯。在这种方式下,公司的持股者会用董事会的方式积存自己的股票,而董事会拥有全部的管理和控制权力,因而托拉斯能够分散在全国各地的任何公司成员中。

此后,美国在1884年和1885年又分别成立了棉籽油托拉斯和亚麻油托拉斯。1887年,制油业、制糖业、制绳业、炼铅业中的托拉斯也应运而生。到19世纪末,美国已成为世界著名的"托拉斯王国",形成了少数托拉斯对石油业、制糖业、钢铁业、烟草业、皮革业、电气行为、食品等行业的独占、包揽或实际控制与操纵。它们控制了产品的生产和销售,使许多中小企业无法与之抗衡,有的甚至被托拉斯挤垮。当这些联合大企业开始对美国个人生活产生负面影响时,对其滥用权力的抗议声日渐高涨,这些联合大企业被美国民众称为"巨商抢劫犯"(robber barons)。对付贸易限制的普通法的传统原则和补救方式在抵制"巨商抢劫犯"的支配地位和滥用行为上显得无能为力。小商人抱怨被挤出了商业,被剥夺了进入市场从事商业经营的机会;农民们对铁路的回扣费率体系以及对强加于他们在长短途运输中的价格歧视感到愤怒;为了获得较好的工资待遇和生活水平,工会组织开始要求政府对大企业进行控制;消费者和公众对产品价格上涨、质量降低以及商业活动中的不公平和欺诈行为极为不满。经济权力的集中产生了政治性威胁等诸多原因导致了Grange运动[①]的形成和其他要求政府规制商业的政治组织的形成。

1887年,美国的改革派力量壮大,第一个联邦商业规制法——《州际商法》出台,其目的

① 1867年在美国成立的农民协会——格兰其。他们的抱怨集中于因制造业尤其是铁路公司的联合和固定卡特尔所造成的经济地位的恶化。

是为了防止铁路运输中的滥用行为。1888 年,美国两大党在竞选中都做了商业改革的保证。本杰明·哈里逊(Benjamin Harrison)——这位新当选的总统一上台便立即要求立法以阻止“危险的串通”和独占。参议员约翰·谢尔曼(John Sherman)这位第一个反托拉斯议案的作者是这样描述大商业力量的巨大集中的:“它们把自己的布里亚柔斯(Briarean)[①]臂膀伸向我们国家的所有角落。它们从外国进口。只有议会才能对付它们,而且如果我们不愿意或不能对付它们的话,很快在每一个产业中都会出现托拉斯,在任何日用品上都有固定价格的主宰者。[②]”

1890 年 7 月,参议员“谢尔曼议案”的最后文本同时在美国议会两院通过(只有一票反对)并经哈里逊总统的签署,这就是著名的《保护贸易和商业不受非法限制与垄断危害的法案》(简称《谢尔曼法》),该法的颁布标志着现代意义的独立的管制限制性商业惯例的法律的诞生。然而,到 1912 年所有的主要政治团体都呼吁修改立法以进一步加强政府对商业活动的控制权力。其结果是,在以后的六年里,三部新的反托拉斯法相继颁布:1914 年的《克莱顿法》(Clayton Act)和《联邦贸易委员会法》(Federal Trade Commission Act,以下简称 FTC 法),1918 年的《卫柏—珀莫勒因法》(Webb－Pomerene Act)。在大萧条时期,议会开始关注巨大购买集团所持有的市场力量,尤其是连锁杂货店。这导致了 1936 年的《罗宾逊—帕特曼法》(Robinson－Patman Act)的出台,其立法目的是为了支持小的独立的竞争者。到目前为止,美国的管制限制性商业惯例的法律主要体现在《谢尔曼法》《克莱顿法》《联邦贸易委员会法》这三个法律之中。此外,还有美国大多数州制定的类似的法律。除成文法外,判例法在美国反托拉斯法中也占有重要地位。

(二) 美国反托拉斯法的主要内容

1. 美国反托拉斯法的主要渊源

美国反托拉斯法的渊源分为成文法和判例法两大类,其中以成文法为依托。在成文法中,美国反托拉斯法的渊源有 1890 年的《谢尔曼法》、1894 年的《威尔逊关税法》第 73 ~ 76 节、1914 年《克莱顿法》(Clayton Act)、1914 年颁布的《联邦贸易委员会法》(FTC 法)、1918 年通过的《Webb－Pomerene 出口贸易公司法》《外国贸易反托拉斯改进法》等,另外司法部的反托拉斯局与联邦贸易委员会还时不时地联合或独立发布一些“指南”和其他政策说明。

(1)《谢尔曼法》是美国最基础的反托拉斯法。《谢尔曼法》措辞宽泛概括,是反对卡特尔(第 1 条)和独占(第 2 条)的政策性宣言。第 1 条规定:“以托拉斯形式或其他形式,或以串通的方式而限制了州际之间或与外国之间的贸易或商业的所有合同和联合都被宣布为非法。”第 2 条相对具体一些:“垄断或企图垄断,或与其他人一起采取联合或串通的方式垄断州际间或与外国之间商业或贸易的任何部分的任何人,都被认定为犯了重罪……”

《谢尔曼法》第 1 条针对的是联合行为,其中所指的“合同、联合和串通”是有区别的,虽

---

① 希腊神话中的百手巨人——Briareus。

② American Bar Association, Section of Antitrust Law, Antitrust Law Developments, 3rd ed., 1992 & Supps.

然这三个词在美国法院的反托拉斯案件中被经常互换使用用来识别行为串通与否,因为这是适用该条的前提。“合同”一般是指缔约当事方之间确定各方权利义务而缔结的正式协议;“联合”更通常的是指两个或更多的人(包括自然人和法人)在商业活动中的合作;而“串通”在法律中被界定为为了实现非法目的或通过非法方式实施合法目的的联合行为。

《谢尔曼法》第 2 条没有禁止垄断状态,禁止的是“垄断化的行为”或“垄断的企图”。这种被禁止的垄断行为,涉及通过不公平的方式获得垄断力量或不公平使用市场力量来维护垄断地位以及排斥有效竞争。除了禁止垄断化外,第 2 条还禁止垄断的意图以及以联合、串通形式的垄断。关于垄断的图谋或串通,不要求企业在相关市场拥有支配地位。一个企业可能没能获得市场支配地位,但只要其市场力量很强,有可能获得垄断地位,就会因为其垄断的不合法的图谋而获罪。

(2)《威尔逊关税法》第 73 ~ 76 节,虽然是作为关税规则被制订,实则是反托拉斯条款。这些条款的目的是为了惩处具有通过进口方与其他人的协议或串通而对美国进口法有滥用企图的商业活动者。该法禁止“由两个或两个以上的人或公司——其中一方或双方从外国把产品进口到美国——之间的任何联合、共谋、托拉斯、协议或合同,如果这些协议旨在限制贸易或提高进口产品在美国市场任何部分的价格”①。但是,几乎在所有涉及违反《威尔逊关税法》的案件中都伴随着对《谢尔曼法》的违反,因此《威尔逊关税法》几乎没有独立性。

(3)《克莱顿法》是为了弥补《谢尔曼法》的缺陷和漏洞,从而保持后者的威慑力而被制订的。与《谢尔曼法》囊括一切的禁止规定不同,《克莱顿法》的必要性有二:一是从法院方面来看,有些行为并不违法;二是需要对以前未规定为损害行为的、进行反竞争行为性质的识别。换句话讲,《谢尔曼法》没有规定禁止的行为在实践中被证明具有反竞争效果,那么这些行为就需要《克莱顿法》作出补充规定。随着时间的流逝,《克莱顿法》又增加了许多条款,现已成为美国反托拉斯体制的必要补充。

《克莱顿法》的实体部分是关于价格歧视、排他交易以及并购/兼并,因这些行为很可能引起反竞争效果。除了属于“本身违法”之外,如果实际和实质的反竞争影响没有被证实,那么就没有违反《谢尔曼法》。根据《克莱顿法》,如果行为有可能削弱竞争,那么,该行为就是违法的。“实际”和“可能的”竞争影响之间的区别在理解该两法中意义重大。

《克莱顿法》第 3 条调整产品分配协议,不管是被授予专利还是未获得专利授予权,承租人或购买者不得使用或交易出租人或卖方的竞争者的同类产品、仓库、机器和其他商品,而这种安排或协议可能实质地减弱了竞争或有意在任何贸易层次产生垄断,如果是这样,那么这些协议、安排、销售合同都是违法的。

《克莱顿法》第 4 条授予在商业和财产上受到托拉斯违法行为损害的个人提起私人民事诉讼的权利,并有权要求获得三倍损害赔偿和不承担诉讼成本及费用,包括合理的律师费

① Wilson Tariff Act of 1894, Section73 - 76.

用。其中的 A 款授予美国政府以同样的权利,C 款授予总检察官以州的名义,代表在该州有住所的自然人对反托拉斯违法者提出民事损害赔偿的权利。

《克莱顿法》第 7 条是适用于公司并购和兼并的最重要的规定,旨在阻止经济中将出现的垄断、集中和其他对竞争的限制。原条款被 1950 年的《Celler - kefauver 修正案》所强化,因此不仅包含了资产并购还包含了股份并购。该条禁止的是"在任何贸易层次可影响国家任何地方贸易的任何行为出现的可能实质性减弱竞争或有可能产生垄断的任何并购"。

《克莱顿法》第 8 条虽有某些例外,但如果该两个公司达到某种规模和竞争法规定的上限,就要禁止一人同时作为两个相互竞争的公司的管理者。法律要求贸易委员会根据国民总产量的变化对这些规模上限进行年度审查。之所以颁布第 8 条是考虑到存在这样一种可能性,即一些个人或集体可能有效地控制并消除公司间的激烈竞争,通过共同的董事会来规避反托拉斯法的有些规定。

《克莱顿法》第 12 条是关于管辖权的规定。根据反托拉斯法,对一个公司提起的任何诉讼可以在该公司的所在地的法院提起,也可以在"发现其商业行为"的地区的任何美国地区法院提起。[1]

(4) 1936 年《罗宾逊—帕特曼法》(Robinson - Patman Act)是对《克莱顿法》第 2 条的修改,禁止价格歧视、歧视性的有奖销售以及在提供服务、设施和支付使用费用中的歧视。作为阻止掠夺性竞争的工具,其对竞争的苛刻规定受到了广泛的批评,但却存活下来,成为小商业者的保护伞。

(5) 1976 年的《哈特—斯科特—罗迪诺法》(Hart - Scott - Rodino Legislation)成为《克莱顿法》第 7 条 A 款。尽管颁布了《克莱顿法》第 7 条,但在很多年间许多并购法律的实施都被所谓的"半夜并购"(midnight mergers)所阻碍。"半夜并购"这个词描述的是在被宣布以后很快就完成的并购或兼并交易,或实际上没有提前宣布的并购/兼并。这种做法使联邦当局没有足够的时间审查交易可能出现的对竞争的影响。在这些案件中,政府的主要求偿权是当并购发生后在法院对其提出起诉,或如果起诉成功的话,试图通过"使鸡蛋复原"(unscrambling the eggs)的方式剥夺(divestiture)其资产,诉讼开始与结束常常是公司并购很多年以后的事情。这种令人不满的立法与现实状态终于导致 1976 年的《哈特—斯科特—罗迪诺法》的颁布。该法要求:欲进行股份或资产合并的当事方要事前通知司法部以及联邦贸易委员会,且必须遵守主管机关所规定的等待期,以使主管机关能够有充分的时间审查该交易可能产生的竞争影响。

(6)《联邦贸易委员会法》(The Federal Trade Commission Act,简称《FTC 法》)创设了联邦贸易委员会。议会创设该委员会的意图是建立一个有特殊权限的行政机关,通过对受影响的产业的贸易和经济条件方面的信息、经验和详细研究来处理不公平竞争问题和对竞争有危险的行为。1938 年有一个《FTC 法修正案》,委员会的目的被扩大到保护公众

① The Clayton Act,Section 2 - 12.

不受商业欺诈行为的损害方面。委员会责任范围的核心是 FTC 法第 5 条,该条规定:首先,在商业贸易中影响贸易的不公平竞争方法是非法的;其次,在商业贸易中影响贸易的行为和实践是非法的。通过第一个指令,议会意在使该机构有能力把反竞争行为扼杀在萌芽状态,以防其成熟壮大成为有严重影响的违反反托拉斯法的行为,即所谓的“早期原则”(incipiency)。①

(7) 1930 年《关税法》第 337 条禁止“在产品向美国的进口中的不公平竞争方法和不公平行为”,在产品进口以后的销售过程中的这类方法或行为,以及毁灭或实质损害美国产业的威胁和影响,防止建立这样的垄断美国贸易和商业的企业。而且向美国进口以及在美国销售的进口产品一旦违反美国的专利权、版权、商标权也是违法的。该法由美国国际贸易委员会负责实施。目前该法规常常因其未给予外国产品以“国民待遇”而被诉违反了 WTO 贸易规则。

(8) 1918 年《韦伯—珀莫罕法》(Webb - Pomerene Act)从适用反托拉斯法中豁免美国出口贸易中的一些活动。多年以来,美国出口公司主张,由于美国反托拉斯法的严厉,它们的利益受到了不公平的损害。因为美国反托拉斯法防止美国的出口商联合向外国市场销售,而在该外国市场、美国出口商却面临着不受限制的外国卡特尔的竞争。针对这种情况,经过广泛的议会听证,1982 年同时颁布的《出口贸易公司法》和《外国贸易反托拉斯改进法》成为解除美国出口商这种担忧的两部法规。该法宣布其“主要目的是为了使从事出口贸易或实际主要从事的是出口”的联合会,或“由该联合会在出口贸易的过程中签订的协议或实施的行为”,如果该行为在美国没有反竞争影响,而且也没有对国内任何此类出口联合会的竞争者的出口贸易产生任何限制,就不违反《谢尔曼法》,该豁免只适用于商品货物的出口。为了获得该豁免,出口联合会得向联邦贸易委员会备案其协议条款,并做年度报告,但联邦贸易委员会并不一定批准该豁免。而且根据《韦伯—珀莫罕法》而备案并不会使出口活动免于外国反托拉斯法的制裁。总之,《韦伯—珀莫罕法》所规定的程序没有为美国的出口贸易带来广泛的利益。

(9) 1982 年《出口贸易公司法》(The Export Trading Company Act)表明了议会有意扩大美国的货物与服务出口的愿望。该法第三章通过规定出口商申请和获得“出口贸易审查证书”来减少出口交易中美国反托拉斯法适用的不确定性。该证书由司法部长的主管商业竞争的秘书签收。为了获得该证书,申请人必须表明其出口行为不会产生:① 美国国内竞争的实质减损或贸易限制;② 对申请者的竞争者的出口贸易的实质限制;③ 对该类竞争者使用不公平的竞争方法。证书中写明的人在从事证书所规定的活动范围内有限地从联邦和州的反托拉斯法诉讼中豁免,所给予的豁免的程度以实际损害为限,而不是三倍损害赔偿。此外,在这类诉讼中,证书范围内的行为都被假定为合法,胜诉方有权要求另一方赔偿其损失

① The Federal Trade Commission Act, Section 5.

和律师费用。①

(10) 1982 年《外国贸易反托拉斯改进法》(Foreign Trade Antitrust Improvement Act)没有豁免规定,但却是一部用不同的方法促进出口的法规,如在出口问题中限制《谢尔曼法》与《FTC 法》的适用范围。该法规定:关于对外贸易(不仅仅是进口),《谢尔曼法》和《FTC 法》第 5 条仅适用于对美国商业有直接的、实质的、可以合理预见影响的行为。该法的用语非常模糊,只能从其立法历史背景中才能较清晰地看出其意图。简言之,该法似乎直接确保《谢尔曼法》和《FTC 法》第 5 条不适用于没有反竞争影响的出口行为,即对美国国内商业、对美国进口贸易、对没有卷入上述行为的美国公司的出口贸易等没有反竞争影响的出口行为不受《谢尔曼法》和《FTC 法》第 5 条的管辖。总之,在外国市场中受美国出口商反竞争行为损害的任何外国人必须寻求外国法,而不是美国法进行救济。

(11) 司法部反托拉斯局和联邦贸易委员会时不时联合或独自发布一些"指南"或其他政策说明。这些指南可能非常详细,包括对一些假设情形的分析,但是,一旦理论、判例法发生变化或出现新的立法,这些指南或政策说明就有可能随时被撤销或替换。1995 年,这两个机关发布了一份联合指南——《国际交易中的反托拉斯实施指南》(Antitrust Enforcement Guidelines for International Operation),司法部撤销了其 1988 年在该领域中的指南。1995 年指南,在附件Ⅳ的前言中指出:"承担实施反托拉斯法义务的联邦机构在国际交易方面有实施反托拉斯法的优先权,以及与外国相应机构在实践反托拉斯法方面进行合作的优先权。"②

并购/合并领域的指南是 1992 年两个机构联合发布的《横向合并指南》(1997 年被修订),该指南优于 1984 年司法部发布的《并购指南》,从此后者与非横向合并有关。1995 年,两机构还联合发布了《知识产权许可证的反托拉斯指南》。2000 年 4 月 7 日两机构联合发布了《竞争者之间合作的反托拉斯指南》,这一指南旨在使商业经营者能够评估与竞争者之间的合作性交易而更好地理解反托拉斯法的含义,鼓励有益于竞争的合作,阻止有害竞争的合作。③

2. 美国反托拉斯法的范围

美国反托拉斯法的范围是很宽泛的,主要包括禁止卡特尔、并购监控以及禁止市场支配地位的滥用。

(1) 对卡特尔的禁止。具体而言,在判例法中,属于本身违法的协商行为是那些具有限制竞争影响的并且不会增加经济效益的行为。包括:固定价格、数量限制、市场分割、操纵投标、联合抵制、纵向最低价格协议等。除此以外,其他一些案件是在综合考虑多种因素、个案分析的基础上进行判决,一旦证明这些行为正在限制市场竞争,就会被视为违法,这种方法

---

① The Export Trading Company Act, title Ⅲ.

② The Antitrust Enforcement Guidelines for International Operation in 1995, Appendix Ⅳ.

③ Mark R. Joelson, An International Antitrust Primer—A Guide to the Operation of United States, *European Union and Other Key Competition Laws in the Global Economy*, 2nd edition, Kluwer Law International, pp. 11 - 35.

称为“合理规则”。

横向限制，诸如卡特尔（固定价格、限制产量、市场分割、操纵投标）和联合抵制属于本身违法。而其他的横向限制，如联合生产、联合开发研究，信息交换和标准化，适用“合理规则”来分析并加以解决。

纵向限制分四类：维持最高转售价格，搭售，排他交易，销售区域和客户限制。纵向最低价格协议属于本身违法，维持最高转售价格则需用合理规则来分析以确定其合法性。搭售在具备以下两个条件时，是违法的：① 卖方有足够的经济力量促使买方购买被捆绑的产品；② 在被捆绑的产品市场上，搭售交易数量巨大可能对被搭售产品的市场产生影响；排他交易在产生了防止竞争对手获得新顾客的影响时，构成违法。在销售区域和客户限制的情况下，构成违法有两种情况：① 限制同类产品的竞争；② 寻求串通效果或价格歧视效果。当前，生产商（被允许）可以向销售商要求提供“合理”的服务（为了销售商的需要），并且可以在销售商不遵守该要求的情况下单方面终止协议。

（2）对市场支配地位滥用的禁止。在单方行为中，拥有超过50%（或40%）市场份额的商业实体被视为具有市场支配地位（市场力量），进而在有关市场的市场份额超过65%的商业实体就被视为具有垄断地位。具有市场支配地位的实体的排他销售或搭售，原则上讲是违法的。具有市场支配地位的生产商以低于平均可变成本的价格销售产品，原则上说也是违法的。占市场支配地位的实体，如果其行为的目的是不公正地维持或加强这种支配地位，则该行为被视为不可豁免的违法行为。

（3）合并监控。在市场集中问题上，产生或加强垄断力量或市场支配地位的合并和收购以及那些确立寡头垄断市场结构，以协调过的寡头垄断价格进行零售都是受到禁止的。《克莱顿法》第7条禁止那些“会对竞争构成实质性威胁”的企业联合、合并和兼并行为。该法最初的目的是要将垄断的趋势扼杀在初始状态，所以当时只要是有意组建寡头垄断的合并就会被禁止，其实合并企业共同所占有的市场份额还不到20%，而现在则因为芝加哥学派的观点的影响，反托拉斯政策在合并方面要宽松得多。

此外，在美国有一个被称为“二次价格歧视规定”的单独规定，[①]除了个别案件，该规定禁止卖方以不同的价格把同一种商品出售给买方，它的目的在于保护中小零售商不受大型零售商竞争的压力，但20世纪70年代中期后，该规定很少实施。

3. 美国反托拉斯法的主要内容

（1）《谢尔曼法》的主要内容

《谢尔曼法》共有8条内容，主要规定了禁止的某些行为及其相应的处罚，同时还规定了一些程序性条款。其主要内容如下：

① 任何契约只要以托拉斯形式或其他形式进行的联合或共谋，用来不合理的限制州际间或外国之间的贸易、商业，均属非法。任何人签订上述契约或从事上述联合或共谋，是严

---

① Robinson-Patman Act 1936.

重的犯罪行为。如果参与人是公司,则处以不超过 100 万美元的罚款;如果参与人是个人,将处以 10 万美元以下罚款,或 3 年以下监禁,或由法院酌情并用以上两种处罚。

② 任何人垄断或企图垄断,或与他人联合,或共谋垄断州际间或外国间的商业和贸易,均构成严重的犯罪。如果参与人是公司,则处以不超过 100 万美元以下的罚款;如果参与人是个人,则处以 10 万美元以下罚款,或 3 年以下监禁,也可由法院并处罚款与监禁。

③ 任何契约只要以托拉斯形式或其他形式的联合或共谋,用来限制美国各州间、哥伦比亚区间、哥伦比亚区同各州间、各州以及哥伦比亚区与外国间的贸易或商业,均构成违法。任何人签订上述契约或从事上述联合或共谋,属于严重的犯罪行为。如果参与人是公司,则处以不超过 100 万美元的罚款;如果参与者是个人,则处以 10 万美元以下罚款,或 3 年以下监禁,或由法院并处罚款与监禁。

④ 美国各地方法院对预防和禁止违反上述规定享有司法管辖权。地方检察官可以在本地方管辖范围内提起衡平诉讼。诉状送达被起诉人后,法院应尽快作出判决。任何因反托拉斯法所禁止的事项而遭受财产损失的人,可在被告居住地、被发现或有代理机构的区法院提起诉讼,不论损害大小,一律给予其损害额的三倍赔偿。

从上述规定看,《谢尔曼法》兼有刑法和民法的性质。《谢尔曼法》不仅在美国的反托拉斯法上占有重要地位,而且对西方国家的反垄断立法也具有广泛影响,成为其他国家的立法蓝本。

(2)《克莱顿法》的主要内容

《克莱顿法》于 1914 年 10 月 15 日由国会通过,它对以下几种非法限制性商业惯例作了具体规定:

① 任何经商者,在经商过程中,直接或间接地在购买相同等级、质量的货物的不同买主之间实行价格歧视,且价格歧视的结果导致实质上减少竞争或在任何商业领域形成垄断趋势,或是损害、破坏、阻止与任何有权授予或明显接受价格歧视优惠的人,或与他们中任何一方的顾客进行竞争的,均视为违法行为。

② 任何经商者在经商过程中,支付或给予、接受或接收任何有价之物以作为佣金、手续费或其他补贴、任何津贴或贴现的行为,均为非法行为。但对交易中另一方当事人或代理人、代表,或其他实际上是作为或半作为,或直接间接地受该交易中的任何当事人支配的中间人而不是给予或支付补偿的人,提供销售或购买的货物、产品或与商品有关的劳务,则不在该法禁止之列。

③ 任何经商者在其经商过程中,为其顾客的利益,对其顾客提供的与该经营者自己制造、销售或转销的任何产品或商品的加工、管理、销售或转销有关的劳务或便利支付,或以协议支付任何有价之物作为补偿或报酬的行为,均为违法行为。除非在该产品或商品的销售中,所有其他相互竞争的顾客都可均衡获得相同条件的支付或报酬。

④ 任何人在通过协议提供或帮助提供与被购货物的加工、管理、销售或转销有关的劳务或便利方面,以歧视性的方式对待不同的购买商的行为,均视为违法行为。

⑤ 任何经商者在经商过程中,对于不管是专利还是非专利的货物、产品、商品、机器、生活必需品或其他物品,为在美国、美国任何领地、哥伦比亚特区、任何属地岛屿或美国管辖权之下的任何其他地方使用、消费和转销目的将其出租、出售或订约经销,或因此被控为固定价格、收取回扣,或以协议要求承租者或购买商不得与出租者和销售商的竞争者就这些货物、产品、商品、机器、生活必需品或其他物品进行交易,且该出租、出售、订约经销或该协议的结果可能导致实质上的减少竞争,或在商业上的任何领域形成垄断趋势时,均为违法行为。

对由于上述5种反托拉斯法禁止的行为而使他人商业或财产遭受损失的受害人,可在被告居住地、被发现或设有代理人的美国任何地方的初审法院提起诉讼,不管损害额为多少,受害人均可获得三倍于其所受损害的赔偿金和诉讼费用。

当美国的商业或财产因反托拉斯法禁止的行为而遭受损害,美国政府可在被告居住地、被发现或设有代理人的美国地方初审法院提出诉讼。不管受损数额多少,美国均可获得与其所受实际损害数额相等的赔偿。

任何州的司法部长可以该州名义,作为居住在该州的自然人的监护人,代表该自然人在对被告具有管辖权的任何美国地方初审法院,对该自然人的财产所受到的损害提起民事诉讼并要求获得金钱救济。法院将判给该州三倍于所遭受的全部损害的金钱救济以及诉讼费用。该条规定是近几年新发展起来的一种政府监护人诉讼制度,其目的是为了避免集团诉讼中因当事人太多而带来的不便。

无论何时,美国司法部长都可以根据反托拉斯法提起诉讼,任何州的司法部长也都有此种权力。美国司法部长应在州司法部长的请求下,并在法律许可的范围内,帮助州司法部长调查可能与实际或潜在的诉因有关的档案或资料。

⑥ 任何从事或影响商业活动的人,不得直接或间接地、全部或部分地购买股票或其他股份资产,联邦贸易委员会管辖之下的任何人不得购买另一同样从事商业或从事任何影响商业活动的人的全部或部分资产,如果在全国的任何地方、任何商业领域,该购买的结果可以实质上导致减少竞争或具有形成垄断的趋势。此外,任何人不得直接或间接地、全部或部分购买股票或其他股份资产,联邦贸易委员会管辖下的任何人不得从一个或多个从事商业或从事影响商业活动的活动的人手中购买全部或部分资产,如果在全国的任何地方、任何商业领域,购买该股票或资产的结果以及通过投票、授予代理权或其他方法使用这种股票的结果可以实质上导致减少竞争或具有形成垄断的趋势。

⑦ 任何人不得直接或间接地购买他人的任何享有投票权的证券或资产。

⑧ 任何人不得同时兼任两个或两个以上公司的董事长。

对于上述8种反托拉斯法禁止的行为,分别授予下列机构以强制执行的权力:州际商业委员会行使适用于受州际商法修正案支配的运输商的权力;联邦通讯委员会行使适用于从事电信或无线电通信或无线电能源发射的运输商的权力;民航协会行使适用于受1938年民航法支配的航空运输和对外航空运输的权力;联邦储备协会行使适用于银行、银行集团和信托公司的权力;联邦贸易委员会行使适用于其他商业性的权力。

(3)《联邦贸易委员会法》的主要内容

该法主要规定了联邦贸易委员会的设立和职权。联邦贸易委员会负责对下列行为行使管辖权:① 商业中或影响商业的不公平的竞争方法;② 商业中或影响商业的不公平或欺骗性行为及惯例;③ 任何个人、合伙人、公司传播或导致传播虚假广告的行为。如通过美国邮局,或在商业中通过各种方式引诱或直接间接地可能引诱对食品、药品、设备或化妆品购买的虚假广告;通过各种方式引诱或可能引诱顾客购买食品、药品、设备或化妆品的虚假广告。

当联邦贸易委员会有理由确信,任何个人、合伙人、公司已经或正在实施上述非法行为时,则对上述当事人送达起诉状,并通知审理时间和地点。如经审理证实存在上述行为,则发出禁止从事上述行为的命令。当事人不服可向上诉法院申请复审。

(三) 美国反不正当竞争行为的立法

《谢尔曼法》和《罗宾逊—帕特曼法》没有对不公平竞争问题进行规定。而是在《联邦贸易委员会法》第5条中作了规定:"第5条(15U. S. C. §45)非法的不公平竞争方法;委员会的防范(a)对非法性的宣布;禁止不公平行为的权力;对外贸易的不适用性(1)商业贸易中或影响商业贸易的不公平竞争方法以及在商业贸易中或影响商业贸易的不公平或欺诈性行为都被宣布为非法。(2)除了对U. S. C. 第57条(a)(f)(3)规定的银行、储蓄机构、贷款机构,第57条(a)(f)(4)规定的联邦信贷联盟,受《商业规制法》管辖的一般承运人,1958年《联邦航空法》管辖的航空承运人和外国航空承运人以及受1921年的《包装法》管辖的任何人、合伙或公司外,委员会有管辖权和指导权以防止任何人、合伙人或公司使用在商业贸易中,或影响商业贸易的不公平竞争方法,以及在商业贸易中或影响商业贸易的不公平或欺诈性行为,除非法律另有规定。(3)该款只适用于下列的对外国贸易中的不公平竞争方法:(A)该类竞争方法对下列贸易产生直接的、实质的和可合理预见的影响:① 非与外国之间的贸易或与外国的进口贸易,或②在美国从事该贸易的人与外国之间的进口贸易。(B)这种影响导致依据该款而提起的诉讼,而不是依据下列段落的规定而提起的诉讼。如果只因为实施本款的(A)② 而使该款适用于此类竞争方法,该款应该适用于只对美国出口商业产生损害的行为……"①

该条的禁止最早限定在贸易中的不合法活动上,1975年的修正案将其扩大到影响贸易的不合法行为上。按照该条的规定,首先在商业贸易中或影响商业贸易的不公平竞争方法是非法的;其次在商业贸易中影响贸易的欺诈性行为和实践是非法的。通过第一个指令,国会意在使委员会有能力,把反竞争行为阻止在萌芽状态,以防其成熟壮大到有严重影响的对反托拉斯法的违反。美国最高法院主张:"不公平竞争方法"不仅包括违反《谢尔曼法》和《克莱顿法》的行为,而且还包括那些虽然不违反这些法规,但却违反其精神或政策的行为。

1918年的"Webb-Pomerene法"给出口贸易联合会一定的反托拉斯豁免,该法包含了一

---

① FTC Act, Artical 5.

个条款,大意是《FTC 法》中出现的"不公平竞争方法""应该被解释为在出口贸易中对从事出口贸易的竞争者产生影响的不公平竞争方法,尽管构成该不公平方法的行为并不在美国的地域管辖范围内"。1982 年的修正案进一步扩大了第 5 条在出口交易方面的范围,在出口方面,其所禁止的主要是对美国出口商造成不利影响的行为。委员会对美国出口商的权力是,不管他们位于世界何处,而且如果一方在世界任何地方对另一方采取不公平的行为,委员会就可以对其进行管辖并对其行为加以禁止。

1919 年的 FTC v. Nestle's Food Co. 案就涉及对出口的管辖权的问题。在该案中,在美国境内生产炼乳的一家美国公司将其产品出口到墨西哥,委员会命令其停止在其炼乳罐头上使用暗含该产品原产于欧洲的标签。委员会的裁决是,贴这种标签和销售带有该标签产品是一种不公平竞争方法,因为该公司通过误导购买者对产品原产地的认识而获得了比其他美国生产商不适当的优势。委员会得出结论认为对出口行为所作的该裁决是《FTC 法》第 5 条的授权,是由 Webb-Pomerene Act 扩大了的内容。①

"在这一领域最大的一个案件是 1944 年的 Branch v. F. T. C. 案,该案的判决确认了机构早期的裁决,同时阐明了根据《FTC 法》对对外贸易的管辖权受 Webb-Pomerene Act 影响的程度。在该案中,被调查者 Branch 被指控从事了不公平竞争方法和欺诈行为。它通过在拉丁美洲国家所作的广告,从自己在伊利诺伊州的总部函授 37 种不同的课程,其中包括建筑、工程管理、法律、医药等。Branch 声称自己有一所大学,而且所有课程都得到了伊利诺伊州的批准,学校有资格授予学位,但所有这些都是不真实的描述。在这些事实基础上,委员会命令 Branch 停止其欺诈性描述。委员会表明该裁决是为了迫使 Branch 使用公平方法与其美国竞争者即其他美国函授学校竞争,而不是为了保护其在外国的客户。在上诉中,Branch 辩称委员会没有权力签发命令,因为被起诉的行为发生在国外。第七巡回上诉法院驳回了该辩解。法院认为关键考虑应在竞争者身上,既然竞争者在美国境内,而且 Branch 自己也是从美国发出函授信息,所以法院认为不存在涉外管辖权的问题。法院的结论是:国会通过《FTC 法》第 5 条向委员会授予的权力足以支持委员会在该案中的诉讼。法院指出:'美国可以保护其贸易不受其自己公民的错误行为的损害,该公民在美国境内,其错误行为对该贸易竞争中的其他美国公民是不公平的。'法院还认为 Webb-Pomerene Act 是 FTC 对对外贸易尤其是出口贸易行使一般管辖权的另一个独立的渊源。"②

在 1938 年以前,第 5 条仅针对的是不公平竞争方法。例如,在一个虚假广告的案件中,这意味着委员会既要证明广告是虚假的,还要证明该虚假广告损害了竞争。1938 年对《联邦贸易委员会法》进行修改的《韦勒—李修正案》(Wheeler-Lea Enactment)把该法规的适用范围扩大到了对消费者的保护方面。因此,委员会可以对损害消费者的虚假广告实施管辖而不需要参考其对竞争的影响。委员会所打击的不公平或欺诈行为包括虚假广告、商业贿

① Federal Trade Commission v. Nestle's Food Co. ,2 F. T. C. 171(1919),p. 156.

② Branch v. Federal Trade Commission, 141 F. 2d 31(7th Cir. 1944), p. 14.

赂、假冒产品和假冒商标名称、彩票阴谋、多余货物的装运等。互联网的发展为销售欺诈提供了肥沃的土壤，FTC 收到的关于欺诈行为的诉讼数量激增。仅 1999 年，委员会就收到了 1 万件来自公众的关于网上拍卖的诉讼。

"美国最高法院有几次表明 FTC 在给'不公平竞争方法'和'不公平或欺诈性行为'术语以具体含义方面拥有广泛的酌处权。例如，在 FTC v. Motion Picture Advertising Service Co. 案中，法院认为'国会明智的留下灵活的公平概念，由商业领域的各种情况来具体确定公平的概念'。虽然第 5 条没有被限定在其他法规所确立的反托拉斯原则中，但是这些原则是第 5 条所及范围中的重要组成部分。例如，固定价格、抵制、反竞争的排他交易、搭售、兼并等违反了《谢尔曼法》和《克莱顿法》，同时也违反了《FTC 法》第 5 条。此外，第 5 条还能够触及这样一些行为：即虽没有被其他反托拉斯法规所规定，但却是与法规所明确禁止的、违反法规所欲追寻的政策的行为有密切关系的行为。例如，《罗宾逊—帕特曼法》禁止供应商向销售商提供歧视性广告补助费，但是却没有补充性条款禁止大购买商对该补助的引诱。于是委员会就致力于弥补该漏洞，根据第 5 条启动了调查程序，针对的是大型连锁商店的引诱行为，该案得到了上诉法院的支持。上诉法院的推理是，虽然对第 5 条的这种适用超出了《罗宾逊—帕特曼法》的'技术性界限'，但却是合理的，因为这种适用完全实现了《FTC 法》的基本政策，该基本政策就是防止对购买力的滥用。"①

在不公平竞争领域，有些涉及对外国人的错误陈述的早期案件被认为损害了美国竞争者。在对外贸易领域，还有一些 FTC 案件涉及的是《谢尔曼法》所禁止的具有传统贸易限制的行为。如"Luria Brothers & Co. 案中，FTC 根据《FTC 法》第 5 条打击了一系列的排他供应合同，认为这些合同在废金属市场不合法地限制了贸易，并且有意创设垄断。如果不对这些初期行为加以威慑，则会违反《谢尔曼法》第 1、2 条。欧洲钢铁厂的购买中心与一个由三个公司组成的美国废铁经纪人集团（其中包括 Luria）之间的协议规定，在几年时间里这三家公司将提供所有的购买中心所要购买的废铁。在 50 年代初，Luria 控制着北大西洋区域废铁市场的 80%，Luria 的竞争者只有 20% 的国内市场，他们被迫在海外处理自己的废铁。因为在有关时期内购买中心购买了向欧洲出口的 66% ~84% 的废铁，Luria 的竞争者不仅从国内市场而且还从国际市场中被排挤出去。委员会的结论是，Luria 在被调查的这几年的行为表明其在外国市场中不合法地垄断废铁经纪市场。该结论得到上诉法院的支持。"②

联邦委员会的许多努力都是为了打击欺诈性广告和其他损害美国消费者的行为。这种努力因外国产品和国内产品的不同而不同。这方面的一种欺诈或不公平行为涉及在美国对外国产品所作的营销或为该产品的销售而做的要约，但在营销中却不披露该产品的原产地。作为一个一般规则，营销一种不属于国内产品的产品而不指明其原产国是不公平的。这里

---

① FTC v. Motion Picture Advertising Service Company.

② Luria Brothers & Co. v. Federal Trade Commission, 389 F. 2d 847 (3d Cir. 1968), cert. Denied, 393 U. S. 829 (1969), p. 159.

有一个值得注意的理论是，绝大部分的大众的购买心理是对本国产品的偏好心理，在没有对购买者指明产品的产地时，购买者一般会认为产品是国内生产的。因此，就可以推理认为如果购买者在其购买商品之前没有被通知该产品的外国产地，购买者就受到了欺骗。如果外国产品属于不在美国生产的产品类型，如养殖珍珠、天然珍珠或钻石等，那么并不要求披露产品的外国原产地。同样，如果有可能证明公众对外国产品的美国同类产品没有偏好，不披露产品的外国来源也可能成为一项辩护理由。

实际上，还存在一个相反的问题：国内产品的欺诈性标签使大众产生错误认识，以为该产品来自进口。当然，对很多消费者来说，他们对某类进口产品有着明显的喜好，如酒、时装、香水等。因此，就存在着这样的风险，美国或外国生产商想方设法掩盖产品的原产国。这也是 FTC 实施法律的一项重要任务。例如，委员会禁止香皂和其他各类商品使用"English"字眼作为说明、广告或标签，除非这些产品确实在英国生产。

在当今时代，一个产品的原材料可能来源于一个国家，在第二个国家被制成零部件，在第三个国家被组装成成品，所以注明原产地就不总是一件简单的事。委员会在这种情况下常常使用的一个标准是，如果"外国的零部件还保持着功能或外形的基本特征"，那么就应该标明外国原产地，而如果在生产过程中外国零部件已经失去了其特征，则无需披露该信息。①

（四）美国管制限制性商业行为的主管机关

美国反托拉斯法的实施体制表面上很复杂，但实质上主要是由两部分组成，一是反托拉斯主管机关的执法活动，二是联邦法院的司法活动。美国反托拉斯法将执法权主要赋予了美国司法部反托拉斯局和联邦贸易委员会，二者的执法被称为公共执法。司法部可以提起刑事诉讼和民事诉讼，但没有作出处罚决定的权力；联邦贸易委员会享有提起民事诉讼的权利，但不能提起刑事诉讼，却具有裁决反托拉斯案件的权力。

1. 司法部反托拉斯局及其职权范围

（1）司法部反托拉斯局。司法部反托拉斯局的总部设在华盛顿特区，并在美国七个主要城市设有分局。由总统任命、经参议院确认的司法部长助理（或称助理总检察长）领导。雇佣八百多名专职人员。反托拉斯局把诉讼分为两个部分：对合并和并购的诉讼以及其他诉讼。还包括一个对外贸易办公室，负责在外国贸易、外国人及外国政府等问题上与反托拉斯局的活动的协调工作。反托拉斯局在从不同来源所获取的信息的基础上，发起对可能违反反托拉斯法的调查。信息的来源很广，可能来自公众中的原告、新闻媒体以及其他联邦机构所掌握的材料。

（2）反托拉斯局的职权范围。反托拉斯局的主要职责是负责《谢尔曼法》和《克莱顿法》的实施。根据《克莱顿法》而提出的诉讼本质上说是民事诉讼。在反托拉斯局受理的民事诉讼中所寻求的救济可能是由法院宣布某一个行为是非法的。由法院发布一个禁止令，

---

① Mark R. Joelson, An International Antitrust Primer—A Guide to the Operation of United States, *European Union and Other Key Competition Laws in the Global Economy*, 2nd edition, Kluwer Law International, pp. 157 - 160.

禁止实施或继续某种行为，或者在并购已经完成的情况下，发布解散令或剥夺令。司法部可以代表作为直接受害人的美国，依据反托拉斯法提起三倍损害赔偿的民事诉讼，如在政府合同的串通投标共谋中。反托拉斯局的民事调查常常因当事人与反托拉斯局之间达成“同意令”而终止。据此，当事方同意采取具体补救措施。根据《反托拉斯程序和处罚法》（又名 Tunney Act）被反托拉斯局建议后达成的“同意令”必须公布，向公众评论开放。“同意令”得已生效则必须得到作为公众利益代表的联邦法院的批准。

《谢尔曼法》中所规定的责任可以是刑事方面的，也可是民事方面的。刑事制裁一般出现在“本身违法”的情形中。作为检察官的酌处权，反托拉斯局提起的刑事起诉针对公然违反《谢尔曼法》的案件，主要是涉及竞争者之间的协议，如固定价格、区域分割、政府采购中的串通投标以及被告的明显意图是不合理地限制贸易的行为等。在联邦地区法院中的这种诉讼要在司法部备案，并且结果可能是对公司和个人征收巨额罚金以及对个人的监禁。1987 年发布的《美国判决指南》后来经过修订，有一部分是针对反托拉斯违法情况的。该指南确立了对组织机构处以罚金、罚金水平以及对个人的入狱判决的适用范围。指南规定监禁的长短取决于违法程度，决定因素包括受违法行为损害的贸易总量、个人在违法行为中是否起领导作用等。经常的情况是，政府和被告就诉讼请求的性质和处罚的条件进行谈判，并通过法院程序缔结协议，因而消除了必要的审判过程和以后可能的上诉。刑事诉讼的诉讼时效为 5 年。

根据《谢尔曼法》，对公司被告的罚金可以高达 1 000 万美元，对个人可高达 3.5 万美元并或处于不超过 3 年的监禁。根据《综合罪行控制法》（Comprehensive Crime Control Act）和《刑事罚金改进法》（Criminal Fines Improvements Acts）的条款规定，对硬核卡特尔还可以处以更高的罚金。判决指南对反托拉斯违法者只规定了最低程度的罚金，相当于受影响的贸易总量的 15%。最近几年，“1 000 万美元的罚金条款”与《美国判决指南》的合并适用以及《罚金改进法》的规则，已经使检察官对参与卡特尔的违法行为的美国公司和外国公司征收了创纪录的罚金。

根据美国宪法第五修正案，被指控犯罪并被判死刑或监禁的人有权要求审理过程在大陪审团面前进行。一个联邦大陪审团的构成在 16 ~ 23 人之间。确定有足够的证据可以开庭审理的一份公诉书需获得 12 个或更多的大陪审团成员的同意票。除了某些例外，大陪审团程序是必需的。政府检察官可以出席，但作为证人的律师不能陪同他的客户一起进入大陪审团会议室，但却可以在室外等候可能的咨询。如果公诉书被大陪审团驳回，个人或公司的法律顾问就要被提审并对指控进行答辩。被告可能表示服罪、不服罪或在法院的允许下不申辩。如果案件进行到审理过程，被告有权根据宪法第六修正案要求有陪审团的公开听证。大陪审团在合理的怀疑下可以对被告定罪。

（3）司法部反托拉斯局的宽恕政策（leniency policy）。反托拉斯局有“公司宽恕政策”和“个人宽恕政策”（Corporate Leniency Policy, Leniency Policy for Individuals），这两个政策旨在鼓励从事违反反托拉斯法行为的人在行为的早期阶段向反托拉斯局主动报告此类行为。

这两个政策所指的"宽恕"是指对主动报告违法行为的公司或个人不予起诉。宽恕政策有完全宽恕和部分宽恕之分。给予完全宽恕的条件是:其一,反托拉斯局还没有从其他信息渠道获得关于违法行为的信息;其二,主动报告违法行为的公司或个人要与反托拉斯局完全诚实地合作;其三,主动报告违法行为的公司或个人不是被报告的违法行为的领导者或发起人。对公司而言,公司中的董事长、领导、干部和职员只要完全诚实地合作,就都能得到宽恕。"部分宽恕"是指如果上述所有这些条件并不能全部得到严格满足,比如,如果反托拉斯局已经在当事方寻求宽恕报告时获得了一些有关证据,在某些情况下,反托拉斯局仍可给予报告的公司或个人以部分宽恕。

2. 联邦贸易委员会(FTC)及其职权范围

FTC 是有权实施《联邦贸易委员会法》条款的唯一机构。此外,FTC 还有权实施《克莱顿法》《罗宾逊—帕特曼法》条款。上述这几部立法都是民事性质的。委员会还实施国会赋予其权力的其他一些法规。在相互分担责任的领域,如在合并审查中,反托拉斯局和 FTC 根据这两个机构订立的"清理"协议进行定期磋商以防止对反托拉斯法实施的冲突和重复。该磋商的一般结果是,在具体产业或行为上由拥有更多专家或经验的机构负责进行调查。

FTC 通过各种不同的方式,根据其管辖范围对所声称的违法行为保持着警觉。经常是一封非常不正式的抱怨信就可以引起 FTC 的警觉。根据《联邦贸易委员会法》,FTC 拥有非常广泛的调查权。它可以要求生产方面的证据、要求企业提供年度或特别报告,并发出传票。如果 FTC 决定发起调查程序调查不公平竞争方法,或不公平或欺诈行为或影响贸易的行为,它就可以就该行为进行裁判。口头听证一般由 FTC 任命的行政法法官(administrative law judge)主持。在该听证中,由 FTC 的专职律师作为"原告代理人"或由被起诉方,即"答辩方"的代理律师提出证据和论据,然后由行政法法官作出裁决。答辩方和指控方的代理律师都可以就该裁决作为一个权利问题向 FTC 本身提出上诉,这种上诉经常发生。如果 FTC 得出结论认为答辩方参与了被禁止的行为,FTC 就可以向参与该行为的当事方发出"制止令"(cease and desist order)。根据 FTC 的裁决,答辩方可以向管辖所指控的违法行为发生地、答辩方商业所在地或答辩方的居所地的美国上诉法院提起上诉。

法院的义务是尊重 FTC 的专家意见以及 FTC 所做的事实调查,给予在司法审查程序中 FTC 执法机构的地位以重要的支持。在 FTC 的指令为终局指令后,委员会可以对任何违反该指令的人就每一违反行为处以不超过 1.2 万美元的民事罚金(这个数目随通货膨胀率而随时调整)。这种方式的罚金还可以增加。根据《联邦贸易委员会法》第 5 条的处罚条款,"在继续不服从或忽视委员会终局指令的情况下,这种持续行为的每一天被视为一次违反"。在违反 FTC 终局指令的情况下,除了实施有关罚款处罚外,美国地区法院还有权发布禁令和任何其他相等的救济措施以与 FTC 的终局指令的实施相符合。另一方面,许多案件是通过答辩方与 FTC 之间达成了同意令而得以解决的。《反托拉斯程序和处罚法》程序只适用于司法部反托拉斯局的同意令,而不适用于 FTC 的同意令。

3. 联邦法院对反托拉斯案件的司法管辖权

美国各州都有自己的法院系统,其中一般包括:审判庭(初审法院)、中级上诉法院和一个州最高法院。美国最高法院可能会对州最高法院所作的在联邦范围内有重大影响的案件判决做最后的审查,但这需要有最高法院的上诉令状,最后由最高法院自由裁量而决定。

司法部反托拉斯局或私人当事方提起的联邦反托拉斯诉讼要在全国的联邦地区法院备案,这些法院就是审理案件的法院。对地区法院的判决提起上诉,要向主管该地区的美国巡回上诉法院提出,这是终审法院。只有在非常稀有的情况下,最高法院才会审查地区法院作出的已经过上诉法院审查的判决。根据法院规则,请求"向最高法院上诉"只有在"强制的原因"下,才能获准。根据法院批准的"向最高法院上诉令状"(writ of *certiorari*),最高法院运用自己的酌处权进行审查。

据此,只有很少一部分的联邦案件上诉到最高法院。因此,对一个重要的联邦法律问题两个或更多上诉巡回法院,持有不同的观点是非常正常的。最后由最高法院来解决这一类"巡回法院之间的冲突"。此后,最高法院的判决就成为每一个巡回法院的先例。

通过以上分析可以看出,美国联邦反托拉斯法的执行机构比较复杂。这种相互交织在一起实施法律的现状,第一影像有些混乱,但却获得了最高程度的遵守,使当事人行事极为谨慎,并对商人们产生了极大的威慑力。一个被指控违反反托拉斯法的商人,会发现突然间名誉扫地、精力分散,为了在大量具有巨大的不确定性和巨大人力、物力、财力消耗的司法诉讼战役中奋力自卫,这是往好处说。往坏处说,公司所付出的经济代价很可能是毁灭性的,公司的某些执行官也将付出灾难性的代价。这种累积合并的宰杀可能来自联邦刑事检察官的指控、私人律师为寻求即时现金回报而助燃的民事集团诉讼、要求私下解决的受严重损害的当事方赔偿要求以及来自根据州反托拉斯法而引起的平行诉讼。

二、欧盟对限制性商业行为的管制

(一)欧盟管制限制性商业惯例法律——欧盟竞争法的产生

第一次世界大战结束之前,欧洲没有产生可以与美国有可比性的规制反竞争行为的立法。在西欧,由于历史的、民族的纷争、战争的威胁,每一个国家政府和商业团体都认为在其自己民族的经济力量和国家稳定中,国家主权与安全是高于一切的。有着巨大实力的工业联合被认为是赢得战争胜利的前提。于是,各国政府鼓励发展大的商业力量,即使这样可能会产生卡特尔或垄断。而且各国还通过提高关税的方法保护本地或本国的商业不受外国竞争的影响。对商业领导和政府领导而言,紧密的协商与合作、官商勾结是非常平常的。

第一次世界大战结束以后,不少国家开始关注因卡特尔和垄断等掠夺行为而引起的财政损失和失业问题。20 世纪 20 年代,许多欧洲国家制定法律禁止限制竞争的行为。然而,20 年代和 30 年代的经济大萧条,以及紧接着第二次世界大战在全球范围的爆发,使得大多数法律还没有来得及实施就被放弃了。

第二次世界大战以后,美国在其势力影响范围内竭力支持强有力的反托拉斯法立法。

为了防止战前欧洲和日本的那种巨大的政治性卡特尔的重新出现,美国通过在德国和日本的军事占领管制,很快给这两国强加了美国式的反托拉斯法。此外,为了控制战后出现的通货膨胀以及削减国际贸易壁垒,西欧各国也纷纷开始制订反托拉斯法,期望通过公平竞争提高本国的生产力。

"欧洲共同体"是第二次世界大战后,让·莫奈(Jean Monnet)、罗伯特·舒曼(Robert Schuman)、温斯顿·丘吉尔(Winston Churchill)以及其他欲复兴"欧洲合众国"百年夙愿的人共同努力的结果。"丘吉尔在1946年9月16日的苏黎世会议上,建议创建一个最高法院负责对人权的保护,以及一个欧洲文化中心和一个共同的经济组织,并号召欧洲大陆国家建立'欧洲合众国',实现统一欧洲的千年理想。1306年德·当特(De Dante)所著的《神圣的喜剧》(La divine comédie),1795埃玛纽埃勒·肯特(Emmanuel Kant)所著的《永久和平计划》(Projet de paix perpétuelle),1814年圣·西蒙(Saint Simon)和后来的维克多·雨果(Victor Hugo)都提出了和平统一欧洲的梦想。拿破仑的征服、纳粹的铁蹄代表着武力统一欧洲的美梦的破灭。"[①]这些政治家们希望欧洲国家能够走向政治经济统一的目标,这样,不但可以防止西欧的另一场战争,而且可以从战争的浩劫中恢复过来。出于同样的理由,美国通过Marshall计划对这一目标予以支持。

迈向该目标的第一大步是1951年的《巴黎条约》,根据该条约建立了"欧洲煤钢共同体"(以下简称"ECSC"),这个新的超国家性质的法律实体的6个创始成员国(比利时、法国、意大利、卢森堡、荷兰和联邦德国)协议取消进出口关税和歧视性措施、补贴和国家援助以及与煤钢有关的限制贸易的行为。新共同体的责任之一是确保维护正常的竞争条件,建立统一的煤钢市场,识别和消除反竞争行为。

ECSC的成功使得6个创始成员国决定于1957年签署《罗马条约》,创立"欧洲经济共同体"(以下简称"EEC",现称"欧共体EC")和"欧洲原子能共同体"(以下简称"Eurotom"),将其扩大成为一个包括所有货物和服务的共同市场。1965年的《布鲁塞尔条约》将ECSC、EEC和Eurotom合为一体,并建立了共同的部长理事会、委员会、欧洲议会、欧洲法院(以下简称ECJ)。1989年为了减小ECJ的工作负担又增加了初审法庭。1987年《单一欧洲条约》对《欧共体条约》作了很大的修改,旨在消除非关税壁垒,促进自由流动。在1992年形成"无内部疆界的"欧洲之后,《欧共体条约》被《欧洲联盟条约》(也称《欧盟条约》《马斯特里赫特条约》)实质性地修改,于1993年生效。该体制雄心勃勃地把欧洲共同体扩大到不但包含经济和货币的联盟,还包含环境、社会、健康、教育和其他广泛的政策联盟。原来所称的"欧洲共同市场",现在更多地被称为"欧洲共同体"(European Community)。而"欧盟"则被视为是对统一的国家集团的称呼。1997年的《阿姆斯特丹条约》于1999年生效,其中的重要变化是,扩大了议会的立法权力,更改了《欧共体条约》的条款号码,原来《欧共体条约》第85~94条与竞争法有关,现在变成了第81~89条,但在内容上没有变化(本章将采用新的条款编号)。

---

① Anne Tercinet, Droit Europeen de la Concurrence: Opportunites et menaces. Gualino éditeur, 2000, p. 170.

2001 年的《尼斯条约》旨在扩大欧盟，并在欧盟扩大的过程中进行一些机构性改革。[①] 共同体的成员由最初的 6 国增到 15 国，自 2004 年 5 月 1 日增加到 25 国，2007 年又有保加利亚和罗马尼亚加入，目前共 27 个成员国。

《欧共体条约》第 81 ~ 89 条是重要的竞争规则，其目的有二：一是阻止限制性商业行为，二是有助于确保货物在共同体内部的自由流动。随着成员的增加，为了与欧盟竞争法相符合，成员国不断地制订或强化国家的竞争法。在法国、意大利和其他一些国家积极制订和实施竞争法的同时，1998 年，英国也有意使自己的竞争法升级，并于 2000 年 3 月 1 日生效，这是一个与欧共体体制同步的新体系。2004 年德国为了适应欧盟竞争法的改革也对德国《反限制竞争法》做了第 7 次修改。

（二）欧盟管制限制性商业惯例的立法内容

1. 欧盟竞争法的渊源

在欧盟的法律体系中，占据首位的是原生法，即缔结欧盟的条约、其他共同体的全部条约以及吸收进来为确定欧洲“宪法性”框架的法案（Actes[②]）。其次是派生法，即欧盟机构的全部条约、规则、指令和决议（法案）。再次是公约性法（droit conventional），即指一个共同体或几个共同体与成员国之间、与第三国之间签订的全部协议，成员国相互间或与第三国之间签订的全部协议。最后是法理性法/判例性法（droit jurisprudential），包括：由欧共体法院在解释缔结性条约时所揭示的欧盟法基本原则的整体。

“规则”（regulation）是一般适用文本，在欧盟的整个领域都有拘束力，其效力高于国内法，它使所有与其相反、相违背的国内法归于无效，在所有成员国都能直接适用而无需国内立法的转化。“指令”（directive）与规则一样的是都具有拘束力；不同的是，指令不具有直接适用的效力，它需要通过国内立法机关的介入，将其转化为国内法，才得以适用。成员国应该在指令所要求的期限内，将其转化为国内法。总之，规则和指令之间的基本区别在于它们的目的性上。规则是欧盟内部法律统一化的工具，而指令是欧盟内部法律协调化的工具。“决议”（decision）并不具有普遍意义，它可以无区别地向一个或几个国家、一个或几个公司甚至一个个人团体提出，只对它所指向的对象才具有拘束力。决议具有行政性质，是对高一级贸易规则的适用。至于“建议”（sugestion）与“意见”（opinion），建议没有任何法律拘束力，它只是用以阐述一个具有约束力的法律文本，最经常的情况是阐述一个规则；意见主要是应第三方的请求而作。欧盟委员会出具的法律意见与建议一样不具有法律拘束力。

就欧共体竞争法而言，欧共体法的有些条文可以自动地与国内法律秩序相结合，而不需要国内规则的引进，比如《欧共体条约》中的竞争规则，它们具有直接或立即的适用性。而另一些欧共体法律条文则需要国内规则的引进才能与国内法整合为一体，如某些机构的指令。另外，有些欧共体规则为欧共体侨民、自然人或法人直接创设权利和义务。在这种情况下，

---

① Jacqueline Dutheil de la Rochere：Droit Communautaire ABC. Dalloz，2nd ed.，2001.

② 以下部分的外文名词术语为法文。

受益者可以直接在本国法官面前援引这些法律条文，而后者有义务承认它们的效力。欧共体规则所具有的这一特点，被称之为直接效力。①

（1）条约条款和条例、决议核心条款是《欧共体条约》第 81 ~ 89 条。《罗马条约》自 1957 年签署以来，其中的竞争规则几乎没有变化。1993 年《马斯特里赫特条约》生效，《欧洲经济共同体条约》被改为《欧共体条约》，但竞争规则仍然没有发生变化。1999 年《阿姆斯特丹条约》使《欧共体条约》的序号发生变化。《欧共体条约》第 81 条有三款是对限制竞争协议的规定；第 82 条是对市场支配地位滥用的规定；第 84 条规定了成员国主管机关适用条约规定对共同体市场上的协议、决议和协调行为的合法性，以及滥用市场支配地位的行为的管辖权；第 86 条是关于国有企业的规定；第 87 ~ 89 条涉及国家援助问题。

此外，还有《欧共体条约》第 10 条关于禁止成员国对市场的不正当干预；《欧共体条约》第 12 条关于禁止歧视的规定，以及《欧共体条约》第 28 ~ 30 条关于成员国之间商品自由流动的规定也涉及竞争问题。

（2）欧共体机构的条例。包括：① 欧共体理事会的条例，如关于实施《欧共体条约》第 81 条和第 82 条的 1962 年第 17 号条例；关于对协议和相互协调行为集体适用《欧共体条约》第 81 条第 3 款的 1965 年第 19 号条例；关于对于协议决议和相互协调行为集体适用《欧共体条约》第 81 条第 3 款的 1971 年第 2821 号条例；关于控制企业合并的 1989 年第 4064 号条例和 139/2004 号条例以及1/2003号条例等。② 欧共体委员会的条例，如关于独家销售协议集体适用《欧共体条约》第 81 条第 3 款的 1983 年第 1983 号条例；关于根据理事会第 17 号条例进行申请和登记的格式、内容以及其他细节的 1994 年第 3385 号条例；关于根据条约第 81 和第 82 条在某些程序中进行听审的 1998 年第 2842 号条例；等等。

在这些条例中，最重要的是欧共体理事会 1962 年发布的关于实施《欧共体条约》第 81 条和第 82 条的第 17 号条例（该条例被 1/2003 号条例所取代），以及 1989 年发布的关于控制企业合并的第 4064 号条例（该条例被 139/2004 号条例所取代）。第1/2003号条例是欧共体委员会执行欧共体竞争政策最重要的法律依据；而第139/2004号条例是自 1958 年以来欧共体竞争法实体法方面最重要的发展。2003 年发布的欧盟理事会的 1/2003 号条例对欧盟竞争法的适用性以及成员国主管当局和欧盟委员会的权责范围做了如下新的规定：欧盟竞争法，包括《欧共体条约》第 81 条第 3 款的豁免行为在成员国具有直接适用性，而无须欧盟委员会事先决定，但适用合法例外原则的前提是该种行为间接或潜在地威胁到成员国之间的贸易。2004 年欧盟理事会发布的 139/2004 号条例（2004 年 5 月 1 日生效），是关于新的合并控制规定和指导性原则。在集中控制方面，采用“一站到位制”，即一个企业合并计划只需在某一个竞争主管机关申报即可，欧盟委员会原则上只在某兼并或合并对整个共同市场具有重大影响的情况下才行使主管权。

---

① See Marie Malaurie – Vignal: L'Abus de position dominante. 2002, Librairie Générale de Droit et de Jurisprudence, EJA, pp. 21 – 35.

2. 欧盟竞争法的适用范围

(1) 对某些协议行为的禁止。《欧盟竞争法》第 81 条第 1 款是对某些串通、协议和协商行为的禁止。这些受到法律禁止的行为应该满足以下三个条件:第一,行为涉及的是企业之间的协议、企业集团的决议或者企业行为的协调(包括横向限制行为和纵向限制行为)。关于横向限制,包括固定价格、产量限制的卡特尔,原则上都是违法的。其他横向限制根据“合理规则”来判断。在对协议作了修改后,EC 委员会给几乎所有限制性横向合资安排以个别豁免。关于纵向限制,固定转售价格是违法的。排他购买合同和特许权协议被集体豁免。2000 年,EC 委员会发布了一个新的集体豁免指令,其中涉及所有包括排他交易的纵向限制,并且建立了与美国反托拉斯法相似的规则。第二,这种协议或者协调能够影响成员国之间的贸易。第三,这种协议或者协调能够限制或者损害共同体市场的竞争。当企业的协调或协商行为满足条约第 81 条第 3 款的四个条件的情况下,欧共体委员会有权对其进行豁免(个别豁免和集体豁免)。这四个条件是:协议必须有助于改善产品的生产与销售或有助于改善技术或经济进步;消费者必须得到产生之利润的公平份额;限制对取得这些目标是必不可少的;协议一定不能为各方提供消除涉及之大部分产品所面对之竞争的可能性。

(2) 对某些单方行为的禁止。第 82 条禁止占市场支配地位的企业的滥用行为。当一个商业企业的市场份额超过 40% 时就被视为具有市场支配地位。通过回扣的排他交易、捆绑协议、以低于平均可变成本的价格销售,这些行为都被视为滥用行为。同时,在有些情况下,单方面拒绝交易的行为也有可能被视为滥用。

(3) 对市场集中的控制。早在《煤钢共同体条约》中就出现了对集中的控制的规定,它不仅包括控制企业间串通和煤钢市场支配地位的滥用条款,而且包括关于对部门间企业的集中的控制条款。而《欧共体竞争法》只在 1989 年后才对集中进行控制。目前,根据 EC 兼并规则(4064/89 号条例,139/2004 号条例)的规定,不仅产生市场支配地位的合并,而且产生双寡头市场结构与竞争者协调的合并都是被禁止的。对欧盟范围的集中的控制只局限于百万欧元以上的并购或兼并。①

(4) 对国家援助的控制。欧盟法对国家援助的控制有四种手段:① 根据《欧盟条约》第 10 条,成员国的措施不得规定或促进私营经济的限制竞争行为。欧盟竞争法禁止其成员国采取一些规定减轻或者加强单个企业某些限制竞争行为的措施,以避免消除欧盟竞争法实际效力。但国家直接定价的行为除外。②《欧盟条约》第 86 条是对国家垄断行为的监管。该条第 1 款禁止成员国在涉及国有企业方面采取或保持任何违反欧盟竞争法的措施;第 2 款确保国家垄断公共福利方面的服务,而且不得超出该服务范围之外;第 3 款规定欧盟委员会有权颁布用于缩减、消除国家垄断的条例或指令。③《欧盟条约》第 87 ~ 89 条是对成员国对本国企业提供补贴和优惠待遇的控制和监管方面的规定。其中尤其是减税、提供低息

---

① Masahiro Murakami, Competition Rules and Enforcement in the US, EU and Japan, *Competition Policy in the Global Trading System*, 2002, Kluwer Law International, pp. 95 - 106.

贷款、给予国家担保，以便企业实现融资等国家优惠待遇。这些待遇或补贴在提供前必须先向欧盟委员会申报，欧盟委员会享有对这些补贴进行批准的垄断性权力。④ 欧盟关于公共订单方面的招投标法规定，国家性的订单从一个固定的规模起就必须进行公开招标。发包必须根据竞争、透明以及平等的原则进行。目的在于确保竞争和节省公共开支。

概括起来，《欧盟竞争法》中有关竞争政策的部分包含两方面的规定，一是针对自然人和法人的，二是针对成员国的。适用于自然人和法人的条款是《欧盟条约》第81条和第82条，其禁止商业限制、企业间的串通结果以及一个或几个企业对其市场支配地位的滥用。关于成员国的条款是：第86条，涉及成员国授权的垄断；第87条，禁止国家援助。《罗马条约》选择了市场经济，这意味着市场上的竞争应是自由的并且要用法律规则来保护。法律规则触及经济的所有部门，惩治任何形式的对竞争的损害，不管该损害是明示或默示的、单方或协议的、企业的或国家的。

3. 欧盟竞争法关于不公平竞争的规定

欧盟竞争法律体系的独特之处是成员国法与欧盟的竞争法的链接。即根据《欧盟条约》第83条第2款e节规定，如果成员国竞争法和欧盟的竞争法的适用条件是一致的，那么二者可以合并适用。根据欧盟1/2003号条例，成员国的主管当局有适用内国法和欧共体法的权能。只是成员国主管当局在适用欧共体法的过程中遵循的是本国法的诉讼程序规则。如果争讼所涉及的行为有可能影响成员国领域中的竞争，成员国法就可以适用。在《欧盟条约》中，没有对不公平竞争的规定，但这不意味着欧盟竞争法忽视了不公平竞争问题；相反，在欧盟成员国的竞争立法中，都有对不公平竞争的专门规定。笔者以为，《欧盟条约》之所以在第81～89条中没有不公平竞争的规定，原因在于，第81～87条的规定是以竞争为条件的，是为了防止对共同体市场上竞争的损害为目的的。这是一种更广泛意义上的不公平竞争行为，是以存在竞争关系为前提，因此，欧盟竞争法中所规定的所有损害欧共体市场的统一和欧共体市场中的竞争，以及影响成员国间贸易的行为都应该属于不公平竞争行为。而一般意义上的国内不公平竞争行为是以是否违反商业道德或诚实信用原则为前提的，可以是在直接的竞争中的行为，也可以是间接竞争中的行为。欧盟把对一般意义上的不公平竞争行为的管辖权和规制权留给了各成员国。

（1）欧盟成员国的反不公平竞争立法的基础。欧盟成员国的反不公平竞争立法往往明确地将诚实信用原则作为反不正当竞争的基础，不正当竞争行为是违反诚实信用原则的行为，诚实信用原则是认定不公平竞争行为的“帝王规则”。[①] 例如，荷兰将“不公平竞争行为”界定为“根据社会上一般接受的观念而认为不可接受的所有旨在促进商号或公司的销售或者增加其利润的行为”。在认定不公平竞争行为时，是否存在直接的竞争关系不被作为基本原则。原因有二：一是区分直接和间接的竞争关系非常困难；二是不正当损害竞争对手的行为本身也许不是其目的，而是获得更好市场地位的一种手段。

---

① 孔祥俊著：《反垄断法原理》，中国法制出版社2001年版，第264页。

（2）欧盟成员国中对不公平竞争问题的立法方法。欧盟成员国中对不公平竞争问题立法方法有两种：一些国家在这个问题上进行特别立法，如德国、奥地利、西班牙、比利时以及许多东欧国家如罗马尼亚、捷克、斯洛伐克和匈牙利。其特点是以一个标题或作为一章出现在保护竞争的一般法之中。奥地利的反不正当竞争法是以1909年《德国反不正当竞争法》为蓝本制定的，其不正当竞争诉讼的要件之一是当事人之间存在直接或间接的竞争。另一些国家则更倾向适用关于民事责任的普通法原则，比如法国。

事实上，两种规定方式的差别并不大。一方面，特别法常常包含一个一般条款，作为法院判定行为的不正当性的法律基础，这种行为不是特别条款所规定的目的。另一方面，把不公平竞争纳入民法的普通责任原则中的国家，也针对某些不正当竞争行为制定了一些特别规则。

"1991年的西班牙法律，是一个典型的现代意义上的特别法立法，它包含了一个一般条款。在界定一系列不正当行为之前，它从原则上规定，所有与诚实信用原则相违背的行为都属于不正当行为，该标准受瑞士反不正当竞争法的启示。比利时法的立法方式更正统，在其第二部分中，对一些商业行为包括亏本销售做了规定后，该法在第四部分，重新确认传统原则，根据该原则，禁止一切违反诚信原则的行为，如一个销售者损害了另一个销售者的职业利益的行为。1993年4月16日波兰的法律包含了一个一般条款，该条款规定不正当竞争行为构成违法行为的事实，或如果不正当竞争威胁或损害了其他经济实体或消费者的利益，也构成违法。然而还有更明确的条款禁止某些不正当竞争行为，如假冒产品或假冒商标、混淆原产地标志、泄露专业秘密、虚假广告等。此外，阻碍进入市场，尤其是亏本销售、发起联合抵制或歧视等，都属于不正当竞争行为的范畴。在比较法方面，这些行为一般属于促进竞争自由化的规则所调整的范围，而不属于确保竞争的合法性的规制调整范围。经过仔细考虑，对有些情况而言，反不正当竞争法所涉及的行为有时既不能被理解为串通，又不能被认为是对市场支配地位的滥用，然而却因为有反竞争的目的而具有危害性，从而受到禁止。这样不失为一个简洁明了的解决方法。"①

（三）欧盟管制限制性商业惯例的主管机关

欧盟的主要机关有欧盟部长理事会、欧盟委员会、欧洲议会、欧洲法院。欧盟部长理事会是欧盟的立法机关，它与欧洲议会一起协商并通过欧盟立法，即规则、指令。《单一欧洲条约》（Acte Unique Europeen）要求理事会以多数表决制通过与内部市场的优先目标的实现有关的大多数决议。欧洲议会主要是欧盟的一个咨询和监督机构。《欧盟条约》规定，欧盟理事会采纳欧盟委员会的立法建议之前，应当征求欧洲议会的意见，然而，欧洲议会的意见对欧盟理事会和欧盟委员会一般没有拘束力。《单一欧洲条约》扩大了欧洲议会的权力，凡条约中涉及内部大市场条款的制订和修改，都需要与欧洲议会共同合作。在欧盟竞争政策方

① Dominique BRAULT: Droit de la Concurrence Comparé—Vers un ordre concurrentiel mondial? Ed. ECONO MICA, 1995, pp. 59-60.

面,欧洲议会每年要审议欧盟委员会的竞争政策的年度报告,此外还通过决议的方式或书面或口头的方式提问影响欧盟的竞争政策。欧盟竞争法主要是由欧盟委员会实施的。欧盟委员会是欧盟的行政机构,在欧盟部长理事会制定的法律框架内执行欧共体的各项政策。欧盟法院通过受理对不服欧盟委员会对反竞争案件的处理而起诉的案件,来解释和适用欧盟竞争法,并通过判例弥补法律中的不足,因而其对欧盟企业间的竞争和发展起着重要的作用。

1. 欧盟委员会

委员会有27位专员和2.4万名公务员。27位专员由27个成员国各派一名代表组成。与部长理事会相比,委员会是一个执行机关,不像部长理事会得负责表达欧盟成员国的利益和欧盟的利益,欧盟委员会独立于成员国而执行其使命。

(1) 欧盟委员会的独立性

欧盟委员会的独立性首先表现为其独立于国家:成员国首脑或政府首脑在与欧洲议会磋商后,然后挑选委员会主席。《阿姆斯特丹条约》规定,该选择应该由欧洲议会来证明;委员会成员的任命由27个成员国政府与委员会主席共同协议来任命,通过这种集体任命,委员会成员不再代表国家,而代表的是欧盟的整体利益;委员们在行使其义务与职责的过程中,既不向任何政府要求其指示,也不接受任何政府的指示。它的独立性也表现于其独立于部长理事会。解除一个委员职务的权力完全属于法院。① 委员会的独立性还表现在其独立于个人利益:"在委员会委员的任职期间,委员们不得从事任何其他专业/职业活动,无论该活动有无报酬。从他们就任时起,在他们任职期内以及任职停止后的一般时期,他们要庄严地宣誓遵守其职务所要求的义务,尤其是诚实的义务、审慎的义务和在职务停止以后在接受某些职务或某些便利时忠诚的义务。"②最后,委员会的意见由委员们共同做出。

(2) 欧盟委员会的性质

正是由于委员会的独立性有保证以及其所代表的共同利益,才使其成为条约履行的监督者。例如,它可以发起一项程序,针对违反欧盟义务的成员国。如果有必要,它还可以控制法院,而且,它还可以对违反欧共体规则的个人或公司处以罚金。与处罚权相适应的这种控制权能主要表现在竞争政策之中。除了发挥行政主管权力的作用外,委员会还是欧盟的执行机关。它负责实施欧共体的政策与计划、准备年度预算并执行年度预算、管理预算信贷、制定和颁布某些立法条文的实施细则。《单一欧洲条约》把它的执行权力扩大了。它还同时参与立法,是法律草案的拟定者,并由它提出立法建议,在欧盟立法的整个过程中,它的意见有很重要的价值。

欧盟委员会的竞争法执法职能是由委员会中专司竞争政策的专员、竞争总局以及下属机构负责履行。当前欧盟委员会中竞争政策专员是 Neelie Kroes 女士。竞争总局目前

① The Treaty of European Community, Article 211, 212, 213, 214.

② The Treaty of European Community, Article 213.

由 Philip Lowe 先生领导，是基本的具体实施机关。在竞争总局下，设有 9 个办公室，各个办公室分别承担一般竞争政策的制订和协调工作、各个领域的反竞争协议的审查和防止工作、滥用支配地位等垄断行为的制止工作等。

2. 欧洲法院

欧洲法院是欧盟法的控制机构和司法机关。在处理欧盟竞争法问题上，它只拥有被授予的管辖权，即只有在条约明确授权的情况下才行使管辖权。通常情况下，成员国国内法官被视为欧盟竞争法的普通法官，因为只有他们才能真正拉近欧盟与成员国国内自然人与法人的关系并使欧盟法发挥作用。

法院的第一职责是确保成员国在适用和解释条约时遵守条约的法律规定。[①] 它的职责不仅在于监督对欧盟法的善意适用，还在于当成员国国内法官在解释欧盟条约规则遇到困难时给予指导。例如，当国内法官对给予欧盟法的某一规则的解释是否合适持有怀疑时，可就该问题提请欧盟法院作出解释。一般而言，欧盟法院所做的判决或所做的解释，对所有的国内管辖机构都有拘束力，从而保证欧盟竞争法的统一适用，保证所有欧盟公民的权利在欧盟法面前受到平等保护。1997 年 10 月 2 日签署，1999 年 5 月 1 日生效的《阿姆斯特丹条约》强化了法院的“联邦建立者”（fédérateur）的作用。法院有权解决成员之间就解释和适用法律而引起的争端。[②]

法院由 27 个法官组成，由政府间的共同协议所任命，任期 6 年并可连任，由法官自己来指定任职为期 3 年的法院院长，由 8 个“大律师”（avocats généraux）协助其完成使命。律师的任命条件与法官相同，他们要对法院受理的每个案件做出结论。[③]

1989 年 11 月，法院成立了一个欧共体初审法院（Tribunal de Première Instance des Communauté Européennes，简称 TPI），由 27 个法官组成，尤其是在竞争法方面拥有管辖权。在竞争法方面，TPI 有权管辖不服委员会决定的所有“上诉”。当 TPI 驳回上诉时，上诉者可以最后到欧盟法院申诉。欧盟法院只审议法律问题，而不审查事实问题。欧共体初审法院通过法庭处理案件，法庭一般由 3 至 5 名法官组成。如遇法律上难度较大的案件，或鉴于案件的重要性或特殊性，初审法院可以组成大审判庭（由 13 名法官组成）或召集全体法官讨论案件。目前，3/4 的案件由初审法院 3 人组成的审判庭审理完成。

2004 年 11 月 2 日，欧盟理事会通过 88/04 号决议设立了“欧盟公共职能法院”（Tribunal de la Fonction publique de l'Union européenne），由 7 名法官组成。其设立目的在于解决曾经由欧共体初审法院管辖的涉及欧盟公共职能的争议，但不限于这些争议，同时也是为了实施《尼斯条约》的司法体系改革计划，达到缩短诉讼程序的期限，改善案件审理方式的目的。

---

① The Treaty of European Community, Article 220.

② 条件是理事会在受理了成员国提出的争议之后 6 个月内没有作出决定。

③ The Treaty of European Community, Article 222.

3. 欧盟竞争法主管机关的管辖权

(1) 欧盟委员会在实施欧盟竞争法中的权能

1951年《煤钢欧洲共同体巴黎条约》(ECSC)[①]签署后,设立的最高权力机构是一个由独立的个人组成的共同体大会,拥有非常重要的决定权力。法院、部长特别理事会(理事会)由成员国政府的代表组成,与最高权力机构共同分享决定权。1957年《罗马条约》签署后,共同体的机构设置进一步完善。其中,高级权力机构由"欧共体委员会"(现在称为"欧盟委员会")所取代,委员会是一个表达共同体总体利益的独立机构,并在该条约中被赋予了实施欧共体竞争政策的权力。[②] 根据欧盟理事会1/2003号条例,委员会不仅享有对案件的调查权、追究权、裁决权和制裁权,而且作为欧盟事实上的反托拉斯局,委员会在执行欧盟竞争法方面还享有适用《欧盟条约》第81条3款的豁免企业的专属权力。[③] 欧盟委员会除了具有豁免反竞争协议、审查合并申报的相应权力外,还拥有其他广泛的强有力的执法权力:

① 调查权。为了履行竞争法的执法职责,欧盟委员会可以对企业或者企业团体进行必要的调查。为达到该目的,欧盟委员会可以授权其官员行使下列权力:检查企业的商业账簿和其他商业记录,复制或者摘录上述账簿或者记录,现场进行提问或者口头解答,进入任何建筑物、企业的土地或者运输工具。

② 罚款权。欧盟委员会的罚款有两种基本情况,即对违反程序事项的罚款以及对违反实体竞争规则的罚款。违反程序事项的罚款包括对企业或企业团体因故意或者过失提供错误的或者虚假的信息、拒绝回复欧盟委员会的要求等行为的罚款。对违反实体竞争规则的罚款包括因故意或过失实施的违反《欧盟条约》第81条第1款和第82条违反控制合并的有关规定等行为的处罚。

③ 对经济行业的调查权。在任何经济行业中,如果成员国之间的贸易趋势、价格运动或其他情况表明,在共同市场内的该行业的竞争正在受到限制或者扭曲,委员会可以对该行业进行一般调查,要求该行业的企业提供与适用《欧盟条约》第81条、第82条原则有关的和履行委员会职责所必需的信息。

欧盟委员会的独立性并不意味着其断绝与成员国的一切联系,恰恰相反,根据1/2003号条例第15条,委员会在审理卡特尔案件的过程中,应当始终与成员国主管当局保持密切的联系。委员会应当向成员国主管机关通报所有的申请、申报以及重要的证明材料,并就此征求成员国主管机关的意见。第27条第3款规定,成员国主管机关有权参加委员会组织的

---

① 1952年7月15日生效,有效期为50年(即于2002年失效)。

② Jacqueline Dutheil de la Rochere, Droit Communautaire ABC. Dalloz, 2 ed. 2001. pp. 3 – 6. 同时,理事会是一个决策机构,与成员国平等的国际法原则不同,其作用的发挥是依赖一个选票平衡体系。议会的作用是实施政策,但其力度不如法院在司法问题上所发挥的作用。事实上,欧共体是作为一个法律机构而出现的,该法律机构的基本力量是在成员国内部的司法范围内产生出可直接适用的规则。在多年的发展中,正是这些规则实施的有效性,使法院注意到了共同体法的优先效力的概念和其直接影响的概念。

③ 1996年开始,鉴于委员会在豁免授予方面负担过重,委员会在竞争法领域启动了改革计划,计划把授予豁免的专属权下放(décentralisation)到成员国主管机关和成员国法院。改革仍在进行中。

听证。为此,委员会还成立了一个卡特尔和垄断问题顾问委员会。

因为欧盟竞争法可以直接适用于成员国,成员国的竞争当局从而也是欧盟竞争法的执行机构。然而,成员国适用《欧盟条约》第 81 条、第 82 条的前提条件是欧盟委员会对相关案件尚未提起审理,即委员会一旦开始审理这些案件,成员国的竞争主管机关和法院便失去继续审理该案件的权力。加之,欧盟委员会对授予第 81 条第 3 款的豁免享有专属权,实际上,成员国适用《欧盟条约》第 81 条和第 82 条的机会非常有限。

(2) 欧盟法院在实施欧盟竞争法中的司法管辖权

在竞争法领域,欧盟初审法院的管辖范围是自然人和法人因《欧盟条约》第 81 条至第 86 条而提起的无效诉讼和不作为诉讼。具体接受以下几类申诉:① 根据《欧盟条约》第 81 条和第 82 条即适用于企业的竞争规则提起的申诉。② 对一些有争议的行为或措施提起的申诉,例如,根据理事会 1/2003 号条例指控委员会的裁决不正确或者理由不充分,或者指控委员会在审理案件中没有给被诉人充分的辩护机会,或者违反了《欧盟条约》或欧盟法的一般法律原则,或者指控委员会的裁决滥用了自由裁量权,或者指控委员会征收的罚金不合理等。③ 自然人和法人根据《欧盟条约》第 87 条第 1 款和第 3 款,对欧盟委员会就国家援助方面发出的指令或者做出的裁决提出申诉。根据《欧盟条约》第 230 条第 4 款,提起申诉的法人和自然人必须与案件有着直接的和特殊的关系。欧盟成员国以及欧盟机构作为享有特权的原告须得在欧盟法院提起它们的申诉;其他当事人则以欧盟初审法院作为第一审法院。如果一个决议不仅受到成员国或者欧盟机构的反对,而且还受到非特权当事人即自然人或法人的反对,这个申诉既可在欧盟法院提出,也可在初审法院提出。但是对欧盟委员会的决定提起的申诉,则在初审法院提起。

欧盟法院与初审法院有着相同的管辖权和审理程序,包括一个书面审理程序和一个听证程序。根据《欧盟条约》第 230 条的规定,审查欧盟机构包括欧洲议会、欧盟理事会行为的合法性,特别是审查欧盟委员会决定的合法性。虽然绝大多数竞争法案件由初审法院审理,但对初审法院判决不服的当事人可以在判决作出后的两个月内向欧盟法院提出上诉。成员国和欧盟机构为原告的诉讼必须在欧盟法院提出。根据《欧盟条约》第 234 条的规定,当成员国的法院遇到需要解释欧盟条约、欧盟机构的效力以及根据欧盟理事会的决定成立的各种机构的章程时,如果成员国认为有必要对这些解释作出判决,则可以请求欧盟法院作出一个初步裁决。在此情况下,欧盟法院仅有权解释法律上的问题,适用法律的权限则交给有关的成员国法院。

三、中国管制限制性商业惯例的立法

(一) 中国管制限制性商业惯例的立法背景与现状

1987 年 8 月,国务院法制局成立了反垄断法起草小组,并于 1988 年提出《反对垄断和不正当竞争暂行条例草案》;1993 年 9 月第八届全国人大常委会第三次会议通过了《中华人民共和国反不正当竞争法》;2007 年 8 月 30 日第十届全国人大常委会第二十九次会议通过了

《中华人民共和国反垄断法》,我国的第一部竞争法终于在激烈的论战和保障市场经济地位确立的紧迫现实中诞生了。虽然《反垄断法》的规定并不完善,但其将在保护自由、公平竞争、促进规模经济的有序发展,实现现代化的市场经济制度的确立方面起到关键作用。

回顾《反垄断法》出台前存在二十年的论战和经济运行背景,有助于理解中国反垄断法的立法宗旨和目的。

首先,论战源于对限制性商业惯例对我国市场经济建设的危害的认识存在分歧。"有些人认为,反垄断是市场经济充分发育时期的任务,而在我国当前,经济力量过度集中的问题基本不存在,我国的企业规模普遍偏小,与世界排名靠前的大企业相比就更小,因此我国当前应当鼓励企业集中,而不是要反垄断。"①但中国实施竞争政策、颁布反垄断法与发展规模经济并不矛盾。中国反垄断法禁止的是垄断行为,而不是垄断状态。垄断组织作为经济组织形式,没有合法与违法之分,其状态是中性的,只有当垄断组织以限制竞争、取消市场为目的而成立,或垄断组织实施了破坏竞争秩序的行为时,才是违法的,反垄断法才予以禁止或抑制。反垄断法不反对规模经济和大企业,只是反对限制竞争的大企业滥用其市场支配地位的行为。

"有人以经济全球化和提高中国企业的国际竞争力为由,认为我国的反垄断法不应当控制企业合并。"②控制企业兼并是世界各国反垄断法中共有的一项法律制度。反垄断法对兼并行为规制的目的主要在于防范已产生独占地位的企业的经济力量过分集中,通过兼并消灭潜在的竞争对手,设置进入市场的障碍,限制公平竞争。近年来,国际上大的跨国兼并此起彼伏,强强联合形成了新一轮兼并浪潮,且这些兼并大都得到有关国家反垄断主管机关的批准。在经济全球化的背景下,许多国家关心的不再是企业的绝对规模,而是其相对规模,并且以全球市场作为标准,认为有些强强联合提高了效益,促进了全球范围内该领域的竞争,对消费者是有利的。对此,不同国家的反垄断主管机关针对不同时期的垄断行为运用不同的分析方法。因此,在控制企业兼并方面,加强各国反垄断主管机关之间的交流和合作是非常必要的。

"还有人说,中国当前突出的问题是行政垄断问题,而行政垄断不是通过反垄断法就能彻底解决的。"③中国反垄断法有必要对行政性垄断作出规制。虽然行政性垄断是计划经济的产物,但同经济性垄断一样对竞争与消费者利益造成极大损害。此外,行政性垄断可能扼杀新的市场经济体制,破坏经济发展活力,且容易导致腐败,因此在反垄断法中应当对行政性垄断作出禁止性规定。否则,中国就难以形成统一的市场经济,只能是割据的诸侯经济。反垄断法宣布行政性垄断为非法,并授权反垄断主管机关负责调查、提出处理意见,这本身就是对经济体制改革的一种推动和促进。应当注意的是,行政性垄断是经济体制改革所要解决的问题,不是一部反垄断法就能解决得了的。随着市场经济体制的建立,行政性垄断会退居次要地位。因此,反垄断法的核心是反经济垄断,这是反垄断法所要解决的永恒课题。

---

①②③　王晓晔:《反垄断法不能再拖下去了!》,http://www.shp.com.cn/,访问日期:2003-01-03。

"除了思想认识方面的阻力，我国反垄断立法在一定程度上也受到某些行业的抵制。一些在过去被视为自然垄断的行业如电信、电力、邮政、铁路等部门出于自身既得利益的考虑，对反垄断立法自然不会有多少兴趣。所以，它们即便不是公开反对制定反垄断法，也会以本行业的特殊情况为由要求从反垄断法中得到豁免。"①反垄断法的适用除外规定是反垄断法的立法目标与其他社会经济目标相互协调的结果，并以此标准确定适用除外的范围。如何在立法中对适用除外的规定掌握好相应的"度"是反垄断法需要解决的另一重大问题。豁免应是有限度的，如果受到豁免的行业或企业滥用豁免权或超越豁免限度，仍要受反垄断法的规制。

另外，反垄断立法还"存在来自政府部门的阻力。因为反垄断法是规范市场竞争秩序最重要的法律制度，这个制度的颁布和实施势必会影响我国现有的涉及市场竞争的其他法律制度，特别是价格法和反不正当竞争法。有些人忧心忡忡地提出，反垄断的执法主体由谁担当？是设立新的反垄断执法机关独立行使职能？还是保持现状，由工商行政管理、价格、技术监督等相关部门分别行使职权？他们的结论是，《反垄断法》的颁布和执行将会影响现行执法体制，动作太大，所以这个法律应当暂缓制定"②。反垄断法应当创设一个独立的专门执法机构，在审理反垄断案件中具有高度的权威性和独立的裁决权，不仅可以制定国家的竞争政策，也有权参与制定其他方面的产业政策或经济政策。各国的反垄断法（或竞争法）均设置了专门的执法机构，并独立于其他行政部门，法律赋予了相应的职权。反垄断执法机构为了履行其反限制竞争行为、维护市场竞争秩序和市场经济活力的职责，就必须拥有相应的权力。中国反垄断法的执法机构应拥有调查检查权、审核批准权、行政处罚权、行政强制措施权、行政裁决权、规章制定权，应是一个统一的、独立的执法机关。

最终，鉴于市场机制的重要作用，鉴于保护竞争和反对垄断的必要性和迫切性，《反垄断法》破茧而出。中国政府以实际行动证明了其保护市场竞争、确立市场经济制度的决心和魄力。

（二）《中华人民共和国反垄断法》的主要内容

《中华人民共和国反垄断法》自 2008 年 8 月 1 日起施行。该部法律共 8 章 57 条，包括总则、垄断协议、滥用市场支配地位、经营者集中、滥用行政权力排除、限制竞争、对涉嫌垄断行为的调查、法律责任和附则。反垄断法的立法目的有五点：预防和制止垄断行为；保护市场公平竞争；提高经济运行效率；维护消费者利益和社会公共利益；促进社会主义市场经济健康发展。

该法的实体部分与发达国家的竞争法的内容有相同之处，即所预防和禁止的垄断行为包括三大类：

第一类为第二章所规定的"垄断协议"（第 13 ~ 16 条），包括横向垄断协议和纵向垄断协议。并以非穷尽的方式列举了属于横向垄断协议的行为和属于纵向垄断协议的行为。其中第 15 条是一个豁免条款，规定了可以从被禁止的垄断协议中排除出去的垄断行为。豁免

①② 王晓晔：《反垄断法不能再拖下去了！》，http://www.shp.com.cn/，访问日期：2003 - 01 - 03。

的基础是根据技术革新、能源节约、环境保护、鼓励中小经营者、促进对外贸易以及社会公共利益等原则。[①] 其中对外贸易促进原则借鉴了欧美国家尤其是美国在对外贸易中对垄断行为采取特殊态度的立法精神,为提高我国的对外贸易经济实体的国际竞争力提供了法律依据。

第二类为第三章所规定的"滥用市场支配地位",共3个条款(第17~19条)。第17条对滥用市场支配地位行为的构成作了规定:首先,从事该行为的人必须是具有市场支配地位的经营者;其次,从事该行为的人没有正当理由;最后,从事了该条所罗列的或国务院垄断执法机构所认定的其他滥用市场支配地位的行为。虽然该条对何为"正当理由"没有作出规定,至少可以认为是符合第15条豁免条款所罗列的行为。对于这一点,有待于即将颁布的实施细则加以具体规定。

第三类行为则是第四章所规定的"经营者集中",共12个条款(第20~31条)。主要是对经营者集中的情形以及申报和审查的程序性问题作了规定。对集体豁免问题只作了原则上的规定,即经营者集中的申报必须是以经营者集中达到国务院规定的申报标准为条件。但国务院的申报标准有待未来的法规予以规定,才具有操作性。

该法最具中国特色的部分是第五章对"滥用行政权力排除、限制竞争"的规定,共6个条款(第32~37条)。由于体制问题,导致我国国内市场条块分割严重,因此,用法律的手段制止和排除地方行政权力对市场的干扰,对统一大市场的建立具有极大的意义。但行政权力干扰竞争并不仅仅表现在地区封锁和条块分割这些显而易见的问题上,权和钱的交易往往是隐性的,实际上已经腐蚀了我国市场健康有效竞争的细胞,当然这一问题不是单靠《反垄断法》所能解决的。遗憾的是《反垄断法》把对行政权力的滥用本应该能够发挥效力加以禁止的权力拱手相让了。根据第七章"法律责任"部分的规定(第51条),反垄断委员会和国务院的反垄断执法机关,面对滥用行政权力的行政机关的负责人员,只能向该行政机关的上级主管行政机关提出依法处理的建议而没有直接的执法权,使得反垄断执法机关的独立性和权威性由此大打折扣,导致这部看似较为全面的《反垄断法》面临《反不正当竞争法》的命运——立而不威,使这部法律对行政权力滥用的控制规定流于形式。可见行政权力仍然独立于甚至凌驾于法律权威之上。

最后,《反垄断法》明确规定国务院设立反垄断委员会,负责组织、协调、指导反垄断工作,履行以下五大职能:研究拟订有关竞争政策;组织调查、评估市场总体竞争状况,并发布评估报告;制定、发布反垄断指南;协调反垄断行政执法工作以及国务院规定的其他职责。由国务院规定的承担反垄断执法职责的机构(国务院反垄断执法机构)依照本法规定,具体负责反垄断执法工作。反垄断执法机构依法对涉嫌垄断行为进行调查,并可以采取查询经营者的银行账户,查封、扣押相关证据等措施。由于至今反垄断执法机构还没有依据该部法律设立,其权力范围尚待进一步明确。

---

① 该条款与《欧盟条约》第81条第3款极其相似,尽管并不完全相同。

（三）《中华人民共和国反不正当竞争法》的主要内容及缺陷

1.《中华人民共和国反不正当竞争法》的主要内容

我国《反不正当竞争法》规定，“不正当竞争”是指经营者违反本法规定，损害其他经营者合法权益，扰乱社会经济秩序的行为。根据这一定义，构成不正当竞争至少要具备以下条件：(1) 双方当事人是商品的经营者或提供服务的法人、自然人或其他经济组织；(2) 在工商领域从事营利活动；(3) 竞争行为不正当；(4) 损害了其他经营者的合法权益或扰乱了社会经济秩序。前者包括经营者的经济利益和信誉，后者包括消费者利益和公共利益。

《反不正当竞争法》第5～15条列举了11种不正当竞争行为：(1) 采用假冒或混淆等不正当手段从事市场交易的行为；(2) 商业贿赂行为；(3) 引人误解的虚假宣传行为；(4) 侵犯商业秘密行为；(5) 不正当有奖销售行为；(6) 损害他人商业信誉或商品声誉行为；(7) 公用企业或者具有独占地位的经营者强制交易行为；(8) 滥用行政权力限制竞争行为；(9) 以排挤竞争对手为目的，以低于成本的价格销售商品的行为；(10) 搭售和附加不合理交易条件行为；(11) 串通投标行为。

2.《中华人民共和国反不正当竞争法》的缺陷

我国《反不正当竞争法》根据当时经济领域不正当竞争的情形，只规定了11种不正当竞争行为，每种行为都有明确的适用界限，致使许多新出现的不正当竞争行为无法纳入到现行法律的调整范围内。例如，企业利用媒体、广告作产品质量、功能、效果等各项指标对比，打击贬低特定或不特定竞争对手；由经营者出资，媒体出面，请“专家”作访谈、咨询，明为向消费者介绍知识，实为推销宣传，其中抬高自己贬低对手；煽动、资助消费者投诉扩大、升级，打击竞争对手，用少量投入即可让对手焦头烂额；以利益为诱饵从竞争对手处挖项目关键人员，造成对手项目瘫痪，或在对手项目基础上加以改头换面上市；由经营者资助，地方政府或职能部门及相关单位组织检查、区域性评比，操作出有利于本地企业主要是出资企业的抽检、评比结果，并在媒体公布，以打击竞争对手；地方政府通过一些让利性行政措施、政策，在不违反《反不正当竞争法》第7条规定的情况下，保护本地企业、打压外地企业，如有的地方政府为使本地企业在竞争中处于有利地位，向辖区内各单位下达销售指标，完成指标的，从税收、财政上给予照顾；完不成的则运用财税政策予以提醒，使辖区内单位全心全意销售本地区商品；一些原本具有独占经营地位的公用企事业单位以增强国际竞争力为由，不断向政府要求扩大经营范围和垄断经营权，一旦获得行政授权或许可，在没有竞争对手的前提下，变本加厉地掠夺社会最大资源，造成社会资源分配不公，加剧了不正当竞争的恶性循环等。再者，《反不正当竞争法》对11种不正当竞争行为的界定，也限制了《反不正当竞争法》作为《商标法》《专利法》《著作权法》的后盾法的作用的发挥。另外，缺乏一般性条款的规定，不仅无法“反不正当竞争”，而且束缚了行政执法和司法规范竞争秩序的手脚。因为竞争者在竞争过程中采取的手段是复杂多样的，立法时对不正当竞争的规制是无法穷尽的，所以只有以一般性条款来规制新型的不正当竞争行为才能适应新形势。例如，《巴黎公约》在其1925年的海牙修订本中规定“凡在工商业活动中违反诚实经营的竞争行为即构成不正当竞争行为”,这已成为公认的关于“不正当竞争”的经典性定义。对不正当竞争行为设一般性条款是各国有关立法的通例,比如一般性条款在《德国反不正当竞争法》中发挥了巨大的作用,被称为“帝王条款”。所以在修改《反不正当竞争法》时,应采用列举示例法与概括相结合的方法,完善一般性条款。

此外,《反不正当竞争法》与相关法律竞合、冲突现象普遍,单项立法肢解竞争法问题严重,如与《产品质量法》《商业银行法》《建筑法》《价格法》《电信条例》等的竞合与冲突等。由于部门立法带来的法律法规的竞合和对反不正当竞争法的肢解,动摇了《反不正当竞争法》的地位,削弱了该法的权威,妨碍了该法作用的发挥。

最后,《反不正当竞争法》在执法手段和法律责任方面与现实经济生活也存在着明显的不适应。因此,在修改完善我国《反不正当竞争法》时,应增加对新的不正当竞争行为的规定,进一步拓宽执法的范围,强化查处反不正当竞争行为力度,保障反不正当竞争行为主管机关有效实施行政职权,加重追究不正当竞争行为人的法律责任,增强追究法律责任的可操作性等。

第三节 限制性商业惯例的国际管制

由于各国管制限制性商业惯例的法律在限制性商业惯例的名称、含义、制裁措施、管制机构等许多方面有不同的规定,使得个人和企业在国际商业交往中难以适从,而且许多国家法律对影响国际贸易的限制性商业惯例也未作规定。为了使各国在管制限制性商业惯例的法律实施中相互协调、减少冲突,各主要资本经济大国或经济联盟一直在寻求与外国主管当局的合作,签订双边合作协议。广泛地说,这类协议至少为国家主管当局提供两类好处:其一是以一个国家可以通知另一个国家,以及与该另一国磋商影响该国经济的限制性商业惯例问题。这为国家跨国实施竞争法去除了障碍,从而避免了因坚持单边主义而在竞争法域外效力上产生的摩擦。其二是双边协议能够为国家竞争主管当局提供一种交换信息的方法,并加强二者的合作,以便利和加强实施管制限制性商业惯例法律法规的行动。一旦出现主管机关执行行动和管辖权相互交叉和竞合的情况,这种合作可以扩展到执行行为的责任分配上。当然一个合作协议能够同时提供这两种便利,美国和欧盟最新缔结的协议就是如此。一些国际组织从20世纪40年代就开始试图制定能为大多数国家接受的管制限制性商业惯例的法律。1972年,联合国贸发会议第三次会议上成立了专门研究限制性商业惯例的专家小组。1980年12月5日,第三十五届联合国大会通过了专家小组起草的《多边协议的管制限制性商业惯例的公平原则和规则》(简称《原则和规则》)。此外,为管制国际技术转让中的限制性商业惯例,1978年10月联合国贸发会议起草了《国际技术转让行动守则草案》,但由于各国对该草案分歧较大,未获通过。1883年签订的《保护工业产权巴黎公约》也有管制限制性商业惯例的法律规定。

一、管制限制性商业惯例的双边合作协议

（一）美国的双边反垄断合作协议

1. 美国的双边反垄断合作协议

美国的第一代双边反垄断合作协议是1976年与德国、1982年与澳大利亚、1984年与加拿大签订的协议。这些协议主要以“消极礼让”原则为基础。所谓“消极礼让”原则是指通过通知和磋商机制减少单边和“域外”实施所引发的巨大摩擦。以与澳大利亚的协议为例，协议规定：一旦美国司法部或联邦贸易委员会决定采取一项涉及澳大利亚法律、政策或国家利益的反垄断调查，就应该通知澳大利亚政府该项调查，反之亦然。任何一方可以要求与另一方进行磋商，另一方应予以同意，以避免各自法律政策和国家利益之间的冲突，并适当地考虑每一个国家的主权及礼让原则。真正的“积极礼让”则走得更远些，指一国应另一国的请求，同意在自己的领域内进行调查，并采取适当的补救措施。美国第二代反垄断合作协议反映了“积极礼让”的原则，始于1991年与欧盟委员会的合作协议。美国政府的促进与外国主管当局之间更多积极的礼让关系的努力导致1995年与加拿大的新的合作协议的产生。

美、加、墨加入的《北美自由贸易协议》(North American Free Trade Agreement, NAFTA)中也承诺在自由贸易领域促进反垄断法的进步并相互协调各自的实施行动。该协议除了通知和信息交换的规定外，还有一个高水平的执行合作。包括相互帮助寻找和保护证据和证人，确保自愿地遵守信息要求。“积极礼让”包括当一方确信在另一方领域内实施的反竞争行为损害性地影响了自己的重大利益，则可以要求另一方主管当局进行适当的执行行动。一般而言，被请求方没有义务一定遵守请求方提出的采取行动的要求，但必须对对方的要求做详细的考虑，并立即通知对方自己的决定。该协议的其他条款旨在防止双方之间的冲突，尤其是在一方的执行行动可能损害性地影响另一方的重大利益的情况下。每一方都必须首先考虑一系列相关因素，来评估在案件中自己所采取的措施的适当性。美国缔结双边反垄断合作协议的步伐一直在加速。1999年10月与日本的协议中也规定了积极礼让合作，包括执行行为的通知、冲突避免程序、保密性和其他承诺。同年，美国还与以色列，巴西分别缔结了此类协议。2000年7月与墨西哥缔结了双边合作协议。

尽管有上述这些协议，但还是不尽理想。由于缺乏法律授权，美国政府的法律执行官员不得披露高机密性信息，其他国家这方面的官员根据自己的国内法也受到同样的限制。而且，一国的执行官员一般无权为获得信息使用强制程序，保密问题是个常见的问题。

2.《国际反垄断的实施协助法》(International Antitrust Enforcement Assistance Act, IAEAA)

1994年美国国会通过了《国际反垄断的实施协助法》，给予司法部和联邦贸易委员会参与外国的互助协议谈判一些权力。为了与前面的双边合作协议区别开来，我们把IAEAA所涉及的这类条约称为“IAEAA型合作协议”。“当一项IAEAA协议与外国政府有牵连时，美国司法部反托拉斯局和联邦贸易委员会可以动用各自的权力调查违反联邦反垄断法的行为，调查并获取可能违反外国反垄断法的行为的证据，向外国当局提供这类证据，帮助外国

反垄断当局……这种调查可以是外国官员发起的，所获证据可以转交外国官员而不管被调查的行为是否违反联盟反托拉斯法。”[①]而且，IAEAA 授权任何美国联邦地区法院应司法部长的请求，命令在本地区的人向司法部长提供证据和准备文件，在 IAEAA 协议范围内，帮助外国主管当局实施反垄断法。美国法院还可以下令按照所涉外国的实践和程序规则提供和准备这种证据或文件。

对据 IAEAA 条件的反垄断双边协助协议而言，必须以该外国的一些重要的承诺为前提，如保证向美国当局提供相等的协助，保证外国反垄断当局要遵守使其足以安全的保护从美国获取的信息的机密性的程序和法律。司法部长或联邦贸易委员会在每一个根据 IAEAA 型协议向外国反垄断当局提供协助的案件中，都必须确定对方是否遵守了协议条件，以及对方所采取的行动是否符合美国的公共利益。

澳大利亚于 1999 年 4 月成为与美国签订这一类型协议的第一个国家。美—澳协议的一个有趣的特点是：它要求美国向澳大利亚主管当局说明美国的一项协助请求是否包含了可能的刑事程序，如果答案是肯定的，则澳大利亚主管当局则会拒绝给予合作。这也是到目前为止与美国签署该类协议的国家为数极少的真正原因。

（二）欧盟的双边反垄断合作协议

1. 欧盟与美国的反垄断国际合作

1991 年欧共体委员会与美国司法部和联邦贸易委员会达成了双边合作协议，于 1995 年被批准，1998 年做了补充。该协议特别强调美国经济与欧共体经济的相互关系：“认识到世界经济逐渐增加的相互关联性，尤其是美国经济和欧共体经济的这种日益增加的关联性；注意到美国政府和欧共体委员会一致认为完善竞争法的有效执行对各自市场的有效运行和双方之间的贸易往来至关重要……”[②]双方的合作包括：定期交换信息、合作和协调执行活动，在合理的可获得的资源的基础上，符合合作方的法律和重大利益。如果一方相信在另一方领域内发生的反竞争行为损害了自己的重大利益，则前者可以要求后者的主管当局发起适当的执行措施。双方之间有利益冲突，或不具有共同利益时，可以寻找一种适当的协调方式解决冲突问题。双方同意相互间秘密传送保密性信息。

美国—欧盟协议 1998 年增补版的目的是进一步阐明 1991 年达成的“积极礼让”原则，该补充协议旨在适用于这样的情况：“在合作一方领域发生的违法的反竞争行为，损害性地影响了另一方的利益的情况下，其中一方主管当局可以请求另一方主管当局开展调查，如果得到同意的话，还可以对这些反竞争行为采取补救措施以符合请求方的法律。”[③]关于一方要求另一方采取调查或实施行动的条款非常详细，包括可预期的时间期限。双

① International Antitrust Enforcement Assistance Act, Section 3.

② Preface of The Agreement between the Government of the United States of American and the Commission of the European Communities regarding the application of their competition laws.

③ Article Ⅲ Positive Comity of the Agreement Between the European Communities and the Government of the United States of American on the Application of Positive Comity Principles in the Enforcement of Their Competition Laws.

方承认“一旦影响双方的反竞争行为被证明需要进行处罚时，单独实施反垄断法是适当的，而且也承认一旦反竞争行为主要影响另一方领域时，一方应该中止其实施行为，留待另一方去实施”。①

近几年，国际有影响的卡特尔案都涉及美国与欧洲生产商之间的固定价格协议，这样的协议影响了双方的市场，为了防止这些卡特尔的产生，或消除其所产生的损害性影响，双方通过交换信息等方式加强合作显得尤其重要。但尽管欧美之间有密切合作的承诺，有时双方之间由于缺乏完全共同的利益，就会产生对同一项交易作出不同的反应的情况。例如，在“Boeing 公司与 McDonnell Douglas 公司的并购案”中，二者都是美国飞机制造商，美国反托拉斯主管当局不反对该并购，而欧盟委员会只有在 Boeing 公司同意在其未来的飞机制造业竞争行为上作出许多让步的条件下才赞成该次并购。1991 年欧美合作协议所产生的一个非常有影响的结果是结束了 Microsoft 的反竞争行为。

2. 欧盟与其他国家的反垄断合作

1999 年 6 月欧盟还与加拿大签订了竞争领域的合作协议，并且在 2002 年首次与加拿大竞争主管当局之间进行为期六个月的互派官员的活动。从 2000 年至 2002 年间欧盟委员会与日本的公平贸易委员会一直在举行紧密的磋商，每年 10 月 25 日在布鲁塞尔会议上双方共同研究双边合作的发展情况和前景。2002 年 5 月欧盟委员会提出了合作协议草案，此后，双方达成了正式的合作协议。

上述双边合作协议都是程序性的合作方式问题，都没有涉及双方在反垄断法实施过程中的具体问题。尽管欧盟非常反对美国在对出口贸易方面的特别待遇，反对美国反垄断诉讼中的三倍损害赔偿，但美国仍然一意孤行。双方在相关市场的概念上、一项交易对市场竞争的影响的评估上也都存在分歧。因此，尽管双方在每年举行的双边会谈中会继续交涉有关反垄断法实施中的具体问题，但成果甚少。

二、管制限制性商业惯例的多边协议

（一）《多边协议的管制限制商业惯例的公平原则和规则》的主要内容

1. 宗旨和目标

《多边协议的管制限制商业惯例的公平原则和规则》（简称《原则和规则》）的宗旨和目标是：“（1）保证限制性商业惯例不致妨碍或取消因降低不利于世界贸易，特别是不利于发展中国家贸易和发展的关税和非关税壁垒而应获得的利益。（2）根据国家经济和社会发展目标和现有经济结构，通过鼓励和保护竞争、控制资本和经济力量的集中以及鼓励革新等方法，提高国际贸易和发展，特别是发展中国家的贸易和发展的效率。（3）保护、促进发达国

① Article Ⅳ Deferral or Suspension of Investigations in Reliance on Enforcement Activity by the Requested Party of the Agreement Between the European Communities and the Government of the United States of American on the Application of Positive Comity Principles in the Enforcement of Their Competition Laws.

家和发展中国家的一般社会福利,特别是消费者的利益。(4) 消除跨国公司或其他企业的限制性商业惯例对贸易和发展可能造成的不利条件,从而设法尽量扩大国际贸易,特别是发展中国家的贸易和发展方面的利益。(5) 规定一套多边协议的控制限制性商业惯例的公平原则和规则,在国际合作层次上采用,从而便利在国家层次和区域层次上采用和加强这方面的法律和政策。"①

从以上宗旨和目标可以看,《原则和规则》特别注重保护发展中国家的利益,这是20世纪70年代以来发展中国家为争取建立国际经济新秩序而斗争的结果。

2. 限制性商业惯例的定义

"限制性商业惯例"是指企业的下述行为:"通过滥用或谋取滥用市场力量的支配地位,限制进入市场或以其他方式不适当地限制竞争,对国际贸易特别是发展中国家的国际贸易及其经济发展造成或可能造成不利影响;或通过企业之间的正式或非正式、书面或非书面的协议或安排造成同样的影响。"②

"市场力量的支配地位"是指"一个企业本身或与其他企业一起,有能力控制某一货物或服务,或几类货物或服务的有关市场"③。这里所提到的"企业"是指"以任何方式创办、控制或拥有的商号、合伙、有限公司、公司、其他社团、自然人或法人或它们的任何结合,包括它们的分支机构、子公司、附属公司或直接、间接受它们控制的其他实体"④。可见《原则和规则》同样也适用于跨国公司。

3. 控制限制性商业惯例的公平原则

"(1) 以互相支持的方式,在国家、区域和国际各级采取适当的行动,消除或有效地对付不利于国家间贸易,特别是不利于发展中国家的国际贸易及其经济发展的限制性商业惯例,包括跨国公司在内。

(2) 各国政府之间应建立双边或多边协作,如果已经建立这种协作,则应加以改进,以促进对限制性商业惯例的控制。"⑤

"(3) 为保证《原则和规则》公平合理的适用,各国在考虑到需要全面适用《原则和规则》的同时,应适当注意到它们的企业,无论是否由国家创办或控制,其行为在何种程度上为适用的法律或规章所接受,或在何种程度上为国家所规定。"⑥

"(4) 为保证《原则和规则》公平的适用,各国特别是发达国家在控制限制性商业惯例时应考虑到发展中国家、特别是最不发达国家的发展、资金和贸易的需要,以便促进发展中国家工业的建立或发展以及其他经济部门的经济发展。通过发展中国家间的区域安排或全球性安排,促进它们的经济发展。"⑦

---

① 《多边协议的管制限制商业惯例的公平原则和规则》A节。

②③④ 《多边协议的管制限制商业惯例的公平原则和规则》B节——定义和适用范围。

⑤ 《多边协议的管制限制商业惯例的公平原则和规则》C节(一)1、2。

⑥ 《多边协议的管制限制商业惯例的公平原则和规则》C节(二)6。

⑦ 《多边协议的管制限制商业惯例的公平原则和规则》C节(三)7。

4. 包括跨国公司在内的企业应遵循的原则和规则

"(1) 遵守其营业所在地国的限制性商业惯例法和其他法律中有关限制性商业惯例的规定。如果根据这些法律进行诉讼,应受其营业所在地国法院和有关行政机关的管辖。

(2) 应同直接受影响的国家的主管当局,在控制不利于这些国家的限制性商业惯例方面进行磋商和合作。企业应提供为此目的所需要的资料,尤其是限制性安排的细节,包括可能存放在外国的资料。

(3) 企业在市场上从事竞争性或有竞争可能的活动时,应避免采取下列限制进入市场或过分限制竞争对国际贸易特别是发展中国家的国际贸易及其经济发展具有或可能具有不利影响的做法:① 协议共同定价,包括共同制定进出口价格;② 串通投标;③ 安排分配市场或顾客;④ 定额分配销售量和生产量;⑤ 采取集体行动执行安排,如联合抵制交易;⑥ 联合拒绝向可能的进口商供应货物;⑦ 集体拒绝他人参加对竞争关系巨大的安排或协会。

(4) 应避免采取滥用或谋取滥用市场力量的支配地位,且会限制进入市场或不适当的限制竞争,对国际贸易特别是发展中国家的贸易及其经济发展具有或可能具有不利影响的行为:① 对竞争者的掠夺性的行为,如使用低于成本的价格消灭竞争者;② 在供应或购买货物或服务时歧视性的作价(即不合理的区别对待)或订立歧视性的条件,包括在分支企业之间的交易中使用作价政策,对所购买或提供的货物或服务规定高于或低于分支企业之外的类似或相等交易的价格;③ 通过合并、接管、合资经营或其他横向、纵向的联合,对企业控制权的获取;④ 规定出口货物在进口国的转售价格;⑤ 对于在国外合法标有商标的货物,如其商标与进口国中受保护的相同或类似货物的商标相同或类似,且为同一来源,即属于同一所有人或供在经济、组织、管理或法律上相互依存的企业使用,限制这种货物进口,而限制的目的在于维持人为的高价;⑥ 不是为正当的商业目的而实施的部分或全部拒绝按该企业惯用的商业条件进行交易;⑦ 以接受对竞争货物或其他货物的经销或生产的限制为提供某种货物或服务的条件;⑧ 限制所供应的货物或其他货物转售或出口的地方、对象、形式或数量;⑨ 以向供应人或其指定的人购买其他货物或服务为提供某种货物或服务的条件。"①

5. 各国在国家、区域和分区各级应遵循的原则和规则

"(1) 各国应在国家一级或通过区域集团,制定、改进、有效执行有关的法律并实行司法和行政程序,对限制性商业惯例包括跨国公司的限制性商业惯例进行控制。

(2) 各国立法应以下列原则为基础:消除或有效地对付企业的一些行动或行为,这些行动或行为通过滥用或谋取滥用市场力量的支配地位,限制进入市场或以其他方式不适当的限制竞争,对国际贸易或经济发展造成或可能造成不利影响,或通过企业间的正式或非正式的、书面或非书面的协定或安排造成同样的影响。

(3) 各国如果发现某种限制性商业惯例对国际贸易特别是对发展中国家的贸易和发展具有不利影响,应在其能力范围内设法采取适当的补救措施或预防措施,以防止或控制这种

① 《多边协议的管制限制商业惯例的公平原则和规则》D 节 1、2、3。

惯例的使用。

（4）各国控制限制性商业惯例法应公开易知，对所有企业一视同仁。各国还应建立或改进从企业获取为有效控制限制性商业惯例所必需的资料的程序。此外，各国应相互给予协助。”①

6. 国际措施与国际体制机构

各国应将其为履行《原则和规则》而采取的步骤以及所通过的有关限制性商业惯例的法规，每年通知贸发会议秘书长。贸发会议将协助各国制定有关法规。

当一个国家特别是发展中国家认为需要就有关控制限制性商业惯例的问题同另一个或多个国家协商，它可以要求同那些国家协商，以便找出彼此能接受的解决方法。各国对协商的要求应给予充分的考虑。

在贸发会议中，有一个政府间限制性商业惯例问题专家组，负责提供场所供给各国进行多边协商，收集有关资料，向各国提供帮助。但不得作为法庭对某些违法行为进行裁决。

（二）《国际技术转让行动守则草案》的主要内容

该草案第四章列举了20种予以禁止的限制性商业惯例：

“1. 要求技术受让方将其对技术所作的改进也应无偿和非互惠的提供给技术转让方使用。

2. 要求技术受让方不得对受让的专利技术的效力提出异议。

3. 限制技术受让方取得类似的或竞争性技术的自由，或就有关产品签订销售协议、代理协议或制造协议的自由。

4. 限制技术受让方进行研究与发展活动。

5. 要求技术受让方雇用转让方指定的人员或限制雇用技术引进国的人员。

6. 限制技术受让方对使用转让方提供的技术生产的产品确定价格。

7. 限制技术受让方适用本地条件对转让的技术进行修改，或限制技术受让方在转让技术的基础上进行创新。

8. 要求技术受让方将独家销售权或独家代理权给予转让方，或由转让方指定的任何第三人。

9. 要求技术受让方搭买他不需要的技术或货物。

10. 限制使用受让技术生产的产品的出口价格、出口地区、出口数量等。

11. 与技术转让方之间签订的共享专利或交换许可证的协议，对技术转让地区、数量、价格、市场等方面加以限制，以支配某一行业或市场。

12. 限制技术受让方进行广告宣传。

13. 要求技术受让方在使用业已失效、被撤销或有效期已满的工业产权时，仍应付款或承担其他义务。

---

① 《多边协议的管制限制商业惯例的公平原则和规则》E节1、2、3、4。

14. 限制技术受让方的生产范围、生产数量和生产能力。

15. 限制技术受让方在合同期满或终止后继续使用转让的技术。

16. 要求技术受让方采用它不愿采用的产品质量管理方法和质量标准,但需要保证产品质量或产品使用转让方商标时不在此限。

17. 要求技术受让方必须使用特定的商标。

18. 以技术受让方入股,或转让方参与企业管理作为转让技术的前提条件。

19. 技术转让协议期限过长,或不规定期限。

20. 限制技术受让方传播和扩大使用自己受让的技术。”①

(三)《保护工业产权巴黎公约》关于管制限制性商业惯例的规定

1883年签订的《保护工业产权巴黎公约》是世界上最早含有限制垄断、促进竞争的法律条款的多边国际公约。该公约经过多次修订后,有关不正当竞争的规定更加完善。

该公约第10条第2款和第3款规定:“凡在工商业活动中违反诚实经营的行为即构成不正当竞争行为。对以下不正当竞争行为必须予以禁止:1. 不择手段地对同行的营业所、商品或工商业活动造成混淆的一切行为;2. 在经营商业中损害同行的营业所、商品或工商业活动的信誉的诺言;3. 在经营活动中使用会使公众对商品性质、制造方法、特点以及用途的适合性或数量发生混淆的表示或说法。”

对上述不正当竞争行为,各成员国应采取适当的法律救济,有效制止这些行为,有利害关系的生产者和经营者以及民间组织有权在所请求保护的国家法律允许的范围内,向法庭或有关行政机关控告,要求制止上述行为。

本章小结

在经济全球化进程中,一个国家的自然垄断往往是昙花一现,其行政垄断只会使经济进一步倒退。多年前IBM的操作系统DOS,几乎占据所有个人电脑,在今天却已经变成古董;如果当时美国政府出面干预,强迫后继的“视窗”系统一定要保证DOS也能运行,则今天的IT业的停滞是不敢想象的;更可怕的是,如果官商勾结,既得利益者的说客会摆出百般理由,强调DOS的重要,技术的进步就会被扼杀在少数既得利益者的钱囊里。幸运的是,美国的市场经济体制如此完善,以至于全球首富比尔·盖茨不能从他那令人咋舌的大金库中取出点零头贿赂官员和法官,反而要接受美国管制限制性商业惯例的法律——美国反托拉斯法的审查。当我们看到电脑技术的进步给我们生活带来的巨大方便的时候,不要忘了美国确立和保护市场经济的法律——美国反托拉斯法。欧美管制限制性商业惯例的法律体系是国际上最发达、最先进的体系,虽然它们各自都是在本国或本地区的特殊历史条件下产生的,并在特殊的经济环境中逐步发展起来,而其实质的目标却是相同的,即都是为了本国或本地

① 《国际技术转让行动守则草案》第四章。

区经济实力的迅速扩张、科学技术的飞速进步、社会福利的巨大增长和维持国家和地区的进一步稳定和团结。经济上的发奋图强需要法律的支持和保障，中国应该虚心学习他国的先进经验，在市场经济中让市场主动自发地对企业优胜劣汰，政府所应该做的是通过对限制性商业惯例的管制，维持自由竞争的秩序，而不是平均分配或少数既得利益者独吞企业竞争给社会带来的收益。

本章思考题

1. 什么是垄断？什么是不正当竞争？垄断行为与不正当竞争行为的异同为何？
2. 简述管制限制性商业惯例立法的主要内容。
3. 美国对限制性商业惯例管制的立法背景与欧盟对限制性商业惯例的立法背景有何不同？
4. 美国反托拉斯法的主要渊源有哪些？简述美国反托拉斯法的范围。
5. 欧盟竞争法的主要渊源有哪些？简述欧盟竞争法的范围。
6. 简述美国反不正当竞争法的渊源。
7. 欧盟反不正当竞争法的特点是什么？
8. 美国管制限制性商业惯例的主管机关有哪些？它们相互之间如何分配在限制性商业惯例的管制方面的权限？
9. 欧盟管制限制性商业惯例的主管机关有哪些？它们的职权范围如何？
10. 试述我国《反垄断法》的意义、内容和缺陷。
11. 试述我国《反不正当竞争法》的缺陷，你有哪些改进和完善的意见？
12. 美国和欧盟管制限制性商业惯例的双边合作协议的主要内容有哪些？
13. 试论对限制性商业惯例进行国际管制的意义。
14. 结合实践，谈谈你的认识：在建立市场经济的过程中，中国政府应如何帮助中国企业面对跨国公司在中国市场和国际市场的竞争挑战？

必读法规

1. 《中华人民共和国反垄断法》
2. 《中华人民共和国反不正当竞争法》
3. 美国《谢尔曼法》和《克莱顿法》
4. 《罗马条约》第 81 ~86 条
5. 联合国《多边协议的管制限制商业惯例的公平原则和规则》
6. 联合国《国际技术转让行动守则草案》
7. 《保护工业产权巴黎公约》
8. The Agreement between the Government of the United States of American and the Commission of the European Communities regarding the application of their competition laws

推荐参考书目

1. 尚明著:《对企业滥用市场支配地位的反垄断法规制》,法律出版社2007年版。
2. 沈四宝、刘彤著:《美国反垄断法原理与典型案例》,法律出版社2006年版。
3. 尚明主编:《反垄断——主要国家与国际组织反垄断法律与实践》,中国商务出版社2005年版。
4. 刘宁元、司平平、林燕萍著:《国际反垄断法》,上海人民出版社2002年版。
5. 孔祥俊著:《反垄断法原理》,中国法制出版社2001年版。
6. 王晓晔著:《欧共体竞争法》,中国法制出版社2001年版。
7. 王晓晔著:《企业合并中的反垄断问题》,法律出版社1996年版。

典型案件

(美国)普罗克特和甘布尔公司诉上海晨铉智能科技发展有限公司不正当竞争案

第十四章　国际经济贸易争议解决

随着经济全球化进程的加快，国际贸易、国际投资、国际金融等国际商事交易迅速发展。在国际经济交往发展的进程中，国际间争议的发生也是不可避免的。实践证明，妥善地解决这些争议，可以进一步促进国际经济贸易的发展。

第一节　国际经济贸易争议的种类和解决争议的方法

第二节　选择性解决争议的方法

第三节　国际民商事诉讼

第四节　国际商事仲裁

第五节　世界贸易组织的争议解决机制

第六节　国家与他国国民之间经济贸易争议的解决

第一节 国际经济贸易争议的种类和解决争议的方法

在经济全球化的条件下,各国之间的经济发展更加相互依赖,国际经济贸易交往更加频繁。假定一个中国投资公司到外国投资,或者外国投资者到中国投资,在东道国设立独资或者合资企业以及将企业产品在东道国或者国际市场销售的过程中,不可避免地发生这样或者那样的争议。国际经济贸易争议都包括哪些内容,实践中有哪些解决争议的方法,这就是我们在本节中将要介绍的主要问题。

一、国际经济贸易争议的种类

就国际经济贸易关系的参加者而言,国际经济贸易领域内的争议可以分为以下几种:

1. 不同国家国民之间的国际经济贸易争议

这类争议一般是不同国家的国民(包括自然人、法人和其他经济实体)之间由于货物买卖、技术转让、投资、工程承包等跨国经济活动而发生的争议。这些不同国家的国民是国际经济贸易交易活动的直接参加者。因此,产生于国际经济贸易活动中的争议,绝大部分属于这类当事人之间的争议。

此类争议一般为当事人之间的国际经济贸易合同的解释或履行中发生的争议,但在某些情况下,也可能是非契约性争议,如由于侵权行为所产生的纠纷。但无论是契约性争议,还是非契约性争议,这类争议的特点是:争议各方当事人所处的法律地位是平等的,他们之间的权利与义务也是对等的。我们所探讨的国际经济争议的种类及其解决方法,主要集中在此类争议解决的方法。

2. 国家之间的经济贸易争议

国家之间的经济贸易争议是指主权国家在经济贸易交往中所产生的争议。这类争议的特点是:(1) 争议一般因国家之间订立的双边或多边国际公约的解释或履行产生,如对双边贸易协定、投资保护协定、避免双重征税和防止偷税、漏税协定的解释或履行中发生的争议;以及由于多边国际经济贸易公约而产生的争议,如世界贸易组织中的各项协议的解释或履行中发生的争议。(2) 争议双方均为主权国家,而不是这些主权国家中的国民。

3. 国家与本国或外国国民之间的国际经济贸易争议

这类国际经济贸易争议的主要特点是争议双方具有不同的法律地位:一方为主权国家,另一方为本国或外国国民。按照国际法一般原则,国家享有主权,可以制定和修订法律,并享有司法豁免权,而一般的国民则无此权力,他们对国家制定的法律,必须遵守。

此类争议主要发生在国家对具体从事国际经济贸易活动的当事人行使管理或监督的过程中。如国家海关或税务部门对进出口的货物征收关税和其他有关管理费、进出口商品检验部门对货物进出口依法进行的检验、外汇管理部门依法对外汇实施的管理,以及国家其他职能部门依法对国际技术转让和投资所实施的管理等。也就是说,国家或国家机关在对上述有关国际经济贸易活动实施管理的过程中，也会与这些被管理者发生这样或那样的争议。

国家是社会公共利益的维护者，当社会公共利益或者其本国国民的利益由于跨国公司的不正当竞争而受到损害时，国家负有制裁跨国公司的不法活动、维护社会公共利益的责任。

在国家与外国国民之间的经济交往中，有时也直接订立商事合同，如国家与外国投资者之间订立的允许外国投资者开发本国自然资源的特许权协议，在这种情况下，尽管协议双方也可以通过合同的方式确定他们之间的权利与义务，但是，就当事双方的法律地位而言，作为缔约一方的国民，其法律地位显然与国家不同。

二、解决不同国家国民之间的国际经济贸易争议的一般方法

就不同国家的一般当事人之间的国际经济贸易争议解决的方法而言，概括起来，主要有两种，即司法方法和非司法方法。

（一）司法方法

即通过向一国法院提起诉讼的方法解决国际经济贸易争议。

世界上并不存在并在近期内也不可能存在专门解决这类争议的、凌驾于各主权国家之上的法院，我们这里所说的司法诉讼，是通过特定国家的法院解决不同国家当事人之间的国际经济贸易争议，各国法院根据本国的民事诉讼法对此类争议行使管辖权、依法进行审理并作出判决。一国法院作出的判决，如果需要到另一国家执行，还要得到另一国法院的司法协助。

（二）非司法方法

即通过法院以外的方式解决争议的方法，如通过双方当事人友好协商或谈判，或者由双方同意的第三人进行调解或仲裁。从传统上看，这种方法又称选择性解决争议的方法（alternative dispute resolution，简称 ADR），这种解决争议的方法的前提，是当事人之间达成了通过 ADR 解决争议的协议。

在实践中，对于何谓 ADR，在西方的法律论著中存在着两种不同的看法：

（1）ADR 是指当事人之间约定的通过除诉讼以外的方法解决他们之间的争议的各种方法的总称，如仲裁、调解和模拟诉讼等方式。即除了通过法院解决争议的方法外，其他各项解决争议的方式均可称之为 ADR。包括双方当事人之间的进行的谈判协商，或由第三人调解或仲裁等。

（2）把仲裁排除在 ADR 之外。这种观点认为，在 ADR 的情况下，争议的解决有赖于争议各方自动执行他们之间业已达成的解决争议的方案。争议双方也可以选择一个中立的第三方协助他们解决争议，但该第三者的作用不同于仲裁员，后者有权作出对双方当事人有拘束力的决定。因此，ADR 协议不能保证有一个终局的、对双方当事人均有拘束力的决定，除非当事人之间就解决争议达成一致，并能自动执行他们之间业已达成的关于如何解决争议的协议。这种观点还认为，仲裁最早属于 ADR 程序，但就仲裁庭可对当事人之间的争议作出有法律拘束力的裁决而言，它是一种准司法的方法。而 ADR 程序则主要指通过当事人之间“合意”解决他

们之间的争议，无论是当事人之间达成的解决争议的方案，还是第三者提出的解决方案，都不具有法律上的拘束力，不能得到法院的强制执行。

应该说，第二种观点比较符合现代解决国际商事争议的实践。因为随着解决国际经济贸易争议的发展和相关国际公约地签订与实施，特别是1958年《承认与执行外国仲裁裁决公约》得到世界上一百多个国家的普遍适用，大大地减少了在一国境内作出的仲裁裁决在另一个国家执行时所遇到的法律障碍，因此人们越来越多地选择通过仲裁的方式解决他们之间的争议。因此，仲裁已经逐步地从ADR中分离出来，成为仅次于法院的解决国际经济贸易争议的准司法的方法。根据解决争议的结果是否具有法律上的拘束力，把仲裁排除在ADR之外是比较科学的分类法。因此在本章中，我们将首先探讨ADR作为解决国际经济贸易争议的特点及其适用，然后分别介绍解决国际经济贸易争议的司法诉讼和国际商事仲裁的方法，最后在专门介绍世界贸易组织中的争议解决机制和解决国家与他国国民之间的投资争议等问题。

第二节　选择性解决争议的方法

选择性解决争议的方法（ADR），又可以称为“替代性解决争议的方法”。ADR替代的是什么？它的具体表现方法有哪些？又有哪些法律特征？在解决争议实践中又是如何应用的？这就是我们在本节中将要解决的主要问题。

一、ADR的概念

传统上的ADR通常是指除诉讼以外的各种解决争议的方法，包括协商、谈判、斡旋、调解、仲裁等。随着仲裁被广泛地纳入各国仲裁法中，仲裁裁决获得了与法院判决相同的效力，加上战后由联合国主持制定并得到世界各国广泛认可的《承认与执行外国仲裁裁决公约》，仲裁解决争议的方法已经逐步地成为司法外解决争议的独立程序。

它与司法解决争议的方法并列存在，都是最终解决争议的方法。仲裁既有司法的特点，主要表现在仲裁裁决是终局的；同时也具有ADR的特点，主要表现在它是当事人之间自愿达成的解决争议的方式，在仲裁程序的进行上，也比较灵活，当事人具有较大的自主性。因此，仲裁同时具有通过诉讼的方法解决争议和通过ADR解决争议的特点，在国际商事交易中被广泛适用。由于仲裁裁决具有终局性和可强制执行性的特点，使之逐步地成为一种独立的解决争议的准司法的方法，同时也开始独立于ADR。因此，对ADR作出比较准确的定义是：ADR所替代的是除了司法诉讼和仲裁以外的解决争议的各种方法的总称。

二、ADR的主要表现形式

鉴于ADR是当事人之间自愿作出的解决他们之间争议的安排，所以，当事人可就他们之间的争议作出任何形式的安排。这种安排可以有第三者参与，也可没有第三者的参与，而由争议双方自行解决。在解决国际商事争议的实践上,ADR 的表现方式是多种多样的。现就其主要的表现形式作一简要介绍。

(一)双方当事人之间进行的协商谈判

协商谈判(consultation)是由争议双方当事人自行解决他们之间的争议的最为常见的方法。其特点是没有第三者的介入,而由当事双方通过友好协商的方式,自行解决他们之间的争议。在国际商事交易合同的争议解决条款中,一般首先规定的是"由于本合同产生的争议,当事双方应当通过友好协商的方式解决"。而事实上多数争议都是由双方当事人自行解决的。只有在通过协商谈判不能达成协议的情况下,才将此争议提交仲裁解决。

在协商谈判解决争议的情况下,当事双方一般应当具有解决问题的诚意,双方当事人在谈判中通过查明或基本查明争议事实后,本着互谅互让的原则,通过友好协商的方式,使争议得到及时的解决。实践证明,只要双方当事人能够在解决争议的问题上密切合作,并怀有解决问题的诚意,这就是一种行之有效的解决争议的方法。古今中外,历来如此。

(二)由双方当事人共同选择的第三者进行的调解

调解(mediation or conciliation)的特点是有与争议双方无利害关系的第三者参与争议的解决。通常应由争议双方当事人首先订立通过调解的方式解决他们之间争议的书面或口头协议,并共同参与对调解员的选择。调解员的主要作用是促成争议双方达成和解协议。为此,该调解员可以按照当事各方约定的程序查明争议的事实。然后对争议双方进行面对面的或背对背的调解,协助双方当事人分析争议的问题,从中找出妥善的解决争议的方案:或者促成当事人自行达成和解协议,或者自行提出解决此项争议的方案。但无论是当事人自行达成的和解协议,还是调解员提出的解决争议的方案,对争议双方均无法律上的拘束力。特别是对于调解员提出的解决方案,当事人可以接受,也可以拒绝。如果当事人接受了调解员提出的解决方案或者自行达成了调解协议,调解即告成功。如果调解失败,当事人可继续寻求其他解决争议的方法,或者诉讼,或者仲裁。

(三)模拟法庭

据称,"模拟法庭"这一术语最早是由《纽约时报》在报道的 1977 年发生在两个公司之间的一起解决专利侵权案件中采用的。此后便在美英等国家流行开来。

按照《布莱克法律辞典》对这一术语的解释,模拟法庭是指当事人之间安排的一种自愿的、私下进行的、非正规的解决争议的方式。其具体做法是:模拟法庭由争议双方有权作出决定的公司主管和一位双方当事人共同认可的第三者组成。在开庭审理时,首先由双方律师对他们之间的争议作出简要陈述,此后双方主管即试图对他们之间的争议的解决作出决断。在此之前,他们应当征求该第三者的意见:假定此案由法院判决,其结果如何?为此,该第三者就此案发表其无法律上的拘束力的咨询意见。双方主管在此意见的基础上就争议的解决作出决断,以了结双方当事人之间的争议。

在模拟法庭解决争议的情况下,一方面,争议双方的主管人员,即有权代表一方当事人作出决断的人员参加;另一方面,双方当事人指定的第三者也是一个关键性的人物。他所发表的咨询意见对于解决双方当事人的争议至关重要,尽管此项意见本身没有法律上的拘束力。如果他的意见被双方主管采纳,争议当时即可得到解决。该中立的第三者一般为在解决特定争议方面的权威人士,主要是一些退休法官以及声誉卓著的、富有经验的律师。目前,英美许多争议解决机构都提供这样的专业人士的服务。如英国的解决争议中心(Centre for Dispute Resolution)、特许仲裁员学会(Chartered Institute of Arbitrators),美国仲裁协会(American Arbitration Association),(中国)香港国际仲裁中心(Hong Kong International Arbitration Centre),瑞士苏黎世商会(Chamber of Commerce in Zurich,Switzerland)等机构,都提供类似的服务。

此外,争议双方还可以就争议的技术性问题专门征求该领域内的专家咨询意见,专家意见作为他们之间解决争议的基础。也可以共同聘请已经退休了的法官,就他们之间争议的问题如果提交法院应当如何作出判决提出该法官的意见,作为解决他们之间争议的基础。

三、ADR 的法律特征

ADR 具有简便易行和节省费用的优势,但需要当事双方密切合作解决争议的诚意,并将此项诚意付诸实施,在 ADR 的每一个环节上密切合作。否则,其优势就不能得以发挥。这是由 ADR 本身所固有的以下法律特征决定的。

第一,它是当事人之间达成的自愿的解决争议的方法。通过 ADR 解决争议的前提是当事人之间就通过此项方法解决争议的方式达成了协议。如无此项协议,当然就不能通过此项方法解决争议。在这一点上,ADR 与仲裁有某种相似之处,这是由于仲裁也是一种自愿解决争议的方法。然而,ADR 又与仲裁不完全相同:在仲裁解决争议的情况下,当事人一旦达成通过仲裁解决他们之间的争议的仲裁协议,该仲裁协议即对他们具有法律上的拘束力,任何一方当事人不得单方面撤回。而且当争议发生时,如果一方当事人不按协议规定将争议提交仲裁而直接交由法院解决时,则构成违约。在这种情况下,另一方当事人有权请求法院裁定中止诉讼程序,令当事人将争议提交仲裁解决。而在 ADR 进行的过程中,当事人可以自愿地随时终止此项程序,而不必承担任何法律上的义务。此项程序终止之后,当事人可以根据他们之间达成的仲裁协议将争议提交仲裁解决。如不能达成此项协议,当事人可将该争议提交对此争议有管辖权的国家法院审理。

第二,通过 ADR 达成的解决争议的方案没有法律上强制执行的效力。这是 ADR 与诉讼和仲裁之间的最重要的区别。ADR 的方式是多种多样的,但无论采用什么样的方法:如当事人之间自行达成的和解协议,或者由第三者提出的解决争议的方案,都不同于法院判决和仲裁裁决,不具有法律上的可以强制执行的效力,通常由当事人自动履行,进而使争议得到解决。如果任何一方当事人拒绝履行他们之间已经达成的协议或者由第三者提出的解决争议的方案,对方当事人则不能请求法院强制执行上述协议或者方案。当事人已经达成的协议或者解决方案,只能作为“合同”执行。如果当事人对此合同发生争议,最终还是要通过法院或者仲裁解决。

第三，ADR既可单独适用，也可适用于诉讼程序和仲裁程序中。ADR是人们在长期的实践中逐步积累起来的解决争议的方法。它的适用范围极为广泛：不仅可以单独适用，也可适用于诉讼程序和仲裁程序中。在诉讼程序和仲裁程序中适用ADR的情况下，一般也应当以争议双方的自愿为前提，而由法官或仲裁员作为调解员，促成当事人达成和解协议。

这里必须指出的是，在诉讼程序或仲裁程序中达成的和解协议与在这两种程序之外达成的和解协议的效力有所不同。如前所述，ADR在单独适用的情况下，本身并没有法律上的拘束力。然而，如果将ADR在诉讼程序或仲裁程序中适用，在法官或仲裁员的主持下达成的和解协议，由法官或仲裁员据此作成法院判决或仲裁裁决的形式后，即与法院判决与仲裁裁决有相同的效力。

四、ADR在解决我国国际经济贸易争议中的应用

通过协商谈判和调解解决争议，是中国几千年来特有的传统文化。"克己复礼""和为贵"等箴言早已深深地扎根于我国的社会生活之中。中国人很少向西方人那样动辄到法院打官司。一般争议发生后，如果自己解决不了，请资深的长者评理则是十分普遍的现象。可以这样说，调解已经遍布于我国社会生活的各个领域：从家庭纠纷到邻里争议，从一般当事人之间的争议到各个行政管理部门之间的争议，都可通过调解的方式解决。即便在司法诉讼和仲裁程序中，如果当事双方同意，法官和仲裁员也可以作为调解员，促使争议双方达成和解。

1987年，"北京调解中心"在中国国际贸易促进委员会(CCPIT)内设立，该中心根据当事人之间订立的调解协议，受理调解案件。调解员由CCPIT从具有国际经济、贸易、金融、投资、技术转让、承包工程、运输、保险以及其他国际商事方面及/或法律方面的专门知识及/或实践经验的、公正的人士中聘请。除北京调解中心外，在全国各贸促分会中，许多都设立了解决国际商事争议的调解中心，受理当事人提交的调解案件。

中国国际经济贸易仲裁委员会在审理仲裁案件的过程中，同样也坚持仲裁与调解相结合的做法。仲裁庭在查明或基本查明争议事实的情况下，如果双方当事人同意，也可中止仲裁程序，转入调解程序。调解成功，仲裁庭则根据当事人达成的调解协议作出仲裁裁决；如果调解失败，则继续进行仲裁程序。

20世纪70年代末，中国涉外仲裁机构与一些外国仲裁机构共同创立了一种新的调解方式，即联合调解(joint conciliation)。具体做法是：中外双方当事人向各自所在国家的仲裁机构提出请求，由被请求的仲裁机构派出数目相等的人员作为调解员，对争议事项进行调解。调解成功则争议结束，调解失败后再按照合同中的仲裁条款进行仲裁，或者将争议提交法院解决。1977—1979年间，中美双方的仲裁机构运用此方式，成功地解决了发生在中美双边贸易中两项金额较大的争议。①

---

① 关于这两个案件的具体情况，参见程德钧主编：《涉外仲裁与法律》(第一辑)，中国人民大学出版社1992年版，第105～106页。

总之,调解在解决我国国内外商事争议中一贯发挥着重要的作用。调解以争议双方当事人的自愿为前提。它可以单独进行,也可以与诉讼程序和仲裁程序相结合同时进行。调解并不是诉讼程序或者仲裁程序中的必经程序,调解也不是无原则地进行,而是在查明或基本查明争议的事实、分清是非的情况下,由调解人按照事实和应当适用的法律,公平合理地解决争议。

第三节 国际民商事诉讼

中国某公司从日本某公司进口了一批设备,成交价为 CIF 上海。负责运输该货物的为悬挂巴拿马国旗的船舶,而船东为新加坡人。货物达到目的港后发现这批设备表面受到污染而直接影响了该设备的质量,致使其在使用中大打折扣。中日买卖双方遂发生争议。双方买卖合同中并没有关于如何解决他们之间争议的条款。于是,中国公司在上海中级人民法院提起诉讼,而日本公司则在东京地方法院起诉,中日法院均受理了当事人提出的诉讼。试问:中日法院对该案实施管辖权的依据是什么?法院应当适用什么样的法律解决他们之间的争端?判决将如何执行?如何避免在实践中发生的这种平行诉讼?

解决不同国家的国民之间的国际商事争议的司法方法,指在一国法院解决此项争议的方法。鉴于各国法院在受理国际商事诉讼时只适用法院地的诉讼程序法,因此,相同的当事人就同一诉讼标的同时在几个不同国家的法院涉诉的情况的产生,是不足为怪的。在此类诉讼中,由于涉及不同国家的法律制度,就会涉及一系列复杂的问题:一方面,当事人在不同国家的法院起诉或被诉,致使诉讼费用迅速增加;另一方面,不同国家的法官可能在解释或适用法律上存在差异,也会增加诉讼结果的不确定性。

在一国法院进行的国际商事诉讼所涉及的主要法律问题包括:(1) 对争议案件的管辖权;(2) 诉讼程序的进行;(3) 解决争议应当适用的法律规则;(4) 法院判决的承认与执行。

一、法院对国际商事争议案件的管辖

(一) 法院管辖权的确定与平行诉讼

1. 法院管辖权的确定方法

国际上并不存在统一的管辖国际商事案件的标准,各国只适用自己的民事诉讼法决定对特定案件的管辖,因而经常导致管辖权的冲突。根据国际法的基本原则和各国立法与实践,法院一般根据以下原则决定其管辖权限:

(1) 属人管辖原则。依照国际法上的属人优越权原则,主权国家对其国民享有管辖权,即便他们在该国境外时亦然。因此,中国公民在国外经商或者留学,中国法院仍然对他们享有管辖权,因为他们是中国公民。外国公民在中国进行上述类似的活动时,其国籍所属国法院同样对他们享有管辖权。

(2) 地域管辖原则。据此原则,主权国家对位于其管辖领土内的一切人和事,享有管

辖权。外国人在中国旅游期间实施犯罪,中国公民在外国停留期间所实施的侵权行为,他们所在国家均可依据当地的法律对他们在本国境内实施的不法行为实施管辖,尽管他们是外国人。对于外国船舶在中国领海内航行期间造成的油污损害,根据当地法律同样应当承担相应的法律责任。

(3) 协议管辖原则。即具有不同国籍的当事人或者营业地位于不同国家的当事人之间通过协议的方式约定,将他们之间可能发生的或者已经发生的争议提交特定国家法院解决的协议。在国际商事合同中,当事人通常可以依据法律作出上述约定。除非当地法律另有规定,各国法律一般尊重当事人作出的选择。在现代国际商事交往中,当事人在合同中与其选择特定国家法院解决他们之间的争议,不如选择特定的“法官”(事实上的仲裁员),通过仲裁的方式解决他们之间的争议。所以,在多数国际商事合同中,都含有通过仲裁的方式解决合同争议的“仲裁条款”,而不是选择法院的条款。

(4) 专属管辖原则。是指各国法律明文规定的特定争议只能由本国法院专属管辖的原则。例如,由于位于特定国家境内的不动产而引起的争议,通常只能由该不动产所在地国法院管辖。此外,某些知识产权的有效性的争议,如对专利权和商标权的有效性争议,通常只能由对该专利权或者商标权授予国的法院管辖,这是由于某些知识产权的严格地域性原则决定的。在法律规定的某些特定争议必须由当地法院专属管辖的情况下,当事人对该事项协议提交该法院地国以外的国家的法院处理的约定为无效约定,因为此项约定违反了该相关国家的法律。

2. 法院管辖权的冲突与平行诉讼问题

由于各国法律可以根据当事人的国籍、住所或居所、营业地以及他们之间达成的管辖权协议等实施管辖,在实践中发生管辖权冲突的现象不可避免。例如,中国公司与日本公司之间由于在美国签署并履行的合同发生争议,按照相关国家的法律,中国、日本、美国法院都可根据当地法律和争议标的与这些国家之间的联系而主张管辖权。假定中国和日本当事人分别就合同争议在中、日法院起诉,中日两国根据其各自国家的民事诉讼法均可对该相同案件行使管辖权,于是便产生了平行诉讼(parallel litigation)的问题。

现实中也的确存在着真实的案例:在美国石油大王亨特诉英国利比亚 BP 石油公司一案中,由于利比亚对特许共同开采石油实施了国有化,BP 认为国有化使其与亨特签订的合同落空,故在伦敦高等法院提起诉讼,要求亨特返还 BP 向其支付的货款,法院判决亨特向 BP 返还货款 4 000 多万美金。[①]与此同时,亨特又在美国开辟了另一个战场:在得克萨斯州联邦法院就在英国的相同的诉讼标的提起诉讼,请求法院宣布他不欠 BP 的债,并要求 BP 向其支付追加的款项。BP 则请求法院中止在得州法院进行的诉讼,理由是此案正在英国法院审理,此项请求开始并未得到满足,只是在 BP 赢得了伦敦高等法院的判决后,才得以终止了在

① B. P. Exploration Co. (Libya) Ltd. v. Hunt, Queen's Bench Division, Commercial Court, Cause 1975 B No. 4490, June 30, 1978 (first part) and March 26, 1979 (second part).

得州联邦法院的诉讼。[1] 伦敦高等法院作出判决6年后，BP才在得州法院获得承认英国法院判决、禁止亨特继续进行诉讼的判决。[2]

（二）通过选择法院的条款避免平行诉讼

平行诉讼无疑会给当事人带来大量的诉讼费用、拖延诉讼程序和不确定性。避免平行诉讼的方法之一就是由争议双方订立选择法院（choice of forum）的约定。然而这种情况一般只在合同订立时有可能就此达成协议。对于已经发生的争议，当事人一般很难就诉讼的地点达成协议。在实践上，这种选择一般不是争议任何一方所属国的法院，通常为第三国法院。另一方面，由于对国际商事诉讼的管辖权缺乏统一标准，即便当事人就诉讼地点作出了选择，也不能保证被选择的法院一定会接受对当事人之间特定争议行使管辖权。被选择的第三国法院可以以“不方便法院”（forum non conveniences）或其他理由，拒绝对该特定的案件行使管辖权，因为许多国家的法律规定法院对案件的管辖需要与该国有一定的联系。可见，如果被选择的法院拒绝行使管辖权，平行诉讼还是不可避免的。

（三）通过国际公约解决平行诉讼的问题

即通过双边司法互助协定或有关的多边国际公约避免管辖权的冲突和平行诉讼的问题。在此领域内比较有影响的公约是1968年9月27日由比利时、联邦德国、法国、意大利、卢森堡和荷兰在布鲁塞尔签订的《欧洲关于法院对民、商事管辖权和判决执行的公约》（简称《布鲁塞尔公约》），该公约于1973年1月1日生效。该公约就民、商事案件的管辖权划分的统一标准作了规定，如合同、扶养、侵权行为、保险、赊卖、租购等案件的管辖法院、属于专属管辖案件的法院、管辖权的受理和审查、审理中的案件和有关联的诉讼案件等，还对判决的执行问题，作了比较系统的规定，从而在一定程度上避免了平行诉讼。此外，1988年欧洲一些国家之间订立的《卢加诺关于法院对民、商事管辖权和判决执行的公约》（简称《卢加诺公约》）也同样具有避免平行诉讼的优势。这两个公约构成了布鲁塞尔和卢加诺体制。目前，适用这一体制的国家包括奥地利、比利时、丹麦、芬兰、法国、英国、希腊、德国、爱尔兰、冰岛、意大利、卢森堡、荷兰、挪威、葡萄牙、西班牙、瑞典和瑞士。[3] 各缔约国可通过适用上述国际公约规定的关于民商事案件管辖的统一标准，避免或消除有关国际民商事案件的平行诉讼。当事人如在公约的解释或执行问题上发生争议，可请求欧洲法院就公约适用中的问题作出解释和裁定。

采用双边司法协助条约的方式也可在一定条件下避免平行管辖的问题。我国与法国、德国等几十个国家也订立了这种协定。但无论是双边条约，还是多边公约，都仅对特定的缔约国有效。这些双边或多边国际公约虽然在一定程度上可避免或消除平行管辖的问题，但从广义上看，在相当一段时期内，还不可能完全避免或消除管辖权的冲突。

① Hunt v. BP Exploration Co. (Libya) Ltd. ,580 F. Supp. 304 (N. D. Tex. 1984).

② Hunt v. BP Exploration Co. (Libya) Ltd. ,492 F. Supp. 885 (N. D. Tex. 1980).

③ *Arbitration and Mediation in International Business*, edited by Dr. Julian Lew, Kluwer Law International, 1997, p. 21, footnote 50.

二、国际商事案件的诉讼程序

国际商事诉讼案件在一国法院涉诉时所遇到的各种事实或法律问题,要比单纯的国内案件复杂得多。一些司法行为需要到对案件行使管辖权的法院所属国以外的国家或地区实施,如司法文书的送达、境外调查取证、查明争议事实的程序和方法等,都会遇到一些问题。在此,我们主要就大陆法和英美法在诉讼程序上的主要区别作一探讨。

法官和当事人的律师在诉讼程序中所发挥的作用,是英美法和大陆法在诉讼程序上的主要区别。

英美法一般采用对抗式的(adversarial)程序,即由当事人向法官提出他们各自对事实问题和法律适用问题的解释,法官在听取他们各自的意见后从中作出选择。如果双方当事人均未提出有关的事实和法律问题,法官也不对该事实问题进行询问,而根据当事双方所提出的请求和证据作出判决。事实上,诉讼程序的进行主要掌握在当事人的手中,确切地说,掌握在各方当事人的律师的手中。大陆法在诉讼中一般采用审问式的程序,在此项程序中,法官则自始至终地控制着程序的进行。在查明事实的过程中,法官发挥着积极的作用。

由于法官和当事人在诉讼程序中所发挥的作用不同,因此,大陆法和英美法在向法庭提供证据的问题上,也是不同的。

大陆法中的取证问题也为主审法官严格控制。证人在向法庭提供口头证据时,他们被视为"法院的证人",而不是任何一方当事人的证人。法官责令证人出庭作证,当事人的律师提出的出庭作证的证人名单,由法官决定他们之中谁将出庭作证。而证人出庭后,一般由法官对他们提出问题。在开庭审理之前或庭审之中,任何一方当事人的律师与证人之间的直接接触一般受到严格的限制。出庭作证的专家也是由法院提出的,他们提供的证据一般采用书面形式,但法院有权决定是否要在庭审中对他们出具的证据作出说明。在英美法中的诉讼程序中,由当事人自行搜集证据,庭审中的口头证据发挥着重要的作用。在庭审前的披露程序中,双方律师已经接触到对方所拥有的证据。而在庭审时,双方都带着各自的证人出庭,包括当事人自己以证人的身份经宣誓后作证。由律师向证人提出问题:首先是提供证人的一方的律师,然后是对方律师提问。法官对此程序实施监督,有时也自行或根据一方律师提出的反对意见实施干预。专家证人也是由各方当事人提供的,他们也要接受双方律师的交叉询问。

三、解决争议应当适用的法律规则

在国际商事诉讼中,也会涉及不同国家的法律。某一特定的商事争议究竟适用什么样的法律解决,是法院对国际商事争议作出判决至关重要的环节。

按照各国有关的立法与实践,一般允许当事人共同选择解决争议应当适用的法律,这也是各国国际私法的一般原则。然而,如果当事人未能对此作出选择,或者法院认为当事人作出的选择不明确,法院一般适用法院地法有关的法律冲突规则决定应当适用的法律。在这种情况下，问题就变得复杂起来，因为国际商事交易涉及不同国家的法律制度，至少有两个或两个以上的连结点。在国际合同交易中，如果当事人未能选择合同应当适用的法律，那么按照各国国际私法关于适用法律的一般原则，均适用与合同有最密切联系的国家的法律。至于如何解释"最密切联系"，就同一争议合同而言，在不同国家的法院审理，往往会得出不同的结论。

即便法院根据当事人的共同选择正确地适用了应当适用的法律，在应当适用的法律为外国法时，当事人往往也很难预料审理该案的法院适用该外国法的所作判决的结果。因为法官并不一定知道该外国法的内容，为此，就要聘用有关人员将有关的合同、外国法或判例翻译成相应的语言，并听取有关的专家对如何将该外国法适用于该特定争议案件应当解决的问题。所以，由于外国法官对应当适用的外国法所产生的背景及其所包含的实质性的内容及其适用的方法当然没有像本国法那样熟悉，故很难预见适用该法律的判决结果。

四、法院判决的承认及其执行

根据国际法上关于主权国家及其管辖范围的一般原则，一国法院作出的判决，仅在该国境内有效，而外国法院没有承认与执行他国法院判决的义务，除非有国际公约的约束，或者国家之间出于国际礼让，相互承认与执行对方法院的判决。

一国法院根据国际公约、国际礼让或者其本国法上的规定执行外国法院的判决时的一个必要的条件，就是该外国法院的判决必须是终局的（*res judicata*），即该外国判决依法院地法不能再上诉。其次，该外国法院的终局判决，必须经执行地法院准许后，才能得以执行。而法院在作出承认该外国法院判决的效力时，一般要依据执行地国或有关的国际公约对该外国法院的判决进行审查，一般包括该外国法院对所判决的事项是否享有管辖权，是否履行了适当的程序，执行该外国法院的判决是否与当地的公共政策相抵触等。至于具体的审查内容，不仅国与国之间是不同的，即便在一国范围内，有时也是各异的。例如，一项即决判决在纽约联邦法院得到承认的机会，可能与其在亚拉巴马州法院有所不同。

五、我国法院对涉外案件的处理

（一）我国法院对涉外民事案件的管辖

我国法院对涉外民事案件的管辖，规定在民事诉讼法的有关章节中。

1. 属于我国法院专属管辖的事项

我国《民事诉讼法》第266条规定："因在中华人民共和国履行中外合资经营企业合同、中外合作经营企业合同、中外合作勘探开发自然资源合同发生纠纷提起的诉讼，由中华人民共和国人民法院管辖。"

2. 协议管辖的事项

我国《民事诉讼法》第244条规定："涉外合同或者涉外财产权益纠纷的当事人，可以用书面协议选择与争议有实际联系的地点的法院管辖。选择中华人民共和国人民法院管辖的,不得违反本法关于级别管辖和专属管辖的规定。"

3. 其他事项的管辖法院

我国《民事诉讼法》第265条规定:"因合同纠纷或者其他财产权益纠纷,对在中华人民共和国领域内没有住所的被告提起的诉讼,如果合同在中华人民共和国领域内签订或者履行,或者诉讼标的物在中华人民共和国领域内,或者被告在中华人民共和国领域内有可供扣押的财产,或者被告在中华人民共和国领域内设有代表机构,可以由合同签订地、合同履行地、诉讼标的物所在地、可供扣押财产所在地、侵权行为地或者代表机构住所地人民法院管辖。"

(二)有权受理涉外民事案件的法院

最高人民法院《关于涉外民商事案件诉讼管辖若干问题的规定》[①]第1条规定:"第一审涉外民商事案件由下列人民法院管辖:(一)国务院批准设立的经济技术开发区人民法院;(二)省会、自治区首府、直辖市所在地的中级人民法院;(三)经济特区、计划单列市中级人民法院;(四)最高人民法院指定的其他中级人民法院;(五)高级人民法院。上述中级人民法院的区域管辖范围由所在地的高级人民法院确定。"

(三)国际商事争议案件的适用法律

除另有规定者外,我国法律允许当事人对解决国际商事争议的法律作出约定。民商事案件的法律适用,主要规定在我国《民法通则》第八章中,其他一些有关的法律文件中,也有一些涉及法律适用的规定。归纳起来,主要有以下几种情况:

第一,凡属于我国法院专属管辖的事项,适用我国法律。如位于我国境内的不动产争议,在我国境内履行的中外合资经营企业合同、中外合作经营企业合同、中外合作勘探开发自然资源合同以及在我国港口作业中发生的纠纷,均适用我国法律。

第二,凡属我国法律规定的当事人可以通过协议方式选择对争议案件管辖的法院的情况,如涉外合同或者涉外财产权益纠纷等。在国际商事合同的情况下,如果当事人未能就合同应当适用的法律作出选择,适用与合同有最密切联系的国家的法律。

至于何谓与合同有最密切联系的国家的法律,最高人民法院曾在1987年10月19日发布了《关于适用〈涉外经济合同法〉若干问题的解答》,[②]对与国际货物买卖、银行贷款、担保、保险、加工承揽、技术转让、工程承包、科技咨询或设计、劳务、成套设备供应、代理、不动产租赁、买卖或抵押、动产租赁、仓储保管等13种合同有最密切联系的法律作出了具体规定:2007年7月23日,最高人民法院又公布了《关于审理涉外民事或商事合同纠纷案件法律适用若干问题的规定》,[③]根据该规定第5条第2款,"人民法院根据最密切联系原则确定合同

① 2001年12月25日最高人民法院审判委员会第1203次会议通过,法释〔2002〕5号,2002年2月25日公布,自2002年3月1日起施行。

② 我国《涉外经济合同法》因1999年10月1日实施统一的《合同法》而废止,但最高人民法院的有关司法解释在实践中仍具有指导意义。

③ 2007年6月11日最高人民法院审判委员会第1429次会议通过,法释〔2007〕14号。关于该规定的全文可参见《法制日报》2007年8月8日,第5版。

争议应适用的法律时，应根据合同的特殊性质，以及某一方当事人履行的义务最能体现合同的本质特性等因素，确定与合同有最密切联系的国家或者地区的法律作为合同的准据法。（一）买卖合同，适用合同订立时卖方住所地法；如果合同是在买方住所地谈判并订立的，或者合同明确规定卖方须在买方住所地履行交货义务的，适用买方住所地法。（二）来料加工、来件装配以及其他各种加工承揽合同，适用加工承揽人住所地法。（三）成套设备供应合同，适用设备安装地法。（四）不动产买卖、租赁或者抵押合同，适用不动产所在地法。（五）动产租赁合同，适用出租人住所地法。（六）动产质押合同，适用质权人住所地法。（七）借款合同，适用贷款人住所地法。（八）保险合同，适用保险人住所地法。（九）融资租赁合同，适用承租人住所地法。（十）建设工程合同，适用工程所在地法。（十一）仓储、保管合同，适用仓储、保管人住所地法。（十二）保证合同，适用保证人住所地法。（十三）委托合同，适用委托人住所地法。（十四）债券的发行、销售和转让合同，分别适用债券发行地法、债券销售地法和债券转让地法。（十五）拍卖合同，适用拍卖地法。（十六）行纪合同，适用行纪人住所地法。（十七）居间合同，适用居间人住所地法。如果上述合同明显与另一国家或者地区有更密切联系的，适用该另一国家或者地区的法律”。

如果涉外合同应当适用我国法律，而我国法律与我国缔结或参加的国际公约的规定不同的，按照《民法通则》第 142 条的规定，适用国际公约的规定，但我国声明保留的条款除外。如果我国法律和我国缔结或参加的国际公约均无规定，可以适用国际惯例。

此外，在应当适用的法律为外国法时，应当适用该外国的实体法，而不是冲突法。如果该外国法的适用违反我国法律的基本原则和我国的社会公共利益，则不予适用。在这种情况下，应当适用我国的法律。

第三，关于侵权行为损害赔偿的适用法律，《民法通则》第 146 条规定：“侵权行为的损害赔偿，适用侵权行为地法律。当事人双方国籍相同或者在同一国家有住所的，也可以适用当事人本国法律或者住所地法律。中华人民共和国法律不认为在中华人民共和国领域外发生的行为是侵权行为的，不作为侵权行为处理。”

（四）我国法院对外国法院判决的承认与执行

外国法院的判决只有经我国法院承认后，才能在我国境内得以执行。

我国《民事诉讼法》第 267 条规定：“外国法院作出的发生法律效力的判决、裁定，需要中华人民共和国人民法院承认和执行的，可以由当事人直接向中华人民共和国有管辖权的中级人民法院申请承认和执行，也可以由外国法院依照该国与中华人民共和国缔结或者参加的国际条约的规定，或者按照互惠原则，请求人民法院承认和执行。”

《民事诉讼法》第 268 条规定：“人民法院对申请或者请求承认和执行的外国法院作出的发生法律效力的判决、裁定，依照中华人民共和国缔结或者参加的国际条约，或者按照互惠原则进行审查后，认为不违反中华人民共和国法律的基本原则或者国家主权、安全、社会公共利益的，裁定承认其效力，需要执行的，发出执行令，依照本法的有关规定执行。违反中华人民共和国法律的基本原则或者国家主权、安全、社会公共利益的，不予承认和执行。”

可见,我国对外国法院判决的承认与执行所依据的主要原则有两个:一是我国缔结或者参加的国际条约中的有关规定,如我国与其他一些国家订立的司法互助协定中的规定;二是按照互惠原则进行审查,如我国法院认为该判决不违反我国法律的基本原则或者国家主权、安全、社会公共利益的,裁定承认其效力,需要执行的,发出执行令,按照我国民事诉讼法的有关规定执行。对于违反我国法律的基本原则或者国家主权、安全、社会公共利益的,不予承认与执行。

第四节 国际商事仲裁

某中外合资经营企业合同规定:"由于本合同和与本合同有关的争议,适用国际商会(ICC)国际仲裁院1998年仲裁规则在伦敦解决。"(1)上述合同中的仲裁条款是否为有效仲裁协议?依据是什么?(2)如果回答是肯定的,适用ICC规则在伦敦进行的仲裁属于机构仲裁还是临时仲裁?为什么?(3)假定仲裁庭对上述案件作出裁决,我国法院是否应当承认与执行该裁决?依据是什么?

一、国际商事仲裁概述

仲裁作为解决国际商事争议的一种手段,是随着国际贸易的发展而由商人们自发地创立起来的。作为国际商事仲裁起源之一的中世纪的商人习惯法,既不是由现代意义上的国家立法机关制定的,也不是法学家们的作品,而是商人们在长期的国际商事交易中发展起来的。而中世纪的商人习惯法在当时之所以具有普遍性,就是因为这些从事国际商事交易的商人们无论在英国伦敦,还是在德国科隆或意大利的威尼斯经商,都适用相同的商事惯例。

19世纪末,随着商事交易的发展和仲裁解决争议的普遍采用,仲裁逐步发展成为解决争议的一项国内法上的制度。当世界进入20世纪以来,特别是第二次世界大战后,随着科学技术的进步和国际经济贸易的迅速发展,仲裁解决国际商事争议已经得到各国法律的普遍认可。各国间承认与执行在他国作出的仲裁裁决的国际义务,已经固定在1958年《承认与执行外国仲裁裁决公约》(以下简称《纽约公约》)①中。通过仲裁解决国际商事争议,已经成为国际商人们首先选择的并最受欢迎的解决争议的方法。

国际商事仲裁包括的主要内容包括国际商事仲裁概论、国际商事仲裁协议、仲裁庭及其管辖权限、仲裁程序、仲裁裁决及其承认与执行等问题。现结合我国有关国际商事仲裁立法与实践,对国际商事仲裁涉及的主要问题作一概述。

(一)国际商事仲裁的概念和法律特征

对于何谓国际商事仲裁,法国《民事诉讼法典》第1492条作了原则性的界定:"如果包含国际商事利益,仲裁就是国际性的。"这里"国际商事利益"的含义显然是极为广泛的。按照

---

① 截至2018年6月,已经有159个缔约国。具体国家可参见 http://www.uncitral.org/。

国际私法以涉外民商事关系为其调整对象的基本理论,对一国而言,凡是仲裁协议的一方或双方为外国人、无国籍人或其他外国企业或实体,或者仲裁协议订立时双方当事人的住所或营业地位于不同的国家;或者即便仲裁协议双方当事人的住所或营业地位于相同的国家,但如果仲裁地点位于该国境外,或者仲裁协议中所涉及的商事关系的设立、变更或终止的法律事实发生在国外;或者争议标的位于该国境外者,均可视为国际商事仲裁。

国际商事仲裁主要具有以下几个方面的特征:

(1)它是一种自愿解决争议的方法。当事人之间约定的通过仲裁方式解决他们之间已经发生的或将来可能发生的争议的仲裁协议,是通过仲裁解决争议的基本前提。如无此项协议,就不可能有仲裁的发生。这一特点与 ADR 是相同的。

(2)仲裁解决争议具有较大的灵活性。当事人可就由谁来仲裁,仲裁适用的规则和法律,仲裁地点、仲裁所使用的语言及仲裁费用的承担等作出约定。除非当事双方另有约定,仲裁一般均采用不公开审理的方法,这样,当事人的商业信誉和商业秘密就有可能得到较好的保护。而在司法诉讼中,各国法院只适用本国的诉讼程序法,当事人一般不能自由地选择审理争议的法官,并且要严格地按照诉讼程序法的规定审理案件。

(3)仲裁裁决具有与法院判决相同的法律效力。然而,与法院判决相比,仲裁裁决如需在外国执行时,则具有更大的优势。因为世界上一百多个国家均是《纽约公约》的缔约国。据此公约,缔约国有义务承认与执行在另一国境内作出的仲裁裁决,除非裁决有公约规定的拒绝承认与执行的理由。而一国法院作出的判决在另一国执行时,由于各国在政治、经济、文化和意识形态等方面的差异,本国法院往往对外国法院的判决采取不信任的态度,而目前又缺乏相互承认与执行法院判决的普遍性的国际公约,所以在执行时内国法院在对该外国法院判决的审查上,往往附有非常苛刻的条件。

可见,仲裁既不同于 ADR,也有别于司法诉讼,但与这两者又有某些相同之处,是介乎于这两者之间的解决争议的方法。仲裁既具有 ADR 自愿解决争议的特点,又与之不同,因为 ADR 达成的解决争议的方案本身不具有法律上可强制执行的效力。仲裁裁决具有与法院判决相同的可强制执行的效力,但它又与司法诉讼有着重要的区别,主要是在程序上的灵活性。当事人可以选择仲裁所适用的法律和规则,以及审理案件的“法官”(仲裁员),而在司法诉讼中当事人一般不得对这些事项作出选择。

正是由于仲裁所具备的上述特点,它才成为解决国际合同争议的首要方法。绝大多数国际合同中均含有通过仲裁解决争议的条款——仲裁条款。许多国家之间订立的双边或多边国际公约或协定,一般也含有通过仲裁解决争议的条款。①

(二)国际商事仲裁的种类

按照国际商事仲裁协议主体的法律地位的不同,可分为不同国家的国民之间的商事仲

① 如国家之间订立的贸易协定、投资保护协定,避免双重征税协定等双边协定,以及世界银行主持制定的《关于建立多边投资担保机构公约》等多边国际公约。

裁、国家与他国国民之间的商事仲裁、国家之间的商事争议仲裁。在国际商事仲裁实践中，国际商事仲裁主要指不同国家的国民之间在国际商事交易中将发生的争议提交仲裁解决的情况。当然，在后两种情况下，当事人之间在订有仲裁协议的情况下，也可以通过仲裁的方式解决。

根据审理国际商事争议的仲裁机构是否具有固定的名称、章程和办公地点，可以分为临时仲裁机构和常设仲裁机构。

临时仲裁机构是指根据当事人之间的仲裁协议而临时设立的审理该特定案件的机构，即事实上的仲裁庭。当案件审理终结并作出仲裁裁决后，该仲裁机构即行解散。

常设仲裁机构指依据国际公约或一国国内法设立的审理国际商事仲裁案件的机构。前者如解决投资争议国际中心，后者如中国国际经济贸易仲裁委员会、美国仲裁协会等。这些机构均有其特定的名称、章程和固定的办公地点，多数还有其仲裁规则，许多还有专门供当事人选择的仲裁员名册。在国际商事仲裁实践上，一些重大的仲裁案件，一般均由这类仲裁机构仲裁解决。即便在临时仲裁的情况下，当事人一般也可以请求这类仲裁机构提供某些管理方面的服务，如代为指定仲裁员等。这类仲裁机构一般都比较规范，且有专门的秘书处实施管理方面的工作，包括确认收到并转交仲裁申请书和答辩状，按规定收取仲裁费，协助组成仲裁庭，安排开庭等事项，并提供记录、翻译等方面的服务。此外，根据常设仲裁机构的性质的不同，还可以分为国际性、区域性和行业性仲裁机构，一些国家还设立了专门审理国际商事案件的仲裁机构，如伦敦国际仲裁院、中国国际经济贸易仲裁委员会、中国海事仲裁委员会等。

此外，根据参与仲裁的当事人的人数，可以分为在双方当事人之间进行的仲裁和多方当事人之间的仲裁等。

（三）调整国际商事仲裁的法律规则

在国际商事仲裁立法与实践上，调整国际商事仲裁关系的法律规则主要包括国际立法与国内立法。前者主要包括相关的国际公约和相关国际立法文件，后者主要包括各国调整国际商事仲裁的国内法。

1. 国际立法文件

在世界范围内最有影响的国际公约是《纽约公约》，该公约由联合国主持制定，于1958年在纽约召开的联合国国际商事仲裁会议上通过。

《纽约公约》的主要规定是：(1) 各缔约国应当承认当事各方所签订或在互换函电中所载明的合同中的仲裁条款或仲裁协议的效力；(2) 除公约规定的拒绝承认与执行外国仲裁裁决的情况外，各缔约国应当承认与执行该项在外国作出的仲裁裁决；(3) 公约规定了各国可以拒绝承认与执行的外国仲裁裁决的各项条件。被申请人提供证据证明有下列情况之一的，执行地法院可以拒绝承认与执行仲裁裁决。这些情况包括：仲裁协议无效；仲裁程序不当；裁决超出了仲裁协议规定的范围；仲裁庭的组成或仲裁程序与仲裁协议或仲裁地的法律不符；裁决在裁决地国或依裁决应当适用的法律对当事人尚无拘束力，或已被上述国家的主管机关撤销。此外,如果被请求承认与执行该裁决的国家的主管机关认为,争议事项依该国法律为不能通过仲裁解决的事项,或者承认与执行该仲裁裁决与执行地的公共政策相抵触的,也可拒绝承认与执行该外国裁决。

国际经济贸易领域另一个影响较大的国际公约是通过仲裁方式解决东道国政府与外国投资者之间由于在东道国投资而产生的争议的公约,即《解决国家与他国国民之间投资争议公约》。①

除了上述两个普遍性的国际公约外,还有一些地区性的国际公约。如由联合国欧洲经济委员会主持制定、1961 年由欧洲各国签署的《欧洲国际商事仲裁公约》,由美洲国家组织主持制定、1975 年在巴拿马城召开的国际私法特别会议上通过的《美洲国家商事仲裁公约》(简称《巴拿马公约》)。这两个公约均就其适用范围、仲裁协议的效力、仲裁庭的组成、仲裁规则的适用、仲裁裁决的效力及其承认与执行等作了规定。这两个公约的缔约国,一般均为《纽约公约》的缔约国。

此外,由联合国国际贸易法委员会制定的《国际商事仲裁示范法》,则成为调整国际商事仲裁的重要立法文件。该示范法本身没有法律上的拘束力,其制定的目的并非要求各国共同加入,而是为各国国际商事仲裁立法提供参照,供各国立法机关单方面采纳为调整国际商事仲裁关系的国内法,国内立法机关在采纳该示范法时,还可以结合本国的具体情况作出这样或者那样的修订。目前,该示范法已经为包括我国香港和澳门特别行政区在内的几十个国家和地区采纳为当地的国际商事仲裁法。

2. 国内仲裁立法文件

(1) 国内仲裁立法。各国有关仲裁的立法均调整国际商事仲裁,这些仲裁立法或者表现在这些国家的民事诉讼法中,如《德国民事诉讼法》《日本民事诉讼法》《法国民事诉讼法》等;还有一些国家制定了专门的仲裁法,如美国 1926 年《联邦仲裁法》、英国 1996 年《仲裁法》。这些仲裁法,既调整国内仲裁,也调整国际仲裁。还有一些国家专门制定了调整国际商事仲裁的法律或法规,如埃及于 1988 年制定的《埃及国际商事仲裁法案》。还有一些国家根据联合国贸法会主持制定的 1985 年《国际商事仲裁示范法》制定了本国的国际商事仲裁法,如《俄罗斯国际商事仲裁法》《保加利亚国际商事仲裁法》等。所有这些有关仲裁的法律或法规,均就有关仲裁涉及的各种事项,包括仲裁协议的效力和仲裁庭的管辖权、仲裁庭的组成、仲裁员的指定、仲裁程序的进行、仲裁裁决的作出及其补救办法、仲裁裁决的效力及其承认与执行等事项作了规定。

我国调整国际仲裁的国内立法主要表现在我国《仲裁法》和《民事诉讼法》中。其中《仲裁法》第七章就我国的涉外仲裁作了专门规定,包括涉外仲裁机构的组成、仲裁员的聘任、保全措施、涉外仲裁裁决的撤销和承认与执行问题等作了专门规定。《民事诉讼法》第二十六章的规定也是专门针对国际经济贸易、运输和海事争议的仲裁的,主要内容包括:当事人之

---

① 关于《解决国家与他国国民之间投资争议公约》,我们将在本章第六节中作专门阐述。

间订有将他们之间的争议提交仲裁解决的仲裁协议时，不得向法院起诉。申请强制执行涉外仲裁裁决的法院及不予执行此项仲裁裁决的条件等。

（2）调整国际商事仲裁案件适用的仲裁规则。国际商事交易中的当事人在他们之间订立的仲裁协议中所约定的通过仲裁方式解决争议应当适用的仲裁规则，在如何通过仲裁方式解决争议方面，发挥着重要的作用。

在国际商事仲裁实践上，一般常设仲裁机构，均有自己的仲裁规则。当事人在将争议提交他们在仲裁协议中约定的仲裁机构时，如无相反的约定，就意味着适用该机构的仲裁规则。有些仲裁机构的规则对此还作出了专门规定。例如，1992 年 1 月 1 日起实施的《日内瓦商工会仲裁规则》第 1 条第 1 款即规定："一旦当事人同意将争议提交商工会进行仲裁，本规则将适用。"

为了解决临时仲裁机构无专门仲裁规则的情况，联合国贸法会组织了来自各不同法律制度下的专家，制定并公布了 1976 年《仲裁规则》，该规则于 2010 年进行了修订。四十多年来的实践证明，此项规则不仅被广泛地应用于临时仲裁，世界上许多常设仲裁机构的仲裁规则，也是参照此规则制定的。此外，包括中国国际经济贸易仲裁委员会在内的绝大多数仲裁机构，均允许当事人选择适用联合国贸法会的仲裁规则，并应当事人的请求对依此规则进行的仲裁程序实施管理。该仲裁规则的特点是：第一，这些仲裁规则只对特定的当事人，即选择适用某一特定规则的当事人有拘束力；第二，这些仲裁规则的适用不得与进行仲裁应当适用的法律相抵触。如果这些规则的适用与仲裁应当适用的法律发生抵触，则此类规则应当服从法律中的有关规定。例如，联合国贸法会制定的《仲裁规则》第 1 条第 2 款规定："仲裁应受本规则支配，但本规则的任何规定如与双方当事人必须遵守的适用于仲裁的法律规定相抵触时，应服从法律的规定。"

二、国际商事仲裁协议

（一）国际商事仲裁协议的概念和特征

国际商事仲裁协议是指当事各方同意将他们之间已经发生的或将来可能发生的争议提交仲裁解决的协议。

概括起来，国际商事仲裁协议具有以下几个方面的法律特征：（1）它是特定的法律关系中的当事人之间同意将他们之间的争议提交仲裁解决的共同的意思表示，而不是一方当事人的意思表示。而这种特定的法律关系，既包括由于国际货物买卖、运输、保险、支付、投资、技术转让等方面的契约性法律关系，也包括由于海上船舶碰撞、产品责任、医疗和交通事故等侵权行为等非契约性的法律关系。（2）仲裁协议是使某一特定的仲裁机构取得对协议项下的案件的管辖权的依据，同时也是排除法院对该特定案件实施管辖的主要的抗辩理由。《纽约公约》第 2 条第 3 款规定："当事人就诉讼事项订有本条所称之仲裁协议者，缔约国法院受理诉讼时应依当事人一方之请求，令当事人提交仲裁，但仲裁协议经法院认定无效、失效或者不能施行者，不在此限。"此外，1987 年《阿拉伯商事仲裁公约》第 27 条、《国际商事仲裁示范法》第 8 条第 1 款等,均有类似规定。(3)一项有效的仲裁协议,是仲裁裁决得以承认与执行的基本前提。对于仲裁庭作出的仲裁裁决,如果败诉一方未能自动执行,另一方当事人可请求法院强制执行此项裁决。但法院在执行此项裁决时,如果认定该项裁决根据无效的仲裁协议作出,按照《纽约公约》第 5 条第 1 款的规定,被请求执行该裁决的法院也会拒绝承认与执行此项裁决。

(二)国际商事仲裁协议的表现方式及其主要内容

1. 国际商事仲裁协议的表现方式

国际商事仲裁协议有两种表现形式:合同中的仲裁条款和专门的仲裁协议书。

合同中的仲裁条款,是合同双方当事人在争议发生之前订立的将合同执行过程中可能发生的争议提交仲裁解决的协议。其特点是:第一,它是当事人之间在争议发生之前所达成将争议提交仲裁解决的约定;第二,它不是一个独立的文件,而是主合同中的一个条款。

仲裁协议书,是指当事人之间订立的将已经发生的争议提交仲裁解决的协议。它也有两个特点:第一,它是当事人之间在争议发生之后所达成将争议提交仲裁解决的约定;第二,它是一个独立的文件,是将特定的争议提交仲裁解决的单独的一项协议。

2. 国际商事仲裁协议的主要内容

无论是合同中的仲裁条款,还是当事人之间就已经发生的争议订立的单独的仲裁协议书,都必须包括如下内容:(1)将争议提交仲裁解决的意思表示,即双方当事人同意将争议通过仲裁的方式,而不是通过司法诉讼的方法解决的约定。这是仲裁协议最为重要的内容。如无此项约定,便不可能有仲裁的发生。(2)提交仲裁的事项,即将什么样的争议提交仲裁解决。这是对仲裁庭的管辖权作出界定的依据。如果仲裁庭裁决的事项超出了该项协议的范围,则超出协议规定的范围的事项所作的裁决就不能得到法院的承认与执行。(3)仲裁庭的组成方法或仲裁机构的名称。而这里的负责解决争议的仲裁庭,可以是临时仲裁庭,也可以是常设仲裁机构项下的仲裁庭。此外,当事人还可以就其他与仲裁有关的事项作出约定,如仲裁地点、仲裁应当适用的规则等。

(三)国际商事仲裁协议的效力及其认定

尽管各国法律对仲裁协议的效力应当具备的条件规定各异,但一般而言,一项有效的仲裁协议,至少应当具备以下条件:(1)仲裁协议必须是双方当事人真实的意思表示,而不是一方当事人通过欺诈的方式强迫另一方当事人接受此项协议的产物。(2)订立协议的双方当事人依照应当适用的法律,必须具有合法的资格和能力。如果当事人依据应当适用的法律为无行为能力者,仲裁协议无效。(3)仲裁协议的内容应当合法,即当事人约定的仲裁事项必须是按照有关国家的法律可以通过仲裁方式解决的事项。这些法律一般为裁决地法或裁决执行地国的法律。此外,协议的内容也不得违反仲裁地国或裁决地国的法律中有关强制性的规定。不得与这些国家的公共政策相抵触。(4)仲裁协议的形式必须合法,按照《纽约公约》第 2 条、联合国贸法会《国际商事仲裁示范法》第 7 条第 2 款的规定,仲裁协议必须采用书面形式。

在国际商事仲裁立法与实践上，法院和仲裁庭均有权对某一特定仲裁协议的有效性作出认定。法院或者仲裁庭在对国际商事仲裁协议的效力作出决定时考虑的主要因素是：一方面取决于该特定的仲裁协议应当适用的法律；另一方面，仲裁协议本身不得违反裁决地国或裁决执行地国法律中有关强制性的规定，如涉及可仲裁事项的问题、当地的社会公共利益等问题的规定。

（四）仲裁条款的独立性

仲裁条款是主合同的一个条款时，如果主合同为无效合同，该合同中的仲裁条款是否也随之无效？根据现代国际商事仲裁立法与实践，尽管仲裁条款是合同中的一个条款，合同的无效、失效或者不能履行并不自动地导致该合同的仲裁条款无效，仲裁条款可以独立于它所依据的主合同而独立存在。

英国法院最早在海曼诉达文斯（Heyman v. Darwins）一案中确立了仲裁条款可独立于它所依据的合同而存在。在该案中，达文斯是英国一家钢铁制造商，它与营业地在纽约的海曼订立了独家代理合同，合同中含有措辞广泛的仲裁条款："由本合同产生的争议应通过仲裁解决。"后来，达文斯拒绝履行合同，双方发生争议。于是，海曼将此争议诉诸法院，指控达文斯违约。达文斯则请求法院中止对该案的审理，并裁定将此争议按照合同中的规定提交仲裁解决。本案初审法官麦克米兰驳回了被告达文斯的请求。该法官认为："如果合同从来就不存在，那么作为合同一部分的仲裁协议也不存在。因为大合同中包含着小协议。"即如果主合同无效，作为该合同一部分的仲裁条款也随之无效。但上议院认为，该合同中的仲裁条款可以独立于它所依据的合同而存在。①

此后，法国最高法院于 1963 年 5 月 7 日在 Societe Gosset v. Societe Carapelli 一案的判决②中，美国最高法院 1967 年对 Prima Paint v. Flood & Conklin Manufacturing Co. 一案的判决③中，均确立了仲裁条款可独立于它所依据的合同存在的原则，即便一方当事人称合同是通过欺诈的方式订立或合同无效时亦然。目前，仲裁条款独立原则已经被包括我国在内的许多国家通过法律的形式固定下来。

我国《仲裁法》第 19 条规定："仲裁协议独立存在，合同的变更、解除、终止或者无效，不影响仲裁协议的效力。"我国《合同法》第 57 条对此原则的规定更加明确："合同无效、被撤销或者终止的，不影响合同中独立存在的有关解决争议方法的条款的效力。"

三、仲裁庭及其管辖权限

仲裁庭是仲裁案件的直接审理者，无论是在临时仲裁，还是机构仲裁中都是如此。特别是在机构仲裁中，常设仲裁机构的主要工作是在行政管理方面，而不是对具体案件的审理。

---

① ［英］施米托夫著：《国际贸易法文选》，赵秀文译，中国大百科全书出版社 1993 年版，第 644 ~ 645 页。

② *Fordham International Journal*, Vol. 17, 1994, p. 599.

③ 赵秀文：《论仲裁条款独立原则》，载《法学研究》1997 年第 4 期，第 69 页。

（一）仲裁庭的组成

根据组成仲裁庭的仲裁员人数的不同，可以分为由一位仲裁员组成的独任仲裁庭、由两位仲裁员组成的二人仲裁庭和由三人或三人以上的仲裁员组成的仲裁庭。在国际商事仲裁实践上，其中常见的仲裁庭是独任仲裁庭和由三位仲裁员组成的仲裁庭。

在国际商事仲裁实践上，由两名仲裁员组成仲裁庭的情况并不多见。但在一些行业和国家，这种情况是存在的，如在航运市场上的某些标准合同中就有这样的条款。一些格式租船合同中的 Baltime Arbitration Clause 就是这样规定的："由于本租船合同而产生的争议交由伦敦（或者当事人约定的其他地点）仲裁解决。由船东指定一名仲裁员，另一名仲裁员由租船人指定。如果这两名仲裁员不能就仲裁裁决达成一致，争议交由他们共同指定的公断人（umpire）裁定。仲裁员或公断人的裁决是终局的，对当事双方均有拘束力。"

英国 1996 年《仲裁法》第 22 条第 1 款也就由两名仲裁员组成仲裁庭的情况作了规定："在当事人同意设两名或两名以上仲裁员但无首席仲裁员或公断人的情况下，当事人可自由约定仲裁庭如何作出决定、命令和裁决。"此项规定包括了由两名仲裁员组成的仲裁庭的情况。在实践上，如果这两名仲裁员在解决当事人提交的争议时达成一致，就可作出仲裁裁决。在他们不能就此争议达成一致时，才由他们共同指定的公断人主持对该案件的审理。在这种情况下，原来由双方指定的仲裁员事实上则充当了为他们各自被指定的当事人充当辩护人（advocate）的角色，而仲裁裁决由公断人自行作出。此时的公断人，则相当于独任仲裁员的角色。

（二）仲裁员的资格

在解决国际商事争议的实践上，被指定为仲裁员的一般都是为当事人所信赖并能够对争议的是非曲直作出独立判断的人。因此，各国法律允许当事人在他们之间的仲裁协议中对仲裁员的资格作出约定。而法律本身对此一般没有严格的限制，凡是具有完全行为能力的人，包括本国人和外国人，都可以被指定为仲裁员。例如，荷兰 1986 年《民事诉讼法》第 1023 条规定："任何有法律行为能力的自然人均可被指定为仲裁员。除非当事人另有约定，任何人不应由于其国籍的原因而妨碍指定。"有些国家的法律还对没有资格担任仲裁员的人作了规定。例如，意大利《民事诉讼法典》第 812 条除对"仲裁员可以是意大利或他国国民"作了规定外，还另外规定了限制："未成年人、无法律行为能力人、破产者及被开除公职的人，不能担任仲裁员。"有的国家的法律还规定国家法官在任职期间不得接受指定作为仲裁员。[①]

我国《仲裁法》第 13 条对仲裁员的资格作了比较严格的限制。作为国际商事仲裁的一般原则，仲裁员不得与他所审理的案件有直接的利害关系，否则将影响他对所审理的案件作出独立、公正的审理。至于法官能否作为仲裁员，各国的做法不一。有的国家如奥地利明文规定法官不能作为仲裁员，但许多国家并无此规定。我国仲裁法对此没有规定，只是规定有 8 年法官经验者才能有资格做仲裁员。许多仲裁委员会也聘任了一些法官作为仲裁员。2004 年 7 月 13 日，最高人民法院发出通知，为了保护诉讼当事人的合法权益，现任法官不得

---

① 如奥地利《民事诉讼法典》第 578 条、波兰《民事诉讼法》第 699 条第 2 款的规定。

再担任仲裁员，因为这样做超出了法官的权限范围，不利于维护司法公正。已经被聘为相关仲裁委员会仲裁院的现任法官，要求自通知发出之日起 1 个月内解除与仲裁委员会的聘任关系。最高人民法院的这一措施，有利于维护法院的形象，有利于法官履行好自己的职责，维护司法公正。①

（三）仲裁庭的管辖权

仲裁管辖原则是指仲裁庭有权对仲裁协议的有效性及其管辖权作出决定。

在国际商事仲裁实践上，仲裁管辖的主要依据是当事人之间存在着将他们之间也已发生的争议通过仲裁解决的有效的仲裁协议。因此，从某种意义上说，仲裁管辖与仲裁协议的有效性问题是一个问题的两个方面：根据有效的仲裁协议，仲裁庭就可获得管辖权；而根据无效的仲裁协议就不能获得此项管辖权。仲裁管辖的原则的核心内容是：仲裁庭能否对它自己的管辖权，包括仲裁协议的存在和效力的异议作出决定。

在国际商事交易中，往往有这样的情况发生：当仲裁协议项下的争议发生后，一方当事人将争议提交仲裁解决，而另一方则对仲裁庭的管辖权及仲裁协议的有效性提出异议。在这种情况下，仲裁庭能否就其管辖权及仲裁协议的效力作出决定，是仲裁（庭）面临的首要问题。这个问题不解决，仲裁程序就无法进行。按照各国的仲裁立法与实践，如果一方当事人采用欺诈的手段使对方与其订立仲裁协议，或者一方当事人不具备订立此项协议的行为能力，都会导致仲裁协议的无效，而根据无效的仲裁协议，仲裁庭是不能取得管辖权的。在另外一些情况下，一方当事人将争议提交仲裁，而另一方当事人将此同样的争议提交法院，而对方当事人在仲裁程序或诉讼程序开始后均对仲裁或法院的管辖权提出异议，在各国关于国际商事仲裁的立法与实践上，仲裁庭和法院均有权决定仲裁庭的管辖权。按照《国际商事仲裁示范法》第 16 条第 2 款规定，如果仲裁庭对其管辖权作出了初步的裁定，当事任何一方均可在收到此项裁定后 30 天内请求法院作出决定，而法院的决定不允许上诉。

四、仲裁程序

（一）仲裁程序的主要内容

仲裁程序是指如何通过仲裁的方式解决当事人之间争议的程序。在国际商事仲裁实践中，仲裁程序主要包括以下内容：仲裁申请与答辩；仲裁庭的组成；仲裁案件的审理、仲裁裁决的作出等。

1. 仲裁申请与答辩

当事人就其仲裁协议项下的事项发生争议，如果他们不能自行解决，任何一方均可依据

---

① 最高人民法院《关于现职法官不得担任仲裁员的通知》规定：根据《中华人民共和国法官法》《中华人民共和国仲裁法》的有关规定，法官担任仲裁员，从事案件的仲裁工作，不符合有关法律规定，超出了人民法院和法官的职权范围，不利于依法公正保护诉讼当事人的合法权益。因此，法官不得担任仲裁员；已经被仲裁委员会聘任，担任仲裁员的法官应当在本通知下发后一个月内辞去仲裁员职务，解除聘任关系。根据此通知，至迟自 2004 年 8 月 13 日起我国法官不得再担任仲裁员，这一规定有利于保持仲裁的中立与公正。

他们之间业已订立的仲裁协议，将该争议提交仲裁解决。率先提出仲裁的一方为仲裁申请人，一般而言，仲裁申请书应当包括以下内容：(1) 申请人和被申请人的姓名和地址；(2) 仲裁请求及其所依据的仲裁协议；(3) 仲裁请求所依据的事实和理由等。

被申请人对于申请人提出的仲裁请求，应当在仲裁规则规定的期间内提出答辩，如有反诉，也应当在此期间提出。反诉请求和答辩也应当说明反诉请求及其所依据的理由、证据等。

2. 仲裁庭的组成

仲裁庭根据所适用的仲裁规则有一名独任仲裁员组成独任仲裁庭，或者由三名仲裁员组成仲裁庭。在由三名仲裁员组成仲裁庭的情况下，争议各方各指定一名仲裁员，第三名仲裁员（即首席仲裁员）由双方当事人共同指定或者他们共同约定的第三者指定。

3. 仲裁审理

仲裁审理的主要目的是查明争议的事实，进而明确双方当事人对争议事项应当承担的责任。

按照一般仲裁规则的规定，仲裁审理通常采用开庭审理的方式，给双方当事人充分的机会陈述其各自的意见。有些案情比较简单的案件，仲裁庭也可以决定不开庭审理，仅进行书面审理。但无论是开庭审理，还是书面审理，均应当给双方当事人充分的表达其各自意见的机会。如果仲裁庭没有给当事人或其代理人表达其各自意见的合理的机会，由此作出的裁决在执行的过程中就可能遇到麻烦。例如，中国内地公司与中国香港公司之间就买卖合同项下的货物质量问题发生争议，双方对产品的质量问题究竟是在生产过程中还是在运输和不当储藏中产生的各执一词，双方都聘请了专家出庭作证。为了查明争议的事实，仲裁庭聘任了独立的专家组进行鉴定，当专家组鉴定出来后，港方当事人的代理人要求对该专家组的鉴定进行评论，但是仲裁庭在该方当事人对专家鉴定作出评论之前就签发了仲裁裁决，裁决内地方当事人胜诉。香港一方当事人拒绝执行该裁决，于是内地方当事人不得不到被申请人所在地香港法院申请执行，被申请人向法院提出证据证明仲裁庭未能遵守正当程序规则，即被申请人没有得到对专家组鉴定作出评论的证据后，请求法院拒绝承认与执行该裁决。香港法院根据《纽约公约》第5条第1款第3项的规定，支持了被申请人的主张，拒绝承认与执行中国国际经济贸易仲裁委员会仲裁裁决。[①]

4. 仲裁裁决

仲裁程序以仲裁庭作出仲裁裁决而告终。根据多数仲裁规则的规定，仲裁裁决根据多数仲裁员的意见作出，裁决应当采用书面形式，并应当附具理由。经仲裁员签字后向当事双方送达。在合议仲裁庭的情况下，如果三名仲裁员不能形成多数意见，则以首席仲裁员的意见为仲裁裁决。

---

① United Kingdom, High Court of Kong Kong, Kong Kong Law Reports 40, Vol. 2, 1993.

（二）仲裁规则及其适用

仲裁程序规则是指各仲裁机构、各有关组织或团体、仲裁协议的当事人约定的或仲裁庭决定的关于如何进行仲裁所遵循的程序规则，它们本身没有法律上的拘束力。然而，它们具有契约的性质，即一旦被仲裁协议的当事人采纳，就在这些当事人之间产生了拘束力，其前提条件是不违背有关国家的仲裁法中的强制性的规定。

在国际商事仲裁实践上，特别是在机构仲裁的情况下，当事人选择将争议提交特定的仲裁机构仲裁，就意味着适用该机构的仲裁规则，除非当事各方另有约定。许多仲裁机构的仲裁规则也有类似规定。例如，1998 年伦敦国际仲裁院《仲裁规则》第 1 条规定："任何载有或提及按本院仲裁规则或由仲裁院仲裁的任何书面协议或约定，视为当事人同意按本规则或在此之后修订的规则，但须在仲裁开始前已经生效。"美国仲裁协会 1997 年《仲裁规则》第 1 条第 1 款也有类似规定。此外，包括联合国贸法会制定的仲裁规则在内的许多仲裁规则都规定，当事人在仲裁协议中约定适用特定的仲裁规则时，也可对所适用的规则加以修订。具体措辞为"除非当事各方另有约定"。这是由仲裁的契约性质决定的，而仲裁规则本身也在某种程度上具有此项性质，因为只有当事人在仲裁协议中约定适用某一规则时，该特定的规则才对同意适用该规则的当事人有拘束力。

仲裁规则适用的另一个特点，是该规则的适用不得违反或规避仲裁应当适用的法律所规定的当事人必须遵守的各项规定。否则，仲裁裁决在请求法院强制执行时就可能遇到麻烦。例如，由联合国贸法会制定的仲裁规则第 1 条第 2 款规定："仲裁应受本规则支配，但本规则的任何规定如与双方当事人必须遵守的适用于仲裁的法律规定相抵触时，应服从法律的规定。"而这里所说的法律，无疑就是仲裁应当适用的法律，即进行仲裁应当适用的有关国家的仲裁法。通常情况下为仲裁地所在国的仲裁法。

综上所述，仲裁规则适用的特点是：第一，它是选择性的，只有当事人选择适用了某一特定的规则，该规则才能对选择适用的当事人有拘束力。第二，当事人所选择适用的仲裁规则不得与应当适用的仲裁法的规定相抵触。

（三）仲裁程序法及其适用范围

仲裁程序法是规范如何进行仲裁的法律规范的总称。具体表现为一国立法机关制定的调整国际商事仲裁的法律。尽管各国有关仲裁法的法律繁简不一，名称各异，但一般都就可仲裁的事项、仲裁协议及其效力、仲裁员的指定、仲裁庭的组成及其管辖、仲裁程序、仲裁裁决及其承认与执行等问题作出规定。

按照国际法上的国家主权和地域原则以及国际私法上的"场所支配行为"的原则，在一国进行的仲裁，该国的仲裁法理所当然地应当予以适用。即便是现代各国的仲裁法，也是如此。例如，1998 年德国的仲裁立法，即《德国民事诉讼法》第1025条规定："德国的仲裁立法适用于在德国进行的仲裁。"1997 年《英国仲裁法》第 2 条第 1 款规定："有关仲裁程序的事项，适用于在英格兰、苏格兰和威尔士进行的仲裁。"从法学基本理论看，一国颁布的法律在该国境内的效力，是不言而喻的。各国的仲裁法适用于在该国进行的仲裁，也符合国际法的国家主权原则。

由于仲裁是当事人之间达成的自愿解决争议的方法,在国际商事仲裁立法与实践中,当事人不仅可以就解决争议实体问题的适用法律作出选择,他们也可以就仲裁程序法作出选择,即在一国仲裁,选择适用另外一个国家的仲裁程序法。

五、仲裁裁决及其承认与执行

(一)仲裁裁决的效力

仲裁裁决是仲裁庭就当事人提交仲裁解决的事项作出的决定,此项决定无论在仲裁程序进行中的哪一阶段作出,对争议各方均有拘束力。

在仲裁程序开始后,如果一方当事人对仲裁庭的管辖权提出异议,在此情况下,仲裁庭如果不解决管辖权的问题,仲裁程序就无法继续进行。为了确定仲裁庭对其所审理的案件的管辖权,仲裁庭可就其管辖权问题作出先决裁决(preliminary award)。根据《国际商事仲裁示范法》第16条第3款的规定,当事任何一方可在收到此项裁决后30天内就此决定向有管辖权的法院提出申诉,请求法院对此作出决定。法院的决定是终局的,不允许上诉。而仲裁庭在等待法院作出决定的同时,可以继续进行仲裁程序。

在仲裁程序进行的过程中,仲裁庭还可就当事人提出的某些请求事项作出中间裁决或部分裁决(interim,interlocutory or partial award)。这些裁决所涉及的或者是需要立即处理的不易保存的物品,或者是当事人之间不存在争议的部分所作的裁决。这些裁决均构成最终裁决(final award)的一部分。

仲裁程序以仲裁庭作出最终裁决而告终。而最终裁决是就当事人所提交的所有事项作出的裁决,包括中间裁决和部分裁决。如果当事人已经就仲裁庭在仲裁程序中作出的中间裁决或部分裁决履行完毕,最终裁决可以不提及那些争议已经得到解决的事项。如上述裁决尚未履行,仲裁庭则应在最终裁决中特别提及其在仲裁程序中作出的中间裁决或部分裁决构成最终裁决的一部分。

当仲裁程序结束后,如果仲裁庭在裁决中漏裁了当事人的请求中的某些事项,在应予适用的法律或仲裁规则规定的期限内,无论是当事人提出请求,还是仲裁庭自行发现的,仲裁庭如果认为情况属实,可就这些漏裁的事项作出追加裁决(additional award)。

这里需要强调的是,无论裁决在仲裁程序的哪一个阶段作出,均对当事各方具有法律上的拘束力,其法律效力是相同的。除法律规定的补救办法外,均可得到法院的执行。

根据国际商事仲裁立法与实践,仲裁裁决应当采用书面形式,并附具裁决所依据的理由。按照许多国家的仲裁法和仲裁规则的规定,在由三位仲裁员组成仲裁庭的情况下,如果他们就裁决的内容不能达成一致,裁决应当根据多数仲裁员的意见作出。如果不能形成多数意见,则按首席仲裁员的意见作出。我国《仲裁法》第53条也是这样规定的。

如果在仲裁程序中争议各方就他们之间的争议事项达成和解,仲裁庭可根据当事人之间的和解协议作出裁决。在此种情况下,一般可以不附具裁决所依据的理由。

裁决应当由同意该裁决书内容的仲裁员签署。仲裁员的不同意见可记入笔录。并写明裁决书作出的时间和地点,因为裁决书自该裁决书中所记载的日期起生效。如果一方当事人欲对此裁决寻求法律上的救济,则一般应当诉诸裁决地所在国的法院。

(二)仲裁裁决的撤销及其承认与执行

从理论上说,裁决一经作出,即对当事人具有法律上的拘束力。如果一方当事人不自动履行,另一方当事人可请求法院强制执行。但按照各有关国家的仲裁立法与实践,如果裁决存在着法律规定的可以撤销的理由,当事人则可在法律规定的期限内,向对此有管辖权的法院申请撤销该仲裁裁决。

按照《国际商事仲裁示范法》第 34 条的规定,当事人申请撤销仲裁裁决应当在收到裁决书之日起 3 个月内提出。申请人申请撤销仲裁裁决应当有法律规定的理由,并应提供证据证明这些理由。该示范法规定的可撤销仲裁裁决的理由,归纳起来,主要有以下四种情况:

1. 仲裁裁决所依据的仲裁协议无效

包括订立仲裁协议的任何一方当事人根据应当适用于他们的法律为无行为能力者,或者仲裁协议本身根据当事人所同意适用的法律为无效协议。当事人如未能就此应当适用的法律作出约定,按照裁决地国的法律为无效仲裁协议。

2. 仲裁程序不当

即未能将有关指定仲裁员或进行仲裁程序的事项向当事人发出适当通知,或者由于其他原因未能给当事人表达其对争议事项的意见的机会。

3. 仲裁庭越权

即仲裁庭裁决的事项超出了当事人在仲裁协议中规定的事项。如仲裁协议规定将买卖合同项下的延迟交货而引起的争议提交仲裁解决。而仲裁庭所裁决的事项不仅包括由于延迟交货而引起的争议,还包括了由于货物本身的质量而引起的争议。在此种情况下,仲裁裁决对货物质量所作的裁决,就超出了仲裁协议的范围,当事人就可以请求法院撤销此项裁决。而对未超出协议范围的由于延迟交货而引起的争议所作的裁决,则不能请求法院撤销。

4. 仲裁庭的组成与当事人约定或应当适用的法律不符

当事人如果在仲裁协议中约定仲裁员应当由专职律师以外的技术人员担任,而事实上的仲裁庭组成人员均为专职律师,则仲裁庭的组成显然违反了当事人之间的约定。

此外,按照《国际商事仲裁示范法》第 34 条的规定,如果法院查明,该仲裁裁决所涉及的事项依据法院地法为不能通过仲裁解决的事项,或者该仲裁裁决违反了当地的公共政策,也可裁定撤销该仲裁裁决。

一般而言,只有对仲裁实施监督的国家的法院,才有权撤销国际商事仲裁裁决。而此项法院一般为裁决地的法院。如果当事人对仲裁裁决有异议,应当向裁决地国的法院寻求救济。例如,在标准电器公司案(International Standard Electric Corp. v. Bridas Sociedad Anonima Petrolera)中,ICC 国际仲裁院的仲裁庭依据该院的仲裁规则,在墨西哥进行仲裁并作出了裁决。国际标准电器公司是一家美国公司,布里达斯则是阿根廷的公司。美国标准电器公司不服此裁决，在美国纽约南区法院提起诉讼，请求法院撤销ICC仲裁庭在墨西哥作出的裁决，法院经审理后认为其对此案无管辖权，因为仲裁在墨西哥进行，所适用的程序法为墨西哥的法律，因此，只有墨西哥法院有权撤销此案。

（三）外国仲裁裁决的承认与执行

1. 承认与执行外国仲裁裁决的依据

仲裁庭就国际商事交易中的争议在一国境内作出的仲裁裁决需要到另一国家执行的情况是很普遍的。执行地国的法院承认与执行外国仲裁裁决的依据有两个：

（1）执行地国的国内法。这些法律主要表现在这些国家的民事诉讼法或仲裁法中。现代国际商事仲裁的立法与实践表明，各国法院在承认与执行外国仲裁裁决时，一般不对仲裁裁决所涉及的争议实体问题进行司法复审，而只是依据本国法律或有关的国际公约对仲裁裁决所涉及的程序问题进行司法复审。如果仲裁裁决不存在法律规定的不予执行的理由，法院将作出承认与执行该仲裁裁决的裁定。

（2）执行地国缔结或参加的双边或多边国际公约。执行地国缔结或参加的双边或多边国际公约，是这些国家承认与执行外国仲裁裁决的重要依据。特别是由于有130多个国家参加的《纽约公约》在各缔约国的普遍适用，进而使各国法院承认仲裁协议的效力，承认与执行外国仲裁裁决，除非被申请人提出证据证明裁决存在着公约规定的不予执行的条件。因此，《纽约公约》对于在承认与执行外国仲裁裁决的问题上，对于协调和统一了各国有关国际商事仲裁裁决的承认与执行方面的国内法，是一个极为成功的尝试。

2. 申请承认与执行外国仲裁裁决的程序和条件

按照国际商事仲裁立法与实践，申请承认与执行外国仲裁裁决，涉及一国的国家主权，同时也属于执行地国的民事诉讼程序法的问题，当然只能适用执行地国的法律。但是，如果是《纽约公约》项下的裁决，则执行该公约裁决的条件则只能依照该公约第4条规定的条件执行。即申请人只要向执行地国的法院提交经公证的裁决书之正本或经认证的副本，以及仲裁协议之正本或经公证的副本。如果裁决书或仲裁协议所使用的语言不是裁决执行地国的语言，则申请人应当提供此项语言的文本。执行地国的法院在执行该公约裁决时，不得较承认与执行其本国仲裁裁决附加过于苛刻的条件。

《纽约公约》缔约国法院应当承认与执行外国仲裁裁决的效力，除非被申请人提出证据证明存在该公约第5条第1款规定的五种情况之一者，法院方可拒绝执行该外国仲裁裁决。其具体规定是："被请求承认或执行裁决的管辖当局只有在作为裁决执行对象的当事人提出有关下列情况的证明的时候，才可以根据该当事人的要求，拒绝承认和执行该裁决：（一）第二条所述的协议的双方当事人，根据对他们适用的法律，当时是处于某种无行为能力的情况之下；或者根据双方当事人选定适用的法律，或在没有这种选定的时候，根据作出裁决的国家的法律，下述协议是无效的；或者（二）作为裁决执行对象的当事人，没有被给予指定仲裁员或者进行仲裁程序的适当通知，或者由于其他情况而不能对案件提出意见；或者（三）裁决涉及仲裁协议所没有提到的，或者不包括仲裁协议规定之内的争执；或者裁决内含有对仲裁协议范围以外事项的决定;但是,对于仲裁协议范围以内的事项的决定,如果可以和对于仲裁协议范围以外的事项的决定分开,那么,这一部分的决定仍然可予以承认和执行;或者(四)仲裁庭的组成或仲裁程序同当事人间的协议不符,或者当事人间没有这种协议时,同进行仲裁的国家的法律不符;或者(五)裁决对当事人还没有约束力,或者裁决已经由作出裁决的国家或进行此项仲裁所适用的法律的国家的管辖当局撤销或停止执行。”第5条第2款还规定:“被请求承认和执行仲裁裁决的国家的管辖当局如果查明有下列情况,也可以拒绝承认和执行:(一)争执的事项,依照这个国家的法律,不可以用仲裁方式解决;或者(二)承认或执行该项裁决将和这个国家的公共秩序相抵触。”

(四)我国法院对外国仲裁裁决的承认与执行

1. 执行依据

我国承认与执行外国仲裁裁决的依据是我国《民事诉讼法》的有关规定以及我国缔结和参加的双边和多边国际公约。

我国于1987年1月22日成为《纽约公约》的缔约国。我国在加入该公约时作出了两点公约允许的保留声明:(1)互惠保留声明,即我国仅对在另一缔约国领土内作出的仲裁裁决承认与执行上适用公约;(2)商事保留声明,即我国仅对按照我国法律属于契约性和非契约性商事法律关系所引起的争议适用该公约。

对于何谓“契约性和非契约性商事法律关系”,最高人民法院认为具体指“由于合同、侵权或者根据有关法律规定而产生的经济上的权利义务关系,如货物买卖、财产租赁、工程承包、加工承揽、技术转让、合资经营、合作经营、勘探开发自然资源、保险、信贷、劳务、代理、咨询服务和海上、民用航空、铁路、公路的客货运输以及产品责任、环境污染、海上事故和所有权争议等,但不包括外国投资者与东道国政府之间的争端”。①

在我国执行的外国仲裁裁决,可以分为《纽约公约》项下的裁决(简称公约裁决)和非公约裁决。公约裁决为在我国以外的《纽约公约》缔约国境内作出的仲裁裁决。这些裁决执行的条件只能依照公约规定条件执行。对于非公约裁决,按照我国《民事诉讼法》的规定,按互惠原则予以承认与执行。

2. 执行机构

《民事诉讼法》第283条规定:“国外仲裁机构的裁决,需要中华人民共和国人民法院承认和执行的,应当由当事人直接向被执行人住所地或者其财产所在地的中级人民法院申请,人民法院应当依照中华人民共和国缔结或者参加的国际条约,或者按照互惠原则办理。”

3. 执行期限

在我国申请执行仲裁裁决的期限,无论是本国裁决,还是外国裁决,按照我国《民事诉讼

---

① 最高人民法院《关于执行我国加入的〈承认及执行外国仲裁裁决公约〉的通知》(1987年4月10日)。参见程德钧主编:《涉外仲裁与法律》(第一辑),中国人民大学出版社1992年版,第15页。

法》第 239 条的规定,申请执行的期间为二年,从法律文书规定履行期间的最后一日起计算;法律文书规定分期履行的,从规定的每次履行期间的最后一日起计算。

凡是向法院申请执行的仲裁裁决经法院审查后准许执行的,由法院作出予以执行的裁定,并向被执行人发出执行通知,责令其在指定的期限内履行,逾期不履行的,由法院强制执行。

第五节　世界贸易组织的争议解决机制

近年来,我国出口到美国、欧盟的产品频频被当地指控为“倾销”,被课以高额的反倾销税。鉴于世界贸易组织的一大职能,就是专门设立了争议解决机构,我国企业能否将此争议提交争端解决机构(DSB)解决?DSB 负责解决的是什么样的争议?DSB 通过的专家组和上诉机构的建议的性质是什么?相关当事人是否必须执行?应当怎样执行?

WTO 争议解决机制是 WTO 体系中具有核心作用的机制,它对于妥善地解决 WTO 各成员方在履行 WTO 规则过程中所产生的争议,保证 WTO 各项协议和规则的履行,维护 WTO 的正常运作及其各成员依据 WTO 各项协议所享有的各项权利和义务,进而保障多边贸易体制的可预见性和安全性,发挥着至关重要的作用。

一、WTO 争议解决机制的起源

(一) 1947 年《关税及贸易总协定》第 22 条和第 23 条

WTO 争议解决机制起源于 1947 年《关税及贸易总协定》(简称 GATT 1947)的第 22 条和第 23 条。根据 GATT 1947 第 22 条,对于任何缔约方提出的有关影响 GATT 实施的陈述,缔约各方应予同情的考虑,并给予充分磋商的机会。根据第 23 条,争端产生的条件是一缔约方根据 GATT 可以直接或者间接得到的利益由于另一缔约方的原因而丧失或受到损害(nullification or impairment)。

在实践中,每一缔约方在加入 WTO 时都有其特定的承诺,该承诺作为世贸协议的附件,对该缔约方具有国际法上的拘束力,如果该缔约方未能履行其承诺,如某一成员方在其所承诺的关税减让表中所承诺的某型号钢铁产品的进口关税为 10% ,如果该缔约方擅自将该产品的进口关税提高到 20% ,就违反了其所承担的关税减让义务,而由于该国擅自提高关税进口而使出口到该国的利益受到损害或使其本来应当得到的关税减让的好处丧失,便会产生贸易争端。

至于如何解释“利益的损害或者丧失”,GATT 工作组在 1952 年审理的澳大利亚硫酸铵一案中解释为“包括受到贸易伤害的缔约方对造成伤害的缔约方提起的申诉,其依据是该受到伤害的缔约方在与该造成伤害的缔约方进行谈判时‘不能合理预见到’的伤害”。因此,这里所采用的是合同法上的“合理预见”(reasonable expectation)的理论。尤其值得指出的是:另一缔约方实施的某种措施致使相关缔约方的利益丧失或者受到损害,而无论该措施是否与 GATT 相抵触。这就是说，即便缔约方所采取的措施没有违反 GATT，但如此项措施给另一缔约方根据 GATT 可能得到的利益造成损失，则采取措施的一方应当承担由此给另一缔约方造成的损失，这就是所谓的非违约之诉。例如，澳大利亚与智利之间就硫酸铵发生的争端。1947 年在签署 GATT 的过程中，澳大利亚与智利政府达成了双边关税减让协议，即给智利的硝酸钠进口予以免关税的待遇。第二年，澳大利亚政府即给本国硫酸铵生产商以财政补贴，促使该产品的销售价格下降，进而影响了从智利进口的竞争产品硝酸钠在澳大利亚的销售。所以，正是澳大利亚所采取的补贴措施导致了智利产品销售额的下降，进而抵消了澳大利亚给予智利减让关税的待遇使智利向澳大利亚的出口增加的利益，补贴使关税减让带来的好处丧失殆尽。

根据 GATT 1947 第 23 条，在通过多边方式解决争议之前，争议各方必须进行磋商，这是通过多边方式解决争议的必要前提，而这一解决争议的方式，主要有以下三个特点：(1) 争议提起的依据是根据 GATT 应当得到的利益受到损害或者丧失，而不是取决于对 GATT 项下所承担的法律义务的实际违反；(2) 对 GATT 全体缔约方规定的权力不仅是进行调查和提出建议，而且是就这些事项“作出裁定”；(3) 在某些特殊的情况下，GATT 还授权某一个或者几个缔约方中止对另外一些缔约方所承担的义务。在 GATT 存续的 40 多年间，全体缔约方通过多数表决授权中止减让的只有一例，即 1953 年全体缔约方授权荷兰在此后的 7 年内对从美国进口的粮食采取限制性措施，因为美国对从荷兰进口的奶制品实施了不合理的限制，致使荷兰在 GATT 项下的利益受到损害。但是荷兰并没有实施此项授权。

在 GATT 成立之初，通常通过外交程序解决各成员方之间的争议，即在每半年召开的会议上进行，后来在休会期间，由特别委员会解决，最后发展到由专门成立的工作组（working party）解决各当事方之间的争议。工作组成员通常由各争议当事方政府指定的成员组成，这些成员受政府的指派，代表政府进行谈判。直到 1955 年，在总干事 Eric Wyndham - White 主持工作期间，才对工作组成员的组成进行了改革，即负责审理特定争议案件的成员为该特定领域的专家。与以往不同的是，这些专家并不代表他们各自的政府，而是以独立专家的身份参加对争议的审理。这种解决争议成员组成的改变，反映了 GATT 通过多边外交谈判解决争议到通过“仲裁”或者是“司法”解决争议的转变。

（二）1979 年《关于通知、磋商、解决争议与监督的谅解》

在东京回合谈判期间，一些缔约方提出应当对 GATT 的争议解决程序进行改进，并且成立了专门委员会具体负责这一工作，起草了《关于通知、磋商、解决争议与监督的谅解》（Understanding Regarding Notification，Consultation，Dispute Settlement and Surveillance，以下简称为《谅解》）。该《谅解》在 1979 年 11 月于日内瓦举行的第三十五届缔约方会议上通过，此文件对 GATT 解决争议的程序作了较为详细的规定。尽管其法律地位并不明确，但是对于解决争议方面具有很大的影响，在 WTO 成立之前，发挥了解释 GATT 的作用。

该《谅解》明确规定了磋商作为解决争议的首要步骤，还特别规定了 GATT 总干事在磋商程序中的作用。如果争议不能得以解决,则可以通过专家组的程序解决他们之间的争议。专家组要对解决争议的情况提出报告,交给 GATT 的常设机构——理事会。如果理事会一致通过了该专家组的报告,则该报告即成为对争议各方有拘束力的文件。否则该报告对争议各方就没有法律上的拘束力。而报告的通过或者批准,采取的是"协商一致"(consensus)的通过方式。这种"协商一致"的通过方式,致使在争议中败诉的一方当事人采用在理事会上对报告提出异议的方法,反对报告以"协商一致"的方式通过。因此,GATT 关于专家组报告的通过方式解决争议的这一机制,是 GATT 争议解决的致命缺陷,致使许多专家组的报告由于被诉方的反对而迟迟不能通过。据权威专家的统计,在 WTO 成立之前的 1991—1994 年间,GATT 成员方提出了 36 项申诉,涉及 32 项具体的争议,其中有 12 个专家组作出了最终报告并在全体缔约方中散发,而经过全体一致通过的报告只有 4 项。[①]

GATT 这一争议解决机制曾经引起了一些成员的不满。美国为此通过其国内法的方式,对相关成员采取单方面的措施。[②] 尽管 GATT 争议解决机制存在着这样或那样的问题,在 GATT 存续期间,对于解决各成员方之间的贸易争议,还是发挥了重要的作用。

(三) 1994 年《关于争端解决规则与程序的谅解》

乌拉圭回合达成的《关于争端解决规则与程序的谅解》(The Understanding on Rules and Procedures Governing the Settlement of Disputes,以下简称 DSU)是 WTO 协议的重要组成部分,也是 WTO 争议解决制度的核心内容。

二、WTO 争议解决机制

建立在 DSU 基础上的 WTO 争议解决机制,不仅包括如何解决 WTO 成员之间在履行世贸各协议过程中发生的争议,而且更为重要的是增加了 WTO 对争议解决结果的执行机制及其监督机制。

(一) WTO 争议解决程序

1. WTO 成员就争议事项的磋商程序

如果 WTO 成员认为它在 WTO 某协议项下的权利由于另一缔约方所实施的法律或者相关措施受到损失,根据 DSU 第 4 条的规定,该成员应当向后者提出磋商的书面请求。收到请求的一方应当在收到此项请求的 10 日内与对方进行磋商,以便达成双方满意的解决方法。

当事人提出的双边磋商的请求,应当向 WTO 争端解决机构(Dispute Settlement Body, DSB)相关的理事会和委员会通报,并应说明提出请求的理由,包括争议所涉及的措施及其法律依据。

如果争议双方在此阶段就争议事项达成一致,该具体案件的争议解决程序即告结束。

---

① Rebort E. Hudec, *Enforcing International Trade Law: The Evolution of the Modern GATT Legal System*, Butterworths, 1993, pp. 11 - 15.

② 即《1974 年贸易法》第 301 条款中规定的报复性措施。

自 WTO 成立以来,其中约 1/3 的争议案件,争议双方通过磋商程序都得到了圆满解决。就争议事项达成协议的 WTO 成员方,也应当向 WTO 争议解决机构及相关的理事会和委员会通报他们之间业已达成的协议内容。

2. 专家组解决争议的司法程序

专家组和上诉庭解决争议的方法则属于 WTO 项下解决争议的司法的或者准司法争议解决的方法。

按照 DSU 第 4 条第 3 款的规定,只有在收到磋商请求的一方自收到此项请求之日起 10 日内未能作出答复,或在此后 30 日内或双方约定的期限内未能进行磋商,或者在 60 日内通过磋商未能解决争议,提出申诉的一方才有权请求 DSB 设立专家小组解决争议。在提出设立专家组解决争议的申请书中,必须说明是否进行了磋商。因为只有在实施了磋商程序未果的情况下,申请人才有权提出设立专家组的请求。申诉方的书面请求必须阐明是否就他们之间的争议已经进行了磋商,以及其申诉的法律依据。该专家小组至迟应在设立专家小组的请求列入 DSB 正式程序后的下一次会议上设立,除非 DSB 一致同意不设立该专家小组。

专家小组一般由 3 名成员组成,特殊情况下可由 5 人组成。成员为资深的政府或非政府人员。这些人员以个人的身份而非作为政府代表或任何组织的代表提供服务。专家组审理案件应当按照 DSU 第 11 条规定的权限,对所审理的事项作出客观的评价,包括客观认定案件的事实,有关涵盖协议的可适用性和一致性,提出相应的建议或裁定。专家小组应当协助当事人解决争议,为此应当向 DSB 提交有关调查材料的书面报告,说明争议事实的调查结果,并提出有关的建议。此项报告除向 DSB 提交外,还应向当事各方提供。报告一般应当在专家小组成立后 6 个月内提出,但遇有紧急情况,如易腐烂食品,应在 3 个月内提出。在争议复杂的情况下,也可书面请求 DSB,并经批准后延长此项期限,但无论如何不得超过 9 个月。

专家小组的报告应当向各缔约方分发,为了给各缔约方予足够的时间考虑专家小组的报告,因此,DSB 只有在这些报告向各缔约方分发 20 天后,才考虑通过这些报告。此项报告应在分发后 60 天内进行评审,争议各方有权全面参与对专家小组报告的评审。他们的各种意见均予以记录在案。DSB 应当在此期限内通过此项报告,除非某一缔约方声称将对此报告提出上诉,或 DSB 一致决定不采纳此项报告。当争议一方提出上诉时,此项报告将在上诉结束后再通过。

必须指出的是,在专家小组程序进行的过程中,包括在将报告提交当事各方和未向 WTO 全体成员散发之前,有关争议各方还可以就他们之间争议的内容继续进行磋商并达成和解。

3. 上诉机构程序

上诉机构(Appellate Body)是 WTO 设立的常设机构,根据 DSU 第 17 条第 2 款规定设立,由来自 WTO 7 个不同成员方的国民组成,任期 4 年。其成员应当具有法律、国际贸易和相关协议方面的知识，是公认的权威人士，他们不从属于任何政府，在WTO成员中应当具有广泛的代表性。他们只能被重新任命一次。这些成员总体上是兼职的，他们应当随时听从DSB的召唤，其所从事的职业不能与其上诉机构成员的身份相抵触。在审理特定上诉案件的过程中，由3名成员组成上诉庭，其他成员也应当了解上诉案件审理的进展情况。设立上诉庭的主要目的是为了减少专家组决定错误的风险，以便使自动通过程序不受政治上的干预和抵制，增强争议解决制度在法律上的稳定性和可预见性。

根据DSU第17条第6款的规定，上诉庭仅审理"专家组报告中所涉及的法律问题，以及专家组对这些问题作出的解释"。有权提出上诉的是专家组报告中的争议案件的当事人，第三方不能作为上诉方。上诉内容不局限于专家组报告的结果，胜诉一方也可以就专家组在报告中就特定事项进行的法律分析和法律解释提出上诉。在同一上诉案件中，争议双方可以互为上诉人和被上诉人。根据DSU第17条第13款的规定，上诉庭得"确认、修改，或者推翻专家组对争议作出的法律上的认定和结论"，但没有明确规定上诉庭将其所审理的案件发回重审的权力，上诉庭也无权对其所审理的案件发表咨询意见。

从以往审理案件的情况看，上诉庭所涉及的问题十分广泛，包括：先前的专家组报告的法律地位；有权提出GATT 1994项下争议的当事方；设立专家组的请求应当包括的主要内容；专家组的权限范围；举证责任；GATT 1994和GATS的适用范围；利益的损害与丧失、上诉范围、上诉程序中私人律师代表政府应诉等问题。一般而言，上诉程序应当仅限于专家小组报告中所涉及的法律问题，或者对该专家小组就争议事项作出的法律解释有异议，而不涉及对争议事实问题的查明。截至2004年初，在向全体成员散发的81份专家报告中，提起上诉机构程序的共有58起，占专家组报告的71.6%。[①]

已经向DSB通报其与该争议有重大利益的第三方，可向上诉机构提出其书面意见，上诉机构也应给予他们表述其意见的机会。上诉机构对上诉事项所作的决定，一般应当在上诉方正式向上诉机构就某一事项提出上诉之日起60天内作出，最多不得超过90天。上诉机构的报告应当在该报告提交全体缔约方后30日内由DSB通过，并由争议各方无条件地接受，除非DSB一致决议不通过该报告。

4. 仲裁及其他程序

（1）仲裁程序。仲裁作为解决WTO成员之间争议的方法，主要规定在DSU第21条第3款c项、第22条第6款和第25条中。

DSU第21条第3款c项规定的是对执行DSB已经通过的专家组或者上诉机构裁定的合理期限。根据第21条第3款的规定，一般案件在不超过15个月的执行期限的情况下，具体的执行期限完全取决于每个案件的具体情况。至于如何确定该"合理的期限"，该条仅规定了三种可供选择的方式：第一，由败诉方提出一个具体的执行期限交由DSB

① Kara Leitner and Simon Lester, WTO Dispute Settlement 1995—2003: A Statistical Analysis, *Journal of International Economic Law*, Oxford University Press, 2004, p. 176.

批准;第二,由争议双方在专家组和上诉庭的报告通过后45天内共同约定一个期限;或者,第三,由仲裁员在90天内决定此项期限。在实践上,这三种确定执行期限的方式通常是依次进行的。首先,如果胜诉方对于败诉方提出的执行期限没有异议,经DSB批准后即可作为执行专家组或上诉庭建议或裁定的合理期限。其次,如果胜诉方对于败诉方提出的执行期限有异议,他们可以在报告通过后45天之内共同达成一个合理的执行期限。一般而言,从胜诉方的角度看,此项执行期限当然越短越好;而在败诉方看来,此项期限越长越好,如果第21条没有规定15个月的执行期限,败诉方可能提出5年或者10年的执行期限。例如,在日本酒税案中,专家组和上诉庭均认定日本对进口酒的征税违反了GATT第3条关于国民待遇的要求,建议日本对其相关法律进行修订。美国提出了5个月的执行期限,日本则提出了5年的执行期限。由于双方当事人在执行期限的问题上差距太大,无法就此达成一致,于是将此争议提交仲裁员解决。仲裁员在听取了双方当事人的意见后认为,对于美国、日本所列举的种种"特殊情况",他均不能被说服。因此该仲裁员认定,15个月的期限是合理的。[①]因此,只有在双方当事人不能就执行的合理期限达成一致时,才将确定此合理期限的任务交给仲裁庭裁定。在欧盟牛肉荷尔蒙案中,仲裁庭裁定的合理期限为15个月;在印度尼西亚汽车案争议中,仲裁庭裁定的合理期限为12个月;[②]在韩国酒税案争议中,仲裁庭裁定的合理执行期限为11个月零两周;[③]而在澳大利亚鲑鱼案争议中,仲裁庭裁定的执行期限为8个月;[④]在欧美香蕉案中,仲裁庭根据该案所涉及的各种特殊情况,裁定15个月零1周为合理的执行期限。[⑤]

DSU中明确规定的仲裁解决的另一事项,就是败诉一方在上述合理的时间内,对与WTO规则不符的措施加以纠正的条件下,胜诉一方可以对其采取的中止减让或赔偿等报复性措施所涉及的合理金额问题。胜诉方要求采取的中止减让或作出赔偿的金额与败诉方往往很难达成一致:前者提出的金额往往大大地高于后者所期待的金额。双方在此问题上不能达成一致的情况下,可以根据第22条第6款的规定将此争议提交仲裁解决。例如,在上述欧美香蕉案中,美国提出的报复金额是每年5.2亿万美元,仲裁庭根据DSU第22条第6款将法定报复的金额减至1.914亿万美元。仲裁庭适用了假设的与WTO规则相符的香蕉进口制度计算得出了上述金额的结论,而拒绝了美国提出的基于美国公司所遭受的利润

---

① WTO Arbitrator's Report, Japan—Taxes on Alcoholic Beverages, WT/DS8/15, WT/DS10/15, WT/DS11/13 (Feb. 14, 1997), p. 27.

② WTO Arbitrator's Report, Indonesia—Certain Measures Affecting the Automobile Industry, WT/DS54/15, WT/DS55/14, WT/DS59/13, WT/DS64/12 (Dec. 7, 1998).

③ WTO Arbitrator's Report, Korea—Taxes on Alcoholic Beverages, WT/DS75/16, WT/DS84/14 (June 4, 1999), p. 41.

④ WTO Arbitrator's Report, Australia—Measures Affecting Importation of Salmon, WT/DS18/9 (Feb. 23, 1999), pp. 38-39.

⑤ Carolyn B. Gleason & D. Walther, The WTO Dispute Settlement Implementation Procedures: A System in Need of Reform, 31 *Law Int'l*, p. 716.

损失得出的上述金额的索赔请求。

DSU 第 25 条所规定的是一般意义上的仲裁。当事人可以根据他们之间业已达成的仲裁协议,将争议提交仲裁解决。

根据 DSU 上述条款的规定,仲裁作为解决世贸成员之间的争议的方法之一,与一般意义上的国际商事仲裁,既有相同之处,又存在着某些区别。

WTO 协议项下的仲裁与一般意义上的国际商事仲裁之间的相同之处是:① 它是当事人之间自愿达成的解决争议的手段,以当事人之间业已达成的仲裁协议为前提。这一点体现在 DSU 第 25 条第 1、2 款的规定之中。② 当事人还应当就仲裁协议项下争议的事项和仲裁程序在协议中作出明示规定,此项规定旨在对仲裁庭的权限范围和仲裁应当遵守的程序规则作出界定。③ 仲裁裁决应当得到当事各方的承认与执行。

WTO 协议项下的仲裁与一般意义上的商事仲裁的不同之处在于:① 主体不同,WTO 成员多数为主权国家,不同于商事仲裁主体,后者在多数情况下均为不同国家的国民。② WTO 成员在达成仲裁协议后,在仲裁程序开始以前,根据 DSU 第 25 条第 2 款规定,必须"充分地通知全体世贸成员"。WTO 成员经仲裁协议的当事各方同意,也可以成为仲裁程序的当事人参与仲裁审理程序。这一点不同于一般意义上的仲裁,后者只是在仲裁协议的当事人之间进行,并不存在向任何第三人通知的情况,除非当事人之间另有约定。③ 关于裁决适用的法律,应当是 WTO 规则,而不是当事各方共同选择的法律规则。根据 DSU 第 3 条第 5 款规定,仲裁裁决"不得剥夺或者损害任何成员根据 WTO 协议享有的利益,也不得阻碍这些协议目标的实现"。④ 仲裁裁决不同于《纽约公约》项下的裁决,由国家法院依据《纽约公约》规定的条件决定是否承认与执行。DSU 项下的裁决所针对的是国家,而主权国家相互之间不存在谁管辖谁的问题。这里的裁决应当由相关当事方自动执行。如果败诉方在规定的期限内拒绝执行,胜诉方可以根据 DSU 第 22 条规定,请求 DSB 授权补偿和中止关税减让措施。此外,WTO 协议项下的裁决作出后,根据 DSU 第 25 条第 3 款的规定,应当"通报给争端解决机构 DSB 和所有相关协议项下的理事会或委员会,WTO 所有相关成员均可对裁决提出其各自的看法"。

在 WTO 成立以来的争议解决实践中,仲裁通常被用于解决 WTO 成员之间在履行专家组和上诉庭建议或者裁定中发生的争议。截至 2004 年初,根据 DSU 第 21 条第 3 款 c 项的规定由仲裁庭对执行专家组或者上诉机构的合理期限作出的裁决有 16 起,根据 DSU 第 22 条第 6 款的规定作出的裁决有 7 起,根据 DSU 第 25 条作出的有关利益受到损害或丧失金额的裁决有 1 起。①

(2) 其他程序。此项程序又可称为选择性争议解决的方法(ADR),即除了上面提到的磋商、专家组和上诉机构和仲裁程序以外的解决争议的方法。ADR 通常包括由争议各方共

---

① Kara Leitner and Simon Lester, WTO Dispute Settlement 1995—2003: A Statistical Analysis, *Journal of International Economic Law*, Oxford University Press, 2004, p. 177.

同选择的第三者斡旋、调解、调停,或者通过特定的专门委员会的专家就争议事项提出咨询意见。

尽管 DSU 没有对此作出专门规定,但这种解决争议的方法是不言而喻的,其前提条件是双方当事人均同意采取这种方法解决他们之间的争议。这种方法与磋商解决争议的方法的不同之处在于由双方均认可的第三方参与解决 WTO 成员之间的争议。由与该争议无利害关系的第三方主持调解或者斡旋,如果争议双方在调解员的调解下使争议得到解决,就没有必要再申请设立专家组解决他们之间的争议了。

在 WTO 机构中,许多具体的协议项下都设立了专门委员会,如根据《保障措施协议》设立了保障措施委员会,根据《农业协议》设立了农业委员会,以及知识产权委员会、服务贸易委员会、货物贸易委员会等。相关国家之间就某一特定协议的履行发生争议后,在进行磋商的过程中,还可以寻求相关的专业委员会的协助,或者共同请求该相关的专业委员会作为调节人或者仲裁人,协助他们之间解决争议。

(二)执行专家组或上诉机构裁定的监督程序

DSB 的一个非常重要的职能,就是对专家组和上诉机构报告中的建议和裁定的执行情况实施监督。根据 DSU 第 21 条第 3 款的规定,败诉方应当在报告通过之日后 30 天内,向 DSB 报告其执行 DSB 建议和裁定的意向。

如果败诉方在上述期限内由于这样或者那样的原因不能马上履行专家组或者上诉机构的裁定或建议,比如需要通过立法机构按特定的法律程序进行,则 DSU 规定在“合理的”期限内执行。此项合理期限的确定,通常由相关当事方提出后经 DSB 批准。如果 DSU 不批准该期限,则根据 DSU 第 21 条第 3 款 b 项的规定,由争议各方在报告通过之日起 45 天内共同提出。

如果争议各方在报告通过之日起 45 天内不能就履行专家组或者上诉机构裁定的“合理期限”达成一致,根据 DSU 第 21 条第 3 款 c 项的规定,此项合理期限应当由仲裁员决定。例如,在欧美香蕉案中,1997 年 9 月 9 日上诉机构确认了专家组的报告并建议:争议解决机构要求欧盟根据本报告和专家组报告中所提到的不符合 GATT 1994 和 GATS 规定的措施进行修订,使之符合欧盟在这些协议项下所承担的义务,欧盟要求与申诉各方就其执行第三个专家组报告的“合理的时间表”的问题进行磋商。欧盟提出需要 15 个月零 1 周的时间执行此报告,该提议遭到申诉各方的拒绝,故磋商以失败而告终。1997 年 11 月 17 日,申诉各方决定根据 DSU 第 21 条第 3 款 c 项的规定将执行专家组报告的期限问题提交仲裁解决,即通过仲裁的方式决定欧盟执行专家组报告所需要的“合理的期限”。负责该案仲裁的仲裁员作出裁定:该合理的期限为 15 个月零 1 周,即截至 1999 年 1 月 1 日,欧盟必须使其香蕉进口制度符合其在 WTO 规则下所承担的义务。

此外,对于败诉成员在合理的期限内对与 WTO 相关协议或者规则不符的法律或者所实施的措施作出的修正,修正后的法律或者措施是否与 WTO 相关规则相符合的问题,DSB 仍然对其履行监督的职责。在实践上,尽管相关成员声称相关法律或者措施符合 WTO 规则,如果 DSB 认为修正后的相关法律与相关措施仍然不符合 WTO 相关规则,该相关成员仍然负有继续对其相关国内法或者措施作进一步修订或者纠正的义务。例如在欧盟香蕉案中,1997 年 9 月 25 日 DSB 通过了上诉机构和专家组的报告关于建议欧盟应当根据本报告和专家组报告中所提到的不符合 GATT 1994 和 GATS 规定的措施进行修订,使之符合欧盟在这些协议项下所承担的义务的报告,1998 年欧盟在仲裁员裁定的期限内通过第 2362/98 号规则,对 404/93 号法令作出了欧盟认为已经符合世贸规则的修订并予以公布。但是由于申诉方的反对,DSB 认为还应当作进一步修订,直到 2001 年 5 月 7 日,欧盟宣布了关于实施第 216/2001 号法令的细则,即第 896/2001 号法令,持续近 7 年的欧美香蕉大战告一段落。可见,DSB 在监督相关国家实际履行其通过的专家组和上诉机构的报告方面,发挥着重要的作用。

这里还应当指出的是:根据《关于建立世界贸易组织的协议》第 16 条第 4 款的规定:"每一成员均应当确保其国内法律、规章和行政程序与本协议及其附件相符。"事实上,争议解决程序的结果即确立了遵守争议解决程序中的解释与适用 WTO 相关协议的结果。因此,实际履行专家组和上诉机构的报告,是 WTO 成员应当承担的国际法义务。尽管由于这样或那样的原因不能在合理的时间内履行,胜诉成员经 DSB 授权向败诉方实施了中止减让和赔偿的报复性措施,但是此项措施并不能免除败诉成员纠正其所实施的与世贸规则不符的措施。在没有实际履行专家组和上诉机构裁定以前败诉方,一直受制于 DSU 的监督程序,即相关成员必须履行向 DSU 报告其实际履行专家组和上诉机构裁定的进展情况。

三、WTO 争议解决机制的特点

与 GATT 的争议解决机制相比,WTO 的争议解决机制具有如下特点:

1. 实行统一的争议解决机制

WTO 建立了统一的争议解决机制,适用于全体 WTO 成员之间在所有的 WTO 协议的执行中发生的争议。它不仅涉及传统上的货物贸易争议,也包括服务贸易和知识产权方面的争议。因此,该争议解决机制不会出现就争议程序问题再发生争议的情况。尽管 WTO 协议所覆盖的某些协议也含有解决争议的条款,如有关补贴协议和纺织品协议中,也有解决争议的相关规定,但 DSU 第 1 条明确规定,DSU 的规则与程序适用于其所列的所有覆盖的协议。① 因此,WTO 协议中的绝大部分协议争议的解决,适用该 DSU 规定的程序。当然,DSU 也允许某些背离其规定的情况,例如,复边贸易协议(即 plurilateral agreements,WTO 协议的

---

① 根据 DSU 附件 1 所列的协定,这些覆盖协议包括:(A) 建立世界贸易组织的协议;(B) 多边贸易协议,包括附件一:(1) 关于货物贸易的多边协议;(2) 服务贸易总协定;(3) 与贸易有关的知识产权协定。附件二:争议解决的规则与程序的谅解;(C) 附件四:复边贸易协议,包括民用航空器贸易协议,政府采购协议,国际奶制品协议,国际牛肉协议。DSU 对于复边贸易协议的适用,以每个协议的签约方通过的决议为前提条件。根据国际肉类委员会和国际奶制品委员会的决议,国际牛肉协议和国际奶制品协议已经于 1997 年底终止,参见 WTO Focus, No. 23 (October 1997), p. 3。

附件4）各当事方对于由于执行这些协议而产生的争议是否适用该DSU规定的程序，作出选择性的决定。

2. 建立专门的争议解决机构

WTO争议解决机构是根据WTO各成员方共同签署的DSU专门设立的解决WTO成员方之间由于执行WTO协议而产生的争议的专门机构。而在GATT存续期间，并不存在专门的争议解决机构，DSB的职能由总理事会行使。此外，根据1979年的DSU和在东京回合达成的相关协议，在GATT的争议解决机制下，还根据不同的协议设计了若干不同的争议解决程序。就这些协议和程序而言，都是相对独立的，GATT成员可以选择加入这些相关的协议和程序，也可以选择不加入其中的一个或几个程序。换言之，GATT的成员不一定就是东京回合达成的各项协议的成员。

鉴于DSB是根据DSU专门设立的负责WTO各项协议项下的争议解决机构，因此，加入WTO，就等于接受了除复边贸易协议以外的全部协议，包括DSU和其他相关协议。按照DSU的相关规定，由于WTO协议项下产生的争议，均应当通过DSB解决。因此，DSB对WTO协议项下争议的管辖是强制性的管辖，所有成员都必须服从DSB的管辖，不允许成员方作出保留。这一点是迄今所有的国际组织所无可比拟的。就是联合国国际法院的管辖权，也不是强制性的，目前只有不到1/3的联合国会员接受了国际法院的管辖。[①] DSB的主要职能是对DSU项下的规则和程序的实施进行管理，包括设立专家组、通过专家组或上诉机构的报告、对专家组或上诉机构作出的裁定和建议的实施情况进行监督，以及授权中止关税减让或相关协议项下的其他义务。此外，为了避免专家组适用和解释WTO协议各项规则中的错误，还专门设立了上诉机构，纠正专家组在适用和解释WTO协议各项规则中的错误，以便更好地维护多边贸易协议的稳定性和统一性。

3. 采用自动通过的决策程序

决策程序的改变，是WTO与GATT之间的又一实质性的改革。WTO争议解决的各项程序几乎都是自动的：（1）如果争议双方在规定的期限内不能自行解决他们之间的争议，DSB就可以根据任何一方的请求，设立专家组。DSB在决定设立专家组时，只要不是全体一致反对，专家组即可设立。（2）专家组或上诉机构的报告的通过，打破了GATT时期所实行的“协商一致”（positive consensus）的原则。在WTO争议解决机制中，DSB通过专家组或上诉机构的报告实行了“反向一致”（negative consensus）的原则，即只要不是全体一致反对，报告就获得通过。（3）在授权中止减让或者采取其他方面的报复措施时，只要不是全体一致反对，DSB即可授权对败诉方实施中止减让关税或者其他方面的报复性措施。这就是说，无论是专家组的成立，还是专家组或者上诉庭报告的通过，或者是DSB授权采取报复性措施的决定的通过，几乎都是自动的，因为即便WTO所有成员都反对设立专家组或者通过专家组的

① James Cameron & Karen Campbell, *Dispute Resolution in the World Trade Organization*, ed., Cameron May, London, 1998, p.85.

报告,请求设立专家组解决争议的当事方不可能反对。只要不是全体一致反对,那么专家组即可设立,专家组和上诉庭的报告即可通过,DSB 授权采取报复性措施的决议也可获得通过。当然,为了尽量减少专家组在适用 WTO 规则中的错误,DSB 设立了专门的上诉机构,由该机构中的 3 名成员组成上诉庭,受理 WTO 成员对专家组报告和裁定中所涉及的法律问题提出的上诉。

决策程序机制的改变所带来的影响是巨大的,它改变了长期以来 GATT 争议解决专家组由于被申请人的反对而不能通过的尴尬局面。[①] WTO 成立后由 DSB 通过的著名的香蕉案专家组和上诉庭的报告,就是一个典型的案例。就欧盟关于进口香蕉的法令而言,先后设立了 3 个专家组,跨越了 GATT 和 WTO 两个时期。在该案中,早在 1993 年 2 月 13 日欧盟委员会《关于统一欧盟的香蕉进口政策的第 404/93 号法令》公布之前,哥斯达黎加、哥伦比亚、尼加拉瓜、危地马拉和委内瑞拉等拉美五国以该法令与关贸总协定(GATT)规则不符并使这些国家在当时欧洲各国不同的制度下所得到的利益受到损失为由,要求与欧盟进行磋商。欧盟认为该草案尚未正式公布,因而拒绝与这些国家进行磋商。于是这些国家向 GATT 提出申诉。GATT 设立了第一个专家组,并于 1993 年 2 月 10 日听取了各方的意见,专家组于 1993 年 6 月 3 日提出了报告并向 GATT 全体缔约方散发。报告认为,欧盟法令在各国的实施,违反 GATT 第 1 条关于最惠国待遇、第 11 条第 1 款配额限制的规定。由于该报告遭到了欧共体国家和非加太国家的反对,故未能通过。

当欧盟第 404/93 号法令于 1993 年 7 月 1 日起实施后,上述拉美五国又提出了与欧盟磋商的要求,并立即就该法令在 GATT 规则下的效力问题提出质疑。同年 4 月,欧盟与这些国家进行的磋商失败,即在关于香蕉争议案的第一个专家组报告在 GATT 全体缔约方散发后 13 天,GATT 于 1993 年 6 月 16 日又设立了第二个专家组,处理欧盟与拉美国家之间的关于香蕉进口的争议。1994 年 1 月 18 日,专家组又提出了有利于申诉方的报告。专家组认为,欧盟第 404/93 号法令中的一些关键性的条款,如对非加太国家的优惠关税和进口许可证制度,违反了 GATT 第 1 条(最惠国待遇)、第 2 条(约束性关税)和第 3 条(国民待遇)的规定。专家组还拒绝了欧盟提出的关于其上述规定基于 GATT 第 24 条(关税同盟和自由贸易区)的抗辩。但是,由于欧盟的反对,该报告还是未能通过。[②]

上述专家组的两个报告之所以未能通过,其主要原因是欧盟及其盟国的反对,致使 GATT 全体缔约方不能在通过专家组报告的问题上达成一致(positive consensus)。在 WTO 争议解决机制的体制下,这一长达数年的争议才最终得到解决。

从 1995 年 WTO 成立后由美国、危地马拉、洪都拉斯和墨西哥提出的关于请求设立审理

---

① 例如在 WTO 成立之前的 1991—1994 年间,GATT 成员方提出了 36 项申诉,涉及 32 项具体的争议,其中有 12 个专家组提出了最终报告并在全体缔约方中散发,而经过全体一致通过的报告只有 4 项。Rebort E. Hudec, *Enforcing International Trade Law: The Evolution of the Modern GATT Legal System*, Butterworths, 1993, pp. 11 - 15.

② Mauricio Salas and John H. Jackson, Procedural Overview of the WTO—EC Banana Dispute, *Journal of International Economic Law*, 2000, No. 1, pp. 145 - 166.

欧盟香蕉进口、销售和分销制度的专家小组的建议，到 1997 年 9 月专家组和上诉庭报告的通过；[①]从欧盟未能在合理的期限内（1999 年 1 月 1 日）对其香蕉进口制度作出与世贸规则相符的修订，到 DSB 于 1999 年 3 月授权美国采取价值 1.914 亿美元的报复性措施，再到欧盟在2001 年通过第216/2001 号法令对404/93 号法令作了进一步的与世贸规则相符的修订和美国撤销其所采取的报复性措施，前后经历了近 7 年的时间。如果再加上 GATT 专家组解决欧盟香蕉进口制度的争议的时间，一共经历了长达 10 年的时间，才使该争议得到彻底的解决。而解决的结果，以欧盟对其有关香蕉进口的法律制度作出与 WTO 规则相符的修订以及实际履行专家组和上诉庭的报告中提出的建议和裁定而告终。

4. 增加对专家组和上诉机构建议和裁定执行的监督程序

DSB 的一个非常重要的职能，就是对专家组和上诉机构报告中的建议和裁定的执行情况进行监督。在完全实际履行专家组和上诉机构在报告中提出的建议之前，相关成员始终应当向 DSB 报告其执行情况。即便在仲裁庭确定的合理期限内由于不能纠正其所实施的与世贸规则不符的措施，而受到另外的 WTO 成员经 DSB 授权的中止减让或作出补偿的报复性措施，也不能免除该成员实际履行专家组和上诉机构报告中的裁定的义务，在实际履行此项义务之前，该成员一直受到 DSB 的监督。尽管在执行监督问题上还存在这样或者那样的问题，如对败诉方执行报告的要求，包括执行时间表和具体的措施，以及定期对执行情况进行审议等问题，目前的 DSU 规定得还不够具体。然而，与 GATT 项下的争议解决机制相比，WTO 争议解决机制中的执行及其监督机制还是得到了加强。此项监督机制对于保证世贸规则的统一实施，以及维护多边贸易体制的稳定性和可预见性，发挥着重要的作用，DSU 赋予 WTO 争议解决程序准司法性质，在有保障地进行争端解决程序、与争端相关的重大问题的所有决策的自动性、争端解决程序各阶段的严格时间表和上诉审查等的规定方面得到了具体体现。[②]

四、中国对该机制的利用

WTO 争议解决机制自 1995 年 1 月 1 日开始运作以来，截至 2018 年 5 月，WTO 争议解决机构共受理了 547 起争议。中国自 2001 年 12 月 11 日正式加入世贸组织后所享有的权利之一，就是利用世贸组织的争议解决机制，在多边条件下解决我国与 WTO 其他成员之间的贸易争端。一方面，当我国企业根据世贸规则项下的利益受到相关缔约方的歧视时，可首先向我国政府有关部门投诉，由政府出面与该相关缔约方政府通过双边磋商的方式解决我国企业受到的不公平待遇，如果不能得到解决，就可以通过 WTO 争议解决机制，向 DSB 投诉，请求通过设立专家组的司法方式，解决我国与 WTO 其他缔约方之间的贸易争议。另一方面，

---

① WT/DS27/AB/R，1997 年 9 月 9 日，第 110 页。

② 余敏友：《WTO 争端解决机制与我国加入 WTO》，载《珞珈法学论坛》第 1 卷，武汉大学出版社 2000 年版，第 145 页。

如果WTO其他成员方政府就其国内企业的投诉要求与我国政府进行磋商时,我国政府也有义务通过WTO争议解决机制,解决我国与WTO其他缔约方政府之间的贸易争端。

第六节 国家与他国国民之间经济贸易争议的解决

在经济全球化的进程中,主权国家在维护国家的经济安全和社会公共利益方面,发挥着重要的作用。在市场经济竞争愈发激烈的年代,一些跨国公司利用其在竞争方面的垄断优势,联合起来不再进行正当的竞争,而是通过订立秘密协议固定价格、瓜分市场、串通投标、限制产量等方式,损害各国中小企业和消费者的利益,为了维护法律的尊严,各主权国家不断加强对跨国公司不正当竞争的管制,维护市场竞争秩序,保护本国企业和消费者的合法权益。在投资领域,依法解决国际投资争端,以便创造良好的投资环境和竞争环境,使国际经济贸易健康地发展。

一、国家与他国国民之间的经济贸易争议的特点

国家是一国社会公共利益的维护者。为了维护社会公共利益,国家往往制定一系列的行政法规,依法履行政府的职能和维护社会公共利益。国家在履行政府职能和维护社会公共利益的过程中,在执法过程中与被执法人员发生争议。例如,国家税务管理机关由于履行其税收职能而与纳税人之间发生的争议,海关监管人员在对进出口国家关境的人员和货物进行监管的过程中与被监管人员之间发生的争议,国家工商行政管理部门与被管理者之间由于工商管理而发生的争议,政府对跨国公司实施监管的过程中与跨国公司之间发生的争议等。

国家执法部门与相对人之间的争议特点是:(1) 从争议的主体看,一方为东道国政府或其机构,另一方则为外国公司,或者是外国公司在该国的子公司。尽管子公司具有东道国的国籍,但是从公司的所有者来看,或者是完全有外国国民出资的子公司,或者是外国国民占有部分份额的合资企业。(2) 从争议事项的特点看,多数情况下是由于政府管理行为而产生的争议,或者是由于外国国民违反东道国行政法规而产生的争议。如由于违反东道国反不正当竞争法而与东道国政府发生的争议,这类争议通常称为行政争议。

二、国家与外国国民之间国际经济贸易争议的解决

行政争议与一般意义上的合同争议不同,这是因为双方的法律地位不同,所进行的活动也不完全相同。合同是商业性质的行为,而行政争议是国家执法机关在执法过程中与相对人之间发生的争议。这类争议一般不能通过协商谈判的方法解决,一般可通过下列方法解决。

(一)行政复议

国家执法机关在执法的过程中,相关人员必须服从执法人员的管理,而不能与执法人员讨

价还价。对于执法部门的判罚不服的，可以向上级机关提出行政复议。如果对行政复议还是不服，可以向该执法部门所在地人民法院提起行政诉讼。

（二）行政诉讼

当事人不服行政执法部门的裁定，可以不经过行政复议，直接向该执法部门所在地人民法院提起行政诉讼。执法部门也可以向法院就外国国民的违法行为提起诉讼，包括行政诉讼和刑事诉讼。例如，以全球最大的制药商瑞士罗氏公司（Hoffmann – La Roche Ltd.）为首的分别来自美国、瑞士、德国、日本、加拿大、瑞典、法国等国的11家跨国公司组成的国际卡特尔自1988年1月起至1999年2月在世界各地联合密谋，限制维生素的生产数量和价格，就全球的销售市场进行瓜分，长达十余年，美国司法部指控他们违反了美国反垄断法，并于1999年5月20日宣布了与罗氏公司达成的“指控协议”（plea agreement），指控罗氏公司从1990年1月到1999年2月期间，参与与其他相关公司密谋消除他们之间的竞争，确定在美国和其他地区出售的维生素中间产品的价格，包括在此期间在美国和其他地方出售的维生素A、E，1991年1月到1995年秋销售的维生素B_2，1991年1月至1998年12月出售的维生素B_5，1991年到1995年出售的维生素C等，参与分配生产数量和客户，不合理地限制了美国州际和与外国的贸易与商业，违反了《谢尔曼法》第1条的规定。[①] 该公司同意向美国支付罚款5亿美元，这是美国历史上对违反反托拉斯法罚款金额最多的案件。与此同时，根据《谢尔曼法》第2条关于“任何人签订（以托拉斯形式或其他形式联合、共谋，用来限制贸易的）契约或者从事上述联合或共谋，是重罪”的规定，对该公司全球市场部前负责人科诺（Kono Sommer）博士处以罚款10万美元，有期徒刑4个月。该公司前经理罗兰德（Roland Bronnimann）博士罚款15万美元，有期徒刑5个月。该国际卡特尔其他成员，包括另外10个跨国公司被罚款约4亿美元，另有6个公司高官被罚款100余万元，并分别被处以3～8个月不等的有期徒刑。其中有6个外国公民在美国监狱服刑。[②] 欧洲委员会对维生素国际卡特尔自1999年也展开了调查，并于2001年11月21日对以罗氏公司为首的13家欧洲公司和欧洲以外的公司参与旨在消除在维生素A、E、B_1、B_5、B_6、C、D_3等领域内的竞争的卡特尔和垄断市场的行为，其中对8家公司罚款共计9亿欧元。

三、东道国与外国投资者投资争议的解决

（一）东道国与外国投资者之间的争议种类及其解决方法

东道国与外国投资者之间的争议可以分为两大类：一类是基于契约而产生的争议。如国家为了吸引外国投资者而直接与其签订的特许协议。这类协议一般涉及国计民生方面的项目，如开发自然资源或建设大型供电、供水等基础设施等。另一类是非直接基于契约而引

---

① 《谢尔曼法》被认为是现代各国反垄断法的鼻祖和样板，该法第1条的规定是：任何契约，以托拉斯形式或者其他形式的联合、共谋，用来限制州际间或与外国之间的贸易或商业，是非法的。

② Harry First, The Vitamin Case: Cartel Prosecutions and the Coming of International Competition Law, *Antitrust Journal*, Vol. 68, 2001, pp. 711 – 734.

起的争议,即由于国家行为或政府管理行为而引起的争议。如东道国通过立法将属于外国投资者所有的财产收归国有,或实行外汇管制,增加税收等政府管理行为,或者由于东道国发生内乱、革命等引起外国投资者财产损失而与东道国政府发生的争议。

关于东道国政府与外国投资之间的争议,通常可以通过下列方式解决:

1. 协商谈判

这种解决争议的方法可以规定在政府与外国当事人订立的特许协议中。对于非契约性争议,外国投资者也可与政府管理机关进行谈判,但鉴于他们之间没有契约关系,且双方处于不同的法律地位,因而他们之间由于投资活动而产生的争议一般通过协商谈判的方法加以解决。

2. 东道国救济

即外国投资者可将争议提交东道国法院,按照东道国的程序法和实体法寻求救济,解决争议。例如,阿根廷著名国际法学家卡尔沃(Carlo Calvo)提出了关于国际投资争议应当由东道国法院管辖,用尽当地救济,反对外交干预的主张,就是典型代表。

3. 外交途径解决

即采用外交保护的方法,由外国投资者所属国的政府有关部门通过外交途径向东道国政府提出国际请求,由两国政府之间通过谈判解决。但行使外交保护的前提是用尽当地救济。

4. 国际仲裁

这是当事人自愿解决争议的方法,其前提是存在着将争议提交仲裁解决的仲裁协议。根据1965年华盛顿《解决国家与他国国民之间投资争议公约》设立的解决投资争议国际中心,就是通过仲裁方式为解决国家与外国投资者之间的争议提供便利。

(二)通过解决国际投资争议国际中心解决东道国与外国投资者之间的争议

解决投资争议国际中心(International Center for the Settlement of Investment Dispute,以下简称中心或ICSID)是根据1965年3月18日由国际复兴开发银行提交各国政府在华盛顿签署的《解决国家与他国国民之间投资争议公约》(Convention on the Settlement of Investment Disputes Between States and Nationas of Other States,简称《华盛顿公约》)设立,该公约于1966年10月14日生效。截至2018年年底,《华盛顿公约》的签署国已达到189个。

1. 中心的法律地位及其管辖权限

(1)中心的法律地位。《华盛顿公约》第18条规定:"中心具有完全的国际法律人格。中心的法律能力应包括:① 缔结契约的能力;② 取得和处置动产和不动产的能力;③ 起诉的能力。"中心及其财产享有豁免于一切法律诉讼的权利。中心的官员及其雇员在履行公务的过程中,享有公约规定的特权与豁免。中心的档案无论存放在何处,均不可侵犯。中心及其财产收入以及公约许可的业务活动和交易应豁免于一些捐税和关税。

(2)中心的管辖权。《华盛顿公约》第25条规定:"中心的管辖适用于缔约国(或缔约国向中心指定的该国的任何组成部分或机构)和另一缔约国国民之间直接因投资而产生并经双方书面同意提交给中心的任何法律争端。当双方表示同意后，任何一方不得单方面撤销其同意。”可见，凡提交中心仲裁的投资争议的当事人，其中一方必须是公约缔约国或该缔约国的公共机构或实体，另一方则应是另一缔约国的国民（包括自然人、法人及其他经济实体）。这就是说，争议双方一般应当具有不同的国籍。

但在实践中，外国投资者常常在东道国设立当地的公司，而这些公司具有当地的国籍，即在东道国注册的外国投资企业。对于这些在东道国设立的外商投资企业与东道国政府之间的争议，尽管这些企业与东道国的国籍相同，但按照《华盛顿公约》第 25 条第 2 款第 2 项的规定，如果某法律实体与缔约国具有相同的国籍，但由于该法律实体直接受到另一缔约国利益的控制，如果双方同意，为了本公约的目的，该法律实体也可被视为另一国国民。

此外，一个国家为《华盛顿公约》缔约国的事实，并不意味着该国担保将与该国有关的投资争议都提交中心解决。凡提交中心解决的特定争议，当事双方必须订有将该特定争议提交中心解决的书面仲裁协议，而此项协议的存在，是中心取得对该特定争议行使管辖权的必要的实质要件。而一旦双方当事人订立了将该特定争议提交中心解决的书面仲裁协议，任何一方当事人均不得单方面撤回其已经表示的同意。此外，某一缔约国的公共机构或实体表示的同意，须经该缔约国批准，除非该缔约国通知中心不需要此项批准。

根据《华盛顿公约》的规定，中心管辖权应扩及于缔约国及其公共机构或实体与另一缔约国国民之间直接因投资而产生的任何法律上的争议。这就是说，中心对投资争议的仲裁，仅限于由于投资而产生的法律争议，而不是其他方面的争议。因此，只有同时具备《华盛顿公约》第 25 条规定的条件，才属于中心管辖的范围。

2. 中心的仲裁程序

（1）仲裁申请。拟将争议提交中心解决的任何缔约国或缔约国的国民，应向中心秘书长提出书面仲裁申请。其内容包括争议的事实，当事双方的身份以及他们同意依照中心的调解和仲裁规则仲裁等条款。秘书长应将申请书的副本送交被申请人，并予以登记（除非秘书长根据申请书中所包括的材料认定该争议不属于中心的管辖范围）。同时，秘书长还应将登记或不予登记的情况通知双方当事人。

（2）仲裁庭的组成及其权限范围。仲裁庭可以由双方同意的独任仲裁员或 3 名仲裁员组成。在后一种情况下，由当事各方各自指定一名仲裁员，第三名仲裁员（首席仲裁员）由当事双方协商指定。所指定的仲裁员应当具备公约规定的仲裁员应当具备的品德和资格。如秘书长在发出登记通知后 90 日内未能组成仲裁庭，由中心主席任命仲裁庭的组成人员。被指定的仲裁员应当是仲裁小组的人，但不得为争议一方所属的缔约国国民。仲裁庭可就其管辖权限作出决定。

（3）仲裁审理。仲裁程序应当按照公约规定进行。除当事双方另有约定外，应当依照双方同意提交仲裁之日有效的仲裁规则进行仲裁。如果发生《华盛顿公约》及中心仲裁规则或双方同意的任何规则未作规定的程序问题，则该问题应当由仲裁庭决定。

仲裁庭在解决争议的过程中，按照《华盛顿公约》第 42 条的规定，应当适用双方共同选择的法律。如无此项选择，应当适用争议一方的法律，包括该法律中有关的冲突规则以及可适用的国际法规则。按照许多东道国的有关国际投资的法律，在东道国的投资，必须适用东道国的法律。实践中，在有关国际投资合同中，无论是当事人选择的法律，还是仲裁庭决定适用的法律，通常情况下均为东道国的法律。而外国投资者为了维护自己的利益，避免由于东道国单方面修订其法律（如颁布国有化或征收的法令）而损害投资者的利益，一般在谈判合同时列入“稳定条款”，即在合同履约期间，如法律发生与合同规定相悖的变更，则合同中的规定应当优先适用。

（4）仲裁裁决的作出。仲裁裁决应当以全体成员的多数票作出，并应采用书面形式，由赞成此裁决的成员签署。裁决应当处理提交仲裁庭解决的所有问题，并说明裁决所依据的理由。任何仲裁员都可在裁决书上附具他个人的意见，无论此项意见是否是多数人的意见。未经双方当事人同意，裁决不得对外公布。中心秘书长应迅速将核正无误的裁决副本送交当事双方。如果当事人对裁决的含义或范围持有异议，任何一方均可向秘书长提出书面申请，要求仲裁庭对有异议的事项作出解释。

（5）仲裁裁决的撤销。《华盛顿公约》第 52 条规定：“一、任何一方可以根据下列一个或几个理由，向秘书长提出书面申请，要求撤销裁决：（一）仲裁庭的组成不适当；（二）仲裁庭显然超越其权力；（三）仲裁庭的成员有受贿行为；（四）有严重的背离基本程序规则的情况；（五）裁决未陈述其所依据的理由。二、申请应在作出裁决之日后 120 天内提出，但以受贿为理由而要求撤销者除外，该申请应在发现受贿行为后 120 天内，并且无论如何在作出裁决之日后 3 年内提出。”

秘书长收到请求撤销裁决的申请后，应予以登记，并即请中心行政理事会主席从仲裁人小组中任命 3 人组成专门委员会。委员会的成员不得为作出裁决的仲裁庭成员，且不得具有与上述任何成员相同的国籍，不得为争议一方的国家的国民，也不得为争议任何一方的国家所指派参加仲裁小组的成员，以及曾在该同一争议中担任过调停人。委员会有权依公约规定的理由撤销裁决或裁决中的任何部分。

如果仲裁裁决的全部或部分被专门委员会撤销，任何一方当事人可以请求将此争议重新提交给一个新的仲裁庭审理。但如果原裁决仅有部分内容被撤销，则新的仲裁庭不应对未曾撤销的任何部分进行重新审理。

（6）仲裁裁决的承认与执行。中心仲裁裁决的效力与《纽约公约》的裁决不同。因为《纽约公约》裁决可以由执行地法院进行审查，如果没有《纽约公约》规定的拒绝承认与执行的情况，经法院裁定后应发出执行令执行裁决。而中心的裁决相当于缔约国法院的最终判决，各缔约国法院不得对它行使任何形式的审查，包括程序上的审查，也不得以违背当地的社会公共秩序为由而拒绝承认与执行。任何一方当事人也不得对中心裁决提出任何上诉或采取任何除《华盛顿公约》规定以外的补救办法。除依《华盛顿公约》有关规定停止执行的情况外，当事各方及各有关缔约国法院均应遵守和履行中心的裁决。

（三）中国政府与外国投资者之间投资争议的解决

我国政府与外国投资者之间的争议解决方法，体现在我国有关的国内立法、我国缔结或参加的双边或多边国际公约中。

自20世纪70年代末我国实行对内搞活经济、对外实行开放政策以来，我国在过去的30年来颁布了一系列有关吸收利用外资的法律和法规，同一百多个国家订立了双边投资保护协定，还批准和加入了1965年《华盛顿公约》和1985年《多边投资担保机构公约》。根据我国近年来的立法与实践，我国国家与外国投资者之间的争议，除协商解决外，主要有以下三种情况：

1. 当地救济的方法

即通过我国国内行政管理机构或司法机构解决的方法。例如，我国与荷兰、法国、丹麦等国订立的投资保护协定均规定，对于缔约一国与缔约另一国投资者之间关于该投资者在缔约一国领土和海域内的投资争议，投资者可选择如下的解决方法：(1) 向投资所在缔约国的主管行政当局或机构申诉并寻求救济；(2) 向投资所在国有管辖权的法院提起诉讼。以上方法适用于所有在我国境内投资的外国投资者，无论其所属国是否与我订有双边投资保护协定。

2. 国家之间的解决方法

通过国家之间解决东道国与外国投资者之间的争议，可以采取以下方法：(1) 外交谈判的方法。即通过国家之间协商的方法解决。使用这种方法的前提条件是，在用尽当地救济后，争议仍然未能得到解决。此种方法可适用于一切与投资争议有关的场合，无论外国投资者所属国是否与我国订有双边协定或者均为有关国际公约的缔约国。(2) 代位求偿的方法。此种方法主要适用于外国投资者所属国与我国订有双边协定的国家，或者均为有关国际公约的缔约国的情况。根据我国与其他国家订立的投资保护协定，如果对方国家对其国民在我国境内的投资提供了保险或担保，并据此向其在中国投资的国民支付了赔偿，我国政府承认缔约另一方对其国民的权利的代位，但此项代位不得超过其国民应当享有的权利为限。

根据我国参加的《多边投资担保机构公约》，该公约缔约国的国民也可向该公约项下的多边投资担保机构(MIGA)投保公约规定的风险。根据公约第18条的规定，如果MIGA“在对投保人支付或同意支付赔偿时，投保人对东道国其他债务人所拥有的有关投保投资的权利或索赔权应由MIGA代位”。而所有缔约国都应承认MIGA的上述权利。

此外，对于那些未与我国订立上述协定或共同参加的国际公约的国家，如果国家对其国民在我国境内的投资提供了保险或担保，并据此向其在中国投资的国民支付了赔偿，也可采用此种方法。

3. 国际仲裁的方法

我国于1990年2月签署了《华盛顿公约》，1993年2月6日正式加入此公约。中国政府在加入时已经向ICSID发出通知：根据公约第24条第4款，中国政府只将由于征收和国有化而产生的赔偿争议交由 ICSID 管辖。① 因此，我国政府与该公约缔约国国民之间的投资争议，在双方订有书面仲裁协议的情况下，也可提交 ICSID 仲裁解决。向 ICSID 提交的争议中，除了根据《华盛顿公约》产生的投资争议外，包括中国在内的许多双边投资保护协定中也有关于将该双边投资协议项下的争议提交ICSID解决的规定。

我国与一些国家订立的双边投资保护协定中，也有一些包括通过仲裁解决国家与对方投资者之间的投资争议的规定。而对于那些与我国无此协定或未能参加《华盛顿公约》的国家，如果这些国家的投资者与我国政府订有通过仲裁解决投资争议的仲裁协议，也可通过仲裁的方式解决此项争议。

本章小结

国际经济贸易争议是指国际经济贸易活动主体之间在国际经济贸易活动中所产生的纠纷。由于纠纷涉及的领域不同，因此，解决方式也不完全相同。解决国际经济争议的方式主要是仲裁和诉讼方式。然而，有些争议也涉及外交保护问题。因此，必须选择适当的争议解决方式。

本章思考题

1. 什么是国际经济贸易争议？有哪些解决方法？
2. ADR 的特点及其在实践中的应用有哪些？诉讼和仲裁的区别有哪些？
3. 国际民商事诉讼的管辖原则有哪些？如何承认与执行外国法院的判决？
4. 如何确定国际商事仲裁庭的管辖权？
5. 国际商事仲裁裁决的补救办法有哪些？
6. 我国法院应当如何承认与执行外国仲裁裁决？
7. 世界贸易争议解决机制的特点有哪些？
8. 我们应当如何利用世界贸易组织争议解决机制解决我国与其他国家之间的贸易争端？
9. 如何解决国家与他国国民之间的经济贸易争议？
10. 如何解决我国政府与外国投资者之间的争议？
11. 解决投资争议国际中心的法律地位及其管辖范围？

必读法规

1. 联合国国际贸易法委员会 2002 年《国际商事调解示范法》
2. 《中华人民共和国民事诉讼法》

① World Arbitration & Mediation Report, Vol. 4, No. 2, 1993, p. 32.

3.《中华人民共和国仲裁法》

4.《中国国际经济贸易仲裁委员会仲裁规则》

5. 联合国国际贸易法委员会1976年《仲裁规则》

6. 1958年《承认与执行外国仲裁裁决公约》

7. 联合国国际贸易法委员会1985年《国际商事仲裁示范法》

8. 世界贸易组织《关于争端解决规则与程序的谅解》

9.《解决国家与他国国民之间投资争议公约》

推荐阅读书目

1. 国际商会中国国家委员会编:《ICC CHINA 国际商事仲裁年刊》,中国民主法制出版社定期出版。

2. 姜秋菊主编:《北京仲裁》,中国法制出版社定期出版。

3. 王文英主编:《仲裁与法律》,法律出版社定期出版。

4. 万季飞、万鄂主编:《中国仲裁与司法》,法律出版社定期出版。

5. 陈忠谦主编:《仲裁研究》,法律出版社定期出版。

6. 林一飞编著:《中国国际商事仲裁裁决的执行》,对外经济贸易大学出版社2006年版。

7. 屈广清主编:《国际民事程序与商事仲裁法》,法律出版社2006年版。

8. 赵秀文、谢菁菁编著:《国际商事仲裁法参考资料》,中国人民大学出版社2006年版。

9. 杨良宜等著:《仲裁法:从1996年英国仲裁法到国际商务仲裁》,法律出版社2006年版。

10. [英]艾伦·雷德芬等著:《国际商事仲裁法律与实践》,林一飞、宋连斌译,北京大学出版社2005年版。

11. 赵秀文主编:《国际商事仲裁案例解析》,中国人民大学出版社2005年版。

12. 刘晓红著:《国际商事仲裁协议的法理与实证》,商务印书馆2005年版。

13. 汪祖兴著:《国际商会仲裁研究》,法律出版社2005年版。

14. [法]福盖德等著:《国际商事仲裁》(影印本),中信出版社2004年版。

15. 赵秀文著:《国际商事仲裁及其适用法律问题研究》,北京大学出版社2002年版。

16. 李万强著:《ICSID仲裁机制研究》,陕西人民出版社2002年版。

17. 王生长著:《仲裁与调解相结合的理论与实务》,法律出版社2001年版。

18. 范愉著:《非诉讼纠纷解决机制研究》,中国人民大学出版社2000年版。

19. 赵健著:《国际商事仲裁的司法监督》,法律出版社2000年版。

20. 宋连斌著:《国际商事仲裁管辖权研究》,法律出版社2000年版。

21. 宋航著:《国际商事仲裁裁决的承认与执行》,法律出版社2000年版。

22. 赵秀文著:《国际商事仲裁案例评析》,中国法制出版社 1999 年版。
23. 郭寿康、赵秀文主编:《国际经济贸易仲裁法》(修订版),中国法制出版社 1999 年版。
24. 李双元著:《走向 21 世纪的国际私法——国际私法与法律的趋同化》,法律出版社 1999 年版。
25. 朱克鹏著:《国际商事仲裁的法律适用》,法律出版社 1999 年版。
26. 李双元主编:《中国与国际私法统一化进程》(修订版),武汉大学出版社 2016 年版。
27. 陈治东著:《国际商事仲裁法》,法律出版社 1998 年版。
28. 韩德培主编:《国际私法新论》,武汉大学出版社 1997 年版。
29. 李浩培著:《国际民事诉讼程序法》,法律出版社 1996 年版。
30. 韩健著:《现代国际商事仲裁法的理论与实践》(修订本),法律出版社 2000 年版。

典型案件

维他命案与美国对反托拉斯案件的管辖及其适用法律

克罗马罗依案与仲裁裁决的撤销与执行

ICSID 管辖权案例

主要参考文献

一、中文著作、译作类

[1] [美]托马斯·弗里德曼. 世界是平的——21世纪简史. 何帆,肖莹莹,郝正非译. 长沙:湖南科学技术出版社,2006.

[2] [美]詹姆斯·R. 马库森. 跨国公司与国际贸易理论. 张永晶、陆雪莲、杨泓艳译. 上海:上海财经大学出版社,2005.

[3] [英]彼德·J. 巴克利. 跨国公司的未来. 冯亚华、池娟译. 北京:中国金融出版社,2005.

[4] [德]彼德斯曼. 国际经济法的宪法功能与宪法问题. 何志鹏、孙璐、王彦志译. 北京:高等教育出版社,2004.

[5] [美]米歇尔·E. 波特. 国家竞争优势(上),李明轩、邱如美合译. 台北:年天下远见出版股份有限公司,2003.

[6] [美]戴维·赫尔德等. 全球大变革——全球化时代的政治,经济和文化. 杨雪冬等译. 北京:社会科学文献出版社,2001.

[7] [德]赫尔穆特·施密特. 全球化与道德重建. 柴方国译. 北京:社会科学文献出版社,2001.

[8] [德]汉斯-彼得·马丁,哈拉而特·舒曼. 对民主和福利的进攻——全球化陷阱. 北京:中央编译出版社,2001.

[9] 韩德强. 碰撞——全球化陷阱与中国现实选择. 北京:经济管理出版社,2000.

[10] 胡国亨. 独共南山守中国. 香港:香港中文大学出版社,1995.

[11] [美]丹尼斯·米都斯等著. 增长的极限——罗马俱乐部关于人类困境的报告. 李宝恒译. 长春:吉林人民出版社,1997.

[12] [乌拉圭]爱德华多·加莱亚诺. 拉丁美洲被切开的血管. 王玫等译. 北京:人民文学出版社,2001.

[13] [美]德尼·古莱. 残酷的选择——发展理念与伦理价值. 高铦、高戈译. 北京:社会科学文献出版社,2008.

[14] 熊焰. 低碳之路——重新定义世界和我们的生活. 北京:中国经济出版社,2010.

[15] [美]杰里夫·里夫金. 第三次工业革命——新经济模式如何改变世界. 张体伟、孙豫宁译. 北京:中信出版社,2012.

[16] [德]马迪亚斯·赫德根.国际经济法.江清云等译.上海:上海人民出版社,2007.

[17] 陈安主编.国际经济法学新论.北京:高等教育出版社,2007.

[18] 高凛.国际经济法热点问题研究.北京:中国民主法制出版社,2007.

[19] 曾华群.国际经济法导论(第二版),北京:法律出版社,2007.

[20] 韩立余主编.国际经济法学原理与案例教程.北京:中国人民大学出版社,2006.

[21] 郭寿康主编.国际经济法(第二版),北京:中国人民大学出版社,2006.

[22] 余劲松、吴志攀主编.国际经济法(第二版).北京:北京大学出版社,高等教育出版社,2005.

[23] 朱榄叶主编.国际经济法学.北京:北京大学出版社,2005.

[24] 车丕照.国际经济法概要.北京:清华大学出版社,2003.

[25] 左海聪.国际经济法的理论与实践.武汉:武汉大学出版社,2003.

[26] 曹建明,陈治东主编.国际经济法专论.北京:法律出版社,2000.

[27] 曹建明主编.国际经济法学.北京:中国政法大学出版社,1999.

[28] 姚梅镇主编.国际经济法概论.北京:武汉大学出版社,1999年修订版.

[29] 汤树梅主编.国际经济法案例分析.北京:中国人民大学出版社,2000.

[30] 肖伟主编.国际经济法学案例教程.北京:知识产权出版社,2003.

[31] [英]施米托夫.国际贸易法文选.赵秀文选译.北京:中国大百科全书出版社,1993.

[32] 赵承壁编著.国际贸易法律.北京:中国对外经济贸易出版社,1986.

[33] 沈达明、冯大同编著.国际贸易法新论.北京:法律出版社,1989.

[34] [比]亨利·皮朗.中世纪欧洲经济社会史.乐文译.上海:上海人民出版社,1987.

[35] 王传丽.涉外经济合同的法律效力.北京:中国政法大学出版社,1989.

[36] [英]戴维·M.萨逊.CIF与FOB合同.北京:对外经济贸易大学出版社,1980.

[37] 刘彤编著.国际货物买卖法.北京:对外经济贸易大学出版社,2007.

[38] [英]Michael Bridge.国际货物销售法律与实务.林一飞等译.北京:法律出版社,2004.

[39] [美]拉尔夫·H.费尔瑟姆,迈克·W.戈登,约翰·A.史帕诺戈.国际贸易和投资.北京:法律出版社,2004.

[40] 严思忆主编.国际贸易实务.北京:对外经济贸易大学出版社,2004.

[41] 何志.买卖合同案件判定解说.北京:人民法院出版社,2004.

[42] 陈若鸿编译.英国货物买卖法:判例与评论.北京:法律出版社,2003.

[43] 林晓云.美国货物买卖法案例判解.北京:法律出版社,2003.

[44] [美]詹姆斯·布鲁克.买卖与租赁案例与解析影印系列(第三版),北京:中信出版社,2003.

[45] John M. Stockton.货物买卖与租赁(第三版),北京:中国人民大学出版社,2003.

[46] 沈达明编著. 买卖法上的货物质量担保. 北京:对外经济贸易大学出版社,2003.

[47] 黄东黎. 国际贸易法——经济理论、法律、案例. 北京:法律出版社,2003.

[48] 杨树明. 国际贸易法学. 北京:法律出版社,2003.

[49] 侯淑波. 国际货物贸易法. 北京:法律出版社,2003.

[50] 刘家安. 买卖的法律结构——以所有权移转问题为中心. 北京:中国政法大学出版社,2003.

[51] 谢海霞. 国际贸易法案例评析. 上海:汉语大词典出版社,2003.

[52] 余延满. 货物所有权的移转与风险负担的比较法研究. 武汉:武汉大学出版社,2002.

[53] 沈木珠. 国际贸易法研究. 北京:法律出版社,2002.

[54] 黄茂荣. 买卖法. 北京:中国政法大学出版社,2002.

[55] 侯东波. 买卖合同案例评析. 北京:专利文献出版社,2002.

[56] 赵承壁. 国际货物买卖合同. 北京:对外经济贸易大学出版社,2001.

[57] 郭寿康,韩立余. 国际贸易法. 北京:中国人民大学出版社,2000.

[58] [美]克劳德 · D. 柔沃,[美]乔登 · D. 沙博. 合同法(第四版英文影印),北京:法律出版社,1999.

[59] 杨良宜. 国际货物买卖. 北京:中国政法大学出版社,1999.

[60] 张湘兰. 国际贸易法理论与实务. 武汉:武汉大学出版社,1996.

[61] 司玉琢. 海商法专论. 北京:中国人民大学出版社,2007.

[62] 傅廷中. 海商法论. 北京:法律出版社,2007.

[63] 北京大学法学院海商法研究中心主办. 海商法研究. 北京:法律出版社,2001.

[64] 何丽新,吴海燕主编. 海商法案例精解. 厦门:厦门大学出版社,2004.

[65] 冯媛媛主编. 运输实务. 北京:对外经济贸易大学出版社,2004.

[66] 司玉琢主编. 海商法. 北京:法律出版社,2003.

[67] 司玉琢主编. 海商法学案例教程. 北京:知识产权出版社,2003.

[68] 冯辉编著. 美国海商法案例选评. 北京:对外经济贸易大学出版社,2003.

[69] 房绍坤主编. 海商法案例教程. 北京:北京大学出版社,2003.

[70] 司玉琢主编. 国际海事立法趋势及对策研究. 北京:法律出版社,2002.

[71] 贺万忠. 国际货物多式运输法律问题研究. 北京:法律出版社,2002.

[72] 於世成主编. 海商法. 北京:法律出版社,2002.

[73] 杨良宜. 提单及其付运单证. 北京:中国政法大学出版社,2001.

[74] 姚新超主编. 国际贸易运输 . 北京:对外经济贸易大学出版社,2001.

[75] 对外经济贸易大学国际经贸学院运输系编著. 国际货物运输实务. 北京:对外经济贸易大学出版社,1999.

[76] [美]G. 吉尔摩,C. L. 布莱克. 海商法(上、下),北京:中国大百科全书出版

社,2000.

［77］ 尹东年,郭瑜. 海上货物运输法. 北京:人民法院出版社,2000.

［78］ 邢海宝. 海商提单法. 北京:法律出版社,1999.

［79］ 黄力华. 国际航空运输法律制度研究. 北京:法律出版社,2007.

［80］ 黄敬阳主编. 国际货物运输保险. 北京:对外经济贸易大学出版社,2005.

［81］ 顾寒梅,张华编著. 国际货物运输保险理论与实务. 北京:中国物资出版社,2005.

［82］ 汪鹏南. 现代海上保险法的理论与实践. 大连:大连海事大学出版社,2004.

［83］ 莫世健. International Commercial Law. 北京:中国法制出版社,2004.

［84］ 汪鹏南. 海上保险合同法详论(第二版). 大连:大连海事大学出版社,2003.

［85］ ［英］Malcolm A. Clarke. 保险合同法（第三版）. 何美欢,吴志攀等译. 北京:北京大学出版社,2002.

［86］ ［英］Donald O'may,［英］Iuliam Hill. OMAY 海上保险法律与保险单. 北京:法律出版社,2002.

［87］ 张湘兰主编. 海上保险索赔与理赔. 北京:人民法院出版社,2002.

［88］ 史学瀛,郭宏彬主编. 保险法前沿问题案例研究. 北京:中国经济出版社,2001.

［89］ 杨良宜,汪鹏南. 英国海上保险条款详论. 大连:大连海事大学出版社,1996.

［90］ 杨良宜. 海上保险. 大连:大连海运学院出版社,1985.

［91］ 陈岩,刘玲编著. UCP600 与信用证精要. 北京:对外经济贸易大学出版社,2007.

［92］ 李金泽主编. UCP600 适用与信用证法律风险防控. 北京:法律出版社,2007.

［93］ 曾鸣编著. UCP600 的主要变化及对实务的影响. 大连:东北财经大学出版社,2007.

［94］ 陈国武主编. 解读《跟单信用证统一惯例》(2007 年修订本)第 600 号出版物. 天津:天津大学出版社,2007.

［95］ 梁树新主编. 跟单信用证与对外贸易. 北京:人民邮电出版社,2007.

［96］ 伏军编著. 英美信用证案例选评. 北京:对外经济贸易大学出版社,2006.

［97］ 最高人民法院民事审判第四庭编. 信用证纠纷典型案例. 北京:中国民主法制出版社,2006.

［98］ 吴庆宝,孙亦闽,金赛波主编. 信用证诉讼原理与判例. 北京:人民法院出版社,2005.

［99］ 金赛波编. 中国信用证和贸易融资司法案例选编. 北京:中国商务出版社,2005.

［100］ 金赛波,李健. 信用证法律. 北京:法律出版社,2004.

［101］ 李金泽. 信用证与国际贸易融资法律问题. 北京:中国金融出版社,2005.

［102］ 美国统一商法典(信用证篇). 王江雨翻译. 北京:中国法制出版社,1998.

［103］ 左小东. 信用证法律研究与实务. 北京:警官教育出版社,1993.

［104］ 左海聪主编. 1994 年关贸总协定逐条释义. 长沙:湖南科学技术出版社,2006.

[105] [德]彼得 - 托比亚斯·施托尔,[德]弗兰克·朔尔科普夫. 世界贸易制度和世界贸易法. 北京:法律出版社,2004.

[106] 杨国华、李咏箑. WTO 争端解决程序详解. 北京:中国方正出版社,2004.

[107] 杨国华. 中国入世第一案——美国钢铁保障措施案研究. 北京:中信出版社,2004.

[108] 朱榄叶编著. 世界贸易组织国际贸易纠纷案例评析(1995—2002)(上下),北京:法律出版社,2004.

[109] 王贵国. 世界贸易组织法. 北京:法律出版社,2003.

[110] [美]John H. Jackson. 关贸总协定和世贸组织的法理(第二版),北京:高等教育出版社,2003.

[111] 尚明编著. 反倾销——WTO 规则及中外法律与实践(第二版). 北京:法律出版社,2004.

[112] 韩龙. 世贸组织与金融服务贸易. 北京:人民法院出版社,2003.

[113] 王传丽主编. 国际贸易法——政府管理贸易的法律制度. 北京:中国政法大学出版社,2002.

[114] 石广生主编. 中国加入世界贸易组织知识读本(二),乌拉圭回合多边贸易谈判结果:法律文本. 北京:人民出版社,2002.

[115] 对外贸易经济合作部世界贸易组织司译. 中国加入世界贸易组织法律文件. 北京:法律出版社,2002.

[116] 杨国华. 中国加入 WTO 法律问题专论. 北京:法律出版社,2002.

[117] 石广生主编. 中国加入世界贸易组织知识读本(一),世界贸易组织基本知识. 北京:人民出版社,2001.

[118] 张玉卿,李成钢. WTO 与保障措施争端. 上海:上海人民出版社,2001.

[119] 郑成思编著. WTO 知识产权协议逐条讲解. 北京:中国方正出版社,2001.

[120] 余敏友、左海聪、黄志雄. WTO 争端解决机制概论. 上海:上海人民出版社,2001.

[121] 世界贸易组织秘书处编. 乌拉圭回合协议导读. 北京:法律出版社,2000.

[122] 赵维田. 世贸组织(WTO)的法律制度. 长春:吉林人民出版社,2000.

[123] 陶凯元. 国际服务贸易法律的多边化与中国对外服务贸易法制. 北京:法律出版社,2000.

[124] 世界贸易组织秘书处编. 贸易走向未来——世界贸易组织(WTO)概要,张江波,索必成译. 北京:法律出版社,1999.

[125] 马忠法. 国际技术转让法律制度理论与实务研究. 北京:法律出版社,2007.

[126] 王传丽主编. 国际贸易法——国际知识产权法. 北京:中国政法大学出版社,2003.

[127] 安丽主编. 国际技术转让法. 北京:中国法制出版社,2003.

[128] 中国法制出版社编. 对外技术贸易. 北京:中国法制出版社,2003.

[129] 中国国际经济贸易仲裁委员会编. 国际技术贸易合同书示范文本及相关法律法规. 北京:法律出版社,2002.

[130] 孔祥俊. WTO 知识产权协定及其国内适用. 北京:法律出版社,2002.

[131] 郑成思. WTO 知识产权协议逐条讲解. 北京:中国方正出版社,2001.

[132] 王新奎,刘光溪主编. WTO 与知识产权争端. 上海:上海人民出版社,2001.

[133] 中华人民共和国科学技术部国际合作司、中国技术市场管理促进中心. 国际技术转让指南. 北京:中国政法大学出版社,2000.

[134] 汤宗舜. 知识产权的国际保护. 北京:人民法院出版社,1999.

[135] 车丕照主编. 国际技术转让法. 长春:吉林大学出版社,1999.

[136] 陈绍蓉. 国际技术转让法理论与实践. 北京:人民出版社,1997.

[137] 余劲松主编. 国际投资法. 北京:法律出版社,2007.

[138] 陈安主编. 国际投资法的新发展与中国双边投资条约的新实践. 上海:复旦大学出版社,2007.

[139] 杨文升. 国际投资准入法律制度. 大连:辽宁师范大学出版社,2007.

[140] 史晓丽主编. 国际投资法. 北京:中国政法大学出版社,2005.

[141] 吕岩峰,何志鹏,孙璐. 国际投资法. 北京:高等教育出版社,2005.

[142] 汤树梅著. 国际投资法的理论与实践. 北京:中国社会科学出版社,2004.

[143] 李万强著. ICSID 仲裁机制研究. 西安:陕西人民出版社,2002.

[144] [美] 拉尔夫·H. 费尔瑟姆,迈克·W. 戈登,约翰·A. 史帕诺戈. 贸易与投资(第二版). 北京:法律出版社,2004.

[145] 徐泉. 国际贸易投资自由化法律规制研究. 北京:中国检察出版社,2004.

[146] 余劲松主编. 国际投资法(第二版). 北京:法律出版社,2003.

[147] 王保树. 投资者利益保护. 北京:社会科学文献出版社,2003.

[148] 朱延福. 外资国民待遇导论. 北京:中国财政经济出版社,2003.

[149] 刘笋. 国际投资保护的国际法制若干重要法律问题研究. 北京:法律出版社,2002.

[150] 刘笋. WTO 法律规则体系对国际投资法的影响. 北京:中国法制出版社,2001.

[151] 陈安主编. 国际投资争端案例精选. 上海:复旦大学出版社,2001.

[152] 陈安主编. 国际投资争端仲裁——"解决投资争端国际中心"机制研究. 上海:复旦大学出版社,2001.

[153] 王贵国. 国际投资法. 北京:北京大学出版社,2001.

[154] 范剑虹编著. 国际投资法导读. 杭州:浙江大学出版社,2000.

[155] 陈安总主编、曾华群主编. 国际投资法学. 北京:北京大学出版社,1999.

[156] 姚梅镇. 国际投资法. 武汉:武汉大学出版社,1985.

[157] 联合国贸发会议.2001年世界投资报告——促进联系.

[158] 联合国贸发会议.2003年世界投资报告——外国直接投资政策促进发展:国家和国际透视.

[159] 联合国贸发会议.1999年世界投资报告(英文版).

[160] 国际法委员会报告,第五十四届会议(2002年4月29日至6月7日和7月22日至8月16日)大会正式记录,第五十七次会议补编第10号(A/57/10).

[161] 刘丰名.国际金融法.北京:中国政法大学出版社,2007.

[162] 宋鸿兵编著.货币战争.北京:中信出版社,2007.

[163] 韩龙主编.国际金融法.北京:法律出版社,2007.

[164] 徐冬根.国际金融法.北京:高等教育出版社,2015.

[165] 李仁真主编.国际金融法.武汉:武汉大学出版社,2005.

[166] 范晓波主编.国际金融法.北京:中国政法大学出版社,2005.

[167] 吴志攀,白建军主编.海外金融法.北京:法律出版社,2004.

[168] 吴志攀.金融全球化与中国金融法.广州:广州出版社,2000.

[169] 白钦先主编.金融监管的国际协调与合作.北京:中国金融出版社,2003.

[170] [美]保罗·卢斯坦.惩戒——金融危机与国际货币基金组织.北京:中信出版社,沈阳:辽宁教育出版社,2003.

[171] 刘金科主编.国际金融法学.北京:中国财政经济出版社,2003.

[172] 岳彩申.跨国银行法律制度研究.北京:北京大学出版社,2002.

[173] 邓瑞平主编.国际金融法.重庆:重庆大学出版社,2002.

[174] 杨松.国际法与国际货币新秩序研究.北京:北京大学出版社,2002.

[175] 刘敬东.国际融资租赁交易中的法律问题.北京:中国人民公安大学出版社,2002.

[176] 范剑虹编著.国际金融法导读.杭州:浙江大学出版社,2001.

[177] 陆泽峰.金融创新与法律变革.北京:法律出版社,2000.

[178] 吴志攀主编.国际金融法.北京:法律出版社,1999.

[179] 董安生.国际货币金融法.北京:中国人民大学出版社,1999.

[180] 李仁真主编.国际金融法.武汉:武汉大学出版社,1999.

[181] 李国安主编.国际货币金融法学.北京:北京大学出版社,1999.

[182] 国际清算银行编.巴塞尔银行监管委员会文献汇编.北京:中国金融出版社,1998.

[183] 李建军,田光宁.九十年代三大国际金融危机比较研究.北京:中国经济出版社,1998.

[184] 赵一民主编.国际金融法.北京:中国政法大学出版社,1998.

[185] 张忠军.金融监管法论.北京:法律出版社,1998.

［186］ 李泽锐. 国际货币金融法概论. 北京:经济管理出版社,1997.

［187］ 王贵国. 国际货币金融法. 北京:北京大学出版社,1996.

［188］ 刘丰名. 国际金融法. 北京:中国政法大学出版社,1996.

［189］ 董世忠主编. 国际金融法. 北京:法律出版社,1989.

［190］ 沈达明,冯大同编. 国际资金融通的法律与实务. 北京:对外经济贸易大学出版社,1985.

［191］ ［美］罗伊·罗哈吉. 国际税收基础. 林海宁,范文祥译. 北京:北京大学出版社,2006.

［192］ 熊志君主编. 国际税收与世界各国税制. 海口:海南出版社,2004.

［193］ ［美］理查德·L. 多恩伯格(Richard L. Doernberg). 国际税法概要. 马康明等译. 北京:中国社会科学出版社,1999.

［194］ 刘剑文主编. 国际税法学. 北京:北京大学出版社,2004.

［195］ 刘剑文. 国际所得税法研究. 北京:中国政法大学出版社,2000.

［196］ 张智勇. 国际税法. 北京:人民法院出版社,2002.

［197］ 廖益新主编. 国际税法学. 北京:北京大学出版社,2001.

［198］ 那力. 国际税法学. 长春:吉林大学出版社,1999.

［199］ 中国国际税收研究会编. 中国税收协定实务全集. 北京:人民出版社,1997.

［200］ 程永昌主编. 国际税收学. 北京:中国税务出版社,1998.

［201］ 陈大刚. 国际税法原理. 上海:上海财经大学出版社,1997.

［202］ 李泳. 国际税收的法律与实务. 上海:上海译文出版社,1996.

［203］ 卢福财,匡小平主编. 企业国际避税策略. 南昌:江西高校出版社,1995.

［204］ 高尔森主编. 国际税法(第二版). 北京:法律出版社,1993.

［205］ 陈安主编. 国际税法. 厦门:鹭江出版社,1987.

［206］ 葛惟熹主编. 国际税收教程. 北京:中国财政经济出版社,1987.

［207］ 王选汇. 避免双重征税协定简论. 北京:中国财政经济出版社,1987.

［208］ 尚明. 对企业滥用市场支配地位的反垄断法规制. 北京:法律出版社,2007.

［209］ 沈四宝、刘彤. 美国反垄断法原理与典型案例. 北京:法律出版社,2006.

［210］ 尚明主编. 反垄断——主要国家与国际组织反垄断法律与实践. 北京:中国商务出版社,2005.

［211］ 刘宁元,司平平,林燕萍. 国际反垄断法. 上海:上海人民出版社,2002.

［212］ 孔祥俊. 反垄断法原理. 北京:中国法制出版社,2001.

［213］ 王晓晔. 欧共体竞争法. 北京:中国法制出版社,2001.

［214］ 王晓晔. 企业合并中的反垄断问题. 北京:法律出版社,1996.

［215］ 林一飞编著. 中国国际商事仲裁裁决的执行. 北京:对外经济贸易大学出版社,2006.

［216］ 屈广清主编. 国际民事程序与商事仲裁法. 北京:法律出版社,2006.

［217］ 杨良宜等. 仲裁法:从 1996 年英国仲裁法到国际商务仲裁. 北京:法律出版社,2006.

［218］［英］艾伦·雷德芬(Alan Redfern)等著. 国际商事仲裁法律与实践. 林一飞,宋连斌译. 北京:北京大学出版社,2005.

［219］ 赵秀文主编. 国际商事仲裁案例解析. 北京:中国人民大学出版社,2005.

［220］ 刘晓红. 国际商事仲裁协议的法理与实证. 北京:商务印书馆,2005.

［221］ 汪祖兴. 国际商会仲裁研究. 北京:法律出版社,2005.

［222］ 赵秀文. 国际商事仲裁及其适用法律问题研究. 北京:北京大学出版社,2002.

［223］ 郭寿康、赵秀文主编. 国际经济贸易仲裁法. 北京:中国法制出版社,1999.

［224］ 赵健. 国际商事仲裁的司法监督. 北京:法律出版社,2000.

［225］ 宋连斌. 国际商事仲裁管辖权研究. 北京:法律出版社,2000.

［226］ 宋航. 国际商事仲裁裁决的承认与执行. 北京:法律出版社,2000.

［227］ 李双元. 走向 21 世纪的国际私法——国际私法与法律的趋同化. 北京:法律出版社,1999.

［228］ 李双元主编. 中国与国际私法统一化进程. 北京:武汉大学出版社,1998.

［229］ 朱克鹏. 国际商事仲裁的法律适用. 北京:法律出版社,1999.

［230］ 赵秀文主编. 国际经济贸易仲裁法参考资料. 北京:中国法制出版社,1999.

［231］ 陈治东. 国际商事仲裁法. 北京:法律出版社,1998.

［232］ 韩德培主编. 国际私法新论. 武汉:武汉大学出版社,1997.

［233］ 李浩培. 国际民事诉讼程序法. 北京:法律出版社,1996.

［234］ 韩健. 现代国际商事仲裁法的理论与实践. 北京:法律出版社,1993.

［235］ 熊焰. 低碳之路——重新定义世界和我们的生活. 北京:中国经济出版社,2010.

［236］ 胡国亨. 独共南山守中国,香港:香港中文大学出版社,1995.

［237］［美］丹尼斯·米都斯等. 增长的极限——罗马俱乐部关于人类困境的报告. 李宝恒译. 长春:吉林人民出版社,1997.

［238］［美］德尼·古莱. 残酷的选择——发展理念与伦理价值. 高铦、高戈译. 北京:社会科学文献出版社,2008.

［239］［乌拉圭］爱德华多·加莱亚诺. 拉丁美洲被切开的血管. 王玫等译. 北京:人民文学出版社,2001.

［240］［美］苏姗·K. 塞尔. 私权、公法——知识产权的全球化. 董刚、周超译,王传丽审校. 北京:中国人民大学出版社,2008.

［241］［美］威廉·恩道尔. 石油战争. 赵钢等译. 北京:知识产权出版社,2008.

［242］［美］威廉·恩道尔. 粮食危机. 赵钢等译. 北京:知识产权出版社,2008.

［243］ 王传丽等著. WTO 农业协定与农产品贸易规则. 北京:北京大学出版社,2009.

[244] 宋鸿兵编著. 货币战争. 北京:中信出版社,2007.

[245] 宋鸿兵. 货币战争2:金权天下. 北京:中华工商联合出版社,2009.

[246] 宋鸿兵. 货币战争3:金融高边疆. 北京:中华工商联合出版社,2011.

[247] 宋鸿兵. 货币战争4:战国时代. 武汉:长江文艺出版社,2012.

[248] [英]彼得·弗兰克潘. 丝绸之路——一部全新的世界史. 杭州:浙江大学出版社,2016.

[249] [德]贡德·弗兰克. 白银资本——重视经济全球化中的东方. 刘北成译. 北京:中央编译出版社,2000.

[250] [美]查尔斯·曼恩. 1491:前哥伦布时代美洲启示录. 胡亦南译. 北京:中信出版社,2014.

[251] 钱穆讲授. 中国经济史. 叶龙记录整理. 北京:北京联合出版公司,2014.

[252] 李剑农. 中国古代经济史稿. 武汉:武汉大学出版社,2006.

[253] 韩毓海. 五百年来谁著史—1500年以来的中国与世界(第三版). 北京:九州出版社,2011.

[254] [英]加文·孟西斯. 1434:一直庞大的中国舰队抵达意大利并点燃文艺复兴之火. 宋丽萍,杨立新译. 北京:人民文学出版社,2012.

[255] 绪玄识. 虚构的西方文明史——古今西方"复制中国"考论. 太原:山西人民出版社,2017.

[256] 叶孝信主编. 中国法制史(新编本). 北京:北京大学出版社,1996.

[257] 黄仁宇. 现代中国的历程. 北京:中华书局,2011.

[258] 张玉卿主编. WTO法律大辞典. 北京:法律出版社,2006.

[259] 欧阳勋,黄仁德. 国际贸易理论与政策. 上海:三民书局印行,1993.

二、学刊杂志类

[1] 陈安主编. 国际经济法学刊(原名国际经济法论丛,不定期出版,中国国际经济法学会刊物),北京大学出版社.

[2] 中国国际法学会. 中国国际法年刊. 北京大学出版社.

[3] 北京国际法学会编. 国际法学论丛. 方正出版社.

[4] 中国仲裁法学研究会,中国国际经济贸易仲裁委员会,中华人民共和国最高人民法院民四庭. 中国仲裁与司法. 方正出版社.

[5] 国际商会中国国家委员会编. ICC CHINA 国际商事仲裁年刊. 中国民主法制出版社.

[6] 姜秋菊主编. 北京仲裁(定期出版),中国法制出版社.

[7] 王文英主编. 仲裁与法律(定期出版),法律出版社.

[8] 万季飞,万鄂湘主编. 中国仲裁与司法. 法律出版社.

[9] 陈忠谦主编. 仲裁研究(定期出版),法律出版社.

三、英文著作、报告类

[1] Andrew T. Guzman and Alan O. Sykes, *Research handbook in international economic law*, Cheltenham, UK, 2007.

[2] Andreas F. Lowenfeld, *International economic law*, Oxford University Press, 2002.

[3] Asif H. Qureshi, *Perspectives in international economic law*, Kluwer Law International, 2002.

[4] Clive M. Schmitthoff, *Commercial Law in a Changing Economic Climate*, Sweet & Maxwell, 1981.

[5] United Nations Conference on Trade and Development (UNCTD), World Investment Report 2002: Transnational Corporations and Export Competitiveness.

[6] International Monetary Fund (IMF), *Balance of Payments Manual*, Fifth Edition (1993), Ⅷ. Classification and Standard Components of the Balance of Payments.

[7] United Nations Conference on Trade and Development (UNCTD): Scope and Definition, UNCTAD Series on issues in international investment agreements, New York and Geneva (1999).

[8] Organization for Economic Cooperation and Development (OECD), Benchmark Definition of Foreign Direction Investment, Third Edition (1995).

[9] WTO Secretariat, *Trade and Foreign Direct Investment*, PRESS/57 (October 9, 1996).

[10] *The OECD Guidelines for Multinational Enterprises*, UNCTAD, 1996, volume Ⅱ.

[11] Thomas L. Brewer and Stephen Young, *The Multinational Investment System and Multinational Enterprises*, Oxford University Press, 1998.

[12] Phillip I. Blumberg, *Corporate Groups and Enterprise Liability: Procedural and Substantive Issues Pertaining to the Liability of Multinational Corporations for the Activities of Subsidiaries, Private Investors Abroad—Problems and Solutions in International Business in 1986*, Matthew Bender.

[13] Ibrahim F. I. Shihata, *Multilateral Investment Guarantee Agency and Foreign Investment*, Martinus Nijhoff Publishers, 1988.

[14] MIGA Annual Report 2003.

[15] Denise Manning - Cabrol, *The Imminent Death of The Calvo Clause and The Rebirth of The Calvo Principle*: *Equality of Foreign and National Investors*, Law and Policy in International Business, Summer, 1995.

[16] Alan C. Swan, John F. Murphy, *Cases and Materials on The Regulation of International Business and Economic Relations*, Second Edition, Matthew Bender, 1999.

[17] A. J. Thomas, Jr. , *Protection of Property of Citizens Abroad*, *Institute on Private Investment Abroad*, Matthew Bender & Company, 1959.

[18] *Investment policies in Latin America and Multilateral Rules on Investment*, OECD.

[19] *Issues Related to International Arrangements*, Note by the UNCTAD secretariat, 28 November 2003, TD/B/COM. 2/54, United Nations Conference on Trade and Development.

[20] C. A. Jones, M. Matsushita (eds.), *Competition Policy in the global trading System*, Kluwer Law International, 2002.

[21] Mark R. Joelson, *An international Antitrust Primer—A Guide to the Operation of United States*, *European Union and Other Key Competition Laws in the Global Economy*, 2nd edition, Kluwer Law International.

[22] Masahiro Murakami: *Competition Rules and Enforcement in the US*, *EU and Japan*, *Competition Policy in the Global Trading System*, Kluwer Law International, 2002.

[23] Alan C. Swan & John F. Murphy: *Cases and Materials On The Regulation Of International Business And Economic Relations*, Second Edition, Matthew Bender & Company Incorporated. , 1999.

[24] *World Arbitration & Mediation Report*, Vol. 4, No. 2, Feb. 1993.

[25] Kara Leitner and Simon Lester, *WTO Dispute Settlement 1995 – 2003*: *A Statistical Analysis*, Journal of International Economic Law, Oxford University Press, 2004.

[26] WTO Arbitrator's Report.

[27] *Arbitration and Mediation in International Business*, edited by Dr. Julian Lew, Kluwer Law International, 1997.